# في البدء

# בְּרֵאשִׁית

تفسير لُغوي ولاهوتي وتاريخي لسفر التكوين ١-١١

# فِي البَدْءِ

# בְּרֵאשִׁית

## تفسير لُغوي ولاهوتي وتاريخي لسفر التكوين ١-١١


الدكتور القس

**أشرف عزمي**

جميع حقوق الطبع محفوظة للمؤلف. 2017 ©

اسم الكتاب: **في البدء: تفسير لُغوي ولاهوتي وتاريخي لسفر التكوين ١-١١**
تأليف: الدكتور القس/ **أشرف عزمي**
الطبعة الأولى: إبريل ٢٠١٧
(الترقيم الدولي) ISBN: 978-1-935577-51-5
رقم الإيداع بدار الكتب: ٢٠١٧/٩٣٧١
الإخراج الفني والغلاف: ظريف مينا
المطبعة: رؤية للطباعة، mwillctp2@yahoo.com / ٢٦٩٩٠٧٦٠ (٠١٢)، القاهرة

لا يجوز، دون الحصول على إذن خطي من المؤلف، استخدام أي من المواد التي يتضمنها هذا الكتاب، أو استنساخها أو نقلها، كليا أو جزئيا، في أي شكل وبأي وسيلة، سواء بطريقة إلكترونية أو آلية، بما في ذلك الاستنساخ الفوتوغرافي، أو التسجيل أو استخدام أي نظام من نظم تخزين المعلومات واسترجاعها، إلا كما هو منصوص عليه في شروط وأحكام قوانين النشر وحقوق الطبع الدولية والمحلية.
لتقديم طلب الحصول على هذا الإذن ولمزيد من الاستفسارات، يرجى الاتصال بالمؤلف على البريد الإلكتروني: inthebeginning2017@gmail.com

# Dedication

To my beloved wife, Manal
and our three children
Deena, Daniel, and Emily

# فهرست الكتاب

**مقدمة الكاتب** ١٥

**كاتب سفر التكوين** ٢٣

نبذة مختصرة عن تاريخ نظرية المصادر ٢٤

اعتراضات على نظرية المصادر ٢٩

الادلة على هوية كاتب التوراة ٣٥

**اسم السفر.. أقسامه وطبيعته** ٤٥

اسم السفر ٤٦

أقسام سفر التكوين ٤٩

طبيعة سفر التكوين ٥٠

سفر تاريخي ٥٠

سفر التكوين ليس أسطورة قديمة ٥٥

هل من تشابه بين التكوين والأساطير البابلية؟ ٦٠

**الأصحاح الأول: قصة الخلق** ٦٧

**الأصحاح الثاني: خلق آدم وحواء** ١٠٩

**الأصحاح الثالث: التجربة والسقوط** ١٥٣

**الأصحاح الرابع: الحياة خارج جنة عدن** ١٩٣

| | |
|---|---|
| ٢٣١ | الأصحاح الخامس: نسل آدم |
| ٢٥٣ | الأصحاح السادس: الطوفان الرهيب |
| ٢٨٥ | الأصحاح السابع: نوح يدخل الفلك |
| ٣١٧ | الأصحاح الثامن: نوح وأسرته داخل الفلك |
| ٣٣٣ | الأصحاح التاسع: الطوفان ينحسر والحياة تبدأ من جديد |
| ٣٦٥ | الأصحاح العاشر: بداية الأمم |
| ٤٠١ | الأصحاح الحادي عشر: بدء الامة العبرية |
| ٤٣١ | قائمة المراجع |

# فهرست القضايا
# والاسئلة الهامة المتعلقة بتكوين ١-١١

النظريات المختلفة لتفسير كلمة «يوم» ٨٣
تكوين ١ والثالوث ١٠٨
واستراح الله ١٤٨
الخلق والعلم ١٤٩
تاريخية آدم ١٣٦
هل استخدم الله التطور في خلق العالم؟ ١٥٠
من هي الحية؟ ١٨٧
من اين جاء قايين بزوجة له؟ ١٢٨
هل تعدد الزوجات أمر مسموح به في الكتاب المقدس؟ ٢٢٩
كيف استطاع الآباء قبل الطوفان أن يعيشوا هذا العمر الطويل ٢٥٠
هل يمكن أن يُستخدم تكوين ٥ لحساب عمر الأرض ٢٥٢
من هم بنو إلوهيم ٢٥٣
قضايا مرتبطة بالطوفان ٣٠٣
أولاً: تاريخية وعالمية الطوفان ٣٠٣
ثانيًا: طوفان عالمي ٣٠٥
ثالثاً: حجم الفلك ٣١٥

## فهرست الجداول والرسومات التوضحية

رسم توضيحي لنظرية المصادر ٢٧
الاختلافات الجوهرية بين قصة الخلق الكتابية و الاساطير البابلية ٦٤
تصور توضيحي للآلهة البابلية وعلاقتها بالخليقة ٦٥
خربة وخالية ٧٧
البركة واللعنة ١١٤
نسل قايين ٢١٧
أغنية السيف ٢٢٣
نسل آدم ونسل قايين ٢٣٤
الفروقات العُمرية بين النص المازوري والسبعينية والتوراة السامرية ٢٣٨
الميلاد والموت من تاريخ الخلق ٢٣٩
معاني بعض الاسماء ٢٤٣
تَفَرّد نوح وفساد الأرض ٢٨٨
الترتيب الزمني لأحداث الطوفان ٢٩٥
بر نوح وأولاده الثلاثة ٢٩٦
التشابه بين تكوين ١ و تكوين ٨ ٣٢١
مواليد نوح ٣٦٩
مواليد يافث ٣٧٠
مواليد حام ٣٧١
مواليد سام ٣٧٢
التوازي التصالبي في رواية «برج بابل» ٤٠٤
كلمات الناس وكلمات الله ٤٠٥
مواليد ادم (تكوين ٥) ومواليد نوح (تكوين ١١) ٤١٩

# مُقدِّمة

تكمُن أهميّةُ سِفْر التّكْوِين في المكانة الّتي يحتلها في الكِتاب الْمُقدَّس؛ فسِفْر التّكْوِين يُعد مُنطلَقًا وأساسًا للتوراة كُلِّها (أسفار مُوسَى الخَمْسة)، وكذلك مُقدِّمة للعَهْد الْقَدِيم بل للكِتاب الْمُقدَّس كُلِّه. إنَّ عَظَمة وتفرُّد سِفْر التّكْوِين تَكْمُن في مُحتواه الّذي يُعَدُّ الأساس الّذي بُنِيَتْ عليه كُلُّ إعلانات الله الّتي جاءت بعد ذلك. فمن دونه يكون لدينا بناءٌ بلا أساس. يقول سِفْر التَكْوِين في بدايته: «فِي الْبَدْءِ خَلَقَ اللهُ... وَقَالَ اللهُ: لِيَكُنْ نُورٌ»، ليُؤكِّد ويُعلن وجود إله خالق

مُتكلِّم. وهـذا هُـوَ حجـر الأسـاس للإعـلان الإلـهيّ في الكتـاب المُقـدَّس كُلّـه. إنـه سِـفْر البدايـات. إذ تجـد مُعظـم العقائـد المسـيحيّة بذورَهـا وبدايتَهـا في سِـفْر التَكْوِيـن. وكمـا أنَّـه لا يمكـن أن يُوجَـد إنجيـل مـن دون صليـب، كذلـك لا يُوجَـد خـلاص مـن دون أحـداث سِـفْر التَكْوِيـن، فهـو السِـفْر الذي يُحدثنـا عـن طبيعـة الله وصفاتِـه كالخالِـق، والمُعْتَـنِي، والدّيّـان، والفـادي، وغير ذلـك مـن حقائـق. كمـا يُحدثنـا عـن الإنسـان، فيُؤكـد أنَّ الإنسـان هُـوَ مخلـوقٌ على صُـورة الله وشَـبَهِه، وأنَّـه هُـوَ تـاج الخليقـة، وكيـف أنَّ مـشروع الـزّواج وارتبـاط الرّجـل بالمـرأة لِيَكُونـَا جسـدًا واحـدًا إنَّمـا هُـوَ تصميـم إلـهيّ أصيـل. ثـم يُحدثنـا سِـفْر التَكْوِيـن عـن السّـقوط في الخطيّـة، وكيـف أنَّ الإنسـان اختـار بنفسـه طريـق العصيـان رافِضًـا الطّاعـة لوصايـا الله. وبسـبب ذلـك العصيـان، انفصـل الإنسـان عـن الله، ودخلـت الخطيّـة إلى العالـم، وبالخطيّـة المـوت. ووسـط هـذه الصُّـورة القاتمـة نجـد أوَّلَ بِشـارة مُفرحـة عـن مـجيء المسـيّا، «نسـل المـرأة» الّذي يسـحق رأس الحيّـة (تَكْوِيـن ٣: ١٥). كمـا يُسـجِّل لنـا سِـفْرُ التَكْوِيـن بدايـة تاريـخ الخـلاص ودعـوة الله لإبراهيـم وتأسـيس نسـل وشـعب ليـأتي منـه المسـيّا المُخَلِـص.

إنَّ أهميـةَ سِـفْر التّكْوِيـن دفعـت كُتّـاب أسـفار الْعَهْـد الْجَدِيـد للاقتبـاس مِنـه أو للإشـارة إليـه، فالْعَهْـدُ الْجَدِيـد يتضمّـن أكـثر مـن سـتين إشـارة واقتبـاس مـن الجُـزء الـوارِد في تَكْوِيـن ١- ١١ وأكـثر مـن مائـة اقتبـاس مـن سِـفْر التّكْوِيـن كُلِّـه. لقـد نظـر الـرّبُّ يَسُـوعُ المسـيح، له كُلُّ المجـد، إلى تاريخيّـة أحـداث سِـفْر التّكْوِيـن وتعامـل معهـا على أنهـا أحداثًـا تاريخيـة صحيحـة. فبالنسـبة للمسـيح، فـإنَّ أحـداث سِـفْر التّكْوِيـن كُلَّهـا تاريخيّـة تَمَّـتْ في زَمان ومَـكان مُعيَّنـيْن، كمـا أنَّ شـخصيّاتِ سِـفْر التّكْوِيـن كانت شـخصيّات حقيقيّة. لقـد أشـار المسـيحُ في تعاليمـه إلى شـخصيّاتِ سِـفْر التّكْوِيـن، وأحداثـه مُنـذ

خَلْق الكَوْن. كذلك تحدّث المسيحُ عـن خَلْـق الرّجُـل والمـرأة مُنـذ البَـدْء «ذكَـراً وأُنـثى» في حديثـه عـن الـزواج والطّـلاق (مَـتَّى ١٩: ٢-١٠)، كمـا ذَكَـر قايين (لُوقَـا ١١: ٥١)، وتحـدّث عـن نُـوح والطُّوفـان أيضًـا (مَـتَّى ٢٤: ٣٧-٣٩، لُوقَـا ١٧: ٢٦).

والهجـوم على سِفْـر التَّكْويـن، وبالأخصّ الأصحاحـات ١- ١١ ليس بالأمـر الجديـد؛ فعلـى مـدار تاريـخ الكنيسـة الطّويـل كانت هنـاك مُحـاولاتٌ لفَصْـل الْعَهْـد الْقَديـم عـن الْعَهْـد الجديـد ورأى البعـضُ أنَّ إلهَ الْعَهْـد الْقَديـم يختلِـفُ عـن إلهِ الْعَهْـد الجَديـد، ولهـذا وَجَـبَ -مـن وُجهـةِ نظرهـم- فَصْـلُ الْعَهْديـن عـن بعضهمـا البعـض. لكـن الكنيسـة وقفـت أمـام كُلِّ هـذه المُحـاولات وقدّمـت التّعليـمَ الصّحيـح وأحبطـتْ كُلَّ مُحاولـةٍ للطَّعـن في مِصداقيّـة الكِتـاب الْمُقـدَّس. ومـع بِدايـة العَصْـر الحديـث -وبالأخصّ مـع بدايـة القَـرْن التّاسِـع عـشر- أُخضِـع الكِتـابُ الْمُقـدَّس وبالـذّات الْعَهْـد الْقَديـم (وخاصّـة التّـوراة، أي أسفـار مُوسَـى الخمسـة) لكُـلِّ أنـواع النّقـد. لقـد طَعَـنَ النّقـدُ العالِي في هُويّـة كاتـبِ كُلِّ سِفْـر وفي تاريـخ الكتابـة والغَـرض مـن كِتابـة السِّفْـر. أمّـا النّقـدُ المُنخفِـض فقـد تنـاوَلَ النّـصَ نفسَـه وقـام بمُقارنـة المخطوطـات بعضهـا ببعـض، ليعـرف تاريـخ وزمـن ومحتـوى كُلِّ مخطوطـة، كمـا تَـمَّ إخضـاع الكِتـاب الْمُقـدَّس للنقـد الأدبيّ المُتعلِّـق بأُسلوب الكتابـة. ثُـمَّ مـع بدايـة القَـرْن العِشريـن -ولا سـيّما مـع تقـدُّم عِلْـم الآثـار والاكتشافـات الأثريّـة المُختلِفـة-انتـشرت نظريّـة التّطـوُّر وسيطـرت على الجامعـات المدنيّـة مـن خِـلال الفلسفـة الطّبيعيّـة التّـي تُنـادي بـأنَّ كُلَّ المخلوقـات نشـأت ووُجـدت بِـدون تدخُّـل خـارجي (إلـهي) وان الشيـئ الوحيـد الحقيقي في هـذا الكـون هـو الطبيعـة. ورغـم مـا قدّمتـه علـوم دِراسـات الكتـاب المُقـدَّس والآثـار والبحـث الجيولـوجيّ والحفريـات مـن خدمـات جليلـة للشهـادة

لمصداقيّة الكتاب المُقدَّس، إلا أن نظريّة التطوُّر أنكرت تاريخيّة أحداث وشخصيّات سِفْر التّكْوين ١- ١١.

ومع ازدياد مَوْجة الإلحاد واللاأدريّة المُعاصِرة في الآونة الأخيرة في بلادِنا العربيّة ولاسيّما في مصر، بدأت تُثار التّساؤلاتُ العديدة عن طبيعة سِفْر التّكْوين ولا سيّما الأصحاحات ١- ١١. فالسّؤال عن الخَلْق مُقابِل التّطوُّر يُعتبر سُؤال مُهم جَعَلَ دُعاةَ نظريّة التّطوُّر يُنادون بأنَّ الطّريقة الّتي خُلَقتْ بها الموجودات هِيَ شيء آخر يُخالف ما وَرَدَ عن الخلق في تكوين ١، تكوين ٢. وهُمْ يَروْن في قُبول نظريّة التّطوُّر إنقاذًا للكِتاب الْمُقدَّس حتى لا يتحوّل إلى «كِتاب قَدِيم» مرفوض من الشّباب. قطْعًا لا يُمكن أن يقبل المرءُ التّطوُّرَ بدونِ ثمنٍ باهظ! وهذا الثّمن هو تجريد الكتاب الْمُقدَّس من تاريخيّته، ولهذا فآدم وحَوّاء ليسا شخصيتيّن تاريخيتيْن بل هُما شخصيّتان رمزيّتان تُشيران إلى كُلِّ الجِنس البشريّ، والسُّقوط هو قِصّة أُسطوريّة رمزيّة الغَرض منها فقط تقديم مأساة الإنسان الّذي حاول أن يتألّه. ولهذا فإنَّ فسادَ كُلِّ الجِنْس البشريّ ليس فسادًا موروثًا عن آدم بل هُوَ فسادٌ مُكتسَبٌ من المجتمع!

وعلى أساس تغيُّر تعريف الخطية تمَّ كذلك تغيير تعريف الخلاص، وبهذا يُقدِّم أصحاب هذا الفِكر إنجيلاً مُخْتلِفاً عن الإنجيل الصّحيح. كما أنّهم يُنادِون بأنَّ كاتِب تَكْوين ١ -١١ اقتبس هذه القصص من الأساطير البابِليّة الْقَدِيمة وبالأَخص قِصص الخَلْق والسُّقوط والطُّوفان، وكان كُلُّ ما فَعَلَه كاتِب سِفْر التّكْوين -من وُجهة نظرِهم- هو أنّه فَرَّغَ محتوى كِتابِه من الأساطير الْقَدِيمة الّتي يتعارَض مع إيمانه ووَضَعَ فيه ما يتناسب مع إيمانه بَدَلاً منها. إنَّ إنكار تاريخيّة الخَلْق والإنسان الأَوَّل آدم، وإنكار وجود نُوح والطُّوفان يُعدُ طَعْناً في عقيدة لاهوت المسيح؛

والخُطورة أن هـذا الإنكار يُجرِّد المسيح مـن طبيعتـه الإلهيـة مـن حيث كونـه الله الكُلِّي المعرفة والعِلم. فكيف ليسوع -الله الظاهـر في الجسد -أن يجهـل مـا إذا كانت هـذه الأحداث والشّخصيّات حقيقيّـة وتاريخيـة أم مُجرّد رمـوز وأساطير؟!

مـن أجل هـذا ارتأيـتُ في نفسي أن أكتُبَ تفسيراً لهـذه الفُصـول المُهِمّـة مـن كلِمـة الله؛ تفسيرًا بذلـتُ فيه الوقتَ والجهـدَ مـن أجل تبسيط الجوانِـب اللُّغويّـة واللاهوتيّـة والتّاريخيّـة. كمـا حاولـتُ أن أُناقِـش -بقـدْرِ الإمكـان- هـذه القضايـا المُهِمّـة الّـتي تـدور حِواراتُهـا على السّاحة الكنسيّـة وبيـن الشّباب في الوقت الحالّي.

وأخـيراً، لا يسـعني إلا أن أُقـدِّم خَالِـصَ شُكري وعظيـم امتنـاني لله مـن أجل كُلِّ معونـة منحني إيّاهـا أثنـاء كِتابـة هـذا التّفسير. كمـا أشكـر الرَّبَّ مـن أجل أُسرتي الّـتي دعمتـني وساندتني وتحمّلـت غِيـابي -رغم وُجودي بالجسد معهم- حين كان فِكري مُنشـغِلاً عنهم أثنـاء كتابة هذا الكتاب. كمـا أشـكر أحبـائي وزُمـلائي الّذيـن قامـوا بمُراجعـة مخطوطـة هـذا الكِتـاب لُغويًـا وكان لهـم بصماتهـم الواضِحـة فيـه. وأخُصُّ بالذِّكـرِ الفاضِـل القس أشرف نـادي حبيب راعي الكنيسـة الإنجيليّـة بشُبـرا الخيمـة بالقاهرة، الّذي أعطى الكثيرَ مـن وقتِـه وجَهـدِه لتصحيـح مُسوَّدة هـذا الكتاب. كمـا أشكـر أخي وزميلي الفاضِـل القس أشرف بشـاي الذي يـدرس الآن لدكتوراه العهـد الجديـد في الولايـات المُتّحـدة، إذ قـام بمُراجعـة الكتـاب مُراجعـة لُغويّـة نِهائيّـة. كمـا أشكـر الفاضِـل الأخ ظريـف مينـا الّـذي قـام بتصميـم غُـلاف الكِتـاب وعَمـل التصميمـات الفنيّـة وتجهيـزات الطباعـة، والأخـت مـى عـوّاد الّـتي قامـت بالمساعدة في مراجعـة الكتـاب وتجهيزه للطباعة. وشكري القلبـيّ العميـق للأحبّـاء والأصدقـاء الدكتور ماجـد جرجـس، والأسـتاذ عادل

إبراهيم، والأعضاء بكنيسة كونكورد بسان فرانسيسكو، والأستاذ ممدوح سلطان، والشّيخ وديع جادالله، والدكتور صبري إلياس، الّذين ساهموا مادياً في تكلفة طباعة هذا الكتاب ليكون مُتاحًا للباحِثين عن الحق بسِعْر في مُتناول الجميع. لهم منّي جميعًا أسمى آيات الشُكر والتقدير.

وإنَّني إذ أقدِّم هذا الكتاب لكُلِّ مؤمنٍ وخادِمٍ وباحِثٍ، أصلي أن يكون هذا الكتاب باعِثاً لمجد المسيح، وسَبَبًا لبركة الكنيسة، ومساعِدًا للمؤمنين على معرفة الله وعلى مزيد من النمو في النعمة إذ ندرس كلمتَه فتغتني حياتُنا الرُّوحيّة بهذه الدراسة.

*Soli Deo Gloria*

**د. القس أشرف عزمي**

كاليفورنيا، إبريل ٢٠١٧

# كَاتِب سِفْر التكوين

قبل أن نتحدَّث بالتّفصيل عن البراهين الّتي تُؤكِّد أنَّ مُوسَى هُوَ كَاتِب سِفْر التَكْوِين، أريد أوَّلًا أن أُناقش الادِّعَاء الّذي بدأ مع الْقَرْن الثّامن عشر الّذي مفادُه صعوبة أن يكون مُوسَى هُوَ الكَاتِب، إذ ينادي أصحابه بأنَّ التّوراة كُتِبَتْ في فترة مُتأخِّرة، أي بعد زمن مُوسَى بخمسة قُرون، ويقولون إنَّهم لا يعلمون شيئًا عن ذلك الكَاتِب، الّذي يُفْتَرَض أنه قد استخدم أربعة مصادر مُخْتلِفة في كتابتها! وتُسَمّى هذه النّظريّة بنظريّة المصادر The Documentary Hypothesis.

## نبذة مُختصرة عن تاريخ تطوُّر نظريّة المصادر
## Documentary Hypothesis/JEDP Hypothesis

كانت بداية تطوُّر هذه النّظريّة سنة ١٧٥٣م عندما قال الطّبيب الفرنسي جان ستراس Jean Astruc إنَّ اختلاف اسم الله في قصة التَّكوِين «إلوهيم Elohim» في تَكْوِين ١، و«يهوه Jehovah» في تَكْوِين ٢، يرجع إلى أنَّ الكَاتِب استخدم مصدريْن مُخْتلِفين في كتابة قصة الخلق. ولتأكيد هذا الاختلاف في المصادر، أطلق «ستراس» على المصدر الأول الاسم E اختصارًا لاسم الله «Elohim»، وأطلق على المصدر الثّاني اسم J اختصارًا لاسم الله «Jehovah Jahweh». ومع ذلك، نَظَرَ «ستراس» إلى مُوسَى على أنَّه كَاتِب سِفْر التَكْوِين، وظَلّ من النّاحيّة اللاهوتيّة أرثوذكسيًا مُحَافِظًا. لكن تمَّ تبني نظريتّه عن تعدُّد المصادر لاحِقًا من قِبَل دارسين غير مؤمنين كانوا يعتقدون أنَّ الدّين مثل أيّ شيء تطوّر تدريجيًا، وأنَّه لم تتِمّ كتابة سِفْر التَكْوِين في زمن موسى. ولذلك اشتدّ الجِدَال فيما يختص بِتَعَدُّد مصادر كتابته، وشاع بين الدارسين أنَّه قد اكتمل جمع التّوراة وكتابتها أخيرًا بوساطة مُحَرّر (شخص قام بجمْعها وتنقيحها وكتابتها) عاش بعد مُوسَى بـ ٩٠٠ سنة.[1] ثم تَبَنّىَ إيكورن J.C. Eichorn سنة ١٧٨٠ هذه الفكرة، وطَبّقَها ليس على سِفْر التَكْوِين فقط، بل على كُلّ التّوراة. وانتهى إلى أنَّ مُوسَى لم يكن هُوَ الكَاتِب للتوراة، وأن كَاتِبها غير معروف، وقد جاء مُتأخّرًا جِدًّا بعد موسى. على أنَّ الخطوة الثّالثة في تطوُّر هذه النّظريّة جاءت

1 For more details on the Documentary Hypothesis Theory see Childs, Brevard S. *Introduction to the Old Testament* as Scripture (Philadelphia: Augsburg Fortress, 1979), William S. Lasor, David A. Hubbard and Frederic W. Bush. *Old Testament Survey: The Message, Form, and Background of the Old Testament* (Grand Rapids: Eerdmans, 1996), Victor Hamilton. *The Book of Genesis: Chapters 1- 17* (Grand Rapids: Eerdmans, 1990), Jonayhan D. Sarfati, *The Genesis Account: A Theological, Historical, and Scientific Commenatry on Genesis 1- 11* (Powder Spring, Georgia: Creation, 2015), Bruce K. Waltke, *Genesis: A Commenatry* (Grand Rapids: Zondervan, 2001), G. L. Archer, *A Survey of Old Testament Introduction* (Chicago: Moodym 1964), and Tremper Longman III & Raymond B. Dillard, *An Introduction to the Old Testament* (Grand Rapids: Zondervan: 2006).

سنة ١٨٠٥ عندما قال مارتن دي ويت Martin De Wette إنَّ التّوراة لم تكن موجودة قبل فترة مُلْك داود الملك، أيّ أنَّها جاءت مُتأخِّرة بعد داود، وإنَّ سِفْر التّثنيّة D كتبه حلقيا الكاهن أثناء فترة حُكْم يُوشيّا الملك (ملوك الثّاني ٢٢)، وإنَّ تاريخ كتابته يعود إلى سنة ٦٢١ ق. م. ثم أَكّدَ فرانس ديتلش Franz Delitzsch في سنة ١٨٥٢ على أنَّ مُوسَى كَتبَ جُزْءًا من التّوراة، ولكن الأجزاء الأخرى تمّت إضافتُها من الكهنة المُتأخِّرين، وقد أُطْلِقَت على هذا المصدر تسميّة المصدر «الكهنوتي»، واُخْتُصِرَ بحرف P إشارة للحرف الأوَّل من كلمة كاهن Priest or priests. غير أنَّ الشّكل النّهائيّ لنظريّة المصادر قد اكتمل على يد جوليوس ويلهوزن Julius Wellhausen (١٨٤٤- ١٩١٨م)، حيث أعاد ترتيب هذه المصادر وأخرجها في شكلها النّهائيّ من وجهة نَظَر تطوُّريّة للتاريخ evolutionary view of history، ولهذا ارتبطت نظريّة المصادر باسمه. كانت هذه النّظريّة عبارة عن محاولة لتحديد «المصادر» الّتي اُسْتُخْدِمَتْ - بحسب اعتقاد أصحابها - حتى خرجت التّوراة إلى النّور في شكلها النّهائيّ كوحدة واحدة. والجدير بالملاحظة أنَّ نظريّة المصادر كانت قد بُنِيَتْ على فكرة التّطوُّر! فالعصر هُوَ عصر «تشارلز دارون»، حيث شاعت فكرة مفادُها أنَّ الشّيء الصّغير يتطوّر إلى شيء كبير ومُعقَّد، الأمر الّذي أَلْهَمَ خيال العُلَماء بما فيهم اللاهوتيّون، وبشكل خاص أولئك الّذين تشبَّعوا بفكر هيجل وفلسفته.

ويزعُم أصحاب نظريّة المصادر ما يلي:

**المصدر J**: (Jehovah or Jahweh) يهوه، كُتِبَ في المملكة الجنوبيّة (يهوذا) في الفترة من ٩٠٠-٨٥٠ ق. م. ويُفتَرَض أنَّ هذا المصدر استخدم اسم الله المُقدَّس يهوه YHWH . كما يفترض أصحابُ هذه النّظريّة أيضًا أنَّ هذا المصدر تأثّر بخُرافاتٍ وأساطيرَ بابل وأُمم أُخرى، وأنّه يحتوي على أمور شخصيّة وسِيَر ذاتيّة لأشخاص، وبصفة خاصّة فيما يتعلّق بتعامُلات الله معهم. كما يتضمّن نبوءات وأخلاقيّات وأفكارًا لاهوتيّة.

**المصدر E**: (Elohim) إلوهيم، فإنَّ كاتِبه غير معروف، بحسب اِدِّعَاء أصحاب هذه النّظريّة، والّذي يُفْتَرَض أنّه قام بدمج المصدريْن E و J عاش في الفترة من ٧٥٠-٧٠٠ ق. م. في المملكة الشّماليّة (إسرائيل). ويشمل هذا المصدر تعاليم لاهوتيّة وأخلاقيّة.

**المصدر D**: (Deutronomy) تّثنية، حيث يُزْعَم أنَّ كاتِبه هو كاتب معظم سِفْر التّثنية، وعلى الأرجح أنَّ تلك النّسخة هِيَ الّتي وُجِدَتْ في الهيكل في أورشليم سنة ٦٢١ ق م (٢ملوك ٢٢: ٨)، والّتي كُتِبَتْ - بحسب ادِّعائهم - تحت قيادة حلقيا الكاهن سنة ٦٢١ ق م. لتكون سَبَبَ نهضة روحيّة في أورشليم أيام يوشيّا الملك.

**المصدر P**: (Priests) الكهنة، وهذا المصدر المزعوم يرتبط بالكهنة الّذين عاشوا أثناء السّبيّ في بابل. وقد أُضِيفَ في الفترة من ٥٧٠ حتى سنة ٤٤٥ ق م.، وهو يتضمّنُ تسجيلًا للنظام الكهنوتيّ للمملكة ومجموعة قوانين ونُظُم عن القداسة والأنساب والذبائح.

**المصدر R**: (redactor) بمعنى: المُحَرِّر، وهو المصدر الأخير، ويُشار به إلى المُحرِّر أو المُحرِّرين النّهائيين الّذين من المفترض أنّهم وضعوا المصادر الأربعة السّابقة JEDP معًا (لِتُكَوِّن التّوراة) - كما يزعم أصحاب نظريّة المصادر - في زمن عزرا، حوالي سنة ٤٤٤ ق م.

# تصور توضيحي لنظرية المصادر كما قدمها «ويلهوزن»*

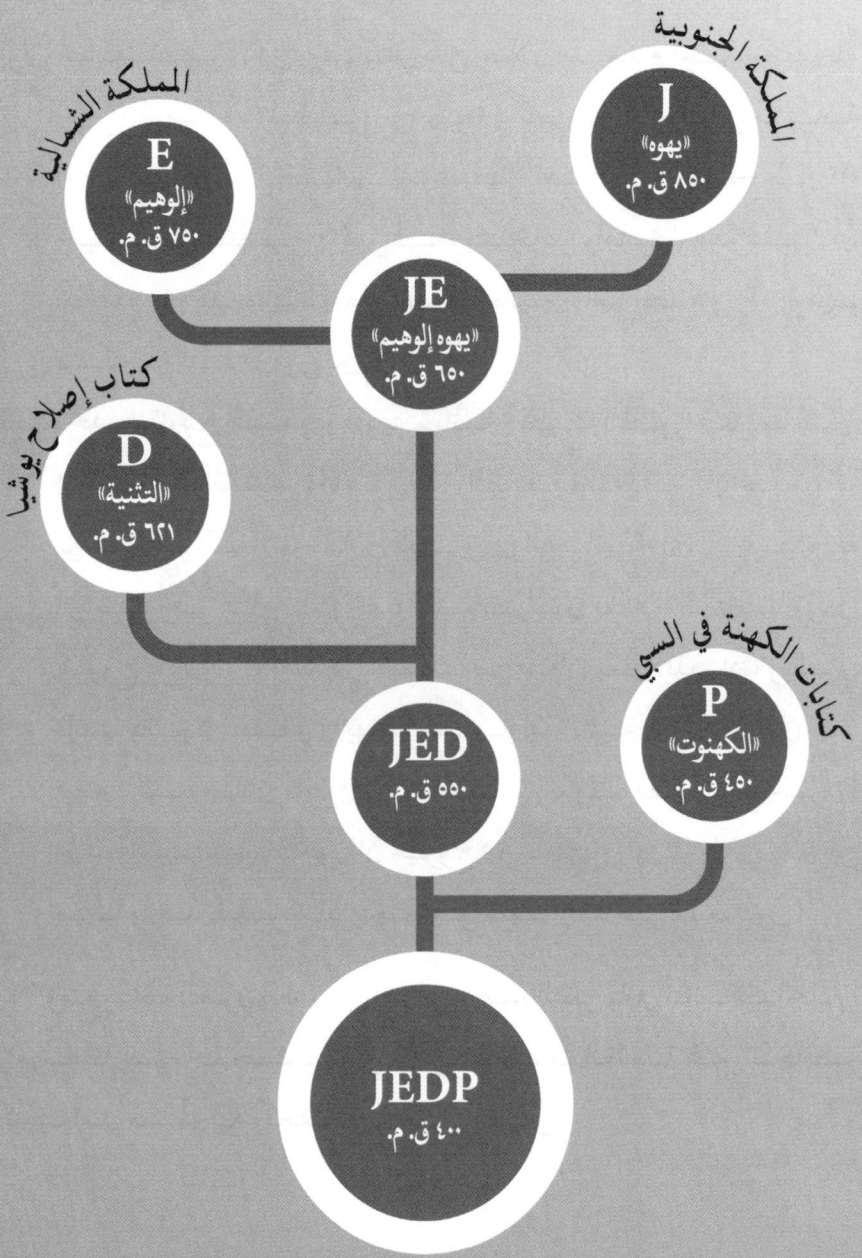

\* Bill T. Arnold and Bryan Beyer, *Encountering the Old Testament*, 70.

تلخّصت الطّريقة الّتي اتّبَعَها العُلَماء المتحرّرون لتحديد كاتِب التّوراة فيما يلي:

**أولًا، تحديد المصدر الأدبيّ**: وهو يأتي من خلال استخدام أسماء مُخْتلِفة لله (مثل «إلوهيم» في تَكْوِين ١ و «يهوه» في تَكْوِين ٢)، وقصص مُتشابهة أو مُتناقضة (مثل قصة سارة عندما رآها فرعون في تَكْوِين ١٢، وأبيمالك في تَكْوِين ٢٠)، وأسماء أشخاص وأماكن، فيزعمون أنَّ المصدر «J - يهوه» يستخدم اسم الكنعانيين، أمّا المصدر E- إلوهيم فيستخدم اسم الأموريّين.

**ثانيا، تحديد تاريخ المصدر**: وهو يتِمُّ باتِّبَاع نظريّة التّطور. فكُلّ ما يُشير إلى الطّبيعة والطّقس والأمور فوق الطّبيعة فإنَّه يُشير إلى القِدَم. أمّا كُلّ ما هُوَ كَوْنيّ وأخلاقيّ فيُشير إلى الوحدانيّة، أيّ إلى عبادة الله الواحد، وهو ما جاء لاحِقًا. وهُمْ يضربون مثلًا لذلك بما وَرَدَ في خروج ٢٠: ٢٤-٢٦، فإنه لا يَتحدّث عن مكان مُعَيَّن للعبادة، وبالتّالي فإنهم يعدّون المصدر J (يهوه) مُتقدِّمًا. أمّا تثنية ١٢: ١- ٢٦ الّذي نجد فيه تأكيد مكان مُعَيَّن للعبادة، فهُم يُعدّونه مصدرًا مُتأخِّرًا D «تثنية»، بينما يستنتجون أنَّ خروج ٢٥ حتى لاويين ٩، والّذي يفترض مكانًا واحدًا للعبادة، أنّه جاء من مصدر مُتأخِّر P (كهنوتيّ).

ومع بداية الْقَرْن العشرين انتشرت هذه النّظريّة في ألمانيا ثم انجلترا وأمريكا حتى أصبحت تُدَرّس في كُلّ المؤسسات العلميّة غير المُحافظة كأنَّها أمر مُسَلّم به وكحقيقة لا تقبل النّقاش!

## اعتراضات على نظريّة المصادر

بُنِيَتْ نظريّة المصادر على افتراضات مُسَبّقَة لا تتماشَى مع كلمة الرّب من حيث كونها:

١. تفترض أنَّ الكتاب المُقَدَّس لا يحتوي على إعلان إلهيّ فوق طبيعيّ، ولهذا فهي تُنكر الحقيقة الكتابيّة عن الإعلان الخاص.

٢. ترفض كُلّ ما هُوَ إعلان ووَحْي إلهيّ، وتنظر إلى الكتاب المُقَدَّس على أنَّه مُجرد نِتَاج لفكر بشريّ وتطوُّر طبيعيّ لفِكر الإنسان من عبادة الأرواح والأنساب وتعدُّد الآلهة، ثُمَّ التّوحيد.

دائمًا ما يبدأ الطّريق إلى إنكار أيّة حقيقة كتابيّة أو إيمانيّة أو تاريخيّة بإنكار الوحي الإلهيّ وإعلان الله الخاص المُدَوّن في الكتاب المُقَدَّس. ولهذا فإنَّ الكتاب المُقَدَّس– بحسب أصحاب نظريّة التّطور - هُوَ غير معصوم، وهو كتاب يحتوي على مزيج من الصّواب والخطأ. ويقول هاريسون: «إذا قَبِلْنَا بِقَوْل العُلَماء المُحْدَثين إنَّ الكتاب المُقَدَّس هُوَ مزيج من الصّواب والخطأ، فإنَّه لا يُوجَد شيء في الكتاب المُقَدَّس يمكن أن يكون موضع ثقة وذا مِصداقيّة»[2]

٣. بدأت نظريّة المصادر، ومدرسة «ويلهوزن» على وجه الخصوص بافتراض واضح، ألا وهو أنَّ ديانة إسرائيل هِيَ من اختراع إسرائيل، وأنَّها مَرّت بمراحلَ تطوُّر كثيرة حتى وصلت إلى ما هِيَ عليه. فبالنّسبة لأصحاب هذه النّظريّة، فإنَّ فكرة نشأة إسرائيل من بدايتها، ودعوة الله لإبراهيم في سِفْر التّكْوِين، وتفرُّد إسرائيل عن باقي الشّعوب، والمناداة بالإله الواحد من أوَّل سِفْر وحتى آخر سِفْر في الْعَهْد الْقَدِيم - في حين أنَّ الدّيانات بدأت بعبادة الأرواح ثُمَّ تعدُّد الآلهة، ثم الوصول إلى الإله الواحد - إنّما هِيَ فكرة مرفوضة من جانبهم. لكن الحقيقة هِيَ أنَّ إسرائيل بدأ بالله خالق السّماء والأرض «في البدء خلق الله...»، الإله الواحد، واستمر هذا الإيمان حتى النّهاية. إنَّ إيمان إسرائيل بالله أمر لم يتطوّر مع الزّمن. فلم يكن قادة إسرائيل الرُّوحيّون والسِّياسيّون يقومون بتأليف المُعتقد اليَهُوديّ وتطويره حتى وصل إلى الإيمان بالإله الواحد في الْقَرْن الخامِس قبل الميلاد. فليس اليَهُود أساس الدّيانة اليَهُوديّة، بل الله الّذي دعا إبراهيم وإسحاق ويعقوب منذ البداية وأعلن لهم ذاته بأنواع وطُرُقٍ كثيرة.

2 Roland K. Harrison, *Introduction to the Old Testament* (Grand Rapids: Eerdmans, 1969), 509.

٤. تفترض نظرية المصادر أنَّ الكُتّاب البشريّين للعَهْد الْقَدِيم لم تكن لديهم المهارة في الكتابة كباقي الكُتّاب في زمانهم. فهُمْ غير قادرين على استخدام غير اسم للرب، وغير قادرين على استخدام سوى أسلوب في الكتابة. وعندما يستخدمون غير اسم لله، يتِمُّ نِسبة ذلك إلى استخدامهم لمصادر مُخْتلِفة في كتابتهم.

## الحجَج الّتي بُنِيَت عليها نظريّة المصادر والرّد عليها

### استخدام أسماء مُخْتلِفة لله

أُسْتُخْدِمَت الكلمة «إلوهيم אלהים» ٣٥ مَرَّة في تَكْوِين ١: ١-٢: ٣، بينما أُستخدم الاسم «يهوه יהיה» (الرّب) بعد ذلك في تَكْوِين ٢: ٤-٢٥. وفي حقيقة الأمر، فإنَّ الاسم الثّاني قد أُلْحِقَ بالاسم المركَّب YHWH-Elohim (الرّب الإله)، فكان الزّعم أنَّ هذا أحد الأمثلة على وجود مُحَرّر ثانٍ للسِفْر، الأمر الّذي دعا النُّقّاد إلى الْقَوْل إنَّه إذا كانت بعض النّصوص الكتابيّة في سِفْر التَكْوِين تستخدم اسم «إلوهيم»، وبعضها الآخر تستخدم اسم «يهوه» للإشارة إلى الله، فإنَّ ذلك يرجع إلى اختلاف المصدر الّذي أُسْتُخْدِم في الكتابة. فالاسم «إلوهيم « جاء من المصدرE، أَمّا الاسم «يهوه» فقد جاء من المصدرJ.

### وجود قصص مُتشابِهة

دفع احتواء سِفْر التَكْوِين على قصص مُتشابِهة مثل قصة إبراهيم وسارة، والقَوْل إنَّها أخته حتى لا يُقتل بسبب جمالِها، (تَكْوِين ١٢، و ٢٠) النّقاد إلى الْقَوْل إنَّ وجود هذه القصص المُتشابهة يعود إلى أنَّها كانت موجودة في مصدريْن مُخْتلِفيْن مع اختلاف طفيف بينهما.

### اختلاف أسلوب الكتابة

يعود اختلاف أسلوب الكتابة في السِفْر الواحد - بحسب اعتقاد النّقاد - إلى وجود أكثر من مصدر واحد للكتابة.

### تاريخ الكهنوت في إسرائيل

يُعَد هذا سببًا آخر دفع النّقاد إلى الظّن أنَّ كاتِب سِفْر التّثنيّة إنّما يختلف عن كاتِب سِفْريّ الخروج واللاويّين. فبحسب سِفْر التّثنيّة، فإنَّ كُلّ اللاويين كهنة، أَمّا الكهنة بحسب سِفْري الخروج واللاويّين فهُمْ نسل هارون. وفيما يتعلَّق ببقيّة اللاويين، فهُمْ خُدّام لخيمة الاجتماع والأمور الطّقسيّة. وعلى هذا الأساس يكون كاتِب التّوراة قد استخدم غير مصدر، ولا يُمكِننا أن ننسب كُلّ التّوراة إلى مصدر واحد.

وسأقوم بالرّد على هذه الادّعاءات السّابقة كما يلي:

### أوَّلًا، فيما يتعلَّق باستخدام أسماء مُخْتلِفة لله

إنَّ مسألة استخدام غير اسم لله ليست دليلًا على اختلاف المصدر المُسْتَخْدَم في كتابة السِفْر، بل لقد تمَّ ذلك لغرض لاهوتيّ كتابيّ بحْت. فكُلّ اسم من أسماء الله يُعلن صِفة أو طبيعة مُعَيَّنة فيه. فالاسم «إلوهيم» هُوَ للتعبير عن الإله الخالِق السّامي، الإله المُكتفي بذاته، كُلّي الوجود والعِلْم والقُدرة. ولهذا عندما يَتحدّث الوحي عن الكوْن، فإنَّه يستخدم للإشارة إلى الله اسم «إلوهيم». أمّا الاسم «يهوه» فهو اسم إله الْعَهْد، الإله الّذي يُقِيم شَرِكة وعهْد مع الإنسان. إنّه ذلك الإله القريب لا البعيد. ونجد هذه الحقيقة مُكررةً وبوُضوح في نصوص كتابيّة أُخْرَى، مثل المزمور ١٩. فهذا المزمور ينقسم إلى قسميْن أساسييْن هُما: من الآيات ١-٦، ومن ٧-١٤، حيث نجد أنَّ المرنِّم في القسم الأوَّل يَتحدّث عن السّماوات وعلاقة الله بالخليقة،

فنراه يستخدم فيه اسم (إلوهيم)، لكنّ القسم الثّاني الّذي يَتحدّث فيه عن الله الّذي أعطى الإنسان وصاياه لكي يكون في عَهْدٍ وشَرِكة معه، فإنَّه يستخدم اسم «يهوه». فليس استخدام المُرنِّم هُنا غير اسم لله دليلًا على أنَّه استخدم مصدريْن مُخْتلِفيْن في كتابة المزمور ١٩، لكن التّركيز اللاهوتيّ هُنا مُخْتلِف، فدفعه هذا إلى استخدام اسميْن مُخْتلِفيْن. إذًا، لماذا عندما يصدف أصحاب نظريّة المصادر هذا الاستخدام المُخْتلِف لأسماء الله في سِفْر التَكْوِين يقولون إنَّ الكَاتِب استخدم غير مصدر؟ لقد أكّد عِلْم الآثار والاكتشافات الحديثة أنَّ استخدام غير اسم للإله في نفس المخطوطة هُوَ أسلوب كتابة كان مُتَعَارَفًا عليه في الألفيّة الثّانية قبل الميلاد. فالاكتشافات الأثريّة في بابل وأشور وثقافة ما بين النّهريْن ومصر كُلّها تُؤكّد أنَّ المخطوطة الواحدة قد يُذْكَر فيها غير اسم لنفس الإله. وعلى سبيل المثال، فإنَّه كان للآلهة الوثنيّة في الشّرق الأوسط أسماء مُتعدِّدة أو مُركَّبة، ومن أشهر هذه الآلهة آمون رع، Amon - Re في الأسرة المصريّة الـ ١٨ والّتي هِيَ على الأرجح أشهر الأُسَر المصريّة الحاكمة على الإطلاق. كان آمون إلهًا لمدينة طِيبَة، العاصمة، بينما كان رع إله الشّمس العام. لكن آمون رع كان يُشير إلى إله واحد single god، ويعني أنَّ إله طيبة كان هُوَ أيضًا إله الشّمس العام. ومع ذلك فإنَّ أحدًا من عُلَماء المصريّات لم يفترض أنَّ هناك مُحَرّرًا خَلَط بين المصدريْن R (Re) A (Amon)![3]

مِثال آخر: يُشَار في أسفار الأنبياء إلى الله، بصِفةٍ عامَّة، على أنَّه «رب الصّبَاؤوت» YHWH tsbaot (ربّ الجنود، Jehovah Sabaot). ويتكرَّر هذا التّعبير ٦٧ مَرَّة في سِفْر إشعياء (نهاية الْقَرْن ٨ ق م)، و ٨٣ مَرَّة في سِفْر

3 See William F. Albright, "The Impact of Archeology on Biblical Research- 1966," in *New Directions in Biblical Archeology*, ed. D. N. Freedman and J. Greenfield (Doubledaym 1969), Jonayhan D. Sarfati, *The Genesis Account: A Theological, Historical, and Scientific Commenatry on Genesis 1- 11*, and Kenneth Kitchen, *On the Reliability of the Old Testament* (Grand Rapids: Eerdmans, 2003).

إرميا (منتصف القرنين ٧ و ٦ ق م)، و ١٣ مَرَّة في أصحاحي سِفْر حَجّي (نهايّة الْقَرْن ٦ ق م)، و ٥١ مَرَّة في أصحاحات سِفْر زكريا الـ ١٤ (منتصف القرنيْن ٦ و ٥ ق م). ويعني هذا أنَّ هذا اللقب عن الله كان مُسْتَخْدَمًا طوال المدة الّتي يَدّعي فيها أصحاب نظريّة التّطور أنَّ التّوراة كانت مكتوبة فيها، في الوقت الّذي لا يُوجَد فيه هذا اللقب في التّوراة على الإطلاق، ما يعني أنَّ التّوراة قد اكتملت كتابتها قبل أن يكون هذا اللقب دَارِجًا أو يَلْقَى رَوَاجًا.[4]

## ثانياً، تكرار بعض الأحداث

إنَّ الافتراض أنَّ قصة إبراهيم وسارة وقَوْل إبراهيم لها «قُولي إنَّك أُخْتي» (تَكْوين ١٢، ٢٠) جاءت من مصدريْن مُخْتلِفين افتراض نابع من الجَهْل بثقافة الشّرق الأدنى الْقَدِيم والجَهْل بأُسلوب الكتابة في ذلك الوقت، والّذي كان من سِمَاته أن يذكر قصتيْن مُنفصلتيْن لكن مُوازيتيْن إحداهما للأُخرى بغرض تأكيد حقيقة ما. فالتّكرار سِمَة أدبيّة قديمة موجودة في كُلّ كتابات الشّرق الأدنى الْقَدِيم. ففي الأسطورة الأجوراتيّة الّتي تتحدّث عن ملك اسمه «كريت» يعاني من الإحباط بسبب مقتل كُلّ أفراد أسرته في سلسلة من المآسي، يُحْكَى أنَّ «إيل» جاءه في حُلْم وأوصاه بما يجب عليه فعله. ونجد هذه الوصايا في السّطر ٦٠ حتى السّطر ١٥٣، حيث قال له إنَّه يجب أنَّ يُقدِّم ذبيحة، ويُدرِّب شعبَه ويَعُدّه للحرب، وأن يذهب إلى أرض أديوم حيث الملك «بابيل»، ويطلب بنت بابيل لتكون زوجة له. وعندما استيقظ الملك «كريت» من نومه وَصَفَ مَرَّة ثانية كُلّ وصايا «إيل» له، وتكرَّرت هذه الوصايا بالحرف الواحد من السّطر ١٥٦ وما بعده. يُؤكِّد هذا المَثَلُ أنَّ التّكرار كان من سِمَات الكتابة الأدبيّة في

4 Sarfati, *The Genesis Account: A Theological, Historical, and Scientific Commentary on Genesis 1- 11*, 30- 31.

الشّرق الأدنى الْقَدِيم، ولا يُمكن النّظر إليه كدليل على اختلاف مصادر كتابة الرّواية الواحدة. فهو يُستخدم لتأكيد حقيقة أو فكرة. وهذا هُوَ ما نراه بوُضوح في الأصحاح ٢٤ من سِفْر التَكْوِين، حيث عَاهَدَ إبراهيم عبده أليعازر الدّمشقي، كبير بيته، المسؤول عن كُلّ ما كان له، بأن «لا يأخذ زوجة لابنه إسحاق من بنات الكنعانيين»، بل إلى أرض وإلى عشيرة إبراهيم يذهب ويأخذ زوجة لإسحاق، ثُمَّ نجد أنَّ الآيات المذكورة في تَكْوِين ٢٤: ١٢ – ٢٧ وقد تكرَّرت في حديث العبد مع لابان في الآيات ٣٤ – ٤٨.

### ثالثًا، اختلاف الأسلوب

غالبًا ما يدّعي النُّقاد المتحرِّرون أنَّ اختلاف أسلوب الكتابة في سِفْر ما هو دليل على اختلاف الكَاتِب أو اختلاف المصدر المُسْتَخْدَم في الكتابة. وبطبيعةِ الحال، فإنَّ هذا الافتراض غير صحيح، لأنَّ الوثيقة الواحدة يمكن أن تحتوي على أساليب مُتعدِّدة في الكتابة لغرض لاهوتيّ أو لأيّ سبب من الأسباب. فمن المُمكن للكَاتِب الواحد أن يكتب بغير أسلوب بحسب اختلاف الهدف الّذي يكتب لأجله.

ومع تطوُّر عِلم الآثار والاكتشافات الحديثة اكتشفنا أنَّ أساسيّات نظريّة المصادر ليس لها وجود، وأنَّ النّص الكتابيّ هُوَ أقرب إلى نصوص الشّرق الأدنى الْقَدِيم الّتي اكتشفها عُلَماء الآثار. فقد وجدنا أنَّ استخدام غير اسم للإله أمر شائع ومعروف في الكتابات الْقَدِيمة الّتي تعود إلى الألفيّة الثّانية قبل الميلاد. كما أنَّ تكرار عبارات وكلمات بعينِها يُعَدُّ من الأمور الّتي تُميِّز أسلوب الكتابة الْقَدِيمة. ولقد أَكّدَتْ هذه الاكتشافات أنَّ استخدام غير اسم والتّكرار ليس دليلًا على اختلاف المصدر، بل هُوَ سِمَة من سِمَات الكتابة في الشّرق الأدنى الْقَدِيم. كما

أنَّ المبادئ والوصايا الأخلاقيّة لم تنشأ عن تطوُّر، حيث وجدنا نُصوصًا تعود إلى ما قبل زمن «موسى» تتضمّن وصايا ومبادئ أخلاقيّة.

### رابعًا، تاريخ الكهنوت في إسرائيل

يفترض أصحاب نظريّة المصادر؛ الأوروبيّون المُعاصِرون، الّذين لا يعرفون الكثير عن ثقافة الشّرق الأدنى الْقَدِيم وفكره وأسلوب كتابته والكتابات العِبْرِيّة أنَّهم هُمْ الباحثون الموثوق بهم في تحديد هُوِيّة الكَاتِب وزمان كتابة السِفْر. كما أنَّهم يفترضون أيضًا أنَّ الباحثين الّذين جاءوا بعد كتابة السِفْر بـ ٣٥٠٠ سنة قادرون على أن يُحَدّدوا وأن يعرفوا مَنْ كَتب، وأيَّ جزء كَتبَ، وفي أيِّ زمان تمّت تلك الكتابة. فَهُمْ يجعلون أنفسهم أفضل من الباحثين اليَهُود والمُفكّرين المسيحيّين الأوائل. وبطبيعة الحال، فإنَّ هذا غير صحيح.

## الأدلة على هُوِيّة كَاتِب التّوراة

في هذا الخصوص نبدأ بالسّؤال الهام، وهو: ماذا يقول الكتابُ المُقَدَّس عن كَاتِب أسفار التّوراة بصفة عامّة، وعن كَاتِب سِفْر «التَكوِين» بصِفة خاصّة؟ ومع أنَّ سِفْر التَكوِين هُوَ جُزْء من التّوراة (وهِيَ أسفار مُوسَى الخمسة: تَكوِين خُروج لاويين عدد تثنيّة)، إلا أن سِفْر التَكوِين يُمَثّل حالة خاصّة. ففي حين أنَّ مُوسَى هُوَ شاهد عَيَان للأحداث الّتي وقعت في الأسفار من الخروج إلى التّثنيّة، إلا أن أحداث سِفْر التَكْوِين حدثت قبل زمن مُوسَى بمُدّة طويلة. ومع أنَّ سِفْر التَكْوِين لم يذكر بطبيعة الحال - أنَّ مُوسَى هُوَ كَاتِب السِفْر، كما لم يتضمّن أَدِلّة مُباشرة عنه، إلا أنَّ بقيّة أسفار التّوراة تُقدِّم لنا عِدّة دلائل وإشارات عن هُوِيّة ذلك الكَاتِب، كما يلي:

## الله يأمر مُوسَى بالكتابة

نجد - غير مَرَّة - أنَّ الله يُوَجّه أمرًا لمُوسَى بالكتابة قائلًا: «**اكْتُبْ** هذَا تَذْكَارًا فِي الْكِتَابِ، وَضَعْهُ فِي مَسَامِعِ يَشُوعَ» (خروج ١٧: ١٤، وفي خروج ٢٤: ٣ -٤) «فَجَاءَ مُوسَى وَحَدَّثَ الشّعْبَ بِجَمِيعِ أَقْوَالِ الرّبِّ وَجَمِيعِ الأَحْكَامِ، فَأَجَابَ جَمِيعُ الشّعْبِ بِصَوْتٍ وَاحِدٍ وَقَالُوا: كُلّ الأَقْوَالِ الّتي تَكَلّمَ بِهَا الرّبُّ نَفْعَلُ. **فَكَتَبَ مُوسَى جَمِيعَ أَقْوَالِ الرّبِّ**» وفي خروج ٣٤:٢٧: «وَقَالَ الرّبُّ لِمُوسَى: **اكْتُبْ** لِنَفْسِكَ هذِهِ الْكَلِمَاتِ، لأَنّنِي بِحَسَبِ هذِهِ الْكَلِمَاتِ قَطَعْتُ عَهْدًا مَعَكَ وَمَعَ إِسْرَائِيلَ» كما يُؤكّد سِفر العدد ٣١: ٢ أنَّ مُوسَى لم يكتب الشّريعة فقط، بل «**وَكَتَبَ مُوسَى** مَخَارِجَهُمْ بِرِحْلاَتِهِمْ حَسَبَ قَوْلِ الرّبِّ». وفي تثنية ٣١: ٩ يقول: «**وكتب مُوسَى** هذه التّوراة وسلّمها للكهنةِ بني لاَوِي حَامِلِي تابوت عَهدِ الرّب» وفي الآية ١١ يقول: «حِينَما يَجيءُ جميعُ إسرائِيلَ لِكَي يظهروا أمام الرّب إلهكَ في المَكانِ الّذي يَختارُهُ، **تَقرأُ هذه التّوراةَ** أمامَ كُلّ إسرَئِيلَ فِي مَسَامِعِهم». ومن المُلاحَظ أنَّ «ويلهوزن» - صاحب نظريّة المصادر الّتي تُشكّك في كَوْن مُوسَى كاتِب التّوراة - في كُلّ كتاباته لا يتعرّض لهذه النّصوص الكتابيّة الواضحة ولا حتى يُقِر بأنَّ مُوسَى كَتَبَ ولو جُزْءًا من التّوراة. بل يتغافل عن كُلّ ما يعترض نظريّته ويُعدّه غير موجود!

## شهادة بقيّة أسفار الْعَهْد الْقَدِيم

وإضافة إلى ما تقوله التّوراة عن أمر الرّب لمُوسَى بالكتابة، نجد أنَّ الْعَهْد الْقَدِيم يشهد أنَّ مُوسَى هُوَ كَاتِب التّوراة، حيث يقول الرّب ليشوع: «إِنَّمَا كُنْ مُتَشَدِّدًا، وَتَشَجَّعْ جِدًّا لِكَيْ تَتَحَفَّظَ لِلْعَمَلِ حَسَبَ **كُلّ الشّرِيعَةِ الّتي أَمَرَكَ بِهَا مُوسَى عَبْدِي**. لاَ تَمِلْ عَنْهَا يَمِينًا وَلاَ شِمَالاً

لِكَيْ تُفْلِحَ حَيْثُمَا تَذْهَبُ». (يشوع ١: ٧) كما أنَّ يشوع بنَى مذبحًا للرب بحسب الشَّريعة:

حِينَئِذٍ بَنَى يَشُوعُ مَذْبَحًا لِلرَّبِّ إِلهِ إِسْرَائِيلَ فِي جَبَلِ عِيبَالَ، كَمَا أَمَرَ مُوسَى عَبْدُ الرَّبِّ بَنِي إِسْرَائِيلَ، **كَمَا هُوَ مَكْتُوبٌ فِي سِفْرِ تَوْرَاةِ مُوسَى.** مَذْبَحَ حِجَارَةٍ صَحِيحَةٍ لَمْ يَرْفَعْ أَحَدٌ عَلَيْهَا حَدِيدًا، وَأَصْعَدُوا عَلَيْهِ مُحْرَقَاتٍ لِلرَّبِّ، وَذَبَحُوا ذَبَائِحَ سَلَامَةٍ. (يشوع ٨: ٣٠-٣١)

ويُوصِي الملك داود أيضًا ابنه سليمان قائلًا: «٣اِحْفَظْ شَعَائِرَ الرَّبِّ إِلهِكَ، إِذْ تَسِيرُ فِي طُرُقِهِ، وَتَحْفَظُ فَرَائِضَهُ، وَصَايَاهُ وَأَحْكَامَهُ وَشَهَادَاتِهِ، **كَمَا هُوَ مَكْتُوبٌ فِي شَرِيعَةِ مُوسَى،** لِكَيْ تُفْلِحَ فِي كُلِّ مَا تَفْعَلُ وَحَيْثُمَا تَوَجَّهْتَ» (ملوك الاول ٢: ٣) كذلك تشهد كلمة الرَّب عن أَمَصْيَا الملك أنَّه أنجز أعماله بحسب شريعة موسى «.. وَلكِنَّهُ لَمْ يَقْتُلْ أَبْنَاءَ الْقَاتِلِينَ حَسَبَ مَا هُوَ مَكْتُوبٌ فِي سِفْرِ شَرِيعَةِ مُوسَى، حَيْثُ أَمَرَ الرَّبُّ قَائِلًا: «لاَ يُقْتَلُ الآبَاءُ مِنْ أَجْلِ الْبَنِينَ، وَالْبَنُونَ لاَ يُقْتَلُونَ مِنْ أَجْلِ الآبَاءِ. إِنَّمَا كُلُّ إِنْسَانٍ يُقْتَلُ بِخَطِيَّتِهِ»، (٢ملوك ١٤: ٦) في إشارة إلى ما وَرَدَ في سِفْر التَّثنيّة ٢٤: ١٦، وكان زمن هذه الحادثة هُوَ في سنة ٧٩٦ ق. م.

يُشِيرُ الْعَهْدُ الْقَدِيمِ في مُجْمَلِهِ دائماً إلى أنَّ كاتب التَّوراة هُوَ مُوسَى (كما وَرَدَ في عزرا ٦: ١٨، ونحميا ١٣: ١، ودانيآل ٩: ١١ - ١٣، وملاخي ٤: ٤).

## شهادة الْعَهْد الجديد

وإلى جانب المَرَّات الكثيرة الّتي يُشير فيها الْعَهْد الجديد إلى توراة موسى، نجد أحداثًا تاريخيّة كثيرة في التّوراة تشير إلى موسى، منها مَتَّى ١٩: ٨ «قَالَ لَهُمْ: إِنَّ مُوسَى مِنْ أَجْلِ قَسَاوَةِ قُلُوبِكُمْ أَذِنَ لَكُمْ أَنْ تُطَلِّقُوا

نِسَاءَكُمْ. وَلكِنْ مِنَ الْبَدْءِ لَمْ يَكُنْ هكَذَا»، وكذلك في يوحنا ٥: ٤٥-٤٧ نجد أيضًا:

> لاَ تَظُنُّوا أَنِّي أَشْكُوكُمْ إلى الآبِ. يُوجَدُ الّذي يَشْكُوكُمْ وَهُوَ **مُوسَى**، الّذي عَلَيْهِ رَجَاؤُكُمْ. لأَنَّكُمْ لَوْ كُنْتُمْ تُصَدِّقُونَ **مُوسَى** لَكُنْتُمْ تُصَدِّقُونَنِي، لأَنَّهُ هُوَ كَتَبَ عَنِّي. فَإِنْ كُنْتُمْ لَسْتُمْ تُصَدِّقُونَ كُتُبَ ذَاكَ، فَكَيْفَ تُصَدِّقُونَ كَلاَمِي؟

وفي يوحنا ٧: ١٩ مكتوب: «أَلَيْسَ **مُوسَى** قَدْ أَعْطَاكُمُ النّامُوسَ؟ وَلَيْسَ أَحَدٌ مِنْكُمْ يَعْمَلُ النّامُوسَ! لِمَاذَا تَطْلُبُونَ أَنْ تَقْتُلُونِي؟» ويُشير بطرس في سِفْر أعمال الرُّسُل ٣: ٢٢ إلى سِفْر التّثنية ١٨ فيقول: «فَإِنَّ **مُوسَى** قَالَ لِلآبَاءِ: إِنَّ نَبِيًّا مِثْلِي سَيُقِيمُ لَكُمُ الرّبُّ إِلهُكُمْ مِنْ إِخْوَتِكُمْ. لَهُ تَسْمَعُونَ فِي كُلِّ مَا يُكَلِّمُكُمْ بِهِ. وَيَكُونُ أَنَّ كُلَّ نَفْسٍ لاَ تَسْمَعُ لِذلِكَ النّبِيِّ تُبَادُ مِنَ الشّعْبِ» كما يقتبس الرّسول بولس من سِفْر اللاويين ١٨: ٥ فيقول: «لأن **مُوسَى** يَكْتُبُ في البِرّ الّذي بالنّاموس» (روميّة ١٠: ٥). أكّدَ الرّب يسوع نفسه في تصريحاته أنَّ مُوسَى هُوَ كَاتِب التّوراة. وكثيرًا ما تكلّم عن كتابات مُوسَى وناموس مُوسَى من دون أدنى تنازُل أو تَرَدُّد (اقرأ مثلًا مَتَّى ٨: ٤، ١٩: ٧-٨، مَرْقُس ٧: ١٠، ١٢: ٢٦، لُوقَا ٢٤: ٢٧، ٤٤، يُوحَنّا ٧: ١٩). وليس هذا فقط بل إنَّ الرّب يسوع نَبّرَ بشِدّة على خطورة إنكار أو تجاهُل مُوسَى. لقد اتّهم الرّب قادة اليَهُود في عصره بعدم فهْمِهم لشريعة مُوسَى الّتي تشهد عنه (يُوحَنّا ٥: ٤٦-٤٧). أيضًا، ففي قصة الغني ولعازر في لُوقَا ١٦: ٣١، يروي الرّب يسوع كيف أنَّ الغني بعد موته توسّل أن يُرسَل لعازر بعد أنَّ يُقام من الأموات ليُحذِّر إخوته من مصيره التّعيس هذا، فكان رد الرّب على لسان أبينا إبراهيم «إنَّ كانوا لا يسمعون من **مُوسَى** والأنبياء، ولا إنْ قام واحد من الأنبياء يُصَدّقون»

(لُوقَا ١٦: ٣١) ويعني هذا أنَّ الّذي لا يُصَدّق شريعة مُوسَى لا يُمكنه أيضًا أن يقتنع بمُعجزة القيامة من الأموات!

## شهادة التّقليديْن اليَهُوديّ والمسيحيّ

يُؤكِّد التّقليد اليَهُوديّ أنَّ مُوسَى هُوَ الكَاتِب للأسفار الخمسة الأولى (تَكْوِين وخروج ولاويين وعدد وتثنية) من الكتاب المُقَدَّس، أو ما يُطْلَق عليها اسم «التّوراة» أو «كتاب موسى» أو «النّاموس» أو «الشّريعة». كما أنَّ الكنيسة الأولى وآباءَها بلا استثناء بنوْا قناعاتهم على أنَّ مُوسَى هُوَ الكَاتِب. فالرّب يسوع يقول: «**أَلَيْسَ مُوسَى قَدْ أَعْطَاكُمُ النَّامُوسَ؟**» (يُوحَّنا ٧: ١٩).

## شهادة علم الآثار

ادّعَتْ نظريّة المصادر أنَّ كَاتِب سِفْر التَكْوِين خَلَقَ من وَحْي أفكاره عَالَمًا وعادات وتقاليد وشعوبًا وملوكًا لم تكن موجودة في الألفيّة الثّانية قبل الميلاد. وقد أسقطت هذا الادّعَاء الاكتشافاتُ الأثريّة الحديثة، ومن أهم هذه الاكتشافات اكتشاف قانون «حمورابي» الّذي أظهر أنَّ القانون المُنَظِم للمُعَامَلات كان موجودًا قبل مُوسَى بقُرون كثيرة. كما أنَّ اكتشاف حضارة الحِثّيّين أَدّى إلى انهيار ادّعَاء اللاهوتيّين المُتحرِّرين أنّه لا يُوجَد شعب ولا حضارة تُسَمّى بحضارة الحثّيين، وأنَّ هذا كُلّه كان من اختراع كَاتِب سِفْر التَكْوِين. وفَضْلًا عن ذلك، فإنَّ اكتشاف مدينة «أُور» الْقَدِيمة، مسقط رأس أبينا إبراهيم، ومعرفة مدى التّقدُّم والرّقي والحضارة الّتي كانت عليه هذه المدينة في الألفيّة الثّانية قبل الميلاد كان نقيض ما ادّعَاه المتحرِّرون. كذلك فإنَّ اكتشاف آلاف الألواح الطّينيّة المنقوشة في مدينة «ماري» الْقَدِيمة ومعرفة عادات هذه الشّعوب وتقاليدها

في زمن إبراهيم أكّد لنا أن كثيرًا من عادات سِفر التَكْوين وتقاليده تعود إلى الألفيّة الثّانية قبل الميلاد. ومن ضِمْن هذه الأشياء وجود ألواح حجريّة وطينيّة تتحدَّث عن النّظام الاجتماعيّ، وكيف أنَّه لرجل وامرأة لم يُنْجِبا أن يختارا عبدًا يَثِقان به ويكون لهما وارثًا، بشرط أن يتكفَّل برعايتهما بقيّة أيامهما. وهذا هُوَ نفس ما فعله إبراهيم مع كبير عبيده ألعازر الدّمشقيّ. كما أظهرتْ تلك الآثار أيضًا أنَّه من ضِمن العادات الاجتماعيّة ما يُمَكّن الرّجل الّذي لم يُنْجِب أولادًا من أن يُنْجِبَ من إحدى سَرَارِيه،٥ ويُلْحق نَسَبَ هذا الابن إليه، وهذا ما فَعَلَه إبراهيم وسارة مع هاجر الجاريّة المصريّة... إلخ. وتُؤكِّد الاكتشافات الحديثة في علم الآثار لنا كُلّ يَوْم أنَّ سِفر التَكْوين قد كُتِبَ في ثقافة ٢٠٠٠ سنة قبل الميلاد وفِكرها، وأنَّ الأحداث والأشخاص والأماكن الوارِدة فيه هِيَ كُلّها أمور تاريخيّة، وليست من اختراع الكَاتِب الّذي كَتَبَ السِفْر في الْقَرْن الثّامِن قبل الميلاد كما يَدّعي أصحاب نظريّة المصادر. بل إنَّ الاكتشافات الأثريّة أكّدت أيضًا أنَّ شعب سُومَر الّذي عاش في جنوب بلاد ما بين النّهريْن، والّتي يُسمّيها الكتاب أرض شنعار (الكلمة العبريّة «شنعار» هِيَ اللفظ العِبْريّ لكلمة «سومر» تَكوين ١٠: ١٠، ١١: ٢، ١٤: ١)، كما أُكْتُشِفَت مدينة «يوروك» (Uruk) الّتي هِيَ «أَرَك» الكتابيّة (تكوين ١٠: ١٠)، وَوُجِدَ فيها أقدم الألواح المكتوبة (وترجع إلى سنة ٣٣٠٠ ق م). وقد ألقتْ هذه الاكتشافات الضّوْءَ على الملوك والشّعوب والمُدُن والثّقافات واللُغات الْقَدِيمة، بعد أن كان قد طواها النّسيان. ووجدنا أنَّ الكِتاب المُقدَّس قد احتفظ لنا بتواريخ أُولئك الملوك والشّعوب في تَتَابُعِها الصّحيح، كما عَكَسَ لنا أيضًا الحضاراتِ الْقَدِيمةِ في أكثرِ الصّورِ صِدْقًا.

٥. أيّ جَوَاريه المملوكة له.

## شهادات داخليّة تُؤكِّد أنَّ مُوسَى هُوَ الكَاتِب

١. يُظْهِر كَاتِب سِفْرَيّ التَكْوِين والخُروج معرفةً كبيرة وفائقة بمصر، ويَتحدّث كشاهد عَيَان عن حادثة الخروج. فهو يعرف الأسماء المصريّة مثل آوَن (مدينة الشّمس)، وفيثوم (بيت الإله أثوم)، وفوطيفار، واسم امرأة يوسف (أَسْنَات)، واللقب الذى لُقِّبَ به يوسف (صَفْنَات فَعْنِيح) (تَكْوِين ٤١: ٤٥) والاسم «موسى». كما أنَّ كَاتِب سِفْرَيّ التَكْوِين والخُروج يستخدم كلّمات مصريّة لم يتكرَّر ذِكْرُها في بقيّة أسفار الْعَهْد الْقَدِيم.[6]

٢. يُعَدُّ مُوسَى الّذي تهذَّب بكُلّ حِكْمة المصريين كأمير مصريّ، والّذي ترعرع على أنّه ابن ابنة فرعون، وهو المُتعلِّم والمُثقف، والموهوب رُوحيًا، والمدعو دعوة إلهيّة، أكثرَ الأشخاص كفاءة في الكتابة.

٣. يعرف الكَاتِبُ جُغرافيّة مصر وسيناء معرفة وافيّة وشاملة. ويُؤكِّدُ هذا أنّه عاش فيهما.

٤. إنَّ الجَوَّ العام، من سِفْر الخروج وحتى سِفْر العدد، هُوَ الصّحراء وليس لِأُنَاس يعيشون في كنعان (لاويين ١٨: ٣، وتثنية ١٢: ٩، ١٥: ٤، ٧، ١٧: ١٤). فلا بُدَّ أن يكون الكاتِب شاهدَ عيان، لأنَّ هذه التّفاصيل الكثيرة لا يمكن أن يكتبها إلا شخص عاشها وعاصَرَها.

6 Archer G. *A Survey of Old Testament Introduction,* 102; John J. Davis, *Paradise to Prison: Study in Genesis* (Salem, Wisconsin: Sheffield, 1975), 25; and Rolf Rendtorff, The Problem of the Process of Transmission in the Pentateuch, trans. by John Scullion, JSOT Sup 89 (Sheffield: Sheffield Academic P, 1990).

٥. التّعليقـات الـّتي يُدونّهـا الكَاتِـبُ أثنـاء الكتابـة (مثـل تَكْوِيـن ٢٦: ٣٣، ٣٢: ٣٢) ليُفسِّر فيهـا بعـض النّقـاط لِقُرّائـه اليَهُـود الّذيـن عاشـوا بعـد هـذه الأحـداث بسـنين كثـيرة.

ولإبـراز حقيقـة أنَّ سِـفْر التَكْوِيـن كان يحتفـظ بمعرفـةِ أحـداث تمَّـتْ قبـل مُـوسَى بفـترة طويلـة، كانـت تُـتْرَك المصـادر الْقَدِيمـة بمفردهـا أحيانًـا. فعلى سـبيل المثـال، نقـرأ في تَكْوِيـن ١٠: ١٩: «وكانـت تخـوم الكنعـاني مـن صيـدون حينمـا تـجيء نحـو جـرار إلى غـزة وحينمـا تـجيء نحـو سـدوم وعمـورة وأدمـة وصبوييـم إلى لاشـع». لاحِـظْ عبـارة «نحـو سـدوم وعمـورة»، وتأمَّـلْ مـعي لـو أنَّ كتـاب دليـل السّـيّاح لمدينـة نيويـورك يقـول «نحـو البُرْجَـيْن التّوأمـين Twin Towers»، فمـاذا يُمكنـك أن تسـتنتج عـن تاريـخ هـذا الدّليـل المكتـوب؟ مـن المحتمـل أنّـه كُتِـبَ عندمـا كانـت هـذه العلامـات الرّئيسـيّة مـا زالـت موجـودة، أيّ قبـل الهجـوم الإرهـابيّ الذي جـرى في ١١ سـبتمبر سـنة ٢٠٠١. كذلـك، وبنفـس الطّريقـة، فـإنَّ الدّليـل الدّاخـليّ لتَكْوِيـن ١٠: ١٩ يُشـير إلى أنَّ الكتابـة عـن سـدوم وعمـورة كانـت موجـودة قبـل أنَّ يُدمّرهمـا الله (تَكْوِيـن ١٩: ٢٤)، مـا يعـني أنَّ هـذا كان في زمـن إبراهيـم أو قبلـه. لقـد فُقِـدت هاتـان المدينتـان الشّريرتـان تحت البحـر الميـت قبـل قُـرون مـن زمـن مـوسى.

٦. لاحِـظْ أيضًـا في سِـفْر التَكْوِيـن تلـك السّـمَة الأدبيّـة المتكـرِّرة كثيرًا والمُسَـمّاة «التصالـب البـلاغي chiasmus » (وهـو انعـكاس ترتيـب الكلمـات في عبارتـيْن متتاليتـيْن، مثـل: لا حيـاة مـع اليـأس، ولا يـأس مـع الحيـاة)، حيـث يبـدأ الـرّاوي الحكايـة مَـرَّة ثانيـة مـن النُّقطـة الّـتي انتـهي إليهـا في السّـرْد الأوَّل، على سـبيل المثـال تَكْوِيـن ٩: ٦ مكتـوب «سـافك دم الإنسـان، بالإنسـان يُسْـفَك دمُـه»، وفي تَكْوِيـن ٢: ٤ مكتـوب: «هـذه مبـادئ **السّـماوات والأرض** حـين خُلِقَـتْ. يـوم عَمِـل الـرّب الإله **الأرض والسّـماوات**».

٧. وفَضْـلًا عـن ذلـك، فـإنَّ اسـتخدام الرّقـم ٧ في سِـفْر التَكْوِيـن الأصحـاح ١ يُشـير على الأقـل إلى مُحـرِّر واحـد شـديد الحـرص مُتمكِّـن مـن أدواتـه فهنـاك:

أ. سبعة أيام في أسبوع الخليقة.

ب. كلمات مفتاحيّة تكرَّرت في سُباعيّات: إلوهيم ٣٥ مَرَّة (٥ X ٧)، الأرض ٢١ مَرَّة (٣ X ٧) السّماوات والجَلَد ٢١ مَرَّة (٣ X ٧).

ج. سبعة أوامر في الخلق الّتي يقول الله فيها «ليكن» أو «نعمل»، وهذا النّوْع من الأفعال هُوَ صِيغة أمر حتْميّ jussive، وحيث إنَّ الفاعل هُوَ الله فإنَّ هناك «أوامر حتميّة»:

- «ليكن יהי»
- «لتجتمع יקוו»
- «لِتَظْهَر תראה»
- «لِتُنْبِت תדשא»
- «لِتَفِضْ ישרצו»
- «لِتُخْرِج תוצא»
- «نعمل נעשה»

د. نرى تكراراً لكلمات مُعَيَّنة سبع مَرَّات، مثل كلمتيّ النّور والنّهار في الآيات ١-٥. كما أنَّ كلمة النّور تكرَّرت ٧ مَرَّات أيضًا في اليَوْم الرّابع من الخَلْق. وتكرَّرت كلمة «المياه» ٧ مَرَّات في اليَوْمين الثّاني والثّالث من الخَلْق. وتكرَّرت كلمة «الحياة» ٧ مَرَّات في اليَوْميْن الخامِس والسّادِس من الخَلْق. ويُعلِن الله أنَّ عَمْل الخلق «حسن» ٧ مَرَّات (وفي المَرَّة السّابِعة قال إنّه «حسن جدًّا»).

ه. كما أن الآية الأولى من الأصحاح الأَوَّل من سِفْر التَكْوِين تحتوي في اللُغة العِبْريّة على ٧ كلمات، بينما تحتوي الآية الثّانية في النّص العِبْريّ على ١٤ كلمة (٢ X ٧).

و. أضف إلى ما سَبَقَ أنَّ هناك ٧ فقرات من تَكْوِين ١: ١-٢: ٣، بعدها تتخذ الرّواية مسارًا آخر.

ز. كذلك فإنَّ الفقرة ٧ من الفقرات السّبع السّابقة تحتوي على ٣٥ كلمة (٥ X ٧)، في ثلاث جُمَل كُلّ منها تتضمَّن ٧ كلمات تنتهي بعبارة «اليوم السّابع». وفي تَكْوِين ٤ يظهر اسم «هابيل» ٧ مَرَّات، واسم «قايين» ١٤ مَرَّة (٢ X ٧).

ح. إنَّ الإشارات إلى كلمة «أخ» في صيغة الضّمير (أخي، أخوك) تظهر أيضًا ٧ مرات.
ط. يَعِدُ الله بأنَّ ينتقم لقايين ٧ مَرَّات، ولـ «لامك» ٧٧ مَرَّة (٧ X ١١).
ي. نجد في تَكْوين ١-٥ أنَّ الاستخدام الّذي يجمع بين YHWH و Elohim يتكرَّر ٧٠ مَرَّة (٧ X ١٠). وأنَّ الله تكلّم إلى نوح ٧ مَرَّات في رواية الطّوفان.

وقد يرى بعضهم أنَّ مسألة تكرار الأرقام هذه تبرهن على عدم تاريخيّة أحداث سِفْر التَكْوِين، لكن هذا الافتراض ضعيف للغاية، لأنَّ العدد أو التّرقيم numbering موجود في فقرات تاريخيّة لا شك فيها مثل عدد ٧: ١٠-٨٤، حيث هناك تَعَاقُب لـ ١٢ يَوْمًا مُتتاليّة ومُترابطة منطقيًا. ويرى المحافظون أنَّها رواية تاريخيّة لتدشين الهيكل ويُمثِّل كُلّ يوم منها أسباط إسرائيل الإثني عشر.

# اسم السِفْر.. أقسامه وطبيعته

يرجع اسم سِفْر التَكْوِين إلى بضعة قُرون قبل المسيح، عندما تُرْجِمَ الْعَهْد الْقَدِيم العبريّ إلى اليونانيّة لينتج عن هذا التّرجمة السّبعينيّة Septuagint (ويُرْمَز لها بالأرقام اللاتينيّة LXX)، وعندها اختاروا عنوان السِفْر ليكون Genesis (وهو باليُونانيّة Γένεσις) والّذي يعني «أصل أو منشأ origin». وعندما تُرْجِمَ الكتاب المُقَدَّس إلى اللاتينيّة أُبْقِيَ على نفس الاسم اليونانيّ مكتوبًا بالحروف اللاتينيّة.

## اسم السفر

غالبًا ما ربط المُترجمون اليُونانيّون هذا الاسم بكلمة مُهمّة جِدًا وهِيَ γενέσεως geneseos والّتي تُتَرْجَم عادةً إلى أجيال أو مواليد generations في اللُغة الإنجليزيّة. وهِيَ توجِز هدف هذا السِفْر: إنَّه أصل كُلّ شيء، بما في ذلك الخطيّة والمَوْت، وكيف أنَّ كُلّ النّاس انحدروا من أَوَّل إنسانيْن، آدم وحواء.

والكلمة اليُونانيّة γενέσεως هِيَ بدورِها ترجمة للكلمة العِبْريّة toledot תולדות، لكن العبرانيّين على نحو تقليديّ كان يُسَمُّون السِفر بأَوَّل كلمة منه، وفي سِفْر التَكْوين، تكون الكلمة الأولى فيه هِيَ «في البدء בראשית»، وهي تُنْطَق في العبريّة بَرَاشِيت. وهذه التّسميّة هِيَ أيضًا مُناسبة، لأنَّ سِفر التَكْوين هُوَ في الحقيقة «سِفْر البدايات the book of beginnings». فهو يشرح أصلَ كُلّ شيء .. بدايات الزّمن، والفراغ، والمادة، والأرض، وكُلّ الكون، بما في ذلك الحياة، والإنسان، والخطيّة والموت، والفداء. وبالفِعْل، تستطيع أن تجد كُلّ العقائد الجوهريّة والأساسيّة وأخلاقيات الإيمان المسيحيّ في سِفْر التَكْوين على الأقل في شكلها البدائيّ الجنينيّ.

الاسم الإنجليزي المأخوذ من التّرجمة اللاتينيّة «الفولجاتا» هُوَ Genesis ويعني: الأصل أو المصدر، أي أصل الكَوْن أو خلقه، وبدء الجنس البشريّ، والأُمم والشّعوب، وبداية السُّقوط والخطيّة، وبداية الوعود بمجيء المسيا المُخَلِص، وبداية دعوة الله للآباء: إبراهيم وإسحاق ويعقوب وتَكْوين شعب يأتي منه الفادي المُخلِّص.

وبعد المُقدِّمة وقصة خلق العالم (تَكْوين ١: ١- ٢: ٣)، يبدأ كَاتِب سِفْر التَكْوين في تقديم تاريخ الفداء من خلال عشرة أنساب أو مواليد «تُولِيدُوت תולדות».

## البنية الأدبية التُولِيدُوت TOLEDOT – «وهذه مواليد»

إنَّ المصادر الفِعليّة لسِفْر التَكْوِين هِيَ في الحقيقة عبارة عن ١١ وثيقة عائليّة family documents تتصدّرها كلمة «مواليد toledots». وتُترجَم العبارة elleh toledot عادةً إلى «هذه مواليد ...». وقد لاحظ كوليكوفسكي Kulikovsky أنَّ كلمة toledot هِيَ الاسم الجمع للفعل ילד (yalad، بمعنى: يَلِد أو أنجبَ)، والّذي يُشير إلى الأنسال التي سوف تأتي أكثر من كَوْنه يُشير إلى الأنسال السالفة. وكما يلاحظ Skinner أنَّ عبارة الـ toledot دائمًا ما تكون متبوعة بصِيغة المضاف إليه genitive للجَدّ الأعلى progenitor، وليس للنسل أو الذُريّة progeny، بمعنى أنَّ النّص الّذي يَلي «المواليد» يسرد ما ستقوم به أشخاص وفواعل subjects المواليد في التّاريخ.[1]، وهذا ما دعا والترز Wolters إلى أن يُترجِمَ عبارة «مواليد» كما يلي: «وهذه هِيَ التّطورات التّاريخيّة الّتي تَنْجُم (أو نجمت) عن ...». وهكذا، فإنَّ سِفْر التَكْوِين يروي لنا ما نتج عن الشّخص المذكور اسمه في التّوليدوت.[2]

١. مبادئ السّماوات والأرض (٢: ٤)
٢. مواليد آدم (٥:١- ٦: ٨)
٣. مواليد نوح (٦:٩ – ٩: ٢٩)
٤. مواليد أولاد نوح (١٠: ١- ١١: ٩)
٥. مواليد سام (١١: ١٠ – ٢٦)
٦. مواليد تارح (١١: ٢٧ – ٢٥: ١١)
٧. مواليد إسماعيل (٢٥: ١٢- ١٨)
٨. مواليد إسحاق (٢٥: ١٩ – ٣٥: ٢٩)

1. Andrew S. Lulikovsky, *Creation, Preservation, and Dominion,* Three parts, *J. Creation* 23 (1): 86-93, 23 (2): 82- 89, 90 – 95 and John Skinner. A *Critical and Exegetical Commentary on Genesis* (Edinburgh: T & T Clarks, 1910), 119.
2. Albert M. Wolter, *Creation Regained Biblical Basics for a Reformational Worldview,* (Carlisle, UK: Paternoster Press, 1996). 37.

٩. مواليد عيسو (٣٦: ١- ٣٧: ١)

١٠. مواليد يعقوب (٣٧: ٢- ٥٠: ٢٦)

وتركيز هذه المواليد « تُولِيدُوت תולדות» ليس على السّلَف أو الآباء، بل على الأحفاد. فعلى سبيل المثال، نجد أنَّ مواليد تارح وإسحاق ويعقوب تهدف إلى التركيز على أحفادهم أو على المولودين منهم، وهُمْ إبراهيم ويعقوب وأبناء يعقوب الاثنى عشر. كُتِبَت هذه المواليد بأُسلوبيْن مُختلِفيْن وهُما: المواليد القصيرة والمواليد الطّويلة. كما نرى أنَّ مواليد النّسل الّذي لن يأتي منه المسيّا المُخلِّص تأتي قبل مواليد النّسل الموعود. فمواليد قايين (تَكْوِين ٤: ١٧ – ٢٤) تأتي قبل مواليد شيث (تَكْوِين ٤: ٢٥ -٢٦)، ومواليد يافث وحام (تَكْوِين ١٠: ١- ٨) تأتي قبل مواليد سام (تَكْوِين ١٠: ٢١ – ٢٢)، ومواليد لوط (تَكْوِين ١٩: ٢٩ – ٣٠) وإسماعيل (تَكْوِين ٢٥: ١٢ – ٢٥) تأتي قبل مواليد إسحاق (تَكْوِين ٢٥: ١٩)، وكذلك مواليد عيسو (تَكْوِين ٣٦: ١- ١٠) تأتي قبل مواليد يعقوب (تَكْوِين ٣٧: ٢). وغرض الكَاتِب هُوَ أن يَتحدّث باختصار عن النّسل غير المختار قبل أن يَتحدّث عن النّسل المختار.

## أقسام سفر التكوين

وينقسم سِفْر التَكْوِين إلى قسمَيْن أساسيَيْن وهُما: التّاريخ الاستهلاليّ أو البدائي (تَكْوِين ١ – ١١)، وبداية تاريخ شعب الرّب (تَكْوِين ١٢ – ٥٠). إنَّنا نجد في التّاريخ البدائيّ الموضوعات الآتية:

- خلق العالم (١: ١- ٢: ٣)
- آدم وحواء (٢: ٤ – ٢٥)
- السّقوط (٣:١-٢٤)
- قايين وهابيل (٤: ١-٢٦)
- من آدم لنُوح (٥: ١-٣٢)
- الطّوفان (٦:١ - ٨: ٢٢)
- نوح بعد الطُّوفان (٩: ١-٢٩)
- الأُمم والشّعوب (١٠: ١-٣٢)
- بُرج بابل (١١: ١-٩)
- نسل سام (١١: ١٠-٣٢)

أمّا القسم الثّاني، فهو يحكي بداية تاريخ شعب الله، فنجد فيه أربع شخصيّات محوريّة وهِيَ:

- إبراهيم (١٢: ١-٢٥: ١٨)
- إسحاق (٢٥: ١٩ - ٢٨: ٩)
- يعقوب (٢٨: ١٠- ٣٦: ٤٣)
- يُوسُف (٣٧: ١- ٥٠: ٢٦)

# طبيعة سفر التكوين

## سفر تاريخي

لقد نادَى بعضُ الدارسين -ولاسّيما اللاهوتيّون المُتحرِّرون- بأنَّ سِفْر التَكْوِين، وعلى نحو خاص الفصول من ١ إلى ١١، يحتوي على قصص أُسطوريّة خُرَافيّة. فبالنّسبة لهم، لا يُمكن لسِفْر التَكْوِين أن يكون سِفْرًا تاريخيًا (أيّ أنَّ أحداثه وشخصيّاتِه لم تكن حقيقيّة في التّاريخ) لعِدّة أسباب:

١. إنَّ منبع تَكْوِين ١ -١١ هو التّقليد الشّفويّ، بينما التّاريخ هُوَ وثائق مكتوبة.

٢. يَتحدّث سِفْر التَكْوِين عن قصص عائلات، بينما التّاريخ يتعامل مع إطار تاريخيّ أكبر.

٣. تتحدَّث قصص سِفْر التَكْوِين عن أمور غير مُمكنة ومستحيلة، بينما التّاريخ يتعامل مع الممكن.

٤. كُتِبَ تَكْوِين (١- ١١) بأسلوب شِعْريّ، بينما التّاريخ يُكْتَب بأسلوب توثيقيّ.

٥. تُعَد قصصُ سِفْر التَكْوِين مُختلِفةً في أسلوب كتابتها عن كتابة التّاريخ العِبْريّ كما هُوَ في صموئيل الأوّل ٩ – ٢٠ حيث وثائق حُكْم داود الملك.

إنَّ هذه الاعتراضات الخمسة الّتي قدّمها هيرمان جونكلH. Gunkel هِيَ نفسها الّتي تبنّاها كُلّ المتشكّكين في سِفْر التَكْوِين، وجعلوا منها الأساس لرفْضِهم تاريخيّة السِفْر والأحداث الواردة فيه.[٣]

يجب أن ننتبه هُنا إلى أنّه قبل أن يكون البَدْء موجودًا، كان إيلوهيم، وخَلَقَ إلوهيمالسّماواتِ والأرض وكُلَّ ما فيها وكُلّ ما عليها وخلقَ الإنسانَ أيضاَ. تُؤكّد أحداث هذا الخلق تَكْوِين ١-٣، حيث نرى الله الخالِق للكَوْن من العدم، والّذي يمتد سُلطانه ليشمل كُلّ الأشياء. إنَّ الله الخالق هُوَ إله قصة البداية، وهو منبُعها ومصدرُها ومُوجِدُهَا ؛ ولهذا ينبغي أن

3. H. Gunkel, *Genesis, HKAT 1/1*, 6th ed. (Gottingen: Vandenhoeck & Ruprecht, 1963).

نتعامل مع تَكْوِين ١-٣ على أنَّه جُزْء أصيل من الوحي الإلهيّ، فيه يُعلن لنا الله عن نفسه. وبنَاءً عليه، فإنَّه ونحن نقترب إلى تَكْوِين ١- ٣ بصِفة خاصّة، وإلى تَكْوِين ١- ١١ بصفة عامّة، ينبغي أن نتذكَّر الحقائق التّالية:

١. إنَّ تَكْوِين ١ – ٣ ليس أسطورة أو خُرَافات من اختراع بشر، بل هُوَ تاريخ حقيقيّ. نعم، إنَّه تاريخ وحقائق تاريخيّة. كما أنَّه لا تُوجَد فيه إشارة واحدة مُباشرة أو غير مُباشرة تجعلنا نشك في تاريخيّة الأحداث الوارِدة فيه.

٢. يرفض بعضُ الدارسين اليَوْم اعتبار تَكْوِين ١ – ١١ تسجيلًا لأحداث تاريخيّة حقيقيّة. ويبنون فِكرَهم هذا على أنَّ سِفْر التَكْوِين يُسجِّل لنا تاريخ أنساب وأشخاص. وفوق كُلّ هذا، كُتِبَ بأسلوب شِعْرِيّ وقَصَصيّ يختلف عَمّا هُوَ مُعتاد اليَوْم من كتابة التّاريخ. بُنِيَتْ هذه النّظريّة على أساس خطأ. فتَكْوِين ١- ٣ لم يُكْتَب شِعْرًا، بل كُتِبَ بأسلوب توثيقي فيه تَتَابُع لأحداث وأعمال، ولهذا نجد أنَّ حرف «واو» العطف في اللغة العبريّة «ו» الّذي يُشير إلى أحداث مُتتابِعة أُسْتُخدِمَ في تَكْوِين ١- ٣ أكثر من ١٠٠ مَرَّة!

٣. يجب أن نُفَرّق أوَّلًا بين التّاريخ History وبين عِلْمْ كتابة التّاريخ Historiography . فالتّاريخ يُشير إلى أحداث حقيقيّة حدثت في الماضي، أمّا عِلم كتابة التّاريخ فهو أكثر تعقيدًا من مُجرَّد تسجيل أحداث تمَّت في الماضي، فهو يشمل إلى جانب التّسجيل تفسيرَ لهذه الأحداث وترتيبها - أحيانًا - ترتيبًا موضوعيًا، كما يمكن أن تُكْتَب هذه الأحداث بأساليب مُتعدِّدة. ويُؤكِّد « بول ريكور Paul Ricoeur» أنَّه تُوجَد على الأقل ثلاث مدارس أو أساليب مُخْتلِفة لِعِلْم كتابة التّاريخ، وهِيَ:[4] (أ) أسلوب التّوثيق The Documentary Type، وهو أُسلوب يهتم بتسجيل الأحداث وبتغطية الموضوعات التّالية: لماذا قامت الحرب؟ ومَنْ المنتصر وأين ومتى؟ (ب) التّحليل المنطقيّ The Explicative Type، ويهدف إلى تسجيل نتائج الحرب مَثَلاً من النّاحية الاجتماعيّة والسّياسيّة والاقتصاديّة. (ج) الأسلوب الشّعْرِيّ

4. Laughery, *Living Hermeneutics in Motion: An Analysis and Evaluation of Paul Ricoeur's Contribution to Biblical Hermeneutics* (Boston: University Press of America, 2002), 100-129.

The Poetic Type ، وهو يتناول الحَدَث التّاريخيّ، ويُفسِّر لماذا انتصر المنتصر ولماذا انهزم المنهزم؟ كما أنّه يصوغ الحَدَث بأسلوب قَصَصيّ شائِق يُتيح للسامع والقارئ التّفاعل معه والتّعلّم منه.

يتعامُل كُتّاب الكتاب المُقَدَّس، سواء أكان ذلك في الْعَهْد الْقَدِيم أم الجديد، مع الشّعوب والأحداث وطريقة ترتيبها والأُطُر الزّمنيّة الوارِدة في سِفْر التَكْوِين على أنّها تاريخ حقيقيّ، وليس فقط كأدوات أدبيّة ولاهوتيّة. وعلاوة على ذلك، فإنَّ الفُصول ١-١١ من سِفْر التَكْوِين ليست أقل تاريخيّة من الأصحاحات الّتي تليها ١٢-٥٠. والدّليل على ذلك أنّه تُوجَد العديد من الفقرات الكتابيّة الّتي تُنَوّه إلى شعوب في تَكْوِين ١-١١ ثُمَّ تمضي للحديث عن شعوب في تَكْوِين ١٢-٥٠ من دون أدنى إشارة إلى أنَّ الأولى أقل تاريخيّة من الثّانية، مثل:

١. ١أخبار الأيام ١-٨: فهي سلسلة نَسَب دقيقة وشاملة من آدم إلى نوح من خلال أسباط إسرائيل الإثني عشر، ومن خلال ملوك إسرائيل ويهوذا وإلى ما بعد السّبي البابليّ.
٢. لوقا ٣: ٢٣-٣٨: هِيَ سلسلة نسب للمسيح من خلال مريم بوساطة داود، من خلال إبراهيم، ونوح، وأخيرًا آدم «ابن الله».
٣. عبرانيين ١١: حيث تُحْصِي وتُسَجِّل مشاهير أبطال الإيمان، هابيل، وأخنوخ، ونوح، من دون أدنى تلميح إلى أنّهم كانوا أقل واقعيّة عن الآخرين الّذين تَلَوْهم.

تُؤكِّد قواعدُ اللغة العبريّة أنَّ سِفْر التَكْوِين رواية تاريخيّة، حيث توضّح أنَّ الأصحاحات ١-١١ منه لها نفس الأسلوب الأدبيّ الّذي يُستخدَم في الأسفار التّاريخيّة الأُخرى. فعلى سبيل المثال، تَستخدم الأصحاحاتُ الأولى من سِفْر التَكْوِين كثيرًا البِنْيَة الأدبيّة المُسَمّاة «واو التّتابُع Waw consecutive»، كعلامة على التّسلسل الرّوائي. كما أن الأصحاحات ١-١١

تحـوي علامـات مُـميَّزة أُخْـرَى للروايـة التّاريخيّـة مثـل «أدوات النّصـب» (את et ‘ -) الّـتي تُـميِّز مفاعيـل الأفعـال. وإضافـة إلى ذلـك، فـإنَّ للأفعـال العبريّـة في الأصحـاح الأول مـن سِـفْر التَكْوِيـن ملمحًـا خاصًـا، وهـو تعبيرهـا عـن سلسـلة مـن الأحـداث الماضيّـة. وفي هـذا يقـول عَالِـم اللغـة العبريّـة الألمـانيّ الشّـهير جيسـينيوس Gesenius (١٧٨٦-١٨٤٢): «إنَّ واحـدة مـن أكـثر الـميزات الخاصـة في اللغـة العبريّـة تعاقُـب الأزمنـة وتسلسُـلها consecution of tenses، وهِيَ ظاهـرة تُمثِّـل سلسـلة مـن الأحـداث الماضيّـة يكـون فيهـا الفعـل الأَوَّل فقـط في الزّمـن التّـام، في حـين تسـتمر الرّوايـة في الزّمـن النّاقـص». كمـا يقـول عالـم اللغـة العبريّـة الفرنسـيّ Paul Jouon (١٨٧١-١٩٤٠) «إنَّ هـذه الصّيغـة منتـشرة جـدًا في الرّوايـات. فعـادةً مـا تبـدأ الرّوايـة بصِيغـة فعـل تـام تاريـخيّ qatal وتسـتمر مـع «واو التّعاقُـب والتّسلسـل»، والّـتي يعقبهـا - إذا كانـت هنـاك حاجـة إلى ذلـك - حـروف أُخْـرَى مـن واو التّعاقـب. وبتطبيـق هـذا على سِـفْر التَكْوِيـن الأصحـاح ١ نجـد أنَّ الفِعـل الأَوَّل هُـوَ «خَلَـقَ ברא، bara» وهـو فعـل تـام تاريـخيّ qatal، بينمـا الأفعـال التّاليّـة الّـتي تدفـع بالرّوايّـة إلى الأمـام نجدهـا مسـبوقة بـواو التّعاقُـب: «وقـال ויאמר»، «فـكان וַיְהִי»، «و رأى וירא». وهـذا هُـوَ النّمـوذج المتوقّـع مـن روايـة تاريخيّـة.

وفضـلًا عـن ذلـك، فـإنَّ روايّـة الطّوفـان ترصـد تاريخًـا حقيقيًـا، حيـث يـرى جـون ليسـلي John Leslie أنَّ روايّـة الطّوفـان في سِـفْر التَكْوِيـن تحـوي ثـلاث خصائـص للروايّـة الحقيقيّـة:[٥]

5. John G. Leslie, *Evaluation of the Noah Flood Account as a True Narrative Representation, Ph.D. Thesis, School of Archaeology, Trinity Southwest University (2010).*

١. «التّحديد determinacy» الّذي يتضمّن الأبعاد والقِيَاسات الدّقيقة للفُلْك وأوصافًا مضبوطة لبنائه وتركيبه، وأعدادًا واقعيّة للحيوانات، وكلمات فريدة عن الطّوفان والفلك، والتّنبير على عالميّة الطّوفان وشموليته، بلُغة قديمة من المعروف أنّها كانت موجودة في تلك المنطقة، مع استخدام تعبيرات يفهمها المتكلّمون العاديّون لتلك اللُغة.

٢. «الاتصال والتّرابُط connectedness» حيث التّرابط والاتصال الزّمنيّ للحَدَث، والّذي تدعمه على الأقل تسع أدوات أدبيّة.

٣. «قابليّة التّعميم generalizability»، وهذا أمر مُدَعّم بوساطة الاتّساق والتّجانُس مع عِلْم طبقات الأرض (الجيولوجيا)، وعِلْم الأحياء (البيولوجيا)، وعِلْم الإنسان (الأنثروبولوجيا). فعلى سبيل المثال، يقول Leslie: في ما يَخُصّ عِلْم الإنسان مَثَلًا، نرى أنّ هنالك في كُلّ المناطق الرّئيسيّة في الأرض مجموعات من النّاس كانت لها روايتُها عن الطّوفان مع وجود خصائص عامّة رئيسيّة، وهي: إله لا يُسَر بالخطيّة والشّر لكنه يحفظ رجلًا أو مجموعة من الأشخاص تجد نعمة في عينيّ هذا الإله، وأنّهم يدخلون إلى إحدى السُّفن، لنجاتهم، بينما يُرْسَل الطّوفان لِيُعَاقِب الآخرين.

إنّ تَكْوِين ١-٣ إعلانٌ إلهيّ أَعْلَنَ فيه الله هذه الحقائق والأحداث الّتي تمّت. فقبل أن يُخْلَق الإنسان ويتكاثر ويملأ الأرض، خَلَقَ اللهُ السّماواتِ والأرض وكُلّ الكون، ولهذا فإنّ الله وحده هُوَ الّذي عنده الحقيقة الكامِلة. والله الخالق هُوَ الّذي أعلن لعبده مُوسَى هذه الحقائق الخاصّة بالخلق والإنسان والسّقوط، فَسَجَّلها مُوسَى – وإن لم يكن شاهدَ عَيَانٍ لها - كما أعلنها له الرّب.

مع كون تَكْوِين ١-٣ كُتِبَ بأسلوب أدبيّ مُعقّد، إلا أنه كتب أيضًا بأسلوب بارع جدًا كقِصة سرديّة narrative يُمكن للسامع والقارئ البسيط أن يفهمها ويدرك مغزاها.

إنَّ تَكْوِين ١- ٣ هُوَ نَصٌّ لاهوتيّ، بمعنى أنَّ غرضه الأساسيّ هُوَ أن يُخبرنا عن الله صاحب القصة، وعن صفاته وأعماله ومقاصده. تتضمّنُ هذه الفُصول الثّلاثة الأولى بين سطورها مُعْظَم العقائد الكتابيّة، ولهذا فإنَّه نصٌ لاهوتيّ يُفْهَم ويُدْرَك في إطار إعلان الله الكامِل في الكتاب المُقَدَّس والابن الأزليّ وعمله الفدائيّ الخلاصيّ.[٦]

كما أنَّ الأصحاحات ١- ١١ من سِفْر التَكْوِين تختلف وتتميَّز عن بقيّة سِفْر التَكْوِين وعن التّوراة بصِفة خاصّة، وعن الْعَهْد الْقَدِيم بصِفة عامّة، في عِدَّة أمور أهمها:

أ. تتحدّث عن أمور مُرتبِطة بكُلِّ البشر وليس بشعبٍ خاص. فهِيَ تتناول خلْقَ الإنسان وسقوطِه وتكاثُره والطّوفان ونشأة الشّعوب واختلاف الألسنة.

ب. تُعَد هذه الأصحاحات وِحدة واحدة. وهِيَ في مُجمِلها مُقدِّمة ضروريّة للتوراة والْعَهْد الْقَدِيم وكُلّ إعلان الله، تاريخ الخلاص، حتى اكتماله في شخص المسيح الفادِي والمُخلِّص.

## سفر التكوين ليس أسطورة قديمة

من المُؤكّد أنّه يُوجَد فارقٌ كبير بين الفِكر والإيمان اليَهُوديّ من جهة وديانات الشّرق الأدنى الْقَدِيم من جهةٍ ثانية. فالعبرانيّون آمنوا بوجود إله كُلّي القُدرة والسُّلطان، خالِق السّماء والأرض، إله واحد، [يهوه]، الّذي أوجدهم وفداهم كشعب، وأعلن عن نفسه للإنسان بطُرُق مُختلِفة. وهذا الإيمان هُوَ ما جعل فهْمَهم للزمن أُخْرَويًا لا دائريًا، بمعنى أنَّ للزمن بداية ونهاية، وأنّه مُمتلئ بالرّجاء والأمل. فجاءت ممارساتُهم الطّقسيّة مُرتبطة بحقيقة الفداء. وإيمان العبرانيّين بعيدُ كُلّ البُعْد عن

6. Gregory Laughery & George Diepstra, *From Evolution to Eden: Making Sense of Early Genesis* (Destinee:

الفِكـر الأُسـطوريّ الّذي كان شـائِعًا في الثَّقافات المحيطـة بهم، فإيمـان اليَهـود يُفَـرّق بوضـوح شـديد بـين الإنسـان والله، وبـين الطّبيعـة والله.

ويُؤكِّـد جـون أسـولت John Oswalt في كتابـه الكتـاب المُقَـدَّس بين الأسـاطير «The Bible among the Myths»[7] أنَّ سِـمَات الفكـر الكتـابيّ تختلـف كُلّيًـا عـن فِكـر الأسـاطير للشـعوب القَديمـة. وقـد لخَّـص هـذه السِّـمَات في مـا يلي:

١. الإيمـان بـإله واحـد أو التّوحيـد Monotheism. إنَّ السِّـمَة الأساسيّة لإيمـان العبرانيّـين هِيَ الإيمـان بـإله واحـد: «اِسْـمَعْ يَـا إِسْـرَائِيلُ: الـرَّبُّ إِلهُنَـا رَبٌّ وَاحِدٌ» (تثنيـة ٦: ٤). لكـن مـن أيـن أتى اليَهـود بهـذا الإيمـان الشّـاذ؟ وأقـول الشّـاذ، لأنَّ كُلَّ الشـعوب المُحيطـة بهـم بـلا اسـتثناء كالمصريـين، والكنعانيّـين، والأشـوريّين، والحثيّـن... إلـخ، كانـت بيوتُهـم ومعابدُهـم ممتلئـةً بكُلّ أنـواع الآلهـة والأوثـان. والسّـؤال الأهـم هُـوَ كيـف حافـظ اليَهـود على هـذا الإيمان؟ وبطبيعـة الحـال، كانـت هنـاك فتـرات في تاريـخ إسرائيل ابتعدوا فيهـا عـن الـرّب وعبدوا الأوثان، لكنهـم كانوا في نهايـة المطاف يعـودون إلى الإيمان بــ [يهـوه]، الإله الواحد.

٢. لا يمكـن تشـبيه الله بـأيِّ شـكل مـن المخلوقـات. واليَهـود هُـم الوحيـدون الّذيـن لـم يصنعـوا شَـبَهًا لله، وعندمـا صنعـوا عاقبهـم الله على خطيتهـم. لأنَّ الوصيّـة الأساسـيّة الّـتي أعطاهـم الـرّب إيّاهـا هِيَ «لا تصنـع لـك تمثـالًا منحوتًـا» (خـروج ٢٠: ٢- ٣). وتهـدف هـذه الوصيّـة إلى أن يعـرف شـعب الـرّب أنَّ الله لا يُمكـن تشـبيهه بهـذا العالـم. فالله ليـس هُـوَ العالـم، ولا جُـزءًا مـن العالـم. إنَّـه مُتميّـز ومُتفـرّد عـن العالـم، مُتَسَـامٍ ومسـتقل عنـه، ولا يمكـن أن يُشْـبِهَهُ أحـد أو يسـاويه في أيِّ شيء.

٣. الله روح – فـالله ليـس مـادة بـل هُـوَ روح. وهـو في وجـوده سـابق للمـادة، بـل هُـوَ الّذي أوجـد المـادة وأتى بالعالم المـاديّ إلى الوجـود. ولا نجـد هـذه الحقيقـة الكتابيّـة في ديانـات الشّـرق الأدنى القَديـم على الإطـلاق. كمـا أنَّ الـرّوح - وليسـت المـادة - هِيَ أسـاس كُلّ شـيء، لأنَّ الله الـرّوح هُـوَ الخالـق للمـادة.

---

7.  John Oswalt, *The Bible Among the Myths: Unique Revelation or Just Ancient Literature?* (Grand Rapids: Zondervan, 2009), 63- 105.

٤. اختفاء الصّراع في الخليقة – فالكتاب المُقَدَّس يختلف عن أساطير الشّرق الأدنى القَديم في حديثه عن أصل الأشياء أو الخليقة. ففي الأساطير البابليّة القَديمة نجد أنَّ الصّراع بين الآلهة هُوَ أمر أساسيّ في الخلق. فالخليقة جاءت نتيجة صراع بين الآلهة. وبطبيعة الحال، ليس هذا ما يقوله الكتاب المُقَدَّس. فالكون وُجِدَ لأنَّ الله أراد له أن يُوجَد. ووُجِدَ ليس بسبب صراع بين قُوَى مُختلِفة، قُوى الخير وقُوى الشّر، كما تقول الأساطير القَديمة. فالشّر دخل إلى العالم نتيجة لعصيان الإنسان، وقد حدث هذا بعد الخلق. لم يكن الشّر والشّيطان موجويْن قبل الخلق، لكن سقوط الشّيطان تَمَّ بعد خلق الكون. فدخول الشّر إلى العالم تَمَّ بعد سُقوط الإنسان. أمَّا الشّيطان فليس مُساويًا ولا مُعادلًا لله ولا يُمثِّل تهديدًا لله، بل هُوَ مخلوق له حدود وإمكانيات محدودة. وُجِدَت الخليقة – حسب الكتاب المُقَدَّس – ببساطة لأنَّ الله أرادها أن تُوجَد. هو قال فكان، أمَرَ فصار. ويُؤكِّد تكرار عبارة [حَسَنٌ] في تَكْوين ١ صلاح الله وحكمته وإبداعه في الخلق. فالكوْن لم يأتِ إلى الوجود نتيجة علاقات جنسيّة بين الآلهة، كما هُوَ عند المصريين القُدماء، ولا هُوَ نتيجة هزيمة إله ونُصرَة إله آخر، كما في الأساطير البابليّة. لكن الله ببساطة [قَالَ فَكَانَ. هُوَ أمَرَ فَصَارَا] (مزمور ٣٣: ٩). والخليقة عمل مُهَدَف بقُدرة الرّب الإله وحِكْمَتِه.

٥. النّظرة السّاميّة إلى الإنسان: ينظر الكتاب المُقَدَّس – على خلاف الأساطير – إلى الإنسان نَظرة سامية نجدها من البداية عندما خلق الله الإنسان على شَبَهه وصُورته. فبدلًا من أن تكون الآلهة على شَبَه الإنسان، بما تعنيه هذه الكلمة من غضب ومادة وتناسُل وكُلِّ شيء آخر، نجد أنَّ الكتاب المُقَدَّس يُؤكِّد أنَّ الإنسان هُوَ المصنوع على صُورة الله. ولا يعني هذا أنَّ لله صُورة. فالله روح، لكن المقصود هنا هُوَ أنَّ الانسان كائن حُرٍّ، مُفكِّر، شخص، سامٍ نبيل. ومع أنَّ الإنسان خُلِقَ آخِر الكُلّ في الكتاب المُقَدَّس، وكذلك في الأسطورة البابليّة، إلا أنَّ الفرق كبير بين الرّوايتيْن. ففي الأسطورة البابليّة نجد أنَّ الإنسان خُلِقَ من تراب مُختلط بدم واحد من الوحوش حتى يُوفِّر للإله الغذاء. لكن الإنسان في الكتاب المُقَدَّس خُلِقَ آخِر الأمر؛ كرأسٍ وتاجٍ للخليقة وكمُتسلِّط عليها.

٦. الله في الكتاب المُقدَّس إله يمكن أن نثق به ونعتمد عليه. فهو قدوس وصالح ومُحْسِن. وفِكر الله تجاه الانسان هُوَ للبركة وللخير، بينما الآلهة في الأساطير البابليّة آلهة لا يمكن التنبؤ بتصرُّفاتها وردود أفعالها، لأنَّ هذا يعتمد على حالتهم النّفسيّة والجسديّة والجنسيّة. فهي آلهة مُنتقِمة، نجسة، طَمّاعة، أنانيّة. ولهذا لا يمكن الاعتماد عليها أو الثّقة بها.

٧. الله رُوح، ولهذا فهو بعيد كُلّ البُعْد عن فكرة الجنس. لكننا نجد في الأساطير البابليّة والمصريّة أنَّ الإله قد جاء إلى الوجود نتيجة علاقة جنسيّة! وليس كذلك إله الكتاب المُقَدَّس. فهو موجود بذاته ومُستقّل بذاتِه وكامِل في ذاته. ولأنَّ الله رُوح فلا يتأثَّر إذا مَارَسَ رجل وامرأة الجنس. بمعنى آخر، كانت مُمارسة الجِنس والدّعارة في الأساطير الْقَدِيمة جُزْءًا من العبادات الوثنيّة، لأنّه بحسب المعتقدات الوثنيّة هذه المُمارسات الجنسيّة تُؤثِّر في الآلهة وفي قراراتها، بعكس الله في الكتاب المُقَدَّس فلا مُمارسة الجنس تُؤثّر فيه ولا على الكون كما هُوَ شائع في الأساطير الْقَدِيمة، بل إنَّ مُمارسة الدّعارة والبغاء هُوَ أمر مرفوض ومكروه لدى الرّب ، والمُمارسات الجنسيّة الشّاذة، والجنس مع الحيوانات والدّعارة كُلّها أيضًا مكرهة للرب (لاويين ١٨).

٨. إنَّ ممارسة السّحر ممنوعة. فمع أنَّ السّحر والشّعوذة جُزْء من العبادات الوثنيّة الْقَدِيمة، إلا أنَّ هذه الممارسات في الْعَهْد الْقَدِيم كانت تأتي بدينونة الله على مَنْ يمارسها. أمَّا السّحر في الأساطير البابليّة والمصريّة فكان مُرتبطًا بامتلاك قُوّة الإله لتسديد احتياج الإنسان. لكن كان على شعب الرّب أن يثق بالرّب الخالِق والفادِي والّذي يُسدِّد كُلّ احتياج (مزمور ٥١: ١٦ – ١٧).

ويُؤكِّد كونراد هيرس Conrad Hyers أنَّ شعوب الشّرق الأدنى الْقَدِيم والقدماء المصريين كانت تؤمن بألوهيّة الطّبيعة.[٨] ويعني هذا أنَّ كُلَّ الظّواهر الطّبيعيّة تُرْجِمَتْ على أساس ارتباطها بأنشطة الآلهة، أو أنّها في حَدِّ ذاتها آلهة. فالأشياء الماديّة كالسّماء والبحر - على سبيل المثال

8. Conrad Hyers, *The Meaning of Creation: Genesis and Modern Science,* 44.

- صارت آلهة وأوثانًا يُتَعَبّد لها. وقد امتد هذا ليشمل عالم الحيوان، حيث صارت الحيوانات تُمثِّل الآلهة أو تنوب عنها. ونتيجة لهذا المَزْج بين الطّبيعة والآلهة، أصبحت الطّبيعة آلهة وما يحدث فيها مُرتبطة بالآلهة. ففي مصر، على سبيل المثال، ارتبط الزّرع والحصاد وتغيُّر المواسم بإله السّماء، ولهذا كان كُلّ عُلَماء الفَلَك كهنة في المقام الأَوّل، حيث ارتبط البحث في أمور الفَلك بالمُمارسات الدّينيّة.

أنشأ هذا الارتباط نَوْعًا من المعرفة أَطْلَق عليه جون ولتون John Walton اسم الإدراك البيئيّ Cognitive Environment،[٩] أيّ الإدراك الّذي يكون مصدرُه الكَوْن المُرتبط بالآلهة. وهناك أمر آخر نجده في الأساطير الْقَدِيمة، ألا وهو أنَّ للآلهة بدايات ومَنْبعًا ومصدرًا. فلم يكن العالم الْقَدِيم يُؤمن بتعدُّد الآلهة فقط، بل أيضًا بارتباط هذه الآلهة نفسها بعلاقات أُسَرِيّة بعضها ببعض. وكانت الآلهة الجديدة تُولَد إمّا بالانفصال أو بالتّكاثر. ولقد ارتبط الخَلْق في الأُسطورة البابليّة بالصّراع والعنف بين الآلهة. فالإله «مردوخ» يذبح «تيامات» ويخلق من الجُثّة العَالَم. وبانفصال أجزاء «تيامات» عن بعضِها يتِمُّ وضْع حُدود بين مياه ومياه. وكما في الأسطورة الأوجاريتيّة *Ugaritic*، حَلّ النّظام عندما قامت القُوى الفوضويّة Chaotic forces والمُتمثِّلة في تنين بحريّ ذي سبعة روؤس ثعابين بالانتصار على الإله الخالِق.

وتختلف صُورة الله في سِفْر التَكْوِين عن صُوَر الآلهة الوثنيّة اختلافًا كُلّيًا. فإيلوهيم أو [الرّب الإله] كما يُقدّمه لنا سِفْر التَكْوِين في قِصة الخلق، يقف مُنفردًا ومُتميّزًا عن كُلّ الآلهة الّتي تتعبّد لها شعوب الشّرق الأدنى الْقَدِيم، وحتى آلهة المصريين القدماء أُنفسهم. فإيلوهيم الخالِق

9. John Walton, *Ancient Near Eastern Thought, 186.* See also John Walton, *The Lost World of Genesis One: Ancient Cosmology and the Origins Debate* (Downers Grove: Inter-Varsity Press, 2009).

ليس له بداية، وهو موجود قبل الخليقة، ووجوده لا يعتمد على خليقته. فهو واحد، مُكْتَفٍ بذاته، أبديّ وأزليّ. وهو مُستقلّ عن الخليقة، وتخضع له كُلُّ الخليقة. ولا يُوجَد شيء أو شخص يُمكن أن يشبهه ولا منظر يُمكن أن يُعَبّر عنه. فهو رُوح لا مادة، وغير محدود في قُوتّه وحِكمته ووجوده ومعرفته. نرى في قصة الخَلْق في سِفْر التَكْوين كيف أنَّ الله في اليَوْم الرّابع صَنَعَ النُّوريْن العظيميْن، النُّور الأكبر لِحُكْم النّهار والنُّور الأصغر لِحُكْم الليل. والسّؤال هو: لماذا لم يُسَمِّ الرّبُّ هذيْن النُّوريْن؟ لماذا اكتفى بالقَوْل: النّوريْن العظيميْن؟ إنَّ الحقيقة الّتي يُؤكِّدها الوحي الإلهيّ هُنا هِيَ أنَّ النّوريْن العظيميْن ليسا إلهَيْن كما في معتقدات شُعوب الشّرق الأدنى الْقَدِيم. فهُما جُزء من خليقة الرّب ويعتمدان في وُجودهما على الرّبّ الّذي أوجدهما بكلمته لخير وخِدمة الإنسان. ولهذا لم يُعطِهما الرّب اسميْن حتى يُؤكِّد هذه الحقيقة، وينزع في ذات الوقت عنهما الأُلوهيّة الّتي كان يُلْصِقُها بهما كُلّ الشّعوب الْقَدِيمة.

## هل من تشابُه بين التكوين والأساطير البابلية؟

في الفترة ما بين سنة ١٨٤٨-١٨٧٦م أُكتشف لَوْحان من الحجارة بالقرب من مدينة نينوى. ويحتوى اللوحان على أسطورة بابليّة تُدْعَى إنوما إليش *The Enuma Elish* . وقد كُتِبَتْ هذه الأُسطورة باللُغة الأكاديّة المسماريّة Akkadian،[١٠] وهي عبارة عن ١٠٠٠ سطر مُسجَّلة على سبعة ألواح طينيّة. ويأتي اسم الأُسطورة من كلماتها الأولى الّتي تعني «ذات يَوْم في العَلاء» *enuma elish la nabu shamamu* - when on high وتعني أيضًا «في

١٠. نسبة إلى مملكة «أَكَد» الْقَدِيمة في بلاد ما بين النّهريْن. والأكاديّة هِيَ لُغة ساميّة قديمة كانت مُتداوَلة في أشور وبابل.

الوقت الّذي لم تكن فيه السّماوات قد سُمِّيَتْ». وكان الرّحّالة وعالم الآثار الإنجليزيّ أوستن هنري ليارد Austen Henry Layard (١٨١٧-١٨٩٤) قد اكتشف هذه الألواح في مدينة نينوى (في العراق حاليًا). كما اكتشف الخبيرُ الإنجليزيّ في اللغة الأشوريّة جورج سميث George Smith (١٨٤٠-١٨٧٦) ملحمة جلجامش، ونشرهما عام ١٨٧٦ على أنّهما الرّواية الكلدانيّة لسِفْر التّكْوِين. وبعد هذا الاكتشاف افترض فريدريتش ديلتش Friedrich Delitzsch أنَّ كثيرًا من سِفْر التّكْوِين قد أُسْتُعِيرَ من هاتيْن الأُسطورتيْن.

لكن يجب الانتباه إلى أنَّ أُسطورة «إنوما إليش» ليستْ في الحقيقة رواية خَلْق بأيِّ حال من الأحوال. فهي تبدأ بالمياه العَذْبة، المُشَخّصَة في الإله «أبسو» Apsu الّذي يمتزج مع المياه المالحة، المُشخَّصة في إلاهة الفوضى «تيامات» Tiamat. وعندما تصب مياه النّهر العذب في البحر، فإنَّ الطّمي يتكوّن في الغالِب، كما في شكل مثلث، وهذا هُوَ الّذي يُفَسّر على أنّه حَدَثُ خَلْقي creation event. لكنه في حقيقة الأمر عمليّة كيميائيّة ماديّة بسيطة. فعناصر الطّمي موجودة بالفِعْل سابقًا في مياه النّهر.

لكن الأُسطورة تقول إنَّ الآلهة قد نشأت من اتحاد أبسو /تيامات، وأنَّ هذه الآلهة صنعت ضوضاء عظيمة حتى إنَّ الإلهة «تيامات» أرادت أن تقتلهم. إلا أنَّ الإله القوي «Ea» نجح في أن يُنَوّم «أبسو» ثُمَّ قتْله بعد ذلك. وعندئذ أرادت «تيامات» أن تنتقم لمقتل زوجها، فولدت أحد عشر إلهًا من الوحوش. وأصبح أحد هذه الآلهة، وهو يُدْعَى «Qingu»، زوج تيامات الجديد وقائِد جيشها. وعندها ارتعبت الآلهة، لكن «مردوخ» ابن «Ea» الّذي كان أقوى حتى من «Ea» وافَق على أن يمُدَّ يَدَ العَوْن مُقابل أن يُعَيّن مَلِكًا للآلهة.

لقد قام باصطياد «تيامات» الضّخمة في شبكة، ودفع برياح عنيفة إلى داخل فمها فنفخت أمعاءها، ثُمَّ قتَلَها بسهم اخترق بطنها وقلبها. وحينئذ هَشَّمَ جُمْجُمَتها بهراوة، وشَقَّ جسدها إلى جُزْئين (مثل سمكة يُراد تجفيفها)، صانِعًا السّماءَ من نصفها الأعلى والأرضَ من نصفها الأسفل. وأصبحت عينا تيامات الباكيّة مصدر نهريّ دجلة والفرات، وكَوّن ذيلُها دَرْبَ التّبانة (المجرة اللبنيّة في الفَلَك). وعندئذ ألقى مردوخ القبض على Qingu وأعدمه. وتكَوَّن من دمه الّذي امتزج مع الطّين البشر، ليكونوا عبيدًا وخدامًا للآلهة. وأصبح مردوخ أيضًا الإله الرّئيسيّ لبابل، وهو معروف في الكتاب المُقَدَّس العبريّ بهذا الاسم.

وكما نرى، فإنَّ هذه الآلهة فانية، وعنيفة، وسهلة الانقياد، وليست فائِقة على الخليقة. وليس هذا شيئًا أمام الإله الخالِق في سِفْر التَكْوِين، وهو المتسامي، والسّيّد على كُلّ صنائعه.[11] تُمَجّد هذه الأسطورة «مردوخ» كأعظم إله. ولإظهار عظمة «مردوخ»، تحكي الأُسطورة عن قُدرته في الخَلق. وتتلخّص الأُسطورة في أنَّ إله الماء العذب، «إبسو»، وإلهة الماء المالح «تيامات» ارتبطا بعلاقة جنسيّة نَتَجَ عنها نسل في مرتبة أقل من الآلهة، فتضايق «إبسو» من إزعاج نسله، فقرّر أن يُبيدَهُ، لكنه فشل وتَمَّ قتله. أَمّا «تيامات» الّتي أصبحت أُمًّا لكائنات مُتوحّشة، فقد حَرّضَتْ على قتْل مردوخ، لكن مردوخ قَتَلَ الوحوش وقطع رأس «تيامات» وقطع جسدها إلى جُزْئين. وصنع مردوخ من الجُزْء العلويّ من جسدها السّماء، وصنع الأرض بالجُزْء السّفلي منه. فالإنسان هُنا هُوَ نِتَاج مَزْجِ دم «تيامات» مع الأرض. ولقد خُلِقَ الإنسان لخدمة الآلهة.

11. Sarfati, *The Genesis Account: A Theological, Historical, and Scientific Commentary on Genesis 1- 11.*

ومع أنَّ إنوما إليش *The Enuma Elish* تُعَدُّ الأسطورة البابليّة الْقَدِيمة، إلا أنَّ أقدم نُسخة منها تأتي من الألفيّة الأولى قبل الميلاد، مع أنَّها قد تكون قد كُتِبَتْ قبل ذلك بكثير.

والاكتشاف الثّاني والأقدم هُوَ أسطورة أتراهاسيس *Epic of Atrahasis*، والّتي تعود إلى الألفيّة الثّانية قبل الميلاد. وهِيَ تتحدَّث عن الخَلْق والإنسان والطّوفان وتُعَدُّ قريبة من النّص الكتابيّ مع وجود اختلافات جوهريّة مُؤكَّدة بينها وبين رواية تَكْوِين ١- ١١، إلا أنَّها تُؤكِّد أحداث تَكْوِين ١- ١١، وتُؤكِّد أنَّ مُحتوى هذه الأصحاحات معروف إلى حَدٍ ما ولو بصُورة مُخْتلِفة عند شعوب الشّرق الأدنى الْقَدِيم، وبشكل خاص عند شُعوب ما بين النّهريْن. وأنا أرفض، بطبيعة الحال، فِكرة أن يكون كَاتِب سِفْر التَكْوِين قد اقتبس هذه القِصص من الشّعوب الوثنيّة. فهذا الاحتمال لا مجال له. إذ أنَّ سِرّ وجود هذه القصص في مُعتقدات الشّعوب الْقَدِيمة سواء أكان في ما بين النّهريْن أم في مصر الفرعونيّة هو أنَّ الانسان مُنذ نشأته يُحاول أن يجيب على السّؤال الهام وهو: كيف وُجِدَ الكَوْن؟ وكيف وَجَدَ الإنسان نفسه على الأرض؟ وبطبيعة الحال، فإنَّ كُلّ مُعْتَقَد يُحاول أن يُجِيب على هذه الأسئلة وينسبها إلى الآلهة الّتي يتعبَّد لها. كما أنَّ وُجود قِصة الطّوفان يُؤكِّد أنَّ الطّوفان حَدَثٌ شَمَلَ الأرض كُلّها، وقد حاولتْ الشّعوب الّتي جاءت بعد الطّوفان من نَسْل أولاد نُوح أن تُجِيب على السّؤال: لماذا حدث هذا؟ وهُنا يأتي الله ويُعلن لنا الحَقَّ بصُورة واضحة وكامِلة عن الخَلْق والإنسان والسُّقوط والطُّوفان. إنَّ قِصة الكتاب المُقَدَّس، وإن كانت تحمل عناصر مُتشابِهة بينها وبين الأساطير الوثنيّة، إلا أنَّها تتميَّز تميُّزًا واضِحًا عنها لأنَّها إعلان إلهيّ مُباشِر من الله لشعبِه من خلال مُوسَى.

## الاختلافات الجوهرية بين قصة الخلق الكتابية والأساطير البابلية

| القصة الكتابية | القصة البابلية |
|---|---|
| إله واحد | تعدد آلهة |
| الله خلق المادة من العدم | المادة أزلية |
| الله خلق السماء والأرض من العدم | الأرض والماء صُنِعَا من مواد سابقة |
| الإنسان مخلوق على صورة الله | الإنسان مخلوق بوساطة مردوخ ومن الإله المهزوم «نيجو» وهدف خلقه هو أن يخدم الآلهة |
| الإنسان مخلوق ليسود على الأرض ويُثْمِر ويُكْثِر | الإنسان لا يسود |
| الإنسان مخلوق من دون عيوب أخلاقية. | الإنسان مخلوق بميول شريرة |
| الخليقة منظمة بالأيام مع وجود ترتيب للأحداث | الخليقة لا يُوجَد فيها أي نوع من الترتيب |
| الشمس والقمر خُلِقَا أولًا ثم النجوم، وكل هذه مخلوقات خلقها وأوجدها الرب الإله | النجوم والقمر خُلِقَتْ لتقسيم الوقت بين الآلهة ولا يُوجَد ذِكْرٌ للشمس |
| تحتوي قصة الخلق على تفاصيل خلق الحيوانات والطيور وتسميتهما | لا يوجد ذِكْر لخلق الحيوانات والطيور والأسماك |

# تصور توضيحي للآلهة البابلية وعلاقتها بالخليقة*

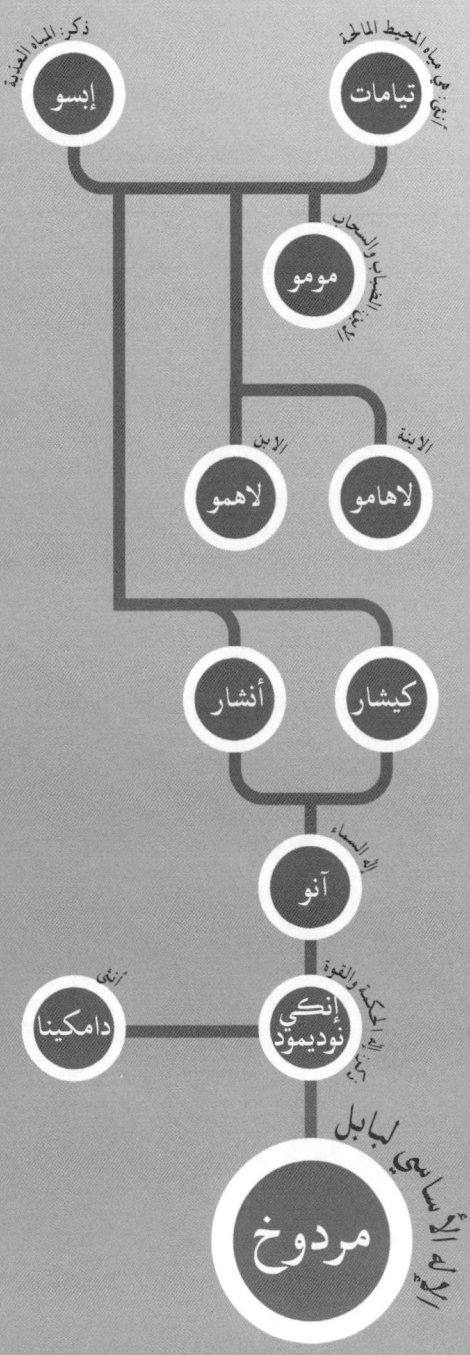

* John J. Davis, *Paradise to Prison: Studies in Genesis* (Salem, Wisconsin: Sheffield, 1975), 70.

## الْأصحاح الأول

# قِصّة الْخَلْق (تَكْوِين ١: ١ – ٢: ٣)

تُعَدُّ قِصّة الْخَلْق المذكورة في الفَصْلين ١: ١ -٢: ٣ مُقدّمة لسِفْر التَكْوِين بصِفةٍ خاصّة وللتوراة بصفةٍ عامّة. بل أَنَّها مُقدّمة للكتاب الْمُقدّس كُلّه أَيْضًا. إِنّها قِصّة تعامُل الله مع الإِنْسَان، حَيْثُ نجد الموضوعيْن الأساسيّيْن في الْكِتَاب الْمُقدّس (١) الله الخَالِق، و (٢) الإِنْسَان المخلوق. كما يُعلن لنا الوحي الإلهيّ أنّ إله الْعَهْد الْقَدِيم هُوَ نفسه الله الخَالِق لكُلّ الكون، فَمَلِك إِسْرَائِيل وسِرُّ وجوده هُوَ مَلِك الْكَوْن وصانعه، الإله الّذي يهتم بخاصته هُوَ نفسه الّذي يهتم بالكَوْن الّذي صنعه، فَهُوَ الّذي خلق السّماء وكُلّ ما فيها والأرض وكُلّ ما عليها، وهو الّذي خلق السّماء والأرض والشّمس والقمر والنّجوم والنّباتات والكائنات، وفوق الكُلّ خلق الإِنْسَان. ويُعَرّف اللاهوتي جون فريم John Frame الْخَلْق أَنَّه «عمل الله بمفرده، والّذي به ولمجده أحضر كُلّ الموجودات في الكَوْن، الأشياء التي لم تكن موجودة قبل عمل الخلق»[1]. وفي الْكِتَاب الْمُقدّس، تُوجَد بِدَايَة لكُلّ شيء، وهذه البِدَايَة هِيَ عندما خلق الله الْكَوْن» فِي الْبَدْءِ خَلَقَ اللهُ السَّمَاوَاتِ وَالأَرْضَ» (تكوين ١: ١) «أَيْنَ كُنْتَ حِينَ أَسَّسْتُ

1. John M. Frame, *Systematic Theology An Interoduction to Christian Belief* (Phillipsburg, NJ P&R, 2013), 185.

الأَرْضَ؟» (أيوب ٣٨: ٤) ( مزمور ٩٠: ٢ وإشعياء ٤٠: ٢١، ٤١: ٤، ٤٦: ١٠). ويقودنا إدراكنا لحقيقة خَلْق الله للكَوْن إلى تقديم العبادة له:

> قُومُوا بَارِكُوا الرَّبَّ إِلهَكُمْ مِنَ الأَزَلِ إِلَى الأَبَدِ، وَلْيَتَبَارَكِ اسْمُ جَلاَلِكَ الْمُتَعَالِي عَلَى كُلِّ بَرَكَةٍ وَتَسْبِيحٍ. أَنْتَ هُوَ الرَّبُّ وَحْدَكَ. أَنْتَ صَنَعْتَ السَّمَاوَاتِ وَسَمَاءَ السَّمَاوَاتِ وَكُلَّ جُنْدِهَا، وَالأَرْضَ وَكُلَّ مَا عَلَيْهَا، وَالْبِحَارَ وَكُلَّ مَا فِيهَا، وَأَنْتَ تُحْيِيهَا كُلَّهَا. وَجُنْدُ السَّمَاءِ لَكَ يَسْجُدُ. (نحميا ٩: ٥-٦)

كما يقول كاتب المزامير في:

> غَنُّوا لَهُ أُغْنِيَةً جَدِيدَةً. أَحْسِنُوا الْعَزْفَ بِهُتَافٍ. لأَنَّ كَلِمَةَ الرَّبِّ مُسْتَقِيمَةٌ، وَكُلَّ صُنْعِهِ بِالأَمَانَةِ. يُحِبُّ الْبِرَّ وَالْعَدْلَ. امْتَلأَتِ الأَرْضُ مِنْ رَحْمَةِ الرَّبِّ. بِكَلِمَةِ الرَّبِّ صُنِعَتِ السَّمَاوَاتُ، وَبِنَسَمَةِ فِيهِ كُلُّ جُنُودِهَا. يَجْمَعُ كَنَدٍّ أَمْوَاهَ الْيَمِّ. يَجْعَلُ اللُّجَجَ فِي أَهْرَاءٍ. لِتَخْشَ الرَّبَّ كُلُّ الأَرْضِ، وَمِنْهُ لِيَخَفْ كُلُّ سُكَّانِ الْمَسْكُونَةِ. لأَنَّهُ قَالَ فَكَانَ. هُوَ أَمَرَ فَصَارَ. (مزمور ٣٣: ٣-٩)

(انظر ايضاً مزمور ٨: ٣-٩، ١٩: ١- ٦، ٣٣ ، ٩٥: ٣-٧، ١٤٦: ٥-٦، سفر الرؤيا ١٤: ٧).

وعندما أتى الله واقترب إلى الظّلام والخَلاء الّذي كان يسود الكون، تَبَدَّدَ الظّلام وصار نور، وامتلأ الخلاء بالعَمَار، وتحوّل الخراب إلى خليقة جميلة بديعة تعكس مجده وقدرته. وكما أنّ الله صنع بقُدرته وحِكْمته هذا الْكَوْن البديع، فإِنّه هُوَ أَيْضًا، وبنفس هذه الْقُدْرَة والحِكْمَة، يقود التاريخ منذ بدايته إلى نهايته حتى يصل إلى الذّروة. وحينها «تَجْثُو بِاسْمِ يَسُوعَ كُلُّ رُكْبَةٍ مِمَّنْ فِي السَّمَاءِ وَمَنْ عَلَى الأَرْضِ وَمَنْ تَحْتَ الأَرْضِ، وَيَعْتَرِفَ كُلُّ لِسَانٍ أَنَّ يَسُوعَ الْمَسِيحَ هُوَ رَبٌّ لِمَجْدِ اللهِ الآبِ» (فيلبي ٢: ١٠ – ١١).

ولقد كُتِبَتْ قِصّة الخَلْق في سِفر التَكْوِين بأسلوب عجيب ومُعقَّد جدًا. فهي تهدف إلى إظهار قُوّة اللّٰه الخَالِق ومجده وحكمته، كما أَنَّها تُعَد الأساس للإعلان الإلهيّ وتَعَامُل اللّٰه مع شعبه. ويَقُولُ بروس ولكي Bruce Waltke «إنَّ أيام الخَلِيقة تنقسم إلى ستة أيام أو أجزاء، وكُلُّ جُزْء يتبع الجزء الّذي يسبقه، والكلمات الأساسيّة في عمليّة الخَلْق هِيَ «قال»، و «فَصَلَ»، و «دَعَا»، و «رأى»، و «حَسَنٌ»، وَهِيَ تَرِدُ كأفعال وأفكار اللّٰه، لتؤكِّدَ قُدرتَه الكُليّة وعِلْمه الكامِل وحضوره الكُلِّيّ.»[2]

ويبدأ كُلّ يَوْم من أيام الخَلْق بإعلان «وَقَالَ إلوهيم»، ثُمَّ يتبعه أمر إلهيّ «وَقَالَ إلوهيم ليكن...»، ثُمَّ يعقبه تأثير كَلِمة إلوهيم وأَمْره «ففصل الليل عن النّهار» والمياه عن اليابسة، ثُمَّ تسميّة أو دعوة إلوهيم للأشياء التي خلق «ودعا إلوهيم». فكلمة اللّٰه تخلق. «فعمل إلوهيم»، فكُلُّ شيء وُجِدَ لأنَّ اللّٰه أراده أن يكون موجودًا، ثُمَّ يظهر سُلطان اللّٰه في الاسم الّذي يدعو به ما خلقه. «ودعا إلوهيم». فَمَنْ يُسَمّي الأشياء بأسماء يُمارس سُلطانه عليها. وهكذا بتسمية الأشياء أعلن اللّٰه سلطانه كخالِق على خليقته، ثُمَّ نجد أخيرًا تقييم اللّٰه لعَمِل يديْه «ورأى إلوهيم أنَّ ما قد صنع وإذ هُوَ حسن.»

فِي الْبَدْءِ خَلَقَ إلوهيم السَّمَاوَاتِ وَالأرض.

2. Bruce K. Waltke, *Genesis: A Commentary*, 56.

تشير عبارة «في الْبَدء בְּרֵאשִׁית» إلى كُلّ أحداث الْخَلْق في الأيام السّتة للخليقة، وليس إلى شيء قبل ذلِكَ ولا إلى شيء منفصل عن الْخَلِيقة. وتعني هذه العبارة «في الْبَدء» في القرينة «بِدايَة مُطْلَقَة absolute beginning»، وَهِيَ وَفْقًا للترجمات «في الْبَدء خلق اللّه...». وهذا هُوَ الفهم التقليديّ، الّذي انعكس في الترجمات القديمة، بما في ذلِكَ الترجمة السّبعينيّة LXX، والفولجاتا، وترجمة الْعَهْد الْقَدِيم إلى الأراميّة Targums، وهو الفَهْم السّائد عَبْر تاريخ الكنيسة. فعلى سبيل المثال، فإنَّ مُترجمي السّبعينيّة قاموا بترجمة الْكَلِمة الأُولى «في الْبَدء » بما يتّسق مع بِدَاية مُطْلقة. ونجد في إشعياء ٤٦: ١٠ أَيْضًا الحديث بوضوح عن بِدَاية مُطلقة في قَوْله «**مُخْبِرٌ منذ الْبَدء מֵרֵאשִׁית**». إنَّها لا يمكن أن تكون بِدَاية نسبيّة relative كما يفعل بعض اللاهوتيّين المُتحرِّرين فيترجمونها كعبارة مُتوقِفة على غيرها dependent، لعدم وجود «الـ» التعريف הַ في كَلِمة «بدء». لكن ونهام Wenham يَقُولُ إنَّ هذا كان الأُسْلُوب الشائِع في الزّمن المُتعلّق بهذه العبارات. فالعبارات الزّمنيّة غالبًا ما كان ينقصها أداة التعريف (مَثَلًا إشعياء ٤٦: ١٠، ٤٠: ٢١، ٤١: ٤، ٢٦، تَكْوِين ٣: ٢٢، ٦: ٣، ٤، ميخا ٥: ١، حبقوق ١: ١٢)[3]

ويُشيرُ تَكْوِين ١: ١ إلى بِدَاية الزّمن نفسه. فقد خلق اللّه الزّمن «كُلَّ شيء» (يُوحَنَّا ١: ٣) وكُلّ ما كان له بِدَاية (تَكْوِين ١: ١). وأَمَّا اللّه فليست له بِدَاية أو نِهايَة. إنّه أزليّ أبديّ، لَيْسَ بمعنى أَنّه لا حدود لزمنه، بل أَنّه فَوْقَ نطاق الزّمن نفسه. وحَيْثُ إنَّ الزّمن جُزْء من الْعَالَم المخلوق، فلا يمكن أن يكون اللّه خَاضِعًا له. ويعني هذا أنَّ اللّه - بخلاف الإِنْسان يعرف المستقبل تمامًا، نَظَرًا لأنَّ الماضي والمستقبل هما أَيْضًا يُشِيران إلى الزّمن. وعليه فإنّه يُمكننا أن نثق تمامًا بنبوّات اللّه في الْكِتَاب الْمُقدَّس.

3. Gordon J. Wenham, Genesis *1–15*. Word Biblical Commentary (Dallas: Word Books, 1987), 99.

ولقد قَدَّم القديس أوغسطينوس مثلًا على هذا بإِنْسَان يقف أعلى برج وينظر إلى طريق متعرِّج يسير فيه بعض النّاس. لا يُمكنهم أن يروْا إلى مسافة بعيدة من الطريق، لكن الشّخص الواقف على البُرج يعلم تمامًا العوائق التي سيقابلها هؤلاء النّاس. يُمثِّل الطّريق المتعرج هُوَ الزّمن، ونحن لا يُمكننا أن نرى المستقبل. لكن الشّخص الّذي في البُرج يُمثِّل الله الّذي هُوَ خارج الزّمن. وهو قادر على أن يرى كُلَّ الطّريق أو خط الزّمان.

ومع أن بعضهم يرى أن تَكْوِين ١:١ يُشِيرُ إلى خليقة قديمة، إلا أنَّ هذه الآية في الحقيقة – من النّاحيّة اللُغويّة - تُعَدُ بمنزلة مُقدِمّة، وَهِيَ تهدف إلى دعوة القارئ إلى الانتباه إلى حقيقة أنَّ الله في الْبَدء خلق الْكَوْن بكُلِّ ما فيه. ويَقُولُ ناحوم سارنا Nahum Sarna في تفسيره لِسِفْر التَكْوِين «إنَّه لأَوَّل مَرَّة في تاريخ ديانات الشّرق الأدنى القديم يُقَدَّم الله على أَنَّه خالٍ من كُلِّ بُعْد مادي ووقتي.»[4] فَهُوَ خارج الزّمن وخارج المكان، كما أَنَّه مُستقل عن الزّمن وعن المكان. فالزّمان والمكان صنعهما وأوجدهما الرّب الخَالِق. ويَقُولُ المِدْرَاش الْيَهُوديّ «وكما أنَّ الحرف الْأَوَّل في التوراة مُغْلَق من ثلاثة جوانب ومفتوح من الأمام ב، فلا ينبغي لنا أن نبحث في ما هُوَ قبل الْخَلِيقة، أيّ في الأمور التي لم يتحدَّث عنها الرّب ولا يُمكن إثباتُها، وما علينا إلا أنَّ ننظر إلى الأمام وليس إلى الوراء، وأن يكون اهتمامنا هُوَ بمعرفة وتمييز مشيئة الرّب. فالتوراة تبدأ بالحرف الثّاني في الأبجديّة الْعِبْرِيّة حتى تُؤكِّد لنا أننا لا يمكن أن نبدأ ونهتم بما هُوَ قبل الْبَدء.

وبشأن «**إلوهيم**» **אֱלֹהִים** فإنَّ سِفْر التَكْوِين - على خلاف قصص الأساطير البابليّة القديمة التي تتحدَّث عن ميلاد الآلهة مع خَلَق الْكَوْن - لا يُناقش أَصْل وجود الله، لكنه يتحدّث من منطلق حقيقة

4. Nahum Sarna, "Genesis" *The JPS Torah Commentary*. (Jerusalem The Jewish Publication Society, 1989), 6.

وجوده كحقيقة مُطلقة لا مجال للشك فيها. فالله موجود منذ الأزل، وموجود بذاته، ووجوده سابِق لوجود خليقته، ولا يعتمد على خليقته في وجوده. وطبيعة الله مسألة لا تعكسها المُناقشات الفلسفيّة لكن تعلنها أَعْمَاله ومطاليبه من الإنْسَان الّذي خلقه. وهذه الحقيقة هِيَ أساس كُلّ إعلانات الله اللاحِقة. فقُبولها يجعلنا نقبل كُلّ ما سوف يأتي فيما بعد.

ويأتي الاسم إلوهيم **אֱלֹהִים** في صيغة الجمع، ويَقُولُ بعضهم إنَّه «جمع التعظيم» Plural of Majesty، لكن هذا غير مُتعارَف عليه في اللغة العبريّة.[5] أَنَّه اسم يعكس مجد الله وعظمته، كما يعكس تساميه وارتفاعه عن خلائقه. والاسم «إلوهيم» مُخْتَلِف عن الاسم «يهوه». فَهُوَ يُشِيرُ إلى الإله الخَالِق السَّامي، المتعالى، إله الْخَلِيقة كُلِّها، بينما «يهوه» يُشِيرُ إلى إله الْعَهْد، الإله الّذي يتنازل ويصنع عَهْدًا مع شعبه، الإله القريب من شعبه.

ونرى في هذه الآيَة الأُولى من سِفْر التَكْوِين عِدَّة حقائق عن الله، وهِيَ:

**أَوَّلًا**: إنَّ الله موجود.

**ثانيا**: إنَّ الله واحد، وَيُؤَكِّد هذا استخدام الْفِعْل المفرد «خلق» و «قال»...الخ.

**ثالثّا**: إنَّ الله مستقل عن الْخَلِيقة.

ولقد وَرَدَ الْفِعْل **خلق בָּרָא** - ويُنْطَق بالعبريّة «بَارَا» (وهو باللغة العربيّة «بَرَأَ»، و«البارئ» هُوَ الخَالِق) - في الْعَهْد الْقَدِيم حوالي ٥٠ مَرّة. وفي كُلّ مَرَّة كان الفاعل هُوَ الله فقط، وهو يُشِيرُ إلى عمل أو خلق شيء من دون أيّ مجهود. فإيجاد شيء من لا شيء ومن دون أدنى جَهْد أمر يُشِيرُ إلى الله وعمله. فالإنْسَان يُمكن أن يصنع أو يبني، لكنَّ الله وحده هُوَ الّذي يخلق. والخلق المُطْلَق هُوَ خَلْق من العدم *Creatio ex nihilo*، ما يعني أَنَّه

5. P. Jouon, *Grammarire de l'hebreu biblique* (Rome Pontifical Biblical Institute, 1923), 114e.

لم تكن هُنَاك مادة موجودة pre – existing matter قبل الخَلْق، الأمر الّذي تَمَّ تفصيله وشرْحه بوضوح لاحِقًا في أسفار الْكِتَاب الْمُقدَّس (روميّة ٤: ١٧، عبرانيّين ١١: ٣، قارِنْ أَيْضًا مزمور ٣٣: ٦، ٩، عاموس ٤: ١٣).

فالله هُوَ خَالِق الرّيح (عاموس ٤: ١٣)، وخَالِق القلب الْجَدِيد (مزمور ٥١: ١٠)، وهو أَيْضًا خَالِق السّماء والأرض الْجَدِيدة (إشعياء ٦٥: ١٧). فوجود المخلُوقَات يعتمد بصُورَة مُطلقة على الله الّذي خلقها وأوجدها. وتُظْهِر الْخَلِيقة قُوّة الله وحِكْمته غير المحدودة. فَهُوَ وحده الّذي يدعو الأشياء غير الموجودة وكأنها موجودة. ومن الأمور الرّائعة في هذه الآيَة أن اسم الله «إلوهيم» جَاءَ بصِيغة الجمع. أَمَّا الْفِعْل בָּרָא «خلق» فجاء بصيغة المفرد، ليُؤَكِّد أنَّ الله إلهنا هُوَ ربٌّ واحد. ولقد ارتبط الْفِعْل «خلق – بَارَا» بخلق الْعَالَم (الكَوْن) والنّاس بصفة عامّة وشعوب مُعيَّنة وأشخاص وظواهر طبيعيّة وأماكن، إضافة إلى القلب النّقي. يُؤَكّد خَلْق الله هذا عِدَّةَ حقائق مُهّمة:

**أَوّلًا**: إن للعالم بِدَاية (تَكْوِين ١: ١، وأيوب ٣٨: ٤، وإشعياء ٤٠: ٢١، ٤٤، رؤيا ١: ٨، ٢١: ٦، ٢٢: ١٣)، فقبل الْبَدء لم يكن هُنَاك عالم ولا سماء ولا أرض.

**ثانيًا**: إنَّ الْخَلْق هُوَ خَلْق للكَوْن كُلِّه، كُلّ ما في السّماوات، وما على الأرض وما في البحار.

**ثالثًا**: جَاءَ الْكَوْن إلى الوجود بقُوّة كَلِمة الله الّذي قَالَ فكان وأَمَرَ فصار. إنَّه رَبُّ الْخَلِيقة وسيدها.

**رابعًا**: لم يُخلق الله من أحد! فَهُوَ غير مخلوق. عادة ما يسأل الطّفل الصّغير إذا كان الله قد خلق الكَوْن، فَمَنْ الّذي خلق الله؟ والمسألة هِيَ كما يلي:

١. لكُلِّ ما له بِدَاية عِلَّة أو سبب.
٢. للكَوْن بِدايَة.
٣. إذًا للكَوْن علة أو سَبَب.

وبما أنَّ اللهُ هُوَ خَالِق الكَوْن، فَهُوَ إذًا خَالِق الزّمن، وبالتالي فإنَّه لَيْسَ له بِدايَة، وليس خاضِعًا لبُعْد الزّمن الّذي خلقه، وبالتالي فإنَّه لَيْسَ له بِدَاية في الزّمن. فالله هُوَ «الْعَلِيُّ الْمُرْتَفِعُ، سَاكِنُ الأَبَدِ، الْقُدُّوسُ اسْمُهُ» (إشعياء ٥٧: ١٥). ولهذا لَيْسَ الله عِلَّة أو سبب.

عبارة «السّماوات والأرض אֵת הַשָּׁמַיִם וְאֵת הָאָרֶץ» تعبير شامل يُشِيرُ إلى الْخَلِيقة كُلّها أو إلى الْكَوْن كُلّه، لأنه لا توجد في اللغة الْعِبْرِيّة كَلِمة مفردة لتصف الكون. لذلك عندما تريد التعبير عن مفهوم كُلّ الواقع all reality، فإنَّها تتكلّم عن «السّماوات والأرض». ولهذا فإن ملكي صادق بارك أبرام باسم الله سيد الْكَوْن فقال «مُبَارَكٌ أَبْرَامُ مِنَ اللهِ الْعَلِيِّ مَالِكِ السَّمَاوَاتِ وَالأَرْضِ» (تَكْوِين ١٤: ١٩). ويتضمّن تعبير «السّماوات والأرض» مضادين، لكنهما جامِعان وشامِلان. لذلك فإنَّ ملكي صادق وهو يبارك أبرام لم يقصد فقط السّماوات والأرض كمكانَيْن، بل قصد كُلَّ ما في السّماء وكُلَّ ما على الأرض.

لكلمتيّ «السّماوات» و «الأرض» استخدامات ومعانٍ كثيرة في الْكِتَاب الْمُقدَّس، لكنهما عندما يأتيان معًا، كما في تَكْوِين ١:١، فإنَّهما يُشِيرُان إلى الْكَوْن المادّيّ كُلّه «the totality of the physical universe»، حَيْثُ يَقُولُ عالم الفيزياء الفَلَكِيّة دكتور روس Ross «يشمل تعبير «السّماوات والأرض» من النّاحيّة العلميّة كُلّ المادة والطّاقة في الْكَوْن بجانب كُلّ الأمور المتعلّقة بأبعاد المكان والزّمان المرتبطة بالمادة والطّاقة.»[6] إنّها الْخَلِيقة البديعة التي

6. Hugh Ross, *Genesis One A Scientific Perspective,* (Covina: Reason of Faith, 2006), 7.

خَلَقَها الرّب وأوجدها، والكون المُنَظَّم بكل أبعاده. جَاءَ هذا الْكَوْن للوجود بكلمة الرّب (مزمور ٣٣: ٦). فالله خلق كُلّ شيء في الكون، وَيُؤْكِّد هذا أنَّ كُلّ شيء قد خُلِقَ من العدم. إنَّ حقيقة أنَّ للكَوْن بِدَاية أمرٌ أَكَّده العِلْم وأَيَّده آينشتاين عندما قَالَ «إذا كان الْكَوْن يحتوي على كُتَل mass، وإذا كانت النّسبيّة العامّة تصف بدِقَّة حَرَكة الكَوْن، فلا بُدَّ أنَّ يكون المكان والزّمان والمادة والطّاقة قد جاءت إلى الوجود بوساطة مُسَبّب يكون وجوده سَاميًا ومُستقلًا عن المكان والزّمان.»[7] يَقُول الْكِتَاب الْمُقدَّس إنَّ هذا المُسَبّب شخص الله الخَالِق، الّذي قَالَ فكان وأَمَرَ فصار.

إنَّ الحقيقة التي تُعلنها وتُؤكّدها أَوّلُ آية في سِفر التَكْوين هِيَ أنَّ كُلّ الْكَوْن قد جَاءَ إلى الوجود في زمنٍ ما في الماضي بوساطة عمل الله الخَالِق الموجود قبل الخَلِيقة والمستقل عنها. إنَّها الحقيقة التي تُعلن سُلطان الله المطلق على كُلّ الأشياء، هذا السّلطان الّذي يتطلّب تجاوُب الخَلِيقة معه بالخضوع.

ويتبع هذه المقدمة العامّة في الآية الأُولى من سِفر التَكْوين وصف تفصيلي لخلق الكون

وَكَانَتِ الأرض خَرِبَةً وَخَالِيَةً، وَ ظُلْمَةٌ عَلَى وَجْهِ الْغَمْرِ، وَرُوحُ إلوهيم يَرِفُّ عَلَى وَجْهِ الْمِيَاهِ.

7. Noted by Hugh Ross, *The Creator and the Cosmos* (Colorado Spring: Nav Press, 2001), 31- 174.

إنَّ التعبير «خَرِبة وخالية» وهو في الْعِبْرِيّة תֹהוּ וָבֹהוּ ويُنْطَق «توهو وبوهو»[٨] يُشِيرُ إلى شيء لم يُرَتَّب بعد. فالكَوْن كان خاليًا من أيّ محتوى ومن أيّ نظام. تُشِيرُ كَلِمة «خَرِبة» إلى أنَّ الأرض لم يكن لها شكل Formlessness، بينما تُشِيرُ كَلِمة «خالية» إلى أنَّ الأرض كانت غير معمورة Emptiness. ولقد ذُكِرَ هذا التعبير مرتين في الْكِتَاب الْمُقدَّس، إضافة إلى ذِكْره في سِفْر التَكْوِين. فقد وَرَدَ في إرميا ٤: ٢٣ «نَظَرْتُ إِلَى الأَرْضِ وَإِذَا هِيَ خَرِبَةٌ وَخَالِيَةٌ، وَإِلَى السَّمَاوَاتِ فَلاَ نُورَ لَهَا» وفي إشعياء ٣٤: ١١ «وَيَرِثُهَا الْقُوقُ وَالْقُنْفُذُ، وَالْكَرْكِيُّ وَالْغُرَابُ يَسْكُنَانِ فِيهَا، وَيُمَدُّ عَلَيْهَا خَيْطُ الْخَرَابِ وَمِطْمَارُ الْخَلاَءِ» وهو يُشِيرُ في المرّتيْن إلى حالة الأرض بعد الدّينونة. وليس معنى هذا أنَّ الأرض في سِفْر التَكْوِين خُلِقَتْ ثُمَّ خُرِّبَتْ، لأنَّ إشعياء يَقُولُ «لأَنَّهُ هكَذَا قَالَ الرَّبُّ «خَالِق السّمَاوَات هُوَ اللهُ. مُصَوِّرُ الأرض وَصَانِعُهَا. هُوَ قَرَّرَهَا. لَمْ يَخْلُقْهَا بَاطِلًا. لِلسَّكَنِ صَوَّرَهَا» (٤٥: ١٨). إنَّ ما يريد أن يُؤَكِّده سِفْر تَكْوِين ١: ٢ هُوَ أنَّ الْكَوْن كان لا بُدَّ أن يُشَكَّل ويُؤَهَّل لسكن الإِنْسَان قبل أن يَقُولُ اللهُ عنه أَنَّه «حسن»، وهذا ما تُؤَكِّده الآيات اللاحِقة لهذا الوصف. ويَقُولُ ولكي Waltke يُشيرُ الوصف «خربة وخالية» إلى شيء لم يُخْلَق ولم يُنَظَّم.[٩] أَنَّه يُشِيرُ إلى الأرض كمكان خالٍ، غير مُثمر وغير مُؤَهَّل للسكن. يمكن تقسيم أيام الْخَلِيقة السّتة إلى قسميْن، القسم الْأَوّل ويشمل الثّلاثة الأيام الأُولى ١-٣، والتي تُركِّز على كيفيّة جَعْل الأرض الخربة مُنظَّمة ومُرتَّبة، وفصل النّور عن الظُّلمة، والبحر عن السّماء، ثُمَّ أرض مُثمرة. أَمَّا القسم الثّاني فيشمل الثّلاثة الأيام الأخيرة ٤-٦، وينصبُّ التركيز فيها على إظهار كيف أنَّ

٨. תֹהוּ וָבֹהוּ «خربة وخاليّة» انظر أَيْضًا إشعياء ٣٤ ١١ و إرميا ٤ ٢٣ وقد وردت كَلِمة «خربة» תֹהוּ لمفردها في إشعياء ٤٥ ١٨ و مزمور ١٠٧: ٤٠ (صحراء بلا طريق).

9. Bruce K. Waltke, *Genesis A Commentary*, 59.

الأرض الخاليّـة صـارت آهلـة ومُمتلئـة بالحيـاة، حَيْـثُ تَـمَّ خلـق أنـوار للنهـار والليـل، وخلـق مخلُوقَـات في الميـاه والسّـماء، ثُـمَّ خَلَـق مخلُوقَـات لـلأرض وجعلهـا مُثمـرة، وآخِـر الـكل خَلْـق الإنْسَـان.

| خربة תֹהוּ | | خالية בֹהוּ | |
|---|---|---|---|
| اليوم | الخليقة | اليوم | الخليقة |
| ١ | نور من الظلمة | ٤ | أنوار للنهار والليل |
| ٢ | البحر والسماء | ٥ | مخلوقات في السماء والبحار |
| ٣ | أرض ناشفة ومثمرة | ٦ | مخلوقـات لـلأرض المثمـرة، حيوانـات واخـر الـكل الإنسـان |

وتُشِـيرُ كَلِمـة «ظلمـة חֹשֶׁךְ» إلى أنَّ الأرض كانـت مظلمـة، خَاليَـة مـن النّـور، ويصعـب أن تكـون هُنَـاك حيـاة مـع الظّلمـة، وحـلَّ النّـور هـذا ليطرد الظُّلمـة. وَتُشِيرُ الظُّلْمـة هُنَـا إلى الْعَالَـم الّذي لـم يكـن الله فيـه، كمـا أَنَّهـا في الْكِتَـاب الْمُقـدَّس ترمـز للـشر والمـوت «لِيَكُـنْ ذلِـكَ الْيَـوْمُ ظَلاَمًـا. لاَ يَعْـتَنِ بِـهِ اللهُ مِـنْ فَـوْقُ، وَلاَ يُـشْرِقْ عَلَيْـهِ نَهَـارٌ. لِيَمْلِكْـهُ الظَّـلاَمُ وَظِـلُّ الْمَـوْتِ. لِيَحُـلَّ عَلَيْـهِ سَـحَابٌ. لِتَرْعَبْـهُ كَاسِـفَاتُ ظُلُمَـاتُ النَّهَـارِ» (أنظر خُـروج ١٥: ٨، وأمثـال ٢: ١٣، وأيـوب ٣: ٤- ٥). ولا تعـني الظُّلْمـة هُنَـا فقـط غيـاب النّـور، بـل تُعَـد كيانًـا قائمًـا بذاتـه. فـفي إشـعياء يَقُـولُ الْكَاتِـب إنَّ النّـور والظّلمـة همـا أَيْضًـا عمـل الـرّب «مُصَـوِّرُ النّـورِ وَخَالِـق الظّلْمَـةِ» (٤٥: ٧).

أَمَّـا كَلِمـة «الغَمْـر תְּהוֹם» وتُنْطَـق بالعبريّـة «توهـوم»، فـهي تُشِـيرُ إلى الميـاه العميقـة الـتي تُغطـي الأرض. والأفضـل أن تُفْهَـم على أَنَّهـا جُـزْء مـن الأرض وليسـتْ كيانًـا مسـتقلًا عنهـا. إنَّ هـذا «الغمـر» - في الْيَوْمَيْـن الثّـاني والثّالِـث مـن الخَلْـق - انفصـل عـن اليابسـة وسُـمِّيَ بالبحـر (تَكْوِيـن ١: ٦ -١٠).

والظّلام والغمر هما عكس النّور واليابسة. كان «الغمر» في أساطير الخَلْق البابليّة والمصريّة يُعَد إلهًا. ففي الأسطورة البابليّة إينوما إيليش Enuma Elish قام الإله مردوخ بقتل الإلهة تيامات (المياه المالحة) واستخدم جثتها ليخلق السّماء والأرض. وفي الأسطورة المصريّة، جَاءَ الإله الخَالِق «أتوم» من البحر. جعل هذا التشابه بعض الْعُلَماء يعتقدون أنَّ كَلِمة «غَمْر» مقتبسة من الأسطورة البابليّة، حَيْثُ إِنَّ الماء أو الغمر فيهما يُعَد إلهًا. لكن تشابُه الْكَلِمة من النّاحيّة اللُغويّة لا يعني بالطّبع - تشابُه المضمون. فالاختلاف واضِح وكبير بين الأسطورة البابليّة والنّص الكِتابي. ففي الأسطورة البابليّة، تُعد تيامات أو الغمر، إلهة، أَنَّها الإلهة التي خلقت مردوخ، لكن «الغمر» في رِوايَة الْكِتَاب الْمُقدَّس هُوَ كيان مائي. نجد في الأسطورة البابليّة صراعًا على وَجْه الخصوص بين إِلَهَيّ المياه، سواء أكانت مالحة أم عذبة. لكننا نجد في الْكِتَاب الْمُقدَّس أن الرّب هُوَ الّذي خلق البحار والأنهار. فهي جُزْء من خليقته وتخضع لسلطانه.

يُشيرُ استخدام تعبير «**روح إلوهيم רוּחַ אֱלֹהִים**، روح الله» إلى أنَّ روح الله هُوَ وحده المتحرك. فَهُوَ يَرِفُّ، بينما كُلّ الأشياء جامدة وفي انتظار كَلِمة أو أمر الله. ويمكن أن تعني كَلِمة «روح» «روحًا» أو «ريحًا»، ولهذا يترجمها بعضهم إلى «ريح قويّة». لكن بما أنَّ كَلِمة «روح» جاءت مقرونة بالله، «روح الله»، فيكون أفضل أنَّ نقول «روح الله»، في إشارة إلى الرّوح القدس وليس إلى ريح قويّة، فروح الله كان يبني هيكل الْخَلِيقة والكون «... **تُرْسِل روحك فَتُخْلَق. وتجدد وَجْه الأرض**» (مزمور ١٠٤: ١-٣، ٣٠)، كما كان في بصلئيل وهو يبني خيمة الاجتماع على الأرض «أُنْظُرْ. قَدْ دَعَوْتُ بَصَلْئِيلَ بْنَ أُورِي بْنَ حُورَ مِنْ سِبْطِ يَهُوذَا بِاسْمِهِ، وَمَلأْتُهُ مِنْ رُوحِ اللهِ بِالْحِكْمَةِ وَالْفَهْمِ وَالْمَعْرِفَةِ وَكُلِّ صَنْعَةٍ...» (خروج ٣١: ١- ٥).

والفِعْـل «يـرف מְרַחֶפֶת»، يُنْطَـق بالعبريّـة «مِرَحِفيـت»، وهـو مشـتق مـن الْفِعْـل «رحـف». ولقـد ذُكِـرَ هـذا الْفِعْـل في سِـفْر التَثْنيَـة ليصف النّسْـر الّذي يحـرِّك عُشَّـه وعلى فراخـه يرفـرف «كَمَـا يُحَـرِّكُ النَّسْـرُ عُشَّـهُ وَعَلَى فِرَاخِـهِ يَرِفُّ، وَيَبْسُـطُ جَنَاحَيْـهِ وَيَأْخُذُهَـا وَيَحْمِلُهَـا عَلَى مَنَاكِبِـهِ» (تَثْنيَـة ٣٢: ١١). والفكـرة الأساسـيّة هُنَـا هِيَ الحركـة أو الحيـاة. فالحركـة عنـصر أسـاسي في التغيـير، وَهِيَ مرتبطـة بحضـور الله الفعَّـال.

## خَلْق الْكَوْن (تَكْوِين ١: ٣ – ٣١)

### اليَوْم الْأَوَّل (١: ٣– ٥)

وَقَالَ إلوهيم: «لِيَكُنْ نُورٌ»، فَكَانَ نُورٌ.
وَرَأَى إلوهيـم النُّـورَ أَنَّـهُ حَسَـنٌ. وَفَصَـلَ إلوهيـم بَـيْنَ النُّـورِ وَالظُّلْمَـةِ. وَدَعَا إلوهيـم النُّـورَ نَهَـارًا، وَالظُّلْمَـةُ دَعَاهَـا لَيْـلًا. وَكَانَ مَسَـاءٌ وَكَانَ صَبَـاحٌ يـومٌ أول.

وَقَـالَ إلوهيـم וַיֹּאמֶר אֱלֹהִים - وَقَـالَ الله». لقـد اخترقـت كَلِمـة الله الصّمـتَ والجُمـود والعـدم وأَوْجَـدَتْ خليقـة جديـدة مُنظَّمـة. وفي هـذا يَقُـولُ فـون راد Von Rad «أظهـرت فِكْـرَة الخَلْـق بكلمـة التمـيُّز المُطْلَـق بـين الله وخلائقـه.»[10] لقـد أدرك شـعب الـرّب أنَّ كَلِمـة الله الخَالِقـة وصاحبـة السّـلطان

10. Gerhard Von Rad, *Genesis.* The Old Testament Library (Philadelphia: Westminster Press, 1972), 49 - 50.

هِيَ نفسها الْكَلِمة التي أوجدت التاريخ البشريّ كُلّه والأمم، كما أَنَّها هِيَ نفس الْكَلِمة التي أوجدت إِسْرَائِيل وجعلت منه شعبًا للرب. فَخَلْقُ الْكَوْن بكلمة يُمَيِّز اللهَ ويُميِّز قِصّة الْخَلْق في سِفْر التَّكْوِين عن قصص الْخَلْق البابليّة الأسطوريّة والتي فيها تتصارع قُوى الطّبيعة، بصفتها آلهة، بعضها مع بعض. لا يمكن أن تكون الْخَلِيقة انبعاثًا من الله، لكنها عَمَلُهُ وصُنْعُهُ النّاتج عن إرادته. وتُؤكِّد العبارة «وقال الله»، «وفكّرَ الله» أو «أراد الله» حقيقة استقلال الله عن الْخَلِيقة، كما تُؤكِّد سُلطانه المُطْلَق عليها «أَنْتَ هُوَ الرَّبُّ وَحْدَكَ. أَنْتَ صَنَعْتَ السَّمَاوَاتِ وَسَمَاءَ السَّمَاوَاتِ وَكُلَّ جُنْدِهَا، وَالأَرْضَ وَكُلَّ مَا عَلَيْهَا، وَالْبِحَارَ وَكُلَّ مَا فِيهَا، وَأَنْتَ تُحْيِيهَا كُلَّهَا. وَجُنْدُ السَّمَاءِ لَكَ يَسْجُدُ» (نحميا ٩: ٦، وأَعْمَال ١٧: ٢٥، ٢٨).

**«ليكن...فكان יְהִי... וַיְהִי»** حَيْثُ يُنْطَق الفِعْل الْعِبْرِيّ المُتَرْجَم «ليكن» هكذا «يهِي» أو «وَيْهِي»، مرتبطًا باسم الرّب «يهوه **אֶהְיֶה**» الّذي يعني «أنا هُوَ». إنَّ هذا التلميح والارتباط بين «ليكن» و«يهوه» مُهّم جدًا. فالله الكائن والّذي كان والّذي يأتي «أهيه الّذي أهيه» هُوَ إله الْخَلِيقة وصانع كُلّ الأشياء بكلمة قدرته. ولهذا نجد الرّسول يُوحَنَّا في إنجيله يَقُولُ عن الرّب يَسُوع **«كُلُّ شيء به كان...»** (يُوحَنَّا ١: ٣). أظهرت العبارة **«ليكن... فكان»** أنَّ كَلِمة الرّب قويّة وقادرة وَأَنَّها تخلق من العدم.[11]

**«نور אוֹר»** ولقد خلق الله النّور، الّذي هُوَ انبعاث مرئي للأشعة الكهرومغناطيسيّة. ففي الْبَدء عندما خلق الله الْكَوْن وأوجده، تَضَمَّن الْكَوْن المادة والطّاقة. وشَمَلَ هذا أَيْضًا الضّوء أو النّور، فأَوّل ما خلق الله خلق النّور. وَيُشِيرُ النّور في الْكِتَاب الْمُقدَّس إلى النّقاء والقَداسة، وإلى الحياة والفرح، وإلى العدل والخلاص (مزمور ١٩: ١- ٩، ٢٧: ١، ٤٩: ١٩). ونحن

11. Allen Rose, *Creation and Blessing* (Grand Rapids Baker, 1998), 108; Nahum Sarna, *Genesis,* 7

نجـد مَثَلًا لذلـك في حادثـة الخُروج عندمـا أتى الله بالظلام على المصريّـين، لقـد كان هُنَاك نور عند العبرانيّين...

... فَمَـدَّ مُوسَى يَـدَهُ نَحْـوَ السَّمَاءِ فَكَانَ ظَـلاَمٌ دَامِـسٌ في كُلِّ أَرْضِ مِصْرَ ثَلاَثَةَ أَيَّامٍ. لَمْ يُبْصِرْ أَحَدٌ أَخَاهُ، وَلاَ قَامَ أَحَدٌ مِنْ مَكَانِهِ ثَلاَثَةَ أَيَّامٍ. وَلَكِنْ جَمِيعُ بَنِي إِسْرَائِيلَ كَانَ لَهُمْ نُورٌ في مَسَاكِنِهِمْ (خُروج ١٠: ٢١-٢٣)

وعندمـا كان شعـب الـرّب في البريّـة يتبع النّـور في الليل ويسير خلفَـه كان هـذا تأكيـدًا لحضـور الله. ونجـد استقلال وجـود النّـور عن الشّمس مذكـورًا أَيْضـا في (إشعياء ٣٠: ٢٦)، و«أَيْـنَ الطَّرِيـقُ إِلَى حَيْـثُ يَسْـكُنُ النُّورُ؟ وَالظُّلْمَـةُ أَيْـنَ مَقَامُهَـا، حَتَّى تَأْخُذَهَـا إِلَى تُخُومِهَـا وَتَعْـرِفَ سُبُـلَ بَيْتِهَـا؟» (أيوب ٣٨: ١٩-٢٠). وبما أَنَّ الشّمس خُلِقَتْ في الْيَـوْم الثّالـث، وَهِيَ تُعَـدّ الْمَصْدَرَالأسَاسي للنـور، فترتيـب الخَلـق بهذا الشّكل إنَّمـا يُؤكِّـد أَنَّ الله هُـوَ مصـدر النّـور في الْيَـوْم الأَوَّل. فالنّـور هُـوَ تألُّـق مجد الله وحضوره. يَقـول (مزمور ١٠٤: ٢) عن الله «اللابس النّـور كثوب، الباسِـط السّماوات كَشُقّـة». يمثِّـل تأكيـد كـون الله هُـوَ المصـدر الأساسـي للنـور تناقُضًـا مـع الأساطير البابليّـة الّتي تعبـد المخلوقَـات بمـا فيهـا النّـور بـدلًا عـن الخَالِـق الّذي تعتمـد عليـه كُلّ الخَليقـة.

«فكَان إإإ» - يُؤكِّد تكـرار هـذه الكَلِمـة ٧ مَـرّات في الأصحـاح الأوّل مـن سِفـر التكّويـن قُـدْرَة الله وقُـدْرَة كلمتـه. فبُمجـرد أن خرجت الكَلِمـة مـن فـم الله كان مـا أراده الله أن يكـون. كمـا أَنَّ تكرارهـا يُؤكِّـد عـدم وجـود صراع ومُقاومـة، الأمـر الشّائـع في أسـاطير الشّرق الأدنى القديـم الّتي تتكلّـم الخَلـق. فـالله كُلِّي القُـدْرَة والسّلطان، وهـو وحـده الخَالِـق الذي تخضـع لـه كُلّ الخَليقـة.

«ورأى إلوهيم וַיַּרְא אֱלֹהִים» - إنَّها رؤيّة الإدراك والبصيرة لا رؤيّة العين.

«حسن טוֹב» - وتُنْطَق في الْعِبْرِيّة «توب»، وَهِيَ تُشِيرُ إلى تقييم الله لِمَا صنع بأنَّه «حسن». فالنّور حسنٌ، ونافعٌ، ومفيدٌ، وصِحّي، ومُهّمٌ للحياة. ولهذا السّبب فإنَّ النّور - وليس الظّلام - هُوَ حَسَنٌ. كما تُؤكِّد كَلِمة «حسن» على صلاح الله وكماله المطلق نحو خليقته، بخلاف العبادات الوثنيّة القديمة الّتي تقول إنَّ الشّر هُوَ جُزء من الْخَلِيقة.

«وفصل إلوهيم بين النّور والظّلمة וַיַּבְדֵּל אֱלֹהִים בֵּין הָאוֹר וּבֵין הַחֹשֶׁךְ» - وبما أنَّ الظّلام كان ما يزال موجودًا فكان لا بُدَّ أن يفصل الله بين النّور والظّلمة. إنَّ فِكْرَة الفصل هذه هِيَ مُهّمة جدًا في كُلّ الْعَهْد الْقَدِيم. إذ نرى أنَّ الرّب يفصل الأشياء بعضها عن بعض. فبحسب ناموس الْعَهْد الْقَدِيم يفصل الرّب بين ما هُوَ مُقَدَّس وما هُوَ نَجِس (لاويّين ١٠: ١٠، ١١: ٤٧)، وبين القُدْس وقُدْس الأقداس (خُروج ٢٦: ٣٣)، وبين إِسْرَائِيل وبقيّة الأمم (لاويّين ٢٠: ٢٤، ٢٦). فَفَصْل النّور عن الظّلام يعكس مشيئة الله كما هِيَ واضِحة في النّاموس.

«ودعا إلوهيم וַיִּקְרָא אֱלֹהִים» - وتُنْطَق في الْعِبْرِيّة «وَيِقْرَا إلوهيم». فبعد أن فصل الله بين النّور والظّلمة، دعا الله النّور نهارًا والظّلمة دعاها ليلًا. وبحسب فكر الشّرق الأدنى القديم، فإنَّ الشّيء الّذي لَيْسَ له اسم لَيْسَ له وجود.[12] ففي الأسطورة البابليّة إينوما إليش عندما أراد الْكَاتِب أن يَقُولُ إنَّ شيئاً لم يُخْلَق بعد، كان يَقُولُ أَنَّه لم يُسَمَّ بعد. وبإطلاق الأسماء على الأشياء يعلن الرّب سلطانه على خليقته (تَكْوين ٢: ٢، وملوك الثّاني ٢٣: ٣٤، ٢٤: ١٧). فالليل والنّهار، والسّحاب والأرض والبحار، كُلّها أسماء

12. Sarna, *Genesis*, 7.

أعطاها الله لخليقته حتى يُؤَكِّد سلطانه عليها كُلّها، سُلطانه الّذي يشمل أَيْضًا الزّمان والمكان.

**«وَكَانَ مَسَاءٌ وَكَانَ صَبَاح يَوْمًا وَاحِدًا וַיְהִי־עֶרֶב וַיְהִי־בֹקֶר יוֹם אֶחָד»**

- يعني المساء والصَّبَاح هُنَا نِهَايَة فترة النّور والتي فيها يتوقّف عمل الله، وبِدايَة فترة النّور حَيْثُ يبدأ عمل الله في الخلق. وبالنّسبة لقدماء المصريّين، فإنَّ الْيَوْم يبدأ من الفجر وحتى بِدَايَة فجر الْيَوْم التالي، أو من الصَّبَاح إلى الصَّبَاح التالي، أَمَّا بالنّسبة لشعوب ما بين النّهريْن والشّرق الأدنى القديم والعبرانيّين. فاليوم يبدأ مع غروب الشّمس وحتى غروب الشّمس في الْيَوْم التالى، أيّ من المساء إلى المساء.

**النظريات المختلفة لتفسير كلمة «يوم»**

انزعج عُلَماء اليَهُود وآباء الكنيسة الأُولى من فِكْرَة أن تكون الْخَلِيقة قد استغرقت من الله ٦ أيام لكي توجد وتُخلَق، وهو الإله القادر على كُلّ شيء، بينما يرى الْمُفسّرون في الْعَصْر الحديث أَنّه من غير الممكن أن تكون الأرض حديثة لأنَّ الأدلة العلميّة المتعلقة بِعُمْر الأرض تُؤَكِّد أَنَّها موجودة منذ ملايين السّنين. ولهذا حاول بعضهم أن يجد حلًا وتفسيرا لمعنى كَلِمة «يَوْم» المذكورة في سِفْر التَّكْوِين الأصحاحين ١ و ٢، وهذه النّظريات نذكر منها الآتي:

**أَوَّلًا، نظريّـة الفجـوات (الثّغـرات) The Gap Theory بـين تَكْوِيـن ١: ١ وتَكْوِيـن ١: ٢**، والـتي تقـول إنَّ الله خلـق خليقـة رائعـة في الآيَـة الأُولى «فِي الْبَدْءِ خَلَقَ اللهُ السَّمَاوَاتِ وَالأَرْضَ». لكـن بسـبب تمـرُّد الشّـيطان وسـقوط كثـير مـن الملائكـة معـه، فـإنَّ الـرّب ألـقى بهـم خـارج عرشـه فهبطـوا إلى الأرض وصَيَّرُوهـا خربـة وخاويّـة.[١٣] ولهـذا فـإنَّ الآيَـة ٢ «وَكَانَـتِ الأَرْضُ خَرِبَـةً وَ خَالِيَـةً، وَعَلَى وَجْـهِ الْغَمْـرِ ظُلْمَـةٌ، وَرُوحُ اللهِ يَـرِفُّ عَلَى وَجْـهِ الْمِيَـاهِ» تمثّـلُ - بالنّسـبة لهـم - بِدَايـة خليقـة جديـدة غـير الْخَلِيقـة الـتي فسـدت، مع وجـود فجـوة زمنيّـة بـين الخليقتـيْن قـد تصـل إلى ملايـين السّـنين. وبنـاءً عليـه فـإنَّ الْخَلِيقـة الْجَدِيـدة هِيَ إعادة إعمـار مـا قـد خُـرِّبَ وأُفْسِـدَ، ولهـذا تُسَـمَّى أيـام الْخَلْـق السّـتة عنـد أصحـاب هـذه النّظريّـة «إعادة الإعمـار». وأول مَـنْ نَـادَى بهـذه النّظريّـة هُـوَ اللاهـوتي الاسـكتلندي تومـاس كالمـرس Thomas Chalmers سـنة ١٨١٤م. وبطبيعـة الحـال، كان الدّافـع وراء طـرح هـذه النّظريّـة مُحاولـة التوفيـق بـين العِلْـم الّذي يَقُـولُ إنَّ الأرض قديمـة جـدًا (يصـل عُمْرها إلى ملايّـين السّـنين) والْكِتَـاب الْمُقـدَّس الّذي يَقُـولُ إن عُمْـر الأرض هُـوَ تقريبًـا آلاف السّـنين.[١٤] لكـن هـذه النّظريّـة لا تجـد الْيَـوْم قبـولًا كبـيرًا بـين عُلَمـاء الْعَهْـد الْقَدِيـم، للأسـباب التاليّـة:

---

١٣. (٢ بطرس ٢: ٤، و يهوذا ٦، و إشعياء ١٤: ١٢ - ١٤، و حزقيال ٢٨: ١٢ - ١٧).

14. For more details of this theory see W.W. Fields, *Unformed and Unfilled* (Collinsville, IL: Burgeners Enterprises, 1976), p. 40. I.T; Taylor, *In the Minds of Men: Darwin and the New World Order* (Toronto, Canada: TFE Publishing, 1984), p. 363; William Hanna editor, *Natural Theology, Selected works of Thomas Chalmers,* Vol.5 of 12 (Edinburgh: Thomas Constable, 1857), p. 146; H. Miller, *The Testimony of the Rocks* (New York: Boston, Gould and Lincoln, 1867), p. 143; G.H. Pember, *Earth's Earliest Ages* (New York: H. Revell Company, 1900). Taylor, *In the Minds of Men*…, p. 363. A.C. Custance, *Without Form and Void* (Brookville, Canada: published by the author, 1970); and C.I. Scofield, editor, *The Scofield Study Bible* (New York: Oxford University Press, 1945).

١. لا يُوجَد أيّ سَنَد كتابي يُؤكِّد أنَّ الأرض قد دُمِّرَت قبل خلق الإنْسَان.

٢. تدَّعي نظريَّة الفجوات الزَّمنيَّة أنَّ السَّماء خُلِقَتْ قبل الأرض بفترة زمنيَّة كبيرة قد تتجاوز ملايين السِّنين، لكن كلِمة الرَّب تُؤكِّد أن الرَّب قد صنع السَّماء والأرض والبحر وكل ما فيه في ستة أيام «لأنْ في سِتَّةِ أَيَّامٍ صَنَعَ الرَّبُّ السَّمَاءَ وَالأَرْضَ وَالْبَحْرَ وَكُلَّ مَا فِيهَا، وَاسْتَرَاحَ في الْيَوْمِ السَّابِعِ» (خُروج ٢٠: ١١). وإذا صَحَّ ادِّعَاء نظريَّة الفجوة، تكون الشَّمس قد خُلِقَتْ لِتُنِير وتوفِّر ما تحتاجه الحياة على الأرض من قبل، لكن الشَّمس خُلِقَتْ في الْيَوْم الرَّابع.

٣. من النَّاحيَّة اللغويَّة، فإنَّ النَّص الْعِبْرِيّ لا يسمح بوجود هذا الفاصل، فعلماء اللغة يَقُولُون أنَّه من غير المُمكِن أن يكون هُنَاك فاصل موجود، لأنَّ الآيَة ١ تمثِّل مُقدِّمة عامَّة لكُلِّ تفاصيل الخَلْق اللاحقة. كما أنَّ كلِمة «كانت הָיְתָה، هَيْتَاه» في كُلِّ المرات التي ذُكِرَت فيها كانت تُتَرْجَم إلى «وكانت الأرض خرِبة وخالية» وليس «وأصبحت الأرض ...» كما يَقُولُ أصحاب هذه النَّظريَّة.

٤. من النَّاحيَّة اللاهوتيَّة، فإنَّه بحسب كلِمة الله في سِفْر التَّكْوِين الأصحاح الثالث ورسالة روميَّة فإنَّ الْمَوْت قد دخل إلى الْعَالَم بسبب الخطيَّة، خطيَّة الإنْسَان. «مِنْ أَجْلِ ذلِكَ كَأَنَّمَا بِإِنْسَانٍ وَاحِدٍ دَخَلَتِ الْخَطِيَّةُ إِلَى الْعَالَمِ، وَبِالْخَطِيَّةِ الْمَوْتُ، وَهكَذَا اجْتَازَ الْمَوْتُ إِلَى جَمِيعِ النَّاسِ، إِذْ أَخْطَأَ الْجَمِيعُ» (٥: ١٢). فكيف يمكن أن يكون هُنَاك موت قبل السُّقوط؟ فهذا لا يتماشى لاهوتيًا مع كلِمة الرَّب.

٥. أضِفْ إلى هذا قَوْل الرَّب يَسُوع «ولكِنْ مِنْ بَدْءِ الْخَلِيقَةِ، ذَكَرًا وَأُنْثَى خَلَقَهُمَا اللهُ» (مَرْقُس ١٠: ٦)، أيّ أنَّ آدَم وحَوَّاء قد خُلِقَا في بِدايَة الخَلِيقَة وليس بعد فترة زمنيَّة من الخَلِيقَة.

٦. إذا كان سقوط الشَّيطان سابقًا للخليقة، فكيف يصف الله الخَلِيقَة بأنَّها «حسنة جدًّا» (١: ٣١)؟

٧. إنَّ حقيقة اعتبار أنَّ الآية الأُولى في تَكْوِين ١ مُقدِّمة لباقي الأصحاح أمر تُؤكِّده الآية الأُولى من أصحاح ٢، والتي تختتم التقرير عن ستة أيام الْخَلِيقة بعبارة «فَأُكْمِلَتِ السَّمَاوَاتُ وَالأرض وَكُلُّ جُنْدِهَا». فَخَلْق السّماء والأرض كان عمل الله في ستة أيام الْخَلْق وليس شيئًا سابقًا عن هذا. مشكلة نظريّة الفجوة الزّمنيّة أنها تنتقص من الله الّذي هُوَ كُلِّيُّ الْقُدْرَة والحِكْمَة وتجعل منه كائنًا ضعيفًا لا يملك إلا القليل من التحكُّم في خليقته.[15]

**ثانيًا، نظريّة الْيَوْم المساوي لحقبة زمنيّة The Day-Age Theory**: ظهرت هذه النّظريّة في بِدَاية الْقَرْن ١٩ الميلاديّ، ونادى بها عُلَماء جيولوجيا مؤمنون بعصمة الْكِتَاب الْمُقدَّس مثل J.W. Dawson and James Dana[16]، وتقول هذه النّظريّة إنَّ الْيَوْم لا يعني بالضّرورة ٢٤ ساعة، لكنه يعني مرحلة أو حقبة زمنيّة من مراحل الخلق، والدّليل على ذِلِكَ هُوَ ما يلي

١. جاءت كَلِمة «يَوْم» في سِفْر التَكْوِين ٢: ٤ لتشير إلى كُلّ مراحل الْخَلْق التي ذُكِرَتْ في أصحاح واحد «هذِهِ مَبَادِئُ السَّمَاوَاتِ وَالأرض حِينَ خُلِقَتْ، يَوْم عَمِلَ الرّبُّ الإله الأرض وَالسَّمَاوَاتِ.»
٢. يَقُولُ سِفْر التَكْوِين أصحاح ٢ إنَّ الله خلق آدم أَوَّلًا، وأعطاه مسؤوليّة رعاية الجنة. وبعد فترة شعر آدم بالوحدة، فقال الرّب «ليس جَيِّدًا أن يكون آدم وحده.» فصنع له معينًا نظيره، حَوَّاء. ومن الصّعوبة بمكان أن نتخيّل أن يكون كُلّ هذا قد حدث في ثوانٍ أو حتى في ساعات.
٣. لا يمكن أن تكون الأيام الثّلاثة الأُولى من الْخَلْق أيامًا شمسيّة، لأنَّ الشّمس لم تُخْلَق إلا في الْيَوْم الرّابع، ولهذا فكلمة «يَوْم» لا تُشِيرُ إلى يَوْم شمسي.

15. C. F. Keil and F. Delitzsch, "Genesis" Commentary on the Old Testament (Edinburgh T & T Clark, 1866),
16. J.W. Dawson, *The Origin of the World According to Revelation and Science,* 1877 and James Dana, *Manual of Geology: Treating of the Principles of the Science with special reference to American Geological History* (New York: Blakeman, 1985).

الأصحاح الأول: قصة الخَلق _____ ٨٧

٤. إنَّ عبارة «وكان صَباح وكان مساء» رمزيّة في فكر القارئ العِبْرِيّ. فمزمور ٩٠ يَقُولُ فيه مُوسَى «لأَنَّ أَلْفَ سَنَةٍ في عَيْنَيْكَ مِثْلُ يَوْم أَمْسِ بَعْدَ مَا عَبَرَ، وَكَهزِيعٍ مِنَ اللَّيْلِ.» فحياة الإنْسَان على الأرض في أيام الشَّباب مثل «يوم» بعدما عَبَرَ وكهزيع من الليل عند الكِبَرَ.

## بعض المشاكل المرتبطة بنظريّة الْيَوْم كحِقبة زمنيّة كبيرة

١. إذا كانت النباتات التي خلقها الرّبّ في الْيَوْم الثّالِث منفصلة بملايّين السّنين عن الطيور التي خُلِقَت في الْيَوْم الخامس، ومنفصلة بملايّين السّنين عن الحشرات التي يُعد وجودها ضروريًا بل وأساسيًا لعمليّة التلقيح والتي خُلِقَتْ بدورها في الْيَوْم السَّادِس، فمن المُؤكَّد أنَّ النباتات لا يمكن أن تعيش، لأنَّ وجودها واستمرارها معتمِد على أُمورٍ أُخرى ضروريّة لم تُخْلَق بعد - بحسب نظريّة الحقب - إلا بعد ذلكَ بملايّين السّنين.

٢. خُلِقَ آدم في الْيَوْم السَّادِس. وإذا قبِلنا فِكْرَة أنَّ الْيَوْم يُساوي ملايين السّنين، يكون آدَم قد مات خلال الْيَوْم السّابع. وبما أنَّه قد مات وعُمْرُهُ ٩٣٠ سنة (تَكْوِين ٥:٥) فإن كُلَّ يَوْم يساوي آلافًا وملايّين من السّنين، يكون عمر آدَم عند موته بلا معنى ولا قيمة.

٣. يَدَّعي بعضهم أنَّه بما أنَّ كَلِمة «صنع» أُسْتُخدِمَتْ بدلًا من كَلِمة «خَلَقَ – بارا» في وصف خلق الله للنورَيْن العظيمَيْن وللنجوم في الْيَوْم الرّابع، وبما أنَّ أحد معاني كَلِمة «صنع» هُوَ الإعلان أو الإظهار فيكون معنى هذا هُوَ أنَّ النورَيْن العظيمَيْن والنجوم كانت موجودة وأن الله أظهرها. لكنَّ الاعتراض على هذا الادِّعَاء هُوَ أنَّ كَلِمة «صنع» لا تعني أبدًا الإظهار أو الإعلان، فهي تعني «تصنع» و «تنتج» أو «تعمل» وقد اُسْتُخدِمَتْ كمرادف لكلمة «خلق – بَارَا»، ولهذا وَرَدتْ لتُشيرَ إلى الخَليقة. فقد اُسْتُخدِمَتْ في تَكْوِين ٢٦:١ في خلق الإنْسَان الأَوَّل الّذي لم يكن موجودًا من الأَوَّل وأوجده، أيّ خلقه، أيّ صنعه الله.

**ثالثًا: نظريّة الْيَوْم الحرفي (٢٤ ساعة) – Literal-Day Theory** تُؤكِّد أنَّ سِفْر التَّكْوِين ١:١-٢:٣ قد سَجَّلَ ما حدث بالضَّبط في ستة أيام الْخَلِيقة، حيث صنع الرّب فيها السّماء والأرض وكُلَّ ما فيهما، والبراهين على ذلِكَ هِيَ:

١. إنَّ كُلّ المرات التي اُسْتُخْدِمَتْ فيها كَلِمة «يوم» مع عدد number، فإنَّها كانت تعني فترة ٢٤ ساعة. ولقد وردت كَلِمة «يوم» יוֹם خارج سِفْر التَّكْوِين ٣٥٩ مَرّة، وفي كُلّ مَرَّة قُصد بها «يَوْمًا عاديًّا»، فلماذا يجب أن يتغير هذا مع تَكْوِين ١؟ كما أَنَّه في سِفْر التَّكْوِين الفصول ١ – ٥ وردت كَلِمة «يوم» مع المصطلح «صَبَاحا ومساء» ٢٣ مرة. ووردت عبارة «صَبَاحا ومساء» لوحدها ٣٨ مرة، وفي كُلّ الـ ٦١ مَرَّة هذه أشارت كَلِمة «يَوْم» إلى يَوْم عاديّ.[١٧] وقد وردت كَلِمة «مساء» خارج سِفْر التَّكْوِين ٥٣ مرة، وفي كُلّ هذه المرات كانت تُشِيرُ أَيْضًا إلى يَوْم عاديّ. ويَقُولُ جيمس بار James Barr من جامعة أكسفورد، وهو يعد من أعظم عُلَماء اللغة الْعِبْرِيّة، في إحدى رسائله:

> حتى الآن وبحسب علمي، لا يُوجَد أستاذ جامعي واحد في اللغة الْعِبْرِيّة والْعَهْد الْقَدِيم في أيّة جامعة من الجامعات المرموقة لا يؤمن بأنَّ كاتب أو كُتَّاب سِفْر التَّكْوِين ١ -١١ إلا وقد قَصَدَ أن يُوصّل إلى القُرَّاء الأفكار الآتية: (١) تَمَّ الْخَلْق في ستة أيام، والْيَوْم هُوَ نفس الْيَوْم الّذي نختبره الآن، أيّ ٢٤ ساعة. (٢) توفِّر سلاسلُ الأنساب المذكورة في سِفْر التَّكْوِين لنا الأنساب من بِدَاية الْعَالَم وحتى مراحل مُتأَخِّرة من الْقِصّة الكتابيّة.[١٨]

وبطبيعة الحال، فإنَّ كلام «جيمس بار» لا يعني أَنَّه يؤمن بعصمة الْكِتَاب الْمُقدَّس، لكنه يتحدّث كعالم لغات فيَقُولُ ما يَقُولُه النّص الْعِبْرِيّ وما أراد أن يوصّله الْكَاتِب من الأسلوب الّذي كتب به نص تَكْوِين ١ -١١.

17. For typical arguments, examine Davis Young, *Creation and the Flood* (Grand Rapids: Baker Book House, 1977), pp. 83, 84, Theological *Wordbook of the Old Testament*, I:371; Beekman, John and John Callow. *Translating the Word of God* (Grand Rapids: Zondervan, 1974), p.69; Kautzsch, E. *Gesenius' Hebrew Grammar*, 2nd ed. (Oxford: Clarendon Press 1980), p. 404; Archer, Gleason. *Encyclopedia of Bible Difficulties* (Grand Rapids: Zonderyan, 1982), p. 61; Ross, Hugh. *Genesis One: A Scientific Perspective* (Sierra Madre: Wiseman Productions, 1983), p.16.
18. *Letter from Professor James Barr to David C.C.* Watson of the UK, dated 23 April 1984.

٨٩ _____ الأصحاح الأول: قصة الخَلق

٢. تُؤكِّد مُقدِّمـة الوصيّـة الرّابعـة والمرتبطـة بحفظ يَـوْم السّبت أنَّ اللهَ خلق كُلَّ شيء في ستة أيام ثُمَّ استراح:

> أُذْكُرْ يَوْمَ السَّبْتِ لِتُقَدِّسَهُ. سِتَّةَ أَيَّامٍ تَعْمَلُ وَتَصْنَعُ جَمِيعَ عَمَلِكَ، وَأَمَّا الْيَوْمُ السَّابِعُ فَفِيهِ سَبْتٌ لِلرَّبِّ إِلهِكَ. لاَ تَصْنَعْ عَمَلًا مَا أَنْتَ وَابْنُكَ وَابْنَتُكَ وَعَبْدُكَ وَأَمَتُكَ وَبَهِيمَتُكَ وَنَزِيلُكَ الَّذِي دَاخِلَ أَبْوَابِكَ. لأَنْ في سِتَّةِ أَيَّامٍ صَنَعَ الرَّبُّ السَّمَاءَ وَالأرضَ وَالْبَحْرَ وَكُلَّ مَا فِيهَا، وَاسْتَرَاحَ في الْيَوْمِ السَّابِع. لِذلِكَ بَارَكَ الرَّبُّ يَوْمَ السَّبْتِ وَقَدَّسَهُ. (خروج ٢٠: ٨-١١)

٣. تُوجَد من الْيَوْم الرّابع فصاعدًا أيام، وسنين، ومواسم. وَيُؤَكِّد هذا الأمرُ أنَّ هُنَاك نظامًا طبيعيًّا كان يعمل.

٤. أَنَّه لو كان «الْيَـوْم» يُشِيرُ إلى فـترة أو حقبة زمنيّـة، لكان فترات النّهار والليل فترات زمنيّة طويلة.

## اعتراضات على حرفيّة السّتة الأيام والرّد عليها

الاعتراض الأوَّل: أظهر العلم الحديث الكَوْن، بما فيه الأرض، قديمٌ جدًّا، ولهـذا لا بُـدّ أن تكـون أيـام الْخَلِيقـة حِقبًـا زمنيّـة وليـس أيامًا عاديّة. لكـن هُنَاك عـدة نقـاط مُهمّـة في الـرّد على هـذا الاعتراض:

١. يعتمـد عُمْـر الأرض كمـا تحـدده الطّـرق الحديثـة على تخمينـات لا يُمكـن التحقُّـق منهـا أو إثباتهـا عِلميًـا. ولهـذا، فـإنَّ الْقَـوْل إنَّ عمـر الأرض يبلـغ إلى بلايـين السّـنين هُـوَ قَـوْل إفتراضيّ وليس علميًّا.

٢. يدَّعي عُلَماء التطوّر أنَّ الحفريات الموجودة في طبقات الأرض تعود إلى بلايين السّنين. ويعني هـذا أنَّ الْمَـوْت وسفْكَ الدّماء والألم جَـاءَ قبل آدم بملايـين السّنين، في حين أنَّ الْكِتَـاب الْمُقـدَّس يُؤكِّد بما لا يحمـل أدنى شك أن الْمَـوْت والمرض والألم قد دخل إلى الْعَالَم كنتيجة لخطيّة آدم في تَكْوين ٣. كما نقرأ في التَكْويـن أنَّ الله أعطى آدم وحَوَّاء سـلطانًا على كُلّ الحيوانـات (١: ٢٩- ٣٠)، وأنَّ الإنْسَان مُخْتَلِـف في تَكْوينـه ككائـن مخلوق على صُورَة الله وشبهه، وَأَنَّه هُـوَ الكائن الوحيد الّذي نفخ الـرّب الإله في أنفه نسمة حياة (تَكْوين ١: ٢٦، ٢: ٧)، لكـن بسقوط الإنْسَان دخلت الخطيّة وساد الْمَوْت (روميّة ٥: ١٢، و ١ كورنثوس ١٥).

٣. إذا كان الْمَوْت موجودًا قبل آدم بملايين السّنين وَأَنّه ساد على الْخَلِيقة كُلّها فهذا يعني أنَّ عقيدة الكفارة لا أساس لها، لأنَّ الْكِتَاب الْمُقدَّس يَقُولُ إنّه بخطيّة آدم ساد الْمَوْت، وإنَّ الْخَلِيقة كُلّها تئن بسبب الآثار الْمُترتّبة على سقوط آدم، وإنّ الْمَوْت كان عقوبة عادلة للخطيّة، وإنَّ الرّب يَسُوع الْمَسِيح تحمَّل الألم والموت الجسديّ وسفك دمه لخلاص نسل آدم من عواقب الخطيئة. يتناول الرّسول بولس هذه الحقيقة اللاهوتيّة المُهمّة بالشّرح العميق في روميّة ٥ وكورنثوس الأولى ١٥. فالقول إذًا إنَّ عمر الأرض هُوَ ملايّين السّنين وإنَّ الحفريات تعود إلى ملايّين السّنين يؤذي أساس الرسالة المسيحية.

**الاعتراض الثّاني:** يقولون إنّه إذا كانت الشّمس قد خُلِقَتْ في الْيَوْم الرّابع، فكيف يَقُولُ الْكِتَاب في الأيام الثّلاثة الأُولى «وكان صَبَاح وكان مساء يَوْماً واحدًا، وثانيًا، وثالثًا»؟ هذا الاعتراض مبني على أساس مغلوط، وهو أنَّ الشّمس هِيَ أساس وجود الصَّبَاح، مع العلم أن الشّمس ليست هِيَ أساس وجود الصَّبَاح والمساء. فكل ما نحتاجه من أجل وجود الصَّبَاح والمساء هُوَ النّور، لا الشّمس. فالنّور يعني صَبَاحا وغياب النّور يعني المساء. وقد خلق الله النّور في الْيَوْم الْأَوّل (تَكْوِين ١: ٣)، وَيُشِيرُ التعبير «صَبَاحا ومساءً» بالأَوْلَى إلى دوران الأرض حول نفسها، ولهذا فلو أن النّور عندنا من ناحيّة يكون هذا صَبَاحا ومع الدّوران يكون هُنَاك نهار ومساء.

لكن من أين يأتي هذا النّور؟ وما هُوَ مصدره؟ ومع أنَّ الله لم يخبرنا عن مَصْدَر هذا النّور، إلا أنَّ الحقيقة المذكورة في تَكْوِين ١: ٣ تُؤكّد لنا أن الله قد خلقه وأوجده بكلمته «ليكن نور». هدف النّور الّذي خلقة الله إلى أن يكون هُنَاك صَبَاح ومساء، إلى أن يخلق الشّمس في الْيَوْم الرّابع. يخبرنا سِفْر الرّؤيا ٢١: ٢٣ أَنّه رغم أن الشّمس في يَوْم من

الأيـام - لـن تكـون، ولـن يكـون لهـا احتيـاج، إلا أنَّ مجـد الله سـوف يُنِـير المدينـة السَـماويَّة.

ورُبَّمـا يكـون هـذا سـببًا مـن الأسـباب الـتي جعلـت الـرّب يخلـق الشّـمس في الْيَـوْم الرّابـع، ليُوضِّـحَ أنَّ الشّـمس ليسـت لهـا أولويّـة وأنَّ الأرض لـم تُـولَد منهـا كمـا يَـدَّعِي أصحـاب نظريّـة التطـوُّر. فالشّـمس وسـيلة خلقهـا الله لِحُكْـم الليـل والنّهـار (تَكْوِيـن ١: ١٦). لقـد عبـد أصحـابُ حضـارات الـشّرق الأدنى القديـم والحضـارة المصريّـة القديمـة الشّـمسَ باعتبارهـا مَصْـدَر الحيـاة، لكـن الله يُؤَكِّـد لشـعبه هُنَـا أنَّ الشّـمس هِيَ عَمَـلُ يديـه، وَأَنَّـه هُـوَ الّذي أوجدهـا وهُـوَ الّذي خلقهـا (تَثْنِيَـة ٤ : ١٩). وإذا كانـت نظريّـة الانفجـار العظيـم Big bang تقـول إنَّ الشّـمس جـاءت قبـل الأرض وإنَّ الطّاقة الشّمسـيّة على الأرض جـاءت نتيجـة لهـذا. فـلا عجـب أن يكـون هـذا الفكـر بتمامـه معتقـد العبـادات الوثنيّـة القديمـة الـتي قالـت إنَّ الشّـمس هِيَ أسـاس كُلّ حيـاة. قَـالَ أحـد آبـاء الكنيسـة الأُولى وهـو ثيوفيلـوس Theophilus «خلـق الله النّوريْـن العظيمـيْن في الْيَـوْم الرّابـع، النّـور الأكـبر لِحُكْـم النّهـار والنّـور الأصغـر لحكـم الليـل، والنّجـوم، لأنَّـه في معرفتـه السّـابقة يعلـم مـا سـيفكر فيـه بعـضُ الفلاسـفة الّذيـن سـيَقُولُون إن الأشـياء والحيـاة على الأرض جـاءت مـن النّجـوم، وبهـذا يركنـون الله جانبًـا. إنَّـه مـن أجـل إظهـار الحـَقّ، أُوجِـدَت النّباتـات والبـذور قبـل النّجـوم. فمـا يـأتي إلى حَـيِّز الوجـود في وقـت لاحِـق لا يمكـن أن يكـون مُسَـبِّباً لِمَـا هُـوَ سـابق.»[١٩]

**الاعـتراض الثّالـث**: يَقُـولُ البعـض أليـس الإصرار على أنَّ الله خلـق الْكَـوْن في سـتة ايـام إِنَّمـا هُـوَ أمـر يُجِـدُ الله، بينمـا الْقَـوْل إنَّ الله خلـق الْكَـوْن في بلايّـين السّـنين لا يُجِـدُّهُ؟ في الحقيقـة إنَّ الْقَـوْل إن الله خلـق الْكَـوْن في سـتة

19. L. Lavallee, The early church defended creation science, *Impact*, No. 160, p. ii, 1986. Quotation from *Theophilus "To Autolycus,"* 2.8, Oxford Early Christian Texts

أيام لا يُحِدَّهُ، بل يُؤَكِّد سُلطانَه وقُوتَه وحِكْمتَه وسِيادته. فَهُوَ لا يحتاج إلى دهور من الزّمن لِيُوجِد الأشياء، يكفي أن يَقُولُ كُنْ فيكون، يأمر فيصير. والقول إنَّ الْخَلِيقة احتاجت إلى آلاف وملايّين من السّنين لتكون على الصُورَة التي هِيَ عليها الآن هُوَ – في حقيقة الأمر - الّذي يُقَلِل من قُدْرَة الله وسلطانه إنَّ عقيدة الْخَلْق أول صُورَة مُهّمة يُقدِّمها الْكِتَاب الْمُقدَّس عن الله وطبيعته، بل هِيَ الأساس لخُروج شعب إِسْرَائِيل من مصر والفداء العظيم بموت الْمَسِيح يَسُوع ربنا.

**الاعتراض الرابع: يقولون** لا يمكن أن يُسَمّي آدَم كُلّ الحيوانات في «يوم» واحد. فهذا الأمر يحتاج إلى وقت أطول من ذلِكَ بكثير. لكنَّ القراءة المتأنيّة للنص الْكِتَابيّ ١٩ تقول «وَجَبَلَ الرّبُّ الإله مِنَ الأرض كُلّ حَيَوَانَاتِ الْبَرِّيّة وَكُلَّ طُيُورِ السّمَاءِ...» (تكوين ٢: ١٩)، بما يعني أنَّ الله أحضر إلى آدم فقط نوعيْن من الكائنات ليدعوها بأسماء النّوع الْأَوّل هُوَ «حيوانات البريّة»، والنّوع الثّاني هُوَ «طيور السّماء». فآدَم لم يدعُ بأسماء جميع دبابات الأرض ولا جميع أسماك البحر. لكن يجب أن نضع في اعتبارنا أن قُدْرَة آدَم الذّهنيّة كانت تفوق قدرتنا نحن الّذين أتينا بعده بآلاف السّنين، حَيْثُ تأثرت أذهاننا بالخطيّة والضّعف والتلوث البيئي الّذي نعيش فيه... إلخ، ولهذا فقدرة آدَم على أن يدعو الحيوانات بأسماء ويحفظ هذه الأسماء في ذهنه إِنَّما يعكس الحالة الممتازة التي أوجده وخلقه عليها الرّب قبل السّقوط.

رابعًا: نظريّة الْيَوْمِ الإعلانيّ The Revelatory Theory بمعنى أنَّ الأيام السّتة هِيَ أيام إعلانات الله لموسى عن طريق الرّؤى أوالاحلام، والتي أعلن فيها الله كُلّ يَوْم شيئًا عن الْخَلِيقة، وطبعًا لا تَلْقَى هذه النّظريّة قُبولًا كبيرًا بين عُلَماء الْعَهْد الْقَدِيم الْيَوْم للأسباب الآتيّة:

١. لا يذكر النّص الْكِتَابيّ من قريب أو بعيد أيّ شيء عن رؤى أو أحلام أعطى الله من خلالها أحداث سِفر التَكْوِين إلى مُوسَى، بل إنَّ موسى قيل عنه أنه كان يكلّم الله «وجهاً لوجه» كما يكلّم الرجل صاحبه

٢. يَرِدُ النّص الْكِتَابيّ بوضوح شديد على أنَّه تاريخ.

٣. لا يتّفق مع العقل أنَّ آية أو بضعة آيات تحتاج إلى يَوْم كامل ليعلنها الله لموسى.

## اليوم الثاني (تكوين ١: ٦- ٨)

وَقَالَ إلوهيم: «لِيَكُنْ جَلَدٌ فِي وَسَطِ الْمِيَاهِ. وَلْيَكُنْ فَاصِلًا بَيْنَ مِيَاهٍ وَمِيَاهٍ». فَعَمِلَ إلوهيم الْجَلَدَ، وَفَصَلَ بَيْنَ الْمِيَاهِ الَّتِي تَحْتَ الْجَلَدِ وَالْمِيَاهِ الَّتِي فَوْقَ الْجَلَدِ. وَكَانَ كَذلِكَ. وَدَعَا إلوهيم الْجَلَدَ سَمَوات. وَكَانَ مَسَاءٌ وَكَانَ صَبَاحٌ يَوْمًا ثَانِيًا.

«جَلَد רָקִיעַ» وتُنْطَق في الْعِبْرِيّة «رَكِيع». وهذه هِيَ عمليّة الفَصْل الثّانيّة التي قام بها الرّب، أَنّه الفَصْل بين مياه ومياه. تُشِيرُ كَلِمة «جَلَد» إلى الحديد المُتمدِّد بالطّرْق، ولهذا فهي تحمل معنى الامتداد أو البَسْط.

لقد وضع اللهُ هُنَا حدودًا للمياه التي فوق، وحدودًا للمياه التي تحت. إنَّ الجلَدَ هُوَ الغلاف الّذي يفصل بين المياه التي تحت الجلد (المياه التي في كوكب الأرض) وبين المياه التي فَوْقَ الجَلَد (السّحُب) أو مظلة بخار الماء التي تحجب الأشعة المُضرّة عن الأرض وتوفر الدّفء لها وتمنع اندفاع التيارات الهوائيّة ممّا يساعد على استمرار الحياة على الأرض). في أيوب ٣٧: ١٨ يَقُولُ إنَّ الجَلَدَ «كالْمَرْآة المسبوكة». ولولا الجَلَد لامتلأت الأرض بضباب كثيف يَصْعُب معه الرّؤية بسبب قِلَّة النّور، لكن بخلق الجَلَد، فَصَلَ الله بين السّحاب الّذي يعد مصدرًا للمطر والمياه التي تحت الجلد، أيّ المياه الموجودة في الأرض (البحار والمحيطات).

**«فعمل إلوهيم וַיַּעַשׂ אֱלֹהִים» – لَيْسَ الْفِعْل الْعِبْرِيّ** المُسْتَخْدَم هُنَا «خَلَقَ» بل «عَمِلَ»، وتُنْطَق عبارة «فعمل الله» بالعبريّة هكذا «وَيَعْسِى إلوهيم». وقد ذُكِرَ هذا الْفِعْل أَيْضًا في تَكْوِين ١: ١٦، ٢٥، كما أُسْتُخْدِمَ أَيْضًا في التقرير المختصر عن أيام الْخَلِيقة فيما يلي:

> وَفَرَغَ اللهُ فِي الْيَوْم السّابِعِ مِنْ عَمَلِهِ الّذي عَمِلَ. فَاسْتَرَاحَ فِي الْيَوْم السّابِعِ مِنْ جَمِيعِ عَمَلِهِ الّذي عَمِلَ. وَبَارَكَ اللهُ الْيَوْم السّابعَ وَقَدَّسَهُ، لأَنَّهُ فِيهِ اسْتَرَاحَ مِنْ جَمِيعِ عَمَلِهِ الّذي عَمِلَ اللهُ خَالِقًا.
> هذِهِ مَبَادِئُ السّمَاوَاتِ وَالأرض حِينَ خُلِقَتْ، يَوْم عَمِلَ الرّبُّ الإله الأرض وَالسّمَاوَاتِ. (تَكْوِين ٢: ٢، ٤)

ووَرَدَ كذلِكَ «لأَنْ فِي سِتَّةِ أَيَّامٍ صَنَعَ الرّبُّ السّمَاءَ وَالأرض وَالْبَحْرَ وَكُلَّ مَا فِيهَا، وَاسْتَرَاحَ فِي الْيَوْم السّابِعِ. لِذلِكَ بَارَكَ الرّبُّ يَوْم السّبْتِ وَقَدَّسَهُ.» (خروج ٢٠: ١١). وبينما يَقُولُ بعضهم إن استخدام الْفِعْل «عَمِل» بدلًا من «خَلَقَ» يُؤَكِّد الوجود السّابق للمادة، لكن لا بُدَّ أن نتوخّى الحذر ولا نتسرع، لأَنَّ القاموس الْعِبْرِيّ يُقدِّم لنا استخدامات مُخْتلِفة ومعاني

عديدة لهذا الْفِعْل «عمل». كما أنَّ التلخيص لأيام الْخَلِيقة في تَكْوِين ٢ :٢، ٤، وخُروج ٢٠: ١١ يُؤَكِّد أنَّ الْفِعْل قد أُسْتُخدِم ليشير إلى الْخَلِيقة كلها، وكيف أنَّ اللّٰه خلقها وأوجدها في ستة أيام. وبُنَاءً على هذا الأساس يُمكننا أن نقول إنَّ الْفِعْل «عمل» يساوي الْفِعْل «خلق». فكلاهما مرتبط باللّٰه كالخَالِق. ولقد استخدمه الْكَاتِب للإشارة إلى حقيقة واحدة مهمّة، وَهِيَ أن اللّٰه هُوَ الخَالِق وأن ما قد قصده اللّٰه قد تَمَّ.

**«ودعا إلوهيم וַיִּקְרָא אֱלֹהִים»** - للمرة الثّالِثة - يدعو ويُسَمّي خليقته بأسماء، «ودعا اللّٰه الجلد سماء»، مع أنَّ الجَلَد هُوَ جزء من السّماء وقد جَاءَ ذكرهما معًا في (تَكْوِين ١: ١٥، ١٧، ٢٠). فالسّماء هِيَ ما يمكن للإِنْسَان أن يراه بعينيْه.

ويُؤَكِّد خَلْق السّماوات أن اللّٰه وحده هُوَ ربُّ السّماء والأرض. فالسّماوات تُحدّث بمجده، فهي عَمَلُ يديْه وهو مَصْدَر قوتها. فكما أنَّ الأرض ترتعد عند صعود الرّب، فإنَّ السّماوات أَيْضًا «قَطَرَتْ أمام وَجْه الرّب» (مزمور ٦٨: ٨).

## اليوم الثّالِث (١: ٩ – ١٣)

وَقَالَ إلوهيم: «لِتَجْتَمِعِ الْمِيَاهُ تَحْتَ السَّمَاءِ إلى مَكَانٍ وَاحِدٍ، وَلْتَظْهَرِ الْيَابِسَةُ». وَكَانَ كَذلِكَ. وَدَعَا إلوهيم الْيَابِسَةَ أَرْضًا، وَمُجْتَمَعَ الْمِيَاهِ دَعَاهُ بِحَارًا. وَرَأَى إلوهيم ذلِكَ أَنَّهُ حَسَنٌ. وَقَالَ إلوهيم: «لِتُنْبِتِ الأَرْضُ عُشْبًا وَبَقْلًا يُبْزِرُ بِزْرًا، وَشَجَرًا ذَا ثَمَرٍ يَعْمَلُ ثَمَرًا كَجِنْسِهِ، بِزْرُهُ فِيهِ عَلَى الأَرْضِ». وَكَانَ كَذلِكَ. فَأَخْرَجَتِ الأَرْضُ عُشْبًا وَبَقْلًا يُبْزِرُ بِزْرًا كَجِنْسِهِ، وَشَجَرًا يَعْمَلُ ثَمَرًا بِزْرُهُ فِيهِ كَجِنْسِهِ. وَرَأَى إلوهيم ذلِكَ أَنَّهُ حَسَنٌ. وَكَانَ مَسَاءٌ وَكَانَ صَبَاحٌ يَوْمًا ثَالِثًا.

في الْيَوْم الثّالِث كان أَوَّل عمل لله هُوَ تجميع المياه التي تحت السّماء في مكان واحد لتظهر اليابسة، وكان هذا العمل مرتبطًا بالعمل الثّاني من نفس الْيَوْم وهو أمره للأرض بأن تُنْبِت عُشْبًا وبَقْلًا يُبْزِر بزرًا... الخ. فمن دون ظهور اليابسة لا يمكن أن تكون الأرض مُثمرة ونافعة لِمَنْ يعيش عليها. فالأرض تُوفِّر مُقَوّمَات الحياة، وَأَيْضًا توفِّرُ المكان والمساحة التي تحتاج إليها الكائنات والإِنْسَان لتعيش وتتكاثر (١: ٩ – ١٣، ٤٤، ٢: ٧، ١٢). وَتُشِيرُ كَلِمة «أرض» إلى المكان الّذي يُظْهِر فيه اللّٰه إحسانه وسيادته وتدخُّله في حياة البشر (مزمور ٢٤: ١- ٢).

«لِتُنْبِت الأرض תַּדְשֵׁא הָאָרֶץ» - يُعَد إنبات الأرض قِمّة عمل اللّٰه في القسم الْأَوَّل من الأيام الثّلاثة الأُولى من الخَلْق (١- ٣). فلأول مَرّة تُثْمِر

الأرض، ولهذا تعد هذه المرحلة تمهيدًا لظهور الحياة والغذاء للإنْسَان والحيوان على الأرض. تُظْهِر عمليّة الإنبات هذه أَيْضًا قُوّة التوالد التي أوجدها الله حتى يستطيع الإنْسَان والحيوان العيش على الأرض «التنبت الأرض عشبًا»، أيّ لتتغطّى الأرض بالخضراوات (البَقْل)، كُلّ أنواع الخَضراوات، وبالفواكه والأعشاب والنّباتات والأشجار... إلخ. إنّنا نُلاحظ هُنَا تكرار عبارة «كجنسه לְמִינֵהוּ». فكل شيء يخرج كجنسه. فشجرة التفاح تُخْرِجُ تفاحًا، والعنب يُنْتِج عنبًا، والبلح بلحًا... إلخ، وينطبق هذا على الكائنات والدّبّابات، وطيور السّماء وسمك البحر، كُلّ جنس يُخْرِج كجنسه كما قصد وصمّمَ الله له أن يكون.

ويُظْهِر سلطان الله على الْخَلِيقة والنّباتات تبايُن قِصّة الْخَلْق في سِفْر التَكْوِين مع الأساطير القديمة. فبحسب معتقدات شعوب الشّرق الأدنى القديم، فإنَّ البعل، وهو إِله الإخصاب، قادرٌ على الإخصاب والإثمار، لكن مع نِهَايَة السّنة يموت البعل. ويُجِيب هذا على السّؤال لماذا تموت النّباتات في فصل الشّتاء؟ فإله الْمَوْت يقبض على إِله الإخصاب «البعل» ويحمله إلى الهاويّة. لكن «أنَات»، رفيقة «البعل»، تنقذه وتحرره وتهزم إِله البحر في معركة دمويّة، فيعود البعل مع بِدَاية الرّبيع، وتبدأ الأشجار والنّباتات في الإزهار والإثمار، وتبدأ سنة جديدة. وعلى النّقيض نجد قِصّة سِفْر التَكْوِين تُؤكِّد أنَّ الله هُوَ الّذي قَرَّرَ أن تَنْبُت النّباتات والأشجار، فقد وضع فيها عند خلقها قُوّة الإنبات والإثمار، كما أَنَّه لا يُوجَد صراع ولا يُوجَد تعدُّد آلهة، ولكنّ إلهًا واحدًا متكلمًا خَالِقًا يُمارِس سلطانه المطلق على خليقته.

# القسم الثّاني (تَكْوِين ١ :١٤ – ٣١)

## اليوم الرّابع (١: ١٤ – ١٩)

וַיֹּאמֶר אֱלֹהִים יְהִי מְאֹרֹת בִּרְקִיעַ הַשָּׁמַיִם לְהַבְדִּיל בֵּין הַיּוֹם וּבֵין הַלָּיְלָה
וְהָיוּ לְאֹתֹת וּלְמוֹעֲדִים וּלְיָמִים וְשָׁנִים׃ ס וְהָיוּ לִמְאוֹרֹת בִּרְקִיעַ הַשָּׁמַיִם
לְהָאִיר עַל־הָאָרֶץ וַיְהִי־כֵן וַיַּעַשׂ אֱלֹהִים אֶת־שְׁנֵי הַמְּאֹרֹת הַגְּדֹלִים
אֶת־הַמָּאוֹר הַגָּדֹל לְמֶמְשֶׁלֶת הַיּוֹם וְאֶתהַמָּאוֹר הַקָּטֹן לְמֶמְשֶׁלֶת הַלַּיְלָה
וְאֵת הַכּוֹכָבִים וַיִּתֵּן אֹתָם אֱלֹהִים בִּרְקִיעַ הַשָּׁמָיִם לְהָאִיר עַל־הָאָרֶץ
וְלִמְשֹׁל בַּיּוֹם וּבַלַּיְלָה וּלֲהַבְדִּיל בֵּין הָאוֹר וּבֵין הַחֹשֶׁךְ וַיַּרְא אֱלֹהִים
כִּי־טוֹב וַיְהִי־עֶרֶב וַיְהִי־בֹקֶר יוֹם רְבִיעִי

وَقَالَ إلوهيم: «لِتَكُنْ أَنْوَارٌ فِي جَلَدِ السَّمَاءِ لِتَفْصِلَ بَيْنَ النَّهَارِ وَاللَّيْلِ، وَتَكُونَ لآيَاتٍ وَأَوْقَاتٍ وَأَيَّامٍ وَسِنِينٍ. وَتَكُونَ أَنْوَارًا فِي جَلَدِ السَّمَاءِ لِتُنِيرَ عَلَى الأرض». وَكَانَ كَذلِكَ. فَعَمِلَ إلوهيم النُّورَيْنِ الْعَظِيمَيْنِ: النُّورَ الأَكْبَرَ لِحُكْمِ النَّهَارِ، وَالنُّورَ الأَصْغَرَ لِحُكْمِ اللَّيْلِ، وَالنُّجُومَ. وَجَعَلَهَا إلوهيم فِي جَلَدِ السَّمَاءِ لِتُنِيرَ عَلَى الأرض، وَلِتَحْكُمَ عَلَى النَّهَارِ وَاللَّيْلِ، وَلِتَفْصِلَ بَيْنَ النُّورِ وَالظُّلْمَةِ. وَرَأَى إلوهيم ذلِكَ أَنَّهُ حَسَنٌ. وَكَانَ مَسَاءٌ وَكَانَ صَبَاحٌ يَوْمًا رَابِعًا.

«لتكن أنوار יְהִי מְאֹרֹת» – وهنا وَصْفٌ لخلق النّوريْن العظيميْن، الشّمس والقمر، إضافة إلى النّجوم، لتكون أنوار في جَلَد السّماء لتنير على الأرض ولتحكم على النّهار والليل ولتفصل بين النّور والظّلمة. ويأخذ هذا الوصف حَيّزًا أكبر من وصْف ما حدث في الأيام الثّلاثة السّابقة. إذ يريد الْكَاتِب هنا، بالرُّوح القُدُس، أن يُؤكّد أنَّ النّوريْن العظيميْن ليسا إلهيْن كما هُوَ سائد في ديانات الشّرق الأدنى القديم والمصريّة القديمة. فالله قد أوجدهما لخدمة البشريّة والحياة على الأرض. ومن المُلاحَظ هُنَا أنَّ الشّمس والقمر لم يُذْكَرا بالاسم، بل بالنّور الأكبر والنّور الأصغر،

حتى لا يختلط الأمر على الشّعوب الوثنيّة التي كانت تعبد «شمش» إله الشّمس، و «يريك» إله القمر. كما أنّ وَصْف التَكْوين لعمل النّورين، هُوَ لِحُكْم النّهار وحكم الليل، هُوَ عمل في نظر الدّيانات القديمة وضيع وبسيط. أَمَّا بخصوص النّجوم. فقد كان القدماء يعبدونها اعتقادًا منهم في أَنَّها تتحكم في مصير الإنْسَان.[20] لهذا يَقُولُ الرّب لشعبه على لسان النّبي إرميا «هكَذَا قَالَ الرّبُّ لاَ تَتَعَلَّمُوا طَرِيقَ الأُمَمِ، وَمِنْ آيَاتِ السّمَاوَاتِ لاَ تَرْتَعِبُوا، لأنَّ الأُمَمَ تَرْتَعِبُ مِنْهَا » (إرميا ١٠: ٢). فالنّور الأكبر، الشّمس، لحكم النّهار، والنّور الأصغر، القمر، لحكم الليل، كما أنَّ الأنوار جعلها الله لآيات وأوقات وأيام وسنين. إنَّ كُلّ ما في الأرض وكُلَّ ما في السّماء هُوَ عَمَل الرّب الإله، ولهذا «فالسّماوات تُحَدّث بمجد الله والفَلَك يُخْبِر بعمل يديْه» (مزمور ١٩).

«لآيَاتٍ وَأَوْقَاتٍ לְאֹתֹת וּמוֹעֲדִים» - وتُنْطَق بالعبريّة «لِأُتُوت وَلِمُوعيديم». يُعَد النّوران العظيمان آيتيْن أو آيات لأنَّهما جُزئيًّا مرتبطان بأحداث فَوْقَ طبيعيّة واستثنائيّة: «قائلين أين هُوَ المولود مَلِك اليَهُود؟ فإنَّنا رأينا نَجْمَهُ في المشرق، وأتينا لنسجد له» (مَتَّى ٢: ٢)، و «وتكون علامات في الشّمس والقمر والنّجوم. وعلى الأرض كَرْب أُمَم بِحَيْرَة. البحر والأمواج تضج» (لُوقَا ٢١: ٢٥) والآيات هِيَ مرتبطة بدينونة الله أَيْضًا «وأُعْطِي عجائب في السّماء والأرض دمًا ونارًا وأعمدة دخان» (يوئيل ٢: ٣٠)، و «هكذا قَالَ الرّب لا تتعلموا طريق الأمم، ومن آيات السّماء لا ترتعبوا. لأنَّ الأمم ترتعب منها» (إرميا ١٠: ٢)، و «وللوقت بعد ضيق تلك الأيام تُظلِم الشّمس، والقمر لا يُعْطي ضوءه، والنّجوم تسقط وقوات السّماوات تتزعزع» (مَتَّى ٢٤: ٢٩)، في حين أنَّ الأوقات مرتبطة بالزّراعة

20. Gordon Wenham, *Genesis 1- 15* in Word Biblical Commentary, 23.

وعمل الإِنْسَان وتأثيرها في الحيوان والنّباتات (تكاثُر الحيوانات وهجرة الطّيور...الخ).

اليوم الخامس (تَكْوِين ١: ٢٠ – ٢٣)

ויאמר אלהים ישרצו המים שרץ נפש חיה ועוף יעופף על־הארץ
על־פני רקיע השמים: ויברא אלהים את־התנינם הגדלים ואת כל־נפש
החיה הרמשת אשר שרצו המים למינהם ואת כל־עוף כנף למינהו
וירא אלהים כי־טוב: ויברך אתם אלהים לאמר פרו ורבו ומלאו את־
המים בימים והעוף ירב בארץ: ויהי־ערב ויהי־בקר יום חמישי

وَقَالَ إلوهيم: «لِتَفِضِ الْمِيَاهُ زَحَّافَاتٍ ذَاتَ نَفْسٍ حَيَّةٍ، وَلْيَطِرْ طَيْرٌ فَوْقَ الأرض عَلَى وَجْهِ جَلَدِ السَّمَاءِ». فَخَلَقَ إلوهيم التَّنَانِينَ الْعِظَامَ، وَكُلَّ ذَوَاتِ الأَنْفُسِ الْحَيَّةِ الدَّبَّابَةِ الَّتِي فَاضَتْ بِهَا الْمِيَاهُ كَأَجْنَاسِهَا، وَكُلَّ طَائِرٍ ذِي جَنَاحٍ كَجِنْسِهِ. وَرَأَى إلوهيم ذلِكَ أَنَّهُ حَسَنٌ. وَبَارَكَهَا إلوهيم قَائِلًا: «أَثْمِرِي وَاكْثُرِي وَامْلإِي الْمِيَاهَ فِي الْبِحَارِ. وَلْيَكْثُرِ الطَّيْرُ عَلَى الأرض». وَكَانَ مَسَاءٌ وَكَانَ صَبَاحٌ يَوْمًا خَامِسًا.

كان كُلّ ما خلقه الرّب في الأيام الأربعة السّابقة كافيًا وكفيلًا بأنَّ تكون على الأرض خلائق ذات نفس حيّة. ولهذا يبدأ الله بخلق مخلُوقات تعيش على الأرض وفي المياه وكائنات تطير فَوْقَ الأرض. ومَرّة أُخرى يُؤَكِّد الْكِتَاب الْمُقدَّس أنَّ الحياة بدأت بأمر من الله «وَقَالَ الله ...»

«لِتَفِضِ الْمِيَاهُ زَحَّافَاتٍ יִשְׁרְצוּ הַמַּיִם שֶׁרֶץ» - وبطبيعة الحال، ليست في المياه قُوّة إنبات. فكل ما فيها من زحافات وأسماك وكائنات قد وُجِدَ وخُلِقَ بأمر الله الّذي قَالَ فكان، وأَمَرَ فصار. إنَّ كَلِمة «زحافات» تُشِيرُ إلى كُلّ أنواع الأسماك التي خلقها الرّب في المياه. إنَّ النّوع الوحيد الّذي ذُكِرَ بعد

الوصف العام هُوَ «التَّنَانِينَ الْعِظَامَ»، وهذا الاهتمام بالتنانين يعكس لنا تأكيد الْكِتَاب الْمُقدَّس على أنَّ هذه الكائنات الضّخمة ليست آلهة كما كان يُعْتَقَد في ثقافات شعوب الشّرق الأدنى القديم ومعتقداتها. فالكنعانيّون كانوا يُلَقّبُون هذا الكائن القوى العظيم بـ «لوتان» وهو الاسم الّذي يُقَابله بالعبري «لوياثان». وليست هذه التنانين آلهة بل هِيَ جُزْء من خليقة الله الّذي خلق الأرض وكُلّ ما عليها والبحار وكل ما فيها «أَنْتَ شَقَقْتَ الْبَحْرَ بِقُوَّتِكَ. كَسَرْتَ رُؤُوسَ التَّنَانِينِ عَلَى الْمِيَاهِ. ١٤أَنْتَ رَضَضْتَ رُؤُوسَ لِوِيَاثَانَ. جَعَلْتَهُ طَعَامًا لِلشَّعْبِ، لأَهْلِ الْبَرِّيَّةِ» (مزمور ٧٤: ١٣ ،١٧، ٨٩: ٩ ١٠، إشعياء ٢٧: ١، ٥١: ٩ ١٠ وإرميا ٥١: ٣٢).

«نَفْسٍ حَيّة - נֶפֶשׁ חַיָּה» - وتُنْطَق بالعبريّة «نِفِيس حياة»، وَهِيَ تعني حرفيًا نَفْسًا مُتحرّكة، أيّ كُلّ ما فيه نَفْس أو نَفَس الحياة. ويختلف هذا عن النّباتات، وإن كانت حيّة لكنها ليست مُتحرِّكة. ولهذا لا تعد كائنات ذات أنفس حيّة.

«وَبَارَكَهَا إلوهيم וַיְבָרֶךְ אֹתָם אֱלֹהִים» - إنَّ البركة التي يبارك بها الرّب الكائنات ذات الأنفس الْحَيَّة هِيَ بركة الإثمار والإكثار. تعني الْكَلِمة الأصليّة أنَّ الله أعطاها مقومات الحياة والإثمار من خلال التناسل.

## اليَوْم السّادِس (تَكْوِين ١: ٢٤ – ٣١)

וַיֹּאמֶר אֱלֹהִים תּוֹצֵא הָאָרֶץ נֶפֶשׁ חַיָּה לְמִינָהּבְּהֵמָה וָרֶמֶשׂ וְחַיְתוֹ־אֶרֶץ לְמִינָהּ וַיְהִי־כֵן: וַיַּעַשׂ אֱלֹהִים אֶת־חַיַּת הָאָרֶץ לְמִינָהּ וְאֶת־הַבְּהֵמָה לְמִינָהּ וְאֵת כָּל־רֶמֶשׂ הָאֲדָמָה לְמִינֵהוּ וַיַּרְא אֱלֹהִים כִּי־טוֹב: וַיֹּאמֶר אֱלֹהִים נַעֲשֶׂה אָדָם בְּצַלְמֵנוּ כִּדְמוּתֵנוּ וְיִרְדּוּ בִדְגַת הַיָּם וּבְעוֹף הַשָּׁמַיִם וּבַבְּהֵמָה וּבְכָל־הָאָרֶץ וּבְכָל־הָרֶמֶשׂ הָרֹמֵשׂ עַל־הָאָרֶץ: וַיִּבְרָא אֱלֹהִים אֶת־הָאָדָם בְּצַלְמוֹ בְּצֶלֶם אֱלֹהִים בָּרָא אֹתוֹ זָכָר וּנְקֵבָה בָּרָא אֹתָם: וַיְבָרֶךְ אֹתָם אֱלֹהִים וַיֹּאמֶר לָהֶם אֱלֹהִים פְּרוּ וּרְבוּ וּמִלְאוּ אֶת־הָאָרֶץ וְכִבְשֻׁהָ וּרְדוּ בִּדְגַת הַיָּם וּבְעוֹף הַשָּׁמַיִם וּבְכָל־חַיָּה הָרֹמֶשֶׂת עַל־הָאָרֶץ: וַיֹּאמֶר אֱלֹהִים הִנֵּה נָתַתִּי לָכֶם אֶת־כָּל־עֵשֶׂב זֹרֵעַ זֶרַע אֲשֶׁר עַל־פְּנֵי כָל־הָאָרֶץ וְאֶת־כָּל־הָעֵץ אֲשֶׁר־בּוֹ פְרִי־עֵץ זֹרֵעַ זָרַע לָכֶם יִהְיֶה לְאָכְלָה: וּלְכָל־חַיַּת הָאָרֶץ וּלְכָל־עוֹף הַשָּׁמַיִם וּלְכֹל רוֹמֵשׂ עַל־הָאָרֶץ אֲשֶׁר־בּוֹ נֶפֶשׁ חַיָּה אֶת־כָּל־יֶרֶק עֵשֶׂב לְאָכְלָה וַיְהִי־כֵן: וַיַּרְא אֱלֹהִים אֶת־כָּל־אֲשֶׁר עָשָׂה וְהִנֵּה־טוֹב מְאֹד וַיְהִי־עֶרֶב וַיְהִי־בֹקֶר יוֹם הַשִּׁשִּׁי:

وَقَالَ إلِوهِيم: «لِتُخْرِجِ الأرض ذَوَاتِ أَنْفُسٍ حَيَّةٍ كَجِنْسِهَا: بَهَائِمَ، وَدَبَّابَاتٍ، وَوُحُوشَ أَرْضٍ كَأَجْنَاسِهَا». وَكَانَ كَذلِكَ. فَعَمِلَ إلِوهِيم وُحُوشَ الأرض كَأَجْنَاسِهَا، وَالْبَهَائِمَ كَأَجْنَاسِهَا، وَجَمِيعَ دَبَّابَاتِ الأرض كَأَجْنَاسِهَا. وَرَأَى إلِوهِيم ذلِكَ أَنَّهُ حَسَنٌ. وَقَالَ إلِوهِيم: «نَعْمَلُ الإنسان عَلَى صُورَتِنَا كَشَبَهِنَا، فَيَتَسَلَّطُونَ عَلَى سَمَكِ الْبَحْرِ وَعَلَى طَيْرِ السَّمَاءِ وَعَلَى الْبَهَائِمِ، وَعَلَى كُلِّ الأرض، وَعَلَى جَمِيعِ الدَّبَّابَاتِ الَّتِي تَدِبُّ عَلَى الأرض». فَخَلَقَ إلِوهِيم الإنسان عَلَى صُورَتِهِ. عَلَى صُورَةِ إلِوهِيم خَلَقَهُ. ذَكَرًا وَأُنْثَى خَلَقَهُمْ. وَبَارَكَهُمُ إلِوهِيم وَقَالَ لَهُمْ: «أَثْمِرُوا وَاكْثُرُوا وَامْلأوا الأرض، وَأَخْضِعُوهَا، وَتَسَلَّطُوا عَلَى سَمَكِ الْبَحْرِ وَعَلَى طَيْرِ السَّمَاءِ وَعَلَى كُلِّ حَيَوَانٍ يَدِبُّ عَلَى الأرض». وَقَالَ إلِوهِيم: «إِنِّي قَدْ أَعْطَيْتُكُمْ كُلَّ بَقْلٍ يُبْزِرُ بِزْرًا عَلَى وَجْهِ كُلِّ الأرض، وَكُلَّ شَجَرٍ فِيهِ ثَمَرُ شَجَرٍ يُبْزِرُ بِزْرًا لَكُمْ يَكُونُ طَعَامًا. وَلِكُلِّ حَيَوَانِ الأرض وَكُلِّ طَيْرِ السَّمَاءِ وَكُلِّ دَبَّابَةٍ عَلَى الأرض فِيهَا نَفْسٌ حَيَّةٌ، أَعْطَيْتُ كُلَّ عُشْبٍ أَخْضَرَ طَعَامًا». وَكَانَ كَذلِكَ. وَرَأَى إلِوهِيم كُلَّ مَا عَمِلَهُ فَإِذَا هُوَ حَسَنٌ جِدًّا. وَكَانَ مَسَاءٌ وَكَانَ صَبَاحٌ يَوْمًا سَادِسًا.

يكشف الْيَوْم السّادِس عَن قِمّة الْخَليقَة وهدفها. فبعدما خلـق الله الأرض والسّمـاء، وأَعَدَّ الأرض ونظّمها وجعلها جاهـزة للسـكن، خلـق الإنسـان حتى يتمتّـع بها ويتسلّـط على كُلّ مـا فيها. وينقسـم الْيَوْم السّادِس إلى قِسمَيْن أساسَيْن فالآيتان ٢٤ – ٢٥ تصفان لنا أَمـر الله لـلأرض

بـأن تُخْـرِج ذوات أنفـس حيّـة كجِنسـها، بهائـم ودبابـات ووحـوش. فعمـل الله وحـوش الأرض كأجناسـها وبهائـم الأرض كأجناسـها. أَمَّـا القسـم الثّـاني والآيـات مـن ٢٦ – ٣٠ فـهي تصـف لنـا تـاج خليقـة الله، بـل ذروة الْخَلِيقـة كلهـا، أَلاَ وَهِيَ الإِنْسَـان.

«لِتُخْـرِج الأرض ذواتِ أنفـس حيّـة תּוֹצֵא הָאָרֶץ נֶפֶשׁ חַיָּה» - وبنفـس السُّـلطان الإلـهيّ الّذي خُلِقَـتْ بـه الكائنـات المائيّـة وطيـور السّـماء، فـإنَّ الأرض أَيْضًـا أخرجـت كُلّ الحيوانـات الـتي تـدب عليهـا. كمـا وضـع فيهـا الله قُـوّة التناسُـل لحفـظ الجِنـس في تنوُّعـه الهائـل. إنَّ كَلِمـة « كأجناسـها לְמִינָהּ »، وتُنْطَـق في الْعِبْرِيّـة «لِمينَـاح»، والـتي أُسْـتُخدِمَت مـن قبـل لتُشـيرَ إلى عالـم النّباتـات مـن أشـجار وخـضراوات (تَكْوِيـن ١: ١١ – ١٢)، قـد أُسـتخدِمَت هُنَـا لتشـير إلى الدّبابـات والبهائـم ووحـوش الأرض ذات الأنفـس الْحَيَّـة.

ولإظهـار تميُّز الإِنْسَـان عـن الخلائـق الأخـرى كافـة، يُسجِّل لنـا الـوحي الإلـهيّ خَلْـق الإِنْسَـان بطريقـة مُختلِفـة عـن بقيّـة المخلُوقـات. فقـد جـاءت قِصّـة خلـق الله للإِنْسَـان مرّتـيْن، وفي كُلّ مَـرّة تُؤكِّـد تميُّز الإِنْسَـان في أمـر مـا. فـفي الأصحـاح الْأَوّل نجـد التركـيز على تميّز الإِنْسَـان. فَهُـوَ مخلـوق على صُـورَة الله وشـبهه، كائـنٌ مُتميِّز عـن كُلّ الْخَلِيقـة، ومُختلِـف عـن النّباتـات والطّيـور والزّحّافـات والأسـماك، كائـن أُعْطِيَ سـلطانًا مـن الله لـكي يتسـلّط على سـمك البحـر وطـير السّـماء وعلى كُلّ حيـوان يـدبُّ على الأرض. أَمَّـا في الأصحـاح الثّـاني فـإنَّ التركـيز كان على الإِنْسَـان الّذي نفـخ الله في أنفـه نسـمة حيـاة وعلى الكيفيّـة الـتي خُلِـقَ بهـا «وجبـل الـرّب الإله آدم ترابـًا مـن الأرض ونفـخ في أنفـه نسـمة حيـاة، فصـار آدم نفسًـا حيّـة» (تَكْوِيـن ٢: ٧).

«وَقَالَ إلوهيم نَعْمَلُ الإِنْسَان וַיֹּאמֶר אֱלֹהִים נַעֲשֶׂה אָדָם» – يرى بعضهم أنَّ صيغة الجمع في الْفِعْل «نعمل» تُشِيرُ إلى التعظيم والتمجيد، كما يراها بعضهم الآخر على أَنَّها تعكس إمكانيّة الجمع في شخص الله، أيّ «الوحدانيّة الجامعة». وبطبيعة الحال، فإن الْفِعْل «نعمل» يتماشى مع اسم الله «إلوهيم» الّذي هُوَ أَيْضًا في صيغة الجمع. ولا يُشِيرُ الجمع، سواء أكان في اسم الله أم في الْفِعْل «نعمل» إلى الثّالوث، وإن كان قد ساعد في تطوُّر تلك العقيدة وإلقاء الضّوء على طبيعة شخص الله.

«الإِنْسَان אָדָם» - تُشِيرُ الْكَلِمة الْعِبْرِيّة «آدام»، وَهِيَ كَلِمة جامعة أو شموليّة، إلى كُلّ الجنس البشريّ، كما أَنَّها لم تأتِ مُطلقًا بصيغة المُؤنّث ولا بصيغة الجمع، فهي تُشِيرُ إلى الإِنْسَانيّة (الذّكر والأنثى).

« على صُورَتِنَا كَشَبَهِنَا בְּצַלְמֵנוּ כִּדְמוּתֵנוּ » - اسْتُخْدِمَ التعبير «على صُورَة الله» فقط للإشارة إلى الإِنْسَان الّذي مَيَّزه الله عن بقيّة الخلائق. وفي هذا يَقُولُ ناحوم سارنا Sarna إن ذِكْر الوصفيْن «الصُورَة والشّبَه» إِنَّما يُشِيرُان إلى نفس الشّيء والمعنى، وهو تأكيد الطّبيعة المُمَيَّزَة للإِنْسَان وعلاقته بالله.[٢١] لا يُمكننا أن نُدرك الفَهْم الصّحيح لمعنى «صُورَة وشَبَه» إلا في ضوء القرينة الكتابيّة والخلفيّة الثّقافيّة لشعوب الشّرق الأدنى القديم. ففي تَكْوِين ٩: ٦ -٧ نرى الله يَقُولُ لنُوح «سَافِكُ دَمِ الإِنْسَان بِالإِنْسَان يُسْفَكُ دَمُهُ. لأنَّ الله عَلَى صُورَتِهِ عَمِلَ الإِنْسَان». إنَّ قَتْل الإِنْسَان لأخيه الإِنْسَان هِيَ جريمة عقابها الْمَوْت لأنَّ «الله عَلَى صُورَتِهِ عَمِلَ الإِنْسَان». وَيُؤَكِّد هذا أنَّ في الإِنْسَان أَمْرًا مُخْتلِفاً عن باقي المخلُوقَات. ففي ثقافات الشّرق الأدنى القديم، وبخاصة ثقافات ما بين النّهرين ومصر، كان يُنْظَر إلى الأسرة الحاكِمة على أَنَّها «صُورَة الله». فالاسم « توت عنخ آمون» يعني

21. Sarna, *Genesis*, 12

«الصُورَة الْحَيَّة لآمون»، كما وُصِفَ أَيْضًا الملك تحتمس الرّابع بأنه «شبه الإِله رع». وما يُميِّز الْكِتَاب الْمُقدَّس عن كُلّ الثّقافات القديمة هُوَ أنَّ الْكِتَاب الْمُقدَّس عدَّ كُلّ البشر، كُلّ إِنْسَان، سواء أكان عبدًا أم حُرًّا، ذكرًا أم أنثى، غنيًا أم فقيرًا، حاكِمًا أم محكومًا، مَخلُوقًا على صُورَة اللّٰه. فكل إِنْسَان يحمل صُورَة اللّٰه ويحمل خَتْم السّمُوّ والقيمة وبصمتهما. وَيُؤَكِّد كَاتِب سِفْر المزامير هذه الحقيقة فيَقُولُ «فَمَنْ هُوَ الإِنْسَان حَتَّى تَذكُرَهُ؟ وَابْنُ آدم حَتَّى تَفْتَقِدَهُ؟ وَتَنْقُصَهُ قَلِيلًا عَنِ الْمَلاَئِكَةِ، وَبِمَجْدٍ وَبَهَاءٍ تُكَلِّلُهُ. تُسَلِّطُهُ عَلَى أَعْمَال يَدَيْكَ. جَعَلْتَ كُلّ شَيْءٍ تَحْتَ قَدَمَيْهِ الْغَنَمَ وَالْبَقَرَ جَمِيعًا، وَبَهَائِمَ الْبَرِّ أَيْضًا، وَطُيُورَ السَّمَاءِ، وَسَمَكَ الْبَحْرِ السَّالِكَ فِي سُبُلِ الْمِيَاهِ» (مزمور ٨: ٤ – ٨). ويَقُولُ اللاهوتي الألماني فون راد Von Rad «فكما أنَّ الملوك العظماء في القديم كانوا يَنْصِبُون لأنفسهم تماثيل في أماكن مُخْتلِفة من المملكة حتى يُظْهِروا سلطانهم، لِذلِكَ اللّٰه خَلَقَ وصنع، لا تماثيل، بل بشر ليكونوا مُمَثّلين له على الأرض.»[22]

سِمَات هذا المصطلح الْكِتَابيّ **«على صورتنا كشبهنا»**:

- لا يعني هذا المصطلح أيّ تشابُه خارجيّ بين الإِنْسَان واللّٰه. فاللّٰه رُوح وليس جسدًا، فَهُوَ غير جسديّ، غير ماديّ. إِنَّه وراء نطاق الكَمّ والمحدوديّة، وليست له هيئة أو شكل ما، ولا يمكن أن يُصَوَّر أو يُوجَد له شَبَه.
- لكن هذا المصطلح يُشِيرُ إلى البُعْد الرّوحيّ للإِنْسَان الّذي نُفِخَ «في أنفه نسمة حياة ...» (تَكْوِين ٢: ٧)، فقد أنعم اللّٰه عليه بقُوّة خاصة مُمَيِّزَة له عن سائر المخلُوقات، وهذه القُوّة مُرَكَّزَة في قدرته على التأمُّل في الأمور الإلهيّة ومعرفة اللّٰه.
- إِنَّها النّفس البشريّة في بساطتها وخلودها.

22. Gerhard Von Rad, Old Testament Theology. Trans. D. M. G> Stalker (Louisville: Westminister John Knox, 2001). Vol I, p. 146.

- خَلَقَ اللهُ الإنْسَان كائنًا مُفكّرًا، عامِلًا وحرًا... فالإنْسَان قادرٌ على أن يختار لنفسه ويتحكم في مصيره. فالاعتقاد بالحتميّة التي تقول إنَّ الإنْسَان لَيْسَ له سلطان على كُلّ أفعاله وظروفه، هُوَ أَمْرٌ لا تُقِرَّهُ كَلِمة الرّب ولا يتّفق مع الإيمان الْمَسِيحيّ. فقد أنعم الله على الإنْسَان بحريّة الاختيار، لأنَّ الحريّة حالة أساسيّة لا غِنَى عنها للعمل الّذي يستحق المكافأة أو اللوم.
- ومن النّاحيّة الأخلاقيّة، فإنَّ الله خلق الإنْسَان مُتمتعًا بِبِرّ وصلاح وقداسة، وذا قُدْرَة على إظهار كُلّ نَوْع من الفضيلة. إنَّ الله قدوس، والإنْسَان مخلوق على صُورَة الله في القداسة. فالإنْسَان مُقَدَّس في تكريسه وتخصيصه لله، لعمل إرادته، وتقديم حياته ذبيحة لله. نفخ الله فيه نسمة حياة، وهذه هِيَ قُوّة الله التي جعلت الإنْسَان على صُورَة الله بالقَدْر الّذي صار فيه خَيّرًا وبَارًا.
- ومن النّاحيّة الاجتماعيّة، خَلَقَ اللهُ الإنْسَان للشركة.
- تُمثِّل الصُورَة الأصل وتنوب عنه. ولهذا صار الإنْسَان نائبًا لله على الأرض ومُتسلّطًا على كُلّ خليقته. لقد أعطى الله لآدَم حق التسلُّط والسّيطرة على كُلّ الخلائق غير العاقلة، كما جُعِلَتْ هذه المخلُوقَات تابعة ونافعة لآدَم، في الوقت الّذي غرس الله فيها مخافة من الإنْسَان والخضوع لسُلطانه. وبِفَضْل هذا السّلطان أصبح الإنْسَان مُتسلّطًا يفرض سيادته على الأرض كلها. ولا يعني هذا السّلطان رُخْصَة في يد الإنْسَان ليُدّمر نفسه والآخرين ويُفْسِد خليقة الله. فالإنْسَان لم يَرِثْ تَسَلُّطًا مُطْلَقًا، بل إنَّ تَسَلُّطَهُ هذا هُوَ فقط بسبب نعمة الله عليه وبهدف ممارسة الوكالة على الخليقة.

**«وَبَارَكَهُمُ إلوهيم יְבָרֶךְ אֹתָם אֱלֹהִים»** - يحمل اختلاف الصّيغة هُنَا عن الصّيغة التي بارك الله بها السّمك والطّير في تَكْوِين ١: ٢٢ «وباركها الله»، معنىً جميلًا وعميقًا جدًا. فهنا يُوَجّه الله البَرَكة للرجل والْمَرْأة، ويصير الله الخَالِق، المتعالى والسّامي، قريبًا جدًا من الإنْسَان ويصبح إلهًا شخصيًا له، ويدخل معه في شركة وعلاقة. وتُعَد بَرَكة الرّب نعمة مُضَافَة إلى نعمة الْخَلْق لِحِفْظِها من الزّوال، حَيْثُ بركة الرّب هِيَ القُوّة التي منحها الله لهذه المخلُوقَات لتثمر وتكثر وتشهد عن قُدْرَة وحِكْمَة خَالِقها في تنوُّع أجناسها وتكامُل أنواعها.

«**حَسَنٌ جِدًّا טוֹב מְאֹד**» - وتُنْطَق في الْعِبْرِيّة «توب مِئود». إنَّها نظرة المبدع إلى ابداعه وتقييمه لها على أَنَّها رائعة جِدّاً، لَيْسَ فيها عيوب بل كاملة ورائعة إذ هِيَ انعكاس لقدرته وحكمته وقداسته.

## تَكْوِين ١ والثّالوث

على مَـنْ يُشِـيرُ ضمـير الجمـع في الْفِعْـل «نعمـل» في عبـارة «نَعْمَـلُ الإنْسَـان عَلَى صُورَتِنَـا كَشَبَهِنَا» (تَكْوِيـن ١: ٢٦)؟ قـدّم الـشّرَّاح عِـدَّة تفسـيرات لهـذه الآيَـة نذكـر منهـا:

- يخاطـب اللّٰه للملائكـة هُنَـا ويـرى المُنَـادون بهـذه النّظريّـة أنَّ اللّٰه هُنَـا يتكلـم إلى الأجنـاد الرّوحيّـة في السّـماء، الملائكـة، حَيْـثُ يَقُولُـون إنَّ فِكْـرَة أنَّ اللّٰه مثلـث الأقانيـم والوحدانيّـة الجامعـة لـم تكـن معروفـة عنـد اليَهُود، الّذيـن لـم يعرفـوا الابـن. وأكـثر مـن ذلِـكَ هُـوَ أن كلام اللّٰه مـع ملائكتـه المحيطـة بعرشـه لَيْـسَ بالأمـر الغريـب على الْعَهْـد الْقَدِيـم الّذي يذكـر لنـا مَـرّات كثـيرة حـوارات بين اللّٰه وملائكتـه (إشـعياء ٦: ٨، مزمـور ٨٩: ٦ ٨، ملـوك الأوّل ٢٢: ١٩ ٢٢، أيـوب ١، دانيـآل ٧: ٩- ١٣، لُوقَـا ٢: ٩ ١٤، رؤيـا ٤- ٥).
- يتكلّـم اللّٰه مـع نفسـه، حَيْـثُ الوحدانيّـة الجامِعـة في شـخص اللّٰه جامعـة. يُؤْكّـد الْقَـوْل في تَكْوِيـن ١: ٢٧ «عَلَى صُـورَةِ اللّٰه خَلَقَـهُ» إنَّ خلـق الإنْسَـان كان على صُـورَةِ اللّٰه وحـده وليـس على صُـورَةِ الملائكـة (تَكْوِيـن ٥: ١)، وبالتـالي فـإنَّ عبـارتيّ «نعمـل» و «على صورتنـا كشـبهنا» همـا منسـوبتان إلى حديـث اللّٰه مـع نفسـه، إضافـة إلى أنَّ الفاعـل في الفعلَيْن «نعمـل» أو «نخلق» يكـون دائمًـا هُـوَ اللّٰه وحـده، كمـا في تَكْوِيـن ١١: ٧ - والّذي يعـد موازيًـا لتَكْوِيـن ٢: ٢٦ حَيْـثُ يَقُـولُ الْكَاتِـب «نـنزل ونبلبـل ألسـنتهم»، حَيْـثُ نجـد أنَّ الفاعـل هنـا، أيّ الّذي نـزل وبَلْبَـلَ الألسـنة، هُـوَ اللّٰه وحـده. ويُؤيِّـد آبـاء الكنيسـة الأُولى هـذا الفِكـر، حَيْـثُ يَقُولُ القديـس ترتليـان «كيف يمكن لكائـن مـا وهـو واحـد وحدانيّـة مطلقـة أن يتكلـم بصيغـة الجمـع... فَهُـوَ أَمَّا أَنَّـه يخدعنـا أو يلهـو بنـا إذا كان يتكلـم بالجمـع وهـو واحـد مفرد...فهـو كان منـذ الْبَـدء الآب والابـن والـرّوح القـدس، ولذلـك تكلـم عن نفسـه بصيغـة الجمـع.

## الأصحاح الثاني

# خَلق آدم وحواء

بعد أن ذكر لنا كاتِب سِفْر التَكْوِين ما خلقه الله في الْيَوْم السّادس، وهو الإِنْسَان، «تاج الْخَلِيقة»، نجده في الأصحاح الثّاني يُرَكّز مَرَّة ثانيّة على الله الخَالِق. إنَّ قِصّة الْخَلْق تبدأ بالله وتنتهي بالتركيز على الله، تبدأ بعبارة أو إقرار عن الله وتنتهي بإقرار عن الله، فاليوم السّابع هُوَ يوم الرّب، وهو يختلف اختلافًا كليًا عن الأيام السّتة السّابقة. فبحلوله تكون أَعْمَال الله في الْخَلْق قد وصلت إلى قِمّتها. كما أنَّ تكرار تعبير «اليوم السّابع» في الآيات الثّلاث الأولى، ثلاث مرّات، يُؤَكِّد أهميّة هذا الْيَوْم بالنّسبة للكَوْن كله. ويأتي الْيَوْم السّابع على النّقيض من السّتة الأيام الأُولى الّتي احتشدت بأَعْمَال الخلق. فالصّفة

المُمَيِّزة لليوم السّابع هِيَ أَنَّه لا يتضمّن أيّ عمل، بل بركة وراحة فقط.[١] إنَّه جُزْء مهم في النّظام الإلهيّ. وليس من مصلحة الإنْسَان أن يُغَيّرَهُ أو يمحوه.

فَأُكْمِلَتِ السَّمَاوَاتُ وَالأرض وَكُلُّ جُنْدِهَا. وَفَرَغَ إلوهيم فِي الْيَوْمِ السَّابعِ مِنْ عَمَلِهِ الَّذِي عَمِلَ. فَاسْتَرَاحَ فِي الْيَوْمِ السَّابعِ مِنْ جَمِيعِ عَمَلِهِ الَّذِي عَمِلَ. وَبَارَكَ إلوهيم الْيَوْمَ السَّابعَ وَقَدَّسَهُ، لأَنَّهُ فِيهِ اسْتَرَاحَ مِنْ جَمِيعِ عَمَلِهِ الَّذِي عَمِلَ إلوهيم خَالِقًا.

إنَّنا نستطيع أن نلاحظ تميُّز «اليوم السّابع» وتفرّده عن بقيّة الأيام في هذا النّص بسهولة. فَهُوَ الْيَوْم الّذي لا يبدأ بعبارة «وَقَالَ اللهُ»، لأنَّ عمل الْخَلْق قد اكتمل. كما أنَّه لا ينتهي بالعبارة الّتي انتهت بها الأيام السّتة السّابقة، وَهِيَ «وكان مساء وكان صَبَاح». فاليوم السّابع هُوَ الْيَوْم الوحيد الّذي باركه الرّب وقدّسه، وهو يقف مُنفردًا ومُنفصلًا عن الأيام السّتة السّابقة.

يُعَد ذِكْر الْيَوْم السّابع وارتباطه بالرّاحة تمهيدًا وإعدادًا للقارئ لِمَا سوف يُوصِي به الرّب شعبه لاحِقًا من حِفْظ يَوْم السّبت وتقديسه

1. Nahum Sarna, "Genesis" *The JPS Torah Commentary* (Jerusalem: The Jewish Publication Society, 1989), 14.

«أُذْكُـرْ يَـوْمَ السَّـبْتِ لِتُقَدِّسَـهُ. سِـتَّةَ أَيَّـامٍ تَعْمَـلُ وَتَصْنَـعُ جَمِيـعَ عَمَلِـكَ، وَأَمَّـا الْيَـوْمُ السَّـابعُ فَفِيـهِ سَـبْتٌ لِلـرَّبِّ إِلهِـكَ» (خُـروج ٢٠: ٨-١١). لقـد خصَّـص الـرّب هـذا الْيَـوْم ليسـتريح فيـه الإِنْسَـان مـن كُلّ عمـل. ومـن الأمـور اللافِتة للنظـر هُـوَ أنَّنـا لا نجـد مثـل هـذه الوصيّـة في أيّ مـن ديانـات الـشّرق الأدنى الْقَدِيـم ولا حـتى في مـصر الْقَدِيمـة. إذ نجـد فِكْـرَة يَـوْم السّـبت مُرتبطـة بشـعب إِسْرَائِيـل دون غيرهـا مـن الشّـعوب. فـاللّه لـم يتوقّـف فقـط عـن عمـل الخَلْـق في الْيَـوْم السّـابع، بـل خصّـص هـذا الْيَـوْم ليكـون ذِكْـرَى للأيام السّـتة السّـابقة. فـفي أيـام الخَلْـق السّـتة أُخْضِعَـت الخَلِيقـة، أَمَّـا في الْيَـوْم السّـابع فتقدَّسَـتْ. ويَقُـولُ ولـكي Waltke «يسـاعد حِفْـظ السّـبت وارتباطـه بالخَلِيقـة شـعب الـرّب على القداسـة، لأنَّ السّـبت يُذكّـر إِسْرَائِيـل دائمًـا بـأن اللّه قـد أكمـل عمـل الخلـق. ولهـذا فَهُـوَ قـادر أن يُكَمّـل كُلّ مقاصـده عـبر التاريـخ وفي حيـاة شـعبه» (إشـعياء ٤٥).[2] وحِفْـظ السّـبت هُـوَ أَيْضًـا اعـترافٌ مـن شـعب الـرّب بـأنَّ الـرّبَّ هُـوَ اللّه الخَالِـق. فَهُـوَ الّذي خلـق الْكَـوْن بـكل مـا فيـه واسـتراح مـن كُلّ عملـه الّذي عمـل في الْيَـوْم السّـابع «وَبَـارَكَ اللّهُ الْيَوْمَ السَّـابعَ وَقَدَّسَـهُ، لأَنَّـهُ فِيـهِ اسْـتَرَاحَ مِـنْ جَمِيـعِ عَمَلِـهِ الَّذِي عَمِـلَ اللّهُ خَالِقًـا» (٢: ٣). كمـا أَنَّـه تَذْكِـرَة لشـعب إِسْرَائِيـل بأنّهـم كانـوا عبيـدًا في مـصر وأنَّ الـرّب هُـوَ الّذي أخرجهـم وأراحهـم «وَاذْكُـرْ أَنَّـكَ كُنْـتَ عَبْـدًا فِي أَرْضِ مِصْرَ، فَأَخْرَجَـكَ الـرَّبُّ إِلهُـكَ مِـنْ هُنَـاكَ بِيَـدٍ شَـدِيدَةٍ وَذِرَاعٍ مَمْـدُودَةٍ. لأَجْـلِ ذلِـكَ أَوْصَـاكَ الـرَّبُّ إِلهُـكَ أَنْ تَحْفَـظَ يَـوْمَ السَّـبْتِ» (تَثْنِيَـة ٥: ١٥). فَهُـوَ الْيَـوْم الّذي يتأمـل فيـه الإِنْسَـان فيمـا أنجـزه، ويمنحـه فرصـة التفكـير في الأمـور الأبديّة.

«**وَبَـارَكَ... وَقَدَّسَـهُ וַיְבָרֶךְ... וַיְקַדֵּשׁ אֹתוֹ**» - إنَّ البركـة والتقديـس أمـرٌ يُمـيّز قِصّـة الخَلِيقـة في الْكِتَـاب الْمُقـدّس عـن قصـص الخَلْـق في الحضـارات

2. Bruce K. Waltke, Genesis: *A Commentary* (Grand Rapids: Zondervan, 2001), 72.

الْقَدِيمة. فاليوم السّابع هُوَ أَوّل شيء في الْكِتَاب الْمُقدَّس قَدَّسه اللّه وأعدَّه لنفسه «أَنْ فِي سِتَّةِ أَيَّامٍ صَنَعَ الرَّبُّ السَّمَاءَ وَالأَرْضَ وَالْبَحْرَ وَكُلَّ مَا فِيهَا، وَاسْتَرَاحَ فِي الْيَوْمِ السَّابعِ. لِذلِكَ بَارَكَ الرَّبُّ يَوْمَ السَّبْتِ وَقَدَّسَهُ» (خُروج ٢٠: ١١). ففي الأسطورة البابليّة تحرَّرت الآلهة من كُلّ العمل بعد خلق الإِنْسَان، الّذي خُلِقَ بهدف خدمة الآلهة. وبالمقابل، لَيْسَ السّبت كراهيّة أو نفورًا من العمل بل هُوَ احتفال بالعمل الّذي اكتمل.

## جَنَّة عدن (تَكْوِين ٢: ٤ – ٣: ٢٤)

هذِهِ مَبَادِئُ السَّمَاوَاتِ وَالأرض حِينَ خُلِقَتْ، يَوْمَ عَمِلَ يهوه إلوهيم الأرض وَالسَّمَاوَاتِ. كُلُّ شَجَرِ الْبَرِّيَّةِ لَمْ يَكُنْ بَعْدُ فِي الأرض، وَكُلُّ عُشْبِ الْبَرِّيَّةِ لَمْ يَنْبُتْ بَعْدُ، لأَنَّ يهوه إلوهيم لَمْ يَكُنْ قَدْ أَمْطَرَ عَلَى الأرض، وَلاَ كَانَ إنسان لِيَعْمَلَ الأرض. ثُمَّ كَانَ ضَبَابٌ يَطْلَعُ مِنَ الأرض وَيَسْقِي كُلَّ وَجْهِ الأرض.

يتحوّل التركيز هُنَا لينصبّ على «الإِنْسَان» بعدما كان على «اللّه» في الأصحاح الأَوّل، كما ينتقل من التركيز على «السّماوات والأرض» تَكْوِين ١: ١، ليكون على «الأرض والسّماوات» ٢: ٤ب.[٣] فليس الأصحاح الثّاني من سِفْر التَكْوِين قِصّة أخرى للخلق كما يَدَّعي بعضهم. لأنه لو كان لِذلِكَ، لأصبح قِصّة غير كاملة. فالكاتب يفترض أنّ قارئ الأصحاح

3. Sarna, *Genesis*, 16 and Waltke, *Genesis*, 79.

الثّاني يعرف الكثير عن الخَلِيقة من الأصحاح الأَوّل. إذ يُذكر عدد كبير من الحقائق الّتي ذُكِرَتْ في الأصحاح الْأَوّل في الأصحاح الثّاني لكن بأسلوب مُخْتَلِف. وفي هذا يَقُولُ سارنا Sarna «نجد في الأصحاحين ١و٢ من سِفْر التَكْوين أنَّ الله هُوَ الخَالِق والمتسلط، وأنَّ الْكَوْن هُوَ نتاج مشيئته، وأن الإِنْسَان يعد تاج خليقته، وقد منحه الله سيادة على مملكة الحيوانات.»[4]. وَيُؤَكِّد الأصحاحان أنَّ الإِنْسَان كائنٌ إجتماعي، كما يُؤَكّدان أنَّ كُلّ الجنس البشري انحدر من آدم وحَوَّاء.

يحتاج الاختلاف بَيْنَ عَالَم الله المثالي في تَكْوِين ١ وعالم الإِنْسَان وسقوطه إلى إِيضاح. فكيف يمكن أن يتحوّل التناغم بَيْنَ الله والإِنْسَان والطّبيعة إلى صراع وشقاء وعَرَق وكَدّ، بل إلى لعنة؟ وإذا كان الله قد بارك الإِنْسَان ليثمر ويكثر، فلماذا تتألم الْمَرْأَة في ولادتها؟ ولماذا يتعب الرّجل وبِمَشَقّة وعَرَق جَبِينه ليأكل خبزًا؟ وإذا كان الله قد خلق الإِنْسَان وَقَالَ بعد خلقه «حسن جدًا»، فلماذا الْمَوْت؟ ومن أين أتى؟ وكيف نُفسِّر سَبَبَ الألم والشّر الموجود في الْعَالَم؟

يُعَد النّص الّذي يبدأ من تَكْوِين ٢: ٤ وحتى ٤: ٢٦ أَوّل «تُولِيدُوت תּוֹלְדוֹת» بمعنى أَوّل «مواليد» أو «مبادئ». وتتعلق الْكَلِمة بمبادئ خَلْق الْكَوْن الّذي أبدع الله في خلقه، ولكنه لُعِنَ بسبب العصيان وكَسْر وصايا الله. ولهذا بدأ الفساد يدُبُّ فيه ويَسْرِي في كُلّ جُزْء منه وبشكل خاصّ في الجنس البشري. فمع أنَّ كَلِمة «بَارَكَ» ذُكِرَت ثلاث مَرّات عندما خلق الله الْكَوْن، إلا أنَّ كَلِمة «لعنة» ذُكِرَتْ أَيْضًا ثلاث مَرّات في هذا الجُزْء من الـ «توليدوت».

4. Ibid., 16

| البركة | اللعنة |
|---|---|
| «وَبَارَكَهَا اللهُ قَائِلاً: «أَثْمِرِي وَاكْثُرِي وَامْلإِي الْمِيَاهَ فِي الْبِحَارِ. وَلْيَكْثُرِ الطَّيْرُ عَلَى الأَرْضِ» (١: ٢٢). | « مَلْعُونَةٌ أَنْتِ مِنْ جَمِيعِ الْبَهَائِمِ (٣: ١٤) |
| « وَبَارَكَهُمُ اللهُ وَقَالَ لَهُمْ: «أَثْمِرُوا وَاكْثُرُوا وَامْلأُوا الأَرْضَ» (١: ٢٨) | « مَلْعُونَةٌ الأَرْضُ بِسَبَبِكَ» (٣: ١٧) |
| «وَبَارَكَ اللهُ الْيَوْمَ السَّابعَ وَقَدَّسَهُ، لأَنَّهُ فِيهِ اسْتَرَاحَ مِنْ جَمِيعِ عَمَلِهِ الَّذِي عَمِلَ اللهُ خَالِقًا» (٢: ٣). | « فَالآنَ مَلْعُونٌ أَنْتَ مِنَ الأَرْضِ الَّتِي فَتَحَتْ فَاهَا لِتَقْبَلَ دَمَ أَخِيكَ مِنْ يَدِكَ» (٤: ١١) |

يُعَدُ هذا النّص الْكِتَابِيّ مُهمّا جدًا لأنه يُظْهِر ويبرهن احتياج الإِنْسَان إلى الخلاص والفداء. يَقُولُ Allen Ross ألين روس «لا يمكن إدراك حجم الخطيّة والدّمار بشكل وافٍ إلا عندما نفهم طبيعة البشريّة وهدفها. ولمعرفة ما استثمره الله في حياة الإِنْسَان وما كان يُنْتَظَر منه، نحتاج إلى أن نعرف ما فُقِدَ منه بالسّقوط.»[٥]. ولهذا، لَيْسَ الأصحاح الثّاني من سِفْر التَكْوِين تكرارًا لقصة الْخَلْق المذكورة في الأصحاح الأَوَّل، وليس قِصّة خلق جديدة، لكنه بالأَوْلَى امتداد لتَكْوِين ١: ٢٦ -٢٧. فالكاتِب بتركيزه على الإِنْسَان يضع الأساس لقصة السّقوط المذكورة في الأصحاح الثّالث.

« **هذِهِ مَبَادِئُ السّمَاوَاتِ وَالأَرض حِينَ خُلِقَتْ ...**» (٢: ٤). تُعَدُّ هذه الآية عنوانًا لكُلِّ النّص من ٢: ٥ وحتى ٤: ٢٦، وقد كُتِبَتْ بحَيْثُ تتكرر الكلمات الأساسيّة في الجزء الْأَوَّل في الجزء الثّاني منها «السّماوات» - «الأرض» - «خُلِقَتْ» / «عمل» - « الأرض» - «السّماوات». يعد ترتيب الكلمات في الجزء الثّاني مُخْتَلِفاً عن العادة. ففي مُعظم المرّات الّتي ذُكِرَتْ فيها الكلمتان «السّماوات» و «الأرض»، تأتي كَلِمة السّماوات قبل الأرض، إلا في النّصف

5. Allen Ross, *Creation & Blessing: A Guide to the Study and Exposition of Genesis* (Grand Rapids: Baker, 1998), 117.

الثّاني من هذه الآية، فإنَّ كَلِمة «الأرض» تأتي قبل كَلِمة «السّماوات» كما يتّضح عند قراءة الآية «**يَوْم عَمِلَ الرّبُّ الإله الأرض وَالسّمَاوَاتِ**». ويرجع سبب هذا إلى أن التركيز هُنَا هُوَ على الأرض، ثُمَّ خَلْق الإِنْسَان، آدَم وحَوَّاء، وبركة الرّب لهما والسُّلطان الّذي منحهما إيَّاه على كُلّ الخلائق في الأرض وفوق الأرض وحتى في البحر. وهذا هُوَ موضوع هذا الجزء وغايته. فالأرض هِيَ المِحور والمسرح الّذي سيتم فيها وعليها خَلْق الإِنْسَان.

**يهوه إلوهيم، الرّبُّ الإله יְהוָה אֱלֹהִים** - ذُكِر الاسم المركب «الرّب الإله» هُنَا فقط في تَكْوِين ٢: ٤، وحتى ٣: ٢٣، وخُروج ٩: ٣٠. وَيُؤَكِّد هذا الاسم أنَّ يهوه إله إِسْرَائِيل هُوَ الرّب الخَالِق «إلوهيم». وبالنّسبة لنقاد الْعَهْد الْقَدِيم، فإنَّ هذا الاسم المركب - كما يَقُولُون - يبرهن أنَّ هذا النّص الْكِتَابيّ أتى من مصدريْن مُخْتَلِفين هما P و J. لكن هذا الرّأي لا يَلْقَى قُبولًا كبيراً الْيَوْم بَيْنَ عُلَماء الْعَهْد الْقَدِيم. فنظريّة الْمَصَادِر لا تستطيع أن تُوضِّح لنا لماذا ذُكِرَ هذا الاسم «الرّب الإله - يهوه إلوهيم» فى سِفْر التَكْوِين أكثر من ١٩مرّة. فإذا كان كَاتِب السِّفْر - بحسب النُّقَّاد - قد كتب التوراة في زمن مُتأخِّر أيّ في الْقَرْن السّادِس أو الخامِس قبل الميلاد - بحسب ادِّعَائهم - فلماذا ذُكِرَ هذا الاسم المركب في سِفْر التَكْوِين أكثر من بقيّة الأسفار؟ يُؤَكِّد التركيز على استخدام الاسم المركب «يهوه إلوهيم»[٦] (٢: ٤-٥، ٧-٩، ١٥ -١٦، ١٨-١٩، ٢١-٢٢) أنَّ الرّب إله إِسْرَائِيل، يهوه، القريب من الإِنْسَان، هُوَ نفسه الخَالِق، العالي والمتسامي فَوْقَ كُلّ الْخَلِيقة (خُروج ٩: ٣٠)، وهو المُتحكِّم في الْخَلِيقة، ومُرْسِل البَرَد على مصر بغرض أن «تعرف أن للرب الأرض.»[٧]

٦. لقد أثبتت الاكتشافات الأثريّة أن ديانات الشّرق الأدنى الْقَدِيم ومصر كانت تستخدم أكثر من اسم مركب للإشارة إلى الإله، فمثلًا «امون رع» في مصر و«كوتار هاسيس» في الاجوريّة.

7. Sarna, *Genesis*, 17 See also Victor Hamilton, "*The Book of Genesis Chapters 1-17" in The New International*

**«كُلُّ شَجَرِ الْبَرِّيَّةِ لَمْ يَكُنْ بَعْدُ... وَكُلُّ عُشْبِ الْبَرِّيَّةِ لَمْ يَنْبُتْ بَعْدُ، لأَنَّ يهوه إلوهيم لَمْ يَكُنْ قَدْ أَمْطَرَ عَلَى الأرض، وَلاَ كان إِنْسَان لِيَعْمَلَ الأرض.»**

تصف هذه الآيَة لنا حالَ الأرض اليابسة بعد أن فصل الرّب الإله بَيْنَ المياه الّتي تحت السّماء والمياه الّتي فَوْقَ السّماء، حتى ظهرت اليابسة (تَكْوِين ١: ٩ – ١٠). فالأرض كانت كالصّحراء يابسة، ولم تكن هُنَاك أمطار، ولا عُشْب، ولم يكن هُنَاك إِنْسَان ليعمل ويُفْلِح الأرض. وَتُشِيرُ الْكَلِمة الْعِبْرِيّة الْمُتَرْجَمَة «عُشْب עֵשֶׂב» إلى النّباتات الّتي تنبت في البريّة، وأحيانًا تُشِيرُ إلى كُلّ النّباتات الخضراء وإلى الحصاد نتيجة عمل الإِنْسَان (عاموس ٧: ٢، وتَكْوِين ٣: ١٨). والغرض من الآيَة ٥ هُوَ إِيضاح أنَّ الْعَالَم الموجود الآن لم يكن موجودًا قبل خلق الإِنْسَان. كما أَنَّه يُوضِّح التغيُّر الّذي طرأ على هذا الْعَالَم نتيجة دينونة الله له بسبب الخطيّة في تَكْوِين ٣: ٨ –٢٤، حتى يُقدِّم لنا صُورَة للعالم قبل وبعد السّقوط.[8] فحالة الأرض بعد السّقوط تختلف عنها قبل خلق الإِنْسَان. ولهذا، فلا بُدَّ أن يكون الفَهْم الصّحيح لهذا النّص في ضوء تَكْوِين ٣: ٨ – ٢٤ والّذي يتحدَّث عن نتائج السّقوط في الخطيّة.

*Commentary on the Old Testament* (Grand Rapids Eerdmans, 1990), 152.

8. Mathews, Kenneth A. *Genesis 1-11: 26.* New American Commentary. (Nashville Broadman & Holman Publishers, 1996). 192.

## خلق آدم (٢: ٧ – ٨)

وجبلَ يهوه إلوهيم آدم ترابا من الأديمِ. ونفخ في أنفهِ نسمةَ حياةٍ. فصارَ آدم نفسًا حيةً.
وغرسَ يهوه إلوهيم جنةً في عدنٍ شرقًا. ووضعَ هناك آدم الذي جبلَهُ.

يُصَوَّر عمل الله الخَلَّاق في هذا الأصحاح لنا بلُغة بشريّة، حَيْثُ يقدم لنا الله كالفنّان العظيم الّذي ينحت تمثالًا للإنْسَان والحيوانات (٢: ٧-٨، ٩)، وكالبَنَّاء الماهر الّذي يبني ويصنع الْمَرْأَة. ويعد هذا النّص امتدادًا لتَكْوِين ١: ٢٦ «لنصنع الإنْسَان...». فكلمة «نصنع» هِيَ الْكَلِمة الّتي دائمًا ما يستخدمها الفخاري في عمله «هَلْ يُحْسَبُ الْجَابِلُ كَالطِّينِ، حَتَّى يَقُولُ الْمَصْنُوعُ عَنْ صَانِعِهِ: «لَمْ يَصْنَعْنِي». أَوْ تَقُولُ الْجُبْلَةُ عَنْ جَابِلِهَا: «لَمْ يَفْهَمْ»؟» (إشعياء ٢٩: ١٦).

> فَفَسَدَ الْوِعَاءُ الَّذِي كَانَ يَصْنَعُهُ مِنَ الطِّينِ بِيَدِ الْفَخَّارِيِّ، فَعَادَ وَعَمِلَهُ وِعَاءً آخَرَ كَمَا حَسُنَ فِي عَيْنَيِ الْفَخَّارِيِّ أَنْ يَصْنَعَهُ. فَصَارَ إِلَيَّ كَلاَمُ الرَّبِّ قَائِلاً: «أَمَا أَسْتَطِيعُ أَنْ أَصْنَعَ بِكُمْ كَهذَا الْفَخَّارِيِّ يَا بَيْتَ إِسْرَائِيلَ، يَقُولُ الرَّبُّ؟ هُوَذَا كَالطِّينِ بِيَدِ الْفَخَّارِيِّ أَنْتُمْ هكَذَا بِيَدِي يَا بَيْتَ إِسْرَائِيلَ» (إرميا ١٨: ٤ ٦)

ولقد تَمَّ التعبير عن عمل الله في خلق الإنْسَان بالكلمة «جَبَلَ יָצַר»، وتُنْطَق بالعِبْرِيّة «يِتْسِير»، وَهِيَ تُشِيرُ إلى الخَلْق بتصميم وبقصد. وهذا هُوَ

مـا يُؤكِّـده اسـتخدام نفـس الْكَلِمـة في تَكْوِيـن ٦: ٥ «كُلَّ تَصَوُّرِ أَفْـكَارِ قَلْبِـهِ...». نعـم، فـالله هُـوَ الفخـاري الأعظـم الّذي يخلـق كُلّ شيء بتصميـم وبقصـد. ولقـد قَـدَّمَ الله نفسَـه في الْكِتَـاب الْمُقـدَّس على أنَّـه الفخـاري الّذي صنـع إِسْرَائِيـل «وَالآنَ يَـا رَبُّ أَنْـتَ أَبُونَـا. نَحْنُ الطِّينُ وَأَنْـتَ جَابِلُنَـا، وَكُلُّنَـا عَمَـلُ يَدَيْـكَ.» (إشـعياء ٦٤: ٨) (انظـر ايضـاً إرميـا ١٨: ٦، و رُوميَـة ٩: ٢٠).

**ترابًـا (עָפָר، عَفَـار) مـن الأرض** («هَـا آدمـاه») - والأديـم ground هُـوَ المادة الخـام الّـتي خَلَـقَ منهـا الـرّب الإِنْسَـان، وهـو الطّبقـة العُليـا الموجـودة على سـطح الأرض. وبجانـب التأكيـد على أنَّ الإِنْسَـان خُلِـقَ بتصميـم وقصـد إلـهيّ، يُؤَكِّـد الـوحي الإلـهيّ على أنَّ الإِنْسَـان أصلـه تـرابي، أرضي.[٩] إنَّ الـتراب الّذي خُلِـقَ منـه الإِنْسَـان سـيكون هُـوَ مصير الإِنْسَـان بسـبب الخطيّـة (تَكْوِيـن ٣: ١٩) «لأنَّ أُجْـرَة الخطيّـة هِيَ مَـوْت»، والمـوت الجسـدي هُـوَ الرّجـوع إلى الـتراب (أيـوب ٣٤: ١٥).

ولقـد نفـخ الله في هـذا الجسـد الـترابيّ - في أنفـه «نسـمة حيـاة»، فصـار آدَم «**نفسًـا حيّـة לְנֶפֶשׁ חַיָּה**، لِنِفِيـش حيـاه». ومـع أنَّ الإِنْسَـان والحيوانـات وُصِفُـوا بأنَّهـم كائنات ذات «نَفْس حيّـة» (١: ٢٠-٢١، ٢٤، ٢: ٧، ٧: ٢٢)، إلا أنَّ هُنَاك اختلافًـا مُهِمًّـا جـدًا، وهـو أنَّ مَصْـدَر حيـاة الحيوانـات هُـوَ الـتراب «وَجَبَـلَ الـرَّبُّ الإلهُ مِـنَ الأَرْضِ كُلَّ حَيَوَانَـاتِ الْبَرِّيَّـةِ وَكُلَّ طُيُـورِ السَّـمَاءِ، فَأَحْضَرَهَـا إِلَى آدَمَ لِـيَرَى مَـاذَا يَدْعُوهَـا، وَكُلُّ مَـا دَعَا بِـهِ آدَمُ **ذَاتَ نَفْسٍ حَيَّـةٍ** فَهُـوَ اسْـمُهَا» (٢: ١٩)، الّذي خرجـت منـه كُلّ حيوانـات البريّـة وكل طـير السّـماء (٢: ١٩)، بينمـا الإِنْسَـان هُـوَ الكائـن الوحيـد الّذي بعدمـا جَبَلَـهُ الـرّب مـن تـراب

٩. قَـالَ المصريـون وشـعوب مـا بَـيْنَ النّهريـن أَيْضًـا إنَّ الإِنْسَـان مصنـوع مـن الـتراب والطّـين الممـزوج بـدم الإله المذبـوح. مـن الاكتشـافات المصريّـة الْقَدِيمـة صُـورَة لـلإله «خنـوم» بـراس الكبـش وهـو جالـسٌ على العـرش، وأمامـه عجلـة الفخـاري والـتي عليهـا صنـع الأمـير امنحوتيـب الثّالـث سـنة ١٤٠٠ ق.م (See James B. Pritchard, The Ancient Near East in Pictures Relating to the Old Testament (Princeton: Princeton University Press, 1974), no 569).

«نفخ في أنفه نسمة حياة.»وَجَبَلَ الرَّبُّ الإِلهُ آدَمَ تُرَابًا مِنَ الأَرْضِ، وَنَفَخَ فِي أَنْفِهِ نَسَمَةَ حَيَاةٍ. فَصَارَ آدَمُ **نَفْسًا حَيَّةً**» (٢: ٧). استمد الإِنْسَان حياته من الله مباشرة، ولهذا صار آدم نَفْسًا حيّة. فمع أنَّ الإِنْسَان والحيوان كليهما يشترك في عطيّة الحياة، إلا أنَّ الإِنْسَان يتمتّع بعلاقة خاصّة بالله بسبب نسمة حياة الله الّتي فيه، والّتي جعلت منه مخلُوقًا على «صُورَة الله وشبهه» (١ : ٢٦-٢٧). فبحسب تَكْوِين ٢: ٧ فإنَّ مَزْج الجسد المادي ونسمة الحياة معًا أنتجَ «نفسًا حيّة». جعل الله في محبته للإِنْسَان هذا الكائن المخلوق من التراب شريكًا لطبيعة نفسه العاقلة. نَقَلَتْ «نسمة الحياة» هذه لهذا المخلوق قُوّة الحياة، وهكذا تكونت طبيعة النّفس، وبسببها وُجِدَ الضّمير أَيْضًا «نَفْس الإِنْسَان سِرَاج الرّب. يُفَتّش كُلّ مخادع البطن» (أمثال ٢٠: ٢٧)، وبسببها يأتي الفهم والإدراك الرّوحي «ولكنَّ في النّاس روحًا ونسمة القدير تُعَقّلُهُم» (أيوب ٣٢: ٨)، والقدرة الأخلاقيّة عند الإِنْسَان. ونفخة الله هذه هِيَ الّتي تُميّزنا عن بقيّة المخلُوقَات، وفي نفس الوقت تُوَحّدُنا بالله الخَالِق.

نجد صُورَة مُوازيّة لخلق آدم ونفخة نسمة الله فيه في رُؤْيا حزقيال للعظام اليابِسة. فهذه العظام عظام أموات، لكن عندما هَبَّ عليها روح الله دَبَّت فيها الحياة «هكذَا قَالَ السَّيِّدُ الرَّبُّ: هَلُمَّ يَا رُوحُ مِنَ الرِّيَاحِ الأَرْبَعِ وَهُبَّ عَلَى هؤُلاَءِ الْقَتْلَى لِيَحْيَوْا». فَتَنَبَّأْتُ كَمَا أَمَرَنِي، فَدَخَلَ فِيهِمِ الرُّوحُ، فَحَيُوا وَقَامُوا عَلَى أَقدَامِهِمْ جَيْشٌ عَظِيمٌ جِدًّا جِدًّا» (٣٧: ٩ — ١٠). ومع أنَّ حزقيال يَذْكر لنا تعبير «روح الله»، ويذكر سِفْر التَّكْوِين تعبير «نسمة حياة»، إلا أنَّ كليهما يُقَدِّم صُورَة لقدرة الله على الإحياء. فآدَم كان بمثابة جُثة من دون حياة حتى نفخ الله في أنفه نسمة الحياة فصار نفسًا

حيّـة. إذ يعـني غيـاب نسـمة الحيـاة الْمَـوْت، بينمـا يعـني وجودهـا وجـود الحيـاة (تَثْنِيَـة ٢٠: ١٦، ويشـوع ١٠: ٤٠، وأيـوب ٢٧: ٣، وملـوك الأوَّل ١٧: ١٧).

## جنة عدنٍ (٢: ٨ - ١٤)

וַיִּטַּ֞ע יְהוָ֧ה אֱלֹהִ֛ים גַּן־בְּעֵ֖דֶן מִקֶּ֑דֶם וַיָּ֣שֶׂם שָׁ֔ם אֶת־הָֽאָדָ֖ם אֲשֶׁ֥ר יָצָֽר׃
וַיַּצְמַ֞ח יְהוָ֤ה אֱלֹהִים֙ מִן־הָ֣אֲדָמָ֔ה כָּל־עֵ֛ץ נֶחְמָ֥ד לְמַרְאֶ֖ה וְט֣וֹב לְמַאֲכָ֑ל
וְעֵ֤ץ הַֽחַיִּים֙ בְּת֣וֹךְ הַגָּ֔ן וְעֵ֕ץ הַדַּ֖עַת ט֥וֹב וָרָֽע׃
וְנָהָר֙ יֹצֵ֣א מֵעֵ֔דֶן לְהַשְׁק֖וֹת אֶת־הַגָּ֑ן וּמִשָּׁם֙ יִפָּרֵ֔ד וְהָיָ֖ה לְאַרְבָּעָ֥ה רָאשִֽׁים׃
שֵׁ֥ם הָֽאֶחָ֖ד פִּישׁ֑וֹן ה֣וּא הַסֹּבֵ֗ב אֵ֚ת כָּל־אֶ֣רֶץ הַֽחֲוִילָ֔ה אֲשֶׁר־שָׁ֖ם הַזָּהָֽב׃
וּֽזֲהַ֛ב הָאָ֥רֶץ הַהִ֖וא ט֑וֹב שָׁ֥ם הַבְּדֹ֖לַח וְאֶ֥בֶן הַשֹּֽׁהַם׃
וְשֵֽׁם־הַנָּהָ֥ר הַשֵּׁנִ֖י גִּיח֑וֹן ה֣וּא הַסּוֹבֵ֔ב אֵ֖ת כָּל־אֶ֥רֶץ כּֽוּשׁ׃
וְשֵׁ֨ם הַנָּהָ֤ר הַשְּׁלִישִׁי֙ חִדֶּ֔קֶל ה֥וּא הַהֹלֵ֖ךְ קִדְמַ֣ת אַשּׁ֑וּר וְהַנָּהָ֥ר הָרְבִיעִ֖י ה֥וּא פְרָֽת׃

وغـرسَ يهـوه إلوهيـم جنـةً في عـدنٍ شرقًـا. ووضـعَ هنـاك آدم الذي جبَلَـهُ. وأنبـتَ يهـوه إلوهيـم مـن الأديـمِ كلَّ شـجرةٍ شـهيةٍ للنظـرِ وصالحـةٍ لـلأكلِ. وشـجرةَ الحيـاةِ في وسـطِ الجنـةِ وشـجرةَ المعرفـةِ خـيرًا وشرًا. ونهـرٌ خـارجٌ مـن عـدنٍ ليسـقي الجنـةَ. ومـن هنـاكَ ينقسـمُ فيصـيرُ أربعـةَ رُؤوسٍ. اسـم الأول فيشـون، وهـو المحيـطُ بـكلِّ أرض الحويلـةِ حيـثُ الذهـبُ. وذهـبُ تلـك الأرض جيـد، وهنـاك اللؤلـؤُ وحجـرُ العقيـقِ. واسـمُ النهـرِ الثـاني جيحـون، ويحيـط بجميـع أرض كـوشٍ. واسـمُ النهـرِ الثالـثِ دِجلـة. وهـو الجـاري شرقي أشـورَ. والنهـرُ الرابـعُ هـو الفـراتُ.

ويتبـع خَلْـق الله للإِنْسَـان وَصْـفٌ لِمَـا دَبَّـرَهُ وأَعَـدَّه الـرّب مـن مـكان ليعيـش فيـه الإِنْسَـان. فـالله إِله صالـح يهتـم بخليقتـه ويُوفِّـرُ كُلّ مـا يحتاجـه الإِنْسَـان ليعيـش سـعيدًا مـن دون احتيـاج، ويُمارس مسـؤولياته. لقـد احتوت الْجَنَّـة على كُلّ شـجرة شـهيّة للنظـر وصالحـة لـلأكل، وعلى شـجرة الحياة في وسـط الْجَنَّـة، وعلى شـجرة معرفـة الخير والـشّر. نجد صُورَة تشـبه جَنَّـة عـدن جَنَّـة وَهِيَ خيمـة الاجتمـاع والهيـكل فيمـا بعـد، حَيْـثُ يقـف الكروبيـم لحمايتهـا

(تَكْوِيـن ٣: ٢٤، وخُـروج ٢٦: ١، و أخبـار الأيـام الثـاني ٣: ٧) حـتى لا يدخلهـا الْمَـوْت والخطيّـة (تَكْوِيـن ٣: ٢٣، ورُؤيـا ٢١: ٨). وبالإيمـان الـحي العامـل يسـتطيع الإِنْسَـان أن يدخـل هـذا البيـت ويعيـش فيـه. أَمَّـا المتشـكّكون في كَلِمـة اللهّٰ وغـير المؤمنـين فلـن يدخلوهـا.

**شرقـاً מִקֶּדֶם** - حَيْـثُ النّـور والحيـاة وشروق الشّـمس، بينمـا الغـرب يُمثّـل الْمَـوْت.١٠ لكـن التوجُّـه إلى الـشّرق في سِـفْر التكْويـن يُشِـيُر في أغلـب الأحـوال إلى أمـر سـلبي مرتبـط بالدّينونـة «فَطَـرَدَ الإِنْسَـانَ، وَأَقَـامَ **شَرْقِيَّ** جَنَّـةِ عَـدْنٍ الْكَرُوبِيـمَ، وَلَهِيـبَ سَـيْفٍ مُتَقَلِّـبٍ لِحِرَاسَـةِ طَرِيـقِ شَـجَرَةِ الْحَيَـاةِ» (٣: ٢٤)، «فَخَـرَجَ قَايِـينُ مِـنْ لَدُنِ الـرَّبِّ، وَسَـكَنَ فِي أَرْضِ نُـودٍ **شَرْقِيَّ** عَـدْنٍ» (٤: ١٦)، وبِالغُرْبَـة «وَأَمَّـا بَنُـو الـسَّرَارِيِّ اللَّـوَاتِي كَانَـتْ لإِبْرَاهِيـمَ فَأَعْطَاهُـمْ إِبْرَاهِيـمُ عَطَايَـا، وَصَرَفَهُـمْ عَـنْ إِسْـحَاقَ ابْنِـهِ شَرْقًـا إِلَى **أَرْضِ الْمَـشْرِقِ**، وَهُـوَ بَعْـدُ حَيٌّ» (٢٥: ٦). إنَّ شرق عـدن يُشِـيرُ إلى مـكان مُحـدَّد، فالجَنَّـة هِيَ جَنَّـة عـدن الواقعـة شرق عـدن.

**גַּן־בְּעֵדֶן جَنَّـة في عـدن** - ولقـد وَرَدَت كَلِمـة «عـدن» في الْكِتَـاب الْمُقـدَّس ١٣ مـرّة، وعـدن في اللغـة الْعِبْرِيّـة تعـني «سرورًا وبهجـة pleasure or delight» (تَكْوِيـن ١٨: ١٢، و إشـعياء ٤٧: ٨). ولقـد وُصِفَـتْ جَنَّـة عدن في الْعَهْـد الْقَدِيم بـ «جنّـة الـرّب» (تَكْوِيـن ١٣: ١٠، و إشـعياء ٥١: ٣)، و «جنـة اللهّٰ» (حزقيـال ٢٨: ١٣، ٣١: ٩). تُؤكّـد هـذه الأوصـاف أنَّ الـرّب هُـوَ صاحـب هـذه الجَنَّـة وليـس الإِنْسَـان. فمـع أنَّ اللهّٰ لا يسـكن في الجَنَّـة، إلا أنَّ الجَنَّـة كانـت المـكان الّذي يلتـقي فيـه اللهّٰ الإِنْسَـان الّذي خَلَقَـه. ترجمـت الترجمـة السّـبعينيّة LXX عبـارة «جنـة عـدن» بمعـنى «فـردوس البهجـة». وكلمـة برديـس، فـردوس، هِيَ

١٠. مـن المعـروف أن المصريّـين القدمـاء كانـوا يبنـون ويضعـون آلهـة الحيـاة شرق نهـر النّيـل. أَمَّـا المقابـر والأمـوات والأهرامـات فكانـت تبـنى غـرب النّيـل

في أصلها كَلِمة فارسيّة تُشِيرُ إلى حديقة مُغلقة بأسوار. ومن جانب آخر، فإنَّ من الصّعب تحديد موقع جَنَّة عدن. يَقُولُ بعضهم أَنَّها قريبة من منبع نهري دجلة والفرات في المرتفعات الأرمينيّة. ولقد كانت جَنَّة عدن فسيحة وكبيرة جدًا لدرجة أنَّ النّهر الواحد الّذي كان يخرج من عدن ليسقي الْجَنَّة كان ينقسم فيصير أربعة رؤوس (فيشون وجيحون وحِدَّاقَل والفرات).[11]

**فِيشُون** - اسم غير معروف، وقد ارتبط بـ «جَمِيعِ أَرْضِ الْحَوِيلَةِ حَيْثُ الذَّهَبُ». وتعني الحويلة في الْعِبْرِيّة الأرض الرّمليّة Sandy Land. ويُوجَد مكانان وُصِفَا بالحويلة في الْكِتَاب الْمُقَدَّس الْأَوَّل مُرتبط بمصر، وكان تحت السّيادة المصريّة، والثّاني هُوَ الصّحراء العربيّة. لكن من المعروف أنَّ الحويلة كمكان، كان مشهورًا بالذّهب وذهبه من الذّهب الجيد والنّقي. وبالنّسبة لمصر، فإنَّ مناجم النّوبة (حاليًا السّودان) كانت تعد الْمَصْدَرالأساسي للذهب والألماس والأحجار الكريمة. يَقُولُ ناحوم سارنا Sarna: «يأتي الاسم «النّوبا» من الْكَلِمة «نب» والتي تعني الذّهب، ولهذا فإنَّه يعتقد أنَّ «فيشون» و«الحويلة» يُشِيرُان إلى النّيل الأزرق والنّوبة.»[12] أَمَّا الاحتمال الثّاني فَهُوَ أن الحويلة هِيَ مكان في الجزيرة العربيّة، وهذا يُؤَكِّده تَكْوِين ١٠: ٢٩ «وَأُوفِيرَ وَحَوِيلَةَ وَيُوبَابَ. جَمِيعُ هؤُلاَءِ بَنُو يَقْطَانَ» حَيْثُ يُذْكَر اسما الحويلة وأوفير معًا على أَنَّها بنو يقطان.

**جيحون** - ومع أنَّ الاسم جيحون مرتبط بينبوع مياه خارج أورشليم، إلا أنَّ ارتباطه بـ «كوش» في تَكْوِين ٢، يجعل الأمر صَعْبًا بل مستحيلًا أن يكون جيحون الّذي هُوَ خارج أورشليم هُوَ نفسه الموجود في أرض

11. See William F. Albright, "The Location of the Garden of Eden" *The American Journal of Semitic Languages and Literatures*. Vol. 39, no 1 (Oct, 1922), 15- 31.
12. Sarna, *Genesis*, 20.

كوش. و «كوش» أخو مصر، وفي أغلب المرّات الّتي ذُكِرَ فيها اسم كوش في الْكِتَاب الْمُقدَّس فإِنَّه كان يُقْصَد به النّوبة. لهذا يعتقد كثير من الْعُلَماء أنَّ «فيشون» و «جيحون» اسمان اخران للنيل الأزرق والنّيل الأبيض في السودان، وهُما يندمجان معًا في الخرطوم (عاصمة السّودان)، ويجريان في كُلّ أرض مصر حتى يصُبّا في البحر الأبيض المتوسط.

**دجلة (حِدَّاقِل)** - وبالعبري «חִדֶּקֶל حِيدِيكل»، وهو يجري شرقي أشور، وقد ذُكِرَ اسمه مَرَّة أُخرى في دانيآل ١٠: ٤.

**الفُرات** - وهو النّهر الّذي يخترق بابل وما زال يُعْرَف بهذا الاسم حتى يَوْمِنا هذا. وتُؤكِّد دِقَّة أوصاف جَنَّة عدن أَنَّها كانت جَنَّة حقيقيّة حرفيّة في مكان مُحدَّد على وَجْه الأرض.

**وشجرةَ الحياةِ في وسطِ الْجَنَّة وشجرةَ معرفةِ الخير والشّر** - لقد جعل الله في وسط الْجَنَّة المليئة بكُلِّ الأشجار الشّهيّة للنظر والجيدة للأكل، شجرتيْن مُتميِّزتيْن سوف يترتّب عليهما حياة الإِنْسَان وخلوده، أو مَوْته وهلاكه، وهُما «شجرة الحياة»، و«شجرة معرفة الخير والشّر». تحمل شجرة الحياة سِرَّ الحياة، والشّجرة الأخرى فيها سِرّ الْمَوْت، لأنّها مُرتبطة بالوصيّة الإلهيّة، «لا تأكل منها، لأنك يَوْم تأكل منها، مَوْتًا تموت» (تَكْوِين ٢: ١٧). كانت شجرة الحياة مُتاحة للإِنْسَان ليأكل منها ويحيا. وأَمَّا شجرة معرفة الخير والشّر فكانت هِيَ الوحيدة المُحَرَّمَة على الإِنْسَان. كانت هاتان الشّجرتان في وسط الْجَنَّة (٢: ٩، ٣: ٣). ويَقُولُ بونهوفر Bonhoeffer «يُؤكِّد وجود الشّجرتيْن في وسط الْجَنَّة أنَّ مركز عَالَم آدَم لم يكن آدَم نفسه بل الحياة، أيّ وجود الله نفسه. كما أنَّ وصيّة الرّب لآدَم بأن لا يأكل من شجرة المعرفة يُؤكِّد محدوديّة الإِنْسَان كمخلوق.»[13]

13. Dietrich Bonhoeffer, *Creation and Fall A Theological Interpretation of Genesis 1–3*, rev. ed., trans. J. C.

إن شجرة الحياة هِيَ مصدر الحياة في الْجَنَّة، لكن قُوّة مَنْح الحياة هِيَ من الرّب الّذي أوجدها، وَيُشِيرُ وجود الشّجرة إلى أنَّ الْجَنَّة كانت تتمتّع بالحياة، وأنَّ الأكل من ثمرها يُديم الحياة. فالإنْسَان المخلوق من عنصر الفناء أُعْطِيَ إمكانيّة الحياة الأبديّة من خلال شجرة الحياة (٣: ٢٢، أُنظر أَيْضًا سِفْر الرّؤيا ٢: ٧). ولقد ذُكِرَتْ شجرة الحياة مَرَّة أخرى في كُلّ الْعَهْد الْقَدِيم – بجانب سِفْر التَّكْوِين - في سِفْر الأمثال (أمثال ٣: ١٨، ١١: ٣٠، ١٣: ١٢، ١٥: ٤).[١٤]

وتُشِيرُ شجرة المعرفة إلى وجود «معرفة الخير والشّر» في الْجَنَّة، وأنَّ الأكل منها يُوَصّل إلى هذه المعرفة (٣: ٥ و ٢٢). وعلى أساس تَكْوِين ٢: ٢٢ "وَقَالَ الرّبُّ الإله هُوَذَا الإنْسَان قَدْ صَارَ كَوَاحِدٍ مِنَّا عَارِفًا الْخَيْرَ وَالشّرّ..." نجد أنَّ الأكل من الشّجرة يمنح المعرفة الّتي يعرفها الله فقط، إلا أنَّ نتيجة هذه المعرفة ستكون الْمَوْت بسبب التعدّي (٢ ١٧). ليست المعرفة هنا، كما يَقُولُ «ابن عزرا» إنّها الوَعْي بالعرْي الممتزج بالخجل، والدّليل على ذلِكَ هُوَ أنَّ أَوّل شيء عمله آدم بعد الطّرد من الْجَنَّة هُوَ أنّه عرف حَوَّاء فحبلت. لكن هذا الرّأى لا يتماشى مع كَلِمة الرّب. فالله قبل أن يخلق الإنْسَان حَدَّدَ الاختلافات الجنسيّة (تَكْوِين ١: ٢٧)، وهو الّذي صَمَّمَ الزّواج، وبارك الإنْسَان ووضع فيه الْقُدْرَة على التكاثر حتى

Fletcher (London SCM, 1959), 49, and quote p. 51. Elsewhere he comments, “Limit and life, these are the untouchable, inaccessible middle of paradise around which Adam’s life revolves” (p. 60).

١٤. ذكر سِفْر الامثال أن «الحِكْمَة هِي شجرة حياة» (أم ٣: ١٨) ويظهر من وصف لسِفْر للحِكْمَة أَنَّها تُشِيرُ إلى الابن الكلمة، حِكْمَة الله، إذ يَقُولُ «الرّب بالحِكْمَة أسس الأرض، اثبت السّماوات بالفهم...» (أم ٣: ١٩). تتحدث الحِكْمَة عن نفسها فتقول «الرّب قناني possessed me أوّل طريقه من قبل أعْمَاله منذ القدم. منذ الازل منذ الْبَدء منذ أوائل الأرض...» (أم ٨: ٢٢-٢٣). كما أنَّ سِفْر الرّؤيا يذكر الوعد الإلهي «من يغلب فسأعطيه أن يأكل من شجرة الحياة الّتي في وسط فردوس الله» (رؤيا ٢: ٧). وفي نِهَايَة السّفْر يَقُولُ يُوحَنَّا «وَأَرَانِي نَهْرًا صَافِيًا مِنْ مَاءِ حَيَاةٍ لاَمِعًا كَبَلُّورٍ، خَارِجًا مِنْ عَرْشِ اللهِ وَالْخَرُوفِ. فِي وَسَطِ سُوقِهَا وَعَلَى النَّهْرِ مِنْ هُنَا وَمِنْ هُنَاكَ، شَجَرَةُ حَيَاةٍ تَصْنَعُ اثْنَتَيْ عَشْرَةَ ثَمَرَةً، وَتُعْطِي كُلَّ شَهْرٍ ثَمَرَهَا، وَوَرَقُ الشَّجَرَةِ لِشِفَاءِ الأُمَمِ.» (٢٢: ١، ٢)

يملأ الأرض. لكن الرّأي الأكثر قبولًا هُوَ أن نفهم «الخير والشّر» على أَنَّه اتساع المعرفة الذّهنيّة للإِنْسَان. وَيُؤَكِّد هذا قول الْمَرْأَة التقوعيّة لدَاوُد الملك، عندما قَالَت له «لَيكُنْ كَلاَمُ سَيِّدِي الْمَلِكِ عَزَاءً، لأَنَّهُ سَيِّدِي الْمَلِكُ إِنَّما هُوَ كَمَلاَكِ اللهِ لِفَهْمِ الْخَيْرِ وَالشّرِّ، وَالرّبُّ إِلهُكَ يَكُونُ مَعَكَ» (صموئيل الثّاني ١٤: ١٧، ٢٠). يعني هذا التعبير «الخير والشّر טוֹב וָרָע» والّذي يُنْطَق بالعبريّة «طُوب وَ رَع»، والّذي ذُكِرَ أَيْضًا في تَثْنِيَة ١: ٣٩، المقدرة على الحُكْم الصّحيح في الأمور الخَاصّة بالإِنْسَان.

**الوصيّة (تَكْوِين ٢: ١٥ -١٧)**

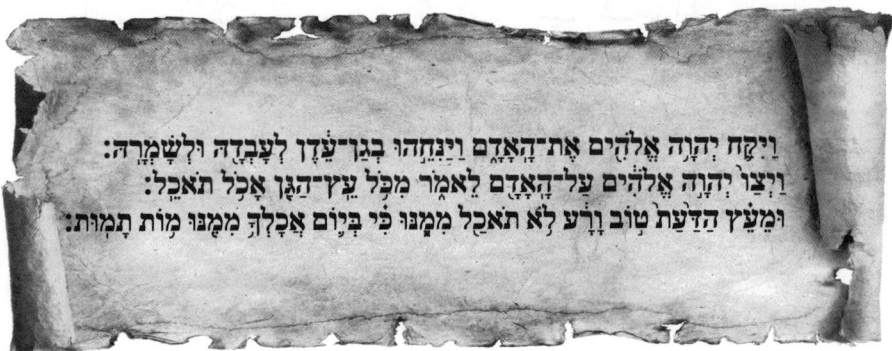

وأخذَ يهوه إلوهيم آدم ووضعهُ في جنةِ عدنٍ لخدمتِها ولحراستِها. وأوصىَ يهوه إلوهيم آدم قائلا: «من كلِّ شجرِ الجنةِ تأكلُ أكلًا. ومن شجرة المعرفةِ خيرًا وشرًا لا تأكلُ منها لأن في يومِ أكلِكَ منها موتًا تموتُ.

الآيّة ١٥ تكرار للآيّة ٨ الّتي تقول «وغرسَ يهوه إلوهيم جَنَّة في عدنٍ شرقًا. ووضعَ هُنَاك آدَم الّذي جبَلَهُ.» والفارق الوحيد بينهما هُوَ أَنَّ تَكْوِين ٢: ١٥ يذكر لنا الغرض من وَضْع الرّب الإله لآدَم في جَنَّة عدن، أَلا وهو «أن يعملها (يخدمها) ويحفظها (يحرسها)». لقد كان العمل هُوَ عطيّة الله للإِنْسَان، وليس أمرًا مرتبطًا بالسّقوط واللعنة. لكن الخطيّة أَضَرَّت بعلاقة الإِنْسَان بالأرض، حَيْثُ صار العمل صَعْبًا وبِعَرَق الجبين حتى

يمكن للإِنْسَان أن يحيا وأن يستمر في الوجود (تَكْوِين ٣: ١٧-١٩، ٢٣). والجدير بالذّكْر أنَّ الإِنْسَان - في معتقدات شعوب الشّرق الأدنى الْقَدِيم وبشكل خاص الشّعوب البابليّة – قد خُلِقَ حتى يوفر الطّعام للآلهة الكسالى. ويأتي هذا نقيضًا للقصة الكتابيّة والتي فيها أَعَدَّ الله للإِنْسَان كُلّ شيء، ولم يكن الله مُحتاجًا إلى الإنْسَان في شيء. وأَمَّا العمل فيجعل الإِنْسَان يشعر بأنّه مسؤول وله دَوْر فعَّال ويُمثّل اللّٰه الّذي خلقه.

الآيَة ١٦ «**وأَوْصَى الرّب וַיְצַו יְהוָה**» - هُنَا يَرِد الْفِعْل «أوصى» لأَوّل مَرَّة في الْكِتَاب الْمُقدَّس. وقد ذُكِرَ هذا الْفِعْل ٢٥ مَرَّة في سِفْر التَكْوِين. وتُؤكّد هذه الوصيّة الإلهيّة لآدَم بأن يأكل «من جميع شجرِ الْجَنَّة» عنايّة الله وتدبيره للإِنْسَان. فالرّب الإله أوصى الإِنْسَان بأن يأكل من كُلّ شجرة شهيّة للنظر وصالحة للأكل. تُؤكّد هذه الحقيقة على أنَّ الإِنْسَان أصلا بُدَّأ نباتيًا يأكل الخضروات والفواكه، ولم يكن يأكل اللحم إلا مُتأخرًا بعد الطّوفان.

لقد ارتبطت وصيّة الرّب للإِنْسَان بأن يأكل من كُلّ شجر الْجَنَّة بوصيّة أخرى، وَهِيَ ألا يأكل من شجرة معرفة الخير والشّر، «لأنّك يَوْم تأكل منها موتًا تموت». لا وجود لحريّة مُطلقة لا حدود لها. فمع وصيّة اللّٰه للإِنْسَان بأن يأكل من كُلّ شجر الْجَنَّة، أُعْطِيَتْ وصيّة أخرى وَهِيَ ألا يأكل من شجرة معرفة الخير والشّر. والجدير بالملاحظة أنَّ عبارة «مِنْ كُل» هِيَ في مقابل كَلِمة «شجرة». فالإِنْسَان مسموح له بأن يأكل «من كل». وهذا برهان صلاح الله ونعمته، الّذي قَبْل أن يَقُولُ للإِنْسَان ألا يأكل قَالَ له أن يأكل من كُلّ شجرة.

يمكن أن تُتَرْجَم عبارة «**تأكل أكلًا אָכֹל תֹּאכֵל**» إلى «تأكل بحريّة You may eat freely»، أو «أنت حُرٌ في أن تأكل بلا حد You are free to eat»، وَيُؤَكِّد هذا أن ما أَعَدَّهُ الله للإِنْسَان كان بغرض أن يتمتّع به كثيرًا جدًا.[١٥]

جاءت الوصيّة بعدم الأكل من شجرة معرفة الخير والشّر بِلُغَة واضحة وحازِمة تَجَلَّتْ في التعبير «موتًا تموت מוֹת תָּמוּת»، ويعني هذا أَنَّك ستموت لا محالة. وقد ذُكِرَ هذا التعبير في كُلّ الْعَهْد الْقَدِيم ١٤ مَرَّة، وهو يُشِيرُ إلى النّطق بالحُكْم من الله «فالآن رُدَّ امرأة الرّجل فإِنَّه نبي، فيصلي لأجلك فتحيا. وإن كنتَ لستَ تردها فاعلم أنك موتًا تموت أنت وكل مَنْ لك» (تَكْوِين ٢٠: ٧، حزقيال ٣٣: ٨ و ١٤)، أو إلى المَلِك الّذي يُصْدِر حُكْمَهُ على الإِنْسَان المجرم المستحق الْمَوْت (تَكْوِين ٢٦: ١١، صموئيل الأوّل ١٤: ٣٩، ٤٤، ٢٢: ١٦، ملوك الأوّل ٢: ٣٧، ٤٢). ولقد ذُكِرَ هذا التعبير مرارًا كثيرة عند الحُكْم بالموت على المجرمين (خُروج ٢١: ١٢، لاويّين ٢٠: ٢، عدد ٣٥: ١٦-١٨). ويَقُولُ «جون كالفن» ستكون حياة الإِنْسَان من دون خطيّة على الأرض مُؤَقَّتة، وسينتقل من الأرض إلى السّماء من دون اختبار الْمَوْت والألم، ليكون إلى الأبد في السّماء مع الرّب.[١٦] ومع أَنَّ عبارة «موتًا تموت» تُشِيرُ مبدئيًا إلى الْمَوْت الجسديّ، إلا أَنَّ الْمَوْت الرّوحيّ أيّ الانفصال عن الله، والموت الأبديّ، مُتَضَمَّن فيها أَيْضًا. فقط من خلال كفارة الْمَسِيح وحدها يُرفَع هذا العقاب عن الإِنْسَان الخاطئ (حزقيال ٣: ١٨، ٣٣: ٨، ١٤).

15. Kenneth A. Mathews, (1996). *Genesis 1-11: 26,* 210.
16. John Calvin, *Commentary on the book of Genesis.* Christian Classic Ethereal Library (Grand Rapids: CCEL), 127.

## آدَم لا يجد مُعِينًا له نظيرَه - خلق حواء (تَكْوِين ٢: ١٨ - ٢٤)

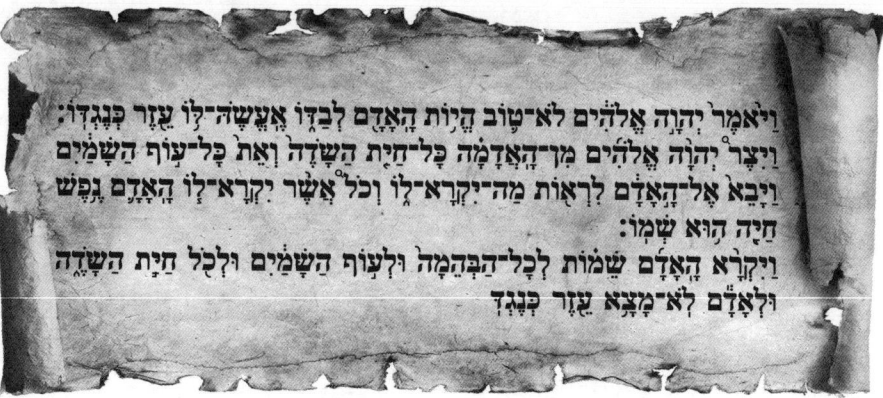

وقال يهوه إلوهيم: «ليس جيدًا أن يكونَ آدم وحدَهُ. أصنعُ له معينًا نظيرَهُ» وجبَل يهوه إلوهيم من الأديمِ كلَّ حيواناتِ البريةِ وكلَّ طيرِ السموات، وأحضرَها إلى آدم ليرى ماذا يسميها، وكلُّ مادعاه آدم من نفسٍ حيةٍ فهو اسمُهُ. فدعا آدم بأسماء كلِّ البهائمِ وطيرَ السمواتِ وكلَّ حيوانِ الحقلِ. ولآدم لم يجدْ معينا نظيرَهُ.

إنَّه من محبةِ الله للإِنْسَان أنْ شَعَرَ بِوِحْدَتِهِ وسط جميع الخلائق الأخرى الّتي خلقها. فها هُوَ آدَم الّذي خلقه الله كرأس للخليقة وحَبَاهُ بالعقل والإدراك، وسَلَّطَهُ على كُلّ أَعْمَال يديْه، يشعر بالوِحْدَة. لم تكن كُلّ المخلُوقَات غير العاقلة لتملأ فراغ آدم حتى إنَّ الرّب الإله قَالَ «ليس جَيِّدًا أن يكونَ آدم وحدَهُ. فأصنعُ له مُعينًا نظيرَهُ» (تَكْوِين ٢: ١٨).

**לֹא־טוֹב - لَيْسَ جَيِّدًا** - حتى الآن كان كُلّ ما سمعناه من تقرير الله عن خليقته أَنَّه «حَسَنٌ» و«حسن جدًا»، لكن هُنَا فقط - ولأَوَّل مَرَّة - يَقُولُ الله عن شيء أَنَّه «ليس جيدًا». نعم لَيْسَ جَيِّدًا أن يكون آدم وحده بلا رفيق وشريك. فالسّماوات من دون المَجَرَّات غير كاملة. والبحر بلا أسماك غير كامل. ومن دون الإِنْسَان والحيوان، تكون الأرض غير كاملة لِذلِكَ. إنَّها حقيقة نراها في تَكْوِين ١ - ٢. إنَّ كُلّ أمر محتاج إلى أمر آخر حتى يكتمل ويقوم بدوره.

ومـن المُلاحَـظ هُنَـا أنَّ اللّٰه نفسـه هُـوَ الّذي قـرَّر وحَكَـمَ بأنـه لَيْـسَ جَيِّـدًا أن يكـون آدَم وحـده. فـاللّٰه لـم يطلـب رَأْي آدَم ولـم يسـأله عَمَّـا ينقصـه ويحتـاج، إليـه. لكنـه، بصفتـه الخَالِـق، يعلـم حـتى مـا فينـا مـن احتياجـات قبل أن نسـأله. لقـد رأى اللّٰه أنَّ آدم لَيْـسَ جَيِّـدًا أن يكـون بمفـرده. ومـع أنَّ خطـة اللّٰه مـن البِدَايَـة هِيَ أن يخلـق الرّجـل والْمَـرْأَة «ذكـرًا وانـثىَ خلقهـم» (تَكْوِيـن ١: ٢٧)، إلا أنَّ اللّٰه انتظـر حـتى يشـعر آدَم بهـذا الاحتيـاج. لـم يعلـم اللّٰه الاحتيـاج فقـط، بـل لديـه أَيْضًـا الحلـول لـكل احتيـاج ولـكُلِّ مشـكلة، ولهـذا يَقُـولُ «أصنـعُ له مُعِينًـا نظـيرَهُ אֶעֱשֶׂה־לּוֹ עֵזֶר כְּנֶגְדּוֹ» *A helper suitable for him*. إنَّ كَلِمَـة «نظـيره כְּנֶגְדּוֹ» وتُنْطَـق في الْعِبْرِيّـة «كِنجيـدو»، وقـد وردت فقـط هُنَـا وفي الآيَـة ٢٠، وَهِيَ تُؤكِّـد أن اللّٰه سـيخلق كائنًـا مُسَـاويًا لآدَم، لا يَقِـل أو يزيـد عنـه.

يُسـمي الْكِتَـاب الْمُقـدَّس خليقـة اللّٰه الْجَدِيـدة هـذه «مُعِـين עֵזֶר» وتُنْطَـق بالعبريّـة «عازار»، ومـع أَنَّهـا كَلِمـة مذكـرة إلا أَنَّهـا تُشِـيرُ إلى المؤنـث، حَـوَّاء، فالْمَـرْأَة هِيَ المُعِـين أو المُنْقِـذ للإِنْسَـان مـن الوِحْـدَة والعُزْلَة. ولقد أُسْـتُخْدِمَتْ هـذه الْكَلِمـة لتصـف علاقـة الـرّب بشـعبه إِسْرَائِيـل، فَهُـوَ مُعِـين إِسْرَائِيـل لأنـه القـويّ.[١٧] «وَاسْـمُ الآخَـرِ **أَلِيعَـازَرُ**، لأَنَّـهُ قَـالَ: «إِلٰه أَبِي كَانَ **عَـوْنِي** وَأَنْقَـذَنِي مِـنْ سَـيْفِ فِرْعَـوْنَ» (خُـروج ١٨: ٤). يقـول مـوسى في بركتـه لبـني إسرائيـل قبـل دخـول أرض كنعـان:

> لَيْـسَ مِثْـلَ اللّٰهِ يَـا يَشُـورُونُ. يَرْكَـبُ السَّـمَاءَ فِي **مَعُونَتِـكَ**، وَالْغَمَـامَ فِي عَظَمَتِـهِ. الإِلٰهُ الْقَدِيـمُ مَلْجَـأٌ، وَالأَذْرُعُ الأَبَدِيَّـةُ مِـنْ تَحْـتُ. فَطَـرَدَ مِـنْ قُدَّامِـكَ الْعَـدُوَّ وَقَـالَ: أَهْلِـكْ. فَيَسْـكُنَ إِسْرَائِيـلُ آمِنًـا وَحْـدَهُ. تَكُـونُ عَـيْنُ يَعْقُـوبَ إِلَى أَرْضِ حِنْطَـةٍ وَخَمْـرٍ، وَسَـمَاؤُهُ تَقْطُـرُ نَـدًى. طُوبَـاكَ يَـا إِسْرَائِيـلُ! مَـنْ مِثْلُـكَ يَـا شَـعْبًا مَنْصُـورًا بِالـرَّبِّ؟ تُـرْسِ **عَوْنِـكَ** وَسَـيْفِ عَظَمَتِـكَ (تَثْنِيَـة ٣٣: ٢٦-٢٩)

١٧. راجع مزمور ٣٣: ٢٠، ١١٥: ٩-١١، ١٢٤: ٨، ١٤٦: ٥.

نـرى في الأصحـاح الْأَوَّل مـن سِـفْر التَكْوِيـن الله الخَالِـق الّذي يدعـو الأشياء بأسماء، فَهُـوَ الّذي دعا الظُّلْمـة ليـلًا، والنّـور نهـارًا، والجَلَد بالسّـماء، واليابسـة دعاهـا أرضًا...إلـخ. أَمَّـا هُنَـا فـآدَم هُـوَ الّذي يدعـو الحيوانـات بأسـماء، وَيُؤَكِّـد هـذا أنَّ الله مَنَـحَ سُـلْطَة للإِنْسَـان أن يكـون مُمثـلًا له على الأرض يُمـارس سـلطانه وتَسَـلُّطَهُ على الحيوانـات وطيـور السّـماء وكُلّ المخلُوقـات. ورغـم أنَّ آدَم قـد أَعْطَـى أسـماء لـكل الكائنـات، إلا أَنَّـه مـا يـزال وحيـدًا وليـس له مُعِينًـا نظـيره، وهنـا أوقـع الـرّب الإله سُـبَاتًا على آدَم فنـام ...».

## خَلْق الْمَرْأَة (تَكْوِين ٢: ٢١ – ٢٥)

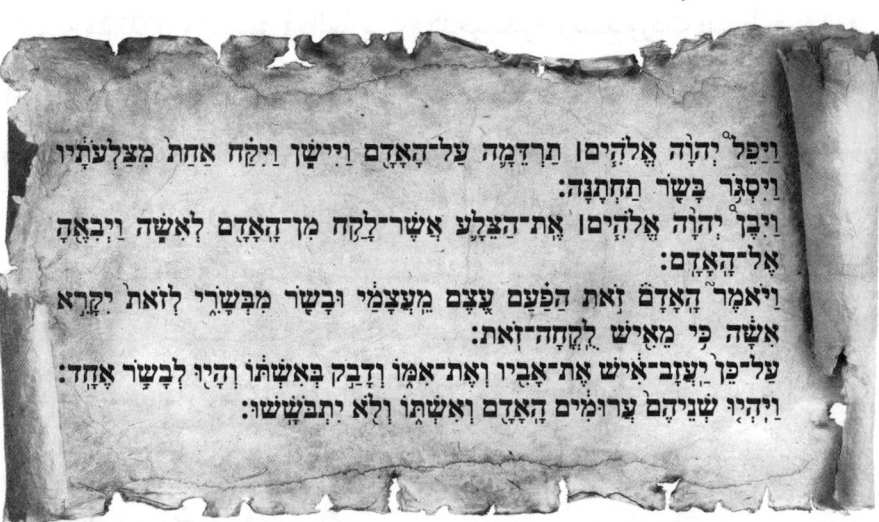

וַיַּפֵּל יְהוָה אֱלֹהִים׀ תַּרְדֵּמָה עַל־הָאָדָם וַיִּישָׁן וַיִּקַּח אַחַת מִצַּלְעֹתָיו וַיִּסְגֹּר בָּשָׂר תַּחְתֶּנָּה׃
וַיִּבֶן יְהוָה אֱלֹהִים׀ אֶת־הַצֵּלָע אֲשֶׁר־לָקַח מִן־הָאָדָם לְאִשָּׁה וַיְבִאֶהָ אֶל־הָאָדָם׃
וַיֹּאמֶר הָאָדָם זֹאת הַפַּעַם עֶצֶם מֵעֲצָמַי וּבָשָׂר מִבְּשָׂרִי לְזֹאת יִקָּרֵא אִשָּׁה כִּי מֵאִישׁ לֻקֳחָה־זֹּאת׃
עַל־כֵּן יַעֲזָב־אִישׁ אֶת־אָבִיו וְאֶת־אִמּוֹ וְדָבַק בְּאִשְׁתּוֹ וְהָיוּ לְבָשָׂר אֶחָד׃
וַיִּהְיוּ שְׁנֵיהֶם עֲרוּמִּים הָאָדָם וְאִשְׁתּוֹ וְלֹא יִתְבֹּשָׁשׁוּ׃

فاوقعَ يهوه إلوهيم سباتًا على آدم فنامَ. فأخذَ واحدةً من أضلاعِهِ وملأ مكانَها لحمًا. وبنى يهوه إلوهيم الضِلعَ التي أخذها من آدم امرأةً وأحضرَها إلى آدمَ. فقالَ آدمُ: « هذهِ المرَّةَ هي عظمٌ من عِظامي ولحمٌ من لحمي لهذا تُدعى امرأةً لأنها من امرءٍ أُخِذَتْ. لذلِك يترُكُ الرجلُ أباهُ وأمَّهُ ويلتصقُ بامرأتِه فيكونانِ جسدًا واحدًا. وكانا كلاهُما عُريانينِ آدم وامرأتُهُ وهُمَا لا يخجلانِ.

تُعـد قِصّـة خلـق حَـوَّاء فريـدة جـدًا ولا مثيـل لهـا في كُلّ الأسـاطير وثقافـات شـعوب مـا بَـيْنَ النّهريـن ومـصر. كـمـا أنَّ تخصيـص سـت آيـات

عـن خلـق الْمَـرْأَة والتفاصيـل المرتبطـة بهـا، مقابـل آيّـة واحـدة لخلـق آدَم يُؤَكِّـد أهميّـة هـذا الحـدَث. فالْمَـرْأَة بحسـب فِكْـر الْكِتَـاب الْمُقـدَّس ليسـت أقـل مـن الرّجـل. إذ يُؤَكِّـد لنـا تَكْوِيـن ١: ٢٧ أنَّ اللّٰه عندمـا أراد أن يخلـق كائنـيْن يحمـلان صُورتَـه خلـق الرّجـل والْمَـرْأَة. وكمـا أنَّ الرّجـل أُخِـذَ مـن الأرض (تَكْوِيـن ٣: ١٩، ٢٣) لِذلِكَ الْمَـرْأَة أُخِـذَتْ مـن الرّجـل، فالرّجـل والْمَرْأَة مديونـان بوجودهمـا إلى شيء موجـود قبلهمـا، الرّجـل للـتراب، والْمَـرْأَة للرجـل.

وتعـد الطّريقـة الّـتي أُوجِـدَتْ بهـا حَـوَّاء أَوّل عمليّـة جراحيّـة تَتِـمُّ على وَجْـه الأرض. فـاللّٰه الخَالِـق قـام بعمليّـة جراحيّـة عندمـا أوقـع «سُـبَاتًا תַּרְדֵּמָה» على آدَم، وجعلـه هـذا السّـبات ينـام نَوْمًـا عميقًـا. ولقـد أُسْـتُخْدِمَ هـذا التعبـير ليشـير إلى نَـوْم الليـل (أيـوب ٤: ١٣، ٣٣: ١٥، أمثـال ١٩: ١٥)، كمـا أَنَّـه أُسْـتُخْدِمَ ليشـير إلى نَـوْم يُونـان العميـق رغـم العاصفـة الشّـديدة «... وَأَمَّـا يُونَـانُ فَـكَانَ قَـدْ نَـزَلَ إِلَى جَـوْفِ السَّـفِينَةِ وَاضْطَجَـعَ وَنَـامَ نَوْمًـا ثَقِيـلاً» (يونـان ١: ٥).

**«واحـدةً مـن أضلاعِـهِ»** - وفي هـذا يَقُـولُ سـارنا Sarna «تجلّى سِرَّ العلاقـة بَـيْنَ الـزّوج والزّوجـة ودور الزّوجـة الّذي لا يسـتغني عنـه الـزّوج في الحيـاة، في أنَّ الْمَـرْأَة خُلِقَـتْ مـن جسـد الرّجـل.»[18] أُسْـتُخدِمَتْ الْكِلمـة الْعِبْرِيّـة «**צֵלָע** تْسِـيلاع» والمُتَرْجَمَـة « ضِلْـع » لتشـير إلى جوانـب تابـوت الْعَهْـد (خُـروج ٢٥: ١٢، ١٤، ٣٧: ٣، ٥)، وجوانـب الهيـكل (خُـروج ٢٦: ٢٠، ٣٦: ٢٥)، وقـد تُرْجِمَـتْ فقـط في تَكْوِيـن ٢: ٢١ بـ «ضلـع». وإذا ترجمناهـا بمعـنى «بجانـب»، تكـون الْمَـرْأَة قـد خُلِقَـتْ مـن جانـب الرّجـل أو مـن أيّ عضـو مـن جانـب الرّجـل وليـس فقـط مـن ضِلْعـه. وتُؤَكِّـد هـذه الحقيقـة أنَّ الْمَـرْأَة هِيَ مـن نفـس طبيعـة الرّجـل وجوهـره، مـن نفـس المصـدر، ولهـذا قَـالَ آدَم عندمـا رآهـا

18. Sarna, *Genesis*, 22.

«هـذِهِ الآنَ عَظْـمٌ مِـنْ عِظَـامِي وَلَحْـمٌ مِـنْ لَحْـمِي. هـذِهِ تُـدْعَى امْـرَأَةً لأَنَّهَـا مِـنِ امْـرِءٍ أُخِـذَتْ» (تَكْويـن ٢: ٢٣).

**وبـنى يهـوه (الـرّب) וַיִּבֶן יְהוָה** - إنَ الْفِعْـل الْمُسْـتَخْدَم هُنَـا هُـوَ «بَـنَى». فالـرّب كالفخـاري الماهـر يأخـذ قطعـة الطّـين ويبنيهـا كمـا يحسـن في عينيْـه. ويَقُـولُ هاملتـون إنَّ الْفِعْـل «بـنى» يحمـل معـنى الجمـال والاسـتقرار والمتانـة أو الاحتمـال.»[١٩]. لقـد أَحْـضَر الـرّب حَـوَّاء إلى آدَم لِيُؤَكِّـد مـن دون أدنى شـك أَنَّـه هُـوَ مُؤسِّـس الـزّواج ومُصَمِّمُـهُ. فالـزّواج لـم يكـن مـن اخـتراع الإِنْسَـان ولا هُـوَ مـن اخـتراع مجتمع مـن المجتمعـات. لكنـه مـن تصميم الـرّب نفسـه الّذي منـذ الْبَـدء خلقهمـا ذكـرًا وأنـثى. كمـا أنَّ الـزّواج - كمـا هُـوَ واضـح - هُـوَ ارتبـاط بَـيْنَ شـخصيْن مُختلـفي الجِنـس (رجـل وامـرأة)، وليـس بَـيْنَ رجـل ورجـل، ولا بَـيْنَ امـرأة وامـرأة. قـد يختلـف تعريـف المجتمـع الحديـث الآن للـزواج، لكـن هـذا لا يُؤثِّـر مـن قريـب أو مـن بعيـد في تصميـم الله منـذ الْبَـدء. فالـزّواج سـيظل في مفهومـه الصّحيـح هُـوَ بَـيْنَ رجـل وامـرأة.

ويُخْتَتَـم الأصحـاح الثّـاني بقصـة خلـق الْمَـرْأَة، وبـأَوَّل كلمـات يُسـجِّلها لنـا الـوحي الْمُقـدَّس نطـق بهـا الإِنْسَـان. إِنَّهـا أَوَّل قصيـدة حـب يُسـجِّلها لنـا التاريـخ البـشريّ. هِيَ كلمـات أَوَّل زوج لأول زوجـة «هـذِهِ الآنَ عَظْـمٌ مِـنْ عِظَـامِي وَلَحْـمٌ مِـنْ لَحْـمِي. هـذِهِ تُـدْعَى امْـرَأَةً لأَنَّهَـا مِـنِ امْـرِءٍ أُخِـذَتْ». لـم يمنـح آدَم هُنَـا حَـوَّاء اسـمًا مُحَـدَّدًا بـل اسـما عامّـاً *generic name*، وهـذا الاسـم مشـتق مـن اسـمه هُـوَ، حَيْـثُ إِنَّ كَلِمـة «امـرأة אִשָּׁה» وتُنْطَـق بالعبريّـة «إِشَـاه»، وَهِيَ مشـتقة مـن الْكَلِمـة «رَجُـل אִישׁ» وتُنْطَـق «إيـش». فمـع أنَّ اسـمه «آدَم» إلا أَنَّـه يدعـو نفسـه لأَوَّل مَـرَّة «رَجُـلًا، إيش». لقد اكتشـف آدَم

19. Victor Hamilton, *The Book of Genesis Chapter 1- 17*, The New International Commentary on the Old Testament (Grand Rapids Eerdmans, 1990), 178.

رجولتـه، ولا تكتمـل هـذه الرّجولـة إلا بوجـود الْمَـرْأَة، ذلِـكَ المُعِين المُسـاوي له، والنّظـير الّذي خَلَقَـه اللهُ له ليكـون شريـكًا ورفيقًـا معـه في الحيـاة.

قـد تحمـل العبـارة «عَظْـمٌ مِـنْ عِظَـامِي وَلَحْـمٌ مِـنْ لَحْـمِي» معـنىً أعمـق مـن مُجَـرّد أَنَّهـا مـن نفـس تَكْوِيـني. فكلمـة «لحـم» غالبًـا مـا تُشِـيرُ إلى ضَعْف الشّـخص، وكلمـة «عَظْـم» تُشِـيرُ إلى القُـوّة. ولهـذا فـإنَّ كَلِمـة قُـوّة مشـتقة مـن أصـل الْكَلِمـة «عظـم» «وَقَـالَ أَبِيمَالِـكُ لإِسْـحَاقَ: «اذْهَـبْ مِـنْ عِنْدِنَـا لأَنَّـكَ صِرْتَ أَقْـوَى مِنَّـا جِـدًّا» (تَكْوِيـن ٢٦: ١٦) «جَعَـلَ شَـعْبَهُ مُثْمِـرًا جِـدًّا، وَأَعَـزَّهُ عَلَى أَعْدَائِـهِ» (مزمـور ١٠٥: ٢٤، ودانيـآل ٨: ٨، ٢٤). والجُـزْء الّذي يتبـقّى مـن الإِنْسَـان بعـد موتـه وتحلُّـل جسـده هُـوَ عظامـه (تَكْوِيـن ٥٠: ٢٥).

كمـا أنَّ الْعَهْـد الْقَدِيـم يسـتخدم كَلِمـة «جسـد» للإشـارة إلى العلاقـة القويّـة، فيُوسُـف أخونـا مـن لحمنـا (تَكْوِيـن ٣٧ ٢٧)، كمـا وَرَدَت عبـارة «عظمنـا ولحمنـا» أربـع مَـرّات (تَكْوِيـن ٢٩: ١٤، قُضـاة ٩: ٢، صموئيـل الثـاني ٥: ١، ١٩: ١٣). وفي هـذا يَقُـولُ بروجمـان Brueggemann إنَّ التعبير «عظمي ولحمي» يُعَـبّر عـن علاقـة الْعَهْـد وليس فقـط علاقـة الأُخُـوَّة، حَيْـثُ يُشِيرُ أَيْضًـا إلى الـولاء. فعندمـا قـام رؤسـاء الأسـباط في الشّـمال بزيـارة دَاوُد في حـبرون قَالُـوا له «هُـوَذَا عَظْمُـكَ وَلَحْمُـكَ نَحْـنُ» (صموئيـل الثّـاني ٥: ١). وبطبيعـة الحـال، فـإنَّ رؤسـاء الأسـباط لـم يكونـوا مـن نفـس أسرة دَاوُد، لكـن التعبـير هُنَـا يُشِـيرُ إلى معـنى «أننـا مـن نفـس الجـذور وولاءنـا هُـوَ لـك أنـت.»[٢٠]

«يـترُكُ الرّجـلُ أبـاهُ وأمَّـهُ» - ولقـد رأى فـون راد Von Rad صعوبـة كبـيرة في فَهْـم هـذه العبـارة، والسّـبب هُـوَ أنَّـه بحسـب التقاليـد الـتي كان مُتعارَفـاً عليهـا في زمـن الآبـاء، فـإنَّ الْمَـرْأَة هِيَ الّـتي تـترك أباهـا وأمهـا وليـس الرّجل.[٢١]

20. Walter Brueggemann, "Of the Same Flesh and Bone (GN 2 23a)," *CBQ* 32 (1970), 532- 42.

٢١. ربّمـا تكلـم الكتـاب المقـدس عـن تـرك الرجـل لبيـت أبيـه لأنّ المـرأة تـترك بيـت أبيهـا أيضـاً بداهـةً ... لذا فلعـلّ الكتـاب سـكت عـن ذِكـر مـا هـو معـروف وحـادِث بالفِعـل

لكن المقصود هُنَا لَيْسَ الترك المادي بل الترك العاطفيّ والنّفسيّ، فالابن يظل ابنًا حتى يَتَّخِذَ زوجة، أَمَّا الابنة فهي ابنة حتى وإن تركت بيت أبيها وأمها وتزوّجت برجل فما يهم هُنَا هُوَ أن نعرف ما المقصود بأَنَّ الرّجل «يترك»، و «يلتصق». أُسْتُخْدِمَ الْفِعْل «يترك יַעֲזָב» ليصف تَرْك إِسْرَائِيل لعلاقة الْعَهْد مع الرّب الإله «وَأُقِيمُ دَعْوَايَ عَلَى كُلِّ شَرِّهِمْ، لأَنَّهُمْ تَرَكُونِي وَبَخَّرُوا لآلِهَةٍ أُخْرَى، وَسَجَدُوا لأَعْمَالِ أَيْدِيهِمْ.» (إرميا ١: ١٦) ( ٢: ١٣، ١٧، ١٩، ٥: ٧، ١٦: ١١، ١٩ ٤، ٢٢: ٩). وعلى النّقيض فإنَّ الْفِعْل «يلتصق דָּבַק» أُسْتُخدِمَ ليُشيرَ إلى علاقة الْعَهْد والحفاظ عليه «وَأَمَّا أَنْتُمُ الْمُلْتَصِقُونَ بِالرَّبِّ إِلهِكُمْ فَجَمِيعُكُمْ أَحْيَاءٌ الْيَوْمَ» (تَثْنِيَة ٤: ٤، ١٠: ٢٠، ١١: ٢٢، ١٣: ٤، ٣٠: ٢٠)، وقد أُسْتُخدِمَ ليصف لنا شَوْق الإِنْسَان وتكريسه للرب. ولهذا فأنْ يترك الرّجل أباه وأمه ويلتصق بامرأته يعني عَهْد ولاء وإخلاص للرجل والْمَرْأَة أحدهما للآخر. ونتيجة هذا الْعَهْد، يصير الرّجل والْمَرْأَة جسدًا واحدًا، وكأنَّ الرّب يَقُولُ إنَّ الرّجل بمفرده لَيْسَ جسدًا واحدًا والْمَرْأَة بمفردها ليست جسدًا واحدًا، لكنَّ الاثنين معًا يكونان جسدًا واحدًا. ويلتصقُ بامرأتِه فيكونانِ جسدًا واحدًا.

**«عُريانينِ...لا يخجلانِ»** - يعكس النّص الْعِبْرِيّ مفهوم الحُبَّ المُتبادَل بَيْنَ الاثنين. تُشِيرُ كَلِمة «عُريانَيْن עֲרוּמִּים» وتُنْطَق «عاروميم»، إلى عدم وجود فواصل من أيّ نَوْع بَيْنَ آدم وحَوَّاء. فحالة التناغُم بَيْنَ الإِنْسَان والله تحفظ الكرامة الجنسيّة وتحميها من الفساد. إِنَّها حالة النّقاء والتسامي والمصالحة بَيْنَ الجسد والنّفس. ويحمل العُرْي، هُنَا فقط، وقبل السّقوط، معنىً إيجابيًا، فبعد السّقوط وفي كُلّ بقيّة الْعَهْد الْقَدِيم يُشِيرُ العُرْي إلى الاتضاع والإذلال.

ولقد وُصِفَ «العُرْي» في الْعَهْد الْقَدِيم مُرتبطًا بثلاثة أمور:

١. الفقر (أيوب ٢٤: ٧، ١٠، ٣١: ١٩، حزقيال ١٨: ١٦).
٢. الخجل والعار (تَكْوِين ٣: ٧، ١٠، ١١، إشعياء ٢٠: ٤، ٤٧: ٣، ناحوم ٣: ٥، حزقيال ١٦: ٢٢، ٣٧، ٣٩، هُوشع ٢: ٣، عاموس ٢: ١٦، ميخا ١: ٨).
٣. الميلاد (أيوب ١: ٢١، الجامعة :٥-١٥).[22]

22. Hamilton, *The Book of Genesis 1- 17*, 181.

## تاريخيّة آدَم

السّؤال الّذي يطرحه البعض الْيَوْم عن آدَم مرتبط بحقيقة وجوده كشخصيّة تاريخيّة. فهل آدَم هُوَ شخصيّة تاريخيّة؟ أم أَنَّه شخصيّة رمزيّة مجازيّة، بمعنى أَنَّه لم يكن له وجود حقيقيّ وتاريخيّ كشخص؟ تمتد جُذور الإيمان بتاريخيّة آدَم من لحظة كِتَابَة سِفْر التَّكْوِين، مع مُوسَى رجل الله، واستمرَّ في كُلّ التاريخ الْيَهُوديّ حتى زمن الرّب يَسُوع وتلاميذه، وامتدَّ إلى عصر آباء الكنيسة والمُصْلِحين وحتى منتصف الْقَرْن الثّامن عشر. وبدأ الشّك في تاريخيّة وحقيقة وجود آدَم كشخص تاريخي مع عصر التقدم العلميّ ونظريتيّ التّطَوُّر، والأرثوذكسيّة الْجَدِيدة[٢٣] (كارل بارت وإميل برونر)، ومع التّطَوُّريّين المؤمنين Atheist Evolutionist. وفي هذا يَقُولُ إميل برونر Brunner إنَّه من الأفضل التخلّي عن تاريخيّة آدَم وحَوَّاء لأنَّ في ذلِكَ تَعَارُض مع التفسير العلمي الحديث.[٢٤] إنَّ الفهم الوجوديّ للمسيحيّة ومن قِبَل لاهوتيي الأرثوذكسيّة الْجَدِيدة ينظر إلى سقوط آدَم على أَنَّه بمنزلة نموذج ومثل لسقوط كُلّ إِنْسَان في الخطيّة وليس كحدث تاريخيّ. ويَقُولُ إدوارد يونج Young في رَدّه على هذه الفكرة «عندما أخطأ آدَم، سقط من مكانة كَوْنه إِنْسَانا صالحًا وحسنًا إلى مكانة الشّر، لكنني أنا وكل إِنْسَان نظيري وُلِدْنَا في حالة الخطيّة والشّر. وعندما نخطئ نُظْهِر ببساطة أَنَّنا خطاة وفي حالة الخطيّة. وبِفِعْل الخطيّة أصبح آدَم خاطئًا، لكن عندما نخطئ نحن لا نصير خُطاة بل نُظْهِر أَنَّنا في الخطيّة. لا

---

٢٣. يطلق اسم الأرثوذكسيّة الْجَدِيدة على لاهوت كارل بارت، فمع أَنَّه رفض الفكر الليبرالّي بخصوص الْكِتَاب الْمُقَدَّس والحقائق الإيمانيّة، إلا أَنَّه لم يكن ارثوذكسيا ١٠٠ ٪ بمعنى أنَّ فكره اللاهوتي لم يكن متماشِياً مع الإيمان الّذي نادى به آباء الكنيسة والمصلحون العظماء، بل احتوى على بعض الشّوائب والاختلافات، ولهذا اطلق عليه الأورثوذوكسيّة الْجَدِيدة.

24. Emil Brunner, *Man in Revolt* (Philadelphia Westminster, 1947), p. 85-88.

تسبِّب خطايانا سقوطنا من الحالة الّتي خُلِقْنَا عليها، لأنَّنا وُلِدْنَا في الخطيّة، وُلدنا في حالة السّقوط. وبالعصيان سقط آدَم، لكن بعصياننا نظهر ببساطة أنَّنا ساقطون. ولهذا فخبرة آدَم وسقوطه هُوَ حَدَثٌ مُمَيَّز وفريد. إِنَّها خبرته هُوَ وليست خبرتي أنا أو خبرة أيّ إِنْسَان آخر.»[٢٥]

وفي مقاله المنشور في مجلة «الْمَسِيحيّة الْيَوْم Christianity Today»، يَقُولُ ريتشارد أوستنج Richard Ostling إنَّ التقدُّم العلمي قد مَثَّلَ تحديًا واضحًا لَيْسَ فقط لقصة الْخَلْق كما سجَّلها سِفْر التَكْوِين، ولكنه مَثَّلَ أَيْضًا تحديًا لِتَمَيُّز الكائن الّذي خُلِقَ وَوُصِفَ في تَكْوِين ١ و ٢ بأنَّه «صُورَة اللّٰه».[٢٦] فمع أنَّ الاسم «آدَم» يمكن أن يُتَرْجَم إلى «إِنْسَان» وليس إلى اسم عَلَم، إلا أَنَّه يُوجَد نَصّان في الْعَهْد الْجَدِيد يُشِيران إلى آدَم كشخص وهما رُومِيَة ٥، وكورنثوس الأُولى ١٥. إنَّهما يتحدثان عن آدَم «الشّخص» الّذي بسبب خطيته صارت الإِنْسَانيّة كُلّها خاطئة.

> مِنْ أَجْلِ ذلِكَ كَأَنَّمَا بِإِنْسَانٍ وَاحِدٍ دَخَلَتِ الْخَطِيَّةُ إِلَى الْعَالَمِ، وَبِالْخَطِيَّةِ الْمَوْتُ، وَهكَذَا اجْتَازَ الْمَوْتُ إِلَى جَمِيعِ النَّاسِ، إِذْ أَخْطَأَ الْجَمِيعُ...لكِنْ قَدْ مَلَكَ الْمَوْتُ مِنْ آدَمَ إِلَى مُوسَى، وَذلِكَ عَلَى الَّذِينَ لَمْ يُخْطِئُوا عَلَى شِبْهِ تَعَدِّي آدَمَ، الَّذِي هُوَ مِثَالُ الآتِي... أَنَّهُ إِنْ كَانَ بِخَطِيَّةِ وَاحِدٍ مَاتَ الْكَثِيرُونَ، فَبِالأَوْلَى كَثِيرًا نِعْمَةُ اللهِ، وَالْعَطِيَّةُ بِالنِّعْمَةِ الَّتِي بِالإِنْسَانِ الْوَاحِدِ يَسُوعَ الْمَسِيحِ، قَدِ ازْدَادَتْ لِلْكَثِيرِين...لأَنَّهُ إِنْ كَانَ بِخَطِيَّةِ الْوَاحِدِ قَدْ مَلَكَ الْمَوْتُ بِالْوَاحِدِ...فَإِذًا كَمَا بِخَطِيَّةٍ وَاحِدَةٍ صَارَ الْحُكْمُ إِلَى جَمِيعِ النَّاسِ لِلدَّيْنُونَةِ، هكَذَا بِبِرّ وَاحِدٍ صَارَتِ الْهِبَةُ إِلَى جَمِيعِ النَّاسِ، لِتَبْرِيرِ الْحَيَاةِ. لأَنَّهُ كَمَا بِمَعْصِيَةِ الإِنْسَانِ الْوَاحِدِ جُعِلَ الْكَثِيرُونَ خُطَاةً، هكَذَا أَيْضًا بِإِطَاعَةِ الْوَاحِدِ سَيُجْعَلُ الْكَثِيرُونَ أَبْرَارًا
> (رومية ٥: ١٢- ١٩)

25. Edward J. Young, Genesis 3 (Carlisle, PA *The Banner of Truth Trust*), 1966, 60-61.
26. Richard N. Ostling, "The Search for the Historical Adam," *Christinity Today*. 55. No. 6 (June, 2011), 24.

لِأَنَّهُ كَمَا فِي آدَمَ يَمُوتُ الْجَمِيعُ، هكَذَا فِي الْمَسِيحِ سَيُحْيَا الْجَمِيعُ... هكَذَا مَكْتُوبٌ أَيْضًا:«صَارَ آدَمُ، الْإِنْسَانُ الْأَوَّلُ، نَفْسًا حَيَّةً، وَآدَمُ الْأَخِيرُ رُوحًا مُحْيِيًا»...الْإِنْسَانُ الْأَوَّلُ مِنَ الْأَرْضِ تُرَابِيٌّ. الْإِنْسَانُ الثَّانِي الرَّبُّ مِنَ السَّمَاءِ. كَمَا هُوَ التُّرَابِيُّ هكَذَا التُّرَابِيُّونَ أَيْضًا، وَكَمَا هُوَ السَّمَاوِيُّ هكَذَا السَّمَاوِيُّونَ أَيْضًا... (١ كورنثوس ١٥: ٢٢، ٤٥، ٤٩)

مـن الصَّعـب اعتبـار إشـارة بُولُـس الرَّسُـول إلى آدَم أَنَّهـا مُجَـرّد إشارة إلى مُمَثِّل رمزيّ عـن الجنـس البشريّ. فآدَم هُـوَ «الإِنْسَان الواحـد» الّذي بـه دخـل الْمَوت إلى الْعَالَم، كمـا أَنَّ الْمَسِـيح هُـوَ ذلك «الواحـد» الّذي بطاعتـه يـأتي الإِنْسَـان إلى حيـاة البِرّ. ولا يمكـن أن تصـح المقارنـة بَيْنَ الْمَسِيح وآدَم مـا لـم يكـن آدَم شخصيّة تاريخيّة، كمـا أَنَّ الْمَسِـيح هُـوَ أَيْضًا شخصيّة تاريخيّة. وهـذه العقيدة الّتي يشرحها الرَّسُـول بُولُس في رُومِيَة ٥ مبنيّة على حقيقـة تاريخيّـة آدَم. إنَّ الخطيّـة والإثـم والمَـوْت كحقائـق مرتبطـة بالوجود البـشريّ. ويشـرح الرَّسُـول بُولُـس سَبَـبَ وجودهـا وارتباطهـا بـآدَم «الإِنْسَـان الواحـد». ومـن الصَّعوبـة بـل ومـن المستحيـل الْقَـول إنَّ بُولُـس لا يُشِـيرُ إلى شخصيّـة تاريخيّـة. فتاريخيّـة آدَم ومـا فعلـه همـا أَسـاس دخـول الخطيّـة والمـوت إلى الْعَالَم. وَيُؤَكِّـد الرَّسُـول بُولُـس نفـس الحقيقـة في كورنثـوس الأُولى الأَصحـاح ١٥ عندمـا يَقُـولُ إن الْمَـوْت بإنْسَـان (٢١، ٢٢)، وفي الآيَـة ٤٥ نجـده يُشِـيرُ إليـه باعتبـاره «آدَم الإِنْسَان الأَوَّل».

وبِنَاءً على هـذه الحقائق، لا يمكـن أن نعـد آدَم إلا إِنْسَانا تاريخيًـا. فالْعَهْد الْجَديد ينظـر إلـيـه أَنَّـه هكـذا، وعلـى أَسـاس تاريخيّـة شخصـه وتاريخيّـة مـا فَعَـل أصبـح آدَم مرتبطًـا بالخطيّـة وبالمـوت.

وتُؤثِّـر تاريخيّـة آدَم وأحـداث تَكْوِيـن ١- ٣ بصُـورَة مُبـاشرة وغـير مُباشرة في الكثـير مـن العقائـد الْمَسِـيحيّة الْمُهمّـة، وأذكـر منهـا على سـبيل المثـال وليـس الحـصر الآتي:

١. الخَلْق كما سَجَّله لنا سِفر التَكْوِين،
٢. الإِنْسَان وتاريخيّة الجنس البشريّ،
٣. الخطيّة الأصليّة (نشأتها وطبيعتها ونتائجها)،
٤. عقيدتنا في الخلاص من الخطيّة بعمل الْمَسِيح يَسُوع ربنا
٥. عقيدتنا في سُلطان وعصمة الْكِتَاب الْمُقدَّس ووحيه[27]

## اعتراضات على تاريخيّة آدَم والرّد عليها

### الاعتراض الْأَوَّل تعد قِصّة آدَم والسّقوط قِصّة رمزيّة

إنَّ الاعـتراض الْأَوَّل على تاريخيّـة آدَم وحَـوَّاء هُـوَ القَـوْل إنَّ الْقِصّـة تحمـل عنـاصر الْقِصّـة المجازيّـة. ففكـرة أن ترمـز الْحَيَّـة للشـيطان، ومحـاورة الْحَيَّـة النّاطقـة مـع حَـوَّاء، كُلّهـا أمـور لا ينبـغي أن نأخذهـا حرفيًـا. وللـرد على هـذا الاعـتراض نقـول:

**أَوَّلًا:** لَيْـسَ بالأمـر المسـتحيل أنْ تتكلـم الْحَيَّـة وتُجَـرّب حَـوَّاء، وبشـكل خـاص إذا أخذنـا في الاعتبـار كُلّ الْكِتَـاب الْمُقـدَّس. فـفي سِـفْر العـدد ٢٢: ٢٨ نجـد أن الحمـار تَكَلَّـم إلى بلعـام، كمـا نجـد في الأناجيـل أنَّ الشّـياطين تكلّمـت مـن خـلال البـشر (مَـتَّى ٨: ٢٩، ٣١، مَرْقُـس ٥: ١٢، لُوقَـا ٤: ٤١، ٨: ٢٨). وَفَضْـلًا عـن ذلـك، يَقُـولُ الْكِتَـاب إنَّ يَهُـوذا الإسـخريوطيّ دخلـه الشّـيطان لِيُسَـلِم الْمَسِـيح (يُوحَنَّـا ١٢: ٢٧). يُؤَكِّـد هـذا لنـا أَنَّـه لَيْـسَ بالمسـتحيل أن يتحـدّث الشّـيطان مـن خـلال حَيّـة في تَكْوِيـن ٣.

27. William D. Barrick, "A Historical Adam Young-Earth Creation View" *in Four Views on the Historical Adam, eds* Matthew Barrett and Stanley Gundry (Grand Rapids Zondervans, 2013), 199.

**ثانيـاً**: إنَّنـا نجـد في تَكْوِيـن ٣: ١٤ أنَّ الله قـد لَعَـنَ الْحَيَّـة. وفي تَكْوِيـن ٣: ١٥ نجـد نبـوة عـن الـصّراع بَـيْنَ نسـل الْحَيَّـة ونسـل الْمَـرْأَة. والسّؤال هُـوَ كيـف يمكـن أن يلعـن الله الْحَيَّـة إذا كانـت مُجَـرّد شيء مجـازي أو أُسْـلُوب شِـعْري غـير تاريـخيّ؟ قـد يَقُـولُ المعـترض إنَّ تَكْوِيـن ٣: ١٥ الّـتي تتحـدّث عـن نسـل الْمَـرْأَة الّذي سيسـحق رأس الْحَيَّـة، وَهِيَ بدورهـا ستسـحق عقبـه، هُـوَ تعبـير مجـازي عـن نُـصْرَة المسـيا وآلامـه في نفـس الوقـت، وهـذا صحيـح. لكـن السّـؤال الْمُهِـم الّذي يجـب أن نطرحـه هُـوَ مـا الغـرض الأسـاسيّ مـن النّـص الْكِتَـابيّ إذًا؟ هـل هُـوَ تسـجيل تاريـخ وأحـداث تاريخيّـة أم تسـجيل أمـور رمزيّـة مجازيّـة؟ يُعَـدُّ النّـص، بـكُلِّ المقاييـس، نَصًّـا تاريخيًـا وإن كان يحتـوي على بعـض العبـارات المجازيّـة. إنَّـه لا يُوجَـد سـببٌ واحـد مُقْنِـع يجعلنـا نفـترض عـدم تاريخيّـة آدَم. فالنّـص الْكِتَـابيّ نفسـه والأفعـال الْعِبْرِيّـة الّـتي أُسْـتُخدِمَتْ فيـه، وإطـاره العـام كسِـفْر «المواليـد»، والإطـار الأكـبر مـن سِـفْر التَّكْوِيـن الّذي هُـوَ «التـوراة»، كُلّهـا تُؤَكِّـد أنَّ قِصّـة خلـق الإنْسَـان وسـقوطه قـد كُتِبَـتْ في إطـار تاريـخيّ.

### الاعتراض الثّاني تَشَابُه قِصَّتا الْخَلْق والطّوفان مع الأساطير البابليّة الْقَدِيمة

ينـادي الْعُلَمـاء الْمُتحـرِّرون بـأنَّ وجـود التشـابُه بَـيْنَ قصـتي الْخَلْـق والطّوفـان مع أسـاطير شـعوب مـا بَـيْنَ النّهريْـن (إينومـا إليـش، وجلجاميش) يجعلنـا نرفـض تاريخيّـة آدَم والسّـقوط. وهـذا الادِّعَاء غـير مـشروع. فرغـم وجـود بعـض التشـابُه بَـيْنَ رِوايَـة سِـفْر التَّكْوِيـن والأسـاطير البابليّـة، إلا أنَّ الاختلافـات كبـيرة وجوهريّـة جـدًا بَـيْنَ الاثنـيْن. وقـد تناولنـا هـذه الاختلافـات سـابقاً.

## الاعتراض الثّالِث نظريات التّطَوُّر

وهـو الادِّعَاء أنَّ الحيـاة بـدأت وتطـورت بصُـورَة طبيعيّـة مـن مـواد غـير حيّـة موجـودة سـابقًا تحـت تأثـير قوانـين الطّبيعـة مـن دون تدخُـل مـن أيّ قـوى فَـوْقَ طبيعيّـة. إذ تحولّـت هـذه المـواد الموجـودة سـابقًا إلى خليّـة حيّـة، وعلى مـدار ملايّـين السّـنين تطـورت هـذه الخليّـة الْحَيَّـة ليخـرج منهـا كائنـات أكـثر تعقيـدًا. فالخليّـة صـارت سـمكة، والسّـمكة صـارت برمائيـات، والبرمائيـات تطـوَّرت إلى زواحـف، والزّواحـف إلى شـامبانزي، وتَطَـوَّر الشّـامبانزي إلى إنْسَـان.

## الاعتراض الرّابع كُتِبَ سِفر التَكْوِين بالأسلوب الشّعْريّ

يَـدَّعي النّقـاد أن أُسْـلُوب كِتَابَـة سِـفْر التَكْوِيـن لَيْـسَ أُسْـلُوب كِتَابَـة التاريـخ، لأنـه كُتِـبَ بأسـلوب شِـعْريّ. ومـن المُؤكَّـد أنَّ هـذا الـكلام غـير صحيـح. فمـع أنَّ تَكْوِيـن ١ -٣ يحتـوي على أجـزاء كُتِبَـتْ بالشّـعْر مثـل كلام آدَم عـن حَـوَّاء (تَكْوِيـن ٢: ٢٣-٢٤)، إلا أنَّ الأسـلوب الغالـب هُـوَ الأسـلوب القَصَـصيّ، ونقصـد بالقصـصيّ أنَّ التاريـخ مكتـوب بأسـلوب النّـثر أو الـسّرْد القصـصيّ Prose or narrative، وهـو مُرَتَّـب ترتيبًـا موضوعيًـا فيـه تتابُـع لأحـداث وأَعْمَـال. ولهـذا فحـرف «٦، واو» العطـف في اللغـة العبريّـة، والّذي يُشِـيرُ إلى أحـداث متتابعـة، أُسْـتُخدِمَ في تَكْوِيـن ١- ٣ أكـثر مـن ١٠٠مَـرَّة. ويَقُـولُ ديفيـد كوتـر David Cotter إن كَاتِـب سِـفْر التَكْوِيـن اختـار أن يُسـجِّل لنـا قِصّـة الْخَلْـق بترتيـب واضِـح وهـو السّـتة الأيـام. ويتسـاءل كوتـر «لمـاذا اختـار الْكَاتِـب هـذا الأسـلوب؟ فيجيـب قائـلًا لأنَّ الْكَاتِـب يُريـد أن يُقْنِـع القـارئ بـأنَّ هـذه الأحـداث هِيَ حـق وموضـع ثقـة. ولـكي يُحقِّـق هـذا الغـرض، فَهُـوَ يخلـق الانطبـاع عنـد القـارئ أَنَّـه يُخْبِرَهُ بـكُلِّ التفاصيـل ولا

يُخْفِي عنه شيئًا.»[٢٨] فالكاتب يعلم كُل شيء عمّا يكتبه، ولهذا فَهُوَ يُسجِّل الأحداث الواحدة تلو الأخرى، ليُعلن أنَّ هذه الأحداث هِيَ بالضّبط ما قد حدث.

## البراهين على تاريخيّة آدَم

بعد أن تناولنا الاعتراضات الأربعة الّتي يُقدِّمها منكرو تاريخيّة آدَم، وقدَّمنا الرّد على كُلّ اعتراض منها، نتناول الآن البراهين الّتي تُؤكِّد تاريخيّة الْقِصّة الكتابيّة وتاريخيّة أبطالها.

١. **سلاسل النّسَب**: تنْسِب كُلّ سلاسل النّسب والمواليد البشريّة إلى شخص آدَم (تَكْوِين ٥: ٣، أخبار الأيام الأوَّل ١: ١، ٣: ٨٣). ومع أنَّ سلاسل النّسب في الْكِتَاب الْمُقدَّس لا تُسجِّل لنا كُلّ شخص، إلا أنَّ كُلّ شخص ذُكِرَ بالاسم هُوَ شخصيّة حقيقيّة وتاريخيّة. لكن ما الّذي يجعلنا نقبل بتاريخيّة الأسماء المذكورة في سلاسل النّسب الوارِدة في الْكِتَاب الْمُقدَّس؟ وللإجابة على هذا السّؤال، تجب ملاحظة الآتي:

لا نجد في تَكْوِين ٥ اسم الشّخص فقط، بل العُمْر الّذي عاشه قبل أن يُنْجِب، والعُمْر الّذي عاشه بعد الإنجاب، ومجموع السّنين الّتي عاشها حتى مات.

الغرض من ذِكْر المواليد هُوَ أن يُسجِّل لنا الْكَاتِب النّسل التقيّ، وكيف أنّهم، بنعمة الله، استطاعوا أن يُحَقّقوا ما أراد الرّب منهم أن يُحقِّقوه في تاريخ الخلاص. وبطبيعة الحال، يصبح هذا الهدف بلا قيمة إذا لم يكن هؤلاء الأشخاص تاريخيّين وحقيقيّين.

إذا كان آدَم شخصيّة غير تاريخيّة، يكون نَسَب الْمَسِيح – بالتالي – في الأصحاح الثّالِث من إنجيل لُوقَا بلا قيمة، ويفقد الإنجيلُ كُلَّ مصداقيته، لأنّه يكون في هذه الحالة قد تأسَّس على كذبة أو خُرَافة. وهذا، بطبيعة الحال، مستحيل. والسّؤال الّذي يبحث عن إجابة هُوَ إذا كانت كُلّ سِجّلات الأنساب

28. David W. Cotter, *Genesism* Berit Olam Studies in Hebrew Narrative and Poetry (Collegeville, MN Liturgical Press, 2003), 8.

الْقَدِيمة - خارج الْكِتَاب الْمُقدَّس - من دون استثناء، تُؤْخَذ من الْعُلَماء والنّقاد مأخذ الجِدّ وَأَنّها تاريخيّة. فلماذا إذًا لا يُنْظَر إلى سِجِّلات سِفْر التَكْوِين على أَنّها سِجِّلات تاريخيّة، مع العلم أَنّه يتوافر فيها كُلّ عناصر التاريخيّة؟

## شهادة الْعَهْد الْجَدِيد تُؤكِّد تاريخيّة آدم

**أولًا، شهادة الرّب يَسُوع:** لقد تحدَّث الرّب يَسُوع عن آدم غير مَرَّة، وفي أكثر من مناسبة. ففي حديثه عن الزّواج والطّلاق، عاد إلى تَكْوِين ١: ٢٧ و ٢: ٢٤ فقال:

> أَمَا قَرَأْتُمْ أَنَّ الّذي خَلَقَ مِنَ الْبَدء خَلَقَهُمَا ذَكَرًا وَأُنْثَى؟ وَقَالَ مِنْ أَجْلِ هذَا يَتْرُكُ الرّجُلُ أَبَاهُ وَأُمَّهُ وَيَلْتَصِقُ بِامْرَأَتِهِ، وَيَكُونُ الاثْنَانِ جَسَدًا وَاحِدًا. إذًا لَيْسَا بَعْدُ اثْنَيْنِ بَلْ جَسَدٌ وَاحِدٌ. فَالّذي جَمَعَهُ اللهُ لاَ يُفَرِّقُهُ إِنْسَان
> (مَتَّى ١٩: ٤ -٦، مَرْقُس ١٠: ٦ -٨)

لقد رفض الرّب يَسُوع الطّلاقَ على أساس حقيقة أنَّ الله خَلَقَ آدم وحَوَّاء ليكونا جسدًا واحدًا (تَكْوِين ٢: ٢٤)، وتُؤكِّد هذه الحقيقة أنَّ الرّب يَسُوع نَظَرَ إلى آدم على أَنَّه شخصيّة تاريخيّة حقيقيّة، وأنَّ علاقة آدم بحَوَّاء هِيَ من تصميم الله الّذي خلقهما. فإذا رفضنا تاريخيّة آدم، نكون قد رفضنا أَيْضًا تعاليم شخص الْمَسِيح، وفوق كُلّ هذا نكون قد نظرنا إليه – أيّ الْمَسِيح - كإِنْسَان عاديّ، إذ أنَّ معرفته تكون محدودة وغير سليمة.

**ثانياً، شهادة الْعَهْد الْجَدِيد:** في أَعْمَال الرّسل ١٧: ٢٥ عندما أراد الرَّسُول بُولُس أن يُوصِّل الإنجيل إلى شعب مدينة أثينا، نجده يتحدَّث عن الإله الحقيقيّ الّذي «صَنَعَ مِنْ دَمٍ وَاحِدٍ كُلَّ أُمَّةٍ مِنَ النّاسِ يَسْكُنُونَ عَلَى كُلّ وَجْهِ الأرض» (أَعْمَال ١٧: ٢٥). إنَّ أَوّل حقيقة قدَّمها بُولُس

الرَّسُول للأثينيّين (الوثنيّين)، والّتي أَحَسَّ بأنَّهم يتّفقون معه فيها هِيَ أنَّ الخَالِق قد صنع من دم واحد كُلّ أُمَّة من النّاس. إنَّ ما أعلنه الرَّسُول بُولُس عن حقيقة الدّم الواحد، هُوَ إشارة إلى آدَم. وعلى أساس هذا الحق قَدَّم بُولُس الإنجيل والخلاص بالْمَسِيح يَسُوع للسامعين. وإذا افترضنا أن بُولُس الرَّسُول يُشِيرُ إلى آدَم كأسطورة، أيّ كشخص غير حقيقي، فكيف يُمكننا أن نُصدِّقه عندما يتحدّث عن تاريخيّة قيامة الْمَسِيح؟!

وفي رُوميَة ٥: ١٢ – ٢١ (آدَم والْمَسِيح)، يُؤَكِّد الرَّسُول بُولُس في هذا النّص الْكِتَابيّ المُهّم حقيقة الخطيّة الأصليّة من خلال المقارنة بَيْنَ آدَم والْمَسِيح. وفي أكثر من إشارة مُباشرة لسِفْر التَكْوِين والأصحاح الثّالِث منه، حَيْثُ قِصّة السّقوط، يُؤَكِّد الرَّسُول بُولُس حقيقة الخطيّة الأصليّة. ففي الآيَة ١٢ يتحدّث عن دخول الخطيّة إلى الْعَالَم عن طريق «**إِنْسَان واحد**». ويتحدّث في الآيَة ١٥ عن «**خطيّة واحد**» الّتي تسبَّبَتْ في موت الكثيرين، إضافةً إلى في الآيات ١٦ و١٧ و١٨ و١٩ و٢٠. ولا يمكن ذِكْرُ كُلّ هذه الإشارات إلى آدَم والسّقوط إلا إذا كانت شخصيّة آدَم شخصيّة حقيقيّة وحَدَث السّقوط كحدثٌ تاريخيّ. أَمَّا إذا رفضنا قبول تاريخيّة آدَم، يصبح كلام الرَّسُول بُولُس عنه في رُوميَة ٥ بلا معنى، فإذا كان الْعَهْد الْجَدِيد هُوَ كلمة الله وكل ما يَقُولُه هُوَ حق وصِدْق، يكون كُلّ ما يَقُولُه عن آدَم وحَوَّاء تاريخيًا وحقيقيًا. وسيكون عصيان الواحد وطاعة الواحد بلا معنى إذا كان الواحد الّذي أخطأ شخصًا غير تاريخيّ. ولا يمكن أن تكون المُقارنة بَيْنَ آدَم والْمَسِيح مُقارنة حقيقيّة إلا إذا كان آدَم شخصيّة تاريخيّة كما أَنَّ الْمَسِيح شخصيّة تاريخيّة.

في رسالة كورنثوس الأُولى ص ١٥ تناول الرَّسُول بُولُس حقيقة تاريخيّة آدم في حديثه عن قيامة الْمَسِيح قائلًا "لأَنَّهُ كَمَا فِي آدَمَ يَمُوتُ الْجَمِيعُ، هكَذَا فِي الْمَسِيحِ سَيُحْيَا الْجَمِيعُ... هكَذَا مَكْتُوبٌ أَيْضًا صَارَ آدَمُ، الإِنْسَانُ الأَوَّلُ، نَفْسًا حَيَّةً، وَآدَمُ الأَخِيرُ (أي شخص الرّب يَسُوع) رُوحًا مُحْيِيًا. لكِنْ لَيْسَ الرّوحَانِيُّ أَوَّلًا بَلِ الْحَيَوَانِيُّ، وَبَعْدَ ذلِكَ الرّوحَانِيُّ. الإِنْسَانُ الأَوَّلُ مِنَ الأَرضِ تُرَابِيٌّ. الإِنْسَانُ الثّانِي الرّبُّ مِنَ السَّمَاءِ» (١٥: ٢٢، ٤٥ – ٤٧). ربط الرَّسُول بُولُس في حديثه عن القيامة بَيْنَ خطيّة آدم وموت الْمَسِيح، كما تحدَّث عن العلاقة بَيْنَ قيامة الْمَسِيح وقيامة المؤمنين. فكما أنَّ ارتباطنا بآدم جاءنا بالموت، فإن ارتباطنا بالْمَسِيح يأتينا بالحياة والقيامة.

يعود بُولُس في كورنثوس الأُولى ١١: ٨ -٩، وتيموثاوس الأُولى ٢: ١٢ – ١٤ في حديثه عن الْمَرْأَة يعود إلى سِفْر التَّكْوِين الأصحاحيْن ٢ و٣، ويبني تعاليمه على رِوايَة خَلْق آدم وحَوَّاء والسّقوط كحقائق تاريخيّة. إذْ يَقُولُ عن ترتيب الخَلْق «لأَنَّ الرّجُلَ لَيْسَ مِنَ الْمَرْأَةِ، بَلِ الْمَرْأَةُ مِنَ الرّجُلِ» (كورنثوس الأولى ١١: ٨). وفي تيموثاوس الأولى ٢: ١٣ يَقُولُ «لأَنَّ آدمَ جُبِلَ أَوَّلًا ثُمَّ حَوَّاءُ، وَآدَمُ لَمْ يُغْوَ، لكِنَّ الْمَرْأَةَ أُغْوِيَتْ فَحَصَلَتْ فِي التَّعَدِّي». فلا يكتفي الرَّسُول بُولُس هُنَا بالإشارة إلى آدم وحَوَّاء، بل يتناول أَيْضًا ترتيب الأحداث في سِفْر التَّكْوِين كما حدثت بالضّبط. فآدم خُلِقَ أَوَّلًا ثم حَوَّاء، والْمَرْأَة هِيَ الّتي أُغْوِيَتْ أَوَّلًا. وترتيب الأحداث مُهّم جدًا في فكر الرَّسُول بولس، حَيْثُ يبني على أساسه تعاليم مُهّمة، مثل رُوميَة ٤، حَيْثُ يقدم عقيدة الخلاص والتبرير بالإيمان في حياة إِبْراهِيم، فيَقُولُ إن إِبْراهِيم تبرَّر قبل أن يُختتن. والدّليل على ذلِكَ هُوَ ترتيب الأحداث كما ذُكِرَتْ في سِفْر

التَكْوِيـن فالوصيّـة بالختـان جـاءت في تَكْوِيـن ١٧، أَمَّـا إيمـان إِبْراهِيـم الّذي حسـبه له الـرّب بِـرًّا فقـد ذُكِـرَ في تَكْوِيـن ١٥. يُؤكِّـد مـا سَـبَقَ أن الرَّسُـول بُولُـس يتحـدّث عـن أحـداث وأشـخاص تاريخيّـين وعـن ترتيـبٍ موضـوعيّ للأحـداث.

## واستراح الله

هـل يحتا ج الله للراحـة حـتى يَقُـولُ الْكِتَـاب الْمُقـدَّس «وفـرغ الله في الْيَـوْم السّـابع مـن عملـه الّذي عمـل واسـتراح» (تَكْوِيـن ٢: ٢)؟

للإجابـة على هـذا السّـؤال الْمُهّـم، دعونـا أَوَّلًا نقـرأ مـاذا يَقُـول الْكِتَـاب الْمُقـدَّس عـن الله؟ إنَّنـا نقـرأ في سِـفْر إشـعياء عـن الـرّب أَنَّـه «إلٰه الدّهـر خَالِـق أطـراف الأرض لا يـكل ولا يَعْيَـا. لَيْـسَ عـن فهمـه فحـص» (٤٠: ٢٨). كمـا يَقُـولُ الله عـن نفسـه في سِـفْر التَكْوِيـن عندمـا ظهـر لإبْراهِيـم «أنـا الله القديـر» (١٧: ١)، وَيُؤْكـد هـذه الحقيقـة سِـفْر المزامـير أَيْضًـا، فيَقُـولُ عـن الله «عظيـمٌ هُـوَ ربُنـا وعظيـم القـوّة. لفهمـه لا إحصـاء» (١٤٧: ٥). فـإذا كان الله لا يـكل ولا يعيـا وهـو إله قديـر وعظيـم القـوّة، فلمـاذا يَقُـولُ الْكِتَـاب الْمُقـدَّس أَنَّـه اسـتراح؟ وهنـا يجـب أن نعـرف أَوَّلًا مـاذا تعـني كَلِمـة «اسـتراح» إذا كان الله فعـلًا لا يـكل ولا يعيـا؟

إن كَلِمـة «اسـتراح» مـن النّاحيّـة اللغويّـة - في اللغـة الأصليّـة للعَهْـد الْقَدِيـم (العبريّـة) هِيَ وتُنْطَـق «شَـبَات» والمُشْـتَقَّة منهـا كَلِمـة «سـبت»، ومعناهـا الحـرفي هُـوَ «التوقُـف عـن العمـل»، أو «يَكُـفّ عـن القيـام بعمـل مـا»، أو «يضـع نِهَايَـة أو حَـدًّا لأمـر أو شيء مـا». كمـا أُسْـتُخِدَمت نفـس الْكَلِمـة لوصـف فـترة السّـلام في الأرض بعـد الحـرب «... واسـتراحت الأرض أربعـين سـنة في أيـام جدعـون» (قضـاة ٨: ٢٨). كَلِمـة (شَـبَات) التوقُّـف عـن العمـل. ولا يـأتي هـذا التوقُـف هُنَـا نتيجـة تعـب أو إرهـاق. فحاشـا لله أن يتعـب! لكنـه يـأتي نتيجـة اكتمـال عمـل الخلـق. فقـد اكتمـل عمـل الْخَلْـق بخلـق الإنْسَـان.

## الخلق والعِلْم

هل تعَد قِصّة الخَلْق في تَكْوِين ١ سَرْدًا عِلْميًا؟ من المؤكد أن قِصّة التَكْوِين تحتوي على أبعاد علميّة، لكنها في نفس الوقت تختلف عن الكِتَابَة العلميّة من حَيْثُ الموضوع والغرض والوسيلة الّتي تتناول بها خلق الْكَوْن أو وجوده:

١. يُناقِش سِفْر التَكْوِين موضوعات مُخْتَلِفة عن تلك الّتي يتناولها العلم. فبطَل قِصة الْخَلْق في سِفْر التَكْوِين هُوَ الله، وليس القوى الطّبيعيّة. فالإله السّامي والمُتعالي هُوَ المُحور وليس النّقاش العلمي. لهذا يُقدِّم لنا الْكِتَاب الْمُقدَّس ملامح شخصيّة الله وصفاته وأَعْمَاله وعلاقته بالإِنْسَان وما عمله ويعمله من أجل الإِنْسَان الّذي خلقه. كما يهتم بتوضيح ما يجب أن يلتزم به الإِنْسَان في علاقته بالله وبأخيه الإِنْسَان.

٢. إنَّ لكُلٍّ من سِفْر التَكْوِين – وبشكل خاص قِصّة الْخَلْق - والعِلْم لغة مُخْتَلِفة. فقصة التَكْوِين صِيغَتْ بأسلوب أدبيّ، وهو أُسْلُوب الكلام العاديّ، وليس النّظريات والافتراضات والتعبيرات العلميّة الّتي يَصْعُب على القارئ العادي فهمها. وتهتم قِصّة التَكْوِين بالمُسَبِّب والمُوجِد للخليقة. فالْخَلِيقة هِيَ نِتَاج عمل الله كالخَالِق. فالله يأمر الأرض أن تُخْرِج حياة، لكن في نفس الوقت لا يَقُولُ لنا الْكِتَاب الْمُقدَّس كيف أخرجت الأرض ثمرًا.

٣. إنَّ لكل من العِلْم وقصة التَكْوِين غرضًا مُخْتَلِفاً. فغرض سِفْر التَكْوِين توجيهي Prescriptive، بمعنى أَنَّه يُجيب على أسئلة مَنْ؟ ولماذا؟ وماذا؟، بينما غرض العلم وصفي Descriptive ليجيب على الأسئلة ما؟ وكيف؟ فكاتب سِفْر التَكْوِين غير مهتم بالإجابة على الأسئلة العلميّة الّتي نطرحها الْيَوْم، إنّه يريد أن يجيب على السّؤال مَنْ خَلَقَ الْكَوْن؟ ولماذا خَلَقه؟

١. يتحدث العلم إلى المجتمع العلميّ، ولهذا يحتاج إلى البراهين والأدلة لِيُؤَكِّد مصداقيته، بينما كُتب سِفْر التَكْوِين إلى مجتمع الْعَهْد، ولهذا يحتاج إلى برهان الرّوح القدس في القلب (رُوميَة ٨: ١٦).

# هل استخدم الله التطور في خلق العالم؟

منذ أن نشر تشارلز دارون كتاب «أصل الأجناس» سنة ١٨٥٩م. والسّؤال المطروح على السّاحة الكتابيّة هُوَ ما هِيَ علاقة سِفْر التّكْوين وخلق الإِنْسَان والأجناس بنظريّة التّطَوُّر؟ إذا قبلنا الحقيقة أنَّ اللّٰه هُوَ الّذي أبدأ الجنس البشريّ وأوجده، وَأَنَّه من خلال أبويْنا الأَوَّلَيْن آدم وحَوَّاء بدأ كُلّ الجنس البشري، فما زلنا نجد أنفسنا أمام السّؤال الْمُهّم وهو « كيف جَاءَ آدَم وحَوَّاء إلى الوجود؟ وهنا نجد آراء ونظريات مُخْتَلِفة تُحاوِل أن تقدم الإجابة على هذا السّؤال وتشرح كيف جَاءَ الإِنْسَان الْأَوَّل إلى الوجود؟ ويتركّز الاختلاف بَيْنَ هذه الآراء فيما إذا كان وجود الإِنْسَان قد اعتمد على أحداث كارثيّة أم مراحل تطوريّة أم خلق إلهيّ.

وللإجابة على هذا السّؤال الْمُهّم، يُمكننا أن نقول إنَّه تُوجَد الْيَوْم ثلاث إجابات أو نظريات مُخْتَلِفة وهِيَ:

١. نظريّة التّطَوُّر الإلحاديّة (وتُعْرَف أَيْضًا باسم نظريّة التّطَوُّر الطّبيعي)
٢. نظريّة التّطَوُّر الإلهيّة
٣. نظريّة الْخَلْق

**أولاً، نظرية التّطَوُّر الطّبيعي Naturalistic Evolution**: تُوجَد الْيَوْم نظريات كثيرة تتحدّث عن أصل الإِنْسَان ونشأته، وتُقدّم مُعظم هذه النّظريات إجابات مُخْتَلِفة عن تلك الّتي في الْكِتَاب الْمُقدَّس. إحدى هذه النّظريات نظريّة التّطَوُّر الطّبيعيّ Naturalistic Evolution وَهِيَ تُقدّم إجابة عن نشأة الإِنْسَان والكائنات، بل عن الحياة كُلِّها. وتقول هذه النّظريّة إنَّ الإِنْسَان والحياة وُجِدا من دون أيّ تدخُل فَوْقَ طبيعي supernatural، بل من خلال تطوُر طبيعيّ وانتقال من حالة إلى حالة ومن نَوْع إلى نَوْع. ولهذا لم تكن الحياة بكُلِّ ما فيها بحاجة إلى خَالِق يخلقها، سواء أكان في البِدَايَة أم في مراحل تطوُّرها. بل أوجدت نفسها، وكُلُّ شيء وُجِدَ

# هل استخدم الله التطور في خلق العالم؟ (تابع)

وتَطَوَّر من خلال «الانتخاب الطّبيعي» الّذي استغرق بلايّين السّنين. إنَّ كُلّ ما احتاجته الحياة لكي تُوجَد هُوَ عاصفة من الذّرّات، وأنتجت هذه الذّرات مع الحركة والوقت والصّدفة الحياة. فعالمنا هُوَ نتيجة للصدفة أو لتركيبات عشوائيّة يُطْلَق عليها اسم «الانتقاء الطّبيعي». وبطبيعة الحال، تتعارض هذه النّظريّة مع الحقيقة الكتابيّة الّتي سَجَّلها الوحي الإلهيّ في أوّل صفحات الْكِتَاب الْمُقدَّس، وَهِيَ أنَّ الله في الْبَدء خلق السّماوات والأرض وكُلَّ الحياة بما فيها الإِنْسَان، وأنَّ كُلّ هذه الْخَلِيقة بدأت بالخلق مِنْ لا شيء

**ثانيًا، نظريّة التّطَوُّر الإلهيّ Theistic Evolutionists**: ويؤمن أصحاب هذه النّظريّة بالله وبالْكِتَاب الْمُقدَّس ويقبلون التعاليم الكتابيّة وأهمها أن الله هُوَ الخَالِق للكَوْن، في الوقت الّذي يعتقدون فيه بالتّطَوُّر. لكن ينقسم المنادون بهذه النّظريّة إلى قسميْن قِسْم يَقُولُ إن الله لم يكن له دَوْر مُباشِر في نشأة الحياة. فَهُوَ رُبَّما يكون قد خلق مواد البناء وأوجد القوانين الطّبيعيّة، لكنه ترك خليقته تأخذ مجراها وتفعل ما تريد. ومن هُنَا نشأت الحياة تدرُّجيًا من مادة غير حيّة. أَمَّا القسم الثّاني فيَقُولُ إنَّ الله قاد الحياة خطوة فخطوة في طريق التّطَوُّر حتى وصلت إلى ما هِيَ عليه الآن (فالأسماك أنتجت البرمائيات، الّتي أنتجت بدورها الزّواحف، والزّواحف أنتجت الطّيور، ومن الطّيور جاءت الثّدييات ومن الثدييات خرج القرد والانسان من اصل واحد). وعليه، فإنَّ سِفْر التَكْوِين من وجُهة نَظَرِهم يشرح حقيقة مَنْ خَلَقَ الْكَوْن لا أكثر، وليس كيف خُلِقَ الْكَوْن؟ ولهذا فهم يقبلون فِكْرَة التّطَوُّر كوسيلة عَيَّنها الله للخليقة. فالله استخدم التّطَوُّر ليخلق الإِنْسَان، ويعتقدون أنَّ الإِنْسَان تطوَّر من كائن أقل منه هُوَ «الشّامبانزي»، وهذا التّطَوُّر هُوَ تطور نَوْع إلى نَوْع آخر، أو هُوَ تطوُّر من جنس إلى جنس آخر (من قرد إلى إِنْسَان). يُفسّر مُعظم المنادين بهذه النّظريّة سِفْر التَكْوِين والأصحاحين الْأَوَّل والثّاني

# هل استخدم الله التطور في خلق العالم؟ (تابع)

منه تفسيرًا مجازيًا وليس حرفيًا. وبطبيعة الحال، تعَد هذه المحاولة للتوفيق بَيْنَ الْكِتَاب الْمُقدَّس ونظريّة التّطَوُّر محاولة فاشلة، لأنَّ سِفْر التَكْوِين يُؤَكِّد أن اللهَ هُوَ الّذي خَلَقَ الْكَوْن، بينما تعتمد الفكرة الأساسيّة لنظريّة التّطَوُّر، ببساطة، على أنَّ جميع المخلُوقَات تطورت بالتدرُّج من خليّة واحدة. وبفضل «المُصَادَفَة» وتوافُر الشّروط الفيزيائيّة من درجة حرارة ورطوبة وهواء... تكاثرت هذه الخلايا وتولَّدت عنها سلسلة من المخلُوقَات بدأت بخليّة واحدة ثُمَّ تطورت حتى وصلت إلى الإِنْسَان.

**ثالثاً، الخَلْق بأمر إلهيّ Creationsim**: ونقيض لنظريّة التّطَوُّر الطّبيعيّ هُوَ حقيقة أنَّ الله خلق كُلّ شيء، وأنَّ كُلّ الأشياء جاءت إلى حَيِّز الوجود نتيجة تدخُل الله المباشر. وهنا نجد أمريْن أساسيّين وهُما: أَوّلًا الإنجاز السّريع الّذي لم يتجاوز السّتة أيام. فالله قد أوجد الْكَوْن وكُلّ ما فيه مُباشرة بعمله وتدخُلِه المُباشر. ثانيًا لقد خلق الله كُلّ الكائنات والأنواع، وكل نَوْع مُخْتَلِف عن كُلّ نَوْع آخر.* نجد في سِفْر التَكْوِين أنَّ آدم وحَوَّاء هما أصل كُلّ الجنس البشريّ، وقد خلقهما الرّب على شبهه وصورته. وتختلف هذه الحقيقة الكتابيّة اختلافًا كليا مع نظريّة التّطَوُّر. كما أنَّ هُنَاك شيئًا آخر يُميِّز قِصّة التَكْوِين، وهو أنَّ الله خلق الإِنْسَان من التراب، ونفخ في أنفه نسمة حياة، بينما نجد في نظريّة التّطَوُّر أنَّ خليّة بسيطة تطوّرت إلى إِنْسَان. إنَّ خلق الإِنْسَان في سِفْر التَكْوِين هُوَ ما نسميه بالْخَلِيقة الْخَاصّة Special Creation. إنَّه الإيمان بأنَّ الله قَالَ فكان أَمَرَ فصار، ومن خلال قُدْرَة الله وحكمته وُجِدَتْ السّماوات والأرض والْكَوْن بكل ما فيه حتى الإِنْسَان. إنَّه التاريخ اللغويّ واللاهوتيّ الحرفي لقصة الْخَلْق كما أعلنها الرّب لنا في تَكْوِين ١ و ٢.

* Walter E. Lammerts, ed., *Why Not Creation?* (Nutley, N.J. Presbyterian and Rcformed, 1970); idem, *Scientific Studies in Special Creation* (Nutley, N.J. Presbyterian and Reformed, 197 1)

## الأصحاح الثالث

### التجربة والسُّقوط

**تركت** قِصّة سقوط الإنسَان وطرْدِه من جَنَّة عَدْن وما نتج عن ذلِكَ من فساد أثَرهما على علاقة الإنْسَان بالله، والإنْسَان بأخيه الإنْسَان، وامتد أثرُها السلبيُّ أَيْضًا إلى الخَليقة كلها، الأمر الّذي يُعد كارِثة بكُلِّ المقاييس. فالله خلق الإنْسَان على «صورتـه وشبهه»، ولهذا امتاز الإنْسَان عن كُلِّ الخلائق. إذ كان يمتلك كُلَّ الإمكانيـات الّتي تؤهِّلُـه ليعيش في سلام دائِم مع الله، هذا وقد امتاز الإنْسَان بالآتي:

١. بالحرّية والقُدرة على الاختيـار، وهـذه الإرادة هِيَ الّـتي بهـا يختار الإنْسـان بَيْنَ الاستمرار في طاعـة الـرّب أو المُـضي في طاعـة شـهواته ورغباتـه. لا بُـدّ أن تكـون محبّـةُ الإنْسَان لله ورغبتُـه في الاستمرار بالالتصـاق بـه عـن اختيـار حُـرّ وليست نتيجة إجبار أو خوف.

٢. بالسّيادة والتّسـلُّط «فَيَتَسَـلَّطُونَ عَلَى سَـمَكِ الْبَحْـرِ وَعَلَى طَيْـرِ السَّـمَاءِ وَعَلَى الْبَهَائِـم، وَعَلَى كُلِّ الأَرْض، وَعَلَى جَمِيـع الدَّبَّابَاتِ الَّـتي تَـدِبُّ عَلَى الأَرْض» (تَكْوِيـن ١: ٢٦). ولقد أُسْـتُعْلِنَ الإنْسَـان بهـذه السّيادة كتاج للخليقـة وكنائب لله على الأرض. لقد كان كُلُّ شيء تحت يديْـه ولاستمتاعه وراحته.

٣. بالفكر والعقل.

٤. بالبـراءة وعـدم الفسـاد. فمـع أنَّ الله خلـق آدَم مـن الـتراب إلا أنَّـه كان سـائدًا فَـوْقَ الفسـاد. فلـم يكـن جسـدُه ضعيفًـا مُلَطَّخًـا بناموس الخطيّـة، بـل كان في الـرّوح، وروح الله كان سـاكنًا فيه. فلـم يكـن في طبيعتـه عَجْـز أو نقْص يدفعـه إلى الخطيّـة والسّـقوط. لكـن صوت التجربـة يـأتي للإنْسـان من الخـارج، وفي ذات الوقت مـن الخليقـة الّـتي خلقها الله. ونجد الحيّـة، إبليس (رؤيـا يُوحَنَّـا ٢٠: ٢) في الجنّـة الّـتي خلقهـا الله. ويتمثّـل جُـزء مـن الحريّـة الّـتي منحهـا الله للإنْسـان في الجنّـة في حُريّـة اختيار عـدم الثقـة بـالله؛ فـي اللحظـة الّـتي يختـار فيهـا الإنْسـان عـدمَ الثقـة بـالله، يصبـح هـذا الاختيـار البـابَ لفُقدان الحرّيـة ذاتها.

## المُجَرِّب (تكوين ٣: ١)

«وَكَانَتِ الْحَيَّةِ أَحْيَلَ جَمِيع حَيَوَانَاتِ الْبَرِّيَّةِ الَّتِي عَمِلَهَا يهوه إلوهِيم»

**الْحَيَّة נָחָשׁ**: وتُنْطَق في الْعِبْرِيّة «نَاحَاش»، تعد الْحَيَّة منذ قديم الزّمان كائنًا مُخِيفًا وغامضًا. فقدرتها على التخفّي، وعَضَّتها وبَثّها للسُّم في جسم الضّحيّة وما يتبع ذَلِكَ من مَوْت بطيء جعل هذا الكائن مُرْعِبًا. وقد جعل منها أجدادُنا المصريّون القُدماء رمزًا للحماية من الشّر. وأكبر دليل على تقديس الْحَيَّة هُوَ رأس الْحَيَّة الّذي كان يُعَدُّ جُزْءا من تاج الفرعون الّذي يُوضَع على رأسه لحمايته من الشّر، وكرمز للقوّة والحِكْمَة أَيْضًا. وفي عبادات وثقافات الشّرق الأدنى الْقَدِيم كانت الْحَيَّة ترمز إلى التناسُل والحِكْمَة واستمرار الحياة بسبب قُدْرَة الْحَيَّة على تغيير جِلْدِها «فِي ذلِكَ الْيَوْمِ يُعَاقِبُ الرَّبُّ بِسَيْفِهِ الْقَاسِي الْعَظِيمِ الشَّدِيدِ لَوِيَاثَانَ، الْحَيَّةَ الْهَارِبَةَ. لَوِيَاثَانَ الْحَيَّةَ الْمُتَحَوِّيَةَ، وَيَقْتُلُ التِّنِّينَ الَّذِي فِي الْبَحْرِ» (إشعياء ٢٧: ١، و أيوب ٢٦: ١٢-١٣). وبطبيعة الحال، تختلف كُلّ هذه الرّموز والصّور للحيّة في الْقَدِيم عن صُورَة الْحَيَّة كما يرسمها لنا الْكِتَاب الْمُقدَّس. فهي تُشِيرُ فى كُلِّ الْكِتَاب من التَكْوِين إلى الرّؤيا إلى العدو وإلى كُلّ ما هُوَ مُعَادٍ لله. فمع أنَّ الوحي لم يذكر لنا اسم الْحَيَّة في تَكْوِين ٣، إلا أَنَّه قدَّم لنا بعض المعلومات المُهّمة عنها، فقد أخبرنا بعض الشّيء عن صفاتها وعن أصلها.

ولقد وُصِفَتْ الْحَيَّة بأنَّها «**أَحْيَل עָרוּם**» جميع حيوانات البريّة، وتُنْطَق في الْعِبْرِيّة «عَارُوم». ومن الأشياء الّتي نُلاحظها هُنَا التشابُه بَيْنَ كَلِمة «عاروم أَحْيَل» (تَكْوِين ٣: ١)، وكلمة عاروميم «**עֲרוּמִּים عُرْيانَيْن**» في «وَكَانَا كِلاَهُمَا عُرْيَانَيْنِ، آدَمُ وَامْرَأَتُهُ، وَهُمَا لاَ يَخْجَلاَنِ» (تَكْوِين ٢: ٢٥). يساعدنا هذا الشّبه على ربط قِصّة الْخَلْق بقصة السّقوط.[1] ومع أنَّ كَلِمة «**أَحْيَل**» ذُكِرَتْ في سِفْر التَكْوِين مَرَّة واحدة (تَكْوِين ٣: ١)، إلا أَنَّها

1 Victor P. Hamilton, *The Book of Genesis Chapters 1- 17*. The New International Commentary on the Old Testament (Grand Rapids Eerdmans, 1990), 187.

وردت عِدَّة مَرّات في سِفْر الأمثال. وَهِيَ تحمل معنىً سلبيًا كالدّهاء والمكر. ولهذا لم تَظْهَر الْحَيَّة لحَوَّاء على أَنَّها الشّرير، وبالتالي فإنَّ صَوْت التجربة لم يكن بالنّسبة لحَوَّاء صوت الشّرير. لقد استطاع إبليس أن يُخبئ وجهه وطبيعته عن حَوَّاء ليخدعها ويُغْويها. ولذلك وُصِفَتْ الْحَيَّة بأنَّها «أَحْيَل»جميع حيوانات البريّة، ولم تُوصَف بأنَّها «أَحْكَم» جميع حيوانات البريّة، لأنَّ الحِكْمَة صِفة أخلاقيّة، أَمَّا «الحيلة» فلا تُشِيرُإلى أيّة أخلاق، بل إلى الدّهاء والمكر والذّكاء الّذي يُؤذي ويُضِر بالآخرين.

والْحَيَّة في أصلها من الحيوانات، ويُؤَكِّد هذا أَنَّها لم تحمل في ذاتها أيّة قُوى فَوْقَ طبيعيّة. وبهذا يُغلق الْكِتَاب الْمُقدَّس البابَ أمام أيّ فكر أو اعتقاد بوجود إلهَيْن Dualism، إله الخير وإله الشّر. فتَكْوِين ٣ يُؤَكِّد أَنَّه يُوجَد إله واحد وهو السّيد والمُتسلط على كُلّ الْخَلِيقة بما فيها الْحَيَّة.[2] ويُطْلِق سِفْر الرّؤيا على الْحَيَّة «التنين العظيم، والْحَيَّة الْقَدِيمة، المدعو إبليس والشّيطان (رؤيا يُوحَنَّا ١٢: ٩، ٢٠: ٢).

لكن لماذا اقتربت الْحَيَّة وتكلّمت مع حَوَّاء، وليس مع آدَم، أو مع الاثنين معًا؟ لا يذكر النّص الْكِتَابيّ لنا السّبب، مع أن الْحَيَّة تكلمت بصِيغة الجمع مُوجِّهةً كلامَها للاثنين «لا تأكلا»، و«لن تموتا» و«يوم تأكلان منه تنفتح أعينكما وتصيران...» (٣: ٢- ٣، ٤، ٥). كما أنَّ حَوَّاء تكلَّمت نيابةً عن زوجها «نأكل... لا تأكلا منه ولا تمساه لئلا تموتا» (٣: ٢، ٣). ولقد حاول الْمُفسِّرون الإجابة على هذه التساؤلات. فقال بعضهم إنَّ حَوَّاء هِيَ الإناء الأضعف، أو لأنَّها لم تكن حاضِرة حينما

2 Kenneth A. Mathews, *Genesis 1-11:26.* The New American Commentary (Nashville Broadman & Holman, 1996), 232.

جاء الأَمْـر الإلـهيّ المباشر لآدَم بعـدم الأكل مـن الشّجرة المُحَرَّمَـة، شـجرة «معرفـة الخـير والـشّر» (تَكْوِيـن ٢: ٩).

## التجربة

... فقالـت للمـرأةِ: «أحقًـا قـالَ إلوهيـم: لا تـأكلا مـن كلِّ شـجرِ الجنـةِ؟». فقالـتِ المـرأة للحيـةِ «مـن ثمـرِ شـجرِ الجنـةِ نـأكلُ. وأمّـا ثمـرُ الشـجرةِ الـتي في وسـطِ الجنـةِ، فقـال إلوهيـم: لا تـأكلا منـهُ ولا تمسـاهُ لئـلا تموتـا». فقالـت الحيـةُ للمـرأةِ: «موتًـا لـن تموتـا!»، بـل إلوهيـم عالـم أنـه يـومَ تـأكلانِ منـهُ تنفتِـحُ أعينكُمـا وتصـيرانِ كإلوهيـم تعرفـانِ الخـيرَ والـشرَّ.

رغـم أنَّ الحَيَّـة لـم تَقُـل إلا عبارتـيْن لحَـوَّاء، إلا أنَّهمـا كانتـا كافيتـيْن لقلْـب الموازيـن وزعزعـة ثقـة حَـوَّاء بـالله. إنَّ النّقطـة المركزيّـة في حادثـة السّـقوط هِيَ السّـؤال المُتعلِّـق بمعرفـة «الخـير والـشّر טוֹב וָרָע، وتُنْطَـق بالعبريّـة «تُـوب وَرَع»، حَيْـثُ اسـتطاع الشّـيطان أن يجعـل حَـوَّاء تعتقـد أنَّ الله يحجـب عنهـا وعـن آدَم مـا هُـوَ لخيرهمـا (تَكْوِيـن ٣: ٥)، وكان هـذا بمنزلـة تَحَـدٍّ صـارخ لحقيقـة الخـير الّذي أَعَـدَّهُ الله للإنْسَـان في الأصحاحـين ١-٢. لقـد بـدأت الحَيَّـة حديثهـا مـع حَـوَّاء بسـؤال اسـتفزازيّ لا يبـغي المعرفـة، بـل يعمـل على إظهـار الله بأنَّـه إله قـاسٍ ولا يُريـد خـيْرَ الإنْسَـان «أحقًـا قَـالَ إلوهيـم لا تـأكلا مـن كُلِّ شـجرِ الجَنَّـة؟»، وبهـذا السّـؤال يُريـد إبليـس أن يجـذب حَـوَّاء في حـوار لاهـوتيّ مُغَلَّـف بالـبراءة، لكـن في داخلـه سُـمٌ مميـت. إنَّـه يُريـد أن يصدمهـا

ويُفاجئها بهذا السّؤال. ولهذا فإنَّه أضاف ما يُظهر قسوة الله. فبتركيزه على أمر الله وليس على الحِكْمَة منه، استطاع إبليس أن يجعل من الوصيّة الإلهيّة موضوعًا للتساؤل والشّك في صلاح الله. فالوصيّة الأصليّة لَيْسَ فيها حرمان من الأكل من كُلّ شجر الجَنَّة، بل من شجرة واحدة وَهِيَ شجرة معرفة الخير والشّر. إضافةً إلى ذلك، نجح إبليس في أن يضع حَوَّاء في موقف المُدَافِع عن الله، وبهذا تَشَارَكَ إبليس في أَوَّل حوار لاهوتيّ عن الله في التاريخ.[٣]

**لا تأكلا من كُلّ شجرِ الجَنَّة לֹא תֹאכְלוּ מִכֹּל עֵץ הַגָּן** - استطاعت الحَيَّة بذكاء ودهاء ممتزج بالمكر أن تُغَيّر وتستبدل بعض الكلمات في الوصيّة الإلهيّة الأصليّة، لِتُظْهِر قسوة الله وعدم محبته للإِنْسَان. فالوصيّة الأصليّة تقول «مِنْ جَمِيعِ شَجَرِ الجَنَّةِ تَأْكُلُ أَكْلاً، وَأَمَّا شَجَرَةُ مَعْرِفَةِ الخَيْرِ وَالشَّرِّ فَلاَ تَأْكُلْ مِنْهَا...» ، وليس «لا تأكلا من كُلّ شجرِ الجَنَّة.»

تَنُمُّ إجابة الْمَرْأَة عن صِدْقِها ودِرَايتها بِنِعم الله الّتي أنعم بها عليها وعلى آدم. فقالتِ الْمَرْأَة للحيّة «من ثمرِ شجرِ الجَنَّة نأكلُ. وأمّا ثمرُ الشّجرةِ الّتي في وسطِ الجَنَّة، فقال إلوهيم لا تأكلا منهُ ولا تَمَسَّاهُ لئلا تموتا.» حاولت حَوَّاء - في الجُزْء الأَوَّل من الإجابة أن تُصَحّح كلام الحَيَّة، وأن تُؤَكّد على أنَّ الوصيّة مُرتبطة فقط بشجرة واحدة وليس بكُلّ الأشجار. ولكن من المؤسف أنَّ بقيّة الإجابة تُظهِر - تأثيرًا بأسلوب الحَيَّة، فقالت كلامًا على لسان الله لم يقله لهما. فالله لم يقل «ولا تَمَسَّاه!» قد يبدو هذا التغيير في الوصيّة الأصليّة بسيطًا، لكنه في الحقيقة تغييرٌ جوهريّ وأساسيّ لفَهْم السّقوط، للأسباب الآتية:

3 Dietrich Bonhoeffer, *Creation and Fall: A Theological Interpretation of Genesis 1–3*, rev. ed., trans. J. C. Fletcher (London: SCM, 1959), 70.

١. لأنَّ فيه محاولة للتقليل من الخير الّذي أَعَدَّه الرّب لآدم وحَوَّاء، فالرّب قَالَ «مِنْ جميع شجر الجَنَّة تأكل أكلًا»، أَمَّا حَوَّاء فقالت «من ثمرِ شجرِ الجَنَّة نأكُلُ.»
٢. لأنَّ حَوَّاء أضافت عبارة ليست موجودة في الوصيّة الأصليّة وَهِيَ «ولا تمساه!»، ويُعَدُّ هذا تضخيمًا بغرض إظهار قسوة الله.
٣. لأنَّ حَوَّاء خَفَّفَتْ من حتميّة الدّينونة عندما قَالَت «لئلا تموتا»، مع أنَّ الرّب قَالَ بحسم «موتًا تموتُ»، فكلام الله لا يحمل معنى الاحتمال «لئلا»، بل يُؤَكِّد حتميّة العقاب بالموْت.

«**لن تموتا לֹא־מוֹת תְּמֻתוּן Not certainly die**» فبعد أن فشلت الاستراتيجيّة الأُولى في تغيير كلام الله وتحريفه، بدأ إبليس في الهجوم المُباشِر وإنكار كلام الله الواضِح (تَكْوِين ٢: ١٧). ويعني ترتيبُ العبارة بهذا الشّكل في اللُغة الأصليّة التطاوُلَ على كلام الله والجراءة في إنكار العقاب الإلهيّ. إنَّ أَوَّل عقيدة يحاول إبليس أن ينكرها هِيَ عقيدة الدّينونة. فمن دون الدّينونة يُمكنه أن ينتزع من قلب الإِنْسَان مخافةَ الله. وما زالت هذه الكذبة الّتي نجح إبليس في إقناع حَوَّاء بها منذ البِدَايَة تُسيطر على فكر الإِنْسَان حتى يَوْمِنا هذا. فإذا نجح عدو الخير في إقناع الإِنْسَان بأنَّه لا يُوجَد عقاب عند كَسْر وصايا الله، يكون قد نجح في أن يُميت حتى الضّمير البشريّ، فلا يشعر الإِنْسَان بالخجل والنّدم على خطاياه «أَنْتُمْ مِنْ أَبٍ هُوَ إِبْلِيسُ، وَشَهَوَاتِ أَبِيكُمْ تُرِيدُونَ أَنْ تَعْمَلُوا. ذَاكَ كان قَتَّالًا لِلنَّاسِ مِنَ الْبَدْء، وَلَمْ يَثْبُتْ فِي الْحَقِّ لأَنَّه لَيْسَ فِيهِ حَق. مَتَى تَكَلَّمَ بِالْكَذِبِ فَإِنَّمَا يَتَكَلَّمُ مِمَّا لَهُ، لأَنَّه كَذَّابٌ وَأَبُو الْكَذَّابِ.» (يُوحَنَّا ٨: ٤٤). لقد نجح إبليس في زرع الشّك في قلب حَوَّاء من نحو الله. وها هُوَ يأخذها إلى ما هُوَ أبعد من ذلك، وهو الشّك وعدم الثّقة في كلام الله. إنَّ الْمَرْأَة، بمجرد الحوار مع الحَيَّة حول

ماهيّة وصيّة الله، قد وضعت نفسها في موقف يصعب الهروب منه. لهذا عَلَّمَنا الرّب يَسُوع في الصّلاة الرّبانيّة أن نصلي قائلين «ولا تدخلنا في تجربة، بل نَجّنا من الشّرير.» إنّ الطّلْبة هُنَا واضِحة جدًا فهي لا تقول «نجنا من الشّرير ونحن في التجربة»، بل «لا تُدْخِلنا في تجربة»، لأنّنا ونحن في مجال التجربة نفقد كُلَّ مُقومات النّصرة ونكون عاجزين عن مُقاومتها، ولهذا فأفضل وسيلة للنصرة على التجربة هِيَ بالهروب منها.

لقد تمادت الْحَيَّة في الهُجوم على الله، هذا الهُجوم الّذي بدأ بتغيير وتبديل في وصيّة الله، ثُمَّ انتقل إلى إنكار جِدّيّة الله وقداسته بتجاهل حقيقة الدّينونة. ثُمَّ يتمادَى إبليس فيتطاول ويتساءل عن دافع الله من وراء هذه الوصيّة فيَقُولُ لحَوَّاء «بل إلوهيم(الله) عالم أَنَّه يَوْم تأكلانِ منهُ تنفتِحُ أعينكُما وتصيرانِ كإلوهيم تعرفانِ الخيرَ والشّرَّ.» واستخدم عدو الخير نفس الأسلوب ضِد أيوب (أيوب ١: ٩ -١١، ٢: ٤ -٥)، في محاولة أن يقنع أيوب أنَّ الله غير صالح بل أناني، وهو يَحْرِم الإنْسَان من الوصول إلى المعرفة حتى لا يكون كإلوهيم. وهنا قَدَّمت الْحَيَّة أربعة ادِّعَاءات:

١. لن تموتا לֹא־מוֹת תְּמֻתוּן.

٢. تنفتح أعينكما וְנִפְקְחוּ עֵינֵיכֶם.

٣. تكونان كإلوهيم וִהְיִיתֶם כֵּאלֹהִים. فالله هُوَ العائِق لتقدُّم الإنْسَان، ولهذا فلا تُعِيرُوا وصاياه اهتمامًا، لأنّها ضِد تقدُّمِكم ووصولكم إلى قِمم النّجاح. إنَّه ذلِكَ الصّوت الْقَدِيم الْجَدِيد الّذي ما زال يتردّد صداه في عالمنا حتى الْيَوْم. إنّه الادّعاء بأنَّه إذا أخرجنا الله من المشهد وضربنا بوصاياه عَرْض الحائط، فإنَّ هذا سيؤول إلى تقدُّمنا وازدهارنا، غير عالمين أنَّنا بهذا نحفر قبورنا بأيدينا ونضع نِهَايَة لإنْسَانيتنا، هذه الإنْسَانيّة الّتي لا يمكن أن تكتمل أو تتحقَّق إلا بالشّركة مع الله الخَالِق الّذي أحبنا ويريد لنا الخير.

٤. عارفين الخير والشّر יֹדְעֵי טוֹב וָרָע، إنَّ معرفة الله للخير وللشر معرفة مُطلقة مستقلة. فَهُوَ كالطّبيب الّذي يعرف كُلّ شيء عن المرض من دون أن يكون حامِلًا للمرض. وكأنَّ الله يَقُولُ للإِنْسَان إنَّك لستَ بحاجة لأنَّ تمرض لكي تعرف عن المرض. يكفيك أنّي أعرف عنه كُلَّ شيء. فالإِنْسَان لَيْسَ بحاجة لأنَّ يختبر الشّر ليعرف الشّر ويفهمه، لكن عليه فقط أن يقبل «كلمة الله» عن طبيعة الشّر. كان يَسُوع أكثر من يعرف عن الخطيّة، لكنه عاش من دون أن يرتكب خطيّة واحدة. قَدَّم الأكل من الشّجرة المُحَرَّمَة للإِنْسَان نَوْعًا آخر من المعرفة، وَهِيَ المعرفة النّسبيّة غير المُطلقة، المعرفة القائِمة على فَهْم الإِنْسَان وإدراكه المحدود. حالما يرفض الإِنْسَان كَلِمة الله، فإنَّه يبدأ في الاعتماد على نفسه وعلى حُكْمِهِ الشّخصيّ على الأمور، فيأخذ ويأكل ثُمَّ يكتشف أَنَّه خُدِعَ وسقط في فخ عظيم.

إنَّنا إذا تفحَّصْنا كلام الْحَيَّة وتأمَّلْنا في القرينة سنجد أنَّ جُزْءا من كلام الْحَيَّة كان صحيحًا وجُزْءاً آخر كان كذبًا. لقد كان كلام الْحَيَّة صحيحًا في أنَّ الإِنْسَان لن يموت جسديًا بمجرد الأكل من الشّجرة. كما كان صحيحًا أنَّ عيني الإِنْسَان ستنفتح ليحصل على المعرفة الّتي وعدتهما بها (٣: ٧). لكن أنصاف الحقائق تكون أحياناً أخطر من الكذب الصّريح. فبتقديم نصف الحقيقة، استطاعت الْحَيَّة خداع حَوَّاء وإسقاطها مع آدَم في الخطيّة والعصيان. تحدثت الْحَيَّة فقط عَمَّا سوف تحصل عليه حَوَّاء، ولم تتطرّق إلى ما ستخسره بكسرها لوصيّة الله. فرغم أنَّ آدَم وحَوَّاء لم يموتا مباشرة بعد الأكل من الشّجرة، إلا أنَّهما ماتا روحيًا بانفصالهما عن الله. وسوف يموتان جسديًا، ولو لم يتدخل الله لتدبير فدائهما، لكان مصيرهما المحتوم هُوَ الْمَوْت الأبديّ.

## السّقوط (٣: ٦ – ٧)

וַתֵּרֶא הָאִשָּׁה כִּי טוֹב הָעֵץ לְמַאֲכָל וְכִי תַאֲוָה־הוּא לָעֵינַיִם וְנֶחְמָד הָעֵץ
לְהַשְׂכִּיל וַתִּקַּח מִפִּרְיוֹ וַתֹּאכַל וַתִּתֵּן גַּם־לְאִישָׁהּ עִמָּהּ וַיֹּאכַל׃ וַתִּפָּקַחְנָה
עֵינֵי שְׁנֵיהֶם וַיֵּדְעוּ כִּי עֵירֻמִּם הֵם וַיִּתְפְּרוּ עֲלֵה תְאֵנָה וַיַּעֲשׂוּ לָהֶם
חֲגֹרֹת׃

ورأتِ المرأة أن الشجرةَ طيبةٌ للأكلِ ومتعةٌ للعيونِ وَأَنَّ الشَّجَرَةَ شَهِيَّةٌ لِلنَّظَرِ فأخذت من ثمرِها وأكلَت وأعطتْ أيضًا رجُلَها معها فأكلَ. فانفتَحَت أعينهُما فعَرَفا أنَّهُما عريانانِ. فخاطا أوراقَ تينٍ وصنعا لهما منه مآزرَ.

لقد استطاع إبليس أن يلوث فكر حَوَّاء ويُشكّكها في صلاح الله. ولهذا انهارت حصانتها ونظرت إلى الشّجرة ورأت أَنَّها «طيبةٌ للأكلِ ومتعةٌ للعيونِ وَأَنَّ الشّجَرَةَ شَهِيّة لِلنَّظَرِ.» دفعت هذه الثّلاثيّة حَوَّاءَ إلى الأكل من الشّجرة. ونحن نرى إشارة واضحة إلى هذا في كلام الرَّسُول يُوحَنَّا الحبيب «لأَنَّ كُلّ مَا فِي الْعَالَم شَهْوَةَ الْجَسَدِ، وَشَهْوَةَ الْعُيُونِ، وَتَعَظُّمَ الْمَعِيشَةِ، لَيْسَ مِنَ الآبِ بَلْ مِنَ الْعَالَم» (يُوحَنَّا الأُولى ٢: ١٦). ليست الخطيّة هِيَ التجربة نفسها، وليست هِيَ الشّهوة الطّبيعيّة لأمر ما، ولكنها النّظرة الممزوجة بالشّهوة لأمر ممنوع (يَعْقُوب ١: ١٣ -١٥). ليست المعرفة الّتي سعى وراءها آدم وحَوَّاء هِيَ المعرفة الفلسفيّة والعلميّة، بل هِيَ ببساطة المعرفة الّتي تعطيهم البركة. وتأتي الْكَلِمة «شهيّة» من الْفِعْل «يشتهي חָמַד» ويُنْطَق في الْعِبْرِيّة «حِماد»، والّذي يُسْتَخدَم في الوصيّة الإلهيّة «لا تشته» (خُروج ٢٠: ١٧، تَثْنِيَة ٥: ٢١).

**فأخـذت... وأكلَـت، وأعطـتْ... فـأكلَ**، تُؤكِّـد مجموعـة الأفعـال هـذه سُرعة الْفِعْـل والسّـقوط في الخطيّـة. ولا يذكـر لنـا النّـص الْكِتَـابيّ أيّـة مقاومـة أو اعـتراض مـن جهـة آدَم على فعـل حَـوَّاء. وَيُؤَكِّـد هـذا أَنَّـه سـقط بإرادتـه:

> لأَنَّـهُ إِنْ كَانَ بِخَطِيَّـةِ الْوَاحِـدِ قَـدْ مَلَـكَ الْمَـوْتُ بِالْوَاحِـدِ، فَبِـالأَوْلَى كَثِـيرًا الَّذِيـنَ يَنَالُـونَ فَيْـضَ النِّعْمَـةِ وَعَطِيَّـةَ الْـبِرِّ، سَـيَمْلِكُونَ فِي الْحَيَاةِ بِالْوَاحِـدِ يَسُـوعَ الْمَسِـيحِ! فَـإِذًا كَمَـا بِخَطِيَّـةٍ وَاحِـدَةٍ صَارَ الْحُكْـمُ إِلَى جَمِيـعِ النَّـاسِ لِلدَّيْنُونَـةِ، هكَـذَا بِـبِرّ وَاحِـدٍ صَـارَتِ الْهِبَـةُ إِلَى جَمِيـعِ النَّـاسِ، لِتَبْرِيـرِ الْحَيَـاةِ. لأَنَّـهُ كَمَـا بِمَعْصِيَـةِ الإِنْسَـانِ الْوَاحِـدِ جُعِـلَ الْكَثِـيرُونَ خُطَـاةً، هكَـذَا أَيْضًـا بِإِطَاعَـةِ الْوَاحِـدِ سَـيُجْعَلُ الْكَثِـيرُونَ أَبْـرَارًا. (رُوميَـة ٥: ١٢، ١٧ -١٩ أنظـر ايضـا تيموثـاوس الأُولى ٢: ١٤).

لـم تحـاول حَـوَّاء أن تُغْـوِي آدَم كمـا أغوتهـا الْحَيَّـة، لكنهـا ببسـاطة أخـذت وأكلـت وأعطـت آدَم فـأكل. ولقـد لاحظنـا قَبْـلًا أنَّ الْحَيَّـة كانـت تسـتخدم دائمًـا صيغـة الجمـع في حديثهـا مـع حَـوَّاء، مـا يـدُلُّ على أنَّ آدَم كان قريبـاً جـدًا مـن حَـوَّاء ورُبَّمـا كان سـامِعًا لحديـث الْحَيَّـة معهـا، وبالتـالي فإِنَّـه هُـوَ أَيْضًـا قـد أُغْـوِي بكلامهـا. تقـول الترجمـة الحرفيّـة للنـص الْعِبْرِيّ «وأعطـت زوجهـا معهـا עִמָּהּ فـأكل»، أيّ أَنَّـه كان مُشـتركًا معهـا في الخطيّـة. فالخطيّـة هِيَ مـرض مُعْـدٍ، لَـوَّثَ عقـل وقلـب وإرادة حَـوَّاء، وهـا هُـوَ يلـوث قلـب آدَم فيأخذ ويـأكل. ويَقُـولُ اللاهـوتي كدنـر Kidner «يصـف الفعـلان «أخـذ»، و«أكل»، ببسـاطة مـا حـدث في الْجَنَّـة، لكـن الْفِعْـل تَطَلَّـبَ ثمنًـا باهِظًـا جـدًا. إذ كان ينبـغي للـرب يَسُـوع أن يـذوق الْمَـوْت بنفسـه لفدائنـا».[4] تختلـط طريـق التمـرد على الله ووصايـاه الشّـهوة - أوَّلًا وقبـل أيّ شيء - وفيـه أَيْضًـا نضـع قناعاتنـا

4 Derek Kidner, *Genesis.* Tyndale Old Testament Commentaries (Downers Grove: Inter-Varsity Press, 1967), 68.

الشّخصيّة بما هُوَ خير أو شر ضِد ما قالَه الله. فالخطيّة هِيَ الاسم الّذي يصف حالة الانفصال عن الله والّذي يبدأ بالتشكيك في صلاحِه ومحبتِه.

**فانفتحَت أعينهُما וַתִּפָּקַחְנָה עֵינֵי،** لقد أدرك كلاهما أنَّ ما اعتقدا أنَّه خيرٌ صار شَرًّا، وأنَّ المعرفة الّتي اشتهياها إنَّما هِيَ معرفة الشّر وليست معرفة الخير. ولقد أوجز الوحي الإلهيّ نتيجة الخطيّة في أربع عبارات:

١. انفتحت أعينهما
٢. عرفا أنَّهما عريانان
٣. خَاطَا أوراق تين
٤. صنعا لأنفسهما مآزر.

فبدلًا من معرفة الخير والشّر، عرفا أنَّهما عريانان![5] إنَّ ما كان يرمز إلى العلاقة الصّحيحة والصّحيّة بَيْنَ الرّجل والْمَرْأَة أصبح الآن موضع خجل، لهذا احتاجا إلى أوراق تين، واقتصرت الحِكْمَة الّتي أُتِيحَتْ لهما على كيفيّة تغطيّة عريهما. وكلمة «عريانان عاروميم» هي صدى لكلمة «أَحْيَل عَاروم». فالْحَيَّة استطاعت بمكرها أن تُفْقِدْهُما حالة البراءة الّتي كانا يعيشان فيها، ولهذا خَجِلا من عُرْيِهما (٣: ١، ٢: ٢٥)، وباءت كُلّ محاولاتهما لِسَتْر عُرْيهما بالفشل، ولهذا احتاجا إلى تدخُل الله. وأَمَّا الْفِعْل «خَاطَ תפר»، ويُنْطَق بالعبريّة «تِفر» ، فذُكِرَ ثلاث مَرّات فقط في كُلّ الْعَهْد الْقَدِيم «خِطْتُ مِسْحًا عَلَى جِلْدِي، وَدَسَسْتُ فِي التُّرَابِ قَرْنِي» (أيوب ١٦: ١٥) «...وَيْلٌ لِلَّوَاتِي يَخُطْنَ وَسَائِدَ لِكُلِّ أَوْصَالِ الأَيْدِي» (حزقيال ١٣: ١٨ أنظر أيضًا جامعة ٣: ٧). الفعل «خَاطَ» يشير إلى المِنْطَقَة الّتي يرتديها الشّخص. أَمَّا لماذا اختار آدَم وحَوَّاء أوراق التين ليسترا عريهما،

٥ يرمز العري في الْكِتَاب الْمُقدَّس إلى إلى الضّعف والاتضاع والذّل وعدم الْقُدْرَة على الدّفاع عن النّفس (تَثْنِيَة ٢٨: ٤٨ و أيوب ١: ٢١ و إشعياء ٥٨: ٧).

فهـذا لا نعلمـه. رُبَّمـا كان هـذا لأنَّ أوراق شـجر التـين قويّـة وكبـيرة وهـذا مـا كانـا يحتاجـان إليـه.

## اللّٰه يتقابل مع الإِنْسَان في الْجَنَّة (تَكْوِين ٣: ٨ -١٣)

وسـمِعا صـوتَ يهـوه إلوهيـم ماشـيا في الجنـةِ مـع ريـاح اليـوم. فاختبـأ آدم وامرأتُـهُ مـن وجـهِ يهـوه إلوهيـم في وسـطِ شـجرِ الجنـةِ.

لـم يـترك الكَـرَّام كَرْمَـهُ، فهـا هُـوَ يبرهـن عـن حُبِّـه بمجيئـه وافتقـاده له، حَيْـثُ الإِنْسَـان الَّذي عـصى وصايـاه، فحالمـا أخطـأ الإِنْسَـان جَـاءَ اللّٰه ليفتقده. ولتعبـير «صـوت يهـوه إلوهيـم (الـرّب الإله) קוֹל יְהוָה אֱלֹהִים» مألـوف في التـوراة وبشـكل خـاص في سِـفْر التَّثْنِيَـة حيـث ورد اكـثر مـن ١٢ مـرة (٥: ٢٥، ٨: ٢٠، ١٣: ١٨، ١٥: ٥، ١٨: ١٦، ٢٦: ١٤، ٢٧: ١٠، ٢٨: ١، ٢، ٤٥، ٦٢، ٣٠: ٨، ١٠). إِنَّـه تعبـير يتطلّـب طاعـة الإِنْسَـان لِمَـا يَقُـولُه اللّٰه. فـأن نسـمع صـوت الـرّب معنـاه أن نتجـاوب معـه بالطّاعـة. وأَمَّـا كَلِمـة «ماشـيًا מִתְהַלֵּךְ» فـهِيَ فِعـل في اللغـة الْعِبْرِيّـة يصـف حركـة اللّٰه وحضـوره بلغـة بشريّـة تشـخيصيّة anthropomorphic،[6] ورُبَّمـا يُشِـيرُ إلى وقـت الشّركـة الّذي كان مُعتـادًا عليـه

6 (Gk. Anthropos [human] + morphe [form]). Assignment of human attributes to nonhuman things. Biblical anthropomorphisms are used primarily in reference to God, who is neither visible ( John 1:18 ) nor human ( Num 23:19 ; 1 Sam 15:29 ).

آدَم مع الرّب الإله، إلا أنَّ الأمر هذه الْمَرّة مُخْتَلِف. فآدَم غير موجود لأَنَّه مختبئ ولا يريد أن يظهر أمام الله. لم يكن حضور الله وتَمَشّيه في الْجَنَّة بالأمر الغريب، لكن الغريب هُوَ تجاوُب آدَم وحَوّاء بالاختباء من الله. والسَّيْر مع الله هُوَ سِمَة الأتقياء أمثال أَخْنُوخ ونُوح وإبْراهِيم (تَكْوِين ٥: ٢٢، ٢٤، ٦: ٩، ١٧: ١، ٢٤: ٤٠، ٤٨: ١٥). لقد كان رد فِعل آدَم تجاه سماعه صوت الله مُشابهًا لرد فعل إِسْرَائِيل في سيناء وهو الخوف «وَلَمَّا رَأَى الشَّعْبُ ارْتَعَدُوا وَوَقَفُوا مِنْ بَعِيدٍ، وَقَالُوا لِمُوسَى تَكَلَّمْ أَنْتَ مَعَنَا فَنَسْمَعَ. وَلاَ يَتَكَلَّمْ مَعَنَا الله لِئَلاَّ نَمُوتَ» (خُروج ٢٠: ١٨-١٩). وكان وقت افتقاد الله لآدَم «عند هبوب ريح النّهار לְר֣וּחַ הַיּ֑וֹם". وبما أَنَّه لا تُوجَد أيّة إشارة مباشرة أو غير مباشرة إلى وقت مُعيّن، فإنَّ الترجمة العربيّة تكون هِيَ الأقرب إلى النّص العبريّ، فالرّب جَاءَ ماشيًا مع ريح النّهار كما جَاءَ أَيْضًا لأيوب وتكلّم إليه في العاصفة (أيوب ٣٨: ١). لقد وَجْه الله إلى آدَم ثلاثة أسئلة بدأت بأسماء الاستفهام:

- أين أنت؟
- مَنْ أعلمك؟
- هل أكلتَ؟

أَنَّه المَلِك العادِل الّذي لا يريد أن يُصْدِر حُكْمَهُ من دون الاستماع للمخطئ. والله بطبيعة الحال، كلي العِلْم ولا يحتاج إلى أن يعرف الإجابة على هذه الأسئلة من آدَم. فَهُوَ يعلم ما قد حدث. لكن هذه الأسئلة الغرض منها أن يعترف الإنْسَان بفعلته وخطيته، كما فعل الرّب الشّيء نفسه مع قَايِين عندما قتل أخيه هَابِيل (تَكْوِين ٤: ٩).

- **أيـن أنـت؟**: هُـوَ سـؤال الغـرض منـه أن يـدرك آدَم الانفصـال الّذي حـدث داخلـه بسـبب الخطيّـة
- **مَنْ أعلمك أنك عريان؟**: هُوَ سؤال هدفه أن يدرك آدَم حالته أمام الرّب.
- **هـل أكلـتَ مـن الشّـجرة؟**: وأَمَّـا السّـؤالان «**هـل أكلـتَ مـن الشّـجرة؟**»، و«**مـا هـذا الّذي فعلـتَ؟**» فـكان الغـرض منهمـا أن يعـترف آدَم وحَـوَّاء بخطيتهمـا وعصيانهمـا ثُـمَّ التعبـير الإلـهيّ عـن اسـتنكار خطيتهمـا الـتي فعلاهـا.

يبـدأ طريـق التغيـير بالاعـتراف، ولهـذا اسـتجوب الله آدَم ليعـترف بخطيتـه. لقـد نـادى الله على آدَم وليـس على حَـوَّاء، لأنَّ آدَم هُـوَ الّذي أخـذ الوصيّـة مُبـاشرة مـن الله، وبالتـالي يُعَـدُّ هـو المسئول الْأَوَّل أمـام الله. تُشَـوّه الخطيّـة فِكـرَ الإِنْسَـان عـن الله فرغـم أنَّ معرفـة آدَم عـن شـخص الله أَنَّـه كلي الْقُـدْرَة والمعرفـة والوجـود، إلا أنَّ الخطيّـة شَـوَّهَتْ تفكـيره وجعلتـه يظـن أنَّـه بإمكانـه أن يختبـئ مـن وَجْـه الـرّب.

لَيْسَ ذِكْـر المـكان الّذي اختبـأ فيـه آدَم وحَـوَّاء مـن قُبَيْـل الصّدفـة، لكنـه إشـارة مُهِمّـة جـدًا ولاسـيما إذا نظرنـا إلى ذِكْـر الأشـجار في هـذا الأصحـاح وفي الأصحـاح السّـابق. فـفي الأصحاحـين الْأَوَّل والثّـاني مـن سِـفْر التَّكْوِيـن تُشِيرُ الأشـجار إلى تدبـير الله للإِنْسَـان، فمـن جميـع شـجر الْجَنَّـة يـأكل أكلًا. أَمَّـا في الأصحـاح ٣ فـنرى أنَّ الشّـجرة هِيَ موضـوع طاعـة أو عصيـان الإِنْسَـان لوصيّـة الله، وَهِيَ المـكان الّذي جـرى إليـه الإِنْسَـان ليختبـئ مـن الله. وعندمـا طُـرِدَ آدَم وحَـوَّاء مـن الْجَنَّـة مُنِعَـا مـن أن يقتربـا إلى طريـق شـجرة الحيـاة (تَكْوِيـن ٣: ٢٤). لا بُـدَّ أن ننظـر إلى هـذا التركـيز على الشّـجرة أو الأشـجار في ضـوء دَوْر الشّـجرة (الخشـبة) كمـكان للعقـاب بالمـوت («وإذا كان على إِنْسَـان خطيّـة حقهـا الْمَـوْت فَقُتِـلَ وعَلَّقْتَـهُ على خشـبة. فـلا تَبِـتْ جثتـه على الخشـبة بـل تدفنـه في ذلِـكَ الْيَـوْم. لأنَّ الْمُعَلَّـق ملعـون مـن الله...» (تَثْنِيَـة ٢١: ٢٢ – ٢٣)،

ولِذلِكَ الخشبة أو الشّجرة كمكان لعطيّة الحياة «الْمَسِيح افْتَدَانَا مِنْ لَعْنَةِ النّامُوسِ، إِذْ صَارَ لَعْنَةً لأَجْلِنَا، لأَنَّه مَكْتُوبٌ مَلْعُونٌ كُلّ مَنْ عُلِّقَ عَلَى خَشَبَةٍ» (غلاطيّة ٣ ١٣).

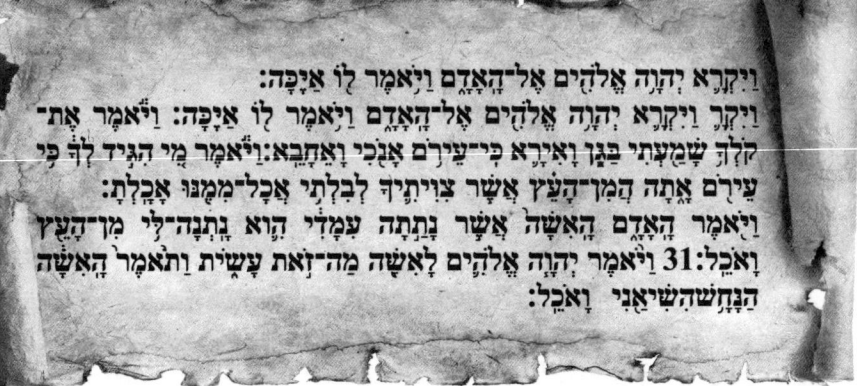

فنادى يهوه إلوهيم آدم وقال له: «أين أنت؟». فقال: «صوتَك سمعتُ في الجنةِ فخِفتُ ولأني عريانٌ اختبأتُ». فقال: «من أعلمَكَ أنك عريانٌ؟ هل أكلت مِن الشجرةِ التي أوصيتُكَ بعدمِ الأكل منها؟» فقال آدم: «المرأة التي اعطيتني لتكونَ معي هي أعطتني مِن الشجرةِ فأكلتُ».فَقَالَ الرَّبُّ الإِلهُ لِلْمَرْأَةِ: «مَا هذَا الَّذِي فَعَلْتِ؟» فَقَالَتِ المرأة: «الْحَيَّةُ غَرَّتْنِي فَأَكَلْتُ».

وقبل أن يعلن الله عقابه ودينونته جاءت كَلِمة الله للإِنْسَان في صُورَة أسئلة «أين أنت؟» (٣: ٩)، و «مَنْ أعلمك أنَّك عُريان؟» (٣: ١١أ)، و «هل أكلتَ من الشّجرة؟» (٣: ١١ب). إنَّ صُورَة الله هُنَا وهو يُوجِّه هذه الاسئلة هِيَ صُورَة القاضي الّذي يستجوب المخطئ قبل أن يُصْدِر حُكْمَهُ عليه. إنَّ آدَم في إجابته على السّؤال الْأَوَّل «أين أنت לוֹ אַיֶּכָּה؟» لم يُقدِّم جوابًا، لكنه أجاب على أمر لم يسأله الرّب عنه وهو «لماذا اختبأت؟». فآدَم اختبأ حتى لا يتقابل مع الله، وبهذا يتهرب من الإجابة على أسئلة الله بخصوص كسر الوصيّة، وليس كما ادَّعَى بأنَّه عريان، وأنَّ هذا يجعله غير لائِق لملاقاة الله، لأنَّه فِعليّاً لم يكن عريانًا، فقد خَاطَ لنفسه أوراق تين

وصنع منها مآزر، لكن السّبب الرّئيسيّ لاختبائه هُوَ أنَّه لا يُريد أن يُواجِه الله بعد أن كسر وصاياه. إنَّ مفهوم «الاختباء» من الله هُوَ مفهوم غريب وفريد. فالله في الْكِتَاب الْمُقدَّس لا يُمكن لشخص أو لشيء أن يختبئ منه، فالكل عريان ومكشوف أمامه (تَكْوِين ٤: ١٤، إشعياء ٦٥: ١٦، إرميا ١٦: ١٧، هُوشع ١٣: ١٤، مزمور ٣٨: ٩، ١٣٩: ٧ -١٢، عبرانيّين ٣: ١٣).

إجابة آدَم على السّؤال: «أين أنت؟»، دعت اللهَ إلى أن يسأله سؤالَيْن: **السّؤال الأَوَّل** «مَنْ أعلمك أنك عريان؟»، فمع أنَّ العُرْي لَيْسَ بالأمر الّذي يَخْفَى على صاحبه، فهل كانت الْحَيَّة أم حَوَّاء هي مَنْ أخبرت آدم بِعُرْيه؟ أم أنَّ آدَم رأى ذلِكَ بعينيْه؟ إن السّؤال إذًا هُوَ مِنْ أين أتى الشّعور بالخجل والذّنب؟ لم ينتظر الله إجابةَ آدم على سؤاله الأَوَّل، فَوَجَّه إليه **السّؤال الثّاني** «هل أكلتَ مِن الشّجرةِ الّتي أوصيتُكَ أن لا تأكل منها؟» وهُنا تحوَّل الله من المُحَاوِر إلى المُدَّعِي، حتى يمكن لآدَم أن يدرك جُرْمَهُ وأن يعترف به.

ومع أَنَّه يمكن تلخيص الإجابة السّليمة على سؤال الله السّابق في كَلِمة واحدة وَهِيَ «نعم»، إلا أنَّ آدم رَاوَغَ وحاول أن يتهرّب من السّؤال بإلقاء اللوم على حَوَّاء قائلًا «الْمَرْأَة الّتي جعلتَها معي هِيَ أعطتني من الشّجرةِ فأكلتُ.» ومع أنَّ المعنى القريب الّذي نستشِفُّه من كلام آدم هُوَ أنَّ اللوم كُلّه يقع على حَوَّاء، لكن المعنى الآخر والأدق هُوَ أنَّه يلوم الرّب نفسه الّذي أعطاه حَوَّاء لتكون مُعِينًا له نظيره. اكتشف آدَم بإلقائه اللوم على حَوَّاء والله أَنَّه لا يُمكنه أن يهرب من المسؤوليّة، ولهذا خَتَمَ كلامه بكلمة «**فأكلتُ וָאֹכֵל**»، والتي تعد اعترافًا رسميًا بالخطيّة، فالْكِتَاب الْمُقدَّس يُؤكِّد أنَّ الإنْسَان بلا عذر (رُوميَة ٢: ١)، فكل الأعذار الّتي نختلقها للهروب من المسؤوليّة لا يمكن أن تُبرِّرنا أمام الله الدّيَّان.

حينئذ وَجه الرّب سؤالًا للمرأة فقال «**مَا هذَا الّذي فَعَلْتِ מַה־זֹּאת עָשִׂית**؟» وكأنّه يَقُولُ لها هل تدركين ما فعلتِ؟ فكانت إجابة الْمَرْأَة مُشابهة لإجابة آدَم، إذ بدورها ألقت باللوم على الْحَيَّة فقالت «الْحَيَّة غرّتْني فَأَكَلْتُ». من المؤسف أنَّ الْمَرْأَة الّتي ابتهج آدَم برؤيتها ذات يَوْم، والتي خُلِقَتْ لتكون مُعِينًا له نظيره أصبحت مُعِينًا له في الجريمة. ومع أنَّ حَوَّاء سارت في نفس النّهْج كآدَم بالدّفاع عن نفسها، إلا أنَّ إجابتها وإن كانت تشبه إجابة آدَم، إلا أَنَّها لم تَقُل للرب «الْحَيَّة الّتي خلقتَها هِيَ الّتي أغوتني»، كما لم تقل «الرّجل الّذي أعطيتني كان بإمكانه أن يمنعني»، لكنها اعترفت بأنّها قد أُغْوِيَتْ «**الْحَيَّة غرّتْني**». والفِعل في «غرّتني הַשִּׁיאַנִי»، وهو يُنْطَق بالعبريّة «هِيشِياني» بمعنى «يخدع»، هُوَ نفس الْفِعْل الّذي استخدمه ربشاقي في كلامه مع سكان أورشليم عندما قَالَ لهم «لاَ يَخْدَعْكُمْ حَزَقِيَّا لأَنّه لاَ يَقْدِرُ أَنْ يُنْقِذَكُمْ» (إشعياء ٣٦: ١٤)، ولِذلِكَ وَرَدَ في كلام ملك أشور «لاَ يَخْدَعْكَ إِلهُكَ الّذي أَنْتَ مُتَوَكِّلٌ عَلَيْهِ» (إشعياء ٣٧: ١٠). وختام الكلام، فإنَّ آدَم وحَوَّاء قد اعترفا في نِهَايَة الأمر بأنّهما قد «أكلا»، وكان هذا الاعتراف كافيًا بأن يُعلن الله القدوس دينونته وعقابه العادلَيْن.

ومن الأمور الّتي نُلاحظها في دراستنا للخلق والسّقوط هُوَ أنَّ الترتيب الإلهيّ في الأصحاح الثّاني من سِفْر التَكْوِين قد انعكس في الأصحاح الثّالث منه. فترتيب الأشخاص في الأصحاح الثّاني هُوَ:

**الله ← آدم ← المرأة ← الحيوانات**

فالله خلق آدَم، ومن آدم صُنِعَتْ حَوَّاء، وأُعْطِيَ الاثنان سُلطانًا على الحيوانات. لكننا نجد أنَّ الترتيب في الأصحاح الثّالث اختلف كالآتي:

الله ← آدم ← المرأة ← الحية

فالْحَيَّـة اقتربـت إلى حَـوَّاء الّـتي سـمعت بدورهـا لهـا واقتنعـت بكلامهـا وأعطـت رجلهـا، ووضـع الاثنـان اللـوم على الله.

## نتائج الخطيّة (تَكْوِين ٣: ١٤ – ١٩)

### أَوَّلًا الْحَيَّة

فقـال يهـوه إلوهيـم للحيـة: «لأنـكِ صنعـتِ هـذا، ملعونـةٌ أنـتِ مـن كلِّ البهائـم ومـن كل حيـوانِ البريَّـةِ. على بطنِـكِ تسـعين وتُرابًـا تأكلـينَ كلَّ أيـامِ حياتِـك.

يختلـف ترتيـب أحـداث السّـقوط وكَسْر الإِنْسَـان لوصيّـة الله في ترتيبـه عـن ترتيـب إعـلان الله للدينونـة. فـفي ترتيـب أحـداث السّـقوط يـأتي هكـذا خطيّـة الرّجـل «آدم» (٣: ٩ -١١)، ثُـمَّ خطيّـة الْمَـرْأَة (٣: ١٢)، ثُـمَّ لَعْـن الـرّب للحيّـة (٣: ١٣). إنَّنـا نجد أن هـذا الترتيـب قـد انعكـس عنـد إعـلان دينونـة الله حَيْـثُ يبـدأ الله أَوَّلًا بالْحَيَّـة (٣: ١٤ – ١٥)، ثُـمَّ بالْمَـرْأَة (٣: ١٦)، وأخـيرًا بالرُّجـل (٣: ١٧ -١٩). ويَقُـولُ هاميلتـون Hamilton إنَّ كَلِمـة الله تضمَّنَـت

أمرين لكل مُتَعَدٍّ أمر يخُصُّ الوظيفة function، وأمر يخُصُّ العلاقة relationship.[٧]

**ملعونةٌ أنتِ אָרוּר אַתָּה**، بدأ الرّب الإله الدّينونة بالحَيَّة لأنّها العدو الأساسيّ والمُقَاوِمِ الأَوَّل لعمل الله. لُعنت الحَيَّة وحدها، لكن الله لم يلعن آدم وحَوَّاء. وَيُؤَكِّد إعلان اللعنة على الحَيَّة أَنَّها ليست مُجَرّد حيوان، بل هِيَ تُمثِّل شيئًا أكبر من ذلِكَ بكثير.

إنَّ الفكرة الأساسيّة في اللعنة هِيَ الرّبط أو التقييد binding.[٨] وكلمة «لعنة» بالعبريّة هِيَ «ארר، أرور» وتعني «مُعَاقَب» أو «مَنْفِي». فهي عكس البركة.[٩] فالله يُعاقب الحَيَّة بالنّفي من مكان البركة. امتدت اللعنة إلى طريقة تحرُّك الحَيَّة «على بطنك تَسْعين». ونتيجةً لقُربِها من التراب ستأكل التراب، وليس هذا معناه أنَّ التراب سيكون طعامًا للحيّة، لكن بسبب سَعْي الحَيَّة على بطنها ووجودها قرب التراب، سيدخل التراب فمها. فَمَنْ أَغْوَتْ حَوَّاء لتأكل من الشّجرة ستأكل التراب، وَمَنْ وُصِفَتْ بأنَّها «أَحْيَل עָרוּם، عاروم» جميع حيوانات البريّة أصبحت «**ملعونةٌ، אָרוּר أرور**»، أيّ منفيّة ووحيدة.[١٠] يحمل التعبيران «على بطنك تسعين» و«ترابًا تأكلين» معاني الإذلال والإخضاع والهزيمة الكامِلة «وَصَرْحَ ارْتِفَاعِ أَسْوَارِكِ يَخْفِضُهُ، يَضَعُهُ، يُلْصِقُهُ بِالأَرْضِ إِلَى التُّرَابِ» (إشعياء ٢٥: ١٢) «وَيَكُونُ الْمُلُوكُ حَاضِنِيكِ وَسَيِّدَاتُهُمْ مُرْضِعَاتِكِ. بِالْوُجُوهِ إِلَى الأَرْضِ يَسْجُدُونَ لَكِ،

7 Hamilton, *The Book of Genesis 1- 17, 196.*

8 Gerard Van Groningen, *The Messianic Revelation in the Old Testament* (Eugene, Oregon: Wipf and Stock,1997), 106-112.

9 Koehler, L., Baumgartner, W., Richardson, M. E. J., & Stamm, J. J. (1994–2000). *The Hebrew and Aramaic lexicon of the Old Testament* (electronic ed., p. 91). Leiden: E.J. Brill; Brown, F., Driver, S. R., & Briggs, C. A. (1977). *Enhanced Brown-Driver-Briggs Hebrew and English Lexicon* (p. 76). Oxford: Clarendon Press, and Hamilton, V. P. (1999). 168 אָרַר. R. L. Harris, G. L. Archer Jr., & B. K. Waltke (Eds.), *Theological Wordbook of the Old Testament* (electronic ed., p. 75). Chicago: Moody Press.

10 See Nahum Sarna, "Genesis" *The JPS Torah Commentary.* (Jerusalem: The Jewish Publication Society, 1989),27 and Bruce K. Waltke, *Genesis: A Commentary* (Grand Rapids: Zondervan, 2001), 93.

وَيَلْحَسُونَ غُبَارَ رِجْلَيْكِ، فَتَعْلَمِينَ أَنِّي أَنَا الرَّبُّ الَّذِي لاَ يَخْزَى مُنْتَظِرُوهُ» (إشعياء ٤٩: ٢٣، أنظر أيضًا: مزمور ٧٢: ٩، وميخا ٧: ١٧) الّتي تتمثّل في أنَّ مصيرها هُوَ لحس التراب.

## الوعد بمجيء المسيا (تَكْوِين ٣: ١٥)

وأجعلُ عداوةً بينَكِ وبينَ المرأة، وبين نسلِك وبين نسلِها، هو يسحقُكِ رأسًا وأنتِ تسحقين عَقِبه.

إنَّ كُلاً من نسل الْمَرْأَة ونسل الْحَيَّة كامنٌ فيهما، فهما ليسا مُجَرّد شخصين أدانهما الرّب، بل إنَّنا الآن نرى أنَّهما يُمثّلان نسلًا كاملًا. فالْحَيَّة بالنّسبة لحَوَّاء ونسلها ليست رمزًا للتكاثر كما هُوَ عند الكنعانيين، ولا رمزًا للحماية كما هُوَ عند المصريّين القدماء، بل هِيَ العدو. ويتضمّن هذا الإعلان الإلهيّ ثلاث حقائق:

١. يُؤَكّد هذا الوعد استمرار الله كَسَيّد وصاحب السّلطان. فإبليس سَبَى الإِنْسَان وأغواه، كما قَالَت حَوَّاء، لكن الله ما زال سيد الموقف، وهو ما يزال يفكر وينشغل بالإِنْسَان السّاقط، وهو الآن يعلن خطة الفداء ويُمارس سُلطانه على الإِنْسَان والْكَوْن والتاريخ كله.

٢. نجد في هذا الوعد محبَّة الله للإِنْسَان وقد أُعْلِنَتْ بصُورَة لم نَرَهَا من قبل. إنَّها محبَّة للإِنْسَان العاصي الخاطئ. إنَّها النّعمة الّتي أُعْلِنَت بوضوح.

٣. جاء إعلان نعمة الله ومحبته مرتبطًا بإعلان عدله، فسوف يتعامل الله مع المُجَرِّب وسوف يسحق رأس الحَيَّة. يُعلن الله في هذه الآية أوّل خبر سَار لخلاص الإنسان السّاقط، أو كما يُطْلَق عليها «الإنجيل الأوّل» Gospel first the - Protevangelium. ونحتاج في هذا الشّأن إلى أن نُجيب على ثلاثة أسئلة مُهّمة وجوهريّة وهي:

- ما معنى الْفِعْل يسحق؟
- ما معنى الْكَلِمة نسل؟
- مَنْ هُوَ هذا الّذي سيسحق رأس الحَيَّة؟

▪ معنى الْفِعْل «يسحق שׁוּף: استخدمت بعض الترجمات الإنجليزيّة مثل NIV كلمتيْن لنفس الْكَلِمة العبريّة، وهما Crush…strike [11]، أَمّا في اللغة العربيّة وترجمة فانديك – الّتي تُعَدُّ أقرب إلى النّص الْعِبْرِيّ – فقد استخْدَمَت كَلِمة «يسحق» مرتيْن كمعنى للفعل الْعِبْرِيّ الّذي ذُكِرَ أَيْضًا مرتيْن. وليست المقارنة في هذه الآية بَيْنَ «يسحق رأسك» و «تسحقين عقبه»، بل هِيَ في الحقيقة بَيْنَ «هو»، و «أنتِ».

▪ معنى كَلِمة «نسل»: أما معنى الْكَلِمة الثّانيّة والْمُهّمة في هذه الآية وَهِيَ «نسل זֶרַע»، وتُنْطَق بالعبريّة «زَرِعَا»، فإنَّها كَلِمة تُشِيرُ إلى الأبناء. فشيث «نسل (زرع) آخر» (تَكْوِين ٤: ٢٥)، وإِبْراهِيم يرثي لحاله ويَقُولُ للرب لأنك «لم تعطني نسلًا (زرعًا)» (١٥: ٣)، وإسماعيل هُوَ نسل (زرع) إِبْراهِيم (٢١: ١٣)، ورفض أونان أن يُقِيم لأخيه نسلًا «زرعًا» من ثامار (تَكْوِين ٣٨: ٨ -٩)، وصموئيل هُوَ نسل «زرع» حَنَّة (١ صموئيل ١: ١١، ٢: ٢٠)، وسليمان هُوَ نسل «زرع» دَاوُد (٢ صموئيل ٧: ١٢). إنَّ كَلِمة «نسل - زَرِع» اسم جمع Collective Noun يُشِيرُ إلى المفرد والجمع، وَيُشِيرُ إلى كُلّ النّسل حتى العدد الكبير منهم (تَكْوِين ٩: ٩، ١٢: ٧، ١٣: ١٦، ١٥: ٥، ١٣، ١٨، ١٦: ١٠، ١٧: ٧ -١٠، ١٢، ٢٢: ١٧ -١٨).

---

١١ يرى بعضهم أن كَلِمة «يسحق» تعنى ان تستخدم قدمك لسحق شيء، ولهذا فلا يمكن ان ينطبق هذا على المسيا، ولهذا استخدموا كَلِمة Strike.

▪ **وبخصوص «هو يسحقُك رأسك הוּא יְשׁוּפְךָ רֹאשׁ»**، فَمَنْ هُوَ هذا الّذي سيسحق رأس الْحَيَّة؟ إنَّه نسل الْمَرْأَة، أيّ ذلِكَ الشّخص الّذي سيأتي من نسل الْمَرْأَة. ترجمت الترجمة السّبعينيّة LXX «هو» باليونانيّة «autos» كاسم مذكر، كما أنَّ ترجوم أونكيلوس، وترجوم يوناثان، والترجوم الأورشليميّ ترجمت هذا النّص الْعِبْرِيّ إلى الآراميّة قبل ميلاد الْمَسِيح بمئات السّنين على أَنَّه نص يُشِيرُ إلى المسيا.[١٢] فبما أنَّ نسل الْمَرْأَة سوف يُصارع ضِد نسل الْحَيَّة، وبما أنَّ رأس الْحَيَّة فقط هُوَ الّذي سيسْحَق، فإنَّنا نتوقّع أن يكون نسل الْمَرْأَة هُنَا شخصًا مفردًا، مُخَلِّصًا. وفي ضوء إعلان الله المتدرِّج في الْكِتَاب الْمُقدَّس، سيأتي هذا الشّخص من نسل سام، ومن إِبْراهِيم، ومن نسل يَعْقُوب وبالتحديد من سبط يَهُوذا منه، وهو ابن دَاوُد بحسب الجسد (٢ صموئيل ٧: ١٢، مزمور ٨٩: ٤) الّذي سيسحق رأس الْحَيَّة (مزمور ٨٩: ٢٣)، ولهذا سيأكل العدو التراب (مزمور ٧٢: ٩)، وهو في الْعَهْد الْجَدِيد، الْمَسِيح، المسيا الْمُخَلِص الّذي يملك حتى يضع أعداءه تحت قدميْه (١ كورنثوس ١٥: ٢٥). كما أنَّ النّص الْكِتَابيّ يُؤَكِّد أَنَّه هُوَ نفسه الّذي سوف تسحق الْحَيَّة عَقِبَهُ (إشعياء ٥٣: ١٢، لُوقَا ٢٤: ٢٦، ٤٦ -٤٧، رُوميَة ١٦: ٢٠، ٢ كورنثوس ١: ٥ -٧، كولوسي ١: ٢٤، ١ بطرس ١: ١١). وبطبيعة الحال، لا يُفْهَم من نسل الْحَيَّة هُنَا أَنَّه يعني «حَيَّات صغيرة» أيّ الأرواح الشّريرة. لكن المعنى الأدق هُوَ أن ننظر إلى نسل الْحَيَّة على أنَّهم البشر الّذين يتمرّدون ضِد الله، فالإِنْسَانيّة من الآن فصاعدًا سوف تنقسم إلى نَسْلَيْن: المختارين، وهُم الْمُحِبُّون لله وحافظو وصاياه، والمتمرّدين، وهُم الْمُحبّون لأنفسهم (يُوحَنَّا ٨: ٣١ – ٣٢، ١ يُوحَنَّا ٣: ٨).

١٢ يَقُولُ ترجوم اورشليم وترجوم يوناثان «وأضع عداوة بينك وبين الْمَرْأَة، وبين نسل أبنائها ونسل أبنائك، وعندما يحفظ نسل وأبناء الْمَرْأَة النّاموس والشّرائع يسحق رأس الْحَيَّة، لكن عندما يترك النّاموس والشّرائع تسحق الْحَيَّة عقبه، لكن يُوجَد دواء لنسل الْمَرْأَة. أَمَّا نسل الْحَيَّة فليس له دواء، هذا الدّواء لنسل الْمَرْأَة سوف يكون في أيام المسيا الملك»

## الْمَرْأَة ونتائج الخطيّة (٣: ١٦)

وللمـرأة قـال: «تكثيرًا أكثِّرُ مشقَّاتِ حمْلِك، فبالمشقَّةِ تلدينَ بنينَ. وإلى رجُلِك يكونُ اشتياقُكِ وهو يتسلطُ عليكِ».

لا يحتوي عقاب الله لحوَّاء ومن بعدها آدَم على لعنة كما لُعِنَتْ الحَيَّة. لقد شملت دينونة الله لحَوَّاء أمريْن: الأَوَّل مُتعلِّق بإنجابها للأولاد، والثّاني مُرتبط بعلاقتها بزوجها.

**أَوَّلًا، إنجاب الأولاد:** في البِدايَة، عندما خلق الله الإِنْسان شملت البركة الّتي باركهما بها الإثمار والإكثار على الأرض «أثمروا واكثُرُوا وأملأُوا الأرض...» (تَكْوِين ١: ٢٨)، أَمَّا الآن وبعد السّقوط، فقد اُسْتُبْدِلَ الخُلُود بالذّرِيّة،[١٣] ليفتح الباب لتاريخ الخلاص. سيأتي من الأولاد أو النّسل المخلِّص المسيا الّذي يسحق رأس الحَيَّة. إنَّ الأمر الّذي اختلف بعد السّقوط هُوَ أن البنين يُولَدون «بالوجع עִצָּבוֹן»،[١٤] وتُنْطَق بالعبريّة «عِتْسَابون» أيّ بالتعب والألم والوجع، وسيكون هذا في الوقت نفسه تذكارًا - في كُلّ مَرَّة تُنْجِب فيها الْمَرْأَة - لوعد الرّب بمجيء المخلص.

13 Waltke, *Genesis: A Commentary,* 94.

١٤ لا تُشِيُر هذه الكَلِمة في أصلها العِبْري إلى الألم الجسدي فقط، بل تشمل أَيْضًا الألم النّفسي والمعاناة النّفسيّة المصاحبة للحمل والولادة.

الرّجل هُوَ الّذي «يسود (يتسلّط) عليها». ويتماشى هذا التفسير مع فِكْرَة الدّينونة ونتائج الخطيّة.١٥ يَقُولُ سارنا Sarna «من الواضِح في وصف الْمَرْأَة في تَكْوِين ٢: ١٨، ٢٣ على أَنَّها المُعِين النّظير... إِنَّها مُساويّة بالكامل للرجل. ولهذا فالوضع الحالي وتسلُّط الرّجل يُعَدُّ عنصرًا من عناصر التدهور في حالة الإِنْسَان نتيجة تحدّي الإِنْسَان للمشيئة الإلهيّة.»١٦

## الرّجل ونتائج الخطيّة (٣: ١٧ – ١٩)

ولآدم قالَ: «لأنك سمعتَ لقولِ امرأتِك وأكلتَ من الشجرةِ التي أوصيتُك قائلًا: لا تأكلْ منها. ملعونٌ الأديمُ* بسببِكَ، بمشقةٍ تاكلُ منه كلَّ أيامِ حياتِك. وشوكًا وحسكًا يُنبِتُ لك وتأكلُ عُشبَ الحقلِ. بعرَقِ وجهِكَ تأكلُ خُبزًا حتى عودتِك إلى الأديمِ* لأن مِنهُ أُخِذتَ. لأنكَ ترابٌ وإلى ترابٍ تعود.**

* The ground.
** Maher Fayez translation of Genesis 1- 11.

15 See Susan T. Foh, " What is the Woman's Desire?" *Westminster Theological Journal 37* (1975) 376 – 83>
16 Sarna, *Genesis,* 28.

يُعَدُّ حديث الله لآدَم وإعلانه الدّينونة على خطيته الأطول بَيْنَ أحاديث الدّينونة الثّلاثة الّتي نطق بها، وَذلِكَ لأنَّ آدم يُعَدُّ المتلقي الْأَوَّل لوصيّة الله بعدم الأكل من الشّجرة، وهو المسؤول الْأَوَّل عن حفظ الوصيّة.

**ملعونة الأرض אֲרוּרָה הָאֲדָמָה، أروراه هَا آدَماه.** والتركيز هُنَا على «الأديم»، «التربة». نجد هُنَا للمرة الثّانيّة عقابًا من نفس ثمر الفعل. فلأن خطيّة الإنْسَان هِيَ أَنَّه «أكل»، فإنّنا نجد أنَّ الرّب يذكر نفس الْكَلِمة في هذه الآيات الثّلاث خمس مرّات. كما نلاحظ أَيْضًا أَنَّه يُوجَد تشابُه إلى حَدٍّ ما بَيْنَ عقاب الله للحيّة وعقابه لآدَم. فالْحَيَّة تأكل من تراب الأرض، وآدَم يأكل بالمشقة وبعرق وجهه. لِذلِكَ يُوجَد تشابُه بَيْنَ عقاب الله للمرأة وعقابه لآدَم، فالأُولَى بالتعب والمشقة تحبل وتلد، والثّاني بالمشقة يأكل كُلّ أيام حياته.

**بالتعب עִצָּבוֹן، عِتسابون،** by toil وَهِيَ نفس الْكَلِمة الّتي أُسْتُخْدِمَت لتشير إلى مشقة الْمَرْأَة في الولادة، فتعب الرّجل الجسديّ في العمل في الأرض يُساوي مشقة الْمَرْأَة في إنجابها للبنين. شملت دينونة الله لكُلٍّ من حَوَّاء وآدَم أكثر الأمور الّتي من خلالها يُحقِّق كُلّ منهما ذاته في الحياة. فالْمَرْأَة تشعر بكمالها من خلال إنجاب الأولاد وعلاقتها بزوجها، في حين يشعر الرّجل بكماله في العمل وتوفير احتياجات الأسرة. نتجت عن خطيّة الأكل من الشّجرة الْمُحَرَّمَة عنها تعقيدات في علاقة الإنْسَان بالأرض الّتي يخرج منها الشّجر والثّمر. لم يُلْعَن الإنْسَان نفسه. فالأديم - أو الأرض بمعنى التربة الزّراعيّة والتراب - هُوَ الّذي لُعِنَ. فعلاقة التناغم بَيْنَ الإنْسَان والطّبيعة الّتي كانت موجودة تغيرت بسبب السّقوط. كما أنَّ المشقة لا تأتي من العمل (تَكْوِين ٢: ١٥) بل من التربة غير الْمُتعاوِنة

مـع الإِنْسَـان. فمـن الآن وصاعـدًا يكـون العيـش مرتبـط بالكـدح المُتواصـل والعَـرَق الكثـير.

**وشـوكًا وحسـكًا،** الشّـوك والحسـك هُـوَ الـزّوان الّذي يحرم النّباتـات مـن الضَّـوْء ويسـلب مـن التربـة المـاء والعنـاصر المعدنيّـة، ويتطلّـب مـن الإِنْسَـان مجهـودًا كبـيرًا للسـيطرة عليـه. ولا تنتـهي حالـة التعـب هـذه إلا بانتهـاء حيـاة الإِنْسَـان على الأرض. فالتَوْبـة والنّـدم على الخطيّـة لـن يرفعهـا، بـل سـتكون جُـزْءا مـن حيـاة الإِنْسَـان على هـذه الأرض حـتى يعـود إلى الـتراب. والأرض الّـتي طلـب الـرّب مـن آدَم أن يتسـلّط عليهـا هِيَ الآن تقاومـه وتُرْهِقـهُ (تَكْوِين ٢: ٧، رُوميَـة ٨: ٢٠ -٢٢). وكمـا أنَّ الآيَـة ١٨ مـن سِـفْر التَكْوِيـن الأصحـاح ٣ تهـدف إلى إظهـار حالـة الأرض «الأديـم» قبـل السّـقوط وبعـده. فـإنَّ الآيَـة ١٩ تُركّـز على إظهـار حالـة الإِنْسَـان قبـل السّـقوط وبعـده. فقبـل السّـقوط، خلـق الله آدَم مـن تـراب الأرض ونفـخ في أنفـه نسـمة حيـاة (٢: ٧)، لكـن بعـد السّـقوط لا بُـدَّ أن يعـود الإِنْسَـان إلى الـتراب الّذي أُخِـذَ منـه (٣: ١٩). وبإظهـار حالـة الأرض والإِنْسَـان قبـل السّـقوط وبعـده، تُؤكّـد كَلِمـة الله أنَّ كُلّ مـا تكلـم عنـه الله مـن نتائـج للعصيـان قـد صـار حقيقـة وواقعًـا يعيشـه الإِنْسَـان. فهـا هُـوَ الإِنْسَـان الّذي حـاول أن يُعَـلِي مـن نفسـه ليصـير كالله بكـسره للوصايـا لـم يَجْنِ إلا عقابًـا بالمَـوْت وحيـاةً مُمتلئـة بالـصّراع حـتى يتمكّـن مـن الاسـتمرار فيهـا وأخـيرًا يعـود إلى الـتراب.

## خلاص بعد السّقوط (٣: ٢٠ – ٢١)

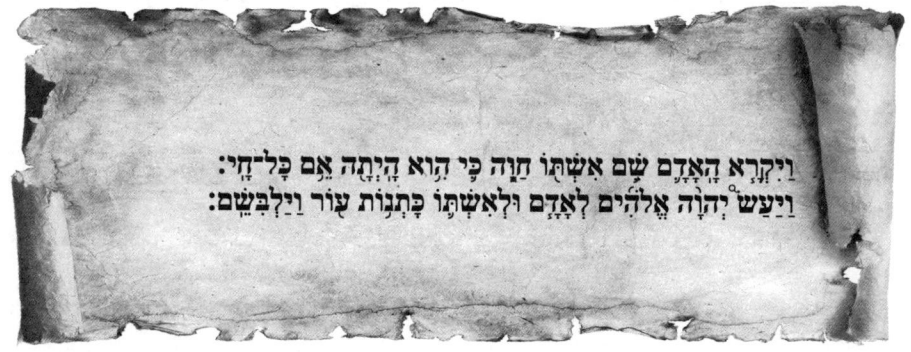

ودعا آدمُ اسم امرأتِهِ حواءَ لأنَّها أمُّ كلِّ حيٍّ.
وصنعَ يهوه إلوهيم لآدم ولامرأتِهِ أقمِصةً من جلدٍ وألبَسهُما.

كان رد فِعْل الإِنْسَان في البِدَايَة هُوَ الإنكار وإلقاء اللوم على الآخر. فحَوَّاء لَامَت الْحَيَّة، وآدَم لامَ الْمَرْأَة واللّٰه الّذي أعطاه إيَّاها (تَكْوِين ٣: ١٠، ١٢ – ١٣). أَمَّا بعد إعلان اللّٰه عن مجيء المُخَلِص من نسل الْمَرْأَة وتجدُّد الأمل في قلب الإِنْسَان الخاطئ، نجد أنَّ هُنَاك تحوُّلًا قد حَدَثَ في رد فِعل الإِنْسَان، الّذي صار رد فِعل الإيمان والتصديق.

**ودعا آدَم اسم امرأتِهِ حَوَّاء וַיִּקְרָא הָאָדָם שֵׁם אִשְׁתּוֹ חַוָּה**، اسم «حَوَّاء» مشتق من كلِمة «حياة» أيّ أَنَّها أم كُلّ حي. فمع أَنَّها لم تلد بعد، إلا أَنَّها ستكون أُمًّا لكُلِّ حي. ويأتي الْفِعْل المُسْتخدَم هُنَا في صيغة الماضي ويُطْلِق عليه عُلَماء اللغة «الماضي النّبويّ»، بمعنى أَنَّه رغم أن الحَدَث لم يحدث بعد، إلا أَنَّه يُكْتَب في صيغة الماضى وكأنَّه حدث لتأكيد الحدث وكأنه قد تَمَّ فعلًا. لكن لماذا أطلق آدَم على امرأته اسمًا ثانيًا «حَوَّاء»؟ ولماذا لم يكتفِ بتسميتها بالاسم العام الّذي أطلقه عليها «امرأة» (٢: ٢٣)؟ يعبّر آدَم بإعطاء امرأته اسمًا ثانيًا، وهو حَوَّاء، عن إيمانه. فَهُوَ يُؤمن

بأنَّه رغم كلام الرّب له «لأنك تراب وإلى تراب تعود»، إلا أنَّه لن يكون الْأَوّل والآخِر للجنس البشريّ، بل منه - مع حَوَّاء - سيخرج نسل يأتي منه المُخَلِص الّذي يسحق رأس الْحَيَّة. فبعدما رأى آدَم وسمع واختبر أنَّ أُجْرَة الخطيّة هِيَ مَوْت وخراب وانفصال، يُعلن الآن - على أساس الرّجاء والوعد بمجيء المسيا - أنَّ هذا الوعد سوف يجعل الحياة مستمرّة وأنَّ حَوَّاء ستكون أمَّا لمن يَرُد الحياة للبشريّة الهالكة. لقد قَبِلَ آدَم تدبير الله باستمرار حياة الأسرة السّاقطة من خلال النّسل. إذ سيخرج من الوالدّين السّاقطين المخلِّص والفادي.

**أقمِصةً من جلدٍ כָּתְנוֹת עוֹר**، خاط آدَم وحَوَّاء - بعد السّقوط - لأنفسهما أغطيّة من ورق التين (٣: ٧)، لكن الآن يصنع الرّب بنفسه لهما أقمصة من جِلْد، ويتم هذا بذبح الحيوان.[١٧] لكن لماذا قام الله بنفسه بهذا العمل؟ لماذا لم يطلب من آدَم وحَوَّاء أن يقوما به بأنفسهما؟ إن السّبب هُوَ أن الله وحده هُوَ القادِر أن يتعامل مع خجل الإِنْسَان، فمحاولة آدَم وحَوَّاء السّابقة لم تكن ناجحة. والله وحده هُوَ القادر أن يتعامل مع خطايانا ونتائج خطايانا. وبهذا العمل رَدَّ الله للإِنْسَان كرامته وأنهى حالة العُزْلَة الّتي شَعَرَ بها بعد السّقوط. وأكثر من ذلِكَ هُوَ أنَّ الله عَمِل هذا للإِنْسَان السّاقط في الْيَوْم السّابع الْيَوْم الّذي استراح الله فيه من كُلّ عمله الّذي عمل وهو عمل الخلق. فعمله نيابة عن الإِنْسَان الخاطئ هُوَ عمل خلاصي، فإله الْكَوْن الخَالِق هُوَ نفسه المخلص والمدبر لخلاص الإِنْسَان.[١٨]

١٧ يرى بعضهم في ذبح الحيوان وصنع الأقمصة من جلده إشارة إلى ذبيحة الخطيّة

18 Kenneth A. Mathews, *Genesis 1- 11 26* The New American Commentary, 235.

## الطرد من الجنة (٣: ٢٢ - ٢٤)

וַיֹּ֣אמֶר׀ יְהוָ֣ה אֱלֹהִ֗ים הֵ֤ן הָֽאָדָם֙ הָיָה֙ כְּאַחַ֣ד מִמֶּ֔נּוּ לָדַ֖עַת ט֣וֹב וָרָ֑ע וְעַתָּ֣ה׀ פֶּן־יִשְׁלַ֣ח יָד֗וֹ וְלָקַח֙ גַּ֚ם מֵעֵ֣ץ הַֽחַיִּ֔ים וְאָכַ֖ל וָחַ֥י לְעֹלָֽם׃ וַֽיְשַׁלְּחֵ֛הוּ יְהוָ֥ה אֱלֹהִ֖ים מִגַּן־עֵ֑דֶן לַֽעֲבֹד֙ אֶת־הָ֣אֲדָמָ֔ה אֲשֶׁ֥ר לֻקַּ֖ח מִשָּֽׁם׃ וַיְגָ֖רֶשׁ אֶת־הָֽאָדָ֑ם וַיַּשְׁכֵּן֩ מִקֶּ֨דֶם לְגַן־עֵ֜דֶן אֶת־הַכְּרֻבִ֗ים וְאֵ֨ת לַ֤הַט הַחֶ֙רֶב֙ הַמִּתְהַפֶּ֔כֶת לִשְׁמֹ֕ר אֶת־דֶּ֖רֶךְ עֵ֥ץ הַֽחַיִּֽים׃

وقـال يهـوه إلوهيـم: «هـوذا الإنسـان صـارَ كواحـدٍ منـا، عارفًـا الخيرَ والـشرَّ. والآنَ لعلَّـهُ يمـدُّ يـدَهُ ويأخـذ أيضًـا مـن شـجرةِ الحيـاةِ ويـأكلُ ويحيـا إلى الأبـدِ. فأرسَـلَهُ يهـوه إلوهيـم مـن جنـةِ عـدنٍ لخدمـة الأديـمَ الذي أُخِـذ منـهُ. فطـرَدَ آدم وأسـكَنَ شرقي جنـةِ عـدنٍ الكاروبيـمَ ولهيـبَ سـيفٍ متقلـبٍ لحراسـةِ طريـقِ شـجرةِ الحيـاةِ.

لقـد شـمل حكـم الدّينونـة الإلـهي أَيْضًـا طَـرْد الإنْسَـان مـن الْجَنَّـة وحرمانـه مـن الوصـول إلى شـجرة الحيـاة. إِنَّـه حكـم سـببي، والسّـبب هُـوَ أن الإنْسَـان «صـار... عارفًـا الخـير والـشّر» (٣: ٢٢). لقـد حصـل الإنْسَـان على معرفـة الخـير والـشّر بطريقـة غـير شرعيّـة ورُبَّمـا أراد أن يفلـت أَيْضًـا مـن العقـاب بـالأكل مـن شـجرة الحيـاة، لكـن اللّٰه حرمـه منهـا لأَنَّ عقـاب الخطيّـة هُـوَ الْمَـوْت. فـفي حالـة السّـقوط، لا بُـدَّ أن يكـون الإنْسَـان الخاطـئ تحـت حكـم الْمَـوْت والدّينونـة. لـم تجعـل المعرفـة الّـتي حصـل عليهـا آدَم إيـاه كاللّٰه، لأَنَّ آدَم عـرف الـشّر بالاختبـار، وعـرف الخـير عندمـا تَعَـرَّى، وعلـم أن مـا فعلـه لـم يكـن هُـوَ الخـير. والحيـاة الأبديّـة هِيَ عطيّـة إلهيّـة مرتبطـة بطاعـة الإنْسَـان (تَثْنِيَـة ٣٠: ١١ – ٢٠).

ولقـد كان الحُكْـم بالطّـرد مـن الْجَنَّـة – ليخـدم الأرض الّـتي وقعـت تحـت اللعنـة الإلهيّـة (٣ :١٧) - حُكْمًـا بالطّـرد النّهـائي، ولهـذا يَقُـولُ الـوحي «فأخرجـه וַיְשַׁלְּחֵהוּ، وَيِشـالِحِهُو» (٣: ٢٣)، وَهِيَ نفـس الْكَلِمـة الّتي اُسْـتُخْدِمَتْ

لوصف ما فعله إِبْراهِيم نحو هاجر عند طردها من البيت «**فصرفها**» (تَكْوِين ٢١: ١٤، ٢٥: ٦)، كما أُسْتُخْدِمَتْ لوصف تيس عزازيل وإرساله إلى البريّة (لاويّين ١٦: ١٠).

**فَطَرَدَ וַיְגָרֶשׁ، وَيجارِيش**، وقد أُسْتُخْدِمَتْ أَيْضًا في طرد قَايِين (٤: ١٤)، وسارة طلبت من إِبْراهِيم أن يطرد الجاريّة وابنها (تَكْوِين ٢١: ١٠). إِنَّها لغة الطّلاق والانفصال (خُروج ٣٣: ٢، تَثْنِيَة ٣٣: ٢٧).

**الكروبيم אֶת־הַכְּרֻבִים**، ولقد ذُكِرَ في سِفْري حَزْقيال ورُؤْيا يُوحَنَّا (حَزْقيال ١، رُؤْيا يُوحَنَّا ٤: ٦)، أنَّ الكروبيم هُمْ الملائكة الموجودة في وسط عرش الله وحوله، كما نراهم أَيْضًا مُظَلّلِين على غطاء تابوت الْعَهْد (حَزْقيال ٣٧: ٧)، ومن بينهما كان يتكلم الله إلى مُوسَى في خيمة الاجتماع وعلى تابوت عَهْد الرّب. ولملاك الكروب وَجْه واحد وجناحان، لكن حَزْقيال وصفهم بأنَّ لهم أربعة أوجه وأربعة أجنحة. ويرمز الكروب إلى حضور الله غير المرئي. وَتُشِيرُ الأجنحة إلى الاستعداد التام لعمل ما يأمرهم الله به، ووقوف الكروبيم وبيدِهم سيف ناريّ مُتقلّب يعني أنَّ الطّريق إلى الله قد صار ممنوعًا على الإنْسَان.

## من هي الحية؟

في قصـة السـقوط نتقابـل مـع المُجرب الذي أغوى حـواء وأسـقط الإنسـان الأول في الخطيـة. هـذا الكائـن يقول عنـه الـوحي في سـفر التكويـن والفصـل الثالـث إنـه «الحيـة». فمـن هُـو هـذا الكائـن؟ طبعًـا يُحـاول بعـض المُفسـرين أن يتناولـوا هـذا الأصحـاح بطريقـة رمزيـة؛ فالقصـة كُلهـا قصـة رمزيـة تتحـدث عـن سُـقوط البشـرية وبُعدهـا عـن الله، لكنهـا -مـن وُجهـة نظرهـم- ليسـت حادثـة تاريخيـة وأبطالهـا ليسـوا أبطـالاً حقيقييـن. إذن، فمن هُـو هـذا الكائـن الذي وُصـف بأنـه «أحيـل» جميـع حيوانـات البريـة؟ هـذا الكائـن الـذي لـم يتكلـم فقـط مـع حـواء لكـن اسـتطاع بمهـارة وخُبـث أن يخدعهـا ويُسـقطها مـع آدم في الخطيـة والعصيـان.

واحـدة مـن قواعـد التفسـير المُهمـة هي أن نُقـارن الروحيـات بالروحيـات، بمعنـى أن نُقـارن النصـوص الكتابيـة بعضهـا بالبعـض الآخـر لنعـرف مـن هُو هـذا الكائـن. لنبـدأ بالـرب يسُـوع لـه كُل المجـد الـذي قـال للفريسـين الذيـن كانـوا يُخططـون لقتلـه «أنتُـم مـن أبٍ هُـو إبليـسُ، وشـهوات أبيكُـم تُريـدُون أن تعملُـوا. ذاك كان قتـالاً للنـاس مـن البـدء، ولـم يثبُـت في الحـق لأنـهُ ليـس فيـه حـق متـى تكلـم بالكـذب فإنمـا يتكلـمُ ممـا لـهُ، لأنـهُ كـذاب وأبُـو الكـذاب» (يُوحنـا ٨: ٤٤). إلى أي موقـف أو حـدثٍ يُشـيرُ المسـيح بقولـه «من البـدء»؟ إنـه إشـارة واضحـة إلى التجربـة في تكويـن ٣، فهـذا الكائـن كـذب على حـواء وخدعهـا بالقـول «لـن تمـوتـا». إنـه الكائـن الـذي ينـشر الكـذب والخـداع، فيُصـورُ الـشر خـيراً والخـير شـرا. إن خـداع الحيـة نتـج عنـه مـوت، وليـس مـوت آدم وحـواء فقـط بـل لقـد اجتـاز المـوت إلى جميـع النـاس.

هُنـاك شـاهد كتـابي آخـر يربـط بـين الحيـة والشـيطان هُـو رُؤيـا ١٢: ٩ «فطُـرح التنـينُ العظيـمُ، الحيـة القديمـةُ المدعُـو إبليـس والشـيطان، الذي يُضـل العالـم كُلـهُ، طُـرح إلى الأرض، وطُرحـت معـهُ ملائكتُـهُ».

إذن، هـل الحيـة هي الشـيطان؟ فمـع أن الكتـاب المُقـدس يقـول صراحـةً إن الشـيطان نفسـه يُمكـن أن يظهـر في صُـورة مـلاك نُـور (كورنثـوس الثانيـة ١١: ١٤)، مـن الصعوبـة أن نتخيـل أن يكـون هـذا مـا حـدث في جنـة عـدن. فمـع أن الحيـة لـم تكـن وصفًـا رمزيـا للشـيطان ولـم يكـن الشـيطان في هيئـة الحيـة، إلا أن الحيـة كانـت الوسـيلة agent في يـد الشـيطان. هـذا واضـح جـداً ويُؤكـدُه النـص الكتـابي في وصفـه للحيـة (٣: ١) وكذلـك في اللعنـة الـتي حلـت عليهـا «ملعُونـة أنـت مـن جميـع البهائـم ومـن جميـع وُحُـوش البريـة. على بطنك تسـعين وتُرابًـا تأكُلـين كُل أيـام حياتـك» (٣: ١٤).[١٩]

ويخبرنـا إنجيـل يُوحنـا أن يهُـوذا عندمـا تـرك العشـاء الأخـير ذهـب ليُسـلم يسُـوع إذ «دخلـه الشـيطان» (يُوحنـا ١٣: ٢٦-٢٧)، كمـا تدخـل الأرواح الشريـرة أجسـام البـشر وتسـكُن فيهـا، كمـا هُـو واضـح في مُعجـزة شـفاء يسُـوع لمجنـون كُـورة الجرجسـيين (مرقُـس ٥: ١- ١٣). ولهـذا، وبنـاءً على قراءتنـا للعهد الجديـد يتأكـد لنـا أن الشـيطان اسـتخدم الحيـة في مُواجهتـه مـع حـواء.

### طبيعة الشيطان

كمـلاكٍ سـاقط، فـكُل مـا ينطبـق على المـلاك ينطبـق على الشـيطان والملائكـة السـاقطة (الأرواح الشريـرة)، بالطبـع فيمـا عـدا اختـلاف الطبيعـة الخـيرة للملائكـة عـن طبيعـة الشـياطين الشريـرة:

19. Henry C, Thiessen, *Lectures in Systematic Theology*, Revised edition, Eerdmans. Grand Rapids. 1979, p. 180

١. مخلوق، مثل كُل الملائكة، الشيطان مخلوق (يُوحنا ١: ١ ومزمور ٨٤١: ١ – ٥ وكُولُوسي ١: ٦١ وحزقيال ٨٢: ٣١).

٢. والشيطان رُوح (عبرانيين ١: ٤١) فالملائكة أرواح والملائكة الساقطة أرواح نجسة (متى ٨: ٦١ و٢١: ٥٤ ولوقا ٧: ١٢ و٨: ٢ و١١: ٦٢ وأعمال الرسُل ٩١: ٢١ ورُؤيا ٦١: ٤١). كما يقول الكتاب المُقدس مُؤكداً أنهم أرواح «لأن مُصارعتنا ليست مع دم ولحم ...» (أفسُس ٦: ٢١)، فهُم جُزء من خليقة الله التي لا تُرى (كُولوسي ١: ٦١).

٣. والشيطان كائن محدود، بالرغم من القُوة العظيمة التي يتمتع بها الشيطان وكذلك الأرواح الشريرة إلا أنه (وهُم معه) كائن محدود، فهو ليس كُلي القُدرة ولا كُلي الوجود ولا كُلي المعرفة والعلم، فهُو لا يستطيع فعل كُل شيء ولا يعرف كُل شيء، وكذا لا يُمكن أن يكون موجوداً في أكثر من مكان في نفس الوقت.

٤. بسبب هذه المحدودية، لا يُجرب الشيطان كُل الناس بنفسه، فهو لا يقدر على فعل ذلك، لكنه يعمل أعماله الرديئة من خلال مملكته والأرواح التي تعمل معه لتحقيق أهدافه الشريرة. فمع أيوب (أيوب ١: ٦)، وشخص المسيح (متى ٤: ٠١)، ودُخوله في قلب يهُوذا (لُوقا ٢٢: ٣) كانت التجارب هي عمل الشيطان مُباشرة. لكن في مواقف أخرى كان يعمل من خلال جُنوده؛ الأرواح الشريرة (متى ٣: ٣٢ و ٤: ٥١ ولُوقا ٣١: ٦١ و ١ بُطرُس ٥: ٨ – ٩ ويعقُوب ٤: ٧).

## براهين على أن الشيطان ذو شخصية حقيقية

١. اتصف الشيطان بصفات وسمات الشخصية مثل:

- المكر والدهاء (تكوين ٣: ١).
- الشعور بالغضب «غضب التنينُ على المرأة، وذهب ليصنع حربًا مع باقي نسلها الذين يحفظُون وصايا الله، وعندهُم شهادةُ يسُوع المسيح» (رُؤيا ١٢: ١٧).
- الطلب والرغبة «وقال الرب: «سمعانُ، سمعانُ، هُوذا الشيطانُ طلبكُم لكي يُغربلكُم كالحنطة» (لُوقا ٢٢: ٣١).
- الإرادة «فيستفيقُوا من فخ إبليس إذ قد اقتنصهُم لإرادته» (٢ تيموثاوس ٢: ٢٦، إشعياء ١٤: ١٢ – ١٤).

٢. يُشيرُ العهدُ القديم والعهدُ الجديد إلى أن الشيطان ذا شخصية وليس فكرة مُجردة (أيوب ١ ومتى ٤: ١ – ٢١). كل الإشارات في هذين النصين يُشيران إلى أن الشيطان هُو شخص.

٣. حقيقة دينونة الله للشيطان: إذا كان الشيطان مُجرد فكرٍ شرير وليس شخصاً، فكيف يتحدث الكتابُ المُقدس على أنه سيُحاسب على أعماله الشريرة، فلكي يُحاسب على أعماله وفُجوره وآثامه لا بُد أن يكون شخصاً عاقلاً مُفكراً. يقول الرب يسُوع المسيح: «ثُم يقُولُ أيضًا للذين عن اليسار: اذهبُوا عني يا ملاعينُ إلى النار الأبدية المُعدة لإبليس وملائكته» (متى ٥٢: ١٤)، طبعًا إنكار حقيقة الشيطان كشخص هُو إنكار لكلام المسيح الصريح عن دينونة الشيطان وملائكته.

٤. من مُنطلق كون الشيطان شخصية تأتي تحذيراتُ الكتاب المُقدس لنا بأن لا نفعل كما فعل هُو فسقط. «من يظن أنه قائم، فلينظر أن لا يسقط» (١ كورنثوس ١٠: ٢١)، وكذلك يحُث الرسول بُولُس تلميذه تيموثاوس على أن يختار الأسقف غير حديث الإيمان «لئلا يتصلف فيسقُط في دينُونة إبليس. ويجبُ أيضًا أن تكُون لهُ شهادة حسنة من الذين هُم من خارجٍ، لئلا يسقُط في تعييرٍ وفخ إبليس» (١ تيموثاوس ٣: ٦ و ٧).

٥. إن أخطر أكاذيب الشيطان أنه يُحاول إقناع الإنسان أنه غير موجود ولكن الكتاب المقدس يؤكد لنا أن الشيطان شخصية حقيقية لانه:

- يتكلم (لوقا ٤: ٣)
- يُقاوم (يهوذا ٩)
- يُفكر (٢ كورنثوس ٢: ١١)
- يمكر (٢ كورنثوس ١١: ٣)
- يُعلم (رؤيا ١٢: ١٢)
- يُريد ( ٢ تيموثاوس ٢: ٢٦)
- يتكبر (١ تيموثاوس ٣: ٦)
- يغضب (رؤيا ١٢: ١٢)
- يُغربل (لوقا ٢٢: ٣١)
- يُلقي المؤمنين في السجن (رؤيا ٢: ١٠)

## تاريخ الشيطان/الخلق والأصل

بالرغم من أن الكتاب يتحدث كثيراً عن طبيعة الشيطان وعن أعماله وأغراضه وخداعه ومصيره، إلا أنه لا يُعطي لنا كُل الحقائق عن أصله وسُقوطه. فكلمة الله تُعلمنا أنه يُوجد إله واحد، موجود بذاته أبدي خالق لكُل ما يُرى وما لا يُرى. إن فكرة وجود كائن آخر مساوٍ لله شرير ليست فكرة كتابية بل ترجع إلى فلسفة «الثنائية» dualism ، وهي فكرة وثنية لا تتماشى مع إعلان الله في الكتاب المُقدس. إن الله الواحد الأبدي الخالق هُو مُوجد لكُل الأشياء ولكُل الكائنات بما فيها العالم الروحي الذي لا نراه بعيوننا الجسدية (يُوحنا ١: ١ ٣ وكولوسي ١: ١٦).

### الشيطان هُو ملاك مخلوق لكنه سقط

«فإنهُ فيه خُلق الكُل: ما في السماوات وما على الأرض، ما يُرى وما لا يُرى، سواء كان عُرُوشًا أم سياداتٍ أم رياساتٍ أم سلاطين. الكُل به ولهُ قد خُلق» (كُولوسي ١: ١٦). تقول كلمة الرب في تكوين ٢: ١ «فأُكملت السماواتُ والأرضُ وكُل جُندها». من هذا نستنتج أن كلمة «جُندها» host، أنها إشارة إلى الكائنات السماوية، وبما أن الله انتهى من كُل عمل الخلق في اليوم السادس واستراح في اليوم السابع يكون كُل عمل الخليقة قد أُكمل قبل اليوم السابع.

«ما لا يُرى، سواء كان عروشاً أم رياسات أم سلاطين» هو قول يصفُ الكائنات الملائكية ويقول عنهم أكثر من حقيقة:

١. كُلهم مخلوقون بواسطة المسيح.

٢. إنهم غير مرئيين.

## متى سقطت هذه الملائكة لتصير شياطين؟

في فترة ما بين تكوين ١: ٣١ «ورأى الله كُل ما صنع وإذا هُو حسن جداً» وبين تكوين ٣: ١-٥ حيث أتت الحية لتُجرب حواء وتُسقطها في الخطية.

الأصحاح الرَّابع

## الْحَياة خَارِج جَنَّة عَدْن

**بعد** أن طُرِدَ الإنْسَان مِن الْجَنَّة بسبب الخطيّة والعصيان، وحُرِمَ
من الوصول إلى شجرة الحياة، كان عليه أن يعيشَ حياتَه في
عالَم مُخْتَلِف، عالَم ساقط أُخْضِعَ للبُطل. يريد الرّوح القدس في هذا
الأصحاح الّذي يُعَدُّ تكْملة لقصة السّقوط أن يُقدِّم لنا صُورَة عن
انتشار الخطيّة وكيف انتقلت مِن الفرد إلى الأسرة ثُمَّ إلى المجتمع.
فالدَّمار الّذي حدث بسبب السّقوط لم يشمل علاقة الإنْسَان بِالله
وبالطّبيعة أو حتى بعلاقة الرّجل بالْمَرأة فقط، بل شمل علاقة الإنْسَان
بأخيه الإنْسَان، تلك العلاقة الّتي انتهت بقيام قَايِين بقتل هَابِيل أخيه.
نجد هُنَا إِنْسَانا غير مُبَالٍ بِالله وغير مبالٍ بأخيه الإنْسَان. إِنَّه التمرُّد في
أبشع صُوَره، تمرُّد ضِد الله وضد الإِنْسَانيّة. وانسحب الانحدار الّذي بدأ
بالسّقوط على كُلّ جوانب الحياة.

يرتبط هذا الأصحاح بالأصحاحين السّابقيْن عن طريق وجود موضوعات كثيرة مُشتركة بينهما مثل حُريّة الاختيار، والمسؤوليّة الشّخصيّة، والدّينونة نتيجة الْفِعْل الخاطئ، واستمرار الجنس البشريّ رغم السّقوط. وبينما يُركّز الأصحاح الثّالث على طمع الإنْسَان ورغبته في أن يكون كالله، يُركّز الأصحاح الرّابع على رد الْفِعْل الخطأ والغضب في سلوك الإنْسَان. كانت خطيّة آدَم وحَوَّاء ضِد الله، أَمَّا خطيّة قَايِين فكانت ضِد الله والإنْسَان. وتكمن خطيّة آدَم وحَوَّاء في الأصحاح الثّالث في التمرُّد على وصيّة الله التي تنصُّ على عدم الأكل من ثمر شجرة معرفة الخير والشّر، أَمَّا خطيّة قَايِين فقد كانت بسبب رفض الله لتقدمته الّتي قدَّمها والتي كانت من ثمر الأرض. ولقد كان الإنْسَان الْأَوَّل قَلِقًا من الْمَوْت، أَمَّا الآن فخِبرة الْمَوْت أصبحت حقيقة واقعة مُعَاشَة.[1]

لا يشمل التشابه بَيْنَ الأصحاحين ٣ و ٤ وجود موضوعات مشتركة بينهما فحسب، بل يمتد ليشمل التشابه في المفردات والعبارات. فعلى سبيل المثال ذِكْر اسم حَوَّاء في الأصحاحين، لِذلِكَ ذُكِرَ الْفِعْل «عرف» في الأصحاح الرّابِع مَرَّة واحدة، لكنه وَرَدَ في الأصحاح الثّالِث أربع مَرّات، وسؤال الله لآدَم «أين أنت؟» ذُكِرَ في الأصحاح الرابع مُوَجّهًا إلى قَايِين، وقول آدَم للرب «سمعت صوتك» في مقابل قول الرّب لقَايِين «صوت دم أخيك...» (٣: ١٠، ٤: ١٠). والعبارة الّتي قَالَهَا الرّب لقَايِين عن الخطيّة: «إليك اشتياقها وأنت تسود عليها»، هِيَ نفسها الّتي قَالها الرّب كجُزْء من عقابه لحَوَّاء «وإلى رجلك يكون اشتياقك وهو يسود عليك» (٣: ١٦، ٤: ٧)، كما أنَّ نتيجة خطيّة آدَم وحَوَّاء شملت الطّرد من الْجَنَّة ونتيجة خطيّة قَايِين

1 Nahum Sarna, "Genesis" *The JPS Torah Commentary, 31.*

شملت أَيْضًا الطّرد «إنَّك قد طردتني الْيَوْم عن وَجْه الأرض» (٣: ٢٤، ٤: ١٤).[2]

وتكمن أهميّة هذا الأصحاح في أنَّه يُصوِّر لنا انتشار الخطيّة وتأثيرها في الفرد والأسرة والمجتمع، كما يُسجِّلُ لنا أَوَّل عبادة جماعيّة، وأَوَّل تقدمة يُقدِّمها إِنْسَان لله، وأَوَّل حادثة قتل، وأَوَّل ذِكْر لانتقام الإِنْسَان من أخيه الإِنْسَان، وأَوَّل ذِكْر لتعدُّد الزّوجات... إلخ. إذًا كيف يمكن للإِنْسَان أن يعيش في عالم ساقط؟ لكننا نجد في الأصحاح الرّابع حقيقة مُهمة جِدًا يُركِّز عليها الوحي الإلهيّ، وَهِيَ حقيقة الإيمان الّتي يبدأ بها الأصحاح وينتهي. فالإيمان خارج الْجَنَّة لَيْسَ مُمكنًا فحسب، بل ضروريّ وأساسيّ ولا غِنَى عنه. ففي البِدَايَة نجد «حَوَّاء» تُعبِّر عن هذا الإيمان عند ولادة قَايِين بالقَوْل «اقْتَنَيْتُ رَجُلًا مِنْ عِنْدِ الرّبِّ» (٤: ١)، ثُمَّ يُخْتَتَم الأصحاح بقَوْل حَوَّاء بعد ولادة شيث «لأَنَّ الله قَدْ وَضَعَ لِي نَسْلًا آخَرَ عِوَضًا عَنْ هَابِيل». كما يظهر عُنصر الإيمان عند ولادة شيث لابنه أنوش. «وَلِشِيثَ أَيْضًا وُلِدَ ابْنٌ فَدَعَا اسْمَهُ أَنُوشَ. حِينَئِذٍ ابْتُدِئَ أَنْ يُدْعَى بِاسْمِ الرّبِّ» (٤: ٢٥، ٢٦). إنَّه الإيمان المُؤسّس على الرّجاء في وعد الله بمجيء المُخلِّص والمُنقذ (تَكْوِين ٣: ١٥).

هذا ويحتوي الأصحاح الرّابِع على أربعة أقسام أساسيّة:

- القسم الْأَوَّل (٤: ١ – ١٦)، قَايِين وهَابِيل.
- القسم الثّاني (٤: ١٧ – ٢٢)، نسل ومواليد قَايِين.
- القسم الثّالِث (٤: ٢٣ – ٢٤)، أغنيّة لامك.
- القسم الرّابع (٤: ٢٥ – ٢٦)، شيث وأنوش.

2 Wenham, Gordon. *Genesis 1- 15.* Word Biblical Commentary, 99. See also Journal of the Evangelical Theological Society 23 (1980) 297 – 305 and Bruce Waltke, "Cain and His Offering." *Westminster Theological Journal 48 (1986), 363 – 72.*

## القسم الْأَوَّل قَايِين وهَابِيل (٤: ١- ٢)

وعـرفَ آدم حـواءَ امرأتَـهُ فحبِلَـت وولدت قايـنَ. وقالـت: «اقتنيـتُ رجُـلًا مـن عنـد يهـوه. وعادت فـولَدَتْ أخـاهُ هابيـلَ. وكان هابيـلُ راعيًـا للغنـمِ، وقايـين كان خـادمَ أديـمٍ.

لـم تخـلُ الحيـاة خـارج الْجَنَّـة مـن الرّجـاء والإيمـان والأمـل في غـدٍ أفضـل. وتُؤكِّـدُ هـذه الحقيقـة الآيـاتُ الأُولى مـن هـذا الأصحـاح، ولاسّـيما عنـد ولادة قَايِـين وهَابِيـل. فـآدَم وحَـوَّاء يبـدآن حيـاة جديـدة فيهـا التطلّـع إلى المسـتقبل والقُـدْرة على التكيُّـف مـع الوضـع الرّاهـن. وهـذا هُـوَ الدّافـع للاسـتمرار فيهـا وتحمُّـل المشـقّة والعنـاء.

**وعـرف יָדַע**، يَـدَاع – لا تُشِـيرُ المعرفـة في الْكِتَـاب الْمُقـدَّس دائمـاً إلى المعرفـة الذّهنيّـة، بـل هِيَ في المقـام الْأَوَّل معرفـة اختباريّـة[3] وعاطفيّـة وفـوق الـكُلّ جَوْهرهـا العلاقـة بـالله. فمعرفـة آدَم لحَـوَّاء معناهـا أَنَّـه دخـل في علاقـة حميمـة بهـا.[4] فـفي تَكْوِيـن ١٨: ١٩ يَقُـولُ الـرّب عـن إِبْراهِيـم «لأني عرفتـه...»

3 Harris, R. L., Archer, G. L., Jr., & Waltke, B. K. (Eds.). (1999). *Theological Wordbook of the Old Testament* (Chicago: Moody Press), electronic ed., p. 366; Brown, F., Driver, S. R., & Briggs, C. A. (1977). *Enhanced Brown-Driver-Briggs Hebrew and English Lexicon* (p. 9). Oxford: Clarendon Press; and Gesenius, W., & Tregelles, S. P. (2003). *Gesenius' Hebrew and Chaldee lexicon to the Old Testament Scriptures* (p. 13). Bellingham, WA: Logos Bible Software.

٤ لا يُوجَـد دليـل واحـد يجعلنـا نقـول إن آدَم عـرف حَـوَّاء لأول مَـرَّة خـارج الْجَنَّـة وَأَنَّـه لـم تكـن بينهمـا علاقـة حميمـة في الْجَنَّـة، وبهـذا نربـط العلاقـة الجنسـيّة بالسّـقوط. ولا يمكـن هـذا المعنى ان يكـون هُـوَ معـنى الآيـة، «وعـرف آدَم حَـوَّاء «لكـن الان التركـيز هُـوَ على ولادة قَايِـين. فالحمـل قَايِـين بـه وولادتـه لا يمكـن ان تنفصـل عـن معرفـة آدَم لحَـوَّاء. هـذه العبـارة «وعرف...فحبلـت وولدت «ذكـرت في ١ صموئيـل ١

بمعنى أنِّي دخلتُ معه في علاقة عهد، ولهذا فكلمة «يَدَاع» تحمل معاني مُتعدِّدة مِثل علاقة وطيدة، وولاء وعهد، والتزام طرف نحو الآخر، ولهذا أَيْضًا تُسْتَخْدَم لتشير إلى العلاقة الحميمة بَيْنَ الرّجل وزوجته وعلاقة الْعَهْد بَيْنَ الإِنْسَان والله. ولم يُسْتخدَم هذا الْفِعْل على الإطلاق في وصف علاقة الحيوانات وتكاثرها. ففي العادة يستخدم الْعَهْد الْقَدِيم الْكَلِمة «فدخل» أو «فاضطجع» (تَكْوِين ١٦: ٢، ٤، ٣٨: ١٦، ٣٩ ٧)، عندما يكون التركيز لَيْسَ على المحبَّة بل لمجرد الإنجاب والتكاثُر. ومرّة واحدة أُسْتُخْدِمَ ليشير إلى المُمارسة الجنسيّة الشّاذة (تَكْوِين ١٩: ٥).

**اقتنيتُ קָנִיתִי، قنيتي**، وَهُوَ مشتق من الْفِعْل **קנה**، قنى. إنَّ كَلِمة «قنى» وردت في الْكِتَاب الْمُقدَّس ٨٢ مَرَّة وفي أغلبها تعنى «اقتناء»، و«اكتساب»، و «امتلاك Acquire or possess. وفي مَرّات قليلة فقط أُسْتُخْدِمَتْ الْكَلِمة «قنى» لتعني أن تخلق، وأن تُنْتِج create or produce (تَكْوِين ١٤: ١٩، ٢٢، خُروج ١٥: ١٦، تَثْنِيَة ٣٢: ٦، مزمور ٧٤: ٢، ١٣٩: ١٣). ويعتقد بعضهم أنَّ كلام حَوَّاء «اقتنيت رجلًا...» لا يُشِيرُ إلى الاقتناء، بل إلى الإنتاج والخلق.[5] والحقيقة الواضحة هِيَ أنَّ الْفِعْل «قنى» مرتبط بالاسم «قَايِين». فحَوَّاء «اقتنت» رجلًا. لقد ربطت حَوَّاء بَيْنَ ولادة قَايِين ووعد الله بأَنَّ نَسْلها سيسحق رأس الْحَيَّة، وأن هذا سَيُعَجِل في رجوعها إلى الفردوس الّذي طُرِدَتْ منه مع آدَم. تترجم مُعظم الترجمات الحديثة عبارة «من عند الرّب» على أَنَّها «بمساعدة الرّب With the help of the Lord. فالله قام بدوره، وأنا أَيْضًا قمتُ بدوري. لكن آخرين

١٩ «وعرف ألقانة امرأته حنة...حبلت وولدت «فلا يعنى هذا أن القانة عرف حنة لأول مَرَّة، بل لأنَّ الْكَاتِب يريد أن يتحدث عن الحمل بصموئيل وولادته، ذكر ان هذا نتيجة معرفة ألقانة بحنة. لهذا أقول أَنَّه لا يُوجَد دليل واحد يَقُولُ إن العلاقة الجنسيّة بدأت بعد السّقوط وخارج الْجَنَّة، لأنَّ فكر الله عندما خلقهما ذكراً وأنثى جعل فيهما وبينهما هذه العلاقة الحميمة الْمُقدَّسة بَيْنَ الرّجل وزوجته.

5 Victor Hamilton, *"The Book of Genesis Chapters 1-17*, 178.

220. See also New American Bible and New American Standard Bible.

يَـرَوْن في عبـارة حَـوَّاء نـوعًا مـن الكبريـاء، ولهـذا يترجمـون كلماتهـا كالآتي «لأني اقتنيـتُ رجـلًا مـع الـرّب.»[٦] وأعتقـد أنَّ أفضـل ترجمـة تكـون بترجمـة אֶת־יְהוָה بـ «مـن عنـد الـرّب» (تَكْوِيـن ٤٩ ٢٥)[٧]. فكمـا أنَّ الله خلـق الرّجـل مـن تـراب الأرض، لِذلِـكَ أنتجـت حَـوَّاء، الْمَـرْأَة (٢: ٢٣) بعمـل الـرّب ومعونتـه «رجـلًا». لكـن السّـؤال هُـوَ لمـاذا لـم يُلَقّـب هـذا المولـود كمـا هُـوَ العـادة بالابـن؟ لمـاذا قَالَـت اقتنيـتُ «رجـلًا אִישׁ» وليـس ابنـا أو طفـلًا مـن عنـد الـرّب؟ إنَّ لسـان حَـوَّاء هُنَـا هُـوَ أن الله خلـق وأنتـج الرّجـل الأَوَّل، لكـن مـن خـلالي خلـق الله وأنتـج الرّجـل الثّـاني. فـهي تُـردِّد مـا سـمعته مـن آدَم في الأصحـاح الثّـاني والآيـة ٢٣ «... هـذِهِ تُـدْعَى امْـرَأَةً لأَنَّهـا مِـنِ امْـرِءٍ (אִישׁ رجـل) أُخِـذَتْ».

**وعادت فـولَدَتْ וַתֹּסֶף לָלֶדֶת**، جعـل غيـاب التعبـير «فحبلـت وولدت» بعـض عُلَمـاء اليَهُـود يعتقـدون أنَّ هَابِيـل هُـوَ الأخ التـوأم لقَايِـين.[٨] لكـن وجـود واو التتابـع أو الجـر «וְ» يُؤَكِّـد أنَّ ولادة هَابِيـل كانـت حدثًـا آخـر مُنفصـلًا عـن ولادة قَايِـين. يعـني الاسـم هَابِيـل «باطـل، وفـراغ، وبخـار، وزائـل».[٩] ومـن المُؤَكَّـد أنَّه لا أحـد يعلـم لمـاذا سُـمِّيَ هَابِيـل بهـذا الاسـم؟ فحَـوَّاء لـم تُقـدِّم لنـا سَـبَبَ اختيارها له، كمـا فعلـت مـع قَايِـين، «لأَنِّي اقتنيـتُ...». ورُبَّمـا يكـون الاسـم كنبـوة عـن حيـاة هَابِيـل الّـتي سـوف تتبخّـر بسرعـة، لقـد وُلِدَ هَابِيـل وعاش ومـات ولـم نسـمع منـه كَلِمـة واحـدة، كانـت حياتُـه رسـالة وأَعْمَـاله وسُـلوكه يُؤَكِّـدان هـذا. مـن هُنَـا تبـدأ النُّبـوة المرتبطـة بـصراع نسـل الْمَـرْأَة مـع نسـل الْحَيَّـة في التحقُّـق لتكـون واقعًـا ملموسًـا ومُعَاشًـا، فمـع أنَّ الـرّب رَدّ آدَم إليـه، إلا أَنَّـه مـن هـذا البيـت سـيخرج نسـلان، نسـل يـأتي منـه المُخلِّـص ونسـل آخـر هُـوَ نسـل الْحَيَّـة.

---

6 See Claus Wassermann, *Genesis 1- 11: A Continental Commentary* (Minneapolis: Augsburg, 1984), *1 281, 289-92.* علامـة النّصـب تحمـل دائمًـا معـنى «معـا» في اللغـة الْعِبْرِيّـة كَلِمـة אֶת־יְהוָה

7 M. J. Dahood, "Northwest Semitic Notes in Genesis, " *Bib 55 (1974), 77.*

8 Sarna, *Genesis, 32.*

9 F. Zimmermann ربـط بَـيْنَ الاسـم «هَابِيـل» والكلمـة العربيّـة «إهتبـل» والـتي تعـنى الحـزن على فقـد الإِنْسَـان لـولده ("Folk etymology of Biblical names," in Volume du Congres Geneve, 1965, VTSup 15 (Leiden Brill, 1966), 324 -25.

**عامِلًا في الأرض... עֹבֵד אֲדָמָה،** (عوبيد أداماه) **خـآدَم أديـمٍ.** لقد اعتمد الاقتصاد خارج الْجَنَّة على أمريْن أساسيّيْن وهُما الزّراعة ورعاية الأغنام. فقَايِين سار في نفس طريق آدَم وعمل كَمُزَارِعٍ «خـآدَم الأديـم» **עֹבֵד אֲדָמָה**، أَمَّا هَابِيل فقد سَلَكَ دربًا آخر، وهو رعاية الأغنام **רֹעֵה צֹאן**، وهو العمل الّذي قام به من بعده كُلًّا من يَعْقُوب (تَكْوِين ٣٠: ٣٦)، ويُوسُف (تَكْوِين ٣٧: ٢)، ومُوسَى (خُروج ٣: ١)، ودَاوُد (صموئيل الْأَوَّل ١٦: ١١، ١٧: ٣٤) ... إلخ. وبما أنَّ الإِنْسَان كان نباتياً حتى الطّوفان، فرعاية الأغنام كانت بغرض الحُصول على الألبان والصّوف.

## عبادة قَايِين وهَابِيل للرب (٤: ٣-٧)

وكانَ بعد انقضاءِ أيامٍ أنْ جلَبَ قايين من ثمرِ الأديمِ تقدمةً ليهوه. وهابيلُ جَلَبَ أيضًا هو من أبكارِ غنَمِهِ ومن دُهنِها. فنَظر يهوه إلى هابِيلَ وإلى تقدمتِه وإلى قايين وإلى تقدمتِه لم ينظُر.

رغم أنَّ الإِنْسَان حُرِمَ من الْجَنَّة وطُرِدَ منها، إلا أَنّه لم يُحْرَم من الاقتراب إلى الله وإقامة علاقة به. قَدّمَ كُلٌّ من هَابِيل وقَايِين «قُرْبَانًا **מִנְחָה**، مِنْحَاه» يتناسب مع عمله. فقدَّم قَايِين من أثمار الأرض، أمَّا هَابِيل فقدَّم من أبكار أغنامه. ويمكن أن يكون «القُرْبان (التقدمة) **מִנְחָה** tribute» بحسب النّاموس الموسويّ من باكورات الحقل، مثل الفريك والجريش والدّقيق. وَهِيَ تقدمة يُعبّر من خلالها العابد عن

شكره التّابع مـن إدراكـه أنَّ كُلَّ العطايـا مصدرهـا هُـوَ مـن اللّٰه الّـذي يُعطي بسخاء (لاويَّين ٢: ١٤، صموئيل الأوَّل ١٠: ٢٧، ملوك الأوَّل ١٠: ٢٥). لقد اقترب قَايـين وهَابيـل إلى اللّٰه بمحض اختيارهما للتعبير عـن شُكرهما وامتنانهما له، وقـدّم الاثنـان ممّـا يملكـان ومـمّـا في قُـدْرَة أيديهما، لكـن قُبلَـتْ تقدمـة أحدهمـا بينمـا رُفِضَـتْ تقدمـة الآخـر. فلمـاذا إذًا قَبِـلَ اللّٰه قربـان هَابيـل، وأمّـا قربـان قَايـين فلـم يقبلـه، مـع العلـم أنَّـه لا فـرق بَيْـنَ التقدمتيْـن في الظاهر؟ فليست تقدمـة الأغنـام أسـمى مـن ثمـار الحقـل. فلمـاذا إذًا قُبِلَـتْ تقدمـة هَابيـل؟ وعلى أيّ أسـاس رُفِضَـتْ تقدمـة قَايـين؟

وللإجابة على السّؤال السّابق فإنَّه يُوجَد تفسيران:

**أولاً، اختـلاف نَـوْع القربـان:** ويَقُـولُ أصحـاب هـذه المدرسـة إنَّ اللّٰه رفض تقدمـة قَايـين لأنَّهـا لـم تكـن ذبيحـة دمويّـة، فتقدمـة أثمـار الأرض تُشِـيرُ إلى عمـل الإنْسَـان وجهـده الخالِـص، فَهُـوَ يُقـدِّمُ لله نتيجـة عملـه وعرقـه، أمّـا تقدمـة هَابيـل فكانـت مـن أبكـار غنمـه لتُشيـرُ إلى الاعتـراف بخطيته وذنبـه وأنَّـه بحاجـة إلى الفديـة والذّبيحـة، علـى أسـاس أنَّ كاتِـب العبرانيّـين يَقُـولُ إنَّ هَابيـل قَـدَمَ بالإيمـان «ذبيحـة أفضـل مـن قَايـين» (عبرانيـين ١١: ٤)، مـا يـدُلُّ علـى أنَّ آدَم كان قـد أخبـر ابنيْـه عـن الطّريـق الصّحيـح للاقتـراب إلى اللّٰه وهـو بالذّبائـح «وصنـع الـرّب الإلـه لآدَم وامرأتـه أقمصـة مـن جِلْـد وألبسهما» (تكْوين ٣: ٢١). كمـا يُؤكِّـد سِفْـرُ العبرانيّـين أنَّـه «بـدون سفك دم لا تحصـل مغفـرة» (عبرانيّـين ٩: ٢٢). وعلى هـذا الأسـاس قَبِـلَ اللّٰه تقدمـةَ هَابيـل ولكنـه رفـض تقدمـةَ قَايـين. لكـن هـذا التفسير لا يتماشـى مـع حقيقـة أنَّ مـا قدّمـاه للـرب كان «מִנְחָה»، وتُنْطـق بالعبريّـة مِنْحَـاه»، والمِنْحَـاه أو التقدمـة، بحسـب التّامـوس الموسـويّ، تُقْـبَل إذا كانـت مـن القمـح أو مـن باكـورات الحقـل (لاويَّـين ٢).

**ثانيًا، اختلاف اتجاه القلب:** إنَّ قُبولَ الله ورفضه لتقدمةٍ ما، مبني أَوَّلًا على اتجاه قلب العابِد وإيمانه. فالنّص الْكِتَابيّ يذكر لنا أنَّ هَابِيل وقَايِين قد قدَّما للرب قُرْبانًا (مِنْحَاه) وليس ذبيحة خطيّة أو ذبيحة إثم. إنَّه قربان مُقدَّم تعبيرًا عن الشّكر والامتنان لله. والنّص الْكِتَابيّ واضِح جدًا إذ يُقدِّم لنا أوصاف تقدمة هَابِيل وكأنه يَقُول انظروا إلى إيمان هذا الإِنْسَان وإلى قلبه ومحبته للرب. فقد قَدّم للرب من «أبكارِ غنَمِهِ ومن سِمَانها (دُهنِها) מִבְּכֹרוֹת צֹאנוֹ וּמֵחֶלְבֵהֶן»، مقابل تقدمة قَايِين الّتي كانت من «ثمر الأرض»، والتي لم يُقدِّم لنا الوحي أيّ وصف لها، عكس ما وُصِفَتْ به تقدمة هَابِيل. لقد عَبّرَتْ تقدمة هَابِيل عن قلب مُحِب شاكِر لله، جَاءَ بالإيمان مُعترفًا بمراحم الله وحسناته، فَقَدّم أفضل ما عنده. فقلب هَابِيل هُوَ قلب العابِد الحقيقي، بينما جَاءَ قَايِين للرب كَمَنْ يؤدّي واجبًا.[١٠] لقد كان دافعه واتجاه قلبه غير مقبول أمام الله. ويَقُولُ النّ روس Allen Ross «يُؤَكِّد ذِكْر اسم الشّخص قبل التقدمة أنَّ الْكَاتِب يريد مِنّا أن ننظر إلى العابِد وليس إلى نَوْع التقدمة، فاتجاه قلب كُلّ منهما من نحو الله هُوَ الأساس الّذي تَمَّ عليه الرّفض والقبول.»[١١]

وبناء على ذلِكَ نقول إنَّ تفضيل الله لتقدمة على أُخرى لا يتوقف على محتوى أو نَوْع التقدمة، بما في ذلِكَ اِحتواؤها على الدّم أو عدم احتوائها عليه.[١٢]

10 See Umberto Cassuto, *A Commentary on Genesis: From Adam to Noah*. Trans. by Israel Abraham (Jerusalem: The Magnes Press, 1961), *vol. 1 , 205; Sarna*, Genesis, 32; Allen Ross, *Creation & Blessing: A Guide to the Study and Exposition of Genesis*,157; and Bruce K. Waltke, *Genesis: A Commentary*, 97.

11 Allen Ross, *Creation & Blessings, 157.*

١٢ يَقُولُ كَاتِب العبرانيين إنَّ هَابِيل بالإيمان Πίστελ قدم تقدمة «أفضل» πλείονα Θυσίαν (عبرانيين ١١: ٤)، وَيُؤَكِّد هذا أنَّ التركيز في سِفْر التَكْوِين وفي رسالة العبرانيين هُوَ على القلب وعلى نظرة العابد أكثر من التركيز على التقدمة نفسها.

**فنَظر يهوه... لم ينظُر، וַיִּשַׁע... לֹא שָׁעָה**، عندما يُسْتَخْدَم الْفِعْل الْعِبْرِيّ «نظر، ويُنْطَق يِسَاع»، مع حرف الجر «إلى»، فإِنَّه يعني ينظر باستحسان، وبالتحديد إلى الشّخص أَوَّلًا ثُمَّ إلى التقدمة الّتي جَاءَ بها. لقد قَبِلَ اللّٰه تقدمة هَابِيل أَمَّا تقدمة قَايِين فلم ينظر إليها. في الأصحاح الثّالِث كان على آدَم وحَوَّاء أن يختارا بَيْنَ طاعة اللّٰه وعصيانه. وهُنَا اللّٰه هُوَ الّذي اتخذ قرار النّظر إلى هَابِيل وتقدمته وعدم النّظر إلى قَايِين وتقدمته. يكشف عدم رضى اللّٰه عن قَايِين وعن حالة قلبه، وأنَّ المشكلة كانت تكمن فقط في قلبه «فاغتاظ قَايِين جدًا وسقط وجهه». لكن كيف عرف كُلٌّ من هَابِيل وقَايِين قبول الرّب ورفضه للتقدمة؟ يَقُولُ بعضُ الشُّرّاح إنَّ ذلِكَ كان بنَاءً على تعاملات اللّٰه في بعض المواقف مثل (لاويّين ٩: ٢٤، قُضاة ٦: ٢١، ملوك الْأَوَّل ١٨: ٣٨، أخبار الأيام الثّاني ٧:١). رُبَّما نزلت نار من السّماء وأكلت تقدمة هَابِيل، أو رُبَّما تكلّم اللّٰه إليهما مُباشَرة. ويَقُولُ آخرون إنَّ كُلًّا منهما عرف ذلِكَ عندما بارك الرّب غنم هَابِيل بينما لم يبارك ثمر أرض قَايِين. وبطبيعة الحال، فإنَّ كُلَّ هذه مُجَرّد افتراضات، لأنَّ النّص الْكِتَابِيّ نفسه لم يقل شيئًا عن هذا الأمر. لكن الشّيء الوحيد المؤكّد هُوَ أنَّ كُلًّا منهما عرف جَيِّدًا قُبول اللّٰه لتقدمة هَابِيل ورفضه لتقدمة قَايِين. كان لقَايِين صُورَة التقوى لكنه مُنْكِر قوتها (تيموثاوس الثّانيّة ٣: ٥)، ويصف الرَّسُول يُوحَنَّا قَايِين بأَنَّه «من الشّرير»، وأنَّ أَعْمَاله كانت شريرة، ولأجل هذا قام على أخيه وذبحه (يُوحَنَّا الثّانيّة ٣: ١٢).

## غضب قَايِين وتحذير اللّٰه له (٤: ٥ب – ٧)

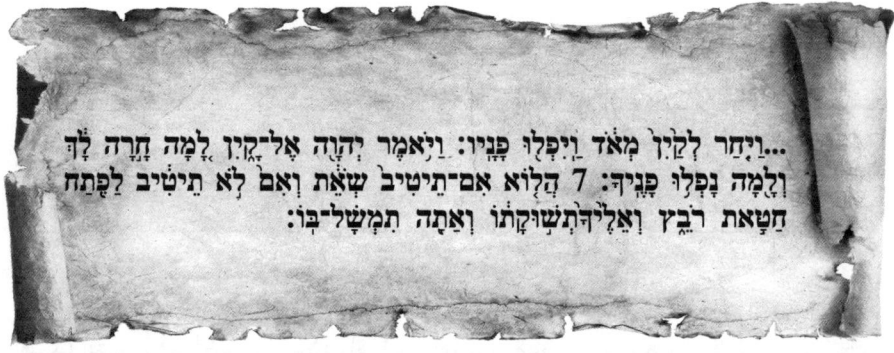

...فغضِبَ قايين جدًا وسَقَط وجهُهُ. فقال يهوه لقايِنَ: «لِماذا غضِبتَ ولِماذا سقَط وجهُك؟. إن أحسنتَ عملًا أفلَا رفعٌ؟. وإن لم تُحسِن، فعِند البابِ خطيئةٌ رابضةٌ وإليكَ اشتياقُها. وأنتَ، تتسلَطَ عليها؟.

ظهرت نظرة قلب قَايِين في رد فِعله السّريع على رفض اللّٰه لتقدمته. فقد اغتاظ قَايِين من أخيه وتملّكه الغضب. ويُعبِّر هذا الغضب عن قلب مُتكبِّر، قلب رافِض للاعتراف بالخطأ ورافِض للتصحيح. فمع أنَّ مشكلة قَايِين الأساسيّة ليست مع هَابِيل بل مع اللّٰه، إلا أَنَّه حَوّل غضبه كُلّه نحو أخيه.

**فغضب قَايِين וַיִּחַר לְקַיִן**، لقد ترجم البعض كَلِمة «غضب، وتُنْطَق يِحَار» بمعنى «فَأُحْبِطَ» قَايِين، وليس «وغضب» قَايِين. واستندوا في ذلِكَ إلى سؤال اللّٰه له «ولماذا سقط وجهك؟»، فسقوط الوجه مرتبط بالإحباط والإحساس بالفشل بينما يكون وَجْه الإِنْسَان الغضوب مرتفعًا. لهذا يَقُولُ سارنا Sarna «إنَّ حالة قَايِين هِيَ حالة يأس وإحباط depression، وليست حالة غضب»،[13] وإنَّ سؤال الرّب لقَايِين كان بهدف أن يُعطي

13 Sarna, *Genesis, 33 and Hamilton, Genesis 1- 17, 224.*

فُرْصة له حتى يعترف بما في قلبه من إحساس بالفشل «فنادَى الرّب الإله آدَم وَقَالَ له أين أنت؟» (تَكْوِين ٣: ٩).

تُمثِّل ترجمة الآية ٧ تحدّيًا صعبًا لعُلَماء الْعَهْد الْقَدِيم، وبشكل خاص عُلَماء اللغة العبريّة. فالنّص الْعِبْرِيّ يَقُولُ «من المُؤكَّد أَنَّه إن أحسنتَ عملًا، أفلا رَفْع؟! لكن إن لم تُحْسِن، فعند الباب خطيّة رابضة وإليك اشتياقها، وأنت يُمكنك أن تتسلّط عليها». ومهما اختلفت ترجمة هذه الآية، يبقى معناها ببساطة أنَّ الله يُشجِّع قَايِين على التصرُّف الحسن، لأن لهذا التصرُّف الحسن مكافأة، أَمَّا إذا لم يُحْسِن عملًا، فالخطيّة ستتخذ هذه الفرصة لتسود عليه (إشعياء ١: ١٧، عاموس ٥: ١٤). يُؤكِّد التشجيع والتحذير الإلهيّان لقَايِين أنَّ الإِنْسَان يختار بإرادته ما يشاء. فبإمكانه أن يَخْضَع لمشاعر الفشل فتمتلكه وتسود عليه، أو أن يتحرّر منها فينجو من تسلُّطِها. إنَّ الحقيقة الّتي نراها في هذه الآية عن الخطيّة هِيَ أنَّ الخطيّة ليست الفِعْل، بل تُشَبّه بِسَيّد يُريد أن يسود على الإِنْسَان ويمتلكه. وهذه الحقيقة يُؤكِّدها الْعَهْد الْجَدِيد ولاسِّيما في رسالة رُومِيَة والأصحاح السّادِس، حَيْثُ ذُكِرَتْ كَلِمة «خطيّة» أكثر من ٢٥ مَرَّة، في مرتَيْن منها فقط تُشِيرُ الكلمة إلى الفِعل، و ٢٣ مَرَّة إلى سيد قاسٍ يمتلك الإِنْسَان ويستعبده. كان يمكن لغضب قَايِين وسقوط وجهه أن يتغيّرا لو تجاوب قَايِين إيجابياً مع صوت الله. ويَقُولُ إتكنسون Atkinson «إنَّ قانون الحياة خارج الْجَنَّة هُوَ نفس القانون داخلها، وهو الثّقة والطّاعة للرب.»[14] لكن قَايِين رفض صوت الله، فَهُوَ لا يريد أن يثق أو يطيع الرّب، وأكثر من ذلِكَ إنَّه تَمَادَى فاستبدل الطّاعة بالغضب. إنَّ غضب قَايِين نحو الله تُرْجِمَ إلى غيرة وحقد نحو أخيه، فالفشل في التجاوب مع

14 David Atkinson, *The Message of Genesis 1- 11* (Downers Grove Inter-Varsity Press, 1990), 105.

دعـوة الله ينتـج عنـه فشـلٌ في العلاقـات الإِنْسَـانيّة، ولهـذا يربـط الْكِتَـاب الْمُقـدَّس بَـيْنَ الوصيّـة الأُولى والعظـمى، «تُحِـبُّ الـرّب إلهـك» (مـتى ٢٢: ٣٧)، والوصيّـة الثّانيـة الّـتي هِيَ مثلهـا، «تُحِـبُّ قريبـك كنفسـك» (لوقـا ١٠: ٢٧). فالمحبـة تكميـلٌ للنامـوس (روميـة ١٣: ١٠). يظهـر «قَايِـين الّذي في داخلنـا» عندمـا نحسـد ونحقـد ونبغـض إخوتنـا. والغـيرة والحقـد هُمـا الحطـب الّذي يُشْعِـل النّـار في داخلنـا لتدمـير أيّـة علاقـة مهمـا كانـت، وأكـبر دليـل على ذلِـكَ هُـوَ قصـة قَايِـين الّذي قـام على أخيـه وقتلـه.

## قَايِين يقتل أخاه هَابِيل (٤: ٨)

وقال قايينُ لهابيلَ أخيهِ...* وَحَدَثَ إِذْ كَانَا فِي الْحَقْلِ أَنَّ قايين قَامَ عَلَى هَابِيلَ أَخِيهِ وَقَتَلَهُ.

* يقـول الترجـوم الارامي والترجمـة اليونانيـة وكذلـك السريانيـة والاتينيـة «لنخـرج إلى الحقـل» وهـذه ايضـا القـراءة في التـوراة السـامرية

لـم يسـمع قَايِـين لتحذيـر الله له ولـم يُعْطِ لنفسـه فُرْصَـة للتصحيـح ليفعل مـا هُـوَ حسـن. فهـا هُـوَ يذهـب إلى أخيـه ويَقُـولُ له «لنخـرج إلى الحقـل»، بعيـدًا عـن النّـاس. تبـيّن هـذه الدّعـوة أنَّ قَايِـين كان قـد خطّـطَ لقتـل أخيـه والتخلُّـص منـه، وَأَنَّـه أراد أن يفعـل هـذا بعيـداً عـن النّـاس حَيْـثُ يمكنـه أن ينفـرد بأخيـه ليفعـل بـه مـا يشـاء. والحقـل هُنَـا هُـوَ مـكان الجريمـة حَيْـثُ لا

يُوجَد مَنْ يدافع عن هَابِيل ولا يُوجَد مَنْ يمكنه أن يرصد ما سيحدث (تَثْنِيَة ٢٢: ٢٥، صموئيل الثّاني ١٤: ٦). دفع إحباط قَايِين إياه إلى فعل متهوِّر عنيف حتى نحو أقرب النّاس إليه، وهو في هذه الحالة «أخوه».

**וַיָּקָם... אֶל... וַיַּהַרְגֵהוּ، قَامَ عَلَى... وَقَتَلَهُ**، تُشِيرُ عبارة «قام على» إلى انقلاب الأخ على أخيه. وهذا الانقلاب المصحوب بالعنف والشّر والبغضة هُوَ سبب قتل قَايِين لهَابِيل. ومن المؤسف أنَّ تكون أَوّل حالة مَوْت يُسجّلها الْكِتَاب الْمُقدَّس يكون مرتكبها أَخٌ نحو أخيه. لقد تَمَّ ذِكْر كَلِمة «أخ» ٧ مَرّات في الأصحاح الرّابع، ليُؤَكِّد لنا الوحي بشاعة جُرْم قَايِين وشَرّه، حيْثُ إنَّه لم يُشْفِق على أخيه (١ يُوحَنَّا ٣: ١٢). والمأساة الحقيقيّة هِيَ أنَّ آدم وحَوَّاء شاهدا بأعينهما حقيقة الْمَوْت الّذي دخل إلى الْعَالَم بسبب الخطيّة. والأمر البشع هُوَ أنَّ قَايِين «قتل הָרַג» هَابِيل ببرود دم وقصد. فالفعل المستخدم هُنَا يُشِيرُ إلى القتل العَمْد، فقَايِين خطّط وتعمّد قتل أخيه، ولم يخشَ الله. فقد سَلَكَ في شَرّهِ كأنَّ الله لا يراه ولا يسمعه ولا يعرف ما يفعله. امتلأ قلبه بالحقد والحسد ضِد أخيه. ومرّةً أخرى نرى هُنَا البناء المتوازي بَيْنَ الأصحاحين الثّالِث والرّابع. فبعد كلام الْحَيَّة لحَوَّاء في الأصحاح الثّالِث تأتي العبارة «فرأت الْمَرْأَة» When she saw (٣: ٦). وبعد كلام الرّب وتحذيره لقَايِين في الأصحاح الرّابع تأتي العبارة «وحدث إذ كانا...» When they were، ثُمَّ بعد العبارتَيْن يأتي فعل الخطيّة، فالْمَرْأَة «أكلت» (٣: ٦)، وقَايِين قام على أخيه و«قتله» (٤: ٨). إنَّها الشّهوة الّتي «إذا حبلت تلد خطيّة، والخطيّة إذا كَمُلَتْ تُنْتِجُ موتاً» (يَعْقُوب ١: ١٥).

## دينونة اللّٰه لقَايِين (٤: ٩ -١٢)

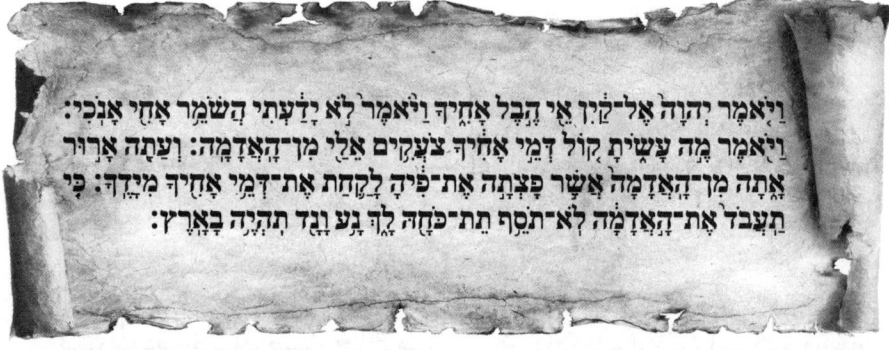

فقالَ يهوه لقايينَ: «أينَ هابيلُ أخوكَ؟». فقال: «لا أعرفُ. أحارسٌ أنا لأخي؟» فقال: «ماذا فعلتَ؟. صوتُ دماءِ أخيكَ صارخةٌ إليَّ من الأديمِ. والآنَ ملعونٌ أنتَ من الأديمِ الذي فتحَ فاهُ لتقبلَ دمَاءَ أخيكَ من يدِكَ. إذ تَخدُم الأديمَ لا يعودُ يُعطيكَ قوتَهُ. تائهًا وهاربًا تكونُ في الأرض».

وكما فعل الرّب مع آدَم وحَوَّاء بعد السّقوط عندما أتى إليهما بعد ارتكاب خطيتهما، يأتي هُنَا إلى قَايِين حتى يُعطي للخاطئ فُرْصة للاعتراف بالخطيّة. وكأن اللّٰه بسؤاله لقَايِين يربط بَيْنَ خطيّة قَايِين وخطيّة آدَم وحَوَّاء في الأصحاح الثّالث. فخطيّة قَايِين نتجت كثمرة لخطيّة آدَم أبيه.

«أين هَابِيل أخوكَ؟ אֵי הֶבֶל אָחִיךָ»، لقد اختلفت إجابةُ قَايِين على سؤال اللّٰه عن رد أبيه آدَم الّذي ألقى باللوم على حَوَّاء. إذ اشتمل ردُّ قايين على الكذب والتنصُّل من المسؤوليّة. تمثّل كذبه في عبارة «لا أعلم»، والتنصُّل من المسؤوليّة في عبارة «أحارسٌ أنا لأخي؟». أَكّدَ الْكِتَاب الْمُقدَّس على مسؤوليّة الأخ نحو أخيه الإِنْسَان عندما ذكر كَلِمة «أخ» أو «أخوك» أو «أخاه» سبع مرّات. تُؤكّد هذه السّباعيّة مع سؤال الرّب لقَايِين «أين... أخوك؟» أنَّ مسؤوليّة الإِنْسَان نحو أخيه الإِنْسَان هِيَ «كحارس».[١٥] ولهذا

١٥ يُؤكّد دوبي Daube أنَّ كَلِمة «حارس» שֹׁמֵר كَلِمة قانونيّة يوصف بها الوصي الّذي يأخذ مسؤوليّة الاعتناء بشخص

فكل قَتْل هُوَ في الحقيقة قتل أخ لأخ.[١٦] ولأن الإِنْسَان مخلوق على صُورَة الله وشبهه، فكل مَنْ يقتل أو يسفك دم إِنْسَان فبالإِنْسَان يُسْفَك دمه (تَكْوِين ٩: ٥-٦).

**ماذا فعلتَ מֶה עָשִׂיתָ**، لَيْسَ-هذا سؤالًا بل صرخة اشمئزاز. ويمكن أن تصاغ هكذا «ما هذه الفِعلة الشّنيعة الّتي قُمتَ بها؟»[١٧] فالله لا ينتظر من قَايِين أن يُجِيب أو أن يُقدِّم له تقريرًا عمّا فعل، بل هُوَ تعبير إدانة ضِد قَايِين.

**صوتُ دم أخيكَ صارخ إليَّ من الأرض (الأديم)**، رُبَّما يُنْكِر قَايِين ويكذب، لكن الدّم الّذي يصرخ إلى الله يشهد ضده. إنَّ أهم كَلِمة في هذه العبارة هِيَ كَلِمة «إليّ» فدم البريء يصرخ إلى الله.[١٨] وتستخدم كِلمة «صارخ צֹעֲקִ، سُوعِيقيم» في الْكِتَاب الْمُقدَّس لتشير إلى صراخ المسكين والمتألِّم، وصُراخ الجائع (تَكْوِين ٤١: ٥٥)، وصراخ الغريب والأرملة واليتيم (خُروج ٣: ٧، ٢٢: ٢١-٢٤)، الصّراخ الّذي يزداد في الْعَالَم يَوْمًا بعد يَوْم (لُوقَا ١٨: ٧، رُؤْيا ٦: ٩-١٠). صرخت دماء قَايِين الّتي انسكبت على الأرض ظُلْمًا إلى الرّب وتركت الأمر بَيْنَ يديْه كالقاضي العادل. قد يظن الإِنْسَان أنَّ دم الأبرياء لَيْسَ له صوت ولا يمكن أن يسمعه أحد، لكن كَلِمة الرّب تُؤكِّد لنا أنَّ صُرَاخ هذا الدّم يصل إلى الله نفسه. يَقُولُ ديلتش Delitzsch «إنَّ القتل هُوَ واحدة من الخطايا الّتي تُبْكِي السّماء»[١٩]. لقد كانت دماء

---

ما. See D. Daube, *Studies in Biblical Law* (Cambridge Cambridge University, 1947), 13 -15. بينما يرى ريمان في المقابل أن الإِنْسَان لَيْسَ حارسًا لأخيه الإِنْسَان. فالشّخص الوحيد الذى وصف بالحارس هُوَ الله، فَهُوَ قد لقب خمس مَرّات بحارس إِسْرَائِيل (مزمور ١٢١: ٤-٨ و العدد ٦: ٢٤). فأن تحرس يعنى أن تُعين وتسند وتتسلط وتسن القوانين وتمارس السّلطان. وكانت مسؤوليّة قَايِين الأُولى نحو أخيه هِيَ أن يحبه وليس أن يحرسه. See P. Riemann «Am I My Brother's Keeper?» Int 24 (1970) 482 -91; also Hamilton, *The Book of Genesis Chapter 1- 17*, 230.

16 Sarna, *Genesis, 34.*

17 Sarna, 34.

18 Westermann, *Genesis, Vol. 1, 305.*

19 Keil, C. F., & Delitzsch, F. *Commentary on the Old Testament*. Vol. 1, 71.

هَابِيل عزيزة في عينيّ الرّب (مزمور ١١٦: ١٥)، وبِحُكْم إيمانه يَقُولُ كَاتِب العبرانيّين «وإن مات يتكلم بعد» (عبرانيّين ١١: ٤). وتظهر قيمة الإِنْسَان في نظر الله في عبارة «صوت دم أخيك صارخ إليّ...»، فالحياة هِيَ في الدّم «أَنَّ نَفْسَ الْجَسَدِ هِيَ فِي الدَّمِ، فَأَنَا أَعْطَيْتُكُمْ إِيَّاهُ عَلَى الْمَذْبَحِ لِلتَّكْفِيرِ عَنْ نُفُوسِكُمْ، لأَنَّ الدَّمَ يُكَفِّرُ عَنِ النَّفْسِ» (لاويّين ١٧: ١١)، لذلك يُعد سَفْك الدّم من أكثر الأمور الّتي تُنَجّس الإِنْسَان والأرض. فعدم التكفير عن القتل يُنجِّس الأرض ويجعلها تحت دينونة الله. فالدّم والحياة مِلْك الله وحده، ومعنى أن يسفك الإِنْسَان دم أخيه الإِنْسَان أنَّ الإِنْسَان أخذ شيئًا هُوَ مِلْكٌ لله وحده. ولِمَنْع هذه الكارثة أَمَرَ الله بتخصيص عِدَّة مُدُن يطلق عليها «مدن الملجأ» يهرب إليها مَنْ قتل من دون قصد حتى لا يُنْتَقَم منه (العدد ٣٥: ٩-٣٤، تَثْنِيَة ١٩: ١-١٣).[٢٠]

**فالآنَ ملعونٌ أنتَ וְעַתָּה אָרוּר אָתָּה**، يربط الله الآن بَيْنَ الْحَيَّة وقَايِين باللعنة. ويَقُولُ الترجوم «ملعون أنت أكثر من الأرض.» لكن بعضهم يفترض أنَّ المعنى هُنَا هُوَ أن اللعنة تعني الطّرد من الأرض، أيّ الطّرد من منطقة مُعيَّنة كانت مكان سكن الإِنْسَان، كما يُمكننا أن نرى معناها في ضَوْء الآية ١٠. فدَمُ قَايِين الصّارِخ من الأرض لعنةٌ خارجة من الأرض تدين قَايِين. لم يلعن الله الإِنْسَان في تَكْوِين ٣. فالْحَيَّة فقط هِيَ الّتي لُعِنَتْ، لكننا هُنَا نرى الله لأَوّل مَرَّة يلعن إِنْسَاناً «ملعون أنت». وَيُؤَكِّد هذا خطورة الجريمة الّتي ارتكبها قَايِين ضِد الله وخليقته. لقد ارتبطت حياة قَايِين بالأرض ارتباطًا وثيقًا. فقد كان عاملًا في الأرض، ومن ثمار الأرض قدّم لله تقدمة. وتلوّثت نفس الأرض بدم أخيه هَابِيل الّذي قام عليه قايين وقتله. فجعل هذا الارتباط أَيْضًا دينونة الله مناسِبة له

20 Gordon J. Wenham, *Genesis 1–15* In Word Biblical Commentary. Vol. 1, 107.

كَمُزَارِعٍ «مَتَى عَمِلْتَ الأَرْضَ لاَ تَعُودُ تُعْطِيكَ قُوَّتَهَا. تَائِهًا وَهَارِبًا تَكُونُ فِي الأَرْضِ.» فلن يستمتع قَايِين المُزَارِع بالأرض ولا بثمر الأرض، لأنَّ الأرض لن تعود تعطيه قُوّتها، وسيكون تائِهًا وهارِبًا في الأرض. ويَقُولُ ولكي Waltke «لأنَّ قَايِين فَصَل نفسه عن أخيه وعن الله، ففصله الله من الأرض، فيكون تائِهًا بلا بيت ولا أمان»[21]. يُشبه عقاب الله لقَايِين، إلى حَدٍّ ما، عقاب الله لشعبه بالسّبي والطّرد من الأرض إذا أخطأوا وتركوا الرّب «**مَلْعُونًا** تَكُونُ فِي الْمَدِينَةِ **وَمَلْعُونًا** تَكُونُ فِي الْحَقْلِ. **مَلْعُونَةً** تَكُونُ سَلَّتُكَ وَمِعْجَنُكَ. **مَلْعُونَةً** تَكُونُ ثَمَرَةُ بَطْنِكَ وَثَمَرَةُ أَرْضِكَ، نِتَاجُ بَقَرِكَ وَإِنَاثُ غَنَمِكَ» (تَثْنِيَة ٢٨: ١٦-١٨). نرى هُنَا انعكاسًا لعقاب الله لقَايِين في كلام النّبي إشعياء «لأَنَّهُ هُوَ ذَا الرَّبُّ يَخْرُجُ مِنْ مَكَانِهِ لِيُعَاقِبَ إِثْمَ سُكَّانِ الأرض فِيهِمْ، فَتَكْشِفُ الأرض دِمَاءَهَا وَلاَ تُغَطِّي قَتْلاَهَا فِي مَا بَعْدُ» (٢٦: ٢١).

## رد فِعل قَايِين لدينونة الله (٤: ١٣ – ١٤)

وقال قايين ليهوه: «عَظُمَ ذنبي عن احتمالي. ها قد طردتني اليومَ من على وجهِ الأديمِ، ومِن وجهِك أحتَجِبُ، فأكونُ تائهًا وهاربًا في الأرض، ويكونُ أنَّ كلَّ من يجِدُني يقتُلُني»

يعتمد فَهْمُنا لمعنى كلام قَايِين وَرَدِّ فِعله تجاه عقاب الله على فَهْمِنا لمعنى الْكَلِمة الْعِبْرِيّة «עֲוֺנִי، وتُنْطَق عَوُنِي»، والمترجمة إلى «ذنبي». فبما أن

21 Bruce Waltke, *Genesis,* 98.

الْكَلِمة עֲוֹנִי يمكن أن تُتَرْجَم إلى «ذنب» و «عقاب»، فهل يعني كلام قَايِين للرب «عقابي أعظم من أن يُحْتَمَل»، أم «ذنبي أعظم من أن يُغْتَفَر»؟ فهل يرثي قَايِين لحاله أم يطلب الغفران؟ تقول الترجمات الْقَدِيمة كالسّبعينيّة والفولجاتا اللاتينية والترجوم «ذنبي أعظم من أن يُغْتَفَر»[٢٢]. وتُقدِّم بعض الكتابات لعُلَماء يَهُود نفس المعنى لكن في صيغة سؤال «هل ذنبي أعظم من أن يغتفر؟»[٢٣]. لكن الحقيقة هِي أنَّ المعنيّين لا يُمكن فَصْلُهما أحدُهما عن الآخر. فالعقاب يأتي نتيجة الخطيّة، ولهذا السّبب يُمثِّلُ هذا النّص صعوبة عند المترجمين. إلا أنَّ كَلِمة «עֲוֹנִי ذنبي» مع كَلِمة «נְשֹׂא يُحْتَمَل (يُرْفَع)»، وفي ضَوْء الآية ١٥ فقَالَ لَهُ الرَّبُّ: «لِذلِكَ كُلُّ مَنْ قَتَلَ قَايِينَ فَسَبْعَةَ أَضْعَافٍ يُنْتَقَمُ مِنْهُ». تجعل المعنى هُنَا لَيْسَ العقاب بل الذّنب. ففي العبارة: «ذَنْبِي أَعْظَمُ مِنْ أَنْ يُحْتَمَلَ. إِنَّكَ قَدْ طَرَدْتَنِي الْيَوْمَ عَنْ وَجْهِ الأَرْضِ، وَمِنْ وَجْهِكَ أَخْتَفِي وَأَكُونُ تَائِهًا وَهَارِبًا فِي الأَرْضِ، فَيَكُونُ كُلُّ مَنْ وَجَدَنِي يَقْتُلُنِي»، أدرك قَايِين أنَّ عقاب الله سوف ينتج عنه مَوْته، ولهذا طلب من الله الحماية.[٢٤]

22 The LXX reads μείζων ἡ αἰτία μου τοῦ ἀφεθῆναί με. *LW* 1.295–98; Cassuto, *Genesis*, 222; and Sailhamer, John. *Genesis,* The Expositor's Bible Commentary. Ed., Frank E. Gaebelein (Grand Rapids: Zondervan, 1990), 65–66.

٢٣ التلمود البابلي.

24 Allen Ross, *Creation & Blessings,* 160.

## حماية الله (٤: ١٥ – ١٦)

فقالَ له يهوه: «لذَلِكَ كلُّ من قتَلَ قايين فسَبعةَ أضعافٍ يُنتَقَمُ مِنْهُ». ووضعَ يهوه لقايين علامةً لِئَلَّا يضرِبَه كلُّ من يجِدُه. فخَرَجَ قايين من وجهِ يهوه، وأقامَ بأرضِ نودَ شرقيَّ عدنٍ.

ينتقل النّص من إعلان دينونة الله على قَايين إلى وَعْدٍ من الله بحمايته، فبين إعلان الدّينونة الإلهيّة (٤: ١١ -١٢) والوعد الإلهيّ بالحماية (٤: ١٤) يأتي كلام قَايين واعتراضه (٤: ١٣ -١٤). وفي الواقع، فإنَّ تجاوُب الله مع قَايين بالرّحمة والحماية لا يُؤكِّد تَوْبة قَايين. فهذا النّص لا يحمل، من قريب أو من بعيد، معنى التوبة والنّدم على الخطيّة. لكن لماذا لم يَمُتْ قَايين نتيجة خطيته؟ فمن المعروف وبحسب الشّريعة أنَّ القاتل يُقْتَل (عدد ٣٥: ٣٢). رُبَّما يكون سبب استبقاء الله لقَايين أَنَّه يُريد أن يضع نِهَايَة لسفك الدّماء حتى لا تتنجّس الأرض. ولهذا ظهرت نعمة الله، فوضع على قَايين «علامة אוֹת». لا بُدَّ أن تُعاقَب الخطيّة، ولا بُدَّ لقَايين أن يدفع ثمن خطاياه، لكن الله الّذي أعلن حكمه ودينونته على قَايين هُوَ نفسه الّذي يُدبِّر له وسيلةً للحماية حتى لا يصير ضحيّة للعنف والانتقام. وكان على قَايين أن يهرب ويترك محضر الله في نفس الوقت الّذي يكون فيه تحت حمايته! لكن ما هِيَ هذه العلامة الّتي أعطاها الله لقَايين؟ ومع أنَّ النّص الْكِتَابيّ لا يذكر لنا شيئًا عن طبيعة هذه العلامة، إلا أنَّ الْمُفسِّرين

قدَّموا افتراضات كثيرة منها فقال بعضهم أَنَّها وَشْم على جبينه،[25] أو رداء ملون، أو قرن على رأسه... إلخ. وما نعرفه من كَلِمة الرّب هُوَ أَنَّ العلامة تُعْطَى لهدف ما، فمَثَلًا العلامة אוֹת الّتي أعطاها الرّب لموسى في وقت الخُروج شملت الضّربات العشر، علامة على قُوّة الله، لتبرهن على أنَّ الله أرسل مُوسَى لمصر فيؤمن به الإِسْرَائِيليون (خُروج ٧: ٣، ٤: ٨، ٩، ١٧، ٢٨) كما أنَّ العلامة قد تكون أمرًا رمزيًا. فمثلًا أخذ حزقيال لَبِنَة من الطّين ورسم عليها مدينة أورشليم وجعل سُورًا حولها. فكان هذا علامة ورمزًا للسبي (حزقيال ٤: ٣). وأخيرًا، فإنَّ العلامة قد تكون شيئًا ما للتذكرة. فمثلًا، كان وما زال قوس قُزَح علامة عَهْد الله مع البشريّة (تَكْوِين ٩: ١٢-١٤)، والأكل من الخبز غير المختمر (خُروج ١٣: ٩)، كُلّها كانت علامات للتذكرة بعمل الله. ويَقُولُ جون سيلهامر Sailhamer إنَّ العلامة الّتي أعطاها الله لقَايِين كانت هِيَ المدينة الّتي بناها في أرض نود. ويبرهن سيلهامر هذه الفكرة قائلًا إنَّ النّص الْكِتَابيّ بعد الحديث عن العلامة ورحيل قَايِين إلى أرض نود «شرقي عدن» يذكر لنا أَنَّه قام ببناء مدينة. وفي ضَوْء فَهْمِنا لمُدُن الملجأ (عدد ٣٥: ٩-٣٤)، فقد تكون المدينة الّتي بناها قَايِين هِيَ العلامة الّتي أعطاها الله لحمايته. «لا تدنسوا الأرض الّتي أنتم فيها لأنَّ الدّم يدنس الأرض. وعن الأرض لا يُكَفَّر لأجل الدّم الّذي سُفِكَ فيها إلا بِدم سافكه» (عدد ٣٥: ٣٣).[26] وما يُؤَكِّد هذا هُوَ أنَّ المدينة الّتي بناها قَايِين كانت هِيَ العلامة الّتي أعطاه إيّاها الرّب هُوَ تتابُع الأحداث في تَكْوِين ٤: ١٩ - ٢٤، ووجود هذه المدينة في أيام لامك.

25 Von Rad's suggestion of the first Tattoo is surely wide of the mark. Gerhard Von Rad, *Genesis,* The Old Testament Library, 49 – 50.

26 John Sailhammer, *Genesis,* The Expositor's Bible Commentary, 67.

**فخَرَجَ قَايِين من وَجْه يهوه**، وأقامَ بأرضِ نودَ شرقيَّ عدنٍ - ترك قَايِين محضرَ الله وذهب لِيُقِيم في أرض نود נוֹד، والتي تعني «تَيَهان». فقَايِين الّذي قَالَ له الله بعد قتله لأخيه «تائهًا وهاربًا تكونُ في الأرض»، يذهب لِيُقِيم في أرض التيه. واسم «نود» ومعناه رمز لحياة الإنْسَان بعيدًا عن الله، الإنْسَان الّذي لا يجد راحةً. لهذا قَالَ القديس أوغسطينوس مقولته الشّهيرة «يا الله لقد خلقتنا لذاتك، ولن تجد نفوسنا راحتها إلا فيك». لقد خسر قَايِين الله والأرض، وعليه الآن أن يبحث عن وسيلة أخرى ليعيش بها.

## نسل قَايِين (تَكْوِين ٤: ١٧ – ٢٤)

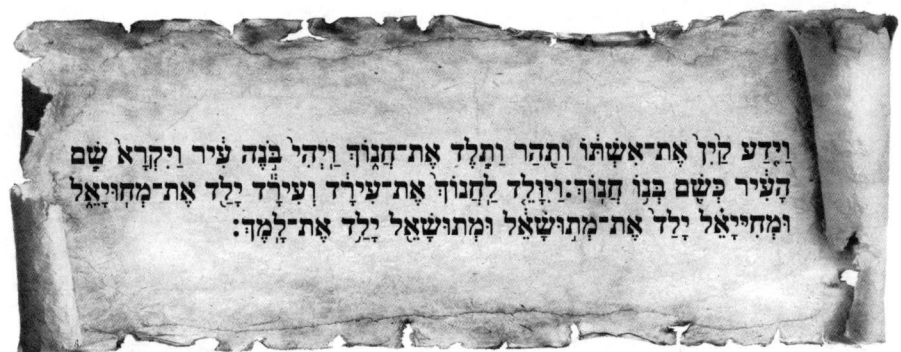

وعَرَفَ قايينُ امرأتَهُ فَحَبِلَت وولدت حنوك. وكان يبني مدينةً. فدعا اسم المدينةِ كاسمِ ابنِه حَنُوك. وَوُلِد لحنوك عيراد. وعيرادُ وَلَد محويائيل. ومحويائيل وَلَد متوشائيل. ومتوشائيل ولَد لامِك.

ولأنَّ قَايِين هرب من وَجْه الله، ولأنَّ زراعة الأرض لم تَعُدْ مهنتُه المُفضَّلة بسبب لعنة الله لها وقسوتها، فإنَّه اختار لنفسه طريقًا آخر. إذ قام ببناء مدينة (٤: ١٦)، وأصبح أبًا وعمل بعض من أبنائه في الزّراعة، في حين صنع آخرون منهم حضارة المدينة ومُتطلّبات الحياة فيها من اختراعات ومهن جديدة. وهكذا استمرت الحياة وتطوّرت الحضارة وعاش الإنْسَان بعيدًا عن الله. وتزوّج قَايِين **وعَرَفَ امرأتَهُ**. ومع أنَّ الْكِتَاب

الْمُقَدَّس لا يذكر لنا أيّ شيء عن زواج قَايِين ولا عن زوجته ولا حتى اسمها، إلا أنَّ النّص الْكِتَاب وبسبب التركيز على النّسل، يذكر لنا أنَّ قَايِين عرف امرأته فحبلت وولدت. وفي أغلب الظّن، فإنَّ زوجة قَايِين هِيَ واحدة من أخواته المذكورين في تَكْوِين ٥: ٤ «وَكَانَتْ أَيَّامُ آدم بَعْدَ مَا وَلَدَ شِيثًا ثَمَانِيَ مِئَةِ سَنَةٍ، وَوَلَدَ بَنِينَ وَبَنَاتٍ». فصارت واحدة من بنات آدم صارت زوجة لقَايِين.

ولقد اشتمل نسل قَايِين على سُباعيّة، سبعة أجيال بدأت بقَايِين وانتهت بلامك وأولاده الأربعة. ويُمثِّل نسل قَايِين الحضارة البعيدة عن اللّه. فقَايِين الهارب أصبح له نسل وكثر نسله وساعد على تطوُّر الحياة والحضارة الإنْسَانيّة. إنَّ من صفات اللّه، الصّلاح، فَهُوَ يشرق شمسه على الأشرار والصّالحين ويُمْطِر على الأبرار والظّالمين (متى ٥: ٤٥)، ولهذا امتدت نعمته العامّة لتشمل الخطاة والأثمة. فها هُوَ قَايِين يصبح أبًا لكثيرين، ويُساهم نسله في اكتشافات واختراعات ساهمت في تطوير الحضارة والحياة في المدينة.

تُمثِّل سلسلة نسل قَايِين رفضًا لمفهوم الْعَالَم الْقَدِيم الّذي نسب كُلّ تطوُّر أو اكتشاف في تاريخ البشريّة إلى الآلهة. ففي أساطير ما بَيْنَ النّهرين، يأتي الإله أغالو *Aphallu* الّذي نصفه إنْسَان ونصفه الآخر سمكة ويصعد من البحر ليعلن للإنْسَان أمورًا علميّة ونظامًا اجتماعيًا وفنًّا وكِتَابَة... إلخ. وحتى في الثّقافة المصريّة الْقَدِيمة، اخترع الإله توت الميزان، وعَلّمَ الإله أزوريس الإنْسَان الزّراعة وفن الحياة. وفي النّصوص الأجورتيّة الْقَدِيمة، يُنْسَب اكتشاف الحديد إلى الإله كوشر، واختراع القيثارة إلى الإله سنيراس. وامتد هذا الفكر ليشمل حتى الحضارة اليونانيّة

الْقَدِيمة.[٢٧] وهذا الاعتقاد بأَنَّ كُل شيء وصل إليه الإِنْسَان قد عَلَّمَتْه له الآلهة divinization إِنَّما يرفضه الْكِتَاب الْمُقدَّس إذ يُؤَكِّد أن الإِنْسَان الّذي خلقه اللّٰه وَقَالَ له «أَثْمِرُوا وَاكْثُرُوا وَامْلأُوا الأرض، وَأَخْضِعُوهَا، وَتَسَلَّطُوا عَلَى سَمَكِ الْبَحْرِ وَعَلَى طَيْرِ السَّمَاءِ وَعَلَى كُلّ حَيَوَانٍ يَدِبُّ عَلَى الأرض» (تَكْوِين ١: ٢٨)، بِتَمَيُّزه عن بقيّة المخلُوقَات وبقُدرته على التفكير والبحث، وقام بدوره في تطوير الحضارة الإِنْسَانيّة، وساهَم في تطوُّر العلوم الإِنْسَانيّة والاكتشافات الّتي تساعده على الحياة.

**مدينة עִיר** المدينة هِيَ أيّ مكان يُقِيم فيه النّاس بصُورَة دائمة، مُحَاطَين بحماية مُتمثِّلة بسُور أو حصن، حَيْثُ توفر لساكنيها التقدم والحماية، في الوقت الّذي مَثّلَتْ فيه مدينة مثل «بابل» القِمة والذّروة للمدينة الّتي تُقاوِم اللّٰه (تَكْوِين ١١: ٤).

**حَنُوك חֲנוֹךְ** يأتي المعنى الأساسيّ لاسم حنوك من الأصل الْعِبْرِيّ חנך بمعنى تدرّب، أو تعلّم. وكان حنوك هُوَ الابن البكر لقَايِين الّذي رفض الاستمرار في عمله الْقَدِيم كمُزارِع بسبب لعنة اللّٰه للأرض، فقام ببناء مدينة وسَمّى المدينة باسم ابنه حنوك. رُبَّما أراد قَايِين من خلال بنائه للمدينة أن يُؤَكِّد لنفسه أَنَّه لم يعد تحت دينونة اللّٰه وَأَنّه حُرٌّ يفعل ما يشاء فيؤسِّس أسرة ويُؤسِّس مع الأسرة مدينة. وأن تُسَمّي مدينة باسم شخص إشارة إلى امتلاكه لها وفرض سُلطانه عليها.[٢٨] ولقد أُطْلِقَ على ثلاثة أشخاص آخرين في الْكِتَاب الْمُقدَّس اسم حنوك الْأَوّل هُوَ أَخْنُوخ بن يارد (تَكْوِين ٥: ١٨-٢٤)، والثّاني هُوَ حنوك بن مديان (تَكْوِين ٢٥: ٤)، والثّالِث هُوَ حنوك بن رأوبين بن يَعْقُوب (تَكْوِين ٤٦: ٩). والغريب أنّ

27 See Sarna, *Genesis,* 36 and Hamilton, *Genesis 1- 17. 230.*
28 See F. S. Frick, *The City in Ancient Israel, SBLDS 26* (Missoula, MT Scholars, 1977), 41.

نسل قايين
قايين
حنوك
عيراد
محويائيل
متوشائيل
لامك
يابال
يوبال
توبال
نعمة

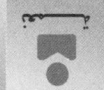

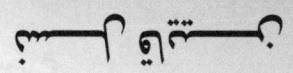

رأوبين هُوَ الابن البكر ليَعْقُوب، كما أنَّ قَايِين هُوَ الابن البكر لآدَم وسَمّى كُلّ منهما بِكْرَهُ «حنوك».

وتُسجِّل لنا الآيَة ١٨ أربعة أسماء من نسل قَايِين وهُمْ عيراد עִירָד، ومحويائيل מְחוּיָאֵל، ومتوشائيل מְתוּשָׁאֵל، ولامِك לָמֶךְ. ولا يذكر لنا الوحي أيَّ شيء عن عيراد ومحويائيل ومتوشائيل غير أسمائهم.[29]

### أسرة لامك (٤: ١٩ – ٢٢)

واتَّخذ لامكُ لنفسِه امرأتينِ. اسم الواحدةِ عادة واسمُ الأُخرى صِلّه. فولَدَت عادةُ يابَلَ. وهو أبو ساكني الخيامِ وأصحاب المواشي. واسمُ أخيهِ يوبَلُوهو أبو كلِّ عازف بالعودِ والمزمارِ. وصِلّه أيضًا ولَدت توبَل قايين ضارب كلِّ ما نُقش من نحاسٍ وحديدٍ. وأُختُ توبَل قايين نَعمة.

ويأتي ترتيب لامك سابعًا من آدَم من قَايِين. ولهذا الترتيب أهميّة كبيرة في الفكر اليَهُوديّ حَيْثُ يُشِيرُ الرّقم ٧ إلى الكمال. وهكذا يُمثِّلُ «لامك» الإنْسَان في كمال بعده عن الله وكمال الشّر والإثم والظّلم، كما يُمثِّلُ «أَخْنُوخ» السّابع من آدَم من شيث، كمال البر والتقوى والسّير مع

---

٢٩ يمكن استخلاص القليل من معاني هذه الأسماء. فعيراد يأتي من الأصل راد ومعناه «حمار وحش» أو بالعربي «أكواخ القصب.» ومحويائيل ومتوشائيل يحملان كَلِمة «إيل» أيّ الله. ولهذا فمحويائيل يعني «مضروب من الله» أو «حزن الله.» أمّا متوشائيل فيعني «رجل الله» أو «بطل الله» ويرى بعضهم، بناءً على أن كَلِمة شيئول تعني الهاويّة، أن معنى اسم متوشائيل هُوَ «رجل من الهاويّة.» أمّا اسم «لامك» فيعني «الشّاب القوي او «الظّالم»»

اللهِ (تَكْوِين ٥: ١٨-٢٤). ولهذا يأخذ لامك اهتمامًا أكبر من باقي سلسلة نسل قَايِين. فحياة العُنف والانتقام والقُوّة تعكس وَتُشِيرُ إلى حياة الجد الأكبر قَايِين. ومن هُنَا فإنَّ لامك يُمثِّلُ تطوُّر الخطيّة وذروتها، والتي امتدت لتشمل كُلَّ جوانب الحياة حتى الحياة الأسريّة. فأَوَّل ذِكْر لتعدُّد الزّوجات نراه في حياة لامك الّذي اتخذ لنفسه امرأتيْن، الأمر الّذي يُعَدُّ خطيّة، لأنَّ فيه تعدّيًا واضحًا على التصميم الإلهيّ للأسرة والّذي ينص على أن «يَتْرُك الرّجُلُ أَبَاهُ وَأُمَّهُ وَيَلْتَصِقُ بِامْرَأَتِهِ وَيَكُونَانِ جَسَدًا وَاحِدًا» (تَكْوِين ٢: ٢٤). قد يتساءل بعضهم لماذا لم يَدِن الرّب تعدُّد الزّوجات ما دام هذا الأمر خطيّة؟ يهدف سِفْر التَكْوِين في تركيزه إلى أن يُظْهِر لنا كيف أَثَّرَت الخطيّة في الإِنْسَان وكيف امتدت هذه الآثار البغيضة لتشمل علاقة الإِنْسَان بأخيه الإِنْسَان، وعلاقة الرّجل بزوجته. ويُريد كَاتِب السّفْر أن يفضح أفعال الإِنْسَان الّذي استقلّ عن اللهِ من خلال سَرْدِه للواقع المؤلم الّذي يعيشه. فنحكم نحن بأنفسنا وندرك بشاعة الخطيّة الّتي انتشرت فينا وفي المجتمع كما تنتشر النّار في الهشيم.

**عادة... صِلّه עָדָה... צִלָּה**، يحمل الاسم «عادة» معاني مُتعدِّدة. فقد يعني زينة، أو تزينًا، أو فجرًا، أو غَسَقًا.[30] وهو أَيْضًا اسم إحدى زوجات عيسو (تَكْوِين ٣٦: ٢). أَمَّا الاسم «صِلّة» فَهُوَ إِمّا أن يكون مُشتقًا من الْكَلِمة «**צל**» وبهذا يكون معناه «الظّل» أو «الحماية» أو من كَلِمة **צלצל**، كما يَقُولُ كاسيتو Cassuto. وفي هذه الحالة يكون معناه «رنين» إشارة إلى الصّوت العذب والجميل.[31] وبهذا تكون زوجَة لامك الأُولى صاحبة الوجه الجميل، والثّانيّة صاحبة الصّوت العذب، ما دفع جبريل Gabriel

30 Wenham, *Genesis 1- 15,* Word Biblical Commentary, Vol. 1, 112 and Kenneth A. Mathews, *Genesis 1-11:26. The* New American Commentary (Nashville: Broadman & Holman Publishers, 1996), Vol. 1, 285.

31 Cassuto, *A Commentary on Genesis: From Adam to Noah*, 1234.

إلى الْقَوْل إنَّ الْكَاتِب أراد من خلال ذِكْر الاسمَيْن أن يُبيّن أنَّ لامك كان شخصًا يسير وراء شهواته.[٣٢] وولدت كُل زوجة اثنيْن من الأبناء للامك، فولدت «عادة» يابال ويوبال، وولدت «صِلّة» توبال قَايِين ونَعْمَة.[٣٣]

يابال יָבָל، كان يابال أبًا لساكني الخيام ورعاة المواشي، ومع أنَّ هَابِيل كان راعيًا للغنم רֹעֵה צֹאן إلا أنَّ يابال كان راعيًا للمواشي. وتشمل الْكَلِمة المستخدمة لوصف عمل يابال מִקְנֶה herds كُلّ أنواع البهائم كالأغنام والماعز والجِمَال وحتى الحمير، وهو مصطلح شامِل يشمل كُلّ المواشي بكُلِّ أنواعها، بينما كان هَابِيل راعيًا لنَوْعٍ واحد، وهو الغنم.

يوبَال יוּבָל، وهو «أبو كُلّ عازف بالعودِ والمزمارِ»، ويُعَدُّ يوبال أَوَّل موسيقار. فاسم يوبال قريب جدًا من الْكَلِمة الْعِبْرِيّة יוֹבֵל، وَهِيَ قَرْن التيس الّذي يستخدم «كبُوق» في سنة اليوبيل والأعياد الرّسميّة (خُروج ١٩: ١٣، لاويّين ٢٥: ٩ -١٠). ويُعَدُّ العود والمزمار من أقدم الآلات الموسيقيّة الّتي عرفها الإنْسَان (أيوب ٢١: ١٢، ٣٠: ٣١)،[٣٤] كما يُؤكّد سارنا أنَّ الْكَلِمة المُستخدمة في وصْف عزف يوبال هِيَ לֹטֵשׁ لوفيس وَتُشِيرُ إلى التخصُّص والمهارة.[٣٥]

توبَال قَايِين תּוּבַל קַיִן، وهو اسم مركب. وذِكْر اسم توبال مُرتبط بنسل يافث في تَكْوِين ١٠: ٢، وكان يوبال «ضارب كُلّ ما نُقش من نحاسٍ وحديدٍ»، بمعنى أَنّه كان يعمل في المعادن. ولقد وردت كَلِمة «ضارب לֹטֵשׁ» أَيْضًا في ١ صموئيل ١٣: ٢٠، مزمور ٧: ١٣، ٥٢: ٤، أيوب ١٦: ٩، وَهِيَ تعني «يُحدِّد، وَتُشِيرُ إلى وظيفة الحدّاد الّذي يعمل بالحديد والمعادن الأخرى. وبما

32 Gabriel, J. 'Die Kainitengenealogie: Gn 4, 17-24', Bib 40 (1959) 409-27.

٣٣ الأسماء يابل ويوبل وتوبل مشتقة من الْكَلِمة الْعِبْرِيّة בול والتي تعني «منتج» أو «متدفق». ويعتقد بعض الْمُفسِّرين ان هذه الأسماء الثلاثة تحمل صدى اسم هَابِيل הבל، أَمَّا اسم البنت الوحيدة فَهُوَ «نعمة» ويعني بهيجة أو مسرورة.

34 John Skinner, *A Critical and Exegetical Commentary on Genesis* (Edinburgh T & T Clarks, 1910), 119.

35 Sarna, *Genesis, 37.*

أنَّ النّحاس يُعدُّ أقدم من الحديد، حَيْثُ يعود إلى الألفيّة الرّابعة قبل الميلاد، يأتي ذكره أَوَّلًا قبل الحديد. ويُعدُّ اكتشاف المعادن وبشكل خاص الحديد ثورة تكنولوجيّة ساهمت في تطوُّر كُلّ مجالات الحياة المُخْتَلِفة وأهمها، بطبيعة الحال، المجال الزّراعيّ والحربيّ حَيْثُ أُسْتُخدِمَ الحديد في صناعة الأدوات الزّراعيّة والأسلحة.

**نَعْمَة נַעֲמָה**، وَهِيَ البنت الوحيدة للامك واسمها يعني بهجة ومَسَرّة، ولهذا يعكس اسمُها إمَّا جمالها أو صفاتها، وهو أَيْضًا اسم والدّة رحبعام الملك (ملوك الْأَوَّل ١٤: ٢١). ولقد قَالَ بعض مفسري اليَهُود إنَّ «نَعْمَة» كانت موهوبة في الغناء «مغنيّة»، ولهذا ذكر النّص الْكِتَابيّ اسمها باعتبار أَنَّها شخصيّة معروفة.[٣٦]

---

٣٦ ترجوم يوناثان

## قصيدة لامك «أغنيّة السّيف» (٤: ٢٣-٢٤)

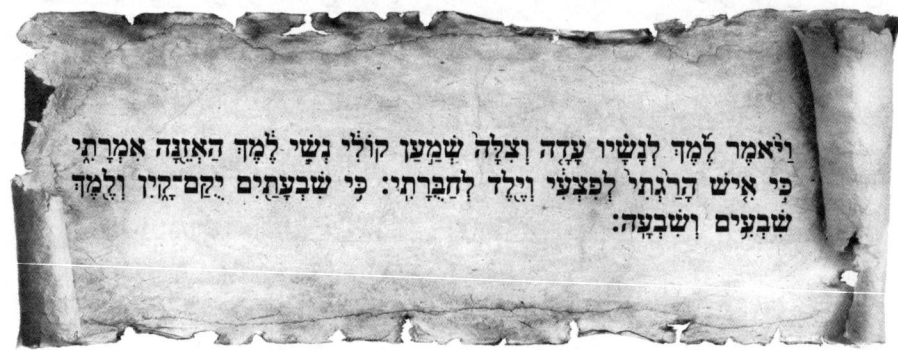

وقال لامك لامرأتيهِ:

«عادةَ وصِلّه، اسمعاَ قولي
يا امرأتيْ لامك. وأصغيا لكلامي
فإني قتلتُ رجلًا لجُرحي، وولدًا لأنه ضربني
لأن سبعةَ أضعافٍ يُنتقَمُ لقاين، وأما للامك فسبعةٌ وسبعين».

ويُطْلَق على هذا الجُزْء «أغنيّة السّيف»[٣٧] الّتي فيها يفتخر «لامك» بنفسه أمام امرأتيْه كمُقاتِل ومُحارب بما فعله بضحاياه. وبما أنَّ ابنه «توبال قايِين» كان يعمل في الحديد. فمن المُؤكَّد أنَّ الأسلحة، ولا سيما السّيف، كانت مُتوفرة بَيْنَ يدي لامك وأفراد أسرته. وقد أدى وجود هذه الأسلحة بَيْنَ يدي الأشرار إلى ازدياد العُنْف. وتُبيّن الترجمة الحرفيّة لهذه القصيدة طبيعة الشّعر العِبْرِيّ الّذي تُعَدُّ التّوازيات الشّعريّة سِمتُه الأساسيّة:

37 Mathews, *Genesis 1- 11 26*, 288

| الفقرة الاولى | الفقرة الثانية |
|---|---|
| عادةَ وصِلّه | امرأتا لامك |
| اسمعاَ قولي | أصغيا لكلامي |
| رجلًا لجُرحي | ولدًا لأنّه ضربني |
| قَايِين | لامك |
| سبعةَ أضعافٍ | سبعةً وسبعين |

يـرى سـيلهامر Sailhamer أنَّ قصيـدة لامـك تُعـبِّرُ عـن النّظـام القضـائي للمدينـة. فلامـك يُؤْكّـد أَنّـه لـم يسـفك دمًـا بريئًـا. فَهُـوَ فقـط قتـل رجـلًا لأنّـه تسـبَّبَ في جرحـه، وولدًا لضربـه. فَهُـوَ لـم يفعـل كمـا فعـل قَايِـين بقتلـه لأخيـه هَابِيـل، كمـا أَنّـه لـم يكمـن لجـاره ليُؤذيـه ولـم يتربَّـص بأحـد ليقتلـه، فـكل مـا قـام بـه هُـوَ في نطـاق الدّفـاع عـن النّفـس، أَنّـه يتعامـل بمبـدأ *Lex talionis* القائـل «عـين بعـين وسِـنٌّ بِسِـن... وجـرح بجـرح» (خُـروج ٢١: ٢١- ٢٥، تَثْنِيَـة ١٩: ١١).٣٨ إلا أنَّ غالبيّـة الْمُفسِّريـن تـرى أنَّ النّـص في سـياقه العـام لا يَقُـولُ هـذا، فقصيـدة السّـيف جـاءت في قرينـة الحديـث عـن انتشـار الخطيّـة والإثـم. ولهـذا فمـن الأفضـل أن تُفْهَـم قصيـدة لامـك على أَنّهـا قصيـدة للتفاخـر تُعبِّرُ عـن الكبريـاء والعنـف والتمـرُّد. ومـن غـير المعـروف مـا إذا كان لامـك يتبـاهى بحادثـة مُعيَّنـة أم أَنّـه فقـط يتحـدّث بلغـة التهديـد مـع امرأتيْـه، إلا أنَّ الْفِعْـل «قتلـتُ» يرجـح أنَّ لامـك يُشِـيرُ إلى واقعـة مُعيَّنـة يتباهى ويتفاخـر بهـا. كمـا أنَّ توجيـه الـكلام لامرأتيـه يُعَـدُّ جـرس إنـذار وتهديـدًا مبـاشرًا لهمـا. فهـا هُـوَ الرّجـل الّذي بسـبب الخطيّـة لا يكتـفي بالـزّواج بامرأتـيْن، بـل يُؤَكّـد عنفـه ورغبتـه في الانتقـام مِـنْ كُلّ مَـنْ يحـاول أن يُؤذيـه

38 John Sailhamer, *Genesis*, 68.

أو يجرحه. ويطلب لامك مرّتيْن في هذا التحذير من امرأتيه أن يسمعا ويُصغِيَا لِمَا يَقُوله mark what I say «قتلتُ رجلًا... وولدًا». إنَّه لا يُفرّق بَيْنَ الكبير والصّغير. فلن يكون مصير كُلّ مَنْ يعترض طريقه ويجرحه إلا القتل والهلاك. أُستخدِمَت كَلِمة «ילד، ولد» في الْكِتَاب الْمُقدَّس لتشير إلى الطّفل الصّغير أو إلى الشّاب وحتى سن الأربعين (ملوك الْأَوَّل ١٢: ٨، ١٠، ١٤: ٢١، دانيآل ١: ٤). وهنا نجد الإفراط الشّديد في العنف والانتقام من أيّ شخص مهما كان عُمْره. لا تقارَن قسوة لامك وعُنْفه أبدًا بعُنْف قَايِين. فلا قيمة للإِنْسَان في عينيْه، وحياة البشر من دون ثمن. فإذا كان اللّٰه قد وعد قَايِين بأن مَنْ يقتله يُنْتقَم منه سبعة أضعاف، يَقُولُ لامك إنَّ انتقامه هُوَ أعظم من انتقام اللّٰه «سبعة وسبعين»، وإن كانت قيمة قَايِين هِيَ الانتقام سبعة أضعاف، فقيمة حياة لامك أكثر بكثير. إِنَّها لغة التهديد والتحذير لأيّ شخص يُفكّر في الانتقام من لامك، فَهُوَ لا يحتاج إلى أن ينتقم له اللّٰه، لأنَّه قادر أن ينتقم لنفسه «سبعة وسبعين» مَرَّة!

## شِيثَ وأَنُوشَ (٤: ٢٥ – ٢٦)

وعَـرَف آدم امرأتَـهُ أيضًـا. ودَعـتِ اسـمَهُ شـيت لأن «إلوهيـم وضَـعَ لي نسـلًا آخـرَ بـدَلَ هابِيـل، إذ قتلَـهُ قايـن». ولشـيت ايضًـا وُلِد ابنٌ فـدعا اسـمَه أنـوش* حينئذٍ بُـدِئَ الدعاءُ باسـمِ يهـوه.**

* رجل ميت، رجل ضعيف، رجل بائس، زائل، بشر، إنسان فانٍ، رجل.

** يُذكر اسم يهوه ١٠ مرات، واسم إلوهيم مرة واحدة (على لسان حواء).

تنقلنـا هـذه الآيـات الختاميّـة ببراعـة سَلِسَـة مـن التركـيز على قَايِـين ونسـله إلى التركـيز مَـرَّة ثانيـة على آدَم ونسـله. فالصُورَة الّـتي رُسِـمَتْ عـن قَايِـين ونسـله صُـورَة مظلمـة اندمجـت فيهـا الألـوان القاتمـة لتعكـس واقعًـا مريـرًا يعيشـه الإنْسَـان بعـد السّـقوط، هـذا الواقِـع تَمَثّـلَ في الـزّواج بأكـثر مـن زوجـة، والعُنْـف، والانتقـام، وحيـاة المدينـة الصّاخبـة البعيـدة عـن الله. فأيـن الرّجـاء إذًا؟ وأيـن الإيمـان؟ وأيـن العبـادة الحقيقيّـة؟ هُنَـا نـرى صُـورَة مُخْتَلِفـة عـن نسـل قَايِـين. إنّهـا صُـورَة يـبرز فيهـا النّـور والأمـل والرّجـاء والإيمـان. ويعكـس معنى هـذه الحقيقـة اسـم «شـيث» وعبـارة «**حينئـذٍ أُبْتُـدِئَ أن يُـدْعَى باسـم الـرّب**». وللمـرة الثّالِثـة تُذْكَـر كَلِمـة «عـرف»، فـآدَم «عـرف» حَـوَّاء بعـد أن طُـرِدَا مـن الجَنَّـة فحبلـت وولدت قَايِـين ثُـمَّ هَابِيـل. و«عـرف» قَايِـين أَيْضًـا زوجتـه فحبلت وولدت. وهنـا يعـود الـرّوح القـدس فيتحـدَّث عـن آدَم وحَـوَّاء مَـرَّة ثانيـة.

شيث שֵׁת، يرتبط اسم شيث بالكلمة الْعِبْرِيّة שִׁית والتي تعني «وضع أو أخذ مكان». وهذا هُوَ ما قَالَته حَوَّاء إنَّ إلوهيم وضع لى نسلا بدل هَابِيل. لقد رأت حَوَّاء أنَّ ميلاد شيث هُوَ البديل الّذي أعطاها إِيّاه الرّب ليكون مكان هَابِيل الّذي قتله قَايِين. ويعكس ما قَالَته حَوَّاء ما قَالَه الرّب لها في تَكْوِين ٣: ١٥ عن نسل الْمَرْأَة. إنَّها هُنَا أكثر تواضعًا من وقت ولادة قَايِين حين قَالَت «لأنِّي اقتنيتُ رجلًا من عند الرّب». وهُنَا جاءت كَلِمة «نسلًا» بدل كَلِمة «رجلًا». ويُستخدم هُنَا الاسم إلوهيم بدلًا من الاسم يهوه. فكلمة «نسلًا» تعكس الرّجاء والأمل في النّسل الّذي يسحق رأس الْحَيَّة، وَيُؤَكِّد الاسم إلوهيم أنَّ ولادة شيث هِيَ خلق جديد. فإلوهيم الّذي قَالَ فكان وأَمَرَ فصار قد خلق خليقة جديدة لتحل بدلًا من هَابِيل.

**وَلِشِيثَ أَيْضًا وُلِدَ ابْنٌ فَدَعَا اسْمَهُ أَنُوشَ אֱנוֹשׁ**، إنَّ الأب - وليس الأم - هُنَا ولأَوَّل مَرَّة هُوَ الّذي يُسَمّي المولود. والاسم «أنوش»، شأنه شأن الاسم آدَم، يمكن أن يُسْتَخْدَم ليُشيرَ إلى «الرّجل». وقد ذُكِرَ ٤٢ مَرَّة بهذا المعنى (مزمور ١٠٣: ١٥، أيوب ٧: ١). ولهذا فمن الصّعب التفريق لغويًا بَيْنَ آدَم وأنوش. ودائماً ما يحمل اسم أنوش معنى «الرّجل الضّعيف، الرّجل البائس، الزّائل، بشر». «حِينَئِذٍ ابْتُدِئَ أَنْ يُدْعَى بِاسْمِ الرَّبِّ.» فمع أنَّ آدَم وحَوَّاء تكلَّما مع الله في الْجَنَّة، ومع أنَّ قَايِين وهَابِيل عبَدا الله، ومع أنَّ قَايِين تكلَّم مع الله خارج الْجَنَّة، إلا أَنَّه هنا، ومع ميلاد أنوش الرّجل الضّعيف الّذي في ضعفه، جَاءَ إلى الله (مزمور ١٤٩: ٦). يَقُولُ سارنا Sarna «إنَّه ضمير البشريّة الّتي يرمز إليها اسم أنوش، حَيْثُ يدرك الإِنْسَان احتياجه إلى الاعتماد على الله، الموقف الّذي يدفع الإِنْسَان ليصلي.»[٣٩]

39 Sarna, *Genesis* 40 and Waltke, *Genesis,* 101.

أُستُخْدِمَت عبارة «يُدْعَى باسم الرّب» في الْكِتَاب الْمُقَدَّس لتُشير إلى العبادة الجماعيّة العامّة (مزمور ٧٩: ٦، ١١٦: ١٧، إرميا ١٠: ٢٥، زكريا ٣: ٩). وهنا نرى أنَّ العبادة الجماعيّة حَلّتْ مكان العبادة الفرديّة.[٤٠]

40 John Davis, *Paradise to Prison,* 104.

## من أين جَاءَ قايين بزوجة له؟

إنَّ السّؤال عن زوجة قَايين هُوَ بالتأكيد سؤال مُهّم يدور في فكر الكثيرين، فمن المعروف أنَّ قَايين كان الابن البكر لآدَم وحَوَّاء (تَكْوِين ٤: ١). يَقُولُ الْكِتَاب الْمُقدَّس أَنَّه بعد أن قتل قَايين أخاه هَابيل (تَكْوِين ٤: ٨)، لَعَنَه الله وطرده، فسكن في أرض نود شرقي عدن، حَيْثُ عرف قَايين زوجته وولدت له ابنه البكر حنوك (تكوين ٤: ١٧). يُؤَكِّد الْكِتَاب الْمُقدَّس أنَّ آدَم بعد ما ولد شيئًا ولد بنين وبنات (تَكْوِين ٥: ٤). وفي أغلب الظّن تزوج قَايين بإحدى أخواته. لكن السّؤال المهم هُوَ هل كان مسموحًا للأخ أن يتزوّج بأُخته؟ للإجابة نقول أَوَّلًا إنَّ كُلّ البشريّة خرجت من اثنيْن فقط وهُمَا آدَم وحَوَّاء. ثانيًا أُبطِل زواج الأقارب تدريجياً مع زيادة تعداد السّكان وتدهور الحالة الصّحيّة كما لم تكن هُنَاك وصيّة من الرّب أيام آدَم تحرّم هذا الامر. فتحريم الارتباط وتنظيم العلاقات الأسريّة والجنسيّة جَاءَ في النّاموس الموسويّ. ومن المُؤكَّد أَنَّه شمل العلاقة بَيْنَ الإخوة (زواج المحارم). فإبْراهِيم اتخذ سارة كزوجة له مع كَوْنها أُختًا له من نفس الأب، لكن لَيْسَ من نفس الأم. وهو ذات الأمر الّذي فعله أَيْضًا عمرام أبو مُوسَى بارتباطه بعمته يوكابد (أم مُوسَى) ممّا حرَّمه الله في الشّريعة الموسويّة (لاويّين ١٨: ٧- ١٧ و ٢٠: ١١- ١٢ و تَثْنِيَة ٢٢: ٣٠ و ٢٧: ٢٠ – ٢٣). ويتّفق الْعُلَماء على أنَّ سبب التحريم هُوَ في المقام الْأَوَّل صِحّي حتى لا تُدمّر الجينات البشريّة. ويُعَدُّ هذا النّوع من الارتباط الْيَوْم ممنوعًا بالقانون في البلاد المتقدِّمة حفاظًا على صِحّة الجنس البشريّ، بينما يختلف الأمر إلى حَدٍّ ما في بلادنا العربيّة والتي يسمح فيها بزواج الأقارب والّذي ينتج عنه للأسف ولادة أطفال مُعاقين جُسمانيّاً أو فكريّاً.

## هل تعدُّد الزّوجات
## أمر مسموح به في الْكِتَاب الْمُقدَّس؟

يُسجِّل الْكِتَاب الْمُقدَّس أَوَّل حالة لتعدد الزّوجات في سِفْر التَكْوِين ٤ :١٩، فنقرأ عن لامك أَنَّه «اتخذ لنفسه امرأتيْن»، كما اتّخذ العديد من رجال اللّٰه في الْعَهْد الْقَدِيم غير زوجة (مثال على ذلك، إِبْراهِيم ويَعْقُوب و دَاوُد وسليمان...الخ). والسّؤال هُوَ لماذا سمح اللّٰه بتعدُّد الزّوجات في الْعَهْد الْقَدِيم؟ وما الّذي تغيَّر في الأمر إلى درجة أَنَّ الْعَهْد الْجَدِيد يُؤْكِّد على لسان السّيد الْمَسِيح ومن بعده الرّسل أَنَّ الارتباط هُوَ بزوجة واحدة فقط؟

الحقيقة الأُولى الّتي يجب أن نذكرها هُنَا هُوَ ان الْكِتَاب الْمُقدَّس لم يُشجِّع أبداً على تعدُّد الزّوجات، فلا يُوجَد نص واحد يبيح للرجل أن يتّخذ غير زوجة. ويحتوي الْعَهْد الْقَدِيم على أربعة نصوص بجانب الزّواج الْأَوَّل لآدَم وحَوَّاء في جنة عدن (تَكْوِين ٢: ٢١ – ٢٤) تتحدّث عن قانون الارتباط (خُروج ٢١: ٧- ١١ ولاويّين ١٨: ١٨ وتَثْنِيَة ٢١: ١٥- ١٧ و ٢ صموئيل ١٢: ٧- ٨) ولا نجد فيها أيَّ تصريح إلهي بتعدُّد الزّوجات وإن كانت تتحدّث عن حق أولاد الزّوجة الثّانية وتحقيق العدالة الاجتماعيّة حتى في وجود غير زوجة. والسّبب الرّئيسيّ وراء تعدُّد الزّوجات هُوَ خطيّة الإِنْسَان وقساوة قلبه. فمنذ الْبَدء خلق اللّٰه امرأة واحدة لرجل واحد. فاللّٰه لم يصنع زوجتيْن أو أكثر لآدَم بل امرأة واحدة فقط. كان قصد اللّٰه الأصليّ -وما زال- هُوَ أن يتزوج الرّجل بامرأة واحدة «لهذا يترك الرّجل أباه وأمه ويلتصق بامرأته «وليس بزوجاته»؛ ويكون الاثنان جسدا واحدا «ليس أجساد مُتعدِّدة» (تَكْوِين ٢: ٢٤). لقد أعاد الرّبُّ يَسُوع والْعَهْدُ الْجَدِيد الزّواجَ إلى خطته الأصليّة، عندما بَيَّنَ أنَّ اللّٰه خَلَقَ آدَم وحَوَّاء كرجل واحد لامرأة واحدة (تَكْوِين ٢).

## الأَصحاح الخَامِس

# نســـل آدَم

يُعد هذا الأصحاح من الفصول المُهمّة لأنَّه يربط آدَم ونسله بنُوح والطّوفان لِكي يُظْهِر كيف لَوَّثت الخطيّة كُلّ جانب من جوانب حياة الإنْسَان حتى إنَّ كُلَّ «تصورات قلبه صارتْ شريرةً كُلَّ يوم». فبسبب الخطيّة، جاءت دينونةُ الله على الجنس البشريّ. فرغم الإنجازات البشريّة الّتي صَنَعَها الإنْسَان واكتشفها، ورغم تطوُّر الحياة المدنيّة، إلا أنَّ المَوْت اجتاز إلى جميع النّاس. وموضوع الأصحاح هُوَ «نسل آدَم» الّذي لا ينتهي بانتهاء الأصحاح، بل بمَوْت نُوح في الأصحاح التاسِع والآية ٢٩.

ويُعَدُّ هذا الأصحاح أَيْضًا بمثابة رد من الله على كذبة الْحَيَّة عندما قَالَت لحَوَّاء «لن تموتا». فهذه الكذبة هِيَ الّتي بها تحدّتْ الْحَيَّةُ كلامَ الله في مُحاولة منها لإنكار الدّينونة والعقاب الإلهيّ. لقد كان اللّٰه صادقًا وجادًا في كُلّ ما قَالَه لآدَم. وها هُوَ الإنْسَان يرى بعينيْه ويختبر بنفسه أنَّ أُجْرَة الخطيّة هِيَ مَوْت، وأنَّ هذا الْمَوْت لَيْسَ فقط موتًا رُوحيّاً بانفصال الإنْسَان عن الله والّذي تَمَثَّلَ بالطّرد من الْجَنَّة، بل امتد ليشمل أَيْضًا مَوْت الجسد. فتكرار عبارة «ومات» ثماني مَرّات في هذا الأصحاح يُؤَكّد حقيقة الْمَوْت الّذي مَلَكَ من آدَم. وهذا الْمَوْت نقيضٌ لبركة الله. فَهُوَ نتيجة البُعْد عن الله. لهذا يُمكننا أن نُسَمّي هذا الأصحاح بأصحاح «مُلْك الْمَوْت».[1] إلا أَنَّه وسط مُلْك الْمَوْت وسيطرته على البشريّة يُشرِق نورٌ ليزرع الأمل في قلب الإنْسَان من خلال حياة أَخْنُوخ الّذي لم يَمُتْ لأنَّه سار مع الله ولم يُوجَد لأنَّ الله أخذه (عبرانيين ١١: ٥). فالسّير والسّلوك مع الله هُوَ البديل (انظر ميخا ٦: ٨، ملاخي ٢: ٦)، بل هُوَ الحُريّة من الدّائرة الّتي دَخَلَها الإنْسَان بالخطيّة، هذه الدّائرة الّتي تبدأ بالميلاد وتنتهي بالمَوْت ويُمكن للإنْسَان أن يتحرّر منها بالسّير مع الله.

لا يهدف كاتِب سِفْر التَكْوِين إلى تقديم تسجيل كامِل وشامِل للتاريخ البشريّ من آدَم حتى نُوح. فسلسلة النّسل هذه، كباقي سلاسل النّسل المذكورة في الْكِتَاب الْمُقدَّس تشمل فقط مجموعة مُختارة من الأشخاص لتحقيق غرض لاهوتيّ، لأنَّ غرض هذه السّلسلة أن يربط الْكَاتِب بَيْنَ آدَم ونُوح، وينقلنا من زمن آدَم إلى زمن نُوح ببساطة وسلاسة رائعة ويربطنا بأَوَّل أصحاحيْن من سِفْر التَكْوِين، وبشكل خاص تحقيق بركة الله لآدَم «أثمروا وأكثروا». ومع أنَّ السّلسلة تبدأ بآدَم؛ الإنْسَان الأَوَّل، إلا

1 Allen Ross, *Creation & Blessing: A Guide to the Study and Exposition of Genesis*, 171.

أَنَّهـا تتجاهـل قَايِـين البِكْـر وذُرِّيّتـه الشّريـرة، وهَابِيـل الّذي مـات قبـل أن يكـون له نسـل. فالتركـيز هُنَـا هُـوَ على «شـيث» الّذي منـه تَسَلْسَـلَ النّسـل إلى أن وصـل إلى نُـوح الّذي صـار رمـزًا لآدَم الْجَدِيـد، الّذي بوسـاطته تجـدّدت الأرض مَـرَّة أخـرى بعـد الطّوفـان.

كمـا أَنَّـه يُوجَـد تَشَـابُه بَـيْنَ سلسـلة نسـل آدَم وسلسـلة نسـل قَايِـين المذكـورة في الأصحـاح الرّابـع. ويمكـن أن نلخِّـص هـذا التشـابه في الآتي: الاسـمان «حنـوك» و «أَخْنُـوخ» (وهُمـا في اللغـة الْعِبْرِيّـة نفـس الاسـم) مذكـوران في الأصحاحـين، كمـا أنَّ الاسـم «عـيراد» قريـب في النّطـق مـن الاسـم «يـارد». وبطريقـة مماثِلـة، فـإنَّ الاسـم «متوشـائيل» قريـب مـن الاسـم «متوشـالح»، كمـا أنَّ آخـر اسـم في كُلّ سلسـلة ينتـهي بشـخص ينجـب ثلاثـة أبنـاء (لامـك أنجـب يابـال ويوبـال وتوبـال) أمَّـا نُـوح فأنجـب سـام وحـام ويافـث (تَكْوِيـن ٤: ٢٠، ٢١، ٥: ٣٢).[2]

وتَتْبَـع سلسـلة النّسـل في الأصحـاح الخامـس نظامًـا مُحـدَّدًا مـع أغلـب الأسـماء المذكـورة. أَوَّلًا، يَذْكُـر لنـا الْكَاتِـب عُمْـر الشّـخص عندمـا أنجـب ابنـاً وأصبـح أبًـا، ثُـمَّ يذكـر عـدد السّـنين الّـتي عاشـها بعـد ذلـك، ثُـمَّ يذكـر حقيقـة أَنَّـه وَلَدَ بنـين وبنـات، وأخـيرًا عُمْـره عندمـا مـات. وفي هذا الأسـلوب يُسْـتَثْنَىَ الشّـخص الْأَوَّل والأخير (آدَم ونُـوح)، ولهـذا يـرى الْعُلَمـاء أنَّ النّـص كُلّـه يُمثِّـلُ وحـدة واحـدة مُتكامِلـة ومُترابِطـة، لِذلِـكَ يُسْـتَثْنِي أَخْنُـوخ السّـابع مـن آدَم حَيْـثُ يذكـر لنـا الْكَاتِـب أربـع آيـات عـن حياتـه بينمـا يـأتي ذِكْـر بقيّـة الأسـماء في ثـلاث آيـات فقـط.

2 See Victor Hamilton, *"The Book of Genesis Chapters 1-17" in The New International Commentary on the Old Testament*, 41.

تكوين ٥: ١-٣٢
آدم
شيث
آنوش
قينان
مهللئيل
يارد
أخنوخ
متوشالح
لامك
نوح
سام
حام
يافث
تكوين ٤: ١٧-٢٢
آدم
قايين
حنوك/أخنوخ
عيراد
محويائيل
متوشائيل
لامك
يابال
يوبال
توبال
نعمة

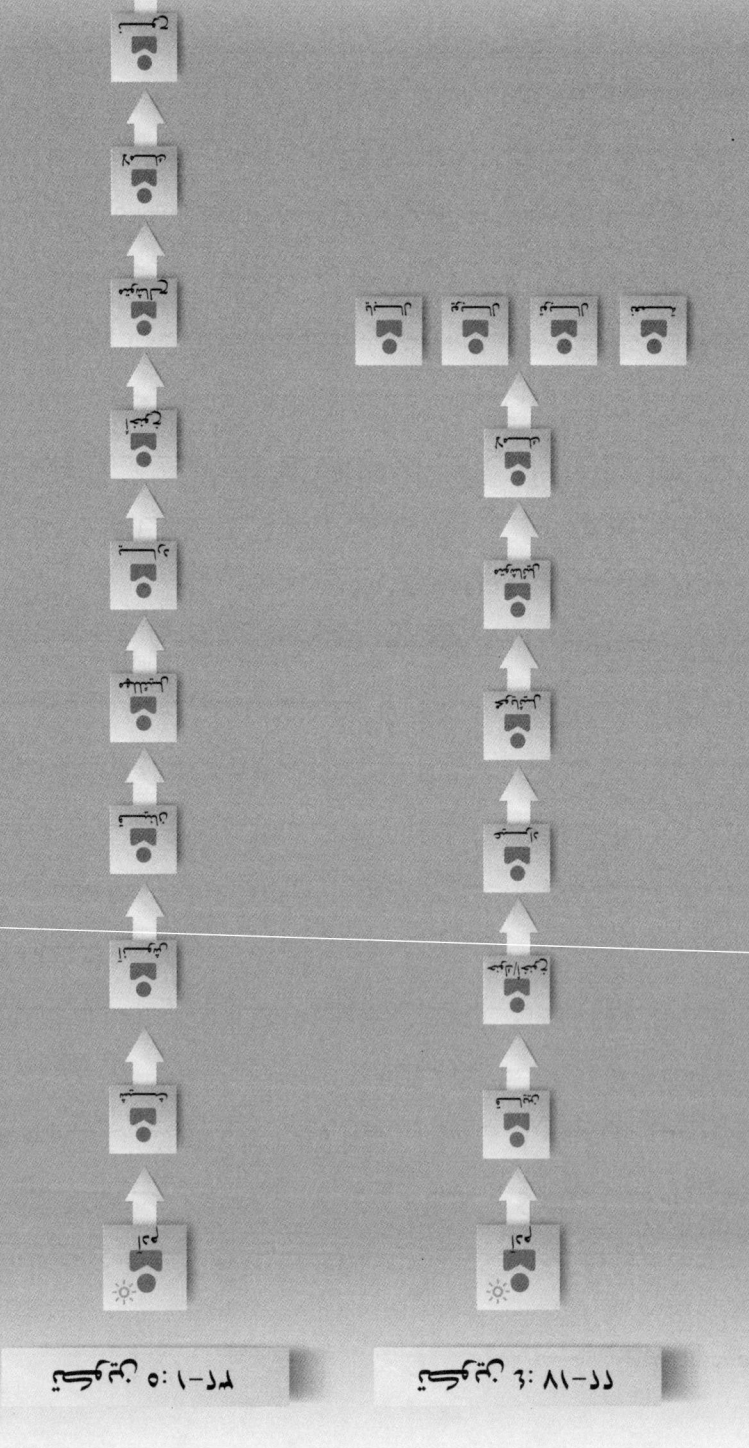

## مُقدِّمة الْخَلْق والبركة (تَكْوِين ٥: ١- ٢)

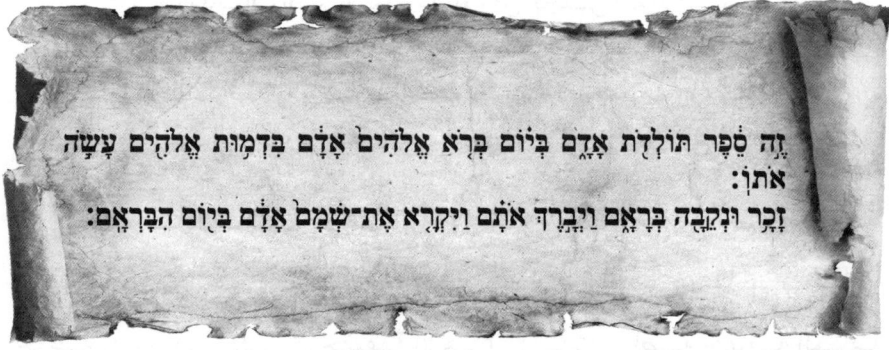

זֶה סֵפֶר תּוֹלְדֹת אָדָם בְּיוֹם בְּרֹא אֱלֹהִים אָדָם בִּדְמוּת אֱלֹהִים עָשָׂה אֹתוֹ:
זָכָר וּנְקֵבָה בְּרָאָם וַיְבָרֶךְ אֹתָם וַיִּקְרָא אֶת־שְׁמָם אָדָם בְּיוֹם הִבָּרְאָם:

هذا سِفر* مواليدِ آدم: يومِ خلْقِ إلوهيم الإنسان على شَبهِ إلوهيم صنَعَه.
ذكرًا وانثى خلَقَهُم وبارَكَهُم ودعا اسمَهُم آدم في يومِ خلْقِهِم.

* تشير كلمة «سفر» إلى أي نص مكتوب. ولا ينبغي أن نفهمها بمفهومنا عن الكتاب أو السفر في عصرنا الحاضر (تثنية ٢٤: ٣ و إرميا ٣٢: ١١ -١٢).

**هذا سِفْر مواليدِ آدَم סֵפֶר תּוֹלְדֹת אָדָם،** تختلف مواليد آدَم عن أيّة مواليد أخرى مذكورة في سِفر التَكْوِين بوصفها «هذا سِفْر». ولهذا فأغلب الظّن أن يكون الْكَاتِب قد استخدم مصدرًا مكتوبًا في كِتَابَة مواليد آدَم واسم الْمَصْدَر قد يكون «سِفْر مواليد آدَم». ومن المنطقي أن نقول إنَّ الْكَاتِب استخدم مَصَادِر كانت موجودة تتناول مواليد آدَم وسام وحام ونُوح وتارح... إلخ، وأنَّ هذه الْمَصَادِر كانت أسفارًا مستقلة عن المواليد. اُسْتُخْدِمَ اسم آدَم بطريقتيْن مُخْتَلِفتيْن في هذه المُقدِّمة، فَهُوَ مَرَّة يُسْتَخْدَم كاسم عَلَم، كما هُوَ واضِحٌ في تَكْوِين ٢-٤، ومَرّة ثانية للإشارة إلى الإنْسَانيّة كُلّها كما هُوَ في تَكْوِين ١. وتنقلنا هذه المُقدِّمة بكُلِّ بساطة إلى عشرة مواليد من الأعداد ٣-٣٢، لكنها في نفس الوقت تأخذنا للوراء، وبشكل خاص إلى الأصحاح الْأَوَّل من سِفْر التَكْوِين والأعداد ٢٦-٢٨:

> وَقَالَ اللهُ نَعْمَلُ الإنْسَانَ عَلَى صُورَتِنَا كَشَبَهِنَا، فَيَتَسَلَّطُونَ عَلَى سَمَكِ الْبَحْرِ وَعَلَى طَيْرِ السَّمَاءِ وَعَلَى الْبَهَائِمِ، وَعَلَى كُلِّ الأرض، وَعَلَى جَمِيعِ الدَّبَّابَاتِ الَّتِي تَدِبُّ عَلَى الأرض. فَخَلَقَ اللهُ الإنْسَانَ عَلَى صُورَتِهِ. عَلَى صُورَةِ اللهِ خَلَقَهُ. ذَكَرًا وَأُنْثَى خَلَقَهُمْ. وَبَارَكَهُمُ اللهُ وَقَالَ لَهُمْ أَثْمِرُوا وَاكْثُرُوا وَامْلأُوا الأرض، وَأَخْضِعُوهَا، وَتَسَلَّطُوا عَلَى سَمَكِ الْبَحْرِ وَعَلَى طَيْرِ السَّمَاءِ وَعَلَى كُلِّ حَيَوَانٍ يَدِبُّ عَلَى الأرض.

لكن لماذا تعكس الأعداد الأُولى من الأصحاح الخامِس حقيقة تَحَدَّث عنها الْكِتَاب الْمُقَدَّس من قبل؟ ألا يُعَدُّ هذا تكرارًا لا حاجة لنا به؟ لكن في حقيقة الأمر، الآيات الخاصة بحقيقة المَوْت (على عكس خَلْق الإنْسَان وبركة الله لآدَم) مهمّة جِدًا لأنَّ أحد أهداف الأصحاح الخامس - وكما سبق ذكره - أن يُوضِّح كيف أنَّ الله حقّق وَعْدَهُ وبركته للإنْسَان بالإكثار والإثمار رغم الخطيّة والسّقوط. فالله لم يخلق فقط الإنْسَان بل باركه أَيْضًا. وتلَخَّصَتْ هذه البركة في إكثار النّسل. نجد أربع حقائق عن الإنْسَان مُتَضَمّنة في الآيات ١- ٢ وَهِيَ: (١) أنَّ الله خلق الإنْسَان على شبهه، (٢) أنَّ الله خلق الإنْسَان ذكرًا وأنثى، (٣) أنَّ الله باركهم، (٤) أنَّ الله دعا اسمهما «آدَم».

وتُعَدُّ الأعداد الأُولى من الأصحاح الخامِس بمنزلة مُقدّمة مُهمة تربط هذ الأصحاح بالأصحاح السّابق، وبشكل خاص العددَيْن ٢٥-٢٦، الخاصّين بميلاد شيث وأنوش. ومن الكلمات الّتي تَكَرَّرتْ في الجُزئَيْن كَلِمة «وَلَدَ»، و«دعا». فكما أن حَوَّاء وآدَم سَمّيا ابنيْهما «شيئًا» و «أنوش»، نجد أنَّ الله في الفصل الخامس من سفر التكوين قد دعا الإنْسَان الّذي خلقه «آدَم» (٥: ٢). يُعَدُّ هذا التشابه الكبير بَيْنَ صُورَة الله في علاقته بآدَم وعلاقة الوالديْن بأولادهم نقطة مُهّمة ومركزيّة يريد الْكَاتِب أن يُظْهِرَها. فالله هُوَ الّذي دعا الإنْسَان «آدَم»، وتُذْكَر هذه الحقيقة هُنَا لأَوّل

مَـرَّة في الْكِتَـاب الْمُقـدَّس. فـاللّٰه كأب يدعـو المخلـوق البـشريّ آدَم كمـا يدعـو الأب البـشريّ المولـود منـه ويسـميه.[٣] ويُظهـر الْكَاتِـب دَوْر اللّٰه كأب أَيْضًـا عندمـا يَقُـولُ «على شَـبَه اللّٰه عملـه» (٥: ١)، وآدَم بـدوره وَلَدَ ولدًا «على شـبهه كصورتـه» (٥: ٣). فمـع أنَّ آدَم أنجـب شـيثًا وأنَّ شـيثًا أنجـب أنـوش وأنـوش أنجـب قينـان... إلـخ، إلا أنَّ اللّٰه هُـوَ أبـو الـكُلّ، أبـو البشريّـة كلهـا، فَهُـوَ أبـو آدَم (٥: ١)، وأبـو إِبْراهِيـم ونسـله، ولهـذا يَقُـولُ مُـوسَى في أغنيتـه الأخـيرة مُذَكّـراً إِسْرَائِيـل بهـذه الحقيقـة الْمُهـمّـة فيَقُـولُ «أَلَيـسَ هُـوَ أَبَـاكَ وَمُقْتَنِيَـكَ، هُـوَ عَمِلَـكَ وَأَنْشَـأَكَ؟ اُذْكُـرْ أَيَّـامَ الْقِـدَمِ، وَتَأَمَّلُـوا سِنِي دَوْر فَـدَوْرٍ» (تَثْنِيَـة ٣٢: ٦).

وبارَكَـهُ וַיְבָ֫רֶךְ אֹתָ֑ם، يُؤَكِّـد اللّٰه هُنَـا بركتـه لَيْـسَ لآدَم فقـط، بـل لِـكُلِّ أبنائـه وأحفـاده والخارجـين مـن صُلْبـه على صورتـه. إِنّهـا بركـة الأب للأبنـاء والـتي نراهـا مُتكـرِّرة في سِـفْر التَكْوِيـن كثـيرًا (٩: ٢٦-٢٧، ٢٧: ٢٧، ٤٨: ١٥، ٤٩: ١-٢٨). وسـتتحقَّق هـذه البركـة في كمالهـا بمـجيء «نسـل الْمَـرْأَة» (تَكْوِيـن ٣: ١٥) الّذي سـوف يـأتي مـن «نسـل إِبْراهِيـم» (١٢: ٣) وسـبط يَهُـوذا (٤٩: ٨ -١٠ ورُؤْيـا ٥: ٥- ١٣).

وتُمثِّـل مواليـد آدَم تَحَدّيًـا للمُفسِّريـن بسـبب اختـلاف عـدد السّـنين بَـيْنَ المخطوطـات الثّلاثـة الْقَدِيمـة للْعَهْـد الْقَدِيـم وَهِيَ النّـص المـازوري MT[٤] والتـوراة السّـامريّة SP[٥] والترجمـة السّـبعينيّة للْعَهْـد الْقَدِيـم LXX.[٦]

---

3 Sailhamer, John. *Genesis,* The Expositor's Bible Commentary, vol. 1, 70-45.

٤ يُعَدُّ النّـص المـازوريّ الأسـاس لِـكُلِّ الترجمـات الحديثـة. وَهُـوَ يعـود إلى المازوريـين الّذيـن اخترعـوا علامـات الترقيـم وكذلـكَ الحـروف المتحرّكـة وحـركات التشـكيل المُخْتَلِفـة في الْقَـرْن الثّامـن الميـلادي.

٥ التـوراة السّـامريّة، وَهِيَ تشـمل أسـفار مُـوسَى الخمسـة فقـط. ويعـود تاريـخ السّـامريّين إلى الْقَـرْن الثّامـن قبـل الميـلاد عندمـا جـاءت أشـور ودمـرت السّـامرة عاصمـة المملكـة الشّـماليّة سـنة ٧٢٢ ق.م. وقـد أتـت اشـور بشـعوب أُخْـرى ليسـكنوا السّـامرة. ولهـذا يُعَـدُّ السّـامريون يَهُـودا غـير أصليّـين، او يَهُـودا ممزوجـين بشـعوب أُخْرى. وقـد قبلـوا أسـفار مُـوسَى الخمسـة فقـط كنـص مـوحى بـه. وتمركـزت عبادتهـم في جبـل جرزيـم (يُوحَنَّـا ٤: ٢٠ ٢١).

٦ الترجمـة السّـبعينيّة (LXX) هي واحـدة مـن أهـم الترجمـات الْقَدِيمـة للْعَهْـد الْقَدِيـم. فالترجمـة السّـبعينيّة

| | النص المازوري MT | | | التوراة السامرية PS | | | الترجمة السبعينية LXX | | |
|---|---|---|---|---|---|---|---|---|---|
| | ولادة الابن | | عمره عندما مات | ولادة الابن | | عمره عندما مات | ولادة الابن | | عمره عندما مات |
| | العمر عندئذ | عاش بعدها | | العمر عندئذ | عاش بعدها | | العمر عندئذ | عاش بعدها | |
| آدم | ١٣٠ | ٨٠٠ | ٩٣٠ | ١٣٠ | ٨٠٠ | ٩٣٠ | ٢٣٠ | ٧٠٠ | ٩٣٠ |
| شيث | ١٠٥ | ٨٠٧ | ٩١٢ | ١٠٥ | ٨٠٧ | ٩١٢ | ٢٠٥ | ٧٠٧ | ٩١٢ |
| أنوش | ٩٠ | ٨١٥ | ٩٠٥ | ٩٠ | ٨١٥ | ٩٠٥ | ١٩٠ | ٧١٥ | ٩٠٥ |
| قينان | ٧٠ | ٨٤٠ | ٩١٠ | ٧٠ | ٨٤٠ | ٩١٠ | ١٧٠ | ٧٤٠ | ٩١٠ |
| مهللئيل | ٦٥ | ٨٣٠ | ٨٩٥ | ٦٥ | ٨٣٠ | ٨٩٥ | ١٦٥ | ٧٣٠ | ٨٩٥ |
| يارد | ١٦٢ | ٨٠٠ | ٩٦٢ | ٦٢ | ٧٨٥ | ٨٤٧ | ١٦٢ | ٨٠٠ | ٩٦٢ |
| أخنوخ | ٦٥ | ٣٠٠ | ٣٦٥ | ٦٥ | ٣٠٠ | ٣٦٥ | ١٦٥ | ٢٠٠ | ٣٦٥ |
| متوشالح | ١٨٧ | ٧٨٢ | ٩٦٩ | ٦٧ | ٦٥٣ | ٧٢٠ | ١٨٧ | ٨٠٢ | ٩٦٩ |
| لامك | ١٨٢ | ٥٩٥ | ٧٧٧ | ٥٣ | ٦٠٠ | ٦٥٣ | ١٨٨ | ٥٦٥ | ٧٥٣ |
| نوح | ٥٠٠ | ٤٥٠ | ٩٥٠ | ٥٠٠ | ٤٥٠ | ٩٥٠ | ٥٠٠ | ٤٥٠ | ٩٥٠ |
| حتى الطوفان* | ١٠٠ | | | ١٠٠ | | | ١٠٠ | | |
| الطوفان** | ١٦٥٦ | | | ١٣٠٧ | | | ٢٢٦٢ | | |

* من ولادة سام (ابن نوح) حتى حدوث الطوفان

** من خلق آدم حتى حدوث الطوفان

ترجمة الْعَهْد الْقَدِيم من اللغة الْعِبْرِيّة إلى اللغة اليونانيّة في أثناء حكم بطليموس فيلادلفوس بمصر (٢٨٥-٢٦٤ ق. م.). وسميت بالسّبعينيّة لأنَّ سبعين او اثنين وسبعين شيخا من عُلَماء اليَهُود اشتركوا في هذه الترجمة وقد أكملوا ترجمة الأسفار الخمسة في ٧٢ يومًا، «باتفاق كامل». أمَّا بقيّة الأسفار فقد تَمَّتْ ترجمتها على مراحل.

| الميلاد والموت من تاريخ الخلق | | | | | | |
|---|---|---|---|---|---|---|
| | النص المازوري | | التوراة السامرية | | الترجمة السبعينية | |
| آدم | ٠٠ | ٩٣٠ | ٠٠ | ٩٣٠ | ٠٠ | ٩٣٠ |
| شيث | ١٣٠ | ١٠٤٢ | ١٣٠ | ١٠٤٢ | ٢٣٠ | ١١٤٢ |
| أنوش | ٢٣٥ | ١١٤٠ | ٢٣٥ | ١١٤٠ | ٤٣٥ | ١٣٤٠ |
| قينان | ٣٢٥ | ١٢٣٥ | ٣٢٥ | ١٢٣٥ | ٦٢٥ | ١٥٣٥ |
| مهللئيل | ٣٩٥ | ١٢٩٠ | ٣٩٥ | ١٢٩٠ | ٧٩٥ | ١٦٩٠ |
| يارد | ٤٦٠ | ١٤٢٢ | ٤٦٠ | ١٣٠٧ | ٩٦٠ | ١٩٢٢ |
| أخنوخ | ٦٢٢ | ٩٨٧ | ٥٢٢ | ٨٨٧ | ١١٢٢ | ١٤٨٧ |
| متوشالح | ٦٨٧ | ١٦٥٦ | ٥٨٧ | ١٣٠٧ | ١٢٨٧ | ٢٢٥٦ |
| لامك | ٨٧٤ | ١٦٥١ | ٦٥٤ | ١٣٠٧ | ١٤٥٤ | ٢٢٠٧ |
| نوح | ١٠٥٦ | ٢٠٠٦ | ٧٠٧ | ١٦٥٧ | ١٦٤٢ | ٢٥٩٢ |

وكمـا هُـوَ واضـح مـن الجـدول، فإِنَّـه تُوجَـد اختلافـات بَـيْنَ النّصـوص الثّلاثـة. فـكل واحـد منهـا يُعطـي عُمْـرًا مُخْتَلِفـاً للآبـاء، وبالتـالي يختلـف مجمـوع السّـنين مـن الخَلْـق لنُـوح بَـيْنَ الثّلاثـة. وتعتمـد غالبيّـة العُلَمـاء على النّـص المـازوري، كمـا أَنَّـه يُسـجِّل أنَّ كُل الآبـاء قـد ماتـوا قبـل الطّوفـان (متوشـالح مـات في نفـس سـنة الطّوفـان). أَمَّـا الترجمـة السّـبعينيّة فجعلـت متوشـالح يعيـش ١٤ سـنة بعـد الطّوفـان، وهـذا أمـر غـير ممكـن لأَنَّ الشـخص الوحيـد الّذي عاش مـن الآبـاء حـتى الطّوفـان وبعـد الطّوفـان هُـوَ نُـوح (وأولاده الثّلاثـة بالطبـع). وبنـاءً على النّـص المـازوري، يكـون آدَم قـد عاش ٥٠ سـنة بعـد ميـلاد لامـك، وكُلُّ الآبـاء - فيمـا عـدا آدَم وأنـوش - قـد

عاصروا نُوحاً، ومات شيث قبل ١٤ سنة من ميلاد نُوح. ولهذا فقد كان شيث مُعاصِرًا للامك أبو نُوح. ويكون أَيْضًا أن إِبْرَاهِيم قد وُلِدَ سنة ٢١٦٦ ق م[٧]، وحدث الطّوفان كان سنة ٢٥١٨ ق.م.

## آدم (تكوين ٥: ٣-٥)

وعاش آدم مئة وثلاثين سنةً وولَدَ ولدًا على شبَهِهِ كصورتِه ودعا اسمَه شيثًا. وكانتْ أيامُ آدم بعدما ولَدَ شيثًا ثماني مئة سنةٍ وولَدَ بنينَ وبناتٍ. فكانتْ كلُّ أيامِ آدم التي عاشَها تسع مئة وثلاثين سنة، ومات.

شيث שֵׁת، يتجاهل الْكَاتِبُ قَايين وهَابِيل. فهَابِيل مات قبل أن يكون له نسل، وأمّا قَايين فسار في طريق الشّر. ولأنَّ غرض الْكَاتِب هُنَا هُوَ أن يُسجِّل لنا سلسلة النّسل من آدَم وحتى نُوح، فإِنَّه يبدأ بـ «شيث» كبِدايَة لأنسال آدَم إلى أن يصل إلى نُوح الّذي يُعَدُّ آدَم الثّاني، الّذي بوساطته يبدأ الله مع الإنْسَان من جديد بعد أن يُدمِّر الطوفانُ الأرضَ.[٨] وكما أنَّ آدَم خُلِقَ على صُورَة الله وشبهه، فإِنَّ آدَم أنجبَ ولدًا على

٧ يذكر سِفْر الملوك الْأَوَّل وفي الأصحاح السّادس أن الهيكل قد كَمَلَ بناؤه في السّنة الرّابعة من ملك سليمان، أيّ سنة ٩٦٦ ق.م وَهِيَ أَيْضًا سنة ٤٨٠ للخُروج. وبناء على هذا، يكون الخُروج قد تَمَّ سنة ١٤٦٦ ق.م. وإذا أضفنا ٤٣٠ سنة الّتي قضاها شعب إِسْرَائِيل في مصر، تكون سنة ١٨٧٦ ق.م تاريخ مجيء بني إِسْرَائِيل إلى مصر. كان يَعْقُوب ابن ١٣٠ سنة عندما وقف أمام فرعون فيكون يَعْقُوب قد ولد سنة ٢٠٠٦ ق.م ويَعْقُوب وُلد عندما كان إسحاق ابن ٦٠ سنة، فيكون إسحاق قد ولد سنة ٢٠٦٦ ق.م وإسحاق ولد لإِبْرَاهِيم وَهُوَ ابن ١٠٠ سنه فيكون إِبْرَاهِيم قد ولدا سنة ٢١٦٦ ق.م.

٨ للتوضيح نذكر هُنَا نسل هارون المذكور في أخبار الأيام الْأَوَّل ٦: ٣٥، والذّي فيه يتجاهل الْكَاتِب ابنيه ناداب وأبيهو لأنهما ماتا قدام الرّب (اللاويّين ١٠: ١-٢).

شبهه كصورته. فصُورَة الله الّتي في آدَم انتقلت إلى أبنائه، لكن هذه الْمَرّة ليست بنفس النّقاء والبراءة الّتي كان عليها آدَم عندما خُلِقَ وقبل أن يسقط في الخطيّة، بل الصُورَة الّتي أفسدتها الخطيّة وشوّهتها. ويتبع هذا عدد السّنين الّتي عاشها آدَم بعد ولادة شيث ثُمَّ عدد سنين حياته كلها. ثُمَّ تأتي الحقيقة الّتي اختبرها الجميع فيما عدا أَخْنُوخ وَهِيَ الْمَوْت «ومات».. يُؤَكِّد تكرار هذه الحقيقة سيادة الْمَوْت على الجنس البشريّ من آدَم بسبب الخطيّة (رُوميَة ٥: ١٤).

## من شيث إلى يارد (٥: ٦ – ٢٠)

וַיְחִי־שֵׁת חָמֵשׁ שָׁנִים וּמְאַת שָׁנָה וַיּוֹלֶד אֶת־אֱנוֹשׁ׃ וַיְחִי־שֵׁת אַחֲרֵי
הוֹלִידוֹ אֶת־אֱנוֹשׁ שֶׁבַע שָׁנִים וּשְׁמֹנֶה מֵאוֹת שָׁנָה וַיּוֹלֶד בָּנִים וּבָנוֹת׃
וַיִּהְיוּ כָּל־יְמֵי־שֵׁת שְׁתֵּים עֶשְׂרֵה שָׁנָה וּתְשַׁע מֵאוֹת שָׁנָה וַיָּמֹת׃ וַיְחִי
אֱנוֹשׁ תִּשְׁעִים שָׁנָה וַיּוֹלֶד אֶת־קֵינָן׃ וַיְחִי אֱנוֹשׁ אַחֲרֵי הוֹלִידוֹ אֶת־
קֵינָן חֲמֵשׁ עֶשְׂרֵה שָׁנָה וּשְׁמֹנֶה מֵאוֹת שָׁנָה וַיּוֹלֶד בָּנִים וּבָנוֹת׃ וַיִּהְיוּ
כָּל־יְמֵי אֱנוֹשׁ חָמֵשׁ שָׁנִים וּתְשַׁע מֵאוֹת שָׁנָה וַיָּמֹת׃ וַיְחִי קֵינָן שִׁבְעִים
שָׁנָה וַיּוֹלֶד אֶת־מַהֲלַלְאֵל׃ וַיְחִי קֵינָן אַחֲרֵי הוֹלִידוֹ אֶת־מַהֲלַלְאֵל
אַרְבָּעִים שָׁנָה וּשְׁמֹנֶה מֵאוֹת שָׁנָה וַיּוֹלֶד בָּנִים וּבָנוֹת׃ וַיִּהְיוּ כָּל־יְמֵי
קֵינָן עֶשֶׂר שָׁנִים וּתְשַׁע מֵאוֹת שָׁנָה וַיָּמֹת׃ וַיְחִי מַהֲלַלְאֵל חָמֵשׁ שָׁנִים
וְשִׁשִּׁים שָׁנָה וַיּוֹלֶד אֶת־יָרֶד׃ וַיְחִי מַהֲלַלְאֵל אַחֲרֵי הוֹלִידוֹ אֶת־יֶרֶד
שְׁלֹשִׁים שָׁנָה וּשְׁמֹנֶה מֵאוֹת שָׁנָה וַיּוֹלֶד בָּנִים וּבָנוֹת׃ וַיִּהְיוּ כָּל־יְמֵי
מַהֲלַלְאֵל חָמֵשׁ וְתִשְׁעִים שָׁנָה וּשְׁמֹנֶה מֵאוֹת שָׁנָה וַיָּמֹת׃ וַיְחִי־יֶרֶד
שְׁתַּיִם וְשִׁשִּׁים שָׁנָה וּמְאַת שָׁנָה וַיּוֹלֶד אֶת־חֲנוֹךְ׃ וַיְחִי־יֶרֶד אַחֲרֵי
הוֹלִידוֹ אֶת־חֲנוֹךְ שְׁמֹנֶה מֵאוֹת שָׁנָה וַיּוֹלֶד בָּנִים וּבָנוֹת׃ וַיִּהְיוּ כָּל־יְמֵי־
יֶרֶד שְׁתַּיִם וְשִׁשִּׁים שָׁנָה וּתְשַׁע מֵאוֹת שָׁנָה וַיָּמֹת׃

وعاشَ شيثُ مئة وخمس سنين وولَدَ أنوشَ. وعاشَ شيثُ بعدما ولَدَ أنوشَ ثماني مئة وسبع سنينَ وولَدَ بنينَ وبناتٍ. فكانتْ كلُّ أيامِ شيثَ تسع مئة واثنتي عشرة سنةً وماتَ. وعاشَ أنوشُ تسعين سنةً وولَدَ قينان.* وعاش انوشُ بعد ما ولَدَ قينان ثماني مئة وخمس عشرة سنةً وولد بنينَ وبناتٍ. فكانتْ كلُّ أيامِ أنوشَ تسع مئة وخمس سنينَ وماتَ. وعاشَ قينانُ سبعين سنةً وولَدَ مَهْلَلْئيل.** وعاش قينان بعدما ولَدَ مَهْلَلْئيل ثماني مئة وأربعين سنةً وولَدَ بنينض وبناتٍ. فكانت كلُّ أيامِ قينانَ تسع مئة وعشر سنينَ وماتَ. وعاش مهللئيلُ خمسًا وستين سنةً وولَدَ يارد.*** وعاش مهللئيل ثماني مئة وثلاثين سنة وولَدَ بنينَ وبناتٍ. فكانت كلُّ أيامِ مهللئيل ثماني مئة وخمسًا وتسعين سنةً وماتَ. وعاش يارِد مئة واثنتين وستين سنةً وولَدَ أخنوخ.**** وعاش يارد بعدما ولَدَ أخنوخ ثماني مئة سنةً وولَدَ بنينَ وبناتٍ. فكانت كلُّ أيامِ يارد تسع مئة واثنتين وستين سنةً وماتَ.

تُسجِّل لنا الآيات من ٦ إلى ٢١ نسل آدَم من شيث وحتى يارد. فشيث أنجبَ أنوش، وأنوش أنجبَ قينان، وقينان أنجبَ مهللئيل، ومهللئيل أنجبَ يارد. لم يرد ذِكْر ثلاثٌ من هذه الشّخصيّات السّت (قينان،

ومهللئيـل، ويـارد) ثانيـة في الْعَهْـد الْقَدِيـم، لكنهـا (ذُكِـرَتْ مَـرَّة واحـدة أُخـرى في الْعَهْـد الْجَدِيـد في سلسـلة نسـب الـرّب يَسُـوع في لُوقَـا ٣: ٣٧).

| معاني بعض الأسماء | | |
|---|---|---|
| الاسم | | معناه |
| عبري | عربي | |
| קינן | *قينان | اكتساب، حدَّاد، مالك، ثابت |
| מהללאל | **مَهْلَلْئيل | تسبيح الله، الله يعطي نورًا، تمجيد الله، حمد الله....أول ذكر لاسم إيل في الكتاب |
| ירד | ***يارِد | انحدار، منحدر، نازل، تسلّط، نزول، ورد |
| חנוך | ****أخنوخ | تعليم، مكرس، مُدَشن، مؤدب، مُستَهلّ |

## أَخْنُوخ السّائر مع الله (٥: ٢١ – ٢٤)

וַיְחִי חֲנוֹךְ חָמֵשׁ וְשִׁשִּׁים שָׁנָה וַיּוֹלֶד אֶת־מְתוּשָׁלַח׃
וַיִּתְהַלֵּךְ חֲנוֹךְ אֶת־הָאֱלֹהִים אַחֲרֵי הוֹלִידוֹ אֶת־מְתוּשֶׁלַח שְׁלֹשׁ מֵאוֹת
שָׁנָה וַיּוֹלֶד בָּנִים וּבָנוֹת׃
וַיְהִי כָּל־יְמֵי חֲנוֹךְ חָמֵשׁ וְשִׁשִּׁים שָׁנָה וּשְׁלֹשׁ מֵאוֹת שָׁנָה׃
וַיִּתְהַלֵּךְ חֲנוֹךְ אֶת־הָאֱלֹהִים וְאֵינֶנּוּ כִּי־לָקַח אֹתוֹ אֱלֹהִים׃

وعاش أخنوخ خمساً وستين سنةً وولَد متوشالَحْ.*
وسار أخنوخ مع إلوهيم بعدما ولَدَ متوشالَح ثلاث مئة سنةٍ وولَد بنينَ وبناتٍ.
فكانتْ كلّ أيامِ أخنوخ ثـلاث مئـة وخمسًـا وسـتين سـنةً. وسـار أخنـوخ مـع إلوهيـم، ولـم يوجـد. لان إلوهيـم أخـذه.

* رجل الرمح، رجل السلاح، مرسل الموت، رجل الذرية

يقـف أَخْنُـوخ - مـن بَـيْنَ كُلّ المذكوريـن الّذيـن عاشـوا وماتـوا - مُتفـرِّدًا بينهـم، لأنَّـه كمـا يَقُـولُ النّـص الْكِتَـابِيّ «لـم يُوجَـد لأنَّ الله أخـذه». لكـن

لماذا يُعطي كَاتِب سِفر التَكْوِين كُلَّ هذا الاهتمام لأَخْنُوخ؟ من المُؤَكَّد أنَّ حقيقة عدم مَوْته تُعَدُّ سببًا كافيًا لاهتمام الْكَاتِب بشخصيته. لكن ما هُوَ الغرض من تسجيل حياة أَخْنُوخ؟ والإجابة على هذا السّؤال الْمُهّم مُتَضَمّنَة في الأسلوب الّذي كتب به الْكَاتِب قِصّة أَخْنُوخ، وبشكل خاص في تكراره لعبارة «وسار أَخْنُوخ مع الله וַיִּתְהַלֵּךְ חֲנוֹךְ אֶת־הָאֱלֹהִים» (٥: ٢٢، ٢٤). إنَّ هذا الوصف لحياة أَخْنُوخ هُوَ سِر عدم مَوْت أَخْنُوخ. وكان السّير مع الله سِمَة حياة نُوح وإِبْراهِيم أَيْضًا. فالْكِتَاب الْمُقدَّس يَصِفُ لنا نُوح على أَنَّه كان «رَجُلًا بَارًّا كَامِلًا فِي أَجْيَالِهِ. وَسَارَ نُوح مَعَ الله» (٦: ٩). ويَقُولُ الرّب لإِبْراهِيم «سِرْ أَمَامِي وَكُنْ كَامِلًا» (١٧: ١). ويُقدِّم لنا كَاتِب سِفْر التَكْوِين وصف حياة أَخْنُوخ بأنَّه سار مع الله على أَنَّه هُوَ السّبب الأساسيّ لعدم سيطرة الْمَوْت عليه. فأَخْنُوخ هُوَ الشّخص الوحيد الّذي لم يخضع لنفس مصير آدَم ونسله - «موتًا تموت»، والسّبب هُوَ أنَّ أَخْنُوخ «سار مع الله». لقد أدرك أَخْنُوخ أنَّ باب الحياة مفتوح، وأنَّ مفتاح الحياة يكمن في السّير مع الله، وبهذا صار أَخْنُوخ مثالًا ونموذجًا لِكُلِّ مَنْ يبحث عن الحياة الأبديّة. فالسّير مع الله لا يعني أن يحفظ الإِنْسَان وصاياه فقط، لكن هو علاقة وثيقة مستمرّة مع الله وفي كُلِّ حين وبلا افتراق. لهذا أوصى الله شعبه بأنْ يسير معه (اللاويّين ٢٦: ٣، ١٢). والسّير مع الله في الْعَهْد الْجَدِيد أَيْضًا هُوَ المقياس لحياة الإيمان (كولوسي ٢: ٦، رُؤْيا ٣: ٤).

ومن الأمور الجديرة بالانتباه في كَلِمة الله أنَّ أَخْنُوخ يُعَدُّ السّابع من آدَم عن طريق شيث، كما أنَّ لامك الشّرير هُوَ السّابع من آدَم عن طريق قَايِين. وكأنَّ الْكَاتِب يريد أن يلفت انتباهنا إلى حقيقة مهمّة، وَهِيَ أنَّ «لامك» يُمثّلُ اكتمال شر الإِنْسَان في بُعْدِهِ عن الله (والّذي تَمَثَّل في

حيـاة الانتقـام والكبريـاء والتفاخُـر بالقُـوّة وتعـدُّد الزّوجـات... إلـخ). أَمَّـا أَخْنُـوخ فيُمثِّـل كمـال الحيـاة والسّـير مـع الله، «وسـار أَخْنُـوخ مـع الله... ولـم يُوجَـد لأنَّ الله أخـذه» (عبرانيّـين ١١: ٥).

## متوشالح (٥: ٢٥ -٢٧)

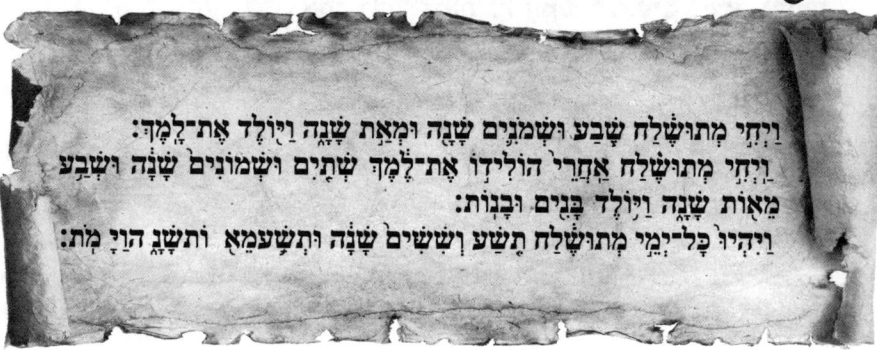

וַיְחִי מְתוּשֶׁלַח שֶׁבַע וּשְׁמֹנִים שָׁנָה וּמְאַת שָׁנָה וַיּוֹלֶד אֶת-לָמֶךְ:
וַיְחִי מְתוּשֶׁלַח אַחֲרֵי הוֹלִידוֹ אֶת-לֶמֶךְ שְׁתַּיִם וּשְׁמוֹנִים שָׁנָה וּשְׁבַע
מֵאוֹת שָׁנָה וַיּוֹלֶד בָּנִים וּבָנוֹת:
וַיִּהְיוּ כָּל-יְמֵי מְתוּשֶׁלַח תֵּשַׁע וְשִׁשִּׁים שָׁנָה וּתְשַׁע מֵאוֹת שָׁנָה וַיָּמֹת:

وعاش متوشالَح مئة وسبعًا وثمانين سنةً وولَد لامِك.*
وعاش متوشالَح بعدما ولَدَ لامِك سبع مئة واثنتين وثمانين سنةً وولَدَ بنينَ وبناتٍ.
فكانت كلُّ أيامِ متوشالَح تسع مئة وتسعًا وستين سنةً وماتَ.

* شاب قوي.

ومـن المُفَارَقَـات الجديـرة بالاعتبـار أنَّ أَخْنُـوخ أقـصر مَـنْ عاش عُمْـرًا على الأرض في هـذا الأصحـاح (تَكْوِيـن ٥). وهـو الرجـل الذ أنجبَ أطـول مَـنْ عاش على الأرض، وهـو «متوشـالح» الّذي عاش ٩٦٩ سـنة. ومـع أنَّ معنـى اسـم متوشـالح غـير معـروف المعنى على وجـه اليقـين، إلا أنَّ المعنى الْعِبْرِيّ له يعـني «رجـل السّـلاح، رجـل الرّمْـح، مَوْتـه سـوف يـأتي بالدّينونـة، مـات وأرسـل»[9] وبحسـب أعمـار الآبـاء (في النّـص المـازوريّ) وعـدد السّـنين الّـتي عاشـوها، نعـرف أنَّ متوشـالح مـات في نفـس سـنة الطّوفـان.

9 Sarna, *Genesis,* 43.

## نُوح (٥: ٢٨ – ٣١)

וַיְחִי־לֶמֶךְ שְׁתַּיִם וּשְׁמֹנִים שָׁנָה וּמְאַת שָׁנָה וַיּוֹלֶד בֵּן׃ וַיִּקְרָא אֶת־שְׁמוֹ
נֹחַ לֵאמֹר זֶה יְנַחֲמֵנוּ מִמַּעֲשֵׂנוּ וּמֵעִצְּבוֹן יָדֵינוּ מִן־הָאֲדָמָה אֲשֶׁר אֵרְרָהּ
יְהוָה׃ וַיְחִי־לֶמֶךְ אַחֲרֵי הוֹלִידוֹ אֶת־נֹחַ חָמֵשׁ וְתִשְׁעִים שָׁנָה וַחֲמֵשׁ
מֵאֹת שָׁנָה וַיּוֹלֶד בָּנִים וּבָנוֹת׃ וַיְהִי כָּל־יְמֵי־לֶמֶךְ שֶׁבַע וְשִׁבְעִים שָׁנָה
וּשְׁבַע מֵאוֹת שָׁנָה וַיָּמֹת

وعاشَ لامِك مئة واثنتين وثمانين سنةً وولَد ابنًا. ودعا اسمَه نوحًا* قائلًا: «هذا يُريحُنا من عملِنا ومن مشقةِ أيدينا، بسببِ الأديمِ الذي لعنَه يهوه». وعاش لامِك بعد ما ولَد نوحًا، خمس مئة وخمسًا وتسعين سنةً وولَدَ بنينَ وبناتٍ. فكانتْ كلُّ أيامِ لامِك سبع مئة وسبعًا وسبعين سنةً وماتَ.

* راحة، سكون، تعزية، إطراء، مديح.

تُعَدُّ شخصيّةُ نُوح الشّخصيّة الثّانية الّتي نالت اهتمامًا خاصًا في سلسلة نسل آدَم. فسلسلة النّسل مُرتَّبة بهذا الشّكل حتى تصل إلى رقم عشرة، وهو نُوح وأحداث الطّوفان. لقد وَرَدَتْ أحداث الطّوفان بَيْنَ الحديث عن عُمْر نُوح عندما أنجب أبناءه الثّلاثة (٥: ٣٢) وعدد السّنين الّتي عاشها بعد الطّوفان حتى مات (٩: ٢٨)، ولهذا يُعَدُّ كُلّ هذا الْجُزْء الْكِتَابيّ مرتبطًا بنُوح من ميلاده حتى وفاته.

نُوح נֹחַ، لامك هُوَ الأب الوحيد الّذي يُقدِّم شرْحًا لمعنى اسم ابنه «نُوح» قائلًا «هذا يُرِيحُنا من عملِنا ومن مشقةِ أيدينا، بسببِ الأديمِ الّذي لعنَه يهوه» (٥: ٢٩). ويعد اسم نُوح اسمًا فريدًا جِدًا لدرجة أنَّنا لا نجد نظيره في الْكِتَاب الْمُقدَّس أو حتى خارج الْكِتَاب الْمُقدَّس. وقد

يكون هذا الاسم مُشتقًا من الْفِعْل נוּחַ بمعنى يستريح أو من الْفِعْل נָחַם بمعنى يُعَزّي أو يُرِيح. لكن ماذا كان يقصد لامك بقَوْله «هذا يُرِيحُنا من عملنا»؟ يُفسِّر «كوسيتو Cassuto» كلمات لامك على أنَّها أُمْنِيّة وليست نُبوّة.[١٠] إلا أنَّه من الأفضل أن نُعِدُّها نُبوّة أو بركة، كنُبوّة إسحاق ليَعْقُوب ونُبوّة يَعْقُوب لأبنائه الاثني عشر. فبحسب عدد السّنين الّتي عاشها الآباء، يكون نُوح هُوَ أَوَّل مَنْ وُلِدَ بعد مَوْت آدَم (فآدَم مات سنة ٩٣٠، ونُوح وُلِدَ سنة ١٠٥٦)، ولهذا رُبَّما رأى لامك في ولادة نُوح أنَّ المشقّة والتعب עִצָּבוֹן اللذيْن حَلَّا بسبب خطيّة آدَم سينتهيان، أو أنَّه ستحدث انفراجة יְנַחֲמֵנוּ ولاسيَّما بعد مَوْت آ دم.[١١] ويَقُولُ سيلهمر Sailhamer «أغلب الظّن أنَّ الرّاحة الّتي أتى بها نُوح كانت خلاص البشريّة من خلال الفلك إضافة إلى عَهْد الله مع الْخَلِيقة بعدم تدمير الأرض ثانيّة بالطّوفان (٨: ٢١).»[١٢] كما نرى تحقيقًا لهذه النُّبوّة في الْقَوْل «وابتدأ نُوح يكونُ فلاحًا وغرس كرمًا».[١٣]

10 See Umberto Cassuto, *A Commentary on Genesis: From Adam to Noah.*,2 198 and Zakovitch, *JSOT* 15 (1980), 40.

11 See Sarna, *Genesis,* 44.

12 John Sailhamer, *Genesis,* The Expositor's Bible Commentary, 72-76.

13 Bruce K. Waltke, *Genesis: A Commentary*, 115.

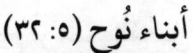

## أبناء نُوح (٥: ٣٢)

وكان نوحُ ابن خمس مئة سنةٍ وولد نوحُ شِم* وحام** ويافِت***

* اسم، صيت، شهرة، سموّ.

** حامي، ساخن، حمى حماية، أسود، أسمر البشرة، حمو(ابو الزوج او الزوجة).

*** انتشار، توسُع، زيادة، دعه يمتد، جمال، يفتح.

وتنتهي مواليد آدَم بتسجيل أسماء أبناء نُوح الثّلاثة، سام وحام ويافث. ومع أنَّ التركيز كان بَيْنَ التسع شخصيّات السّابِقة على الابن البِكْر، إلا أَنَّه هُنَا يذكر لنا أسماءَ أبناء نُوح الثّلاثة وليس فقط الابن البِكر. وعلينا أن ننتظر حتى الأصحاح التاسِع والآيتيْن ٢٨، ٢٩ لمعرفة مواليد كُلٍّ منهم.

## كيف استطاع الآباء قبل الطوفان أن يعيشوا هذا العمر الطويل؟

عاش الأشخاص المذكورون في سلسلة نسل آدم مئات السنين. فآدم عاش ٩٣٠ سنة، وشيث عاش ٩١٢ سنة، ومتوشالح عاش ٩٦٩ سنة... إلخ، فمتوسط العُمْر قبل الطوفان كان ٧٠٠ سنة. وبعد الطوفان أصبح أقل، حيث يسجل لنا الكتاب المقدس أن سام بن نوح عاش ٣٤٤ سنة (تكوين ١١: ١٠ ٣٢)، ثم ابتدأ يَقِل في عصر إبراهيم، حيث عاش إبراهيم ١٧٥ سنة، ويعقوب عاش ١٤٧ سنة، ويوسف عاش ١١٠ سنة، وموسى عاش ١٢٠ سنة. والسؤال الذي يتبادر إلى أذهاننا هو كيف عاش البشر قبل الطوفان هذا العمر الطويل؟ وكيف نفهم ونفسر السنين هنا؟ هل هي سنين حرفية أم أن هذه الأرقام هي أرقام مجازية؟

قدّم المفسرون عدة اقتراحات لشرح العُمْر الطويل للإنسان قبل الطوفان أذكر منها الآتي:

١. نظرية الفرد وعشيرته: تقول هذه النظرية إن الاسم في تكوين ٥ لا يشير إلى الفرد فقط بل إلى العشيرة أو النسل الذي جاء منه. فعدد السنين أو الرقم الأول يمثل عُمْر الفرد، والرقم الثاني يشير إلى نسله الذي خرج منه. فمثلًا آدم عاش ١٣٠ سنة قبل أن يُنْجِب شيئًا (ويعد هذا عُمْره كفرد). ثم بعد ولادة شيث، عاش آدم ٨٠٠ سنة، ويشير هذا إلى عمر عشيرته أو نسله وعائلته التي خرجت منه، وبهذا يكون عمر آدم وأسرته ٩٣٠ سنة. ويكمن العيب في هذه النظرية في أن أخنوخ ونوحًا، وهما شخصان، عاشا ٣٦٥ سنة و ٩٥٠ من دون أن يذكر لنا الوحي شيئًا عن نسلهم أو عائلتهم. وفي ما يتعلق بأخنوخ الذي عاش ٣٦٥ سنة، لا يمكن القول أن كل عشيرته قد أُخِذَتْ إلى السماء، ولهذا وجب اعتبار الاسم إشارةً إلى أفراد وليس إلى أفراد وعشائر.

٢. نظرية السنة القصيرة: يقول أصحاب هذه النظرية إن السنة كانت تعني فترة أقصر من ٣٦٥ يوم، وعلى هذا الأساس ربما تكون السنة في ذلك الزمان فترة أقل من السنة المعروفة لدينا اليوم. لكن ما يدحض هذه الفكرة هو أن ترتيب أحداث الطوفان وعدد الأيام والشهور المستخدمة يؤكد أن السنة كانت وما زالت ٣٦٠ أو ٣٦٥ يومًا (انظر تكوين ٧: ١١، ١٢، ٨: ٤، ٥، ١٣، ١٤).

٣. نظرية أن السنين هي شهور: تنادي هذه النظرية بأن كل رقم يجب أن يُقْسَم على ١٠ أو على ١٢. وفي هذا الحالة يكون عمر آدم (وهو ٩٣٠ سنة) هو في الحقيقة ٩٣ أو ٧٧ سنة، وعمر أنوش (وهو ٩٠٥ سنة) هو ٩٠ سنة ونصف السنة... إلخ. لكن الصعوبة التي تواجه هذه النظرية هي أنه لا تُوجَد إشارة واحدة من بعيد أو قريب على أن السنة هي شهر. وأكثر من ذلك، تصطدم هذه النظرية بِعُمْر «ناحور» الذي أصبح أبًا لتارح وهو عمره ٢٩ سنة (تكوين ١١: ٢٤) فيكون في هذه الحالة أن ناحور ولد تارح وهو ابن سنتين وتسعة أشهر أو سنتين وأربعة شهور، وهذا أمر مستحيل!

إنه أفضل لنا أن نتعامل مع الأرقام في هذا الأصحاح على أنها أرقام حقيقية، وأن طول العُمْر لهؤلاء الآباء كان دلالة على أن نتائج السقوط في الخطية لم تكن قد أثَّرَت سريعًا في قوى الإنسان وجيناته. كما أن الغلاف الجوي للأرض وعوامل أخرى كثيرة تأثرت فيما بعد بالطوفان تأثيرا كبيرًا جعل متوسط عمر الإنسان في النقصان مع مرور الزمن. أمَّا من الناحية اللاهوتية، ربما أطال الله في عُمْر هؤلاء الآباء حتى يستطيعوا أن يحققوا بركة الرب، «أثمروا وأكثروا واملأوا الأرض» (تكوين ١: ٢٨).

## هل يمكن أن يُستخدم تَكْوِين ٥ لحساب عُمْر الأرض؟

**أَوَّلًا:** لم يجمع الْكِتَاب الْمُقدَّس قط هذه الأرقام ليُخبرنا بالضّبط بِعُمْر الأرض. فليس هذا هُوَ هدف سلاسل النّسل المذكورة ومحورها في الْكِتَاب الْمُقدَّس، فالغرض الأساسيّ منها هُوَ لاهوتيّ، وليس حسابيًّا. فالقصد من تسجيل هذه السّلاسل هُوَ أن تُرِيَنا أنَّ القصد الإلهيّ كان أن يعيش الإِنْسَان من دُون مَوْت إلى الأبد. كما ترينا هذه السّلاسل أَيْضًا مدى تأثير الخطيّة والمَوْت في الإِنْسَان، لدرجة أنَّ الإِنْسَان إذا تقدّم الْيَوْم في العُمْر يكون غير قادِر على الإنجاب على عكس ما كان في الْقَدِيم.

**ثانياً:** إنَّ الإيجاز هُوَ القاعدة العامّة في سلاسل الأنساب في الْكِتَاب الْمُقدَّس. ونرى مَثَلًا كذلك في حَذْف البشير [متى] ثلاثة أسماء من سلسلة نسب الْمَسِيح حتى يختصرها في ثلاثة مجموعات يَسْهُل تذكُّرها. وأكثر من ذلِكَ يَقُولُ مَتَّى إنَّ [الْمَسِيح هُوَ ابن دَاوُد]، ودَاوُد بدوره هُوَ [ابن إِبْراهِيم]، والفَرْق الزّمني بَيْنَ الْمَسِيح ودَاوُد هُوَ حوالي ١٠٠٠ سنة. ونجد هذه القفزات الكبيرة في سلاسل الأنساب في تَكْوِين ٥ و١١. فالأرقام الّتي تُحدِّد الأعمار الّتي وَلَدوا فيها أبكارهم هِيَ الأزمنة الّتي أُعْطِيَ فيها النّسل الموعود.

## الْأصحاح السادِس

# الطُّوفان الرهيب

**هذه** الفقـرة الافتتاحيـة هامـة جـدًا، لا لأنَّهـا تُعَـدُّ فقـرة خِتاميّـة للحديـث عـن نسـل آدَم (١:٥ – ٣٢) فحسـب، بـل لأنَّهـا مُقدّمة لأحـداث الطّوفـان أَيْضًـا. فـهي تُسـجِّل لنـا التكاثُـر السّريـع للجنـس البـشريّ على وَجْـه الأرض تحقيقًـا لبركـة الله للإِنْسَـان الْأَوَّل ولأمـر الـرّب «أثمـروا وأُكـثروا وامـلأوا الأرض» (١: ٢٨، ٥: ١ -٢). ومـع هـذا النّمـو تزايـدت الخطيّـة جِـدّاً وهـو أمـر خطـير. ولأنَّ هـذه الآيـات هِيَ عـن الطّوفـان، فإِنَّهـا تُقـدِّم لنـا وَصْفًـا لـشَرِّ الإِنْسَـان وإثمـه، والّذي اسـتحق دينونـة الله العادلـة. لكـن لـكي نفهـم هـذا النّـص الْكِتَـابيّ الْمُهّـم فَهْمـاً صحيحًـا، لا بُـدَّ أن نعـرف مـن هُـمْ «أبنـاء إلوهيـم» و «بنـات النّـاس».

**بنـو إلوهيـم בְנֵי־הָאֱלֹהִים** - مَـنْ هُـمْ «أبنـاء إلوهيـم»؟ ومـن أيـن أتـوا؟ إنَّ مجيئهـم إلى المشـهد مـن دون أيّـة مُقدِّمـات يُصعِّـبُ الإجابـةَ على السّـؤال الْخَـاصّ بطبيعتهـم. لكـن مـن الواضِـح أنّهـم كانـوا معروفـين للسـامِعين. ولقـد شـغلت طبيعـة أبنـاء إلوهيـم وهويتهـم مُفـسِّري سِـفْر التَكْوِيـن على مـدار التاريـخ.

فالسّؤال عن طبيعتهم وشَرّهم وفجورهم وارتباطهم بدينونة الله بالطّوفان جَعَلَ هذا النّص من أصعب النّصوص في سِفْر التَكْوين بصِفةٍ خاصّة، والْعَهْد الْقَدِيم بصِفةٍ عامّة. هُنَاك ثلاثة تعريفات لأبناء إلوهيم وهُويتهم. ويُقدِّم كُلّ تعريف نظريّة مُخْتَلِفة عن ارتباطهم ببنات النّاس. وَأَنَّه لأمر مُهّم أن نتناول كُلّ تعريف على حِدَة، وأن نُقدِّم بالشّرح والتحليل نقاط القُوّة ونقاط الضّعف في كُلّ تعريف من التعريفات الثّلاثة لتعبير «أبناء إلوهيم».

## أبناء الله وبنات النّاس (٦: ١- ٤)

وكان أن بدأ الإِنْسَان يكثرُ على وَجْه الأرض*، وبناتٌ وُلِدن لهُم. ورأى بنو إلوهيم بناتِ الإِنْسَان** أنَّهنَّ حسناتٌ. فاتخذوا لهُمْ نساءً من كُلّ ما اختاروا. فقال يهوه «لا يدومُ روحي في الإِنْسَانِ إلى الأبدِ، لأنَّه بشرٌ،*** وتكونُ أيامُهُ مِئَة وعشرين سنة النفاليم كانوا في الأرضِ في تلكَ الأيامِ. وأَيْضًا بعد ذلِكَ إذ دخلَ**** بنو إلوهيم على بناتِ آدَم فولَدنَ لهُم. هُمْ الجبابِرَةُ الّذين منذُ الدّهرِ رجالُ الإسمِ.

* الأديم.

** الكلمة الْعِبْرِيّة المستخدمة هِيَ בְּנוֹת הָאָדָם بنات آدَم ولهذا تُشِيرُ كَلِمة آدَم إلى الإِنْسَانيّة humankind .

*** Flesh.

**** يُشِيرُ الْفِعْل غير التام imperfect هُنَا إلى أن دخول بني إلوهيم على بنات النّاس كان عملًا مُستمرًا دائمًا وعادة منتشرة بَيْنَ النّاس.

**أولاً: نظريّة اختلاط الملائكة بالبشر (أبناء إلوهيم هُمْ الملائكة)**

تُعَدُّ هذه النّظريّة التفسيريّة من أقدم النّظريات، وقد بُنِيَت على أنَّ الْكِتَاب الْمُقدَّس وَصَفَ «أبناء إلوهيم» في عِدَّة مواضع بـ «الملائكة». ففي سِفر أيوب، نجد أن أبناء الله هُمْ الملائكة. «كَانَ ذَاتَ يَوْم أَنَّه جَاءَ بَنُو الله لِيَمْثُلُوا أَمَامَ الرَّبِّ، وَجَاءَ الشَّيْطَانُ أَيْضًا فِي وَسْطِهِمْ» (١: ٦، ٢: ١). وفي أصحاح ٣٨، يَقُولُ الرّب لأيوب «عِنْدَمَا تَرَنَّمَتْ كَوَاكِبُ الصّبْحِ مَعًا، وَهَتَفَ جَمِيعُ بَنِي الله؟» (الآيّة ٧). وَيُؤَكِّد هذه الحقيقة مزمور ٢٩: ١؛ ٨٩: ٦؛ ٨٢: ٦؛ دانيآل ٣: ٢٥. وكما يَقُولُ سِفر أَخْنُوخ - وهو سِفر غير قانونيّ ومُزيِّف يرجع إلى الْقَرْن الثّاني قبل الميلاد - إنَّ بعضاً من ملائكة السّماء لاحظوا أنَّ لدى البشر بنات جميلات فاشتهوهن وأخذوا منهن زوجات. وعندما حَبَلت النّساء من الملائكة، ولدنَ جبابرة بلغ طول الواحد منهم ثلاث مِئَة ذراع.[١] حتى المُؤرِّخ الْيَهُوديّ المشهور يوسيفوس كان يُؤمن بأنَّ الملائكة يمكن أن تختلط بالنّساء. كما أنَّ بعض الترجمات اليونانيّة ترجمت «أبناء إلوهيم ἄγγελοι τοῦ θεοῦ، انجيلوي تو ثيو» إلى «ملائكة الله» في تَكْوِين ٦: ٢. إنَّ مَنْ يُنادون بهذه الفكرة يستخدمون أَيْضًا ما وَرَدَ في بُطْرُس الأُولى ٣: ١٩-٢٠ و يَهُوذا ٦-٧،[٢] لكن هذا التفسير يُواجه ثلاثة اعتراضات:

١. لا يتماشى هذا التفسير مع حادثة الطّوفان، لأنَّ الطّوفان كان عقابًا إلهيًا للجنس البشريّ بسبب خطيّة الإنْسَان، وليس عقابًا لكائنات سماويّة (٦: ٣-٥). فلماذا تقع الدّينونة على البشر وعلى الأرض إذا كان ملائكة السّماء

1 Walter C. Kaiser Jr., Peter H. Davids, F. F. Bruce, and Manfred T. Brauch. *Hard Saying of the Bible* (Downers Grove: Inter-Varsity Press, 1996), 90-99.

٢ من الخطأ ربط هذه النّصوص بتَكْوِين ٦ واعتبارها سندًا لزواج الملائكة من بشر، فخطيّة سدوم وعمورة لم تكن الزّواج من زوجة بل كانت ممارسة الشّذوذ الجنسيّ، ولهذا يقارن النّص بَيْنَ خطيّة سدوم وعمورة بخطايا المدن والشّعوب التي حولها (تَثْنِيَة ٢٩: ٢٣). كما أنَّ الملائكة في رسالة يَهُوذا وسقوطهم هُوَ إشارة إلى سقوط لوسيفر (إشعياء ١٤)، حَيْثُ سقط معه الكثير من الملائكة.

هُمْ السّبب في تلك المصيبة؟ فالخطاة جاءوا من فَوْقَ أَمَّا بنات النّاس فلم يرتكبن ذنبًا، وليس جمالهن خطيّة يُعَاقَب عليها الجنس البشريّ.

٢. وَصَفَ اللهُ المُذْنِبَ بكلمة مُهّمة جِدًا وَهِيَ كَلِمة «בָּשָׂר، بشر» في الآية ٣، ولهذا لا بُدَّ أن يكون مَنْ أخطأ ويستحق الدّينونة هُوَ الجنس البشريّ.

١. لا يذكر الْكِتَاب الْمُقدَّس إطلاقًا أنَّ الملائكة تزوّجوا من البشر. فهذا التفسير مُناقض لكلام الرّب يَسُوع عن الملائكة، حَيْثُ قَالَ «لأَنَّهُمْ فِي الْقِيَامَةِ لاَ يُزَوِّجُونَ وَلاَ يَتَزَوَّجُونَ، بَلْ يَكُونُونَ كَمَلاَئِكَةِ اللهِ فِي السَّمَاءِ» (مَتَّى ٢٢: ٣٠، مَرْقُس ١٢: ٢٥). كما أَنَّه يُوجَد فارق كبير بَيْنَ أن تأكل الملائكة وتشرب (تَكْوِين ١٩: ١- ٣)، وبين أن تتزوج وتُنْجِب.

**الْقَوْل إنَّ** ثمرة هذه العلاقة الجنسيّة، وَهِيَ «الجبابرة»، أمر لا يتماشى مع الْكِتَاب الْمُقدَّس وتعاليمه، كما يُثير أسئلة كثيرة يصعب الإجابة عليها مثل ما هِيَ طبيعة التَكْوِين الجسدي لهذا النّسل؟ هل امتزجت أجسادهم ببعض القوى الفوق الطّبيعيّة؟ ما هِيَ علاقة هذا النّسل بالأب إذا كان ملاكًا؟ أم أنَّ الملائكة اجتمعت مع بنات النّاس وتركوهن في حملهن ورعايتهن لأبنائهن؟

**ثانيًا: نظريّة الاختلاط الدّيني (أبناء إلوهيم هُمْ نسل شيث)**

**إنَّ** التفسير الْمَسِيحيّ من الْقَرْن الثّالث مع أوغسطينوس، ومن بعده مارتن لوثر وجون كالفن فَهِمَ أنَّ «أبناء إلوهيم وبنات النّاس» هُمْ أبناء شيث وبنات قَايِين، وتصبح الخطيّة الّتي أدّت إلى الدّينونة، هِيَ خطيّة الزّواج المختلط بَيْنَ مؤمنين وغير مؤمنين، بَيْنَ النّسل المبارك والنّسل الشّرير.[3] وينسجم هذا التفسير إلى حَدٍ ما مع قرينة الأصحاحيْن السّابقيْن من سِفْر التَكْوِين، حَيْثُ نجد نسل قَايِين الشّرير في الأصحاح

3 See J. Murray, *Principles of Conduct* (Grand Rapid Eerdmans, 1957), 243 – 49.

الرّابِع ونسل شيث المبارَك في الأصحاح الخامِس. لكن هذه المدرسة التفسيريّة تُواجه اعتراضاتٍ كثيرة. أذكر منها:

١. تستخدم هذه النّظريّة التفسيريّة كَلِمة «النّاس» في العدديْن الْأَوَّل والثّاني بمعنيّيْن مُخْتَلِفيْن، فتقول إنَّ «النّاس» في العدد الْأَوَّل تُشِيرُ إلى كُلّ الجنس البشريّ، بينما تُشِيرُ في العدد الثّاني إلى نسل قَايِين. وبطبيعة الحال، فإنَّ هذا غير صحيح ولا يُوجَد مُبرِّر قوي لهذا التغيير في معنى نفس الكلمة في ذات الأصحاح الواحد!

٢. تقول تَكْوِين ٦: ١ «وحدث لمّا ابتدأ النّاس يكثرون على الأرض وَوُلِدَ لهم بنات»، حَيْثُ أُسْتُخْدِمَتْ كلمتا «النّاس» و«بنات» في صيغة عامّة لتشيرا إلى كُلِّ البشر وكُلّ بنات البشر من دون تحديد نسل مُعيّن بعَيْنه، ولهذا فلا يمكن أن نختصر كَلِمة الإِنْسَان في نسل شيث، وكلمة بنات في نسل قَايِين.

٣. هل ينتج عن الزّواج المختلط بَيْنَ المؤمنين وغير المؤمنين خلط في الجينات إلى درجة ولادة الجبابرة؟ سؤال يحتاج إلى إجابة.

٤. لم يُشِرْ الْكِتَاب الْمُقدَّس من قريب أو من بعيد إلى أنَّ نسل شيث هُمْ بنو إلوهيم.

٥. ليس الزّواج المختلَط مُبرِّرًا قويًا لدمار كُلّ الأرض بكُلِّ ما عليها من نباتات وحيوانات بالطّوفان.

## ثالثًا: نظريّة الاختلاط الاجتماعيّ (أبناء إلوهيم هُمْ النّبلاء والأمراء)

وَهِيَ تقول إنَّ أبناء اللّٰه هُمْ الأمراء والنّبلاء,Princes, aristocrats[4] and nobles الّذين اتّخذوا من بنات النّاس كُلّ ما شاءوا لاستمتاعهم وإشباع رغباتهم. إنّها خطيّة تعدُّد الزّوجات والظّلم الاجتماعيّ

4 See M. Kline, *"Divine Kingship and Genesis 6 1-4," WTJ 24 (1962) 187 – 204; Westermann Genesis 1 363 – 83; E. Kraeling* "The Significance and Origin of Gen. 6 1- 4," JNES 6 (1947), 193-208; U, Cassuto, "The Episode of the Sons of God and the Daughters of Man," in *Biblical and Oriental Studies,* vol. 1, trans. I. Abrahams (Jerusalem Magne, 1973), 18.

وسيطرة القوي على الضّعيف واستغلاله الجنسيّ. ويستند أصحاب هذه النّظريّة على عِدَّة أدلّة منها:

١. إنَّ ثقافات الشّرق الأدنى الْقَدِيم وكذلِكَ الثقافة المصريّة كانت تؤمن بأنَّ النّبلاء والأمراء والحكام هُمْ أبناء الآلهة، ففرعون هُوَ ابن رع وكُلّ من أتى منه له نفس الصّفات. ففي الأسطورة الأجوراتيّة يُلَقّب الملك كريت بـ«إبن إيل».[5]

٢. تُسْتَخْدَم كَلِمة «إلوهيم» في الْكِتَاب الْمُقدَّس للإشارة إلى القضاة (خُروج ٢١: ٦، مزمور ٨٢: ١، ٦)، ولهذا فمن المُمكن أن يكون «أبناء إلوهيم» هُمْ البشر الّذين في موقع سُلْطة.

٣. ترجم ترجوم أونكلوس، وهو الترجمة الآراميّة للنص العبري، «أبناء إلوهيم» إلى «أولاد النّبلاء».

١. ويَقُول Kaiser «يشبه التركيب اللُغويّ في قِصّة لامك المذكورة في تَكْوِين ٤ قِصّة «أبناء إلوهيم» في تَكْوِين ٦، ويكمن هذا الشّبه في أخذ النّساء وتعدُّد الزّوجات وولادة الأبناء والفساد الأُسَريّ. كما أنَّ قِصّة لامك تنتهي بافتخاره بالدّينونة، وينتهي تَكْوِين ٦ بحديث الله عن الدّينونة.[6] إنَّها خطيّة الجبروت والاستبداد والفساد وتعدُّد الزّوجات والظّلم الاجتماعيّ والانسياق وراء الشّهوة. ففي ظَمَئِهم للقُوّة والشّهرة، اغتصبوا الفقراء وظلموا المساكين وأفسدوا الحياة الأسريّة والاجتماعيّة. ويُعَدُّ هذا التفسير أفضل فَهْم لمعنى «أبناء إلوهيم وبنات النّاس» حَيْثُ يرسم لنا الوحي الإلهيّ صُورَة مأساويّة لِمَا آلت إليه حياةُ الإنْسَان الّذي خلقه الله على صورته وشبهه. لكن بسبب الخطيّة، أصبح إنْسَانا مستبدًا يغتصب ويمتلك النّساء لإشباع رغباته في الحصول على السُّلطة وإشباع رغباته الجنسيّة الّتي لا تتوقف.

5 D. J. A. Clins, "The Significance of the 'Sons of God' Episode (Genesis 6 1- 4) in the context of the 'Primeval History' (Genesis 1- 11), " *JSOT* 13 (1979) 34- 35.

6 Kaiser, *Hard Sayings of the Bible, 106.*

**النفاليم הַנְּפִלִים، الجبابرة** - لا تَرِد هذه الْكَلِمة إلا مرتيْن في الْعَهْد الْقَدِيم، هُنَا في تَكْوِين ٦: ٤، وفي سِفْر العدد ١٣: ٣٣، لتشير إلى بني عناق الّذين أحسّ بنو إِسْرَائِيل بالمقارنة بهم أنَّهم كالجراد. وقد يكون هذا هُوَ السّبب الذّى جعل الترجمة السّبعينيّة تترجم «نفاليم إلى «الجبابرة». لكن كَلِمة نفاليم تعني في أصلها الْعِبْرِيّ «السّاقطين the fallen ones»، إلا أنَّ الْكَلِمة أُسْتُخدِمَت لتشير إلى رجال أقوياء ذوي جبروت وثروة وسلطان. لهذا فإن معنى كَلِمة «نفاليم» و«جبوريم» لا يفيد رجالًا ضخام الأجسام فقط، بل أَيْضًا «رجالًا عِظَامًا».

**ورأى أنهنَّ حسناتٌ... فاتخذوا וַיִּרְאוּ... טֹבֹת**[٧]**... וַיִּקְחוּ**[٨] - إنَّ هذه الأفعال الثّلاثة هِيَ نفس الأفعال الّتي أُسْتُخْدِمَتْ في وصف خطيّة حَوَّاء في تَكْوِين ٣: ٦، «فَرَأَتِ... بَهِجَةٌ... شَهِيّة... فَأَخَذَتْ»، حَيْثُ نجد أنَّ الدّافع هُوَ الشّهوة والحصول على ما لا ينبغي أن تحصل عليه. وهكذا تفعل الخطيّة عندما نعطيها مكانًا في حياتنا. يَقُولُ الرَّسُول يَعْقُوب (١: ١٤-١٥) إنَّ كُلّ واحد «يُجَرَّبُ إِذَا انْجَذَبَ وَانْخَدَعَ مِنْ شَهْوَتِهِ. ثُمَّ الشّهْوَةُ إِذَا حَبِلَتْ تَلِدُ خَطِيّة، وَالْخَطِيّة إِذَا كَمَلَتْ تُنْتِجُ مَوْتًا». فعندما تتملّكنا الشّهوة علينا وتستغرقنا، فإنَّها تلد خطيّة، والخطيّة تأتي بالمَوْت. لهذا قَالَ الرّب يَسُوع إنَّ «سراج الجسد هُوَ العين. فإن كَانَت عَينُكَ بَسيطة فجسدك كُلّه يكُونُ نيرا وإن كَانت عَينكُ شريرة فجسدك كُلّه يكون مُظْلمًا» (مَتَّى ٦: ٢٢).

٧ الْكِتَاب الْمُقدَّس ممتلئ بقصص محورها الجمال والحُسْن: إِبْرَاهِيم وسارة، إسحاق ورفقة، يَعْقُوب وراحيل، دَاوُد وبثشبع، أبشالوم وتامار، استير...الخ.

٨ يستخدم الْفِعْل «لقح» في أغلب الحالات للإشارة إلى الزّواج، سواء أاتخذ الشّخص زوجة لنفسه أم اتخذ زوجة لآخر، أم اتخذ غير زوجة. (تَكْوِين ٤: ١٩ و١١: ٢٩ و١٢: ١٩ و٢١: ٢١ و٢٤: ٤ و٢ صموئيل ١١: ٤).

**لا يـدومُ / لا يدين روحي في الإِنْسَان إلى الأبـدِ לֹא־יָדוֹן רוּחִי בָאָדָם לְעֹלָם** - يختلف الْمُفسِّرون في قـراءة الْكَلِمة الْعِبْرِيّـة «יָדוֹן، يَـدُون». فالترجمتان السّبعينيّة واللاتينيّـة تترجمـان هـذه الْكَلِمـة إلى «يدوم»، مـن الْفِعْـل دَوْر بمعنى «يمكـث أو يـدوم». لكـن عُلَمـاء اليَهُـود، وعلى رأسـهم راشي ورشـبام وابـن عـزرا، يـرون أنَّ كَلِمـة «يَـدُون» تـأتي مـن الْفِعْـل «يـدن»، ولهـذا فـهي تعـني «يديـن» وليـس يـدوم.[9] ولهـذا فعبـارة «لا يـدوم روحي» أكـثر تماشـيًا مـع النّص وموضوعـه. فـالله يَقُـولُ إنَّ رُوحي، وهـو مَصْـدَر الحيـاة، لـن يـدوم إلى الابـد في الإِنْسَـان، فبعـد مِئَـة وعشريـن سـنة سـوف يـأتي الطّوفـان ويهلـك كُلّ البـشر وكُلّ نفـس حيّـة، ولـن ينجـو إلا مَـنْ دخـل الفلـك مـن البـشر والطّيـور والزّحافـات والحيوانـات.

**رُوحي רוּחִי** - يـرى بعـض الدارسـين أنَّ كَلِمـة «رُوحي» تُشِـيرُ إلى حضـور الله الشّخصي، كمـا كان رُوح الله يـرف على وَجْـه المياه عنـد الْخَلْق (تَكْوِيـن ١: ٢). وفي هـذه الحالـة يكـون معـنى العبـارة أنَّ حضـور الله لـن يـدوم مـع البـشر. وهـذا هُـوَ مـا أكّـده الـرّب أنَّ طُـولَ أناتِـه وصَبرِه قـد وصـلا إلى النِهَايَـة مـع الجنـس البـشريّ الشّريـر، ولهـذا فـإنَّ مـن المحتـم أن تـأتي الدّينونـة. ويـرى آخـرون أنَّ كَلِمـة «رُوحي» لا تُشِـيرُ إلى روح الله بمعـنى «حضـوره الشّـخصيّ»، بـل إلى «الـرُّوح» كمصـدر الحيـاة وقُوّتهـا (مزمـور ١٠٤: ٢٩-٣٠)، حَيْـثُ سـتمحو الدّينونـة «كُلَّ جَسَـدٍ فِيـهِ رُوحُ حَيَـاةٍ» (٦: ١٧)، سـواء أكان ذلِـكَ مـن البـشر أم مـن الحيـوان (حزقيـال ٣٧: ١٤).

**هـو بـشرٌ הוּא בָשָׂר** - هـذا أشـمل وصـف يمكـن أن يوصف به الإِنْسَـان. فَهُـوَ بـشر، أيّ غـير إلـهيّ وغـير معصـوم كمـا يُؤَكّـد أنَّ للإِنْسَـان جسـدٌ Flesh

9 Nahum M. Sarna, *Genesis.* The JPS Torah Commentary, 46 and Victor Hamilton, *The Book of Genesis Chapters 1-17,* 266.

or body. فاللحم عكس الدّم الّذي يُشِيرُ إلى «الحياة» أو «النّفس» (تَكْوِين ٩: ٤، لاويّين ١٧: ١١). فمن دون حلول رُوح الله في الإِنْسَان يهلك، فلا حياة للإنسان بدون روح الله إذ روح الله هو مانح الحياة وحافظها. فالخاطي الذي لا يسكن فيه روح الله حيّ على الأرض (وإن كان في نظر الله ميت بالخطية)، (انظر أيوب ٣٤: ١٤-١٥، إشعياء ٤٠: ٧). وفي بعض الأحيان تُشِيرُ كَلِمة «بشر» إلى ضعف الإِنْسَان الأخلاقي واستعباده للخطيّة (تَكْوِين ٦: ١٢). إذ تعتمد حياته واستمرارها في كَوْنه بشرًا على الله مُعْطِي الحياة ومانحها.

**وتكونُ أيامُهُ مِئَة وعشرين سنة** - ماذا تعني هذه العبارة؟ من الجدير بالملاحظة أنَّ هذه هِيَ الْمَرّة الأُولى الّتي تحدّث فيها الرّب منذ تَكْوِين ٥: ٢، حَيْثُ نقرأ أنَّ الله خَلَقَ الإِنْسَان على شبهه وصُورته؛ ذكرًا وأنثى خلقهما، وباركه الله ودعا اسمه آدَم يَوْم خُلِق. هُنَا يتكلّم الرّب الإله مَرَّة ثانيّة إلى الإِنْسَان، أيّ إلى الجنس البشريّ كُلّه أو إلى البشريّة ككل. ففي الْمَرّة الأولى، في تَكْوِين ٥، يتبع كلام الله قائِمة من عشرة أشخاص عاشوا أعمارًا طويلة، لكننا نجد هُنَا تناقُضًا صارخًا، حَيْثُ يَقُولُ الرّب «وتكون أيامه مِئَة وعشرين سنة». وقطْعًا لا تعني هذه العبارة أنَّ عمر الإِنْسَان وقتئذ لن يزيد عن المِئَة والعشرين سنة. فكثيرون جاؤا بعد نُوح وعاشوا أكثر من ذلِكَ بكثير. فإبْراهِيم عاش ١٧٥ سنة، وإسحاق عاش ١٨٠ سنة. لكن من الأفضل لنا أن ننظر الى المِئَة وعشرين سنة على أَنَّها فترة العفو الّتي منحها الله للبشريّة قبل إرسال الطّوفان. وكأنَّ الله يَقُولُ إنَّه سيمنح البشريّة ١٢٠ سنة أخرى كمُهلة للتوبة والرّجوع قبل أن يأتي بالدّينونة. إنَّها فترة تبكيت الرّوح القدس للإِنْسَانيّة الخاطئة حتى تتوب وتعود إلى الرّب قبل أن يرسل الله الدّينونة ويهلك كُلّ الجنس

البشريّ. وَيُؤَكِّد هذه الحقيقة الرَّسُول بُطْرُس في رسالته الأُولى فيَقُول «الّذي فِيهِ أَيْضًا ذَهَبَ فَكَرَزَ لِلأَرْوَاحِ الّتي فِي السِّجْنِ، إِذْ عَصَتْ قَدِيمًا، حِينَ كَانَتْ أَنَاةُ اللهِ تَنْتَظِرُ مَرَّةً فِي أَيَّامِ نُوحٍ، إِذْ كان الْفُلْكُ يُبْنَى، الّذي فِيهِ خَلَصَ قَلِيلُونَ، أيّ ثَمَانِي أَنْفُسٍ بِالْمَاءِ» (١ بُطْرُس ٣: ١٩ -٢٠).

## مُقدِّمة الطّوفان - الفساد الكُلِّيّ (تَكْوين ٦: ٥ – ٨)

וַיַּרְא יְהוָה כִּי רַבָּה רָעַת הָאָדָם בָּאָרֶץ וְכָל־יֵצֶר מַחְשְׁבֹת לִבּוֹ רַק רַע
כָּל־הַיּוֹם: וַיִּנָּחֶם יְהוָה כִּי־עָשָׂה אֶת־הָאָדָם בָּאָרֶץ וַיִּתְעַצֵּב אֶל־לִבּוֹ:
וַיֹּאמֶר יְהוָה אֶמְחֶה אֶת־הָאָדָם אֲשֶׁר־בָּרָאתִי מֵעַל פְּנֵי הָאֲדָמָה מֵאָדָם
עַד־בְּהֵמָה עַד־רֶמֶשׂ וְעַד־עוֹף הַשָּׁמָיִם כִּי נִחַמְתִּי כִּי עֲשִׂיתִם: וְנֹחַ
מָצָא חֵן בְּעֵינֵי יְהוָה:

ورأى يهوه أنّه قد كثُرَ شرُّ الإنْسَان في الأرضِ. وكُلّ تصوُّرِ أفكارِ قلبِهِ إِنّما هُوَ شرٌّ كُلَّ الْيَوْم. فَنَدِمَ يهوه أَنّه صنعَ الإِنْسَان في الأرضِ، وتأسّف في قلبِه. فقال يهوه «أمحو الإِنْسَان الّذي خلقتُ، من على وَجْه الأديمِ، الإِنْسَان مع البهائمِ والزّحافاتِ وطيورِ السّماوات. لأني ندِمتُ أني صنعتُهُم. وأمّا نُوح فوجدَ تحنّنًا في عينيّ يهوه.

تُظهِر هذه الآيات أنّ الله لا يتصرَّف اعتباطًا كما أنّه لا يتحكّم في الْعَالَم بطريقة استبداديّة! إنّه الرّب الدّيان العادِل وكُلّ دينونته عادِلة وحق. هُنَا نرى تشخيصًا دقيقًا وحقيقيًا لحال الإِنْسَان الّذي تعدّى وصايا الله فشوّهت الخطيّة قلبَه وفكرَه وفِعْلَه. فالآيّة ٥ تقول لنا ما رآه الله، والآيّة ٦ تصف دوافع الله، والآية ٧ تتحدَّث عن الدّينونة.

### أَوَّلًا: ما رأه الله

**ورأى يهوه וַיַּרְא יְהוָה - إنّها** عبارة تصف التدخُّل الإلهيّ (تَكْوين ٦: ١٢، ٢٩: ٣١، خُروج ٢: ٢٥، ٣: ٤، ٤: ٣١)، كما أَنّها تُشِيرُ إلى التقييم الإلهيّ

للحدث أو الحالة. فآخر مَرَّة وَرَدَت فيها هذه العبارة كانت عندما خلق الله الإِنْسَان، حَيْثُ نقرأ «ورأى الله كُلّ مَا عَمِلَه فإذا هُوَ حَسن جدًا» (١: ٣١). أَمَّا الآن فإنَّ الله يرى فقط أنَّ شَرَّ الإِنْسَان قد كثر على الأرض وفسدت الأرض أمام الله، وَامْتَلأَتِ الأَرْضُ ظُلْمًا: «وَرَأَى الله الأَرْضَ فَإِذَا هِيَ قَدْ فَسَدَتْ، إِذْ كان كُلّ بَشَرٍ قَدْ أَفْسَدَ طَرِيقَهُ عَلَى الأَرْضِ» (تَكْوِين ٦: ١١، ١٢)، لكنه يُقيّم الحالة الّتي وصل إليها الإِنْسَان وَهِيَ «قد كَثُرَ شرُّ الإِنْسَان في الأرضِ. وكُلّ تصوُّرِ أفكارِ قلبِهِ إِنَّما هُوَ شرٌّ كُلّ الْيَوْم» ولقد تَكَرَّرتْ في هذا التشخيص الإلهي كلمتا «كُلّ כל» و «شر، רע» مرّتيْن. ومن المُؤكَّد أنَّ عبارات «كُلّ تصوُّرِ» و «كُلّ يوم» و «شرّ الإِنْسَان» و«إنَّما هُوَ شرير»، والتي تُصوِّر الفساد الكامل لقلب الإِنْسَان، هِيَ سبب الطّوفان.

**كُلّ تصوُّرِ أفكار قلبه וְכָל־יֵצֶר מַחְשְׁבֹת לִבּוֹ** إن كُلّ ما في داخل الإنسان قد فسد، الفكر والقلب معًا. إنَّ الْكَلِمة «יֵצֶר، يِتْسِير» والمترجمة «تصوُّر» هِيَ نفس الْكَلِمة المستخدمة في تَكْوِين ٢: ٧، ١٩ «وَجَبَلَ» بمعنى أن يُشَكِّل Form. فكما أنَّ الله كالفخاري أخذ قطعة الطّين وشكّلها وصنع منها إناء كما يحسن في عينيه، هكذا الإِنْسَان هُنَا أصبح يخترع ويتصوّر شرورًا ويصنعها. كان كُلّ ما تصوّره الله وصنعه «حسنًا» أو «حسناً جِدًا». وأَمَّا تصوُّر قلب الإِنْسَان فيصنع كُلّ شر وإثم وفجور وظلم ونجاسة. يُؤَكِّد استخدام كَلِمة «كُلّ» مرّتيْن في هذه الآيَة أنَّ مرض الإِنْسَان لَيْسَ أمرًا عارضًا، لكنه مرض مزمن لم يترك جُزْءا في الإِنْسَان إلا ودَمَّرَهُ. فكُلّ تصوُّر قلب الإِنْسَان هُوَ شرير كُلّ يوم. إِنَّها صُورَة للفساد الكامل للإِنْسَان، وحيْثُ إنَّ القلب من الدّاخل قد فَسَدَ، فمن هذا القلب يخرج كُلّ فكر وتصوُّر شرير. ولقد أكَّدَ الرب يَسُوع هذه الحقيقة عندما قَالَ «لأَنْ مِنَ الْقَلْبِ تَخْرُجُ أَفْكَارٌ شِرِّيرَةٌ قَتْلٌ، زِنىً، فِسْقٌ، سِرْقَةٌ، شَهَادَةُ زُورٍ، تَجْدِيفٌ»

(مَتَّى ١٥: ١٩). وستظهر هذه الحالة من الفساد الكامل بقُوّة في نِهَايَة الزّمان قبل المجيء الثاني للرّب يَسُوع (لُوقَا ١٧: ٢٦- ٢٧، ١٨: ٨، تيموثاوس الثانية ٣: ١- ٥، رُؤْيا ٢٠: ٧ -١٠).

وهنا تقف الرّواية الكتابيّة عن الطّوفان على طرف النقيض مع الأسطورة البابليّة. ففي أسطورة أترهاسس Atrahasis Epic نقرأ أنَّ الطّوفان حدث بعد خلق الإنْسَان ب ١٢٠٠ سنة، وأنَّ سبب الطّوفان هُوَ أنَّ الإنْسَان أصبح مُزعجًا noisy and loud إلى درجة أنَّ الإله «إنليل» أُصِيبَ بالأرق الشّديد. وفي البِدايَة، أرسل «إنليل» جفافًا ومجاعةً لِيُسْكِت الإنْسَان، لكن من دون جدوى. ففكّر أخيرًا في أن يرسل الطّوفان الّذي دمَّر الأرض لكنه أنقذ «اترهاسس» ببناء سفينة.

**ثانيًا: الدوافع الإلهيّة**

شمل رد فعل الله تجاه شر الإنْسَان وإثمه أمرين: الأوّل، هُوَ الشّعور بالألم تجاه الخاطئ والخطيّة، والثّاني هُوَ إعلان لخطته وما سوف يفعله إزاء هذا الشّر. تُسجِّل لنا الآية ٦ كيف أنَّ شرَ الإنْسَان وتصوُّر قلبه الشّرير تسبّب في إحزان قلب الله المُحِب وإيلامه. وهنا نرى التناقض بَيْنَ قلب الإنْسَان الّذي كُلّ تصوُّر فيه كان شرًا وإثمًا، وبين قلب الله الّذي حَزِنَ على ما قد وصل إليه الإنْسَان من فساد.[10]

**فحزن וַיִּנָּחֶם (وَيْنَحِيم) يهوه أَنَّه عَمِلَ עָשָׂה (عَسَاه) الإنْسَان في الأرضِ، وتأسَّف וַיִּתְעַצֵּב (وِيتْعَتسيب) في قلبِه» - وهذه الأفعال الثّلاثة المترجمة إلى «حَزِنَ» و«عَمِلَ» و«تأسّف» هِيَ نفسها صدى refliction لكلمات لامك أبي نُوح عندما وُلِدَ ابنه نُوح فقال «هذَا يُعزّينَا عَنْ عَمَلِنَا وَتَعَبِ

10 Allen Ross, *Creation & Blessing, 184.*

أَيْدِينَـا مِـنْ قِبَـلِ الأَرْضِ الّـتي لَعَنَهَـا الـرّبُّ» (تَكْوِيـن ٥: ٢٩). وتُعـدُّ كلمـات لامـك أَيْضًـا صـدى لكلمـات اللعنـة الّـتي أعلنهـا الـرّب مـع سـقوط آدَم وحَـوَّاء. إذ دخـل التعـب والألـم إلى الْعَالَـم بالخطيّـة. لكـن كَـسْر الإِنْسَـان لوصيّـة الله لـم تسِـفر عـن ألـم للإِنْسَـان فقـط، بـل تألّـم وتنهّـد الله نفسـه في قلبـه نتيجـة لهـذا الـشّر.

**וַיִּנָּחֶם יְהוָה فحـزن الـرّب** - ولقـد تَكـرَّرتْ نفـس العبـارة في الآيَـة ٧. إنَّ الأصـل الْعِـبْرِيّ المشـتقة منـه الْكَلِمـة المترجمـة إلى «حَـزِنَ» هُـوَ «נָחַם، نَهـم» وهـو يعـني «نَفَسًـا عميقًـا» أو «تنهُّـدًا»، وهـو يُشِـيرُ إلى مشـاعر الحـزن أو العزاء أو الألـم النّفسـي العميـق (تَكْوِيـن ٦: ٦). وعندمـا يَقُـولُ الْكِتَـاب الْمُقـدَّس إنَّ يهـوه حَـزِنَ، فـلا يعـني هـذا أَنَّـه غَـيّرَ رأيـه أو حـدث تغيُّر في طبيعتـه الأدبيّـة. فالـرّوح القـدس يسـتخدم صِفـةً بشريّـة ليُعـبِّر بهـا عـن موقـف الله مـن خطيّـة الإِنْسَـان ومـن شَرِّهِ.[١١] لقـد تغـيّرت مشـاعر الله نحـو الإِنْسَـان الّذي خَلَقَـه وأبـدع في خَلْقـه نتيجـة تغـيُّر الإِنْسَـان وتحـوُّله مـن حالـة «حسـن جـدًا» إلى حالـة القُبـح والـشّر والإثـم. فـالله لا يكـذب، كمـا أَنَّـه لَيْسَ إِنْسَـانا فينـدم (صموئيـل الأول ١٥: ٢٩). إننـا كثيرًا مـا نجـد في نفـس القرينـة الّـتي تُذْكَـر فيهـا عبـارة «حَـزِنَ الله» تأكيـدًا حازمًـا بعـدم حـدوث أيّ تغيُّر في خطـة الله ومقاصـده. فـلا يلـغي إدراكنـا لمشـاعر الله حقيقـة عـدم تغيير مقاصـده وصفاتـه. فعندمـا يتحـدّث الْكِتَـاب الْمُقـدَّس بأسـلوب مجازيّ عـن

١١ يَقُـولُ سـارنا إنَّ وصـف الله بصفـات Anthropopathism, or the ascription to God human emotions إِنْسَـانيّة نتـج عـن إن الله العـالي والمتسـامي transcendent هُـوَ نفسـه الإله القريـب immanent فمـن ناحيّـة هُـوَ عالٍ متسـامٍ منفصـل عـن الطّبيعـة والمخلُوقَـات، كلي القُـدْرَة والمعرفـة والعلـم والوجـود، لا يحـده مـكان ولا زمـان. وَهُـوَ مـن ناحيّـة اخـري قريـب مـن الْعَالَـم والإِنْسَـان والمخلُوقَـات، ويهتـم ويعتـني بخليقتـه ويقيـم علاقـة وعهـد بالإِنْسَـان المخلـوق، ويتدخـل في حياتـه وأمـوره ويتجـاوب مـع احتياجاتـه. وقـرب الله وتفاعلـه مـع الإِنْسَـان أمـر احتـاج إلى أن يترجـم بلغـة يفهمهـا الإِنْسَـان ويدركهـا. ولهـذا وصـف الْكِتَـاب الْمُقـدَّس الله بأوصـاف شـخص له أحشـاء ويـد وقلـب وفكـر وعين...الـخ. غـير ان الْكِتَـاب الْمُقـدَّس في نفـس الوقـت يُؤَكِّـد أن الله لَيْسَ «إِنْسَـانا فيكـذب، ولا أبـن إِنْسَـان فينـدم» (عـدد ٢٣: ١٩) «لا يكـذب ولا ينـدم، لأنَّـه لَيْـسَ إِنْسَـانا لينـدم»(١ صموئيـل ١٥: ٢٩) (Sarna, *Genesis*, 47).

مشاعر الله كالغضب والحزن أو النّدم، يكون الغرض هُوَ توضيح بُعْدٍ ما في علاقة الله بالإنْسَان. ولهذا فلا ينبغي أن نعتقد ولو للحظة واحدة أنَّ مشاعر الله ومشاعر الإنْسَان متشابهتان. فالله لا يحزن كما يحزن الإنْسَان ولا يغضب كما يغضب الإنْسَان. فاستخدام الوحي الإلهيّ لهذه اللغة في الحديث عن الله يُؤَكِّد لنا أَنَّه شخص عاقل مُفكِّر ومُحِبٌّ وليس شخصًا جامِدًا.

إنَّ حُزْنَ الله ونَدَمَه في تَكْوِين ٦: ٦ «فنَدِمَ يهوه أَنَّه صنعَ الإنْسَان في الأرضِ، وتأسّف في قلبِه» هو بمثابة رد فعله الصّحيح إزاء فساد الإنْسَان وشَرّهِ وكيف أن الإنْسَان والأرض قد فسدا. وبطبيعة الحال، فإنَّ هذا لا يدُلّ من قريب أو من بعيد على أيّ تغيير في خطة الله ومقاصده أو في صفاته أو طبيعته. لكن الله في نفس الوقت لَيْسَ بالشّخص الجامد المتحجِّر الّذي لا يتجاوب مع الخير أو الشّر الّذي نفعله. فاستجابة الله لاستمرارنا في الخطيّة يختلف عن استجابته لنا عندما نتوب ونرجع إليه.

## ثالثاً: دينونة الله

أَمَّا بخصوص خطة الله نحو شر الإنْسَان فنجده يَقُولُ «أمحو (אֶמְחֶה، إمحِيه) الإنْسَان الّذي خلقتُهُ»[١٢]، أيّ إزالة كاملة (خُروج ٣٢: ٣٢ ٣٣، ٢ ملوك ٢١: ١٣). سيزيل الله الإنْسَان الّذي هُوَ مصدر المشكلة كلها. فالرّب الّذي خلق الإنْسَان وأمره بأن يتسلّط على سمك البحر وعلى طير السّماء وعلى كُلّ حيوان يدبُ على الأرض سوف يمحو الإنسانَ ومعه البهائم والدبابات وطيور السّماء (تَكْوِين ١: ٢٨، ٦: ٧).[١٣] أصبحت كُل الخُلِيقة الّتي قَالَ عنها

١٢ مع أن الْفِعْل «محا» يعني إزالة أو محوًا، إلا أَنّه استخدم أَيْضًا ليشير إيجابًا كمصطلح عام إلى غفران الخطايا (إشعياء ٤٣ ٢٥ و ٤٤ ٢٢ و إرميا ١٨ - ٢٣ و مزمور ٥١ ٣ و ١١) فالله لا يمحو فقط الإنْسَان الخاطئ لكنه يمحو الخطيّة

13 Mathews, Kenneth A. *Genesis 1-11:2,* 230.

الـرّب - بعـد أن خَلَـقَ الإِنْسَـان - أَنَّهـا «حسـن جـدًا» (١: ٣١) في وَضْـع لا يمكـن إصلاحهـا، وأصبحـت كُلّ الإِنْسَـانيّة، بسـبب الخطيّـة والـشّر، تحت حكـم الدّينونـة. فلعنـة الله لـلأرض «الأديـم» بسـبب خطيّـة الإِنْسَـان (٣: ١٧ -١٩) امتـدت لتشـمل كُلّ المخلُوقَـات. فـالأرض كُلّهـا فسـدت، والحـل الوحيـد هُـوَ محوهـا ومَحْـو كُلّ مَـنْ عليهـا ليبـدأ الله مـن جديـد.

**لأني نَدِمـتُ أني صنعتُهُـم** تعكـس عبـارة الله الأخـيرة هُنَـا مـا قَـالَه في الآيَـة ٦، لتؤكِّـدَ حُـزْن الله على خليقتـه. يَقُـولُ سـارنا «إنَّ القـرار بِمَحْـو الإِنْسَـان قـرار اتّخـذه الـرّب في حُزْنـه وليـس في غضبـه، فقـراره بدينونـة الإِنْسَـان والأرض وكُلّ مـا عليهـا هُـوَ قـرارٌ عادل يتناسـب مـع قداسـته وبِـرّهِ».[١٤]

**وأمّـا نُـوح فوجـدَ نعمـة في عيـنيّ يهـوه** **וְנֹחַ מָצָא חֵן בְּעֵינֵי יְהוָה** لقـد تحوّلَـت عينـا الـرّب مـن النّظـر إلى الأرض والبشريّـة الّـتي فسـدت جميعًـا (تَكْوِيـن ٦: ٥)، إلى النّظـر صَـوْبَ إِنْسَـان واحـد مـن الإِنْسَـانيّة، وهـو نُـوح ليَقُـولُ الـوحي «وأَمّـا نُـوح فوجـد نعمـة في عيـني الـرّب». وهنـا يقـف نُـوح على النّقيـض مـن الإِنْسَـانيّة كلهـا، كمـا يـأتي هـذا التقريـر الإلـهيّ عـن نُـوح في نِهَايَـة سلسـلة نسـل آدم. ولهـذا يعـد نُـوح بِدَايـة جديـدة. غالبًـا مـا تـأتي كَلِمة «حِـنْ» وتُتَرجَـم إلى «نعمـة»، مـع العبـارة «وَجَـدَ نعمـة في عيـني...» (تَكْوِيـن ١٨: ٣، ٣٠: ٢٧، ٣٢: ٦، ٣٣: ٨، ١٠، ١٥، ٤٧: ٢٩). إِنَّهـا نعمـة الله الّـتي لا تُبْـنَى على اسـتحاق الإِنْسَـان، النّعمـة الّـتي تختـاره وتُخْرِجَـهُ مـن دائـرة الدّينونـة للحيـاة، فـلا إنقـاذ لأحـد مـن الدّينونـة بعيـدًا عـن نعمـة الله.

14. Sarna, *Genesis*, 47.

## مواليد نُوح (٦: ٩ -١٠)

אֵלֶּה תּוֹלְדֹת נֹחַ נֹחַ אִישׁ צַדִּיק תָּמִים הָיָה בְּדֹרֹתָיו אֶת־הָאֱלֹהִים
הִתְהַלֶּךְ־נֹחַ: וַיּוֹלֶד נֹחַ שְׁלֹשָׁה בָנִים אֶת־שֵׁם אֶת־חָם וְאֶת־יָפֶת:

هـذه مَواليـدُ نُـوح كان نُـوح رجـلًا بـارًا كامـلًا في بـني جيلـهِ. مـع إلوهيـم سـارَ نُـوح. وأنجـبَ نُـوح ثلاثـةَ بنـينَ شِـم وحـام ويافـث.

تتكّـون العبـارات الثّـلاث الّـتي تصـف لنـا نُـوح في الآيَـة ٩ «**كان نُـوح رجـلًا بـارًا كامـلًا في أجيـاله. وسـار نُـوح مـع الله**» في اللغـة الْعِبْرِيّـة مـن عـشر كلمـات. ومـن المعـروف أَيْضًـا أَنَّ نُوحـا يُعَـدُّ الرّقـم ١٠ من آدَم بحسـب سلسـلة النّسـل في تَكْوِيـن ٥: ١ ٣٢.

**هــذه مَواليــدُ نُــوح אֵלֶּה תּוֹלְדֹת נֹחַ** - هُنَــا يُقــدِّم لنــا الــوحي الإلــهيّ شـخص نُـوح البـار وأسرتـه. فمـع أنَّ مواليـد (تـولادوت) نُـوح تُعـدُّ جُـزْءا من مواليـد آدَم، إلا أنَّ الْكَاتِـب تناولهـا باسـتفاضة لارتباطهـا بالطّوفـان (تَكْوِيـن ٦: ٩ ٩ ٢٧). كمـا يُعـدُّ نُـوح آدَم الْجَدِيـد الّذي سـيبدأ الـرّب معـه بِدَايـة جديـدة في علاقتـه بالإِنْسَـان والْخَلِيقـة. وهنـا يقـف نُـوح وأسرتـه مقابـل البشريّـة الفاسـدة والأرض الّـتي فسـدت (٦: ١١ ١٢). وسنرى نتائـج هـذا الإختـلاف الكبـير بَـيْنَ نُـوح والبشريّـة. فالبـشر والأرض وكُلّ مَـنْ عليهـا سـيُمحون بالطّوفـان. وأَمّـا نُـوح وأسرتـه فالخـلاص والإنقـاذ كان مـن نصيبهـم.

**كان نُـوح رجـلًا بـارًا كامـلًا נֹחַ אִישׁ צַדִּיק תָּמִים** - إنَّ مـا يُمَيّز نُوحـا عن كُلّ بـني جيلـه هُـوَ أنّـه كان رجـلًا بـارًا وكامـلًا، هـذه التقـوى والكمـال تكلّم

عنهـا الـرّب وشـهد لهـا في إشـعياء ٥٤: ٩ -١٠ «لأَنَّـهُ كَمِيَـاهِ نُـوحٍ هـذِهِ لِي. كَمَـا حَلَفْـتُ أَنْ لاَ تَعْـبُرَ بَعْـدُ مِيَـاهُ نُـوحٍ عَلَى الأَرْضِ، هكَـذَا حَلَفْـتُ أَنْ لاَ أَغْضَـبَ عَلَيْـكِ وَلاَ أَزْجُـرَكِ. فَـإِنَّ الْجِبَـالَ تَـزُولُ، وَالآكَامَ تَتَزَعْـزَعُ، أَمَّـا إِحْسَـانِي فَـلاَ يَـزُولُ عَنْـكِ، وَعَهْـدُ سَـلاَمِي لاَ يَتَزَعْـزَعُ، قَـالَ رَاحِمُـكِ الـرَّبُّ»، كمـا يقـول الـرب على لسـان حزقيـال النـبي «وإِكَانَ فِيهَـا هـؤُلاَءِ الرِّجَـالُ الثَّلاَثَـةُ: نُـوحٌ وَدَانِيـآلُ وَأَيُّـوبُ، فَإِنَّهُـمْ إِنَّمَـا يُخَلِّصُـونَ أَنْفُسَـهُمْ بِبِرِّهِـمْ، يَقُـولُ السَّـيِّدُ الـرَّبّ (١٤: ١٤). العهـد الجَدِيـد يضـع نُوحـا ضِمـن سـحابة الشّـهود الّذيـن شُـهِدَ لهـم عـن إيمانهـم «بِالإِيمَـانِ نُـوحٌ لَمَّـا أُوحِيَ إِلَيْـهِ عَـنْ أُمُـورٍ لَـمْ تُـرَ بَعْـدُ خَـافَ، فَبَـنَى فُلْـكًا لِخَـلاَصِ بَيْتِـهِ، فَبِـهِ دَانَ الْعَالَـمَ، وَصَـارَ وَارِثًـا لِلْـبِرِّ الَّذِي حَسَـبَ الإِيمَـانِ» (عبرانيّـين ١١: ٧، أنظـر ايضًـا بُطْـرُس الاولى ٣: ٢٠). ولهـذا اسـتحق نُـوح لقـب «كارزًا للـبرّ» (بُطْـرُس الثانيـة ٢: ٥).

كَلِمـة «بـارًا צַדִּיק، صَدّيـق» هي كلمـة شـائعة الاسـتخدام في الْعَهْـد الْقَدِيم، فقـد وردت أكـثر مـن ٢٠٦ مَـرَّة، أغلبهـا في سِـفْري المزامـير والأمثـال، وغالبـاً مـا تكـون نقيضًـا لكلمـة «شريـر»[١٥]. لقـد كان نُـوح رجـلًا بـارًا، أيّ في علاقـة صحيحـة بـالله والنّـاس. فمـن وجهـة نَظَـر قضائيّـة، فـإنَّ كَلِمـة «البـار» تعـني الـبريء « ابْتَعِـدْ عَـنْ كَلاَمِ الْكَـذِبِ، وَلاَ تَقْتُـلِ الْـبَرِيءَ وَالْبَـارَّ، لأَنِّي لاَ أُبَـرِّرُ الْمُذْنِـبَ» (خُـروج ٢٣: ٧) «إِذَا كَانَـتْ خُصُومَـةٌ بَـيْنَ أُنَـاسٍ وَتَقَدَّمُـوا إِلَى الْقَضَاءِ لِيَقْـضِيَ الْقُضَـاةُ بَيْنَهُـمْ، فَلْيُـبَرِّرُوا الْبَـارَّ وَيَحْكُمُـوا عَلَى الْمُذْنِـبِ» (تَثْنِيَـة ٢٥: ١). فالشّـخص البـار هُـوَ الّذي يحفـظ ويسـلك بالقانـون الأخـلاقيّ. البـار هُـوَ الشّـخص الّذي يرفـض الخطيّـة ويتجنّبهـا، وهـو في نفـس الوقـت يفعـل الـبِرّ والصّـلاح. ولهـذا يَقُـولُ حزقيـال واصفًـا الرّجـل البـار «وَالإِنْسَـان الّذي كان

15 Brown, F., Driver, S. R., & Briggs, C. A. (1977). *Enhanced Brown-Driver-Briggs Hebrew and English Lexicon*, 843.; *Gesenius' Hebrew and Chaldee lexicon to the Old Testament Scriptures* (pp. 701–702). Bellingham, WA Logos Bible Software.

بَـارًّا وَفَعَـلَ حقًّـا وَعَدْلًا، لَـمْ يَـأْكُلْ عَلَى الْجِبَـالِ وَلَـمْ يَرْفَـعْ عَيْنَيْـهِ إِلَى أَصْنَـامِ بَيْـتِ إِسْرَائِيـلَ، وَلَـمْ يُنَجِّـسِ امْـرَأَةَ قَرِيبِـهِ، وَلَـمْ يَقْـرُبِ امْـرَأَةً طَامِثًـا، وَلَـمْ يَظْلِـمْ إِنْسَـانا، بَـلْ رَدَّ لِلْمَدْيُـونِ رَهْنَـهُ، وَلَـمْ يَغْتَصِـبِ اغْتِصَابًـا بَـلْ بَـذَلَ خُـبْزَهُ لِلْجَـوْعَانِ، وَكَسَـا الْعُرْيَـانَ ثَوْبًـا، وَلَـمْ يُعْـطِ بِالرِّبَـا، وَلَـمْ يَأْخُـذْ مُرَابَحَـةً، وَكَـفَّ يَـدَهُ عَـنِ الْجَـوْرِ، وَأَجْـرَى الْعَـدْلَ الْحَـقَّ بَـيْنَ الإِنْسَـان وَالإِنْسَـان، وَسَـلَكَ فِي فَرَائِـضِي وَحَفِـظَ أَحْـكَامِي لِيَعْمَـلَ بِالْحَقِّ فَهُـوَ بَـارٌّ. حَيَـاةً يَحْيَـا، يَقُـولُ السَّـيِّدُ الـرَّبُّ» (حزقيـال ١٨: ٥ -٩). أَمَّـا الوصـف الثّـاني لنُـوح فَهُـوَ «**كامـل، תָּמִים، تَميـم**». فقـد وَرَدَ في الْعَهْـد الْقَدِيـم ٩١ مَـرَّة، وهـو مـن ناحيّـة يعـني «بـلا عيب» «يَـا رَبُّ، مَـنْ يَـنْزِلُ فِي مَسْـكَنِكَ؟ مَـنْ يَسْـكُنُ فِي جَبَـلِ قُدْسِـكَ؟ ٢ السَّـالِكُ بِالْكَمَـالِ، وَالْعَامِـلُ الْحَـقَّ، وَالْمُتَكَلِّـمُ بِالصِّـدْقِ فِي قَلْبِـهِ» (مزمـور ١٥: ١-٢).[١٦] والإِنْسَـان الكامـل الّذي لا يُوجَـد فيـه عيـب هُـوَ فقـط الذّى يُقِيـم في موضـع قُـدس الـرّب، وهـو الإِنْسَـان الّذي لا يُوجَـد في حياتـه إثـم ويسـلك في نامـوس الـرّب، مثـل أيـوب (أيـوب ١٢: ٤)، وإِبْرَاهِيـم (تَـكْوِيـن ١٧: ١) وكُلّ إِسْرَائِيـل (تَثْنِيَـة ١٨: ١٢). كمـا أنَّ التعبـير «كامـل» يصـف الإِنْسَـان الّذي يسـلك في علاقـة وطيـدة بـالله، ولهـذا تحُـثّ كَلِمـةُ الـرّب المؤمنـين على حيـاة التقـوى والبِرّ.[١٧]

**وسـار نُـوح مـع الله אֶת־הָאֱלֹהִים הִתְהַלֶּךְ־נֹחַ** - إنَّ هـذه العبـارة الّـتي تلخّـص لنـا حيـاة نُـوح تضـع نُوحـا نفسـه في نفـس مسـتوى أَخْنُـوخ الّذي سـار مـع الله (تَـكْوِيـن ٥: ٢٢، ٢٤). ونُـوح هُـوَ الشّـخص الوحيـد مـع أَخْنُـوخ الّذي يصفـه الْكِتَـاب الْمُقـدَّس بعبـارة «سـار مـع الله». أَمَّـا إِبْرَاهِيـم والملـوك الأتقيـاء فقـد وصفتهـم كَلِمـة الـرّب بأنَّهـم «سـاروا أمـام الله» (تَـكْوِيـن ١٧: ١،

16 Koehler, L., Baumgartner, W., Richardson, M. E. J., & Stamm, J. J. *The Hebrew and Aramaic lexicon of the Old Testament*, 1748.

17 Gordon. J. Wenham, *Genesis 1–15*, 170.

٤٨: ١٥، ٢ ملوك ٢٠: ٣). والسّير مع الله هُوَ قمة العلاقة بالله. فنُوح، كَوْنه بارًا، عاش حياة بلا عيب، ولهذا كان يعيش على الأرض كأنَّه يعيش في السّماء سائرًا مع الله.

**سام وحام ويافِث שֵׁם חָם יֶפֶת** - فكما أنَّ آدَم أنجب ثلاثة بنين، هُمْ قَايين وهَابِيل وشيث (تَكْوِين ٤: ١، ٢٥)، وأنجب لامك يابال ويوبال وتوبال (تَكْوِين ٤: ٢٠ ٢١)، أنجب تارح أَيْضًا أبرام وناحور وهاران (تَكْوِين ١١: ٢٦)، وأنجب نُوح سامًا وحامًا ويافث. يَقُولُ وينهام Wenham «إنَّ الغرض من ذِكْر نُوح الّذي أنجب ثلاثة بنين هُوَ أن يرى القارئ ذلِكَ الارتباط بَيْنَ نُوح وآدَم وتارح الّذين يعد كُلّ منهم بِدَاية مرحلة جديدة في تاريخ الفداء».[18] فكما كان آدَم وأبناؤه وسيلة التكاثر، لِذلِكَ سوف تمتلئ الأرض مَرَّة ثانيّة - من خلال نُوح وأولادة الثّلاثة - من الجنس البشريّ (تَكْوِين ٩: ٢٦-٢٧، ١١: ١٠-٢٦).

18 Ibid., 170.

## فساد الأرض (تَكْوِين ٦ ١١ – ١٣)

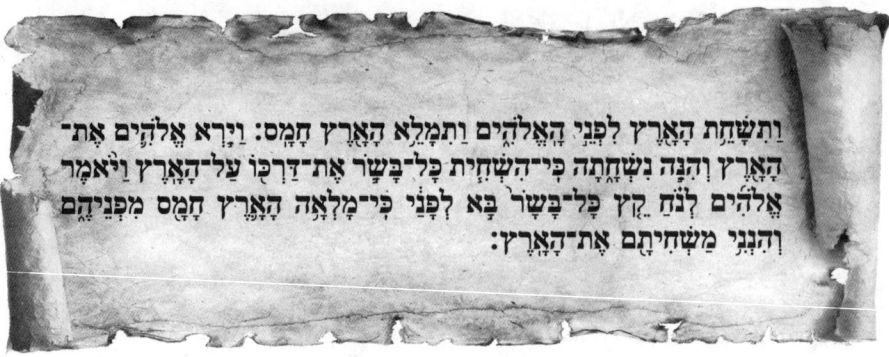

وفسِدَت الأرضُ أمام إلوهيم وامتلأَتِ الأرضُ عنفًا. ورأى إلوهيم الأرضَ فإذا هِيَ قد فسِدَت. لأنَّ كُلّ بشرٍ قد أفسَدَ طريقَهُ عليها. فقال إلوهيم لنُوح «نِهَايَة كُلّ بشرٍ أتت أمامي. فقد امتلأت الأرضُ عنفًا بسببِهِم. وها أنا مُهلكهم مع الأرضِ

تتناول هذه الفقرة السّبب الّذي من أجله يرسل الله الدّينونة على الأرض وعلى كُلّ مَنْ عليها. وهذا السّبب هُوَ فسادها وسيطرة العنف عليها (تَكْوِين ٦:٦ -٧). ولتأكيد حقيقة فساد الأرض، تتكرّر الكلمتان «فساد» و «أرض» ثلاث مَرّات في الآيتيْن ١١ و ١٢، كما أنَّ الْفِعْل «שָׁחַת، فَسدَ» وَرَدَ سبع مَرّات في كُلّ قِصّة الطّوفان، وكأنَّ الله يريد من تكرار هذه الحقيقة سبع مَرّات أن يَقُولُ إنَّ الفساد لم يكن فسادًا جُزْئيًا بل كان فسادًا كاملًا شَمِلَ كُلّ جوانب الحياة في الأرض.[١٩] وقد ظهر هذا الفساد في عنف الإنْسَان تجاه أخيه الإنْسَان. فالكلمة المترجمة «ظُلْمًا» هِيَ «חָמָס، حَمَاس»، وَهِيَ تُشِيرُ إلى التعامل القاسي والخالي من الرّحمة (تَكْوِين ١٦: ٥، خُروج ٢٣: ١، ميخا ٦: ١٢). ويتضمّن هذا التعامُل الضّرر الجسديّ حتى القتل (تَكْوِين ٤٩: ٥، قضاة ٩: ٢٤). وَهِيَ تُشِيرُ إلى القتل بدم بارد دون اعتبار لأيّ حقوق للإنْسَان، هذا القتل المدفوع بالطّمع والجشع

19 Koehler, L., Baumgartner, W., Richardson, M. E. J., & Stamm, J. J. *The Hebrew and Aramaic lexicon of the Old Testament*, 1469–1470.

والكراهيّة.[20] فالإِنْسَان الّذي باركه الرّب وَقَالَ له «أثمروا وأُكثروا واملأوا الأرض» قد ملأ الأرض فِعلًا لكنه ملأها عُنْفًا وقتلًا وظلمًا. لقد تلوّثت الأرض بالدّماء، دماء الأبرياء، بسبب العنف، ما جعل من حضور الله وسط شعبه أمرًا مستحيلًا «فَتَنَجَّسَتِ الأَرْضُ. فَأَجْتَزِي ذَنْبَهَا مِنْهَا، فَتَقْذِفُ الأَرْضُ سُكَّانَهَا...وَلاَ تَعْمَلُونَ شَيْئًا مِنْ جَمِيعِ هذِهِ الرَّجَسَاتِ، ...لأَنَّ جَمِيعَ هذِهِ الرَّجَسَاتِ قَدْ عَمِلَهَا أَهْلُ الأَرْضِ الَّذِينَ قَبْلَكُمْ فَتَنَجَّسَتِ الأَرْضُ. فَلاَ تَقْذِفُكُمُ الأَرْضُ بِتَنْجِيسِكُمْ إِيَّاهَا كَمَا قَذَفَتِ الشُّعُوبَ الَّتِي قَبْلَكُمْ.»(لاويّين ١٨: ٢٥-٢٨ و إرميا ٢: ٧). ولكي يُحِد الله من عنف الإِنْسَان تجاه أخيه الإِنْسَان، شرّع الله بعد الطّوفان أنَّ سافك دم الإِنْسَان بالإِنْسَان يُسْفَك دمه (تَكْوِين ٩: ٦).

**ورأى إلوهيم וַיַּרְא אֱלֹהִים** - إنَّ آخر مَرَّة وردت فيها هذه العبارة كانت في تَكْوِين ١: ٣١ بعد ما خلق الله الإِنْسَان وباركه «وَرَأَى اللهُ كُلَّ مَا عَمِلَهُ فَإِذَا هُوَ حَسَنٌ جِدًّا». لكن الإِنْسَان بكل أسف - قد فسد وأفسد معه الأرض، ولهذا نجد تقييم الله للوضع الحالي تقييمًا مؤلمًا ومُحْزِنًا جدًا، حَيْثُ يَقُولُ كَاتِب سِفْر التَّكْوِين «ورأى إلوهيم الأرضَ فإذا هِيَ قد فسدت. إذ كان كُلّ بشر قد أفسد طريقه على الأرض» (تَكْوِين ٦: ١٢).

**كُلّ بشر כָּל־בָּשָׂר** - يرى معظم الْمُفسّرين أن هذه العبارة تُشِيرُ إلى كُلّ البشر وكُلّ الحيوانات (تَكْوِين ٦: ١٩، ٧: ١٦، ٨: ١٧، ٩: ١١، ١٥-١٧)،[21] لأنَّ عَهْد الله مع نُوح بعد الطّوفان شمل الإِنْسَان والحيوان معًا.

**وَقَالَ الله וַיֹּאמֶר אֱלֹהִים** - هُنَا يقف إلوهيم منفردًا ومُخْتَلِفا كليًا عن آلهة بابل في قِصّة الطّوفان. فبينما يُخْفِي آلهة بابل الأمر عن البشر

20 *Theological Handwörterbuch zum Alten Testament*, ed. E. Jenni and C. Westermann or G. Botterweck and H. Ringgren (4, 482)

21 Waltke, Bruce K. *Genesis: A Commentary*, 134; and Wenham, Genesis *1–15*, 171.

حتى يُبِيدوا الكل،"[٢٢] يأتي هُنَا إلوهيم ويُخبِر نُوحا بما هُوَ فاعل. ولا نرى علاقة الله بالإِنْسَان هذه في حياة نُوح فقط، بل في حياة إِبْراهِيم وغيره من القديسين. فإِبْراهِيم لُقِّبَ بـ «خليل الله» (تَكْوِين ١٨: ١٧، ٢ أخبار الأيام ٢٠: ٧، مزمور ٢٥: ١٤، إشعياء ٤١: ٨). أَمَّا علاقة الرّب بالمؤمنين في الْعَهْد الْجَدِيد فقد تخطّت علاقته بهم في الْعَهْد الْقَدِيم. إذ يدعونا الرّب ويعاملنا لا كعبيد بل كأبناء (يُوحَنَّا ١٥: ١٥).

كان كلام إلوهيم إلى نُوح واضِحًا ومُباشرًا إلى درجة أن نُوح لم يَشُك في أمر الله ولو للحظة. لقد تحدّث إلوهيم مع نُوح سبع مَرّات (٦: ١٣، ٢١، ٧: ١- ٤، ٨: ١٥ ١٧، ٩: ١- ٧). وفي كُلّ هذه المرات السّبع لا نسمع صوت نُوح، فقد كان نُوح صامتًا مستمعًا ومطيعًا لأمر الرّب. فعندما أخبره الله عن هلاك الأرض، لم يتكلّم. وعندما أخبره عن بناء الفلك وكُلّ العمل المطلوب منه لم يتكلّم أو حتى يتحاور، كما فعل إِبْراهِيم مع الله في تَكْوِين ١٩. وفي هذا يَقُولُ هاملتون Hamilton «كان نُوح في صمته مثل إِبْراهِيم في رحلته إلى جبل المُرَيّا».[٢٣]

**نِهَايَة קֵץ، قِيص** إن الوقت المُعَيّن من قِبَل الله للدينونة، هُوَ بمنزلة انتهاء واكتمال لفترة مُعيَّنة (حبقوق ٢: ٣، مزمور ٣٩: ٥، أيوب ٦: ١١). هُنَا تُشِيرُ كَلِمة «النِهايَة» إلى حكم الْمَوْت ومجيء الطّوفان «فَقَالَ: «مَاذَا أَنْتَ رَاءٍ يَا عَامُوسُ؟» فَقُلْتُ: «سَلَّةً لِلْقِطَافِ». فَقَالَ لِي الرَّبُّ: «قَدْ أَتَتِ النِّهَايَةُ عَلَى شَعْبِي إِسْرَائِيلَ. لاَ أَعُودُ أَصْفَحُ لَهُ بَعْدُ» (عاموس ٨: ٢) ويقول إرميا النبي «قَرُبَتْ نِهَايَتُنَا. كَمُلَتْ أَيَّامُنَا لأَنَّ نِهَايَتَنَا قَدْ أَتَتْ» (مراثي ٤: ١٨).[٢٤]

22 James B. Pritchard, *The Ancient Near East in Pictures Relating to the Old Testament* (Princeton: Princeton University Press, 1974), 95 lines 170-187.

23 Victor Hamilton, "*The Book of Genesis Chapters 1-17,* 280.

24 Nahum M. Sarna, *Genesis*, 51.

**مهلكهم מַשְׁחִיתָם**، مَاشـحِيتام – الْكَلِمة الْعِبْرِيّة المترجمة في الآية «مُهْلِكُهُم»، يمكن أيضًا ترجمتها «مُفْسِدُهُم»، وكأَنَّ اللّه يَقُولُ إنَّ الفساد يأتي بالهلاك. فالإِنْسَان لا يستطيع أن يستمر في فساده من دون عقاب وهلاك. فالخطيّة إذا كَمُلَتْ تُنْتِجُ موتًا (يَعْقُوب ١: ١٥). فالمجتمع الّذي يفسد إِنَّما يسير نحو هلاكه، وهذا ما يُؤَكِّده لنا التاريخُ البشريُّ كُلُّه. فقد يتمهّل اللّه، لكن إمهاله لَيْسَ تغاضيًا عن الخطيّة، بل هُوَ في رحمته ونعمته يعطي الإِنْسَان فُرْصة للتوبة وللرجوع. لقد منح اللّه النّاس أيام نُوح ١٢٠ سنة للتوبة وللرجوع، ولِذلِكَ منح شعوب كنعان الّتي أمر الرّب بإبادتها أكثر من ٦٠٠ سنة لتتوب وتعود إلى البِرّ، لكن دون جدوى. حتى تاريخ شعب الرّب نفسه يُؤَكِّد هذه الحقيقة. فَرَفْضِهم لسماع صوت الرّب جَلَبَ عليهم السّبي والخراب.

**مع الأرض אֶת־הָאָרֶץ** فهِمَ مُعَلِمو اليَهُود أَنَّ هذه العبارة تُشِيرُ إلى القشرة العليا للأرض، وكأَنَّ الطّوفان يُزيل التلوُّث من الأرض ويغسلها ويطهِّرها. فالأرض الّتي تلوّثت بالدّماء وامتلأت بالظّلم والعنف والطّمع تحتاج إلى أن تغتسل من هذا التلوُّث، ولهذا فاللّه سوف يمحو ويُهْلِك الإِنْسَان ويغسل الأرض من نجاستها.

## الاستعداد للطوفان (تَكْوِين ٦: ١٣ - ١٧)

עֲשֵׂה לְךָ תֵּבַת עֲצֵי־גֹפֶר קִנִּים תַּעֲשֶׂה אֶת־הַתֵּבָה וְכָפַרְתָּ אֹתָהּ מִבַּיִת
וּמִחוּץ בַּכֹּפֶר: וְזֶה אֲשֶׁר תַּעֲשֶׂה אֹתָהּ שְׁלֹשׁ מֵאוֹת אַמָּה אֹרֶךְ הַתֵּבָה
חֲמִשִּׁים אַמָּה רָחְבָּהּ וּשְׁלֹשִׁים אַמָּה קוֹמָתָהּ: צֹהַר תַּעֲשֶׂה לַתֵּבָה
וְאֶל־אַמָּה תְּכַלֶּנָּה מִלְמַעְלָה וּפֶתַח הַתֵּבָה בְּצִדָּהּ תָּשִׂים תַּחְתִּיִּם שְׁנִיִּם
וּשְׁלִשִׁים תַּעֲשֶׂהָ: וַאֲנִי הִנְנִי מֵבִיא אֶת־הַמַּבּוּל מַיִם עַל־הָאָרֶץ לְשַׁחֵת
כָּל־בָּשָׂר אֲשֶׁר־בּוֹ רוּחַ חַיִּים מִתַּחַת הַשָּׁמָיִם כֹּל אֲשֶׁר־בָּאָרֶץ יִגְוָע:

اصنعْ لك تابوت من خشبِ جُفرٍ. مساكِنَ تصنعُ التابوت. وتطليهِ مِن داخِل ومِن خارجٍ
بقارٍ. هكذا تصنعهُ. ثلاثُ مئةِ ذراعٍ طولُ التابوت، وخمسينَ ذراعًا عرضُهُ، وثلاثينَ ذراعًا
ارتفاعُهُ. نافذةً تصنعُ للتابوتِ يكون بينها وبين السّقفِ ذراعٌ واحدةٌ. وبوابةُ التابوتِ بجانبهِ.
مواضِعَ سفليّةٍ وثانيّةٍ وثالثةً تصنعُهُ. وأنا. ها إني جالبُ الطوفانَ مياهًا على الأرض لإفسادِ كلِّ
جسدٍ فيه نسمةُ حياةٍ تحت السّماوات. كلُّ الّذي في الأرض يَهْلِكُ.

تُعَدّ هذه الفقرة مُهِمّـة جدًّا لأنَّهـا تُقـدِّم لنا الإرشـادات الّتي أعطاها
الله لنُوح بخصوص بناء الفلك ومَنْ يدخل فيه، سواء أكانـوا من البشر
أم من الحيوانـات والطّيـور ليحتمى ويَخْلُص من الطّوفـان. ويُمثِّـل مجيء
الطّوفـان أمريْـن مهمّـيْن:
الأوَّل هُـوَ الهـلاك. فالطّوفـان بالنّسـبة لـلأشرار يعني الهـلاك والمـوت.
والثّاني هُـوَ الخلاص. فبناء الفلك يُمثِّـل خلاص نُوح وأسرته والحيوانـات
والطّيـور. وتُعَدّ الإرشـادات الّتي أعطاها الله لنُوح لبناء الفلك إرشادات
مُختَصَرة جدًّا مقارنة بالإرشادات الّتي أعطاها الله لموسى لبناء خيمة
الاجتماع (خُروج ٢٥- ٣١).

**تابوت/ فلك תֵּבָה، تِبَات** - وردت هذه الْكَلِمة في سفر التكوين ١٤ مَرَّة، ٧ مَرّات منها في إرشادات اللهِ لنُوح بخصوص الفلك، و٧ مَرّات بعد حدوث الطّوفان والتقرير عن انخفاض المياه. ولقد وردت هذه الْكَلِمة خارج سِفْر التَكْوِين مَرَّة واحدة، في سِفْر الخُروج. فعندما شعرت أم مُوسَى أَنَّها لا تستطيع أن تخبئ الصّبي بعد، «أَخَذَتْ لَهُ سَفَطًا مِنَ الْبَرْدِيِّ وَطَلَتْهُ بِالْحُمَرِ وَالزِّفْتِ، وَوَضَعَتِ الْوَلَدَ فِيهِ» (٢: ٣). تُشِيرُ الْكَلِمة **תֵּבָה، تِبَات**، وبالعربي «تابوت» إلى صندوق مصنوع ليطفو فَوْقَ المياه. ومع أنَّ اللُغة الْعِبْرِيّة تحتوي على كَلِمة سفينة، إلا أنَّ الْكَلِمة الّتي أُسْتُخْدِمَتْ هُنَا هِيَ «تِبَات» بمعنى صندوق، لتُؤكّد أنَّ الإِنْسَان لَيْسَ هُوَ المحرك والمُوَجّه له، بل اللهُ القدير هُوَ الّذي سيحركه كيفما شاء وإلى حَيْثُما شاء. وينتهي دَوْر الإِنْسَان بالدّخول إلى الفلك. أَمَّا غَلْق باب الفلك وتوجُّهه ومسيرته فسيكون بتحكُّم إلهيّ كامل. طبعًا ويأتي هذا على نقيض الأسطورة البابليّة الّتي تقول إنَّ الآلهة أمرت البطل الّذي بنى السّفينة بأَنَّ يستأجر بحارين مهرة ليقودوا السّفينة.[٢٥]

**خشبِ جُفرِ، עֲצֵי־גֹפֶר** لا يُعْرَف بالتحديد ما هُوَ خشب الجُفْرِ، إلا أنَّ الترجوم يُعَرِّفُهُ على أَنَّه خشب شجر الأرز Cedar، لكن أغلب الْمُفسِّرين الْيَوْم يَقُولُون أَنَّه خشب السّرْو Cypress، بسبب التشابُه في النّطق مع الْكَلِمة الْعِبْرِيّة «، جُفْر»، ولأنَّ القدماء استخدموه في بناء السّفن بسبب قُدرته الكبيرة على تحمل الرطوبة والضغط بمستوى عالي ولان مسامه ضيقة جداً ونسبة تمدده بالماء لا تذكر يعد بالفعل أفضل انواع الاخشاب لبناء الفلك.[٢٦] وبعد أن يُكْمِل نُوح بناء الفلك، عليه

25 Waltke, *Genesis*, 135 and Sarna, *Genesis*, 52.

26 Sarna, *Genesis*, 53 and Brown, F., Driver, S. R., & Briggs, C. A. (1977). *Enhanced Brown-Driver-Briggs Hebrew and English Lexicon*, 172.

أن يُطْلِيه بمادة تمنع تسرُّب الماء إليه وَهِيَ القار. الكلمة العبري المترجمة «قارئ» هي כֹּפֶר كوفر وهي من الفعل كفار أي غطىَ covering. فالكلمة تشير إلى طلاء الفلك من الداخل والخارج بمادة نباتية تستخرج من خشب وجزور اشجار الصنوبر وتستخدم في عزل المراكب وحمايتها من المياه.

**مساكن קִנִּים** كِنّيم - ومفردها קֵן كِنْ، وَهِيَ تُترجم في كُلّ الْعَهْد الْقَدِيم إلى «عُش» (تَثْنِيَة ٢٢: ٦، إشعياء ١٠: ١٤). فالمساكن داخل الفلك هِيَ تُمثِّل للحيوانات والطّيور أعشاشًا للسكن والرّاحة والمَبِيت.

**ذراع אַמָּה** - وَهِيَ أَوَّل وحدة قياس تُذْكَر في الْكِتَاب الْمُقَدَّس، والذّراع هِيَ المسافة من الكوع وحتى طرف الإصبع الوسطى في اليد، وَهِيَ ٤٥ سنتيميترًا أيّ ١٨ بوصة. وبهذا تكون أبعاد الفلك الطّول ١٥٧ مترًا، والعرض ٢٣ مترًا، والارتفاع ١٤ مترًا. ويمكن لفُلْك بهذا الحجم أن يحمل ٤٣ ألف طن، حَيْثُ تبلغ مساحته ٥٠ ألف متر مربع. ويمكن لهذه المساحة أن تَسَع كميّة هائلة من الحيوانات والطّيور لمدة طويلة.

**فها أنا آتٍ بطوفان וַאֲנִי הִנְנִי מֵבִיא אֶת־הַמַּבּוּל** - الآن يشرح الرّب لنُوح عن الطّريقة الّتي سَيُهْلِك بها كُلّ جسد تحت السّماء. إِنَّه الطّوفان، حَيْثُ ستغطي المياه كُلّ الأرض حتى رؤوس الجبال فيموت الإِنْسَان والحيوان وحتى الطّيور. وكلمة «طوفان מַבּוּל، مابول» مصطلح عِبْرِي يُشِيرُ إلى المياه الّتي تغطي الأرض في أيام نُوح. وقد ذُكِرَتْ فقط في تَكْوِين ٦-٩ مع استثناء واحد وهو في مزمور ٢٩: ١٠، حَيْثُ يتحدَّث الْكَاتِب مجازيًا عن الله الذّى بالطّوفان جلس «الرّب بالطّوفان جَلَسَ، ويجلس الرّب ملكًا إلى الأبد». أَمَّا الترجمة السّبعينيّة فقد استخدمت كَلِمة «κατακλυσμός، كاتاكلوسموس» للإشارة إلى طوفان نُوح فقط وهلاك كُلّ الأرض بكل

مَـنْ عليهـا. وَهِيَ نفـس الْكَلِمـة الّـتي اسـتخدمها الْعَهْـد الْجَدِيـد في الحديـث عـن طوفـان نُـوح (مَـتَّى ٢٤: ٣٨، ٣٩، لُوقَـا ١٧: ١٧، ٢ بُطْـرُس ٣: ٥). وتخضـع هـذه الكارثـة بالكامِـل لقُـدرة الله خَالِـق السّـماوات والأرض، وهـو وحـده الدّيّـان الّذي سـيدين الأرض ويُهْلِـك كُلَّ مـن عليهـا. وسـيكون الطّوفـان بمنزلـة تطهـير وغسـيل لـلأرض الّـتي تلوثـت بدمـاء الأبريـاء وامتـلأت ظلمًـا. وهنـا يُعلـن الله سـلطانه المطلـق على الأحـداث. فَهُـوَ الّذي سـوف يـأتي بالطّوفـان، وهـو وحـده الّذي يتحكّـم في مُدّتـه ومَـدَاه وقُوّتـه وزمنـه. إِنّـه صاحـب الْكَلِمـة الأُولى والأخـيرة، والمتسـلط في مملكـة النّـاس والمتحكّـم في كُلّ الأمـور. وتختلـف هـذه الحقيقـة الّـتي يُؤكِّدهـا الـوحي الإلـهيّ عَمّـا هُـوَ مُسـجَّل في الأسـطورة البابليّـة للطوفـان، حَيْـثُ نـرى هنـاك أنَّ الآلهـة بعدمـا أتـت بالطّوفـان فإِنّهـا فقـدت السّـيطرة عليـه فخافـت وارتاعـت جـدًا.[٢٧]

**كُلّ جسـدٍ فيـه روح حيـاة مـن تحـت السّـماء כָּל־בָּשָׂר אֲשֶׁר־בּוֹ רוּחַ חַיִּים מִתַּחַת הַשָּׁמָיִם** - هُنَـا يُؤَكِّـد الله شـموليّة الطّوفـان ليُغطـي كُلّ الأرض ويهلـك كُلّ جسـد فيـه نسـمة حيـاة تحـت السّـماوات. فالطّوفـان حـدث عالميّ global غطّـى كُلّ الأرض وليـس منطقـة محـدّدة (تَكْوِيـن ٧: ١٩ ٢٤، ٨: ٢١، ٩: ١١، ١٥، ٢ بُطـرُس ٣: ٥- ٧). فالإشـارة هِيَ إلى شـموليّة الحـدث وشـموليّة الْمَـوْت والدّمـار لِـكُلّ مـا هُـوَ حي. ويُظْهِـر وَيُؤَكِّـد هـذا الدّمـار الشّـامل غضـب الله القـدوس على خطيّـة الإنْسَـان وعلى الأرض الّـتي فسـدت.

27 ANET 14, line 115.

## الوعد بالْعَهْد (تَكْوِين ٦: ١٨ – ٢٢)

وأقيمُ عهدي معكَ. فتدخُلُ التابوتَ أنت وبنوكَ وامرأتُك ونساءُ بنيك معكَ. ومن كُلّ حيٍّ، من كُلّ ذي جسدٍ اثنيْنِ من كُلّ تُدخِلُ التابوتَ لإحيائها معك، ذكرًا وأنثى تكونُ. من الطّيور كأصنافِها ومن البهائمِ كأصنافِها ومن كُلّ دابِّ الأديمِ كصنفِه. اثنينِ من كُلّ تُدخلُ إليكَ لإحيائها. وأنت. خُذ لكَ من كُلّ مأكلٍ يؤكَلُ واجمعْهُ عِندَك، فيكونَ لكَ ولهم مأكلًا». فصنعَ نُوح ككلِّ ما أوصى به إلوهيم. هكذا صَنَعَ.

أُقِيم عهدي וַהֲקִמֹתִי אֶת־בְּרִיתִי رغم الهلاك والدّمار الّذي سيحل على الأرض وكُلّ مَنْ عليها، إلا أنَّ الله سَيُبقِي بقيّة تمثل كُلّ خلائقه (تَكْوِين ٩: ٩ -١٠). وحتى هذه اللحظة، فإن كُلّ ما أخبر الله به نُوحا هُوَ مجيء الطّوفان ودمار الأرض. وهنا فقط يُقدِّم الرب لنُوح ضمانَ خلاصه والْعَهْد الّذي سوف يقطعه معه ومع كُلّ الْخَلِيقة (٩: ٨-١٧).

إنَّ اللغة الّتي يستخدمها الْكِتَاب الْمُقدَّس دائمًا في العهود هِيَ «أقطع عهدًا» (تَكْوِين ١٥: ١٨، ٢٦-٢٨)، وَهِيَ لغة مرتبطة بطقس تقطيع الذّبيحة الى نصفيْن وعبور طرفي الْعَهْد بينهما. لكن في عَهْد الله مع نُوح، يستخدم الوحي مصطلحًا آخر، وهو «أُقِيم عهدي» (تَكْوِين ٦: ١٨، ٩:

٩، ١١، ١٧). يَقُولُ بعضهم إنَّ كَلِمة «أقيم» تعني «تأكيد عَهْد سَبَقَ قَطْعُهُ»، وهذا الْعَهْد هُوَ عهد الله مع خليقته عندما خَلَقَها (تَكْوِين ١: ١-٢: ٣).[٢٨] لكن هذا التفسير لا يخلو من تحديات كثيرة منها أنَّ كَلِمة «أقيم» تعني أَيْضًا تحقيقًا أو تنفيذًا (خُروج ٦: ٤). وإضافة إلى هذا، فإنَّ لُغة الْعَهْد ومصطلحاته لم تذكر في الْخَلِيقة ولا حتى مع آدَم قبل السّقوط أو بعده. ولهذا فإنَّه أفضل لنا أن ننظر إلى كلام الله مع نُوح في تَكْوِين ٦: ١٨ وقوله «أقيم عهدي» على أَنَّه توقُّع لِمَا سوف يحدث في المستقبل في الأصحاح ٩، وليس تأكيدًا أو تحقيقًا لعهد قديم، رغم أنَّ عَهْد الله مع نُوح تضمّن تجديدًا لبركات ووعود بَارَكَ بها الله خليقته في الْقَدِيم (تَكْوِين ١: ٢٢، ٢٦ ٢٨، ٩: ١، ٧، ٩ -١٠).

**عَهْد בְּרִית** - تُعَدُّ هذه هِيَ الْمَرّة الأُولى الّتي تُذْكَر فيها كَلِمة عَهْد في الْكِتَاب الْمُقدَّس. وَهِيَ من الكلمات اللاهوتيّة الْمُهِمّة في الْعَهْد الْقَدِيم. فالْعَهْد يُشِيرُ إلى العلاقة الوطيدة أو الرّباط القويّ بَيْنَ طرفيْن. ولقد وردت كَلِمة «عهد» في الْعَهْد الْقَدِيم ٢٨٦ مَرَّة، وفي الْعَهْد الْجَدِيد ٣٣ مَرَّة، ووردت في سِفْر التَكْوِين وحده ٢٧ مَرَّة. وارتبطت ٨ مَرّات بعهد الله مع نُوح والْخَلِيقة، و ١٦ مَرَّة بعهد الله مع إِبْراهِيم. إنَّ عَهْد الله مع نُوح قريب مِمّا نطلق عليه «المِنْحَة المَلَكِيّة Royal Grant» والّذي كان معروفًا في حضارات الشّرق الأدنى الْقَدِيم، والتي فيها يمنح الإله بركات أو عطايا للمَلِك، وهو قريب للْعَهْد الإِبْراهِيمي والْعَهْد الدَاوُديّ (تَكْوِين ١٥، ١٧، ٢ صموئيل ٧)، وهو عَهْد قطعه الله مع إِبْراهِيم ونسله ودَاوُد ونسله. إنَّه عَهْد غير مشروط يتوقَّف تحقيقه على الرّب وحده. شمل عَهْد الله مع نُوح بنيه

28 W. J. Dumbrell, "The Covenant with Noah, " in *RTR* 38 (1979) 1–9, and *Covenant and Creation A Theology of the Old Testament Covenants* (1984; reprint, Grand Rapids Baker, 1993), 15–26; See also Sarna, 54.

الثّلاثة وامرأته ونساء بنيه (تَكْوِين ٦: ١٨)، وهو عَهْد غير مشروط بمعنى أنَّ الله لم يضع على نُوح أيّ مطلب أو شرط (تَكْوِين ٩: ٨ -١٧). ومع أنَّ الرّب تكلَّم مع نُوح شخصيًا، إلا أنَّ نُوح يُمثِّلُ خليقة جديدة وإِنْسَانيّة جديدة وعالم جديد. ولهذا فالخَلِيقة الجَدِيدة والإِنْسَانيّة الجَدِيدة مُتَضَمَّنَة فيه (تَكْوِين ٩: ٩ -١٠).

**وبنوكَ وامرأتُك ونساءُ بنيك معكَ** يَقُولُ بروس ولكي «يُؤَكِّد هذا التعبير (٧: ٧، ١٣، ٨: ١٦، ١٨) أنَّ الله حفظ البشريّة بنظامها الأسري الأساسيّ».[٢٩] فالخلاص امتدّ ليشمل الأبناء.

**ومن كُلّ حي** - كأنَّنا هُنَا نسمع صدى ما قَالَه الرّب في تَكْوِين ١: ٢٠-٢٣. فلُغة الفقرة (تَكْوِين ٦: ١٩-٢١) تُؤكِّد قصد الله في استمرار كُلّ أنواع الحيوانات والطّيور رغم الطّوفان. فالله يهتم ببقاء الخَلِيقة من خلال بقاء بقيّة من الحيوانات والطّيور والزّحافات... إلخ، ذكرًا وأنثى من الطّيور كأجناسها ومن البهائم كأجناسها ومن كُلّ دبابات الأديم كجنسه، اثنين من كُلّ ذي جسد.

**ذكرًا وأنثى** - تُشِيرُ إلى القُدْرَة على التكاثُر، وَهِيَ بركة منحها الله للكائنات (تَكْوِين ١: ٢٢)، وللإِنْسَان (تَكْوِين ١: ٢٧ - ٢٨). إنَّ هذا التدبير الإلهي يُظْهِر قصد الله في أن يبارك الخَلِيقة رغم فساد الإِنْسَان وفساد الأرض.

**تُدْخِل إلى الفلك لاستبقائها معك יָבֹאוּ אֵלֶיךָ לְהַחֲיוֹת** - فكما أحضر الله الحيوانات لآدَم لِيُسَمّيها (تَكْوِين ٢: ١٨ -١٩)، لِذلِكَ أحضر نُوح الحيوانات معه إلى الفلك ليكون مسؤولًا عن حفظها حتى ينتهي الطّوفان. فالله سوف يقود الحيوانات إلى نُوح (تَكْوِين ٧: ١٥).

29 Waltke, *Genesis,* 136.

**كجنسها** - يقسِّم عِلمُ الحيوان عالمَ الحيوانات إلى ثلاثة أقسام حيوانات الأرض، والطّيور والزّحافات. وبطبيعة الحال، فإنَّ الأسماك وكُلّ ما في الماء لا تحتاج إلى الأمان. تمثَّلت مسؤوليّة نُوح في أن يأخذ لنفسه وأسرته وكُلّ الحيوانات ما يكفيهم من طعام طول فترة الطّوفان وإلى أن تنبت الأرض عُشبًا من جديد.

**ففعل نُوح حسب كُلّ ما أمره به الله - إنَّها** الطّاعة لوصايا الله من كُلّ القلب. إنَّ بِرّ نُوح وتقواه وكماله ظهر في طاعته الكاملة لله. فبناء فلك على اليابسة -وبهذه الضّخامة- يُؤَكِّدُ ثِقة نُوح في الله وكلمته (عبرانيّين ١١: ٧). فالإيمان هُوَ الثّقة بما يُرْجَى والإيقان بأمور لا تُرَى (عبرانيين ١١: ١- ٢). وها هُوَ نُوح، رغم صعوبة الأمر الإلهيّ وسُمّوِهِ فَوْقَ تفكير وعقل الإنْسَان، ورغم أنَّ نُوحا يُعَدُّ شخصًا مُخْتَلِفاً ومُتميّزاً عن كُلّ جيله، إلا أنَّ حياة الطّاعة والتسليم لأمر الرّب برهنت على نقاء هذا الإنْسَان وجمال قلبه.

## الْأصحاح السابع

# نُوح يَدْخُل الفُلك

إذا نظرنـا بتمعُّـن إلى هـذا الأصحـاح، لوجدنـا أنَّ أجـزاءه مرتبطـة بعضها ببعـض ارتباطًـا منطقيًـا. وهـذا، بطبيعـة الحـال، مُخَالِـف لأصحـاب نظريّـة الْمَصَـادِر الّذيـن يـروْن أنَّ الْكَاتِـب اسـتخدم أكـثر مـن مَصْـدَر في كِتَابَـة هـذه الأحـداث. وَيُؤَكِّـد الترابـُط السّـلس والمنطـقيّ بَـيْنَ فقـرات هـذا الأصحـاح وأحداثـه وحـدةَ النّـص.[1]

1. Victor P. Hamilton, "*The Book of Genesis Chapters 1-17*, 295.

וַיֹּאמֶר יְהוָה לְנֹחַ בֹּא־אַתָּה וְכָל־בֵּיתְךָ אֶל־הַתֵּבָה כִּי־אֹתְךָ רָאִיתִי צַדִּיק
לְפָנַי בַּדּוֹר הַזֶּה׃

وَقَالَ يهوه لِنُوح «ادْخُلْ أَنْتَ وَجَمِيعُ بَيْتِكَ إِلَى الْفُلْكِ، لأَنِّي إِيَّاكَ رَأَيْتُ بَارًّا لَدَيَّ فِي هذَا الْجِيلِ.»

١. الوصيّة الإلهيّة (٧: ١-٤).
٢. تنفيذ الوصيّة الإلهيّة (٧: ٥ – ٩).
٣. الطّوفان (٧: ١٠ – ١٢).
٤. تكرار تنفيذ الوصيّة الإلهيّة (٧: ١٣ – ١٦).
٥. ارتفاع المياه (٧: ١٧ – ٢٠).
٦. مَوْت الكُلّ (٧: ٢٢ – ٢٣).
٧. انخفاض المياه (٧: ٢٤).

وَقَالَ يهوه لِنُوح וַיֹּאמֶר יְהוָה לְנֹחַ، بعد أن أكمل نُوح بناء الفلك حسب أوامر الرّبّ وإرشاداته الّتي وجّهها إلى نُوح في الأصحاح السّادِس، قَالَ له الرّبّ «أُدْخُل בֹּא». ذُكرتْ هذه الْكَلِمة الْمُهّمة سبع مَرّات في هذا الأصحاح فقط (٧: ١، ٧، ٩، ١٣، ١٥، ١٦). وليس نُوح وحده هُوَ مَنْ دعاه الرّبّ إلى الدّخول إلى الفلك، لكن «جميع بيته»؛ امرأته وبنيه ونساء بنيه دُعوا أَيْضًا (تَكْوِين ٦: ١٨).

وَقَالَ الرَّبُّ لِنُوحٍ: «ادْخُلْ أَنْتَ وَجَمِيعُ بَيْتِكَ إِلَى الْفُلْكِ»

فَدَخَلَ نُوحٌ وَبَنُوهُ وَامْرَأَتُهُ وَنِسَاءُ بَنِيهِ مَعَهُ إِلَى الْفُلْكِ

دَخَلَ اثْنَانِ اثْنَانِ إِلَى نُوحٍ إِلَى الْفُلْكِ، ذَكَرًا وَأُنْثَى، كَمَا أَمَرَ اللهُ نُوحًا

فِي ذلِكَ الْيَوْمِ عَيْنِهِ دَخَلَ نُوحٌ، وَسَامٌ وَحَامٌ وَيَافَثُ بَنُو نُوحٍ، وَامْرَأَةُ نُوحٍ، وَثَلاَثُ نِسَاءِ بَنِيهِ مَعَهُمْ إِلَى الْفُلْكِ

وَدَخَلَتْ إِلَى نُوحٍ إِلَى الْفُلْكِ، اثْنَيْنِ اثْنَيْنِ مِنْ كُلِّ جَسَدٍ فِيهِ رُوحُ حَيَاةٍ

وَالدَّاخِلاَتُ دَخَلَتْ ذَكَرًا وَأُنْثَى، مِنْ كُلِّ ذِي جَسَدٍ، كَمَا أَمَرَهُ اللهُ. وَأَغْلَقَ الرَّبُّ عَلَيْهِ

فخلاص نُوح وأسرته واضح في قول الرّب «لأَنِّي إِيَّاكَ رَأَيْتُ بَارًّا כִּי־אֹתְךָ רָאִיתִי צַדִּיק». فمع أنَّ الرّب يَصِفُ نُوحا بصيغة المفرد بأنَّه بار، إلا أنَّ هذا لَيْسَ معناه أنَّ بِرّ نُوح حُسِبَ لأولاده، أو أنَّ أولاد نُوح لم يكونوا أبرارًا. يَقُولُ الرّب غير مَرَّة في سِفْر حزقيال إن بِرّ نُوح لا يمكن أن يُخَلِّص أولاده وبيته. فالله يحاسب كُلّ شخص بمفرده وكُلّ شخص مسؤول عن نفسه «النَّفْسُ الَّتِي تُخْطِئُ هِيَ تَمُوتُ. اَلابْنُ لاَ يَحْمِلُ مِنْ إِثْمِ الأَبِ، وَالأَبُ لاَ يَحْمِلُ مِنْ إِثْمِ الابْنِ. بِرُّ الْبَارِّ عَلَيْهِ يَكُونُ، وَشَرُّ الشِّرِّيرِ عَلَيْهِ» (حزقيال ١٨: ٢٠، ١٤: ٢٠).

رَأَيْتُ רָאִיתִי، فكما رأى الرّب أنَّ شر الإنْسَان قد كثر في الأرض، ورأى الأرض أَيْضًا وإذا هِيَ قد فسدت (٦: ٥، ١٢)، رأى أنَّ نوحا كان رجلًا بارًا (٧: ١). ويرى وِنْهام Wenham أنَّ عبارة «لأني إيّاك رأيتُ بارًا» جُزْء من بناء تَصَالُبي Chiasm، يظهر في قصة نوح، تكوين ٦، و٧:[2]

2. Gordon J. Wenham, *Genesis* 1- 15, 186.

| تفرد نوح وفساد الأرض | | | |
|---|---|---|---|
| ١ | ٢ | ٢ | ١ |
| ↓ كان نُوح رَجُلاً بارًّا كامِلاً في أجْيالِهِ (٦: ٩) | ↓ وفَسَدَتِ الأرضُ أمامَ اللهِ (٦: ١١) | ↑ ورأى اللهُ الأرضَ فإذا هيَ قد فَسَدَتْ (٦: ١٢) | ↑ وقالَ الرَّبُّ لِنُوحٍ... لأنّي إيّاكَ رأيتُ بارًّا لَدَيَّ في هذا الجيلِ (٧: ١) |

لـم يكـن بِـرّ نُـوح نتيجـة اسـتحقاق شـخصيّ، بـل بسـبب إيمانـه وثقتـه بالـرّب، هـذا الإيمـان الّذي بَرْهَنـه نُـوح في بنائـه للفلـك. لـم يكـن في كُلّ هذا الجيـل إلا نُـوح الذّى وجـد نعمـة في عيـني الـرّب. فمـع أنَّ الطّوفـان أهلـك كُلّ هـذا الجيـل، إلا أنَّ بِـرّ نُـوح وإيمانـه أنقـذ أسرتـه والخلائـق مـن الإبـادة، ومن خـلاله بـدأ الله جيـلًا جديـدًا بعـد الطّوفـان. لقـد عاش نُـوح بِـبِرٍ وأمانـة مـع الله. فمـع أَنَّـه وأسرتـه - مُقَارَنَـةً بـالأشرار والأثمـة كانـوا قليـلي العـدد جِدًا إلا أَنَّـه ظـل أمينًـا للـرب وسـط عالـم وجيـل كامـل مُعَـوّج. لـم يَسِرْ نُـوح مـع التيـار ولـم يَقُـلْ إنَّ الأغلبيّـة دائمًـا هِيَ على صـواب، بـل عاش بحسـب النّـور

الّذي أعلنه له الرّب أمينًا ومُخْلِصًا. لقد حفظ الله الجنس البشريّ ولم يهلكه بسبب بِرّ نُوح.

## إرشادات ختاميّة قبل الطّوفان (تَكْوين ٧: ٢ -٣)

מִכֹּל הַבְּהֵמָה הַטְּהוֹרָה תִּקַּח־לְךָ שִׁבְעָה שִׁבְעָה אִישׁ וְאִשְׁתּוֹ וּמִן־
הַבְּהֵמָה אֲשֶׁר לֹא טְהֹרָה הִוא שְׁנַיִם אִישׁ וְאִשְׁתּוֹ׃ גַּם מֵעוֹף הַשָּׁמַיִם
שִׁבְעָה שִׁבְעָה זָכָר וּנְקֵבָה לְחַיּוֹת זֶרַע עַל־פְּנֵי כָל־הָאָרֶץ׃ כִּי לְיָמִים
עוֹד שִׁבְעָה אָנֹכִי מַמְטִיר עַל־הָאָרֶץ אַרְבָּעִים יוֹם וְאַרְבָּעִים לָיְלָה
וּמָחִיתִי אֶת־כָּל־הַיְקוּם אֲשֶׁר עָשִׂיתִי מֵעַל פְּנֵי הָאֲדָמָה׃ וַיַּעַשׂ נֹחַ כְּכֹל
אֲשֶׁר־צִוָּהוּ יְהוָה

مِنْ جَمِيعِ الْبَهَائِمِ الطَّاهِرَةِ تَأْخُذُ مَعَكَ سَبْعَةً سَبْعَةً ذَكَرًا وَأُنْثَى. وَمِنَ الْبَهَائِمِ الَّتِي لَيْسَتْ بِطَاهِرَةٍ اثْنَيْنِ: ذَكَرًا وَأُنْثَى. وَمِنْ طُيُورِ السَّمَاءِ أَيْضًا سَبْعَةً سَبْعَةً: ذَكَرًا وَأُنْثَى. لاسْتِبْقَاءِ نَسْلٍ عَلَى وَجْهِ كُلِّ الأَرْضِ. لأَنِّي بَعْدَ سَبْعَةِ أَيَّامٍ أَيْضًا أُمْطِرُ عَلَى الأَرْضِ أَرْبَعِينَ يَوْمًا وَأَرْبَعِينَ لَيْلَةً. وَأَمْحُو عَنْ وَجْهِ الأَرْضِ كُلَّ قَائِمٍ عَمِلْتُهُ». فَفَعَلَ نُوحٌ حَسَبَ كُلِّ مَا أَمَرَهُ بِهِ الرَّبُّ.

**تأخُذُ معك תִּקַּח־לְךָ**، هُنَا أعطى الرّب لنُوح إرشادات خِتاميّة قبل الطّوفان. ففي الأصحاح السّادِس والآيتيْن ١٩ و٢٠، أمر الرّب نُوحا بأن يأخذ..

> مِنْ كُلِّ حَيٍّ مِنْ كُلِّ ذِي جَسَدٍ، اثْنَيْنِ مِنْ كُلٍّ تُدْخِلُ إِلَى الْفُلْكِ لاسْتِبْقَائِهَا مَعَكَ. تَكُونُ ذَكَرًا وَأُنْثَى. مِنَ الطُّيُورِ كَأَجْنَاسِهَا، وَمِنَ الْبَهَائِمِ كَأَجْنَاسِهَا، وَمِنْ كُلِّ دَبَّابَاتِ الأرض كَأَجْنَاسِهَا. اثْنَيْنِ مِنْ كُلٍّ تُدْخِلُ إِلَيْكَ لاسْتِبْقَائِهَا.

إنَّ الوصيّة العامّة هِيَ أن يأخذ نُوح من كُلّ ذي جسد اثنيْن، وَهِيَ لا تتعارض مع أمر الرّب له هُنَا بأن يأخذ من البهائم الطّاهرة سبعة

سبعة.[٣] فقد أعطى الرّب هذه الإرشادات بخصوص الحيوانات الطّاهرة وغير الطّاهرة بغرض تقديم الذّبائح. فالحيوانات غير الطّاهرة تُحْضَر اثنيْن اثنيْن من أجل التناسل والتكاثر، أَمَّا الحيوانات والطّيور الطّاهرة فسبعة سبعة، من أجل التكاثر والتناسل، إضافة إلى تقديمها ذبائح للرب. «وَبَنَى نُوح مَذْبَحًا لِلرَّبِّ. وَأَخَذَ مِنْ كُلِّ الْبَهَائِمِ الطَّاهِرَةِ وَمِنْ كُلِّ الطُّيُورِ الطَّاهِرَةِ وَأَصْعَدَ مُحْرَقَاتٍ عَلَى الْمَذْبَحِ» (تَكْوِين ٨: ٢٠).

**طاهرة טָהוֹר**، بمعنى نقيّة[4] pure. وقد وردت هذه الْكَلِمة ٩٠ مَرَّة في الْعَهْد الْقَدِيم، وَهِيَ تُشِيرُ إلى الطّهارة الطّقسيّة الّتي تشمل الإنْسَان والذّبائح والتقدمات والأدوات والأماكن... إلخ (لاويّين ٧: ١٩، ١٠: ١٠، تَثْنِيَة ١٢: ١٥)، والطّهارة الأخلاقيّة مثل طهارة العين «عَيْنَاكَ أَطْهَرُ مِنْ أَنْ تَنْظُرَا الشّرَّ» (حبقوق ١: ١٣)، وطهارة اليد «أَمَّا الصّدِّيقُ فَيَسْتَمْسِكُ بِطَرِيقِهِ، وَالطَّاهِرُ الْيَدَيْنِ يَزْدَادُ قُوَّةً» (أيوب ١٧: ٩)، وطهارة الكلمات «كَلاَمُ الرّبِّ كَلاَمٌ نَقِيٌّ» (مزمور ١٢: ٦)، وطهارة القلب «قَلْبًا نَقِيًّا اخْلُقْ فِيَّ يَا اللهُ» (مزمور ٥١: ١٠). وفي أغلب الظّن أنَّ نُوحا عرف عن التمييز بَيْنَ الطّاهر والنّجس لأنَّ تقديم الذّبائح أمرٌ شائع وقديم، يعود إلى أيام الْخَلِيقة وبعد السّقوط مُباشرة (تَكْوِين ٣: ٢١، ٤: ٣-٥).

**لأني بعد سبعةِ أيام أَيْضًا أُمْطِرُ**، سبعة أيام هِيَ الفترة الّتي تحتاج إليها الحيوانات للدخول إلى الفلك والاستقرار فيه. لقد أشرف نُوح وأولاده على دخول كُلّ الحيوانات إلى الفلك. وفي الْيَوْم السّابع أو الأخير، أيّ الْيَوْم الأَوّل

٣. وبطبيعة الحال، يجد من ينادون بنظريّة الْمَصَادِر في إرشادات الرّب لنُوح بخصوص الحيوانات في تَكْوِين ٦: ١٩ و٢٠ والارشادات في تَكْوِين ٧ حول أخذ من الحيوانات الطّاهرة سبعة سبعة، أَنَّ كَاتِب التوراة استخدم مصدريْن مُخْتَلِفيْن في كِتَابَة قِصّة الطّوفان، مصدرًا ذكر اثنيْن فقط والمصدر الآخر ذكر سبعة من الحيوانات الطّاهرة.

4. Koehler, L., Baumgartner, W., Richardson, M. E. J., & Stamm, J. J. (1994–2000). *The Hebrew and Aramaic lexicon of the Old Testament*, 369.

لنزول المطر، دخل نُوح وأسرته الفلك بعد أن تأكّد من تنفيذ كُلّ ما قَالَ له الرّب.

**أُمْطِرُ على الأرض أربعينَ يَوْمًا وأربعينَ ليلة**، تُؤكّد هذه العبارة سُلطانَ اللّٰه الكليّ على الأحداث من أوّلها وإلى آخرها. فاللّٰه حَدّد توقيت المطر والمُدّة الّتي سوف يهطل فيها على الأرض. إنّه إله الخَلِيقة وسيدها، ولا يفعل أمرًا صدفة، بل كُلّ شيء مُحدّد ومُعيّن.

**أربعينَ يَوْمًا** (انظر الآيتيْن ١٢، ١٧) إنَّ الأربعين يَوْمًا هِيَ الفترة الّتي تحتاجها الأرض إلى التطهُّر من الفساد والنّجاسة والخطيّة ويبدأ عصر جديد.[٥] والكلمة المستخدمة هُنَا والمترجمة إلى مطر هِيَ «מָטָר، مِطير»، وَتُشِيرُ إلى المطر الطّبيعيّ العاديّ. وإنَّ ما جعل هذه العاصفة المطريّة مُدمِّرة هُوَ استمرارها لمدة أربعين يَوْمًا وأربعين ليلة من دون توقُّف، لكن في الآية ١٢ أُسْتُخدِمَتْ كَلِمة أُخْرَى وَهِيَ גֶּשֶׁם جِشِيم، لتشير إلى المطر الغزير والقويّ.

**فَفَعَلَ نُوح حَسَبَ كُلّ مَا أَمَرَهُ بِهِ الرّبُّ וַיַּעַשׂ נֹחַ**، هذه هِيَ الْمَرّة الثّانيّة الّتي يشهد فيها الوحي الإلهيّ أنَّ نُوحا عاش حياة الطّاعة للرب. ففي الأصحاح السّادِس والآية ٢٢، نقرأ «فَفَعَلَ نُوح حَسَبَ كُلّ مَا أَمَرَهُ بِهِ اللّٰه. هكَذَا فَعَلَ». وهنا يتكرّر نفس التقرير عن نُوح «فَفَعَلَ نُوح حَسَبَ كُلّ مَا أَمَرَهُ بِهِ الرّبُّ». ما أجمل أن يُسجّل الوحي هذا عن رجل اللّٰه نُوح! فالْكِتَاب الْمُقدّس لم يذكر لنا شيئًا عن براعته وقدرته في

٥. يَقُولُ بروس ولكي إنَّ رقم ٤٠ يُمثِّلُ أَيْضًا بِدَاية عصر جديد، فموسى مكث أربعين يَوْمًا على الجبل (خُروج ٢٤: ١٨) وأربعين يَوْمًا من التضرُّع للكفارة عن خطيّة إِسْرَائِيل بعبادتهم العجل الذّهبي (خُروج ٣٤: ٢٨ وتَثْنِيَة ٩: ١٨-٢٥). والجواسيس الاثني عشر مكثوا في ارض كنعان أربعين يومًا، وبسبب عدم الإيمان تاه بني إِسْرَائِيل أربعين سنة في البرّيّة. وسار إيليا أربعين يَوْمًا حتى يعود إلى جبل سيناء (١ ملوك ١٩: ٨) والرّب يَسُوع ظهر لتلاميذه بعد قيامته وقبل صعوده في أربعين يَوْمًا (أَعْمَال الرّسل ١: ٣)(Bruce K. Waltke, *Genesis: A Commentary*, 138.).

بنـاء الفلـك، ولـم يذكـر لنـا شـيئًا عـن الحِكْمَـة والبراعـة في التخطيـط والتنفيـذ للمـشروع الضّخـم الّذي كَلّفَـهُ بـه الـرّب. لكـن مـا سَجّله لنـا الـوحي عـن نُـوح هُـوَ حيـاة الطّاعـة، وكيـف أنّ نُوحـا أطـاع اللّه في كُلّ الأمـور حـتى الأمـور الّـتي يبـدو أن تَحقُّقهـا مـن منطلـق الفكـر البشريّ هُـوَ مـن المسـتحيلات. فالطّاعـة هِيَ الوجـه الثّـاني للإيمـان أو بتعبـير أدقّ هِيَ الترجمـة العمليّـة للإيمـان والثّقـة بشـخص اللّه. لهـذا نـرى كَاتِـب رسـالة العبرانيّـين يتحـدّث في الأصحـاح الحـادي عـشر عـن رجـال الإيمـان الّذيـن برهنـوا على إيمانهـم بـاللّه ووعـوده مـن خـلال حيـاة الطّاعـة الكاملـة.

וְנֹחַ בֶּן־שֵׁשׁ מֵאוֹת שָׁנָה וְהַמַּבּוּל הָיָה מַיִם עַל־הָאָרֶץ׃ וַיָּבֹא נֹחַ וּבָנָיו
וְאִשְׁתּוֹ וּנְשֵׁי־בָנָיו אִתּוֹ אֶל־הַתֵּבָה מִפְּנֵי מֵי הַמַּבּוּל׃ מִן־הַבְּהֵמָה
הַטְּהוֹרָה וּמִן־הַבְּהֵמָה אֲשֶׁר אֵינֶנָּה טְהֹרָה וּמִן־הָעוֹף וְכֹל אֲשֶׁר־רֹמֵשׂ
עַל־הָאֲדָמָה׃ שְׁנַיִם שְׁנַיִם בָּאוּ אֶל־נֹחַ אֶל־הַתֵּבָה זָכָר וּנְקֵבָה כַּאֲשֶׁר
צִוָּה אֱלֹהִים אֶת־נֹחַ׃ וַיְהִי לְשִׁבְעַת הַיָּמִים וּמֵי הַמַּבּוּל הָיוּ עַל־הָאָרֶץ׃

وَلَمَّا كَانَ نُوحُ ابْنَ سِتِّ مِئَةِ سَنَةٍ صَارَ طُوفَانُ الْمَاءِ عَلَى الأَرْضِ، فَدَخَلَ نُوحُ وَبَنُوهُ وَامْرَأَتُهُ وَنِسَاءُ بَنِيهِ مَعَهُ إِلَى الْفُلْكِ مِنْ وَجْهِ مِيَاهِ الطُّوفَانِ. وَمِنَ الْبَهَائِمِ الطَّاهِرَةِ وَالْبَهَائِمِ الَّتِي لَيْسَتْ بِطَاهِرَةٍ، وَمِنَ الطُّيُورِ وَكُلِّ مَا يَدِبُّ عَلَى الأَرْضِ: دَخَلَ اثْنَانِ اثْنَانِ إِلَى نُوحٍ إِلَى الْفُلْكِ، ذَكَرًا وَأُنْثَى، كَمَا أَمَرَ اللهُ نُوحًا. وَحَدَثَ بَعْدَ السَّبْعَةِ الأَيَّامِ أَنَّ مِيَاهَ الطُّوفَانِ صَارَتْ عَلَى الأَرْضِ

**ولمّـا كان نُـوح ابـنُ سـت مِئَـة سنةٍ،** تُعَـدُّ هـذه الْمَـرّة الأُولى في سِـفْر التَكْويـن الّـتي يذكـر فيهـا الـوحي الإلـهيّ عُمْـر أحـد الآبـاء مُقترنـًا بِحَادثـةٍ مـا. فنُـوح كان ابـن خمسـة مِئَـة سـنة عندمـا وَلَدَ سـامًا، وحامًـا، ويافـث، والآن - بعـد مِئَـة سـنة - أيّ وهـو ابـن سـت مِئَـة سـنة يبـدأ الطّوفـان. فبِدايَـة الطّوفـان ونهايتـه ارتبطتـا تاريخيًـا بِعُمْـر نُـوح نفسـه. فالطّوفـان بـدأ وهـو

ابن ست مِئَة سنة، وخرج نُوح من الفلك وهو ابن ست مِئَة سنة وواحد و ١٧ يَوْمًا (٧: ٦، ١١، ٨: ١٤).

**فدخلَ نُوح וַיָּבֹא נֹחַ**، تشرح هذه الآيات لنا كيف أطاع نُوح الرّب، هذه الطّاعة الّتي نراها في دخوله مع بنيه وامرأته ونساء بنيه إلى الفلك (٦: ١٨ -٢٠، ٧:٧). كما دخلت أَيْضًا بحسب أمر الرّب كُلّ البهائم الطّاهرة وغير الطّاهرة والطّيور وكُلّ ما يدبُّ على الأرض (٦: ١٨، ١٩، ٧: ٢ ٣، ٨).

**بعد السّبعةِ الأيام לְשִׁבְעַת הַיָּמִים**، لماذا انتظر نُوح وأسرته داخل الفلك سبعة أيام حتى بدأ الطّوفان؟ حاول عُلَماء اليَهُود الإجابة على هذا السّؤال. فقال المِدْرَاش الْيَهُوديّ إنَّ فترة السّبعة أيام كانت فترة مناحة على مَوْت متوشالح الّذي مات في سنة الطّوفان (٥: ٢٧ -٢٨). واقترح بعضهم الآخر أنَّ هذه الفترة كانت هِيَ فترة حُزْن الله على الخَلِيقة الّتي خلقها وسوف يدمِّرها الطّوفان.[٦] وطبعًا فإنَّ النّص الْكِتَابيّ لا يُقدِّم لنا دليلًا واحدًا يُؤيِّد أَيًّا من هاتيْن النّظريتيْن، وأكثر من ذلك، لا يُقدِّم لنا الرّب أيّ تفسير لفترة السّبعة أيام هذه. وأعتقد أنَّ الحقيقة الّتي يُريد الوحي أن يوصلها لنا هِيَ أن نُوح ظلّ في إيمانه وثقته بالرّب رغم أنَّ الطّوفان بدأ بعد أسبوع من دخوله إلى الفلك. كان من الممكن أن يشك نُوح في وعد الله. وكان مُمكنًا أن يفتح باب الفلك ويخرج منه، إلا أَنَّه فَضّلَ الطّاعة والانتظار.

لقد رأينا في الآيات من ١ إلى ٥ أن نُوحا عَمِل كُلّ ما أمره به الرّب، كما أخبر الرّب نُوحا أَنَّه سيفعل أَيْضًا كُلّ ما قَالَ أَنَّه سيفعله. ففي سبعة أيام سوف يرسل المطر ويدمر الأرض. تُؤكِّد الآيات ٦-٩ أنَّ نُوحا عَمِل كُلّ شيء حَسَب أمر الرّب، وأمَّا الآية ١٠ «وحدث بعد السّبعة الأيام أنَّ مياه

6. Mathews, Kennedy A. *Genesis 1-11:26*, New American Commentary, 374.

الطّوفان صارت على الأرض» فتؤكّد أنّ الله سيفعل كُلّ ما قالَه لنُوح من أَنَّه سوف يرسل مطرًا ويَغْرِق الأرض ويفني كُلّ مَنْ عليها. فنُوح عَمِلَ ما أمره به الرّب، والرّب عمل ما أخبر نُوح أَنَّه سيفعله. فكان نُوح أمينًا نحو الرّب وكلمته، وكان الرّب أميناً أَيْضًا من نحو كلامه ووعوده. نجد هذه الصُورَة الجميلة للأمانة مرسومة بدِقّة وسط هذه الأحداث المؤسفة والكارثيّة. وهنا يقف نُوح رجُل الإيمان مُتفرّدًا ومُتميّزًا عن كُلّ جيله في تقواه وبِرّه وأمانته وطاعته وإيمانه بالرّب، كما نرى الرّب الإله وهو يحقّق كُلّ كَلِمة قَالَ ها. فَهُوَ لَيْسَ «إِنْسَانا فَيَكْذِبَ، وَلاَ ابْنَ إِنْسَان فَيَنْدَمَ. هَلْ يَقُولُ وَلاَ يَفْعَلُ؟ أَوْ يَتَكَلَّمُ وَلاَ يَفِي؟» (عدد ٢٣: ١٩).

## الترتيب الزّمنيّ لأحداث الطّوفان

| الحدث | | | | التاريخ | | الشاهد |
|---|---|---|---|---|---|---|
| وصفه | مدته (يوم) | ترتيبه | تفصيله | الشهر | اليوم | اللغة |
| فترة انتظار داخل الفلك | ٧ | ١ | نُوح يدخل الفلك | الثاني | ١٠ | ٧: ٧ – ٩ |
| | | ٢ | بعد ٧ أيام يبدأ المطر | الثاني | ١٧ | ٧: ١٠ -١١ |
| استمرار المياه | ١٥٠ | ٣ | استمرت الأمطار الغزيرة ٤٠ يَوْمًا حتى توقّفت | الثالث | ٢٧ | ٧: ١٢ |
| | | ٤ | تعاظمت المياة ١١٠ يَوْمًا حتى غطت كُلّ الجبال | السابع | ١٧ | ٧ :٢٤، ٨: ٤ |
| تراجع المياه | ١٥٠ | ٥ | بعد ٧٤ يَوْم ظهرت رؤوس الجبال | العاشر | ١ | ٨: ٥ |
| | | ٦ | بعد ٤٠ يَوْم أرسل نُوح الغراب والحمامة فرجعا | الحادي عشر | ١١ | ٨: ٦ – ٩ |
| | | ٧ | بعد أسبوع أرسل الحمامة فرجعت بغصن أخضر | الحادي عشر | ١٨ | ٨: ١٠ |
| | | ٨ | بعد أسبوع آخر أرسل الحمامة فلم تَعُدْ | الحادي عشر | ٢٥ | ٨: ١٢ |
| | | | بعد ٢٢ يَوْم تراجعت المياة | الثاني عشر | ١٧ | ٨: ٣ |
| يبست الأرض | ٧٠ | ٣ | رأى نُوح اليابسة | الأول | ١ | ٨: ١٣ |
| | | ٤ | يبست الأرض بالكامِل وخرج نُوح من الفلك | الثاني | ٢٧ | ٨: ١٤ – ١٩ |
| المجموع | | | ٣٧٧ يومًا | سنة و١٧ يومًا | | |

يـرى روس Ross[7] أنَّ قِصـة الطّوفـان كُتِبَـتْ بصُـورَة أدبيّـة رائعـة وأنَّ هـذا البنـاء الأدبي هُـوَ كالآتي:

| مُقدِّمة: بِرّ نُوح وأولاده الثّلاثة (٦: ٩ -١٠) | |
|---|---|
| «هذه هِيَ مواليد نُوح» | |
| ١ | ↓ اللّٰه يقرِّر دمار الأرض وكُلّ ما عليها (٦: ١١ — ١٣). |
| ٢ | ↓ نُوح يبني الفلك حسب إرشادات الرّب (٦: ١٤ — ٢٢). |
| ٣ | ↓ اللّٰه يأمر البقيّة (نُوحا وأبناءه وزوجته وزوجات أبنائه) بدخول الفلك (٧: ١ — ٩). |
| ٤ | ↓ بِداية الطّوفان (٧: ١٠ — ١٦). |
| ٥ | ↓ استمرار الطّوفان ١٥٠ يوْمًا وغَطّت رؤوس الجبال (٧: ١٧). |
| ٦ | ← اللّٰه يذكر نُوح (٨: ١). |
| ٥ | ↑ تراجُع المياه بعد ١٥٠ يوْمًا وظهور الجبال (٨: ١ — ٥). |
| ٤ | ↑ جفاف الأرض (٨: ٦-١٤). |
| ٣ | ↑ اللّٰه يأمر البقيّة بالخُروج من الفلك (٨: ١٥ — ١٩). |
| ٢ | ↑ نُوح يبني مذبحًا (٨: ٢٠). |
| ١ | ↑ اللّٰه يتعهّد بعدم هلاك الأرض ثانية (٨: ٢١ — ٢٢).* |

7. Allen Ross, *Creation & Blessing: A Guide to the Study and Exposition of Genesis*, 191.

## بِدايَة الطّوفان (تَكْوِين ٧: ١١ – ١٦)

בִּשְׁנַת שֵׁשׁ־מֵאוֹת שָׁנָה לְחַיֵּי־נֹחַ בַּחֹדֶשׁ הַשֵּׁנִי בְּשִׁבְעָה־עָשָׂר יוֹם
לַחֹדֶשׁ בַּיּוֹם הַזֶּה נִבְקְעוּ כָּל־מַעְיְנֹת תְּהוֹם רַבָּה וַאֲרֻבֹּת הַשָּׁמַיִם נִפְתָּחוּ׃
וַיְהִי הַגֶּשֶׁם עַל־הָאָרֶץ אַרְבָּעִים יוֹם וְאַרְבָּעִים לָיְלָה׃ בְּעֶצֶם הַיּוֹם
הַזֶּה בָּא נֹחַ וְשֵׁם־וְחָם וָיֶפֶת בְּנֵי־נֹחַ וְאֵשֶׁת נֹחַ וּשְׁלֹשֶׁת נְשֵׁי־בָנָיו אִתָּם
אֶל־הַתֵּבָה׃ הֵמָּה וְכָל־הַחַיָּה לְמִינָהּ וְכָל־הַבְּהֵמָה לְמִינָהּ וְכָל־הָרֶמֶשׂ
הָרֹמֵשׂ עַל־הָאָרֶץ לְמִינֵהוּ וְכָל־הָעוֹף לְמִינֵהוּ כֹּל צִפּוֹר כָּל־כָּנָף׃
וַיָּבֹאוּ אֶל־נֹחַ אֶל־הַתֵּבָה שְׁנַיִם שְׁנַיִם מִכָּל־הַבָּשָׂר אֲשֶׁר־בּוֹ רוּחַ חַיִּים׃
וְהַבָּאִים זָכָר וּנְקֵבָה מִכָּל־בָּשָׂר בָּאוּ כַּאֲשֶׁר צִוָּה אֹתוֹ אֱלֹהִים וַיִּסְגֹּר
יְהוָה בַּעֲדוֹ

فِي سَنَةِ سِتِّ مِئَةٍ مِنْ حَيَاةِ نُوحٍ، فِي الشَّهْرِ الثَّانِي، فِي الْيَوْمِ السَّابعَ عَشَرَ مِنَ الشَّهْرِ فِي ذلِكَ الْيَوْمِ، انْفَجَرَتْ كُلُّ يَنَابِيعِ الْغَمْرِ الْعَظِيمِ، وَانْفَتَحَتْ طَاقَاتُ السَّمَاءِ. وَكَانَ الْمَطَرُ عَلَى الأَرْضِ أَرْبَعِينَ يَوْمًا وَأَرْبَعِينَ لَيْلَةً. فِي ذلِكَ الْيَوْمِ عَيْنِهِ دَخَلَ نُوحٌ، وَسَامٌ وَحَامٌ وَيَافَثُ بَنُو نُوحٍ، وَامْرَأَةُ نُوحٍ، وَثَلاَثُ نِسَاءِ بَنِيهِ مَعَهُمْ إِلَى الْفُلْكِ. هُمْ وَكُلُّ الْوُحُوشِ كَأَجْنَاسِهَا، وَكُلُّ الْبَهَائِمِ كَأَجْنَاسِهَا، وَكُلُّ الدَّبَّابَاتِ الَّتِي تَدِبُّ عَلَى الأَرْضِ كَأَجْنَاسِهَا، وَكُلُّ الطُّيُورِ كَأَجْنَاسِهَا: كُلُّ عُصْفُورٍ، كُلُّ ذِي جَنَاحٍ. وَدَخَلَتْ إِلَى نُوحٍ إِلَى الْفُلْكِ، اثْنَيْنِ اثْنَيْنِ مِنْ كُلِّ جَسَدٍ فِيهِ رُوحُ حَيَاةٍ. وَالدَّاخِلاَتُ دَخَلَتْ ذَكَرًا وَأُنْثَى، مِنْ كُلِّ ذِي جَسَدٍ، كَمَا أَمَرَهُ اللهُ. وَأَغْلَقَ الرَّبُّ عَلَيْهِ.

**ينابيعِ الغمرِ العظيمِ وطاقات السّماء מַעְיְנֹת תְּהוֹם רַבָּה וַאֲרֻבֹּת הַשָּׁמַיִם**، يُشِيرُ «الغمر תְהוֹם، تِهُوم» إلى المياه العميقة. فالأرض ستعود إلى حالة الخراب الّتي كانت عليها من قبل. فالمياه الجوفية انفجرت من داخل الأرض، وكُوَى السّماوات انفتحت لتنزل المياه الغزيرة.[٨] وَرَدَ الْفِعْل «انفجرت، مشتق من בָּקַע بِقِع» ٥١ مَرَّة في الْعَهْد الْقَدِيم، وارتبط

٨. يقول MacArthur ماك أرثر إن ترتيب الاحداث في هذه الاية مهم جدًا، فهو يدل على أن سطح الأرض تشقق أولاً ومن ثم أنزلت السماء مطرها. فهذه الانفجارات البركانية التي حصلت جراء تشقق الأرض، قد بعثت إلى الفضاء المواد البركانية المتطايرة، مصحوبة بتيارات هائلة من المياه والغازات والهواء، هذه جميعها اخترقت المظلة المائية مسببة هطول الامطار الغزيرة. *MacArthur Study Bible,* Thomas Nelson, 1997

استعماله في معظمها بالمياه مثل شق البحر الأحمر عندما خرج بنو إِسْرَائِيل من مصر، حيث قال الرَّبُّ لِمُوسَى:

> مَا لَكَ تَصْرُخُ إِلَيَّ؟ قُلْ لِبَنِي إِسْرَائِيلَ أَنْ يَرْحَلُوا. وَارْفَعْ أَنْتَ عَصَاكَ وَمُدَّ يَدَكَ عَلَى الْبَحْرِ وَشُقَّهُ...وَمَدَّ مُوسَى يَدَهُ عَلَى الْبَحْرِ، فَأَجْرَى الرَّبُّ الْبَحْرَ بِرِيحٍ شَرْقِيَّةٍ شَدِيدَةٍ كُلَّ اللَّيْلِ، وَجَعَلَ الْبَحْرَ يَابِسَةً وَانْشَقَّ الْمَاءُ (خُروج ١٤: ١٥-١٦،٢١ أنظر أيضًا نحميا ٩: ١١، مزمور ٧٨: ١٣، إشعياء ٦٣: ١٢ ).[9]

والكلمة المترجمة إلى «العظيم רַבָּה رَبّاه» هِيَ نفس الْكَلِمة الّتي أُسْتُخْدِمَتْ في تَكْوِين ٦: ٥ لوصف شر الإِنْسَان الّذي كَثُرَ «... شَرَّ الإِنْسَان قَدْ كَثُرَ فِي الأرض»، وكأنَّ كَاتِب السِّفْر يريد أنَّ يَقُولُ لنا إنَّ العقاب الإلهيّ يكون على قَدْر الخطيّة. فكما أنَّ شَرَّ الإِنْسَان دَمّر كُلّ أساسات المجتمع، فإنَّ الطّوفان سيدّمر كُلّ أساسّات الأرض حتى يفنى الإِنْسَان وكُلّ ذي نفس حيّة من على وَجْه الأرض.[10]

**نُوح وسام وحام ويافِث،** كلما يُذْكَر نُوح وأسرته، يأتي أبناؤه في الترتيب قبل زوجته. ويذكر الوحي أسماء أبنائه لكنه لا يذكر لنا اسم زوجته (٦: ١٨، ٧: ٧، ١٣، ٨: ١٨). فالتركيز دائمًا هُوَ على الأب والأبناء الثّلاثة الّذين سيخرج منهم كُلّ الأمم والشّعوب فيما بعد. لا نعرف لماذا صَمَتَ الوحي عن ذِكْر اسم زوجة نُوح. فهل هِيَ مثل زوجة أيوب الّتي لم يذكر لنا الوحي الْمُقَدَّس اسمها لِمَا كان لها من دَوْر سلبيّ، أم لأنَّ التركيز كُلّه هُوَ على شخص نُوح فيذكر لنا مرافقتها لزوجها ولأولادها لكن لا يذكر شيئًا عن اسمها؟ كان عُمْر أبناء نُوح حوالي المِئَة سنة ولم يُوْلَد لنُوح منهم أحفاد بعد.

9. Hamilton, *The Book of Genesis Chapters 1- 17*, 292.
10. Nahum M. Sarna, *Genesis*. The JPS Torah Commentary, 55.

وأغلقَ الرّب عليه וַיִּסְגֹּר יְהוָה בַּעֲדוֹ، يُعَدُّ هذا العمل ذروة أحداث الطّوفان. نجد في الأسطورة البابليّة أنَّ الأبطال هُمْ الّذين أغلقوا الباب على أنفسهم. أَمَّا هُنَا فالرّب هُوَ الّذي أغلق على نُوح وكُلّ مَنْ معه في الفلك. وَيُؤَكِّد هذا الأمر أنَّ خلاص نُوح هُوَ عمل النّعمة الإلهيّة. فالرّب وحده هُوَ المُخلِّص والمنقذ لنُوح من دمار الطّوفان.

## تعاظُم المياه (تَكْوِين ٧: ١٧- ٢٤)

وَكَانَ الطُّوفَانُ أَرْبَعِينَ يَوْمًا عَلَى الأَرْضِ. وَتَكَاثَرَتِ الْمِيَاهُ وَرَفَعَتِ الْفُلْكَ، فَارْتَفَعَ عَنِ الأَرْضِ. وَتَعَاظَمَتِ الْمِيَاهُ وَتَكَاثَرَتْ جِدًّا عَلَى الأَرْضِ، فَكَانَ الْفُلْكُ يَسِيرُ عَلَى وَجْهِ الْمِيَاهِ. وَتَعَاظَمَتِ الْمِيَاهُ كَثِيرًا جِدًّا عَلَى الأَرْضِ، فَتَغَطَّتْ جَمِيعُ الْجِبَالِ الشَّامِخَةِ الَّتِي تَحْتَ كُلِّ السَّمَاءِ. خَمْسَ عَشَرَةَ ذِرَاعًا فِي الارْتِفَاعِ تَعَاظَمَتِ الْمِيَاهُ، فَتَغَطَّتِ الْجِبَالُ. فَمَاتَ كُلُّ ذِي جَسَدٍ كَانَ يَدِبُّ عَلَى الأَرْضِ مِنَ الطُّيُورِ وَالْبَهَائِمِ وَالْوُحُوشِ، وَكُلُّ الزَّحَّافَاتِ الَّتِي كَانَتْ تَزْحَفُ عَلَى الأَرْضِ، وَجَمِيعُ النَّاسِ. كُلُّ مَا فِي أَنْفِهِ نَسَمَةُ رُوحِ حَيَاةٍ مِنْ كُلِّ مَا فِي الْيَابِسَةِ مَاتَ. فَمَحَا اللهُ كُلَّ قَائِمٍ كَانَ عَلَى وَجْهِ الأَرْضِ: النَّاسَ، وَالْبَهَائِمَ، وَالدَّبَّابَاتِ، وَطُيُورَ السَّمَاءِ. فَانْمَحَتْ مِنَ الأَرْضِ. وَتَبَقَّى نُوحٌ وَالَّذِينَ مَعَهُ فِي الْفُلْكِ فَقَطْ. وَتَعَاظَمَتِ الْمِيَاهُ عَلَى الأَرْضِ مِئَةً وَخَمْسِينَ يَوْمًا.

وهنا يتحوَّل التركيز من الدّاخل، أيّ من داخل الفلك، إلى خارجه. فبعد أن أغلق الرّب على نُوح وأسرته، يأتي الرّب ليحقق الدّينونة الّتي تكلَّم عنها. يرى بعضهم أنَّ هُنَاك تشابهًا بَيْنَ تَكْوِين ٣ وتَكْوِين ٧، بَيْنَ الْجَنَّة والفلك، وبين خارج الْجَنَّة وخارج الفلك. فداخل الْجَنَّة يُشْبِه داخل الفلك حَيْثُ الخلاص والأمان والحمايّة من الكوارث، بينما خارج الْجَنَّة يشبه خارج الفلك حَيْثُ الْمَوْت والدّمار. تُؤكِّد هذه الحقيقة الرّائعة أنَّ خلاصنا وفداءنا مرتبط بعلاقتنا بالله، وينبغي لنا أن نقبل ما أَعَدَّه لخلاصنا بفرح وشكر من الْمَوْت والهلاك. هذا هُوَ شخص الرّب يَسُوع الْمَسِيح، فَمَنْ له الابن له الحياة ومَنْ لَيْسَ له الابن فليست له حياة.

**وكانَ الطّوفانُ أربعينَ يَوْمًا على الأرض הַמַּבּוּל**، يُؤكِّد الوحي هُنَا الحقيقة التى قِيلَتْ في الآيَة ١٢، ويسترسل في وصف ما حدث. فالطّوفان كان أربعين يَوْمًا على الأرض، ونتيجة لهذا يذكر الْكَاتِب ثلاث نتائج مُباشرة لنزول المطر وَهِيَ (١) تكاثُر المياه على الأرض، (٢) رفع المياه للفلك عن الأرض، (٣) تعاظُم المياه وتكاثُرها جدًا على الأرض.

والكلمة المفتاحيّة هُنَا هِيَ «**تعاظمت וַיִּגְבְּרוּ**»، وَهِيَ مشتقة من الْفِعْل «**גבר، جِبير**» والّذي يُشِيرُ إلى الانتصار في المعركة.[11] فالمياه تشبه العدو الّذي يهجم ويقتحم خليقة الله فلا يترك إلا الدّمار والخراب والموت. ولهذا تقول الآيَة ٢١ «فَمَاتَ كُلّ ذِي جَسَدٍ كان يَدِبُّ عَلَى الأرض مِنَ الطّيُورِ وَالْبَهَائِمِ وَالْوُحُوشِ، وكُلّ الزّحَّافَاتِ الّتي كَانَتْ تَزْحَفُ عَلَى الأرض، وَجَمِيعُ النّاسِ». يُؤكِّد الوحي هذه الحقيقة بتكرار كلمات مثل «كُلّ» و «جميع»

11. Koehler, L., Baumgartner, W., Richardson, M. E. J., & Stamm, J. J. *The Hebrew and Aramaic lexicon of the Old Testament*, 175.

الأصحاح السابع: نوح يدخل الفلك ٣٠١

والـتي ذُكِـرَتْ ٨ مَـرّات (في النّـص العبـريّ) في الآيـات ١٩-٢٣، إضافـة إلى عبـارة «وتَبَقَّـى نُـوح والّذيـن معـه في الفلـك فقـط» (٧: ١٩، ٢١، ٢٢، ٢٣)، ممّـا يُؤكِّـد أن الطّوفـان تسبّـب في الدّمـار الكامـل والشّامـل للخليقـة ومَـوْت كُلّ الكائنـات والطّيـور والبهائـم والوحـوش والزّحافـات وجميـع النّـاس.

خمسَ عشرةَ ذراعًا في الارتفاع، ارتفعت المياه وتعاظمت فَـوْقَ قمم الجبـال الشّامخـة «خمـسَ عشـرةَ ذراعًا» أيّ مـا يسـاوي تقريبـا ثمانيّـة أمتـار، وهـو العمـق الّذي يحتاجـه الفلـك حتـى لا يصطـدم برؤوس الجبـال. فالطوفان شمـل الكـون كلـه، ولئـلا يعتـرض المشككون قـال الـوحي الإلهـي «تَحْـتَ كُلِّ السَّمَـاءِ» كان علـو الميـاة فـوق أعلـى قمـةٍ في تلـك المنطقـة وهي قمـة جبل أراراط (٨: ٤)، الـتى يبلـغ ارتفاعهـا حـوالي ٥٦٦٠ مـترًا. أخبـر الله نُوحـا في بدايـة الأمـر «فَهَـا أَنَـا آتٍ بِطُوفَـانِ الْمَـاءِ عَلَى الأرض لأُهْلِـكَ كُلَّ جَسَـدٍ فِيهِ رُوحُ حَيَاةٍ مِنْ تَحْتِ السَّمَاءِ. كُلُّ مَـا في الأرض يَمُـوتُ» (٦: ٢١)، وأَمَّـا هُنَـا في الأصحـاح السّـابع، وبعـد مـجيء الطّوفـان يُؤكِّـد الـوحي الإلهـيّ أنَّ الله قـد نفّـذ كلامـه بالضّبـط وأنَّ الْمَـوْت شمـل «كل ذي جسـد» و «كل مـا في أنفـه نسـمة روح حيـاة مـن كُلّ مـا في اليابسـة»، و «كل قائـم كان على وَجْـه الأرض» - كُلّ هـذا «مـات»، «محـاه الله». إِنَّهـا الدّينونـة الإلهيّـة الّـتي لم يتوقَّعهـا الإنْسَـان الّذي لـم يأخـذ كلام الله مـن خـلال نُـوح مأخـذ الجـد. لقد عاش النّـاس في خطايـاهم واعتقـدوا أنَّ الله لـن يدينهـم على هـذه الخطايـا. فعندمـا حَذَّرهـم نُـوح لـم يسـتجيبوا لكلامـه، بـل استخفـوا بـه. إِنَّهـا قُـدْرَة إبليس على خـداع الإنْسَـان فتكـون النّتيجـة هلاكـه. لقد صنـع إبليـس هـذا مـع حَـوَّاء قديمًـا عندمـا قَـالَ لهـا «لـن تموتـا». فأوّل عقيـدة أنكرهـا إبليـس وأقنـع بهـا أبوينـا الأوّليْـن هِيَ عقيـدة إنـكار الدّينونـة الإلهيّـة. وهـا هُـوَ ينجـح مَـرّة

ثانيّة في أيام نُوح فيقنع الخطاة بعدم وجود دينونة وبهذا ينزع مخافة الله من قلوبهم حتى يفعلوا السّيئات والشّرور.

**فانمحت من الأرض، وتبقّى نُوح والّذين معهُ في الفلك فقط** **וַיִּמָּחוּ מִן־הָאָרֶץ וַיִּשָּׁאֶר אַךְ־נֹחַ וַאֲשֶׁר אִתּוֹ**، هُنَا نجد تلخيصًا ومقارنة بَيْنَ حياة الإنْسَان البار وحياة الأشرار، بَيْنَ التقي والفاجر، بَيْنَ المصير الّذي ينتظره كُلّ منهما، واحد منهما «انمحى من الأرض» وآخر «بَقِيَ». يَقُولُ هاملتون Hamilton «يُؤَكِّد استخدام صيغة المبني للمجهول لوصف مصير الفُجّار ومصير نُوح البار بقُوّة أنَّ يهوه (الرّب) يتحكّم في المصير الأبديّ».[١٢] إنَّ خلاص نُوح من هذه الدّينونة هُوَ عمل الله وحده الّذي «أبقاه» وحماه من الطّوفان. لقد قبل نُوح أن يدخل تحت الحمايّة الإلهيّة حتى تَعْبُر الدّينونة.

**وتعاظمت المياهُ على الأرض مِئَة وخمسين يَوْمًا**، لقد ذُكِرَ الرّقم ١٥٠ مرّتيْن، هُنَا وفي تَكْوِين ٨: ٣. وهو يُشِيرُ إلى الفترة الّتي تعاظمت فيها المياه على الأرض حتى غَطّت كُلّ رؤوس الجبال الشّامخة. وبطبيعة الحال، فإنَّ الأربعين يَوْمًا الّتي نزل فيها المطر على الأرض جُزْء من ١٥٠ يومًا، أيّ ٤٠ بالإضافة إلى ١١٠. وَهِيَ حقيقة تُؤكّدها تَكْوِين ٨: ٣-٤، حَيْثُ نقرأ أنَّ الفلك استقر بعد مِئَة وخمسين يومًا، عندما نقصت فيها المياه واستقر الفلك في الشّهر السّابع في الْيَوْم السّابع عشر من الشّهر على جبال أراراط. فالطّوفان بدأ في الشّهر الثّاني واليوم السّابع عشر (٧: ١١)، واستقر الفلك على الجبل في الشّهر السّابع واليوم السّابع عشر، أيّ بعد خمسة أشهر، بحساب أنَّ الشّهر ٣٠ يَوْمًا.

12. Hamilton, *The Book of Genesis Chapters 1- 17*, 297.

## قضايا مرتبطة بالطوفان

### اولاً: تاريخيّة وعالميّة الطُّوفان

تُوجَد عِدَّةُ قضايا مُرتبطة بحادثة الطُّوفان كما سَجَّلَها لنا سِفْرُ التَّكْوِين في الفُصول من ٦-٩. من ضِمْن هذه القضايا، قضيّة تاريخيّة الرِّواية الكتابيّة، بمعنى قضيّة العلاقة بين التاريخ واللاهوت. فهل الطُّوفان حادِث تاريخيّ أم أنَّه مُجرَّد أُسطورة رمزيّة تحمل معنى لاهوتيّ لكن لا أساس للطوفان تاريخيّاً؟ وما هِيَ علاقة الرّواية الكتابيّة عن الطُّوفان بأساطير الشّرق الأدنى القديم التي تتحدَّث أَيْضًا عن طوفان ما؟ إنَّ التفسير غير التاريخيّ للحدث يعتبر أنَّ الطُّوفان هُوَ مُجرَّد أُسطورة رمزيّة لها معنى لاهوتيّ لكن ليس لها أساس تاريخيّ بل «لقد اقتبسها كاتب التوراة من أساطير الشّرق الأدنى القديم».

يُنادي أصحاب هذه النظريّة بأنَّ تَكْوِين ٦- ٩ الذي وَرَدتْ به حادثةُ الطُّوفان هِيَ في الأصل أسطورة رمزيّة ولا ينبغي أن تؤخَذ حرْفيّاً، وهذه الأسطورة أتت من مصدريْن مُختلفيْن وهُمْا المصدر الكهنوتيّ والمصدر اليَهويّ Priestly and Jahwist وقد أُقتُبستْ هذه الحادثة من أساطير الشّرق الأدنى القديم ومن ثقافاته ودياناتِه. إلا أنَّ كاتِب التوراة أضاف إلى الأسطورة ما يُناسِب فكره اللاهوتيّ وفكرته عن الله، وحذف منها ما يتعارض مع إيمانه، وذلك بغرض تقديم فكرة عن تَميُّز إيمان إسرائيل. فسِفْر التَّكْوِين استخدم نفس الأُسلُوب الأُسطوري الأدبيّ والرّمزيّ الّذي كان شائِعاً في ذلك الزمان ليتحدَّث عن يهوه وعن علاقته بالإنسان.

إنَّ أساس رَفْض تاريخيّة الطُّوفان يعتمد على قُبول الأسطورة البابليّة على أنَّها هِيَ الأساس الذي بنى عليه كاتِب التوراة، وأنَّ طبيعة الفصول من تَكْوِين ١-١١ لم تكتب بأُسلُوب تاريخيّ، من وجهة نظرهم طبعاً. والسّبب الثّاني لرفض تاريخيّة الطُّوفان هُوَ رفض كُلِّ ما جاء في الكتاب المُقدَّس ممّا «يتعارض مع النّظريات العلميّة» والرغبة في إعطاء الكتاب طابع لاهوتيّ فقط لتجريد الكتاب من تاريخيته.[١٣] طبعاً إذا كان المشكّكون يرفضون تاريخيّة الآباء، فكم بالحريّ يرفضون وبِشدّة تاريخيّة العصور التي سبقتْ الآباء المُدوَّنة في سِفْر التَكْوِين والفصول ١- ١١.[١٤]

## التفسير التاريخيّ لحادث الطُّوفان

يعتمد هذا التفسير على الأُسلُوب الأدبيّ الّذي كُتبَ به سِفْر التَكْوِين وبالأخص الفصول ١- ١١. هذا الأُسلُوب الّذي يتمحور حول «مواليد» والّتي تُعتبر العمود الفقريّ لكُلِّ سِفْر التَكْوِين بدون استثناء. فكُلّ قِسم من الأقسام الأساسيّة في السِفْر يبدأ وينتهي بعبارة «وهذه مواليد» وهِيَ تُشيرُ إلى الأنسال والمواليد لتُؤكّد على تاريخيّة الأشخاص والأحداث. إنَّ عُلماء كثيرين قاموا بإلقاء الضّوْء على هذا الجُزْء المُهم من كلمة الله ووصلوا إلى اقتناع مفادُه أنَّه ينبغي أن ننظر إليه على أنّه تاريخ صحيح وحقيقيّ.[١٥] إنَّ حادثة الطُّوفان لا بُدَّ أن نراها في ضَوْء القرينة وهِيَ نسل آدم والّذي يبدأ

١٣. هناك عددٌ كبير من اللاهوتيّين المُتحرّرين يرفضون ليس فقط تاريخيّة تَكْوِين ١ -١١ بل تاريخيّة كُلّ سِفْر التَكْوِين، بما في ذلك تاريخيّة الآباء (إبراهيم وإسحاق ويعقوب). يقول فون راد : «إنَّ الفكرة السّاذجة بتاريخيّة هذه الرّوايات واعتبارها قصص ذات مِصداقيّة تاريخيّة عن حياة الآباء لا بُدَّ أن نرفضها». Gerhard Von Rad, *Genesis,* The Old Testament Library, 40.

14. Richard M. Davidson, "The Genesis Flood Narrative: Crucial Issues in the Current Debate" *Andrews University Seminary Studies,* Vol. 42, No. 1, 49-77. See also John P. Smith, The Relation between the Holy Scriptures and some Parts of Geological Science (5th ed.; London H. G. Bohn, 1854).

15. Walter Kaiser Jr., "The Literary Form of Genesis 1- 11," *in New Perspectives on the Old Testament,* ed., J. B. Payne (Waco: Word, 1970), 48- 65. See also J. B. Doukhan, *The Genesis Creation Story: Its Literary Structure,* Andrews University Seminary Dissertation Series, 5 (Berrien Springs: Andrews University Press, 1978), 167-220.

بشيث وحتى نُوح (٥: ٣٢، ٩: ٢٨-٢٩). هذا هُوَ التّرابط التّاريخيّ في الأصل، ولهذا لا بُدَّ أن تكون الرّواية وأبطالُها رِواية تاريخيّة لأنَّ الأشخاص هُم أشخاصٌ تاريخيّون وقد انحدروا من أشخاصٍ تاريخيّين وأنجبوا كذلك أشخاصاً تاريخيّين.

نعم إنَّ الطُّوفان يُقدِّم رسالة لاهوتيّة مُهمّة جِدّاً لكن في إطار تاريخيّ للحَدَث نفسِه، وكُلُّ مُحاولة لفَصْل اللاهوت عن التاريخ هِيَ مُحاولة يائِسة لتجريد النّص الكتابيّ من مِصداقيّته وتحويله إلى أُسطورة.

وتُمثِّل الفُصول ٦-٩ من سِفْر التَكْوين وحدة واحدة مُترابِطة بأُسلُوب أدبيّ بديع، ولهذا فلا يُمكن أن تكون هذه الفُصول قد جاءت من مصدريْن مُختلفيْن كما يدّعي المُشكِّكون في تاريخيتها. يقول كاسيتو Cassuto إنَّ هذه الأصحاحات تُمثِّل وحدة أدبيّة واحدة.[16] ويُؤكِّد أَيْضًا روس Ross أنَّ قِصّة الطُّوفان كُتِبَتْ بِصورة أدبيّة رائعة،[17] كما سبق وأوضحنا في الجدول الذي يبرهن على ذلك (انظر صفحة ٢٩٦).

## ثانيًا: طُوفان عالميّ

ينادي البعض بأنَّ الطُّوفان الّذي حَدَثَ أيام نُوح كان طُوفاناً إقليميّاً لأنّه ارتبط بمنطقة جُغرافيّة مُحدَّدة، أغلب الظّن، كانت هذه المنطقة هِيَ منطقة ما بين النّهريْن وهِيَ المنطقة الواقعة بين نهريّ دجلة والفرات (العراق حالياً). ويرجع السّبب في قَوْلِهم هذا إلى صعوبة قُبول فِكرة فيضان عالميّ يُغطي كُلَّ الأرض من النّاحيّة الجيولوجيّة والإنسانيّة والبيولوجيّة. ويُؤكِّدُ أصحاب هذه النّظريّة على أن لُغة الكتاب المُقدَّس في وصفها للطُوفان لا ينبغي أن تُؤخَذ بصُورة مُطْلقة، بمعنى أن يكون

16. U. Cassuto, *A Commentary on the Book of Genesis*, 2: 30-34.
17. Allen Ross, *Creation & Blessings: A Guide to the Study and Exposition of Genesis*, 191.

الطُّوفـان قـد غطّـى كُلَّ الأرض، لكـن يجـب أن تُؤخَـذ الفكـرة بصُـورة نسـبيّة حيـث إنَّ كُلَّ الأرض هِيَ المنطقـة الـتي غَمَرهـا الطُّوفـان وتأثَّـر بهـا الإنسـان والحيـوان. فالمنطقـة الـتي كان البـشر مُنتشريـن فيهـا كانت بالنّسـبة لهـم هِيَ كُلُّ الأرض. يسـوق أصحـاب هـذا الـرّأي مُشـكلة كـثرة الميـاة الـتي غمـرت الأرض وكيفيّـة التخلُّـص منهـا ويَـروْن أنَّ حـدوث الطُّوفـان كمـا نفهمـه هـو ضربٌ مـن المسـتحيل. كمـا أنَّهـم يفترضـون أن جُيولوجيّـة الأرض لـم تتغـيَّر، مـع العِلـم أنَّـه تُوجَـد دِراسـات كثـيرة اليَـوْم تُؤكِّـدُ أنَّ الأرضَ اجتـازت بكـارثـة عظيمـة غـيّرت التركيبـة الجيولوجيّـة وغـيّرت حـتى مـن الطّبقـات الأرضيّـة.[18]

## بَراهِين كِتابيّة على عَالميّة الطُّوفان

إنَّ القـراءة المُتأنيّـة للنـص الكتـابيّ تُؤكِّـد على عالميّـة الطُّوفـان، فالكلمـة العبريّـة الـتي اُسـتخدمت لتُشـيرَ إلى طُوفـان نُـوح تختلـف عـن الكلمـة الّـتي تُسـتخدم للإشـارة إلى الطُّوفـان الإقليـميّ، فاللُغـة تُؤكِّـد على أنَّـه كان طُوفانـاً عالميّـاً. كمـا أنَّ كلمـة «كُلّ» الـتي اُسـتخدمت مـرّات كثـيرة تُؤكِّـدُ أنَّـه كان حدثـاً تأثَّـرَ بـه كُلُّ البـشر وسـائر الكائنـات والنّباتـات في كُلّ مـكان.

«فَهَـا أَنَـا آتٍ بِطُوفَـانِ الْمَـاءِ عَلَى الأَرْضِ لأُهْلِـكَ **كُلَّ** جَسَـد فِيـهِ رُوحُ حَيَـاةٍ مِـنْ تَحْـتِ السَّـمَاءِ. **كُلُّ** مَـا فِي الأَرْضِ» (٦: ١٧).

18. For more details see D. C. Boardman, "Did Noah's Flood Cover the Entire World? No" *in The Genesis Debate: Persistent Questions about Creation and the Flood,* ed, R. F. Youngblood (Grand Ra"ids: Baker, 1990), 212 – 223; .H, . G. Coffm and R H. Brown, *Origin by Design* (Washington, DC: Review and Herald, 1983); A. M. Rehwinkel, *The Flood in the Light of the Bibb,* Geology, and Archaeology (St Louis: Concordia, 1951); A. A. Roth, "Are Millions of Years Required to Produce Biogenic Sediments in the Deep Ocean?" *Origins* 12 (1985): 48-56; idem, "Catastrophism--Is It Scientific?" *Ministry* 59 (1986): 24-26; idem, "Those Gaps in the Sedimentary Layers," *Origins* 15 (1988): 75-85; idem, *Origins: Linking Science and Scripture* (Hagerstown, MD: Review and Herald, 1998); idem, "The Grand Canyon and the Genesis Flood," in *Creation, Catastrophe, and Calvary* (Hagerstown: Review and Heraid, *W)*9,3- 107; J. C. Whitcomb, *The World That Perished* rev. ed. (Grand Rapids: Baker, 1988); J. C. Whitcomb and H. M. Monis, *The Genesis Flood* (Philadelphia: Presbyterian and Reformed, 1961).

> وَتَعَاظَمَتِ الْمِيَاهُ وَتَكَاثَرَتْ جِدًّا عَلَى الأَرْضِ، فَكَانَ الْفُلْكُ يَسِيرُ عَلَى وَجْهِ الْمِيَاهِ وَتَعَاظَمَتِ الْمِيَاهُ كَثِيرًا جِدًّا عَلَى الأَرْضِ، فَتَغَطَّتْ **جَمِيعُ** الْجِبَالِ الشَّامِخَةِ الَّتِي تَحْتَ **كُلِّ** السَّمَاءِ. خَمْسَ عَشْرَةَ ذِرَاعًا فِي الارْتِفَاعِ تَعَاظَمَتِ الْمِيَاهُ، فَتَغَطَّتِ الْجِبَالُ. فَمَاتَ **كُلُّ** ذِي جَسَدٍ كَانَ يَدِبُّ عَلَى الأَرْضِ مِنَ الطُّيُورِ وَالْبَهَائِمِ وَالْوُحُوشِ، **وَكُلُّ** الزَّحَّافَاتِ الَّتِي كَانَتْ تَزْحَفُ عَلَى الأَرْضِ، **وَجَمِيعُ** النَّاسِ. **كُلُّ** مَا فِي أَنْفِهِ نَسَمَةُ رُوحِ حَيَاةٍ مِنْ **كُلِّ** مَا فِي الْيَابِسَةِ مَاتَ. فَمَحَا اللهُ **كُلَّ** قَائِمٍ كَانَ عَلَى وَجْهِ الأَرْضِ: النَّاسَ، وَالْبَهَائِمَ، وَالدَّبَّابَاتِ، وَطُيُورَ السَّمَاءِ. فَانْمَحَتْ مِنَ الأَرْضِ. وَتَبَقَّى نُوحٌ وَالَّذِينَ مَعَهُ فِي الْفُلْكِ فَقَطْ. (٧: ١٩-٢٣)

هنا يستخدم الكاتب بالروح القُدس- أكثر من وصف للمياة التى غطّت كُلَّ الأرض فيقول إنَّها «تعاظمت» و «تكاثرت جداً» حتى إنَّ رؤوس الجبال غطّتها المياة. لقد أدّى ارتفاع المياة إلى مَوْت «كُلِّ» ذي جسد وكُلِّ الزّحافات وكُلِّ ما في أنفه نسمة حياة، حتى إنَّ كُلَّ ما في اليابسة مات. إنَّ الكلمة العبريّة «كُلّ» وَرَدتْ ٨ مرّات في تَكْوين ٧: ١٩-٢٣، حتى لا يترك الكاتب مكاناً للشك في أنَّ الطُّوفان أدّى إلى مَوْت كُلِّ ما في أنفه نسمة حياة.

فَتَغَطَّتْ **جَمِيعُ** الْجِبَالِ الشَّامِخَةِ.

تَحْتَ **كُلِّ** السَّمَاءِ.

فَمَاتَ **كُلُّ** ذِي جَسَدٍ كَانَ يَدِبُّ عَلَى الأَرْضِ مِنَ الطُّيُورِ وَالْبَهَائِمِ وَالْوُحُوشِ،

**وَكُلُّ** الزَّحَّافَاتِ الَّتِي كَانَتْ تَزْحَفُ عَلَى الأَرْضِ، **وَجَمِيعُ** النَّاسِ.

**كُلُّ** مَا فِي أَنْفِهِ نَسَمَةُ رُوحِ حَيَاةٍ

مِنْ **كُلِّ** مَا فِي الْيَابِسَةِ مَاتَ.

فَمَحَا اللهُ **كُلَّ** قَائِمٍ كَانَ عَلَى وَجْهِ الأَرْضِ:

## أوصاف الفُلْك تُؤكِّدُ حدوث طُوفانٍ عالميّ

إنَّ الكلمة «تابوت/ فلك תֵּבָה»، و تنُطق «تِبَات» - وَرَدتْ في سِفْر التَكْوِين أربعة عشرة مَرَّة، سبع مَرّات منها في إرشاداتِ اللّٰه لنُوح بخُصوص الفُلك، وسبع مَرّات بعد حدوث الطُّوفان والتقرير عن انخفاض المياه. ولقد وَرَدت هذه الْكَلِمة خارج سِفْر التَكْوِين مَرَّة واحدة، في سِفْر الخُروج؛ فعندما شعرت أم مُوسَى أَنَّها لا تستطيع أن تخبئ الصّبي بعد «أَخَذَتْ لَهُ سَفَطًا مِنَ الْبَرْدِيِّ وَطَلَتْهُ بِالْحُمَرِ وَالزِّفْتِ، وَوَضَعَتِ الْوَلَدَ فِيهِ» (٢: ٣). كانت أبعاد الفلك كالآتي: الطُّول ١٥٧ مترًا، والعَرْض ٢٣ مترًا، والارتفاع ١٤ مترًا. إنَّ فُلْكاً بهذا الحجم يمكن أن يحمل ٤٣ ألف طن، حَيْثُ تبلغ مساحته ٥٠ ألف متر مربع ويُمكن لهذه المساحة أن تَسَع كميّة هائلة من الحيوانات والطّيور لمدة طويلة. هذه الأوصاف والقياسات لحجم الفُلك يتعارض مع القَوْل بأنَّ الطُّوفان كان إقليميّاً.[١٩]

## الغرض من الفُلْك يُؤكِّد الطُّوفان كان عالمياً

الغرض من الفُلك هُوَ استبقاء نسل على وَجْه الأرض، وَقَالَ الرّبُّ لِنُوحٍ:

> ادْخُلْ أَنْتَ وَجَمِيعُ بَيْتِكَ إِلَى الْفُلْكِ، لأَنِّي إِيَّاكَ رَأَيْتُ بَارًّا لَدَيَّ فِي هذَا الْجِيلِ. مِنْ جَمِيعِ الْبَهَائِمِ الطَّاهِرَةِ تَأْخُذُ مَعَكَ سَبْعَةً سَبْعَةً ذَكَرًا وَأُنْثَى. وَمِنَ الْبَهَائِمِ الَّتِي لَيْسَتْ بِطَاهِرَةٍ اثْنَيْنِ: ذَكَرًا وَأُنْثَى. وَمِنْ طُيُورِ السَّمَاءِ أَيْضًا سَبْعَةً سَبْعَةً: ذَكَرًا وَأُنْثَى. لاسْتِبْقَاءِ نَسْلٍ عَلَى وَجْهِ كُلِّ الأَرْضِ (تَكْوِين ٧: ١- ٣)

19. See Gerhard F. Hasel, "Some Issues Regarding the Nature and Universality of the Genesis Flood Narrative," 92-93. See also Michael A. Grisanti, "MabbGl," NIDOTI'E, ed. W. A. Van Gerrnem (Grand Rapids: Zondervan, 1997), 2: 835,836; Walter C. Kaiser, Jr., "The Literary Form of Genesis 1:11," in *New Perspectives on the Old Testament,* ed. J. Barton Payne (Waco: Word, Inc., 1970); W. G. Lambert and A. R. Millard, *Atrahasis: The Babylonian Story of the Flood* (Oxford: University Press, 1969); H. C. Leupold, *Exposition of Genesis* (Grand Rapids, MI: Baker Book House, 1956); Jack P. Lewis, *A Study of the Interpretation of Noah and the Flood in Jewish and Christian Literature* (Leiden: E. J. Brill, 1968).

طبعا فُلك بِهذا الحجم مليءٌ بهذا الكَم الهائل من الحيوانات والطّيور لم يكن له ضرورة لو كان الطُّوفان إقليميّاً، لأنَّه لو ماتت الحيوانات الإقليميّة في منطقة ما لكان يُوجَد نظائرها وأكثر في أماكنَ أُخرى. إلا أنَّ كلمة الله تُؤكِّد أنَّ الإنسان والحيوانات والطّيور دخلت إلى الفلك لاستبقاء نسل على وجْهِ كُلِّ الأرض، وهذا يتماشى مع قَوْل الرّب في الفصل السّادِس «فَهَا أَنَا آتٍ بِطُوفَانِ الْمَاءِ عَلَى الأَرْضِ لأُهْلِكَ كُلَّ جَسَدٍ فِيهِ رُوحُ حَيَاةٍ مِنْ تَحْتِ السَّمَاءِ. كُلُّ مَا فِي الأَرْضِ يَمُوتُ» (١٧).

### فترة الطُّوفان تُؤكِّدُ أنَّه كان عالمياً

لقد «انْفَجَرَتْ كُلُّ يَنَابِيعِ الْغَمْرِ الْعَظِيمِ، وَانْفَتَحَتْ طَاقَاتُ السَّمَاءِ. وَكَانَ الْمَطَرُ عَلَى الأَرْضِ أَرْبَعِينَ يَوْمًا وَأَرْبَعِينَ لَيْلَةً» (٧: ١١-١٢)، وتكاثرت المياة جِدّاً على الأرض إلى درجة أنَّ جميع الجبال الشّامخة تغطّت (٧: ١٧-٢١). لقد تغطّت الجبال بعد خمسة أشهر من بداية الطُّوفان وبدأت تتراجع بعد الشّهر السّابِع (٨: ٣-٤) حتى إنَّ الفلك استقر على جبال أراراط وأخذت المياة في النُّقصان حتى الشّهر العاشِر حين ظهرت رؤوس الجبال. أخيراً يبستْ الأرض بعد سنة وعشرة أيام فاستطاع نُوح ومن معه أن يخرجوا من الفلك. قطعاً الفيضانات الإقليميّة لا تأخذ كُلّ هذه الفترة الزمنيّة الطّويلة. كما أنَّ المكان الذى استقر عليه الفُلك يتعارض مع فكرة الطُّوفان الإقليميّ، فالطُّوفان الإقليميّ في منطقة ما بين النّهريْن تتحرك فيه المياة من الشّمال إلى الجنوب حتى تصل إلى الخليج الفارسيّ، لكن استقرار الفلك في اقصى الشّمال يعنى أنَّ الفُلك تحرّك من الجنوب إلى الشّمال، وهذا دليلٌ آخر على حُدوث تدفُّق هائل للمياه نحو شمالاً.

## الأساطير البابليّة عن الطُّوفان

يُؤكِّدُ تاريخيّة الطُّوفان وحدوثه عالميّاً انتشارُه في كُلّ أساطير وثقافات العالم. والسّؤال الّذي يطرح نفسه هُوَ لماذا اتّفقتْ مُعْظَم الثّقافات والحضارات على حدوث الطُّوفان؟ لقد اتّفقتْ جميعُها في سبب حدوث الطُّوفان، وفي الشّخص الواحِد الّذي أنقذه الرّب هُوَ وعائلته. واتّفقت أَيْضًا على أنَّ كُلَّ سُكان العالمِ الحاليّين قد انحدروا منه. أليس هذا دليلاً على حدوثه بصورة أثّرتْ في كُلِّ الشّعوب والأجناس الّتي عاشت بعد ذلك؟ أولاد نُوح الثّلاثة وأُسرهم كانوا شُهودَ عيان لهذا الحدث ولأنَّ كُلَّ الشُّعوب والألسنة خرجت منهما فمن المؤكّد أنَّ الرّواية تناقلتها الأجيال، وبسبب بُعْد الشّعوب عن الله الحقيقيّ وكذا بسبب عبادة الأوثان ربطوا هذه الرّواية وذلك الحدث بالآلهة الّتي يتعبَّدون لها. لكن الحقيقة التى لا يمكن أن ينكرها أحد أنَّ وجود رواية للطُوفان في أنحاء كثيرة من العالم يُؤكّد حُدوثه لا ينفيه.[20] إنَّ تنوُّع الشّعوب والثّقافات واتّفاقهم على قِصّة واحدة يُؤكّد صِحّتها تماماً.

20. Alexander Heidel, *The Gilgamesh Epic and Old Testament Parallels* (Chicago: University of Chicago Press, 1946); Thorkild Jacobsen, "The Eridu Genesis," *JBL* 100(1981):513-529.

## بَراهِين جُيولوجيّة

١. ظاهـرة الترسـيب المقلـوب لطبقـات الأرض: مـن المفـترض أنَّ الصُّخـور الأقـدم تقبـع أسـفل الصُّخـور الأحـدث، ولكـن عُلَمـاء الجُيولوجيـا في أماكـن عديـدة اكتشـفوا أنَّ الصُّخـور الأحـدث تُوجـد أسـفل الصّخـور الأقـدم ممّـا يُؤكِّـدُ حُدوث انقـلاب في القـشرة الأرضيّـة Upheaval

٢. وجـود حيوانـات ونباتـات مُتحجِّـرة لـم تتحلّـل يُؤكِّـد أنَّ هـذه الحيوانـات والنّباتـات ماتـت ودُفنـت بسرعـة تحـت طبقـات الأرض وهِيَ حيّـة. مِثـالٌ على ذلـك مقابـر فَـرَس النّهـر بصقليّـة، ومقابـر الخَيْـل بفرنسـا، والأفيـال بسـيبيريا في القضـب الشّـماليّ. فلقـد عـثر عُلَمـاء الجُيولوجيـا على رواسـب في جميع أنحـاء العالم تحـوي على حيوانـات ونباتـات مُتحجِّـرة في مناطـقَ جُيولوجيّـة مُتعـدِّدة.. وتحتـاج هـذه الكائنـات إلى سُرعـة نَقْـل ودَفْـن قبـل التحلُّـل، وهـذا يحـدث في الفيضانـات الشّـديدة.. وقد عـثر العلمـاء حديثـاً، في جبـال روكي الحاليّـة، على حيوانـات مفصليّـة مـن ذوات الثّلاثـة فصـوص محفوظـة مُتحجِّـرة، ووجدوا حـشرات مُتحجِّـرة ومحفوظـة دون أيّ أثـر لتحلُّلهـا، وهـذا يُـوحي بأنَّهـا لـم تمـتْ مَوْتـاً بطيئـاً بـل بسـبب كارثـة مُفاجِئـة مثـل فيضـان عظيـم.

٣. انتشـار الطّبقـات الرّسـوبيّة في أنحـاء العالـم: يترتـب دائمـاً على حُـدوث الفيضانات تَكْوِيـن طبقـات رُسـوبيّة. وقـد اكتشـف العُلَمـاء وجـودَ طبقـاتٍ رسـوبيّة في كُلِّ بقـاع المسـكونة ممّـا يُؤكِّـد حُـدوث كارثـة عالميّـة غطّـت كُلَّ الأرض.

٤. الأسـماك المُتحجِّـرة ومحـارات القواقـع البحريّـة والأسـماك الصّدفيّـة الّـتي وُجـدتْ على قِمـم جبـال افريسـت وأراراط وغيرهـا مـن الجبـال. وهـذا يعتـبر دليـلاً مـن الأدلـة الجُيولوجيّـة القويّـة على حـدوث الطُّوفان. فعندمـا تسـلَّقَ الجُيولوجيّـون جبـل أراراط اكتشـفوا على القمـة أصدافـاً بَحَريّـة، كمـا تَـمَّ اكتشـاف بُحيرتـيْن مالحتـيْن في المناطـق المُجـاوِرة لجبـل أراراط (بسـبب انحسـار ميـاه المحيطـات الّـتي غمـرت الجبـال وبقـاء بعـض الميـاه على هيئـة بُحيرة مُغلَقـة). وبُحـيرة فـان Lake Van في شرق تركيـا وأَيْضًـا بحـيرة أورميـا Urmia Lake في إيـران نموذجـان لتلـك الحقيقـة.

## براهين ضِدّ الطُّوفان الإقليميّ

- إذا كان الطُّوفان إقليميّاً فلم يكن هناك داعٍ لأنْ يأمر الله نُوحاً ببناء الفُلك، كان يكفي أن يأمر الرّبُّ نُوحاً بأن يترك المكان ويذهب إلى أحد الجبال أو المرتفعات. لقد فعل الله ذلك مع لوط عندما أحرق سدوم وعمورة وأمسك الملاكان بيد لوط ليهرب إلى مكان آمن (تَكوين ١٩).
- إذا كان الطُّوفانُ إقليميّاً فما الدّاعي لأن يأخذ نُوح زوجاً من كُلِّ الحيوانات إلى الفلك؟ ألم يكن من الأسهل أن يترك نُوح -بل الحيوانات- المنطقة بالكامِل ليذهب إلى مكان آخر أكثر أماناً؟!
- لماذا أمر الرب نوحاً أن يصنعَ هذا الفُلك ذا الحجم الهائل، أليس ليَسَع كُلَّ الحيوانات؟! فغرض الله من الفُلك هُوَ أن يُنقذ الله نُوحاً وأُسرته وكُلَّ الحيوانات.
- لماذا أخذ نُوح الطّيور معه إذا كان الطُّوفان إقليميّاً؟ يمكن للطّيور أن تُهاجر من بلد إلى بلد ومن قارة إلى قارة أُخرى.
- إذا كان الطُّوفان إقليميّاً، فكيف ارتفعت المياة فوق الجبال الشامخة خمس عشرة ذِراعاً في الارتفاع (٧: ٢٠)؟!
- الطُّوفان الإقليميّ لا تتعاظم مياهه لمدة ١٢٠ يَوْم ولا تأخذ الأرض سنة تقريباً حتى تَجِفَّ.
- لو كان الطُّوفان إقليماً لكانت الدّينونة إقليميّة ويكون مجيء المسيح ثانية ودينونته أَيْضًا إقليميّيْن (مَتَّى ٢٤: ٣٧-٣٩ وبُطرُس الثّانية ٣: ٣ -٧).
- لو أنَّ الطُّوفان كان إقليميّاً لما احتاج الله أن يَعِدَ نُوحاً بعدم تكرار حدوثه ثانية (٩: ١١- ١٦).

الأصحاح السابع: نوح يدخل الفلك ─────────── ٣١٣

## شِهادةُ الْعَهْد الْجَدِيد

وَكَمَا كَانَتْ أَيَّامُ نُوحٍ كَذَلِكَ يَكُونُ أَيْضًا مَجِيءُ ابْنِ الإِنْسَانِ. لأَنَّهُ كَمَا كَانُوا فِي الأَيَّامِ الَّتِي قَبْلَ الطُّوفَانِ يَأْكُلُونَ وَيَشْرَبُونَ وَيَتَزَوَّجُونَ وَيُزَوِّجُونَ، إِلَى الْيَوْمِ الَّذِي دَخَلَ فِيهِ نُوحٌ الْفُلْكَ، وَلَمْ يَعْلَمُوا حَتَّى جَاءَ الطُّوفَانُ وَأَخَذَ الْجَمِيعَ، كَذَلِكَ يَكُونُ أَيْضًا مَجِيءُ ابْنِ الإِنْسَانِ (مَتَّى ٢٤: ٣٧-٣٩ ولُوقا ١٧: ٢٧)

لأَنَّهُ إِنْ كَانَ اللهُ لَمْ يُشْفِقْ عَلَى الْعَالَمِ الْقَدِيمِ، بَلْ إِنَّمَا حَفِظَ نُوحًا ثَامِنًا كَارِزًا لِلْبِرِّ، إِذْ جَلَبَ طُوفَانًا عَلَى عَالَمِ الْفُجَّارِ (بُطْرُس الثانية ٢: ٤-٥)

لأَنَّ هذَا يَخْفَى عَلَيْهِمْ بِإِرَادَتِهِمْ: أَنَّ السَّمَاوَاتِ كَانَتْ مُنْذُ الْقَدِيمِ، وَالأَرْضَ بِكَلِمَةِ اللهِ قَائِمَةً مِنَ الْمَاءِ وَبِالْمَاءِ، لِلَّوَاتِي بِهِنَّ الْعَالَمُ الْكَائِنُ حِينَئِذٍ فَاضَ عَلَيْهِ الْمَاءُ فَهَلَكَ (بُطْرُس الثانية ٣: ٥-٦)

إِذْ عَصَتْ قَدِيمًا، حِينَ كَانَتْ أَنَاةُ اللهِ تَنْتَظِرُ مَرَّةً فِي أَيَّامِ نُوحٍ، إِذْ كَانَ الْفُلْكُ يُبْنَى، الَّذِي فِيهِ خَلَصَ قَلِيلُونَ، أَيْ ثَمَانِي أَنْفُسٍ بِالْمَاءِ (بُطْرُس الثانية ٣: ٢٠)

بِالإِيمَانِ نُوحٌ لَمَّا أُوحِيَ إِلَيْهِ عَنْ أُمُورٍ لَمْ تُرَ بَعْدُ خَافَ، فَبَنَى فُلْكًا لِخَلاَصِ بَيْتِهِ، فِيهِ دَانَ الْعَالَمَ، وَصَارَ وَارِثًا لِلْبِرِّ الَّذِي حَسَبَ الإِيمَانِ (عِبْرانيّين ١١: ٧).

## عِدَّة حقائق يُؤَكِّدُها الرّب يَسُوع والْعَهْد الْجَدِيد:

١.  الطُّوفان أخذ الجميع!

٢.  الله لم يُشْفِق على العالم القديم.

٣.  كان نوح ثامناً كارزاً للبِرّ.

٤.  العالم القديم فاض عليه الماء فهلك.

٥.  بنى نُوح الفُلك الَّذي فيه خلص قليلون؛ أيّ ثماني أنفس.

٦.  كُلُّ ما عمله نُوح إنَّما عمله بالإيمان.

٧. الطُّوفان كان دينونة الله على العالم الشرير، والفُلك كان لخلاص بيت نُوح.
٨. كما حدث الطُّوفان تاريخيّاً وعالميّاً سيكون مجيء المسيح للدينونة تاريخيّاً وعالميّاً.
٩. كما كان النّاس في العالم القديم غير مُبالين وغير مُستعدين لمجيء الدّينونة، هكذا سيكون العالم عن مجيء المسيح ثانية.

إنَّ استخدام الرّب يسوع، ومن بعده التلاميذ، لحادثة الطُّوفان كرمز لما سوف يحدث عند مجيء الرّب يسوع ثانية للدينونة يتطلّب أن يكون الطُّوفان ليس فقط حدثاً تاريخيّاً بل حدثاً عالميّاً أَيْضاً.[21]

21. John C. Whitcomb and Henry M. Morris, *The Genesis Flood: The Biblical Record and Its Scientific Implications* (Philadelphia: Presbyterian and Reformed Publishing Company, 1961); Ronald Youngblood, ed., *The Genesis Debate: Persistent Questions About Creation and the Flood* (Grand Rapids: Baker Book House, 1990).

## ثالثاً: حَجْم الْفُلك

يتساءل البعض: «كيف يمكن للفُلك أن يَسَع هذا الكَم الهائِل من الحيوانات وبالأخص الحيوانات الضّخمة منها كالدّيناصورات والأفيال وللإجابة نقول إنَّ القياسات الّتي أعطاها الرّبُّ لنُوح هِيَ كالآتي: طوله ١٣٣ متراً، وعرضة ٢٢ مترًا، وارتفاعه ١٣ مترً. وكان حجْم الفُلك الدّاخليّ كان ٤٦ ألف متر مكعَب. وكان الفُلك مُؤلَّفاً من ثلاث طبقات، حيث كان ارتفاع كُلِّ طابق خمسة أمتار، وكُلّ طابِق مُؤلَّف من مساكن «غرف» مُتعدِّدة. إنَّ فُلكاً بهذا الحجم الضّخم يُمكنه أن يَسَع أكثر من ٥٢٢ شاحنة ضَخْمة، قِطار طُوله خمسة أميال أو أكثر ومساحة أرضيّة في الثّلاث طبقات مقدارها ٤٦ ألف متر مُربَّع أيّ أكثر من ٢١ ملعب كرة قدم! إنَّ مساحةً بهذه الضّخامة تستوعِب أكثر من ١٢٥ ألف خروف.

أمَّا الحيوانات المُراد إدخالها في الفلك هِيَ زوج من كُلِّ جنس Genus وليس من كُلِّ نَوْع Species والمعروف أنَّ الجِنس أشمل من النُّوع، فالجنس يشمل كثيراً من الأنواع، فالقطط «كجنس» تشمل أنواعاً كثيرة جِدّاً وكذلك الكلاب أيضاً. كما أنَّ الحيوانات الّتي لها جِنس واحد، حتى لو اختلفت أنواعُها، يُمكن أن تتزاوج وتُنجِب أنواعاً مُختلِفة (من نفس الجنس).

وتُوجَد اليوم حوالي ١٨ ألف فصيلة من الكائنات الّتي تعيش على الأرض. وهذا العدد كان من الممكن أن يكون مُضاعفاً لولا انقراض الكثير من الحيوانات. فإذا قُلنا إنَّ فصائل الكائنات أيام نُوح كانت ٣٦ ألف فصيلة وأن اثنيْن من كُلِّ فصيلة دخلا الفُلك، يكون المجموع ٧٢ ألف مخلوق وهو عدد منطقيّ بالنّسبة إلى حجم الفلك الّذي يُمكنه أن يَسَع أكثر من ١٢٥ ألف خروف، أيّ أنَّ المساحة التي اُستخدمت من

حجم الفُلك هِيَ تقريباً ٦٠ بالمئة. أمَّا البهائِم الضّخمة كالدّيناصورات فأغلب الظّن أنَّ نوح اخذ الصغار منها. المساحة الباقية كانت تكفي لطعام على مدى السّنة.

## الْأصحاح الثّامِن

# نُوح وأُسرته داخِل الفُلك

ينتقل التركيز الآن ليكون على نُوح ومَنْ معه في الفلك. فنقطة التحوّل جاءت إلى نُوح مع التدخُّل والفعل الإلهيّيْن «ثم ذكر إلوهيم نُوحا». فالمياه العظيمة الّتي ملأت الأرض وارتفعت لتُغطي قِمم الجبال تسبّبت في مَوْت كُلّ ذي جسد كان يدِبُّ على الأرض من الطّيور والحيوانات والبهائم والبشر «فمحا اللّٰه كُلّ قائِم كان على وَجْه الأرض» (٧: ٢٣)، وتَبَقّى نُوح والّذين معه في الفلك. وينتقل كاتِب السّفْر بالرّوح القدس ليركّزَ الآن على ما بعد دمار الأرض ومَوْت كُلّ مَنْ عليها، إلى البقيّة الباقيّة والنّاجيّة من الطّوفان والموجودة داخل الفلك. لقد رأى نُوح ومَنْ معه الْمَوْت بأعينهم وأبصروا الهلاك وهو يُحْدِق بكل من حولهم من البشر والحيوانات والطّيور. فالأرض اجتازت في أكبر حادث مأساويّ يُعْلِن عن غضب اللّٰه. لكن اللّٰه في محبته ورحمته عَظَّمَ عَمَلَه مع نُوح ومَنْ معه وخَلّصهم من مَوْت مُحقَّق، فانتهى الطّوفان وجَفّتْ

الأرض الّتي ستبدأ مرحلة جديدة، خليقة جديدة، وإِنْسَانيّة جديدة مع نُوح وأُسرته.

## تراجُع مياه الطّوفان (تَكْوِين ٨: ١ – ٥)

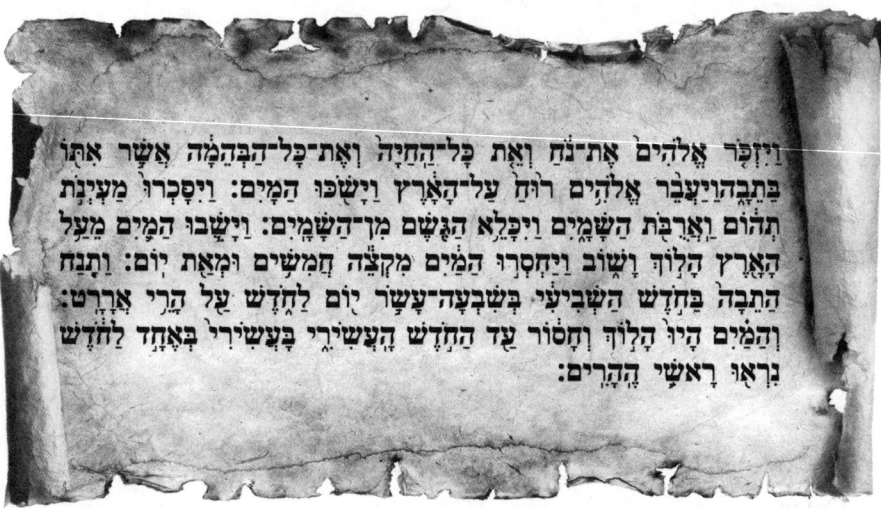

וַיִּזְכֹּר אֱלֹהִים אֶת־נֹחַ וְאֵת כָּל־הַחַיָּה וְאֶת־כָּל־הַבְּהֵמָה אֲשֶׁר אִתּוֹ
בַּתֵּבָה וַיַּעֲבֵר אֱלֹהִים רוּחַ עַל־הָאָרֶץ וַיָּשֹׁכּוּ הַמָּיִם׃ וַיִּסָּכְרוּ מַעְיְנֹת
תְּהוֹם וַאֲרֻבֹּת הַשָּׁמָיִם וַיִּכָּלֵא הַגֶּשֶׁם מִן־הַשָּׁמָיִם׃ וַיָּשֻׁבוּ הַמַּיִם מֵעַל
הָאָרֶץ הָלוֹךְ וָשׁוֹב וַיַּחְסְרוּ הַמַּיִם מִקְצֵה חֲמִשִּׁים וּמְאַת יוֹם׃ וַתָּנַח
הַתֵּבָה בַּחֹדֶשׁ הַשְּׁבִיעִי בְּשִׁבְעָה־עָשָׂר יוֹם לַחֹדֶשׁ עַל הָרֵי אֲרָרָט׃
וְהַמַּיִם הָיוּ הָלוֹךְ וְחָסוֹר עַד הַחֹדֶשׁ הָעֲשִׂירִי בָּעֲשִׂירִי בְּאֶחָד לַחֹדֶשׁ
נִרְאוּ רָאשֵׁי הֶהָרִים׃

وذكرَ إلوهيم نُوحا وكُلّ الحيوانِات وكُلّ البهائم الّتي معَهُ في الفلك. وأجاز إلوهيم ريحًا على الأرض فسكَنَت المياه. وسُدَّت ينابيعُ الغمرِ، وكوى السّماوات، فمُنِعَ المطرُ من السّماوات. وتَراجَعت المياه من على الأرض ذهابا وتراجُعًا، وانحسرت المياه بعد انقضاءِ مِئَة وخمسين يومًا. واستقرَّ التابوتُ في الشّهرِ السّابع في الْيَوْم السّابعَ عشرَ من الشّهرِ على جبلِ أراراطَ. والمياه كانت ذهابًا وانحسارًا حتى الشّهرِ العاشرِ، في أَوّل الشّهرِ ظهرت رؤوسُ الجبالِ..

ثُمَّ ذكرَ إلوهيم וַיִּזְכֹּר אֱלֹהִים تُعَدُّ هذه العبارة الصّغيرة مفتاح قِصّة الطّوفان كلها، بل قلبها. فالنّص الْكِتَابِيّ يَقُولُ إنَّ الله «ذكر نُوحاً»، ولم يقل أَنَّه ذكر بِرّ نُوح أو طاعته، لأَنَّه لو قَالَ ذلِكَ لكان خلاص نُوح مبنيًا على بِرّه وتقواه الشّخصيّيْن، وهذا غير صحيح. فالخلاص هُوَ عمل الله المبني على عدم استحقاق الإِنْسَان. فلا يحمل الْفِعْل «ذَكَرَ، זָכַר» نفس المعنى في اللغة العربيّة أو حتى الإنجليزيّة والتي تُشِيرُ فيها الْكَلِمة

إلى الْقُـدْرَة العقليّـة على اسـترجاع مـا قـد نُـسيَ. فَهُـوَ لا يعـني هُنَـا أنَّ الله قـد نـسي نُوحـا والآن قـد تَذَكّـرَهُ أو افتكـر بـه. فحاشـا للـرب أن ينـسى! لكـن المقصـود مـن هـذه العبـارة هُـوَ أنَّ الله تدخّـلَ ليعمـل على إخـراج نُـوح ومَـنْ معـه إلى بَـرّ الأمـان في الوقـت المُناسِـب. فعندمـا يذكـر الله إنْسَـاناً، فهـذا يعـني أنَّ الله تدخّـل بنعمتـه لينقـذ ويخلـص هـذا الإنْسَـان مـن الْمَـوْت (تَكْوِيـن ٨: ١) أو مـن العُقْـم وعـدم الإنجاب «وَذَكَـرَ اللهُ رَاحِيـلَ، وَسَـمِعَ لَهَـا اللهُ وَفَتَـحَ رَحِمَهَـا، فَحَبِلَـتْ وَوَلَدَتِ» (تَكْوِيـن ٣٠: ٢٢). (انظـر أَيْضًـا تَكْوِيـن ٩: ١٤-١٥، ١٩: ٢٩، ٣٠: ٢٢، خُـروج ٢: ٢٤، ٦: ٥، ٣٢: ١٣، صموئيـل الْأَوَّل ١: ١٩، قضـاة ١٦: ٢٨، أيـوب ١٤: ١٣، مزمـور ٨: ٤، ٩: ١٢، ٧٤: ١-٣، ٩٨: ٣، ١٠٣: ٨، ١٠٦: ٤٥، ١١١: ٥، إرميـا ١٥:١٥).[١]

يَقُـولُ الْكِتَـاب الْمُقـدَّس إنَّ الله «ذَكَـرَ إبْرَاهِيـم» (تَكْوِيـن ١٩: ٢٩).[٢] فكلمـة «ذكَـرَ» وَرَدَت مقترنـة بـالله كفاعِـل حـوالي ٧٣ مَـرَّة في الْعَهْـد الْقَدِيـم.[٣] وَهِيَ في كُلّ مَـرَّة تُشِـيرُ إلى عمـل الله وتدخُلـه. فلـكي يخلّـص الله نُوحـا ويُخرجـه خـارج الفلـك، تدخّـل بـأنْ «أَجَـازَ رِيحًـا على الأرض» لتجِـفَّ الميـاه وتكـون الأرض مُعَـدّة لنُـوح ومَـنْ معـه للعيـش فيهـا بسـلام. وتترجـم الْكَلِمـة الْعِبْرِيّـة רוּחַ إمَّـا إلى «ريـح» أو «روح» بحسـب القرينـة. فـهي نفـس الْكَلِمـة

1. Bruce K. Waltke, *Genesis: A Commentary*, 140.

٢. انظر أَيْضًا (تَكْوِين ٩: ١٥، ١٩: ٢٩، ٣٠: ٢٢، خُروج ٢: ٢٤، ٦: ٣).

3. Koehler, L., Baumgartner, W., Richardson, M. E. J., & Stamm, J. J. *The Hebrew and Aramaic lexicon of the Old Testament* (1994–2000) (electronic ed., pp. 269–270). Leiden: E.J. Brill; Harris, R. L., Archer, G. L., Jr., & Waltke, B. K. (Eds.). (1999). *Theological Wordbook of the Old Testament* (electronic ed., p. 241). Chicago: Moody Press. 233 occurrences; AV translates as "remember" 172 times, "mention" 21 times, "remembrance" 10 times, "recorder" nine times, "mindful" six times, "think" three times, "bring to remembrance" twice, "record" twice, and translated miscellaneously eight times. 1 to remember, recall, call to mind. 1a (Qal) to remember, recall. 1b (Niphal) to be brought to remembrance, be remembered, be thought of, be brought to mind. 1c (Hiphil). *1c1* to cause to remember, remind. *1c2* to cause to be remembered, keep in remembrance. *1c3* to mention. *1c4* to record. *1c5* to make a memorial, make remembrance (See Strong, J. (1995). *Enhanced Strong's Lexicon*. Woodside Bible Fellowship; Hamilton, Victor P. *"The Book of Genesis Chapters 1-17" in The New International Commentary on the Old Testament* (Grand Rapids: Eerdmans, 1990). 299; and Nahum M. Sarna, *Genesis*. The JPS Torah Commentary (Jerusalem: The Jewish Publication Society, 1989). 56.

المُسْتَخْدَمَة في تَكْوِين ١: ٢ «وروح إلوهيم يرف على وَجْه المياه». ففي الخَلِيقة أو قبل الخَلِيقة كان روح الله يَرِفُ بسُلطان على المياه. وهنا جَفَّفَتِ الرّيح الإلهيّة الّتي أرسلها الله الأرض وبَخّرَت مياه الدينونة الّتي غطّتها. وهنا نرى الله يمارس سُلطانه المطلق على الخَلِيقة كلها. فالإله الّذي أمر ينابيع الغمر بأن تنفجر وطاقات السّماء بأن تنفتح (تَكْوِين ٧: ١١) هُوَ نفسه الّذي أرسل ريحًا على الأرض فهدأت المياه وانسدت ينابيع الغمر وطاقات السّماء. وكيف لا وهو الرّب الخَالِق الّذي قَالَ فكان وأَمَرَ فصار! هُنَا يقف الرّب الإله مُخْتَلِفاً كليّة عن الآلهة البابليّة كما صَوّرتها الأسطورة البابليّة الْقَدِيمة وقت الطّوفان. فآلهة بابل ارتعبت وانزعجت من الطّوفان، وخافت من قُوّة المياه الّتي أطلقتها واضطربت منها لدرجة أنَّ بعض النّصوص البابليّة وصفتها بأنَّها «كانت جبانة كالكلاب الخائفة وتصرخ كالنّساء»[4] وهناك أمر آخر يفصل بَيْنَ الْقِصّة الكتابيّة والأسطورة البابليّة، ألا وهو أنَّ الشّمس لا تلعب أيّ دَوْر في جفاف المياه في الْقِصّة الكتابيّة، بينما في الأسطورة البابليّة فإنَّ الشّمس لها الدّور الْأَوّل والعظيم باعتبارها إلهًا. فبعد الطّوفان - بحسب الأسطورة السّومريّة Sumerian - خرج زيوسودرا Ziusudra من الفلك وسجد أمام أوتيو Utu إله الشّمس الّذي أنار الأرض والسّماء.[5] ويرى كينيس Kenneth أن هبوب الرّياح وانخفاض المياه وانسداد ينابيع الغمر ثُمَّ خطوات خُروج نُوح من الفلك انعكاس لأيام الخَلْق السّتة الأُولى في تَكْوِين ١. ولهذا يرى أنَّ تَكْوِين ٨ يُؤَكّد حقيقة الخَلِيقة الجَدِيدة الّتي بدأت بعد الطّوفان.[6]

4. Nahum M. Sarna, *Genesis*, 57.
5. See James B. Pritchard, *The Ancient Near East in Pictures Relating to the Old Testament*, 44.
6. Kenneth A. Mathews, *Genesis 1-11:26. The* New American Commentary, 383.

ويبين وَيُؤَكِّد الجدول التالي حقيقة الخَلِيقة بعد الطّوفان أَنَّها خليقة جديدة غير تلك المذكورة في تَكْوِين ١.

| اليوم | الخليقة | الشاهد |
|---|---|---|
| الأول | «الأرض» «الغمر» «روح» | ١: ٢ |
| | «روح، ريح» «الأرض» «مياه» «الغمر» | ٨: ١ — ٢ |
| الثاني | «مياه» «سماء» | ١: ٧ — ٨ |
| | «سماء» | ٨: ٢ ب |
| الثالث | «مياه» «اليابسة» «ظهرت» | ١: ٩ |
| | «مياه» «ظهور رؤوس الجبال» | ٨: ٣ — ٥ |
| الرابع | لا يُوجَد احتياج لخلق النّوريّيْن العظيميْن والنّجوم | |
| الخامس | «طير» «فوق الأرض» «على وَجْه جلد السّماء» | ١: ٢٠ |
| | «الحمامة، وَهِيَ من الطّيور» «على وَجْه الأرض» | ٨: ٧ — ٨ |
| السادس | «بهائم» «دبابات» «ووحوش» | ١: ٢٤ |
| | «البهائم» «الدّبابات» «كل الدّبابات التي تدِبُّ على الأرض» | ٨: ١٧ |
| | «الإِنْسَان» «صُورَة الله» | ١: ٢٦ |
| | «الإِنْسَان» «صُورَة الله» | ٩: ٦ |

**ورجعت المياه** لم تختفِ المياه نهائيًا مع هبوب الرّيح الّتي أرسلها الرّب. والآن يكون عمل المياه قد اكتمل بموت كُلّ كائن حي وكُلّ دابة تدِبُّ على الأرض، وعلى المياه أن تعود إلى حدودها بسد ينابيع الغمر وطاقات السّماء. وَتُشِيرُ عبارة «**ورجعت المياه**» إلى بِدَاية مرحلة، وَهِيَ مرحلة جفاف المياه وتراجعها من على وَجْه الأرض، الأمر الّذي استغرق ٢٢٧ يَوْمًا حتى استطاع نُوح ومَنْ معه الخُروج من الفلك.

واستقر الفلك - الْكِلمة الْعِبْرِيّة תָּנַח المترجمة إلى «استقرّ» مشتقة من كَلِمة «נַח نُوح»، والتي تعني راحة. فالفلك استراح على قِمّة الجبال.[٧]

**جبال أراراط הָרֵי אֲרָרָט**، تخبرنا الْقِصّة الكتابيّة أنَّ الفلك استقر «على جبال أراراط» (تَكْوِين٨: ٤)، أو على أعلى قمة في أراراط. لقد ذُكِرَت جبال أراراط في (٢ ملوك ١٩: ٣٧، إشعياء ٣٧: ٣٨، إرميا ٥١: ٢٧)، وَهِيَ معروفة في الكتابات الأشوريّة بـ «أورارطو»، وَهِيَ في الْعَصْر الحالي «أرمينيا» الّتي تقع بَيْنَ نهر أراكسس وبحيرة فان (منطقة القوقاز).[٨] وهذه الجبال هِيَ مصدر مياه نهري دجلة والفرات. ويبلغ ارتفاع جبل أراراط ١٧٠٠٠ قدم، أيّ ٥٦٦٦ مترًا فَوْقَ سطح الأرض.

وظهرت رؤوس الجبال الأخرى في المنطقة بعد ٧٣ يَوْمًا من استقرار الفلك على قمة جبال أراراط. فمكث نُوح وكُلّ مَنْ معه في الفلك بعد أن استقر على جبال أراراط أكثر من شهرين ونصف الشّهر قبل أن يفكر في اتخاذ خطوة نحو الخُروج من الفلك. فالخطر ما زال خارجًا وما كان ممكنًا لأحد أن يخرج في هذه الفترة.

كيف يُمكننا أن نفهم الآيَة ٤ الّتي تقول إنَّ الفلك استقر في الشّهر السّابع وفي الْيَوْم السّابع عشر من الشّهر، على جبال أراراط، وما تقوله الآيَة ٥ من أنَّ رؤوس الجبال ظهرت في الشّهر العاشر، في أَوّل الشّهر؟ لكي نفهم هذا التناقض الظّاهريّ نقول إنَّ الفلك استقر على أعلى قمة من قمم جبال أراراط وظلت المياه تتناقص حتى ظهرت رؤوس الجبال רָאשֵׁי הֶהָרִים الأقل ارتفاعًا.[٩]

7. Gesenius, W., & Tregelles, S. P. (2003). *Gesenius' Hebrew and Chaldee lexicon to the Old Testament Scriptures* (p. 221). Bellingham, WA: Logos Bible Software.

٨. الاسم العبري أرارط مأخوذ من الأصل الآكادي (أورارطو) وقد أطلق هذا الاسم على بلاد جبلية تقع شمالي آشور، والقمة التي يطلق عليها اليوم «جبل أراراط» اسمها في التركية «أغرى داغ»

9. Hamilton, *The Book of Genesis Chapter* 1- 17, 302.

## نِهَايَة الطّوفان (تَكُوين ٨: ٦ – ١٤)

וַיְהִי מִקֵּץ אַרְבָּעִים יוֹם וַיִּפְתַּח נֹחַ אֶת־חַלּוֹן הַתֵּבָה אֲשֶׁר עָשָׂה: וַיְשַׁלַּח אֶת־הָעֹרֵב וַיֵּצֵא יָצוֹא וָשׁוֹב עַד־יְבֹשֶׁת הַמַּיִם מֵעַל הָאָרֶץ: וַיְשַׁלַּח אֶת־הַיּוֹנָה מֵאִתּוֹ לִרְאוֹת הֲקַלּוּ הַמַּיִם מֵעַל פְּנֵי הָאֲדָמָה: וְלֹא־מָצְאָה הַיּוֹנָה מָנוֹחַ לְכַף־רַגְלָהּ וַתָּשָׁב אֵלָיו אֶל־הַתֵּבָה כִּי־מַיִם עַל־פְּנֵי כָל־הָאָרֶץ וַיִּשְׁלַח יָדוֹ וַיִּקָּחֶהָ וַיָּבֵא אֹתָהּ אֵלָיו אֶל־הַתֵּבָה: וַיָּחֶל עוֹד שִׁבְעַת יָמִים אֲחֵרִים וַיֹּסֶף שַׁלַּח אֶת־הַיּוֹנָה מִן־הַתֵּבָה:11וַתָּבֹא אֵלָיו הַיּוֹנָה לְעֵת עֶרֶב וְהִנֵּה עֲלֵה־זַיִת טָרָף בְּפִיהָ וַיֵּדַע נֹחַ כִּי־קַלּוּ הַמַּיִם מֵעַל הָאָרֶץ: וַיִּיָּחֶל עוֹד שִׁבְעַת יָמִים אֲחֵרִים וַיְשַׁלַּח אֶת־הַיּוֹנָה וְלֹא־יָסְפָה שׁוּב־אֵלָיו עוֹד: וַיְהִי בְּאַחַת וְשֵׁשׁ־מֵאוֹת שָׁנָה בָּרִאשׁוֹן בְּאֶחָד לַחֹדֶשׁ חָרְבוּ הַמַּיִם מֵעַל הָאָרֶץ וַיָּסַר נֹחַ אֶת־מִכְסֵה הַתֵּבָה וַיַּרְא וְהִנֵּה חָרְבוּ פְּנֵי הָאֲדָמָה: וּבַחֹדֶשׁ הַשֵּׁנִי בְּשִׁבְעָה וְעֶשְׂרִים יוֹם לַחֹדֶשׁ יָבְשָׁה הָאָרֶץ:

وحدث بعد انقضاء أربعينَ يومًا، أن فتحَ نُوح نافذةَ التابوتِ الّتي صنَعَ. وأرسلَ الغُرابَ فخرَجَ خُروجا وتراجعًا، حتى نَشِفَت المياهُ من على الأرض. وأرسلَ الحمامةَ من عِندِهِ ليرى هلْ قلّت المياهُ من على وَجْهِ الأديم. فما وَجَدَت الحمامةُ مَقَرًّا لِباطِن رِجلَها، فرَجَعَت إليهِ، إلى التابوتِ. لأنَّ مياهًا على وَجهِ كُلِّ الأرض. فأرسَلَ يَدَهُ وأخذَها وأدخَلَها إليهِ، إلى التابوت. وانتظَرَ بعدُ سبعةَ ايام أُخرى وعادَ فأرسلَ الحمامةَ من التابوتِ. فرجَعَت إليهِ الحمامةُ وقتَ مَساءٍ، وها ورقةُ زيتونٍ خضراءُ في فيها. فعرَفَ نُوح أنَّه قد قلّت المياهُ من على الأرض. وانتظَرَ بعدُ سبعةَ أيامٍ أُخرَى وأرسلَ الحمامةَ فلم تعد ترجعُ إليهِ بعد. وكان في السَّنةِ الواحدةِ والسّتِ مئةٍ، في الشَّهرِ الأول، في أوّلِ الشَّهرِ. جَفَّت المياهُ من على الأرض. فكشَفَ نُوح كِساءَ التابوتِ، ورأى. فها قد جَفَّ وَجْهُ الأديمِ. وفي الشَّهرِ الثَّاني، في الْيَوْمِ السَّابِع والعشرينَ من الشَّهرِ جفَّت الأرض.*

\* ماهر فايز، ترجمة تَكُوين ١ – ١١.

بعد أربعين يَوْمًا من ظهور رؤوس الجبـال، وبعد ١١٣ يَوْمًا من استقرار الفلـك على أعلى قمـة مـن قمـم جبـال أراراط، فتـحَ نُوح «طاقة (نافذة) חַלּוֹן هالـون، hatch الفلـك. وَهِيَ ليسـت البـاب الجانبـيّ للفلك (تَكُوين ٦: ١٦)، بـل نافذة أو فتحـة في سـقف الفلك. لقد شـعر نُوح بمسـؤوليّة أنَّه يجب أن يتأكَّـدَ أن الأرض قـد نشـفت وأنَّ الميـاه جَفَّـت قبـل أن يأخـذ خطـوة الخُروج مـع مَـنْ معـه في الفلـك. لكن لحظة الخُروج مـن الفلـك تنتظر

أمـر اللّٰه المُبـاشِر له (٨: ١٥-١٧). والأربعـون يَوْمًـا هِيَ الفـترة الّـتي انتظرهـا نُـوح حـتى ظهـرت رؤوس الجبـال (٨: ٥). ولـكي يتأكَّـد مـن أنَّ الميـاه قـد جَفّت أرسـل نُـوح أوّلًا «الغـراب הָעֹרֵב، هاغُوريـب». فالغـراب كطائـر أقـوى مـن الحمامـة، حَيْـثُ يمكنـه أن يتغـذّى على الجثـث الميتـة وعلى أيّ نَـوْع مـن الخـضروات، ويتحمَّـل تغيُّرات الطّقس الصّعبـة، وعنـده الْقُـدْرَة على الطّيران لمسـافات أطـول. ثُـمَّ عاد نُـوح وأرسـل هـذه الْمَرّة الحمامـة، وَهِيَ طائـر رقيق لا يـأكل إلا الخـضروات والبـذور. لكنهـا عادت لأنَّهـا لـم تجـد مقـرًا تضع فيـه رجلهـا. وانتظـر نُـوح سـبعة أيـام أُخْـرَى حـتى أرسـلها مَـرَّة ثانيّـة، فرجعـت إليـه عنـد المسـاء، أيّ في الوقـت الّذي تعـود فيـه الطّيـور إلى أعشاشـها، وهـذه الْمَـرّة رجعـت وورقـة زيتـون في فمهـا. وَيُؤَكِّـد مُكُـوث الحمامـة خـارج الفلك حـتى المسـاء أَنَّهـا وجـدت أماكـن للراحـة غـير الْمَـرّة الأولى.[10] «ورقـة زيتـون، עֲלֵה־זַיִת טָרָף» إنَّ شـجرة الزّيتـون مـن أوائـل الأشـجار الّـتي تُزْهِـر في الـشّرق الأوسـط. وَهِيَ قويّـة، ويمكـن أن تعيـش لآلاف السّـنين وتحتفـظ بورقهـا ولـو تغطّـتْ بالمـاء، وَهِيَ رمـز البركـة والغِـنَى والقُـوّة مـن جيـل إلى جيـل، كمـا أنَّ غصـن الزّيتـون يُشِـيرُ إلى السّـلام والمصالحـة.

ومـن المُلاحَـظ في علاقـة اللّٰه بنُـوح أنَّ اللّٰه كان مَصْـدَر كُلّ المعلومـات الّـتي يحتـاج إليهـا نُـوح منـذ لحظـة دعوتـه وحـتى دخـوله الفلـك. فـاللّٰه أخبره بِـشَرّ الأرض وكيـف أنَّ الإنْسَـان والأرض وكُلّ مَـنْ عليهـا قـد فسـد. كمـا أخـبره ببنـاء الفلـك وأعطـاه كُلّ المعلومـات الّـتي يحتـاج إليهـا لبنائـه، كمـا أعطـاه الـرّب كُلّ المعلومـات بخصـوص مَـنْ يدخـل معـه وعـدد كُلّ الحيوانـات الطّاهـرة وغـير الطّاهـرة. كمـا أخـبر اللّٰه نُوحـا بسـاعة الدّخـول للفلـك. لكـن منـذ الوقـت الّذي أغلـق اللّٰه فيـه على نُـوح وجـاء الطّوفـان بـقي اللّٰه صامتـًا.

10. Keil. C. F and F. Delitzsch, *Genesis,* Commentary on the Old Testament, 94.

وهنا لجأ نُوح إلى الطّيور للحصول على المعلومات بخصوص المياه وجفافها وحالة الأرض. فالله تكلم لنُوح مباشرة ومن خلال الخَلِيقة أَيْضًا. حدث هذا أَيْضًا مع مُوسَى حَيْثُ كان الله يُكلِّمه مُباشرة، لكن في مَرَّة أُخرَى كَلّمَهُ من خلال يثرون حميه الّذي قدّم له النّصيحة حول كيف يقضي بَيْنَ ذلِكَ الشّعب الكثير (خُروج ١٨). وتلقى يشوع أَيْضًا إعلانًا مُباشرًا من الله عن أرض كنعان، لكنه أرسل جواسيس ليتجسّسوا أريحا ويأتوا بتقرير عنها (يشوع ٢).

وكما ذكرتُ من قبل، فإنَّ الأسطورة البابليّة عن الطّوفان تُوضِّح أنَّ بَحّارة كانوا موجودين في الفلك، لكن الْقِصّة الكتابيّة لا تذكر أن نُوحا اصطحب معه أحدًا منهم، والسّبب في ذلِكَ هُوَ أنَّ الْوَحْي الإلهيّ يريد أن يُؤْكِّد حقيقة أنَّ خلاص نُوح وأسرته وكُلّ مَنْ معه في الفلك إِنَّما يعتمد كليّة على نعمة الله، وَأَنَّه لَيْسَ للبشر أيّ تدخُل أو دَوْر في هذا الخلاص.[11]

**وكان في السّنةِ الواحدة والسّت مِئَة، في الشّهر الأَوّل، في أَوّل الشّهر،** يهتم كَاتِب السّفْر اهتمامًا خاصًا بتاريخ جفاف الأرض، وإن دَلّ هذا على شيء فإِنَّه يدُلُّ على أهميّة هذه الحادثة. فعبارة مثل «اليوم الْأَوّل من الشّهر الْأَوّل من السّنة الْجَدِيدة» تُؤكِّد أنَّ هُنَاك بِدَاية جديدة وخليقة جديدة لنُوح وأسرته. وعندما كشف نُوح غطاء الفلك فإِنَّه رأى وَجْه الأرض. وحتى بعد أن نشفت الأرض ظَلَّ نُوح في الفلك شهرَيْن حتى جَفّت المياه بالكامِل ليتمكَّن من الخُروج مع أسرته والحيوانات بأمان. بدأ الطّوفان في السّنة ست مِئَة في الشّهر الثّاني واليوم السّابع عشر، وانتهي

١١. من المعروف أنَّ أقدم نص موجود يتحدَّث عن الأسطورة البابليّة يعود إلى سنة ٧٥٠ ق.م كما يُوجَد ذكر للأسطورة في كتابات الكاهن البابليّ بيروسيوس، والذى كتب قِصّة الطّوفان سنة ٣٠٠ ق.م. فكل النّصوص الْقَدِيمة، بما فيها الطّوفان السّومريّ، تأتي مُتأخِّرة عن النّص الكتابيّ.

في سنة ست مِئَة وواحد، في الشّهر الثّاني واليوم السّابع والعشرين، أيّ أن الطّوفان من بدايته وحتى نهايته استغرق سنةً وأحد عشر يَومًا، أيّ سنة شمسيّة كاملة.

## الخُروج من الفلك (٨: ١٥-٢٢)

وتَكلَّمَ إلوهيم إلى نُوح قائلًا اخرُج من التابوتِ أنت وامرأتُكَ وبنوكَ ونساءُ بنيك معكَ.* كُلّ الحيوانِ الّذي معَكَ، من كُلّ جسدٍ في الطّيرِ وفي البهيمةِ وفي كُلّ الدّابِّ الّذي يدبُّ على الأرض، أخرِجْ معَكَ. فتفيضُ في الأرض وتنمو وتَكثُرُ على الأرض. فخرجَ نُوح وبنوهُ وامرأتُهُ ونساءُ بنيهِ معَهُ.

* جعل اختلاف الترتيب في ذكر الاشخاص هُنا عن تَكْوين ٦: ١٨، ٧: ٧، بعض مفسِّري اليَهُود «المدراش» يظنون أنَّ الله منع ممارسة الجنس بَيْنَ الزّوجات والأزواج داخل الفلك وسمح بها بعد الخُروج من الفلك.

أُخْرُج من الفلك (التابوت) צֵא מִן־הַתֵּבָה، انتهى الطّوفان، وجَفّتِ الأرض، وتأكّد نُوح من جفافها. لكنه ظَلّ في الفلك مُنتظرًا أمر الرّب له بالخُروج ولكل مَنْ معه. فالأمر الإلهيّ بالخُروج من الفلك يوازي الأمر الإلهيّ لنُوح بالدّخول إلى الفلك (٧: ١). وهذه هِيَ الْمَرّة الأولي الّتي يسمع فيها نُوح صوت الرّب منذ أن دخل إلى الفلك. ورغم عِلْم نُوح بأنَّ الأرض قد نشفت والمياه جَفّت، إلا أَنَّه مكث في الفلك مُنتظرًا الْكَلِمة الأخيرة من الله. قَالَ جون كالفن Calvin إنَّ نُوحا لم يتحرَّك خُطوة واحدة

مِن دون أمر مِن الله.[12] وهنا نرى الله سيد كُل الموقف. فَهُوَ الّذي أمرَ نُوحا بالدّخول إلى الفلك، وهو الّذي أغلق عليه باب الفلك، وهو الّذي أرسل المياه حتى أهلكَ كُلّ حيّ، وهو الآن يأمر نُوح بالخُروج من الفلك. فنُوح مُجَرّد خادِم خاضِع لإرشادات سيده، ونحن نرى هذه الطّاعة في حياة نُوح بكل وضوح. فِبِرّهُ وتقواه تَجَلّيَا في طاعته للرب. ولأنَّ نُوحا وأسرته وبقيّة الحيوانات تُعَّدُ بِدَاية لخليقة ثانيّة، بَارَكهم الله حتى يثْمروا ويكثروا ويملأوا الأرض.

**أخرج יָצָא،** وَرَدَ هذا الْفِعْل أربع مَرّات في الآيات الأخيرة من أصحاح ٨، وفي كُلّ مَرَّة وَرَدَ بشكل مُخْتَلِف. ففي الآية ١٦ جَاءَ كفِعْل أمر «**اخْرُجْ** مِنَ الْفُلْكِ أَنْتَ وَامْرَأَتُكَ وَبَنُوكَ وَنِسَاءُ بَنِيكَ مَعَكَ». وفي الآية ١٧ وَرَدَ كفعل أمر مُتعدٍّ (متبوع بمفعول به) «وَكُلَّ الْحَيَوَانَاتِ الَّتِي مَعَكَ مِنْ كُلِّ ذِي جَسَدٍ: الطُّيُورِ، وَالْبَهَائِمِ، وَكُلَّ الدَّبَّابَاتِ الَّتِي تَدِبُّ عَلَى الأَرْضِ، **أَخْرِجْهَا** مَعَكَ». وفي الآية ١٨ كفعل ماضٍ «**فَخَرَجَ** نُوحٌ وَبَنُوهُ وَامْرَأَتُهُ وَنِسَاءُ بَنِيهِ مَعَهُ». وفي الآية ١٩ جَاءَ كفِعْل ماضٍ تام « وَكُلُّ الْحَيَوَانَاتِ، كُلُّ الدَّبَّابَاتِ، وَكُلُّ الطُّيُورِ، كُلُّ مَا يَدِبُّ عَلَى الأَرْضِ، كَأَنْوَاعِهَا **خَرَجَتْ** مِنَ الْفُلْكِ.» وَيُؤَكِّد تكرار هذا الْفِعْل عِدّة مَرّات في هذه الفقرة حقيقة الخُروج من الفلك. فالفُلك لَيْسَ مكانًا لِسُكْنَى دائِمة، بل كان بمنزلة ملجأ وحماية في وقت الخطر.

**فخرج نُوح וַיֵּצֵא־נֹחַ،** لقد اتَّسمَتْ حياة نُوح بالطّاعة الكاملة للرب وبتنفيذ كُلّ وصاياه. فحياة الطّاعة هِيَ الترجمة الفعليّة لمعنى وصف الرّب لنُوح بأنَّه «رجل بار، كامل ... وسار مع الله» (تَكوين ٦: ٩). ونقرأ عن طاعة نُوح في تَكوين ٦: ٢٣ «فَفَعَلَ نُوح حَسَبَ كُلّ مَا أَمَرَهُ بِهِ الله. هكَذَا

12. John Calvin, *Commentary on the First Book of Moses Called Genesis, trans., rev. J. King.*

فَعَلَ»، وفي تَكْوِين ٧: ٥ «فَفَعَلَ نُوح حَسَبَ كُلِّ مَا أَمَرَهُ بِهِ الرّبُّ»، وفي تَكْوِين ٧: ٦ – ٩ «فَدَخَلَ نُوح وَبَنُوهُ وَامْرَأَتُهُ وَنِسَاءُ بَنِيهِ مَعَهُ إِلَى الْفُلْكِ ... كَمَا أَمَرَ اللهُ نُوحاً» حتى أَنَّه لم يجرؤ على الخُروج من الفلك إلا بعد سماعه لصوت الرّب وأمره له بأنَّ يخرج «وَكَلَّمَ اللهُ نُوحا قَائِلًا «اُخْرُجْ مِنَ الْفُلْكِ ... فَخَرَجَ نُوح وَبَنُوهُ وَامْرَأَتُهُ وَنِسَاءُ بَنِيهِ مَعَهُ» (تَكْوِين ٨: ١٥- ١٨). لقد برهنت حياة نُوح أنَّ الطّاعة والإيمان هُما وجهان لِعُمْلَةٍ واحدة. فالإيمان يُتَرْجَم الى طاعة، والطّاعة تُبَرْهِن الإيمان الحقيقيّ.

**كأنواعها לְמִשְׁפְּחֹתֵיהֶם**، وتُصوِّر هذه الكلمة، والتي يُمكن ترجمتها إلى «كعشائرها»، الحيوانات وَهِيَ تخرج من الفلك كعشائر من نفس الأسرة by their clans or families. فالقبيلة تتكّون من عِدَّة عشائر أو بيوت. فالحيوانات خرجت من الفلك في صُورَة أُسَر. فعالم الطّيور يتكوّن من أُسِر مُخْتَلِفة من الطّيور، كما يتكوّن عالم الحيوانات والدّبابات من أسر مُخْتَلِفة. وكما دخلت الحيوانات بترتيب إلى الفلك، فإِنَّها تخرج الآن من الفلك بترتيب، وهذا الترتيب مبنيٌّ على النّوع.

## ذبيحة نُوح وتجاوُب الرّب (تَكْوِين ٨: ٢٠ -٢٢)

וַיִּבֶן נֹחַ מִזְבֵּחַ לַיהוָה וַיִּקַּח מִכֹּל ׀ הַבְּהֵמָה הַטְּהֹרָה וּמִכֹּל הָעוֹף הַטָּהֹר וַיַּעַל עֹלֹת בַּמִּזְבֵּחַ: וַיָּרַח יְהוָה אֶת־רֵיחַ הַנִּיחֹחַ וַיֹּאמֶר יְהוָה אֶל־לִבּוֹ לֹא־אֹסִף לְקַלֵּל עוֹד אֶת־הָאֲדָמָה בַּעֲבוּר הָאָדָם כִּי יֵצֶר לֵב הָאָדָם רַע מִנְּעֻרָיו וְלֹא־אֹסִף עוֹד לְהַכּוֹת אֶת־כָּל־חַי כַּאֲשֶׁר עָשִׂיתִי: עֹד כָּל־יְמֵי הָאָרֶץ זֶרַע וְקָצִיר וְקֹר וָחֹם וְקַיִץ וָחֹרֶף וְיוֹם וָלַיְלָה לֹא יִשְׁבֹּתוּ:

وبنى نُوح مذبحًا ليهوه وأخذَ من كُلّ البهائمِ الطّاهرةِ ومن كُلّ الطّيرِ الطّاهرِ، وأصعدَ مُحرقةً على المذبح وتنسَّمَ يَهْوَه رائحةَ الرّضى. وَقَالَ يَهْوَه في قلبهِ «لا أعودُ للعنِ الأديمَ بعدُ بسببِ الإنْسَان لأنَّ تصوُرُ قلبِ الإنْسَان شرٌ من صباهُ. ولا أعودُ بعدُ لضربِ كُلّ حيٍ كما فعلتُ. مُدةَ كُلّ أيامِ الأرض، زرعٌ وحصادٌ وبردٌ وحرٌ وصيفٌ وشتاءٌ ونهارٌ وليلٌ. لا تزولُ».

**وبنى نُوح مذبحًا וַיִּבֶן נֹחַ מִזְבֵּחַ**، إنَّ أَوَّل شيء عَمَلَه نُوح بعد خُروجه من الفلك هُوَ أنَّه بنى مذبحًا للرب، وهنا نجد أَوَّل ذِكْر للمذبح في الْكِتَاب الْمُقَدَّس. وبطبيعة الحال، لا يعني هذا أنَّ نُوحا لم يكن قد عبد الرّب من قبل، أو أنَّ بناء المذابح لم يكن معروفًا من قبل. فمذبح نُوح لَيْسَ أَوَّل مذبح بُنِيَ، لكن تركيز كَاتِب السّفْر هُنَا هُوَ على نُوح في علاقته بالرّب، فأَوَّل أمر صنعه نُوح لَمّا خرج من الفلك هُوَ أنَّه بنى مذبحًا وعَبَدَ الرّب، وهو تعبير عن الشّكر للرب الّذي أنقذه وأخرجه من الفلك سالمًا.

**وأصعدَ مُحرقات «וַיַּעַל עֹלֹת ويعلعولوت»**. ويمكن ترجمة هذه العبارة إلى أنَّ نُوحا قَدَّمَ هذا الذي يصعد «صعيدة»، أو الذى تأكله النّار بالكامِل. وهذا النّوع من الذّبائح هُوَ الأقدم والأكثر انتشارًا. فبحسب الشّريعة الموسويّة، تُقَدّم ذبيحة المحرقة مَرّتيْن في الْيَوْم في الصَّبَاح وفي المساء:

وَهـذَا مَـا تُقَدِّمُـهُ عَلَى الْمَذْبَـحِ خَرُوفَـانِ حَوْلِيَّـانِ كُلّ يَـوْم دَائِمًـا. الْخَـرُوفُ الْوَاحِـدُ تُقَدِّمُـهُ صَبَاحـا، وَالْخَـرُوفُ الثّـانِي تُقَدِّمُـهُ فِي الْعَشِـيّة ... وَالْخَـرُوفُ الثّـانِي تُقَدِّمُـهُ فِي الْعَشِـيّة. مِثْـلَ تَقْدِمَـةِ الصَّبَـاحِ وَسَـكِيبِهِ تَصْنَـعُ لَهُ. رَائِحَـةُ سَرُورٍ، وَقُـودٌ لِلـرَّبِّ. مُحْرَقَـةٌ دَائِمَـةٌ فِي أَجْيَالِكُـمْ عِنْـدَ بَـابِ خَيْمَـةِ الاجْتِمَـاعِ أَمَـامَ الـرّبِّ، حَيْـثُ أَجْتَمِـعُ بِكُـمْ لأُكَلِّمَـكَ هُنَـاكَ» (خُـروج ٢٩: ٣٨-٤٢)

كمـا أنَّ سِـفْري اللاويّـين والعـدد يُؤكِّـدان أنَّ ذبيحـة المحرقـة لا بُـدَّ أن تُقَـدّم بعـد ولادة البنـين (لاويّـين ١٢: ٦-٨)، وعنـد عَهْـد النّـذر (عـدد ٦: ١٠-١١).[١٣] وَتُشِـيرُ ذبيحـة المحرقـة إلى التكريـس الكامِـل للإِنْسَـان العابِـد. فشـعب الـرّب هُـوَ شـعب عابـد يُقـدِّم للـرب ثمـر شـفاه معترفـة باسـمه. شـعر نُـوح بمجـرد خُروجـه مـن الفلـك بالشـكر لجميـل الـرّب. فمـع أنَّ الطّوفـان أتى بدينونـة الله على كُلّ الأرض، إلا أنَّ الله قـد صنـع فـداءً وخلاصًا لنُـوح وكُلّ مَـنْ معـه. فدفـع هـذا الشّـعور القـويّ بالعرفـان بالجميـل نُوحـا إلى أنَّ يُقـدِّم للـرب ذبيحـة مُحرقـة،[١٤] ذبيحـة شـكر ممتزجـة بالتكريـس. فلـولا خـلاص الله لهلـك نُـوح وكُلّ مَـنْ معـه. يَقُـولُ روس Ross «بهـذه الذّبيحـة عَـبّرَ نُـوح عـن تكريسـه لله المُتحكِّـم بنعمتـه في حياتـه وفي الْعَالَـم، وبهـا

١٣. ذبيحـة المحرقـة هِي ذبيحـة تُقـدَّم للرضـا وللتكفـير، تُحـرق بالكامِـل ولا يـأكل منهـا شيء، تُقـدَّم مـن الغنـم أو البقـر، أو دقيـق أو باكـورات الفريـك. والمُحرقـة نـوعان، عام وخـاص. تُـترك ذبيحـة المحرقـة تشـتعل على المذبـح كُلّ الليـل ولا تطفـأ.

١٤. لـم يسـكب نُـوح الخمـر على الذّبيحـة كمـا فعـل أتنابيشـتيم في الأسـطورة البابليّـة. ففـي أسـطورة جلجامـش وأسـطورة أتراهاسـس تُعَدُّ الذّبائـح غـذاء للآلهـة؛ فالإِنْسَـان سـلب مـن الآلهـة الغـذاء والـشّراب الـضّروريّ لاسـتمرارهم والذّى كان يُقدِّمـه البـشر. يَقُـولُ نـص الأسـطورة أنَّـه عندمـا اشـتمت الآلهـة رائحـة الذّبائـح «تجمعـت حولهـا كالذّبـاب». فقـد كانـت جائِعـة طـول فـترة الطّوفـان الـتي امتـدت سـبعة أيـام وسـبعة ليـالٍ. على النّقيـض يُؤكِّـد نَـص الْكِتَـاب الْمُقـدَّس أنَّ يَهْـوَه يختلـف عـن آلهـة الشّـعوب الوثنيّـة. فالتعبـير «يشـتّم رائحـة سرور» في الْكِتَـاب الْمُقـدَّس يُشِـيرُ إلى قبـول الله للذبيحـة المُقدَّمـة. فـالله روح ومتعـالٍ عـن كُلّ مـا هُـوَ مـادي.

See D. L. Petersen, "The Yahwist on the Flood, " *VT* 26 (1976) 438 – 46;

اعترف بفساده وفساد البشريّة الّذي بسببه أتى الهلاك. وبها أَيْضًا اعترف بعظمة حِكْمَة الله في الفداء وقُدرته على إعادة الحياة.»[15]

وتنسَّمَ يَهْوَه رائحةَ الرّضا **וַיָּרַח יְהוָה אֶת־רֵיחַ הַנִּיחֹחַ**، وَيُشِيرُ هذا التعبير الذّى وَرَدَ في سِفْر اللاويّين ١٧ مَرَّة وفي سِفْر العدد ١٨ مَرَّة، إلى قُبول الله لذبيحة العابِد. وَيُؤَكِّد هذا المعنى سِفْر اللاويّين حَيْثُ نقرأ كلام الرّب «وَإِنْ كُنْتُمْ بِذلِكَ لاَ تَسْمَعُونَ لِي بَلْ سَلَكْتُمْ مَعِي بِالْخِلاَفِ ... وَأُصَيِّرُ مُدُنَكُمْ خَرِبَةً، وَمَقَادِسَكُمْ مُوحِشَةً، وَلاَ أَشْتَمُّ رَائِحَةَ سُرُورِكُمْ» (٢٦: ٣١، أنظر أَيْضًا عاموس ٥: ٢١).

وَقَالَ يَهْوَه في قلبِهِ **וַיֹּאמֶר יְהוָה אֶל־לִבּוֹ**، لقد بدأ حدث الطّوفان بالقَوْل إنَّ الله «تأسّفَ في قَلبه» (تَكْوِين ٦: ٦)، وتبع ذلِكَ هلاك الأرض وكُلّ مَنْ عليها. لكن الأمر يختلف هنا. فالعبارة «قال يَهْوَه في قلبه» متبوعة ببركة وعَهْد أبديٍّ. لقد أرضت عبادةُ نُوح قلب الله الّذي تأسّف وحَزِنَ بسبب خطيّة الإنْسَان (تَكْوِين ٦: ٦)، وتنسّم ما في قلب نُوح من خلال ذبيحة المحرقة الّتي أصعدها، حتى إنَّ حُزْنه وتأسُّفَه على الإنْسَان والْخَلِيقة وقراره السّابق بـ«مَحْو» الإنْسَان وكُلّ الحيوانات والطّيور والدّبابات تحوُّلاً إلى رحمة وعطف وعَهْد مع الْخَلِيقة الْجَدِيدة. «وَقَالَ يَهْوَه في قلبه» - وبهذه العبارة يدعونا الْوَحْي الإلهيّ إلى معرفة قلب الله وفكره (تَكْوِين ١: ٢٩، ٣: ٢٢، ١١: ٧)، هذا القلب الحنون الّذي يرجع عن حُمُو غضبه. لقد كان نُوح نائبًا عن البشريّة، وبخضوعه وشكره وتكريسه اقتنى للبشريّة عفوًا إلهيًا يقضي بعدم إهلاك الأرض ثانيّة بالطّوفان رغم أنَّ تصوُّر قلبه الإنْسَان ما يزال شريرًا كُلّ يوم. فحالة قلب الإنْسَان لم تتحسّن بعد الطّوفان. ولهذا قَالَ الرّب في قلبه «لا أعود ألعن الأرض

15. Allen Ross, *Creation & Blessing: A Guide to the Study and Exposition of Genesis*, 198.

(الأديم) أَيْضًا من أجل الإِنْسَان لأنَّ تصوُّر قلبِ الإِنْسَان شرير منذ حداثته. لم يطرأ أيّ تحسُّن على تقدير الله لحالة الإِنْسَان الأخلاقيّة تحسُّن بسبب الطّوفان. فَهُوَ يعرف قلب الإِنْسَان ويعرف أنَّ قلوب نُوح وذُريته ليست خَاليَة من الخطيّة. فقبل الطّوفان وبعده ما زالت البشريّة فاسِدة.

لكن الله قَطَعَ عَهْدًا على نفسه بأنَّ لا يعود يلعن الأرض أَيْضًا ولا يُمِيت كُلّ حيّ بعد بسبب شَر الإِنْسَان، هذا الشّر الّذي كان السّبب الرّئيسيّ في دينونة الله للعالم بالطّوفان. إِنَّها بِدَاية ومرحلة جديدة، مرحلة طُول أناة الله وإمهاله وصبره، رغم قساوة وشَر الإِنْسَان. إِنَّها مرحلة لن يعود الله فيها إلى إهلاك الأرض ونظام الحياة فيها، لكنها مرحلة يستمرّ فيها الزّرع والحصاد، والبرد والحر، والصّيف والنّهار والليل (تَكوِين ٨: ٢٢).

الْأصحاح التَاسِع

# الطُّوفان يَنْحسِر والْحَياة تَبْدأ من جَدِيد

يُذَكّرُنا عَهْد الله مع نُوح بعد الطُّوفان بأنَّ بركات الله ووصاياه أُعْطِيَت لعالم ساقِط. ففي الفصْول من ١– ٩ نرى غير مَرَّة كيف يحيا الإيمان في عالم ممتلئ بالغُموض والصّراعات. ففي تَكْوِين ٣ نرى حدث السّقوط في الخطيّة، والّذي من خلاله دخل المَوْت والألم إلى الْعَالَم. فرغم طَرْدِ الإِنْسَان من الْجَنَّة، إلا أنَّ الحياة استمرّت حتى خارج الْجَنَّة. ورغم أنَّ قَايِين قام بقَتْل هَابِيل أخيه، إلا أنَّ رحمة الرّب امتدّت إليه بالحماية. وهُنا في قِصّة الطُّوفان، لا نرى الدّينونة الإلهيّة فقط، بل نرى كذلك النّعمة والرّحمة والخلاص من الدّينونة. وفي الأصحاح التاسِع نرى عَهْد الله بالبركة، هذا الْعَهْد الّذي تَضَمَّن أَيْضًا الوصايا الإلهيّة الّتي يحتاج إليها الْعَالَم الْجَدِيد. فالله كامِل ويتعامَل برحمة وبركة مع الإِنْسَان الّذي هُوَ في طبيعة الحال غير كامِل

وغير قدوس. فبركة الله وعلامة عَهْده مع الخَلِيقة، «قوس قُزَح»، كُلّها براهين نعمة ورحمة الله نحو مخلُوقاته وعلى رأسها الإنْسَان.

### تدبير الله للعالم الجَدِيد (تَكْوِين ٩: ١- ٧)

وبارَك إلوهيم نُوحا وبنيهِ وَقَالَ لهم «انموا واكثُروا واملأوا الأرضَ.»

يُعَدُّ هذا الأصحاح، من ناحيّة، استمرارًا للأصحاح الْأَوَّل من سِفْر التَكْوِين. وهو، من ناحية أُخرى، بِدَاية جديدة. إذ نجد الشّبه مع الأصحاح الْأَوَّل في كلمات أَوَّل عدد من الأصحاح التاسع «وبارَك إلوهيم نُوحا وبنيهِ وَقَالَ لهم أثمروا وأُكثُروا واملأوا الأرض.» أَمَّا العددان ٢ و ٣ فيُؤَكِّدان أنَّ هُنَاك اختلافًا بَيْنَ الأصحاحَيْن ١ و ٩:

> ولتكن خشيتكم ورَهبَتُكُم على كُلّ حيوانات الأرضِ وكُلّ طيورِ
> السّماء. مع كُلّ ما يدب على الأرض (الأديم) وكُلّ أسماكِ البحرِ،
> قد دفعتُ إلى أيديكم.كُلّ دابة حيّة تكون لكم طعامًا.
> كالعشب الأخضرِ دفعتُ إليكم الجميع

وبينما يُؤَكِّد الأصحاح الْأَوَّل أنَّ الإنْسَان الْأَوَّل والحيوانات أَيْضًا كانوا نباتيّين، وأنَّ سلطان الإنْسَان وهيمنته على الحيوانات لم يتضمَّن أن يستخدم الإنْسَانُ الحيواناتِ كطعام. إلا أَنَّنا نرى أَنَّه في الأصحاح ٩،

ولأَوَّل مَـرَّة، يسـمح الله للإِنْسَـان بـأن يسـتخدم الحيوانـات كطعـام له. وَيُؤَكِّـد جيرهـاردس فـوز Geerhardus Vos أنَّ هـذه الأعـداد السّـبعة الأُولى تحتـوي على ثلاثـة أمـور جديـرة بالاهتمـام وَهِيَ

١. الإثمار وتكاثُر الحياة (٩: ١، ٧)
٢. حماية الحياة من الحيوان والإِنْسَان على حَدٍّ سواء (٩: ٢ و ٤ – ٦)
٣. تعضيد وتدبير للحياة الْجَدِيدة (٩: ٢ – ٣).[1]

كمـا نلاحـظ أنـه يوجـد تشـابه وارتبـاط كبـير بـين **آدم ونـوح**، هـذا التشـابه يمكـن تلخيصـة كمـا يـلي:

١. خلق عالمهما وارتبط بمياه وغمر مياه
٢. ارتبطا ارتباطاً وثيقاً ب «صورة الله»
٣. سارا مع الله
٤. مارسا سلطاناً على الحيوانات
٥. أخذا أمر الرب «أثمروا واكثروا»
٦. متشابهان في خطاياهما (ثمر الارض)
٧. النتيجة المباشرة للخطية عند الإثنين هي (خجل وعُري)
٨. كساهما آخرون (كسا الرب آدمَ، وكسا سام ويافث نوحَ)
٩. خطيتهمـا جلبـت اللعنـة (نتيجـة خطيـة آدم دينونـة حلـت على الـكل، وبسـبب خطيـة نـوح لُعـنَ نسـل كنعـان)
١٠. أنجب كل منهما ثلاثة اولاد

**وبـارَك إلوهيـم וַיְבָרֶךְ אֱלֹהִים** - هـذه هِيَ الْمَـرّة الثّالِثـة الّـتي يُبـارك فيهـا الله الإِنْسَـان (تَكْوِيـن ١: ٢٨، ٥: ٢)، ويُوصيـه بالإثمـار والإكثـار (تَكْوِيـن ١: ٢٨، ٨: ١٧). فبعـد أن دَمّـر الطُّوفـان الأرض وكُلّ مَـنْ عليهـا، قَـدّم الـرّب للإِنْسَـان بِدَايـة جديـدة، وباركـه للمـرّة الثّانيـة ليُمـارِس سـلطانه وهيمنتَـه

1. Geerhardus Vos, *Biblical Theology Old and New Testaments* (Grand Rapids Eerdmans, 1948), 52.

على الْعَالَـم. وللمـرّة الثّانيـة يأمـره بالإثمـار والإكثـار حـتى تمتلـئ الأرض.[٢] نـرى هُنَـا حقيقـة مُهمّـة، وَهِيَ أَنَّ الله لـم يتخـلَ عـن الْعَالَـم. فرغـم أَنَّـه «رَأَى أَنَّ شَرَّ الإِنْسَـان قَـدْ كَـثُرَ فِي الأَرْضِ، وَأَنَّ كُلّ تَصَـوُّرِ أَفْـكَارِ قَلْبِـهِ إِنَّمَـا هُـوَ شِرِّيـرٌ كُلّ يَـوْمٍ، وبسـبب هـذا «حَـزِنَ الـرّبُّ أَنَّـه عَمِـلَ الإِنْسَـان فِي الأَرْضِ، وَتَأَسَّـفَ فِي قَلْبِـهِ» (تَكْوِيـن ٦: ٥-٦)، إلا أَنَّـه لـم يـترك الأرض والإِنْسَـان لمصيرهمـا. لكنـه مـن خـلال نُـوح وأولاده بـدأ بِدَايـة جديـدة، بِدَايـة تُظلِّلهـا وتضمـن استمرارَها نِعمـةُ الله ورحمتُـه الّـتي ظهـرت في عَهْـده مـع نُـوح. فهـا هُـوَ الـرّب «يبـارك» الْخَلِيقـة، فتسـتقبل الْخَلِيقـة نِعمـة غـير مُتوقَّعـة وهِيَ لا تسـتحقها. هُنَـا تقـف الْقِصّـة الكتابيّـة للطوفـان على النّقيـض مـن الأُسـطورة البابليّـة، فبينمـا تُبَـارِك الآلهـةُ البابليّـة البَطَلَـيْن؛ «أوتنابِشْـتيم Utnapishtim» وزوجتـه بمنحهمـا الخلـود وتُمَيِّزهمـا عـن بقيّـة البـشر، نجـد أنَّ الـرَّبَّ الإله يُبـارك نُوحـا وأسرتُـه ويجعلهمـا نـواة جديـدة لمجتمـع جديـد.

**واكـثُروا** וּרְבוּ: تُعَـدُّ بَركَـة الـرّب نِعْمـة مُضَاعَفَـة لخلائِقـه لحِفْظهـا مـن الـزّوال، حيْـثُ إنَّ بركـة الـرّب هِيَ القُـوّة الّـتي مَنَحهـا لهـذه المخلُوقَـات لتُثمـر وتكـثر وتشـهد عـن قُـدْرَة وحِكْمَـة خَالِقهـا في تنـوُّع أجناسِـها وتكامُـل أنواعهـا.[٣] ويـأتي هـذا على نقيـض الأسـطورة البابليّـة الّـتي جعلـت مـن تكاثُـر الإِنْسَـان الّذي تسـبّب في إزعاج الآلهـة سـببًا للطوفـان، في حـين أنَّ الْكِتَـاب الْمُقـدَّس ينظـر إلى التكاثـر والإثمـار على أَنَّـه بركـة تُـسِرُّ قلـبَ الله الّذي كان قـد أمـر الإِنْسَـان في بـدء الْخَلِيقـة بـأن يُثمـر وأن يمـلأ الأرض.

---

2. Strong, J. (2009). *A Concise Dictionary of the Words in the Greek Testament and The Hebrew Bible (Vol. 2, p. 24). Bellingham, WA: Logos Bible Software.*

٣. تُختتـم الأسـطورة البابليّـة بـكلام مُخالـف، بـل على النّقيض مـن كلام الله وبركتـه لنُـوح ولنسـله بالإثمـار والإكثـار، فالأسـطورة البابليّـة تقـول إنَّ المشـكلة تمثَّلـت في أن الأرض امتـلأت مـن البـشر، ولهـذا كان لا بُـدَّ مـن وضـع حـد لتكاثـر الإِنْسَـان. وهـذا أمـر يمكـن ان يتـم مـن خـلال كـوارث طبيعيّـة او بتدخُـل مُباشِر مـن الآلهـة. ويُعَـدُّ تَكْوِيـن ٩ رفضًـا مُبـاشرًا لأسـطورة اتراهاسـس Athrahasis Epic
For more details see W. L. Moran, "Athrahasis The Babylonian Story of the Flood, " *Bib 52* (1971), 61.

וּמוֹרַאֲכֶם וְחִתְּכֶם יִהְיֶה עַל כָּל־חַיַּת הָאָרֶץ וְעַל כָּל־עוֹף הַשָּׁמָיִם בְּכֹל
אֲשֶׁר תִּרְמֹשׂ הָאֲדָמָה וּבְכָל־דְּגֵי הַיָּם בְּיֶדְכֶם נִתָּנוּ׃ כָּל־רֶמֶשׂ אֲשֶׁר
הוּא־חַי לָכֶם יִהְיֶה לְאָכְלָה כְּיֶרֶק עֵשֶׂב נָתַתִּי לָכֶם אֶת־כֹּל׃

وخوفُكُم ورَهبَتُكُم تكونُ على كُلّ حيوانِ الأرضِ وعلى كُلّ طيرِ السّماوات. وكُلّ الّذي يدبُّ على الأديمِ وكُلّ أسماكِ البحرِ، بيدِكُم جُعِلَت. كُلّ دابٍ حيٍ لكم يكون للأكل، كالعشب الأخضرِ جَعَلتُ لكم الكُلّ.

**خشيتكم ورَهبَتُكُم** **וּמוֹרַאֲכֶם וְחִתְּכֶם** **يُشِيرُ** هذا التعبير إلى العلاقة المضطربة بَيْنَ الإنْسَان والحيوانات. إنَّها علاقة غير مُسَالِمة. لقد كان قَصْدُ الله منذ الْبَدء أن يخْضِعَ الإنْسَان له وأن تخضع الحيوانات للإنْسَان (إشعياء ١١: ٦ -٨)، لكن بسبب التعدّي والسّقوط في الخطيّة، فَقَدَ الإنْسَان هذه العلاقة المسالمة بينه وبين أخيه الإنْسَان، وبينه وبين الحيوانات. وَيُؤَكِّد ولكي Waltke أَنَّه قبل الطُّوفان عندما فسد كُلّ ذي جسد (٦: ١٢)، فَقَدَ الإنْسَان السّيطرة على الحيوانات وأصبحت لا تخافه. لكن رغم خطيّة الإنْسَان، يُؤَكِّد الله هُنَا سيطرة الإنْسَان على الحيوانات.[4] لقد أعطى الله للإنْسَان حَقَّ التسلُّط والسّيطرة على كُلّ الخلائق غير العاقلة، كما جُعِلَتْ هذه المخلُوقَات تابعة ونافعة له. لقد غرس فيها الله المخافة من الإنْسَان والخضوع لسُلطانه. وبفَضْل هذا السُّلطان، أصبح الإنْسَان مُتسلِّطًا يفرض سيادته على الأرض كلها. ولا يعني هذا السُّلطان رُخْصَةً في

4. Bruce K. Waltke, *Genesis: A Commentary*, 144.

يد الإِنْسَان حتى يدمِّر نفسَه والآخرين ويُفسد خليقة الله. فالإنْسَان لم يرث سُلطانًا، بل تسلُّطًا بسبب نعمة الله فقط.

**قد دفعتُ إلى أيديكم** إنَّنا نقرأ هُنَا ولأوَّل مَرَّة عن إضافة الحيوانات لتكون ضِمن غذاء الإنْسَان. وأصبح للإِنْسَان سُلطان أن يستبقي أو يُميت الحيوانات. وَيُؤَكِّد Sarna أنَّ إضافة اللحوم إلى نظام غذاء الإنْسَان لا يعني أنَّ الإنْسَان أُعْطِيَ رخصة ليكون مُتوحشًا.[٥] فامتياز ذبح الحيوانات وأكلها يُعطي للإِنْسَان مسؤوليّة رعاية هذه الحيوانات وتربيتها. فعدم الاهتمام بعطيّة الحياة هو عدم اهتمام بِمُعْطِي الحياة نفسه، أيّ الرّب.

ولكن لحمًا بنفسِهِ، أيّ بدمِهِ، لا تأكلوا.

**غير أنَّ لحمًا بحياته دمهِ لا تأكلوه** إنَّ ترتيب كلمات هذه الآية مُشابه لترتيب الآية «وَأَمَّا شَجَرَةُ مَعْرِفَةِ الْخَيْرِ وَالشَّرِّ فَلاَ تَأْكُلْ مِنْهَا» (تَكْوِين ٢: ١٧). لكن من المُؤسف أنَّ الإنْسَان فَشَلَ في حفظ أَوَّل وصيّة إلهيّة، وبهذا بدأ طريق الألم والمَوْت. ولهذا من الضّروري أن يُؤَكِّد الله مَرَّة ثانية قِيمةَ حياة الإنْسَان. ونحن نجد نفس الوصيّة ضِمن الوصايا العشر، «لا تقتل» (خُروج ٢٠: ١٣). فالوصيّة بعدم أكل الحيوان بدمه تعني تحريم أن يأكل الإنْسَان الحيوان وهو حيّ، فتصفية دم الحيوان المذبوح

5. Nahum M. Sarna, *Genesis.* The JPS Torah Commentary, 60.

ضرورة حتميّة في النّاموس الموسوي (تَثْنِيَة ١٢: ٢٤) «لأَنَّ نَفْسَ الْجَسَدِ هِيَ فِي الدَّمِ» (لاويّين ١٧: ١١). وهذه أَوَّل آية تحمل مَنْعًا صارمًا لأكل أيّ نوع من اللحم بدمه، لأنَّ نفس الحيوان هِيَ في دمه (لاويّين ٣: ١٧، ٧: ٢٦-٢٧، ١٧: ١٠-١٤، تَثْنِيَة ١٢: ١٥-١٦، ١٦: ٢٠-٢٤، أَعْمَال الرُّسُل ١٥: ٢٩). وبمنع أكل الدّم، يُؤَكِّد اللّٰه قدسيّة الحياة. يَقُولُ هاملتون Hamilton لا يُوجَد لهذا القانون مثيل أو ما يُشابهه في عبادات الشّرق الأدنى الْقَدِيم.[6] وإن دَلَّ هذا على شيء، فإنَّما يدُلُّ على تفرُّد إيمان شعب الرّب وتميُّزه في الْعَهْد الْقَدِيم، هذا الإيمان المؤسّس على إعلان اللّٰه.

**لا تأكلوه לֹאתֹאכֵלוּ** - عندما تأتي أداة النّفي **לֹא** فهي تُشِيرُ إلى قُوّة الوصيّة الْجَدِيدة. إِنَّها وصيّة دائِمة ومُلْزِمَة. ولقد اُسْتُخْدِمَ هذا الأُسلوب هُنَا وفي الوصايا العشر (خُروج ٢٠). وَيُؤَكِّد فون راد Von Rad أنَّ الإِنْسَان الّذي يذبح أو يقتل حيوانًا يُدرك جَيِّدًا أَنَّه يلمس شيئًا خاصًا جِدًا، شيئًا ينطوي على حياة. ولهذا عليه أن يقوم بهذا الْفِعْل بأسلوب خاص، حَيْثُ يتعامل مع شيء مِلك لله، وعلامة لهذا الوعي يجب أن يحفظ يَدَه من الدّماء.[7]

6. Victor P. Hamilton, *"The Book of Genesis Chapters 1-17" in The New International Commentary on the Old Testament,* 314.
7. Gerhard von Rad, *Old Testament Theology*. Translated by D. M. G. Stalker, 128.

أَمَّـا دمَكُـم لأنفسِـكم فقـط، أطلـبُ، مـن يـد كُلّ حيـوانٍ أطلبُـهُ، ومـن يـدِ الإنْسَـان مـن يـدِ رجـلٍ أطلـبُ نفـسَ أخيـهِ الإنْسَـان. سـافِكُ دمِ الإنْسَـان بالإنْسَـان دمَـهُ يُسـفَك. لأنَّ على صُـورَة إلوهيـم صنَـعَ الإنْسَـان. وأنتُـم انمـوا واكـثُروا، أفيضـوا في الأرضِ واكـثُروا فيهـا.

ويسـتكمل الـرّب هُنَـا وصايـاه وإرشـاداته للإِنْسَـان، لكـن التركيـز في هـذه الْمَـرّة ينصـبُّ على الإنْسَـان وحياتـه. فـلا بُـدَّ أن تأخـذ حيـاة الإنْسَـان حَـيّزًا أكـبر، لأهميتهـا وكَوْنهـا على صُـورَة الله.

**وأطلـب أنـا دمكـم لأنفسـكم فقـط. مـن يـد كُلّ حيـوانٍ أطلبُـهُ، ومـن يـدِ الإِنْسَـان أطلـب نفـس الإِنْسَـان. مـن يـد الإِنْسَـان أخيـه** - يتطلّـبُ مَـوْت الإنْسَـان مُحاسـبة «אֶדְרֹשׁ أدرش». ولقـد تَكـرَّرتْ هـذه الحقيقـة ٣ مَـرّات في تَكْوِيـن ٩: ٥ (أطلـب، أطلبـه، أطلـب). فـفي الفقـرة الأولي ذُكِـرَتْ كمبـدأ عام (٩: ٥)، لكـن بعـد ذلِـكَ ذُكِـرَتْ بصِفـة خاصّـة. فالحيـوان أو الإِنْسَـان الّذي يسـفك دم إِنْسَـان تحت مُحاسـبة مـن الله، لأنَّ قتـل الحيـوان للإِنْسَـان يتضمّـن تَعَدّيًـا على النّظـام الإلـهيّ، والذى فيـه يسـود الإِنْسَـان ويتسـلَّط على الحيوانـات (تَكْوِيـن ١: ٢٨، ٢٩، ٩: ٢). فَتَعَـدّي الحيـوان على الإِنْسَـان بقتلـه هُـوَ تدمـير وتحطيم لصُـورَة الله. تحمـل كَلِمـة «أطلـب אֶדְרֹשׁ" معنى العقـاب والدّينونـة «وَيَكُـونُ أَنَّ الإِنْسَـان الّذي لاَ يَسْـمَعُ لِـكَلاَمِي الّذي يَتَكَلَّـمُ بِـهِ بِاسْـمِي أَنَـا أُطَالِبُـهُ» (تَثْنِيَـة ١٩: ١٨). إِنَّهـا مُطَالَبَـة صاحـب الغنـم للـراعي

الأجير عن غنمه «هكَذَا قَالَ السَّيِّدُ الرَّبُّ هأَنَذَا عَلَى الرِّعَاةِ وَأَطْلُبُ غَنَمِي مِنْ يَدِهِمْ ...» (حزقيال ٣٤: ١٠). فالمبدأ الإلهيّ العام هُوَ أنَّ التعدّي على حياة الإنْسَان يتطلّب في المقابل حياة الحيوان أو الإنْسَان الّذي تعدّى. ونحن نرى هذا القانون بوضوح في النّاموس الموسويّ حَيْثُ تطلب الشّريعة مَوْت الثّور أو صاحب الثّور الّذي تسبّب في مَوْت إنْسَان «وَإِذَا نَطَحَ ثَوْرٌ رَجُلًا أَوِ امْرَأَةً فَمَاتَ، يُرْجَمُ الثّوْرُ وَلاَ يُؤْكَلُ لَحْمُهُ. وَأَمَّا صَاحِبُ الثّوْرِ فَيَكُونُ بَرِيئًا. وَلكِنْ إِنْ كان ثَوْرًا نَطَّاحًا مِنْ قَبْلُ، وَقَدْ أُشْهِدَ عَلَى صَاحِبِهِ وَلَمْ يَضْبِطْهُ، فَقَتَلَ رَجُلًا أَوِ امْرَأَةً، فَالثّوْرُ يُرْجَمُ وَصَاحِبُهُ أَيْضًا يُقْتَلُ» (خُروج ٢١: ٢٨ -٣٠).

**الإِنْسَان أخيه אִישׁאָחִיו** - تذكّرنا كَلِمة «أخيه» بقصة قَايين وهَابِيل في تَكْوِين ٤: ٨ -١١، عندما قام قَايِين على أخيه وقَتَلَه. فالقتلُ هُوَ، بكُلِّ المقاييس، قَتْل أخ في الإنْسَانيّة. فمع أنَّ اللّٰه لم يسفك دم قَايِين بسبب هَابِيل أخيه، إلا أَنَّه في عَهْده مع نُوح وَضَعَ هذا القانون حتى يمنع بالقُوّة قَتْل الإنْسَان لأخيه الإِنْسَان.

سافِكُ دمِ الإِنْسَان **שֹׁפֵךְ דַּם הָאָדָם**

بالإِنْسَان يُسْفَك دمه **בָּאָדָם דָּמוֹ יִשָּׁפֵךְ**

نرى في هذه العبارة الشّعْريّة تكرارًا عكسيًا لأوّل ثلاث كلمات في الفقرة الأُولى منها، وَهِيَ «سافِكُ دمِ الإنْسَان» لتصبح في الفقرة الثّانيّة «بالإِنْسَان يُسْفَك دمه». ويُطلق على هذا الأسلوب الشّعريّ «التعاكُس البلاغيّ chiasmus»، حَيْثُ يعكس ترتيب الكلمات في عبارتَيْن مُتواليتَيْن (مِثْل عبارة لا حياة مع اليأس، ولا يأس مع الحياة). فمَثَلًا نقرأ في سِفر الخُروج «... نَفْسًا بِنَفْسٍ، وَعَيْنًا بِعَيْنٍ، وَسِنًّا بِسِنٍّ، وَيَدًا بِيَدٍ، وَرِجْلًا

بِرِجْـل، وَكَيًّـا بِكَـيٍّ، وَجُرْحًـا بِجُرْحٍ، وَرَضًّـا بِـرَضٍّ» (٢١: ٢٣-٢٥). أُسْتُخْدِمَتْ عبـارة «سَـافِك دم» للإشـارة إلى القَتْـل المُتَعَمّـد (تَكْوِيـن ٣٧: ٢٢، ملـوك الْأَوَّل ٢: ٣١، حزقيـال ٢٢: ٤)، والقتـل في الحـرب (أخبـار الأيـام الْأَوَّل ٢٨: ٣). وعقوبـة الإعـدام Capital Punishment عقوبـة إلهيّـة، فمصدرهـا ومُشَرِّعَهـا هُـوَ اللهُ. ولقـد حَـذّرَ النّامـوس الموسـويّ مـن أن يأخـذ الإنْسَـان فديّـة عـن نفـس القاتـل «وَلاَ تَأْخُـذُوا فِدْيَـة عَـنْ نَفْـسِ الْقَاتِـلِ الْمُذْنِـبِ لِلْمَـوْتِ، بَـل أَنَّـه يُقْتَـلُ» (عـدد ٣٥: ٣١). ورغـم أنَّ هُنَـاك دينونـة وعقابًـا إلهيّـين سـينفذهما اللهُ في سـافك الدّم، «أطلـب نفـس أخيـه الإنْسَـان» (٩: ٥)، إلا أنَّ اللهَ قـد أعطـى هـذا الحُكْـم للمجتمـع الإنْسَـانيّ ونظامـه القضـائيّ «سـافك دم الإنْسَـان بالإنْسَـان يُسْـفَك دمـه» (٩: ٦).[٨]

**بالإِنْسَـان בָּאָדָם** - أيّ أنَّ الإنْسَـان هُـوَ الوسـاطة أو الوسـيلة الإلهيّـة الّـتي يُنفِّـذ بهـا اللهُ هـذا القضـاء. ولا يُقْصَـد بالإنْسَـان هُنَـا أشـخاص أو أفـراد، لكـن نظـام قضائيّ أو حكومـات (رُوميَـة ١٢: ١٩، ١٣: ١ ،٥ ١ بُطْـرُس ٢: ١٣ ١٤). ويرتكـز هـذا النّهْي الإلـهيّ المُطْلَـق ضِـد سـفك دم الإنْسَـان الـبريء على مبـدأ أنَّ الإنْسَـان خُلِـقَ على صُـورَة اللهِ. فمـن حَـقِّ الإنْسَـان الـبريء أن يحيـا ولا يُسَـلّم للمـوت. وَيُؤَكِّـد الـرّب هـذا المبـدأ مـرارًا وتكـراراً على صفحـات الْكِتَـاب الْمُقـدَّس (عـدد ٣٥: ٣١-٣٤، إشـعياء ٥٩: ٧، إرميـا ٢٢: ٣، مَـتَّى ٢٧: ٤). فالإنْسَـان مخلـوق على صُـورَة اللهِ בְּצֶלֶם אֱלֹהִים،[٩] ولهـذا فـإنَّ مَـوْت الإنْسَـان

٨. يقـول بعـض منتقـدي عقوبـة الإعـدام إنَّ الشريعـة الموسـويّة كانـت «خطـوة» على طريـق التحضُّر: فقبـل مجيء الشريعـة كان الثـأر يقـول: «عـين بنفـس ونفسٌ بعـشرة أنفـس» فجـاءت الشريعـة لتقنـين العقـاب ومنـح هـذه السـلطة للمجتمع/للسُـلطة . أمـا الآن فـلا يجـب تطبيـق عقوبـة الإعـدام لأن عنـد تطبيقهـا الخاطـئ تعجـز السـلطات عـن رد النفـس الـتي أزهقـت. إذاً كيـف يجـب أن ننظـر إلى عقوبـة الإعـدام؟ أولا، يجـب أن نتذكـر أن الله هـو الذي أسـس عقوبـة الإعـدام في الكتـاب المقـدس. الله هـو صاحـب أعلى القيـم بـين كل الكائنـات؛ فهـو وحـده الكامـل. وهـذه القيـم لا تنطبـق علينـا نحـن فقـط ولكـن. ثانيـاً علينـا أن نـدرك أن الله قـد منـح الحكومـات السـلطة لتقريـر مـتى تسـتحق عقوبـة الإعـدام (تكويـن ٩: ٦؛ روميـة ١٣: ١-٧). إنـه أمـر غـير كتـابي أن ندّعـر بـأن الله يعـارض عقوبـة الإعـدام في كل الأحـوال.

٩. انظر تفسير هذا المصطلح في تَكْوِين ١ ٢٦ -٢٨.

بغير حَقّ يُعَدُّ أمرًا خطيرًا، لأنَّ الإِنْسَان مِلْكٌ لله الخَالِق. فَصَوْت دماء هَابِيل كانت تصرخ للرب. وهُنا نرى أنَّ الإِنْسَان لَيْسَ من حَقِّه أن يسفك دم أخيه الإِنْسَان. فالحياة الإِنْسَانيّة هِيَ هبة الله الخَالِق أو كما سمّاها بعض اللاهوتيّين بأنَّها «قَرْض من الله» God's loan.

## عهد الله مع نُوح (٩: ٨ – ١٧)

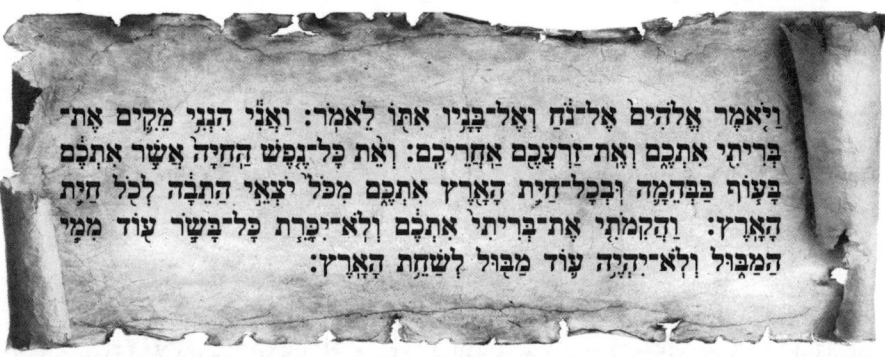

וַיֹּאמֶר אֱלֹהִים אֶל־נֹחַ וְאֶל־בָּנָיו אִתּוֹ לֵאמֹר: וַאֲנִי הִנְנִי מֵקִים אֶת־
בְּרִיתִי אִתְּכֶם וְאֶת־זַרְעֲכֶם אַחֲרֵיכֶם: וְאֵת כָּל־נֶפֶשׁ הַחַיָּה אֲשֶׁר אִתְּכֶם
בָּעוֹף בַּבְּהֵמָה וּבְכָל־חַיַּת הָאָרֶץ אִתְּכֶם מִכֹּל יֹצְאֵי הַתֵּבָה לְכֹל חַיַּת
הָאָרֶץ: וַהֲקִמֹתִי אֶת־בְּרִיתִי אִתְּכֶם וְלֹא־יִכָּרֵת כָּל־בָּשָׂר עוֹד מִמֵּי
הַמַּבּוּל וְלֹא־יִהְיֶה עוֹד מַבּוּל לְשַׁחֵת הָאָרֶץ:

وَقَالَ إلوهيم لنُوحٍ ولبنيهِ معَهُ قائلًا «وأنا. ها أنا مقيمٌ عهدي مَعَكُم ومعَ نسلِكم بعدَكُم. ومعَ كُلّ النّفسِ الحَيَّة الّتي معَكُم في الطّيرِ في البهيمةِ وفي كُلّ حيوانِ الأرضِ معَكُم، من كُلّ خارجيّ التابوت وكُلّ حيوان الأرضِ. وأقيمُ عهدي معَكُم، فلا يُقطعُ كُلّ جسدٍ بعدُ بمياهِ الطُّوفان، ولا يكونُ بعدُ طوفانٌ لإفسادِ الأرضِ.

يشتمل عَهْد الله مع نُوح على ثلاث فقرات:

١. تَكْوِين ٩: ٨ -١١، وَهِيَ إعلان الله لعهده مع نُوح وبنيه.
٢. تَكْوِين ٩: ١٢ – ١٦، وَهِيَ علامة الْعَهْد، «قوس قُزَح».
٣. تَكْوِين ٩: ١٧ – الخاتمة

إعلان الله للْعَهْد مع نُوح وبنيه (تَكْوِين ٩: ٨-١١)، وتتكرّر في هذا الإعلان كلمتان مفتاحيّتان وهُما «أُقِيم קוּם" في الآيات ٩، ١١، ١٧، والكلمة «عهد בְּרִית، بِرِيت» في الآيات ٩، ١١ ١٧. يُؤكِّد هذا التكرار من خلاله

الْـوَحْي الإلـهيّ أنَّ هـذا الْعَهْـد هُـوَ عهـد غـير مـشروط يتوقّـف تحقيقـه بالكامـل على الله وحـده. وَيُشِـيرُ الْفِعْـل «مُقِيـم מֵקִים" في تَكْوِيـن ٩: ٩ إلى المسـتقبل القريـب، وَيُشِـيرُ «أقيـم וַהֲקִמֹתִי" في ٩: ١١ إلى زمـن المضـارع. وجـاء الْفِعْـل «أقمتُـه הֲקִמֹתִי" في ٩: ١٧ في زمـن المضـارع التـام. وهـذا معنـاه أنَّ الله بـدأ الْعَهْـد ويعضـد الْعَهْـد ويُكَمّـل الْعَهْـد (عبرانيّـين ١٢: ٢). إنَّـه عَهْـد غـير مـشروط يتوقّـف تأسيسـه واسـتمراره واكتمـاله على شـخص الله وحـده رغـم حالـة الخطيّـة الّـتي يعيـش فيهـا الإنْسَـان. إنَّـه عَهْـد مع كُلّ الْخَلِيقـة، فَهُـوَ لا يشـمل نُـوح وبنيـه ونسـلهم مـن بعدهـم فقـط، بـل يشـمل «كلّ ذوات الأنفـسِ الْحَيَّـة» مـن الطّيـور والبهائـم وكُلّ حيوانـات الأرضِ أَيْضًـا (٩: ١٠). ويضمـن هـذا الْعَهْـد أن لا «ينقـرض كُلّ ذي جسـدٍ أَيْضًـا بميـاهِ الطُّوفـان. ولا يكـونُ أَيْضًـا طوفـانٌ لِيُخْـرِب الأرضِ» (٩: ١١). ولقـد ذُكِـرَت العبـارة «أُقِيـم عهـدي» في التـوراة ثـلاث مَـرّات؛ أَوّلًا في عَهْـد الله مـع نُـوح (تَكْوِيـن ٦: ١٨)، ثانيًـا في عَهْـد الله مـع إِبْراهِيـم (تَكْوِيـن ١٧: ٧، ١٩)، ثالثًـا في عَهْـد الله مـع شـعب إِسْرَائِيـل مـن خـلال مُـوسَى (خُـروج ٦: ٤)، وكأن كَاتِـب التـوراة - بإرشـاد الـرُّوح القُـدُس - قـد اسـتخدم نفـس التعبـير واللغـة لِيُؤَكّـد أنَّ هـذه العهـود الثّلاثـة مُرتبطـة بعضهـا ببعـض ارتباطًـا وثيقًـا. فـالله الّذي تعهّـد بـأنَّ يُبـارك كُلّ البـشر وكُلّ الْخَلِيقـة في أيـام نُـوح سـيُحقّق هـذه البركـة للعالـم مـن خـلال نسـل إِبْراهِيـم.[١٠]

10. Kenneth Mathews, *Genesis 1-11:26, 409.*

## علامة الْعَهْد (٩: ١٢-١٦)

ויאמר אלהים זאת אות־הברית אשר־אני נתן ביני וביניכם ובין כל־נפש חיה אשר אתכם לדרת עולם: את־קשתי נתתי בענן והיתה לאות ברית ביני ובין הארץ: והיה בענני ענן על־הארץ ונראתה הקשת בענן: וזכרתי את־בריתי אשר ביני וביניכם ובין כל־נפש חיה בכל־בשר ולא־יהיה עוד המים למבול לשחת כל־בשר: והיתה הקשת בענן וראיתיה לזכר ברית עולם בין אלהים ובין כל־נפש חיה בכל־בשר אשר על־הארץ:

وَقَالَ إلوهيم «هـذه علامـةُ الْعَهْـد الّذي أنـا جاعـلٌ بيـني وبينَكـم وبـين كُلّ نفسٍ حيّـة معَكـم إلى أجيالِ الأبـدِ. قـوسي جعلتُ في غمامٍ فتكونُ علامـةَ عَهْـد بيـني وبـين الأرضِ. فيكونُ في تغييمي غمامًـا على الأرضِ، وتُـرى القـوسُ في غمامٍ. ذكـرتُ عهـدي الّذي بيـني وبينَكـم وبـين كُلّ نفسٍ حيّـة في كُلّ جسدٍ، ولا تكـونُ بعـد المياهُ طوفانًـا لإفسـادِ كُلّ جسـدٍ. وتكـونُ القـوسُ في غمامٍ وأراهـا لذكرِ عَهْـد أبـدٍ بَـيْنَ إلوهيـم وبـينَ كُلّ نفسٍ حيّـة في كُلّ جسدٍ على الأرضِ.

مـع أنَّ في وعـد الله وعهـده كُلّ الكفايـة والضّمـان للإِنْسَـان، إلا أنَّ الله لـم يكتـفِ بوعـده، بـل قـدّم علامـةَ عَهْـد يذكـر بهـا الله عَهْـدَه مـع الإِنْسَـان. فـكُلّ العهـود الّـتي ذُكِـرَت في التـوراة ارتبطـت بعلامـات. فمـع نُـوح أعطـى الله «قـوس قُـزَح» كعلامـة (تَكْوِيـن ٩)، وفي عَهْـد الله مـع إِبْراهِيـم أُعْطِـيَ «الختـان» كعلامـة للْعَهْـد (تَكْوِيـن ١٧: ١١)، وفي الْعَهْـد الموسـوي أُعْطِـيَ «حفـظ يَـوْم السّـبت» كعلامـة (خُـروج ٣١: ١٦-١٧). فقَـوْس قـزح والختـان وحفـظ السّـبت ثـلاث علامـات لثلاثـة عهـود إلهيّـة قطعهـا الـرّب في ثـلاث مراحـل تاريخيّـة مُخْتَلِفـة مـن تاريـخ الفـداء. وقَـوْس قـزح علامـة مرئيّـة لكلمـات الله غـير المرئيّـة «وضعـتُ قـوسي في السّـحاب، فتكـون علامـة ميثـاق بيـني وبـين الأرض» (٨: ١٣). إنّـه ربـاط سـلام بَـيْنَ السّـماء والأرض، وَهِيَ علامـة يراهـا كُلّ إِنْسَـان في «السّـحاب» الّذي ارتبـط في الْكِتَـاب الْمُقـدَّس بحضـور الله وإعلانـه (انظـر

خُروج ١٩: ٩، تَثْنِيَة ٣١: ١٥، ملوك الأَوَّل ٨: ١٠ -١١، مزمور ٩٩: ٧). وقـد ذُكِـرَ قوس قزح مَرَّة أُخْرَى في الْعَهْد الْقَدِيم. فعندما رأى حزقيال مجد الله، قَالَ:

> وَرَأَيْتُ مِثْلَ مَنْظَرِ النَّحَاسِ اللاَّمِع كَمَنْظَرِ نَارٍ دَاخِلَهُ مِنْ حَوْلِهِ، مِنْ مَنْظَرِ حَقْوَيْهِ إِلَى فَوْقُ، وَمِنْ مَنْظَرِ حَقْوَيْهِ إِلَى تَحْتُ، رَأَيْتُ مِثْلَ مَنْظَرِ نَارٍ وَلَهَا لَمَعَانٌ مِنْ حَوْلَهَا. كَمَنْظَرِ الْقَوْسِ الَّتِي في السَّحَابِ يَوْمَ مَطَرٍ، هكَذَا مَنْظَرُ اللَّمَعَانِ مِنْ حَوْلِهِ. هذَا مَنْظَرُ شِبْهِ مَجْدِ الرَّبِّ. وَلَمَّا رَأَيْتُهُ خَرَرْتُ عَلَى وَجْهِي ....» (١: ٢٧ و ٢٨)

أَمَّا في الْعَهْد الْجَدِيد فقد رأى يُوحَنَّا الحبيب الجالس على العرش وقوس قزح حول العرش، «وَكَانَ الْجَالِسُ في الْمَنْظَرِ شِبْهَ حَجَرِ الْيَشْبِ وَالْعَقِيقِ، وَقَوْسُ قُزَحَ حَوْلَ الْعَرْشِ في الْمَنْظَرِ شِبْهُ الزُّمُرُّدِ» (رُؤْيَا ٤: ٣). وظهور قوس قزح هُوَ تذكرة بعهد الله ووعوده «إِنِّي أَذكر مِيثاقِي الَّذي بيني وبينكم وبين كُلّ نفسٍ حيّة في كُلّ جسد ...» (تَكْوِين ٩: ١٥)، وشهادة على حضور الله الَّذي أعلن نفسه من خلال الدّمار وحِفْظِ الحياة على الارض.[11] فَهُوَ كظاهرة طبيعيّة ناتجٌ عن انكسار أشعة الشّمس وتحلُّل ضوئها مع الغيوم الكثيفة المُعتمة. وهو يُبشِّر بظهور الشّمس بعد احتجابها بسبب الغيوم الكثيفة، كما أنَّ شكله كقوسٍ يُشبه الجسر الموصل بَيْنَ السّماء والأرض وكأنَّ الله يُؤكِّد من خلال هذه العلامة تصالُح السّماء مع الأرض ودوام العلاقة والسّلام بينهما.

وقَالَ الرَّبُّ ثلاثة أمور عن الْعَهْد وعلامة الْعَهْد في (تَكْوِين ٩: ١٢):

---

11. Ibid., 410.

١. العلامة مرتبطة بالْعَهْد ووعود الله فدور العلامة «قوس قزح» هُوَ التأكيد أنَّ الله سيُحقِّق وعوده.

٢. هذه العلامة هِيَ عمل الله فعبارة «أنا واضعه» تَكْوِين ٩: ١٢ تُشِيرُ إلى شيء لَيْسَ للإِنْسَان دخل فيه.

٣. العلامة هِيَ لِكُلِّ الْخَلِيقة كما في عبارة «... بيني وبينكم وبين كُلّ ذوات الأنفس الْحَيَّة الّتي معكم إلى أجيال الدّهر».

إنَّ كَوْن عَهْد الله مع نُوح عَهْدًا مع كُلّ الْخَلِيقة universal حقيقة أكّدها الرّبّ غير مَرَّة من خلال تكرار كَلِمة «كُلّ».

- ومعَ كُلّ نفس حيّة (٩: ١٠)
- كُلِّ حيوانِ الأرضِ معَكُم (٩: ١٠)
- كُلِّ جسدٍ (٩: ١١)
- كُلِّ نفسٍ حيّة (٩: ١٢)
- كلِّ نفسٍ حيّة في كُلّ جسدٍ (٩: ١٥)
- كلِّ نفسٍ حيّة في كُلّ جسدٍ على الأرضِ (٩: ١٦)

## أولاد نُوح (تَكْوِين ٩: ١٨ و ١٩)

وكانَ بنو نُوح الخارجونَ من التابوتِ، شِم وحام ويافث. وحامُ هُوَ أبو كنعانَ.
ثلاثةٌ هُمْ بنو نُوح، ومن هؤلاءِ تشعَّبَت كُلُ الأرضِ.

**وكانَ بنو نُوح וַיִּהְיוּ בְנֵי־נֹחַ** - وبالحديث عن أولاد نُوح، ينتقل كاتِب السّفْر من التركيز على نُوح بطل قِصّة الطُّوفان إلى التركيز على أولاده وأحفاده وكُلّ الأجيال الّتي ستخرج منهم لتملأ كُلّ الأرض. وَهِيَ شعوب سوف يتناولها الْوَحْي بالتفصيل في الأصحاح العاشِر من سِفْر التَّكوِين. وما يتبع الحديث عن أبناء نُوح من أحداث، سواء أكان ذلِكَ عن تصرُّف «حام» المُشِين تجاه أبيه، أم تصرُّف «سام» أم «يافث» العاقل، يُؤَكِّد التّضاد والاختلاف بَيْنَ نسل الْمَرْأَة ونسل الْحَيَّة (تَكْوِين ٣: ١٥).[١٢] وَرَدَ ذِكْر أبناء نُوح بالاسم وبهذا الترتيب ٥ مَرّات في سِفْر التَّكوِين (تَكْوِين ٥: ٣٢، ٦: ١٠، ٧: ١٣، ٩: ١٨، ١٠: ١)، وهو لَيْسَ ترتيبًا زمنيًا ولا ترتيبًا بحسب الولادة. إذ «حام» هُوَ الابن الأصغر وليس الابن الثّاني (٩: ٢٤). كان هذا الأسلوب في الترتيب مُتّبَعًا ومعروفًا لِيُظْهِر التناقُض بَيْنَ شخصيْن أو شعبيْن. فتَكْوِين ٢٥: ٩ تذكر اسمَ إسحاق قبل إسماعيل مع أَنَّه أصغر منه.

**وحامُ هُوَ أبو كنعانَ וְחָם הוּא אֲבִי כְנָעַן** - وبالحديث عن كنعان وعلاقته بـ «حام»، يُعِدُّ الْكَاتِب «كنعان» للدخول إلى مسرح الأحداث. فالعمل المشين الّذي عَمِلَه حام أبو كنعان يلقي بظلاله على الانحلال الأخلاقيّ الذّى سيُمارسه الكنعانيّون في حياتهم وعباداتهم، والّذي سيكون السّبب في أن يطردهم الله من الأرض.[١٣] فبنوا كنعان صاروا أعداء إسرائيل الألداء والذين بسبب خطاياهم قذفتهم الارض وطردهم الرب من الارض ليعطيها ميراثاً لبني إسرائيل «بِكُلِّ هذِهِ لاَ تَتَنَجَّسُوا، لأَنَّهُ بِكُلِّ هذِهِ قَدْ تَنَجَّسَ الشُّعُوبُ الَّذِينَ أَنَا طَارِدُهُمْ مِنْ أَمَامِكُمْ ٢٥فَتَنَجَّسَتِ الأَرْضُ. فَأَجْتَزِي ذَنْبَهَا مِنْهَا، فَتَقْذِفُ الأَرْضُ سُكَّانَهَا» (لاويين ١٨: ٢٤-٢٥).

12. Waltke, *Genesis: A Commentary,* 156.

١٣. فقط في سِفْر التَّكوِين ذكر التعبير «أرض كنعان» أكثر من ٩ مَرّات. ووردت كلمة كنعان ١٤ مرة

**تشـعَّبَت كُلّ الأرضِ נָפְצָה כָל־הָאָרֶץ** - جميـع بـني البـشر الذيـن جـاءوا بعـد الطوفـان انحـدروا مـن أبنـاء نـوح الثلاثـة. نـرى هُنَـا تحقيقًـا لبركـة الـرّب ووصيتـه لنُـوح وبنيـه عندمـا قَـالَ لهـم «أثمـروا وأُكـثروا وامـلأوا الأرض» (تَكْوِيـن ٩: ١). وسـنرى هـذا التحقيـق بصُـورَة كامِلـة له في الأصحـاح العـاشِر مـن سِـفْر التَكْوِيـن. ولهـذا ينظـر بعضُهـم إلى أن تَكْوِيـن ٩: ١٨، ١٩ كمُقدِّمـة لتَكْوِيـن ١٠.

## تَعَرّي نُوح (٩: ٢٠، ٢١)

وابتدأ نُوح رجلِ الأديمِ يغرسُ الكرمَ. وشرِبَ من الخمرِ فَسكِرَ وتعرى في داخِلَ خيمتِهِ.

لا يذكـر لنـا الْكِتَـاب الْمُقـدَّس كَـمْ مـن السّـنين مـرّت بَـيْنَ خُـروج نُـوح وبنيـه مـن الفلـك وهـذه الحادثـة المرتبطـة بِسُـكْرِهِ وتَعَرّيـه (تَكْوِيـن ٩: ٢٠-٢٧). لكـن يبـدو أنَّ الفـارق الزّمـني كان كافيًـا حـتى يكـون لنُـوح حفيد مـن حـام ابنـه، وأن يـزرع كرمـةً ويحصـد مـن ثمرهـا.

**فَلّاحًـا אִישׁ הָאֲדָמָה، إيـش هأدامـاه** يربـط ذِكْـر الأرض (هأدامـاه) soil هُنَـا بَـيْنَ نُـوح وآدَم بشكل مُتعمَّـدٍ مـن كَاتِـب السّـفْر (٢: ٧). فكمـا كان بَـيْنَ آدَم والْخَلِيقـة الأصليّـة علاقـة «يعملهـا ويحفظهـا» (تَكْوِيـن ٢: ١٥)، لِذلِـكَ تُوجَـد علاقـة بَـيْنَ نُـوح والْخَلِيقـة الْجَدِيـدة. ولهـذا وَصَفَـه كَاتِـب السّـفْر

قائلًا «وابتدأ نُوح يكون فلاحًا وغرس كرمًا»، فقد تنبَّأ لامك عندما أنجبَ ابنه نُوح بأنَّه سوف «يعزينا عن عَملنا وتعب أيدينا من قِبَل الأرض الّتي لَعَنَهَا الرّب» (تَكْوِين ٥: ٢٩). فقبل نُوح كانت الأرض تنتج شَوْكًا وحَسَكًا، وكان الإِنْسَان يتعب فيها ليُوفِّر ما يحتاج لمعيشته، وأمّا الآن فإنَّ الأرض تنتج كرومًا، وَهِيَ تُشِيرُ الى الفرح والبهجة (قضاة ٩: ١٣، مزمور ١٠٤: ١٥).[١٤]

**وابتدأ וַיָּחֶל، وَيَحِيل** وهو مُشتّق من الْفِعْل **חלל** **الّذي** يُشِيرُ إلى ابتداء أمر جديد لم يكن معروفًا من قبل. فنُوح الرّجل الفلاح، رجل الأديم، ابتدأ في غَرْس الكروم ومنها أَيْضًا اخترع صناعة الخَمْر، هذا التّطوُّر يُظْهِر قُدْرَة الإِنْسَان على الإبداع وصُنْع الحضارات، هذا التّطوُّر الّذي رأيناه في الأصحاح الرّابِع من مدنيّة وموسيقى، لكن بسبب الخطيّة، ضاع مع الطُّوفان.

**غرس كرمًا וַיִּטַּע כָּרֶם - جَاءَ** تطور الكروم من منطقة أرمينيا حَيْثُ استقر الفلك.[١٥] إنَّ غَرْسَ الكرم في حَدِ ذاته شيء جميل ورائع، فالكَرْم في الْعَهْد الْقَدِيم يُشِيرُ إلى الخير والكَرَم، والخمر يُشِيرُ إلى عطيّة الرّب الخَالِق. لكن من المُؤسِف أنَّ الإِنْسَان أحيانًا كثيرة يُسِيء استعمال عطايا الله. فبَدَلًا من أن تكون هذه العطايا بركةً، تُصبح مصدرًا للتجربة، وبدلًا من أن يتسلَّط الإِنْسَان على هذه العطايا، تتسلّط هِيَ عليه.

**وشرِبَ... فَسكِرَ וַיֵּשְׁתְּ... וַיִּשְׁכָּר** هذه هِيَ أَوَّل حالة سُكر من الخمر يذكرها الْكِتَاب الْمُقدَّس. فنحن نرى هُنَا نُوحا الّذي شَهِدَ عنه الرّب بأنَّه «كَانَ رَجُلًا بَارًّا كَامِلًا فِي أَجْيَالِهِ. وَسَارَ نُوح مَعَ الله» (تَكْوِين ٦:

١٤. احتل صنع الخمر مكانة كبيرة في الْعَالَم الْقَدِيم إلى درجة أنَّ بعض ثقافات الشّرق الادنى الْقَدِيم نسبت اختراع الخمر الى الآلهة، لكن نعلم هُنَا في قِصّة نُوح أنَّ الخمر هُوَ من اختراع الإِنْسَان وليس الله.
15. Sarna, *Genesis, 63*; Waltke, *Genesis: A Commentary,* 148.

٩، ٩-١١) في وضع وحالة غير لائقة. فيا للغرابة! فنُوح الّذي أطاع الله في كُلّ أمر، ووثق بالرّب بكُلّ قلبه، وقَدَّمَ ذبيحة ومُحرقة تكريس وشُكْر بعد خُروجه من الفلك، وهو الإنْسَان الّذي قطع معه الرّب عَهْدًا أبديًا، يصفه الْوَحْي الإلهيّ هُنَا بأنّه سَكِرَ وتَعَرّى. يَقُولُ ديلتش Delitzsch «إنَّ نُوحا الّذي حَفِظَ الله حياته وثَبّتَ باقتدار رغم الطُّوفان العظيم، استسلم للخمر.»[16] لكن لماذا سَكِرَ نُوح؟ يَقُولُ بعض آباء الكنيسة إنَّ سبب سُكْر نُوح كان جَهْلُه بالكروم وقُوّة عصير العنب المختمر. لكن مهما كان السّبب، فإنَّ النّتيجة واحدة، وَهِيَ أَنَّه سكر وتعرّى.[17] فجَهْلُ الإنْسَان بشيء لَيْسَ سببًا وعُذْرًا لفِعْلته، وجُهْل نُوح بتأثير الخمر المُسْكِر لا يمنع احتساب السّكر خطيّة.[18] وتُذكّرنا هذه الحادثة بحقيقة قَالَهَا الرّب بعد الطُّوفان، وَهِيَ أَنَّه رغم الطُّوفان ودينونة الله على الخطاة، إلا أنَّ الإنْسَان ما زال «تصوُّر قلبه شرير منذ حداثته» (تَكْوِين ٨: ٢١). فالطُّوفان لم يمحُ الخطيّة من قلب الإنْسَان. لقد دانها لكنه، لم يمحُها. ولهذا فإنَّ خلاص نُوح من الهلاك مؤسّس أَوّلًا وأخيرًا على نعمة الله وليس على بِرّ

16. Keil. C. F and F. Delitzsch, "Genesis" Commentary on the Old Testament, 292.

١٧. حاول بعض من آباء الكنيسة أن يفسّروا هذه الحادثة تفسيرًا روحيًا رمزيًا، فقالوا إنَّ نُوحا، أبا البشريّة، يرمز للمسيح آدم الأخير؛ أبي الْخَلِيقة الْجَدِيدة. والكرم هُوَ الكنيسة التي غرسها الْمَسِيح على الأرض لكي تسكر بخمر رُوحها كُلّ شعوب الأرض. أَمَّا سكر نُوح من الخمر وعُريه. فَهُوَ إشارة إلى تحمل الْمَسِيح عاره على الصّليب حيثُ انتزع عنه رداؤه. وفي حين يرمز حام إلى اليَهُود غير المؤمنين الّذين استهزأوا به، يُشِيرُ سام ويافث إلى المؤمنين بالْمَسِيح من اليَهُود والأمم. (انظر شرح سِفْر التَّكْوِين سِفر البدايات، أحد رهبان دير القديس أنبا مقار. دار مجلة مَرْقُس، ٢٠٠٥، ١٧٥).

١٨. يحذر الْكِتَاب الْمُقدَّس بكُلّ وُضوح من السّكر بالخمر فيَقُولُ «اَلْخَمْرُ مُسْتَهْزِئَةٌ. الْمُسْكِرُ عَجَّاجٌ، وَمَنْ يَتَرَنَّحُ بِهِمَا فَلَيْسَ بِحَكِيمٍ» (أمثال ٢٠: ١)، «لِمَنِ الْوَيْلُ؟ لِمَنِ الشَّقَاوَةُ؟ لِمَنِ الْمُخَاصَمَاتُ؟ لِمَنِ الْكَرْبُ؟ لِمَنِ الْجُرُوحُ بِلاَ سَبَبٍ؟ لِمَنِ ازْمِهْرَارُ الْعَيْنَيْنِ؟ لِلَّذِينَ يُدْمِنُونَ الْخَمْرَ، الَّذِينَ يَدْخُلُونَ فِي طَلَبِ الشَّرَابِ الْمَمْزُوجِ» (أمثال ٢٣: ٢٩ ٣٠)، وَأَعْمَال الْجَسَدِ ظَاهِرَةٌ، الَّتِي هِيَ زِنىً عَهَارَةٌ نَجَاسَةٌ دَعَارَةٌ عِبَادَةُ الأَوْثَانِ سِحْرٌ عَدَاوَةٌ خِصَامٌ غَيْرَةٌ سَخَطٌ تَحَزُّبٌ شِقَاقٌ بِدْعَةٌ حَسَدٌ قَتْلٌ سُكْرٌ بَطَرٌ» (غلاطيّة ٥: ١٩)، «أَمْ لَسْتُمْ تَعْلَمُونَ أَنَّ الظَّالِمِينَ لاَ يَرِثُونَ مَلَكُوتَ اللهِ؟ لاَ تَضِلُّوا لاَ زُنَاةٌ وَلاَ عَبَدَةُ أَوْثَانٍ وَلاَ فَاسِقُونَ وَلاَ مَأْبُونُونَ وَلاَ مُضَاجِعُو ذُكُورٍ، وَلاَ سَارِقُونَ وَلاَ طَمَّاعُونَ وَلاَ سِكِّيرُونَ وَلاَ شَتَّامُونَ وَلاَ خَاطِفُونَ يَرِثُونَ مَلَكُوتَ اللهِ» (١كو ٦: ٩)، «وَلاَ تَسْكَرُوا بِالْخَمْرِ الَّذِي فِيهِ الْخَلاَعَةُ، بَلِ امْتَلِئُوا بِالرّوحِ» (أفسس ٥: ١٨)

نُـوح (تَكْوِيـن ٦: ٨). فنُـوح وبنـوه هُـمْ البقيّـة الّـتي أبقاهـا الله ليسـتخدمها في اسـتمرار الجنـس البـشريّ حـتى يـأتي «نسـل الْمَـرْأَة» المسـيا المُخَلِـص.

تَعَـرّى וַיִּתְגַּל الكلمـة الْعِبْرِيّـة المسـتخدمة هُنَـا هِيَ مشـتقة مـن الْفِعْـل «גלה، جَـلَا» أيّ كَشَـفَ، ولهـذا يمكـن أن تُتَرْجَـم «كَشَـفَ نفسـه «expose oneself or be exposed ١٩. ولقـد ارتبـط السّـكْر بالعُـرْي في الْعَهْـد الْقَدِيـم غـير مَـرَّة. فحبقـوق يَقُـولُ «وَيْـلٌ لِمَـنْ يَسْـقِي صَاحِبَـهُ سَـافِحًا حُمُـوَّكَ وَمُسْـكِرًا أَيْضًـا لِلنَّظَـرِ إلى عَوْرَاتِهِـمْ» (٢: ١٥). ويَقُـولُ إرميـا النّـبي في سِـفْر المـراثي عـن أدوم أَيْضًـا «عَلَيْـكِ أَيْضًـا تَمُـرُّ الْـكَأْسُ. تَسْـكَرِينَ وَتَتَعَرَّيـنَ» (٤: ٢١). ويربـط حبقـوق بَـيْنَ التعـرّي بسـبب المُسْـكِر والنّظـر الشّـهوانيّ، حَيْـثُ يسـلب الإنْسَـان بنظرتـه الشّـهوانيّة أخـاه الإنْسَـان مـن كرامتـه وخصوصياتـه. فالتعـرّي ارتبـط بالخـزيّ والعـار (تَكْوِيـن ٣: ٧، ٢١) وعـدم الْقُـدْرَة على الوجـود في محـضر الله (خُـروج ٢٠: ٢٦، تَثْنِيَـة ٢٣: ١٢، ١٤). وهـو يدفـع الإنْسَـان إلى الخطيّـة. ولهـذا، فـإنَّ القوانـين والشّرائـع الّـتي تُحَـرّم التعـرّي إِنَّمـا وُضِعَـت لحفـظ الإنْسَـان مـن الخطيّـة. وقـد أدى تعـرّي نُـوح إلى خطيّـة حـام.

---

19. hitp impf. לְגַּתְיִו; inf. תּוֹלַּגְתָה —1. to expose oneself Gn 921; —2. to become obvious (⊠ בלֵ, sense or mind?) Pr 182. †Der. הִלָּוֹג, תּוּלגָ, וְוילָגִ; n.m. ילְגָי (?). Koehler, L., Baumgartner, W., Richardson, M. E. J., & Stamm, J. J. (1994–2000). *The Hebrew and Aramaic lexicon of the Old Testament* (electronic ed., p. 192). Leiden E.J. Brill. See also Gesenius, W., & Tregelles, S. P. (2003). *Gesenius' Hebrew and Chaldee lexicon to the Old Testament Scriptures* (Bellingham, WA: Logos Bible Software); and Strong, J. (2009). *A Concise Dictionary of the Words in the Greek Testament and The Hebrew Bible* (Vol. 2). Bellingham, WA: Logos Bible Software.

## خطيّة حام (تَكْوِين ٩: ٢٢)

וַיַּרְא חָם אֲבִי כְנַעַן אֵת עֶרְוַת אָבִיו וַיַּגֵּד לִשְׁנֵי־אֶחָיו בַּחוּץ׃

فرأى حامُ أبو كنعانَ عَوْرة أبيهِ وأخبرَ الاثنيْنِ أخويْهِ في الخارجِ.

**حامُ أبو كنعانَ חָםאֲבִיכְנָעַן** هذه المعلومة، مع كَوْنها بسيطة ومُختصَرة، مُهّمة جِدًا في السّياق والقرينة. فنحن نجد هُنَا أَوَّل ذِكْر لكنعان وتعريف بهويّة شخص، وكأنَّ كاتِب السّفْر قبل أن يكشف لنا السّتار عن كنعان والكنعانيّين وعلاقتهم ببني إِسْرَائِيل، أراد أن يُقدِّم تعريفًا بسيطًا لهويّة كنعان. إذ يعود تاريخ الكنعانيّين الّذين ارتبطت عباداتهم وممارساتهم بالزّنى والنّجاسة والسُّكْر، والّذين حَذَّرَ الرّبُّ شعبَه من الارتباط أو التشبُّه بهم (لاويّين ١٨: ٣)، إلى «حام بن نُوح» الّذي أخطأ في حَقِّ أبيه نُوح ولم يستر عورته. يرى بعضهم أنَّ دَوْر حام مُشابه لدور الْحَيَّة الّتي تسبّبت في اكتشاف آدم لِعُرْيِهِ (تَكْوِين ٣: ٦، ١١-١٣)، فَلُعِنَت ولُعِنَ نسلُها من الرّب (تَكْوِين ٣: ١٤).[٢٠]

كان نُوح عندما سَكِرَ وتَعَرّي داخل خيمته، بعيدًا عن العيون. لكن حامًا أخبر إخوته في الخارج، فما كان في الخفاء أصبح في العَلَن. وبَدَلًا من أن يبقى الأمر داخل الخيمة، خرج إلى من هُمْ خارجها. تُظْهِر هذه الحقيقة مدى جُرْم «حام» في حَقِّ أبيه، وتُبرِّر لنا أَيْضًا قسوة

20. Kenneth Mathews, *Genesis 1-11: 26 The New American Commentary, 418.*

العقاب الّذي ناله بسبب فعلته هذه. فلم يكتفِ حام بالنّظر إلى عَوْرة أبيه، بل تحدّث عنها مع إخوته (٩: ٢٢)، وهو تصرُّف غير مقبول لأنَّه يُشَهِر بأبيه وينشر ضَعْفه. وكان من المفروض أن يستر حام بنفسه عُرْي أبيه وكأنَّ الأمر لم يكن. هذا هُوَ التصرُّف الّذي كان سيحفظ لنُوح كرامتَه وهيْبتَه واحترامَه، لكن حام لم يفعل. وَتُشِيرُ الْكَلِمة فأبصر **וַיַּרְא** إلى النّظر بتدقيق، ولهذا يرى الْمُفسِّرون أنَّ خطيّة حام هُنَا كانت النّظرة الشّهوانيّة voyeurism، هذه النّظرة الّتي تتعدَّى على خصوصيّات الغير. وأكثر من ذلك، فإنَّ حامًا لم يُكْرِم أباه (خُروج ٢١: ١٥-١٧، تَثْنِيَة ٢١: ١٨-٢١، مَرْقُس ٧: ١٠)، فأظهر حام عدم الاحترام أو التقدير لنُوح عندما خرج وأخبر أخويْه عن عَوْرة أبيه.

**تصرُّف سام ويافث (تَكْوِين ٩: ٢٣)**

فأخذ سام ويافث الرّداءَ ووضعاه على كتفِ اثنيهِما ومشيا للوراءِ وكَسَوا عَوْرة أبيهما، ووَجهُاهما مُتواريَان، وعورةَ أبيهِما ما رأيا.

ولإظهار الفرق بَيْنَ تصرُّف حام وتصرف سام ويافث تجاه نُوح أبيهم، كُتِبَت الآيتان ٢٢، ٢٣ بطريقة معكوسة.

**וַיַּ֣רְא חָ֗ם... אֵ֚ת עֶרְוַ֣ת אָבִ֔יו فأبصر حامٌ ... عَوْرة أبيهِ،**

**וְעֶרְוַ֥ת אֲבִיהֶ֖ם לֹ֥א רָאֽוּ وعَوْرة أبيهما لم يبصرا.**

إنَّ المُلاحَظ هُنَا هُوَ أنَّ ترتيب الكلمات الْعِبْرِيّة جَاءَ ترتيبًا عكسيًا «فأبصر حام... عَوْرة أبيه» و«عَوْرة أبيهما لم يُبصرا». وبطبيعة الحال، فإنَّ الغَرَض من هذا الأسلوب هُوَ إظهار التناقُض الشّديد بَيْنَ تصرُّف حام وتصرُّف أخويْه تُجاه أبيهم. فحام نظر إلى عَوْرة أبيه، أَمَّا هما فلم ينظرا إليها. لقد ظهر نُبْل سام ويافث في الطّريقة الّتي تعاملا بها مع الموقف، حَيْثُ أخذا الرّداء ووضعاه على كتفيهما ومشيا إلى الوراء وسترا عَوْرة أبيهما ووجهاهما إلى الوراء. لقد كانت أعين سام ويافث أطهر من أن تنظر إلى عُرْي أبيهما، وبهذا أظهرا احترامَهما وتقديرهما له.[٢١]

## بركة ولعنة (تَكْوِين ٩: ٢٤ – ٢٧)

וַיִּ֥יקֶץ נֹ֖חַ מִיֵּינ֑וֹ וַיֵּ֕דַע אֵ֛ת אֲשֶׁר־עָ֥שָׂה־ל֖וֹ בְּנ֥וֹ הַקָּטָֽן׃ וַיֹּ֖אמֶר אָר֣וּר
כְּנָ֑עַן עֶ֥בֶד עֲבָדִ֖ים יִהְיֶ֥ה לְאֶחָֽיו׃ וַיֹּ֕אמֶר בָּר֥וּךְ יְהוָ֖ה אֱלֹ֣הֵי שֵׁ֑ם וִיהִ֥י
כְנַ֖עַן עֶ֥בֶד לָֽמוֹ׃ יַ֤פְתְּ אֱלֹהִים֙ לְיֶ֔פֶת וְיִשְׁכֹּ֖ן בְּאָֽהֳלֵי־שֵׁ֑ם וִיהִ֥י כְנַ֖עַן עֶ֥בֶד
לָֽמוֹ

واستيقَظ نُوح من خمرِهِ وعَرَفَ ماصَنَعَ لهُ ابنُهُ الصّغيرُ. فقال «ملعونٌ كنعانُ، عبدَ عبيدٍ يكونُ لإخوتِهِ» وَقَالَ «مُباركٌ يَهْوَه إله سام، ويكونُ كنعانُ عبدًا لهُ. يفتحُ إلوهيم ليافث فيسكنُ في خيامِ سام، ويكونُ كنعانُ عبدًا لهُ»

يبدو أنَّ نُوحا سأل سامًا ويافث عمّا حَدثَ، وعرف أَيْضًا ما صنع به ابنُه الأصغر حام. وهنا نجد إشارة إلى كلمات وَرَدَت في تَكْوِين ٣: ١٣

21. Hamilton, *The Book of Genesis Chapters 1- 17*, 323.

عندما سأل الله حَوَّاء «ما هذا الّذي فعلتِ؟»، ثُمَّ قَالَ الرّب للحيّة «لأنكِ فعلتِ هذا، ملعونةٌ أنتِ...» (٣: ١٤).

هذه أَوَّل مَرَّة نسمع فيها صوت نُوح وكلماته في الْكِتَاب الْمُقدَّس. فنُوح من الأشخاص القلائل الّذين اتّصَفُوا بِقِلّة الكلام. فقد رأيناه يُطيعُ الله ويصنع الفلك، ورأيناه يُدْخِل الحيوانات إلى الفلك. وبعد انتهاء الطُّوفان، يرسل نُوح الغراب ثُمَّ الحمام ليتأكد من جفاف الأرض، ثُمَّ يسمع أمر الرّب له بالخُروج ويبني مذبحًا ويقدم ذبيحة شكر وتكريس للرب. وفي كُلّ هذه المواقف، لم نسمع كَلِمة واحدة تخرج من فمه. والآن فقط نسمعه للمَرّة الأولي يَقُولُ «**ملعون كنعان... ومُبَارَك يَهْوَه إِله سام**». كما نرى هُنَا أَيْضًا أَوَّل ذِكْر لأب يُبارِكُ أولاده. إِنَّه أُسْلُوب نراه بوضوح مُتكرِّر في سِفْر التَكْوِين كثيرًا (تَكْوِين ٢٧: ٤، ٢٧-٢٩، ٣٩- ٤٠، تَكْوِين ٤٩).

لكن كيف يمكن أن نفهم مغزى الكلمات الّتي خرجت من فَم نُوح؟ هل اللعنة والبركة مُجَرّد أمنيات. نحن نتمنّى السّعادة والنّجاح لأولادنا، فهل تمنّى نُوح البركة أو اللعنة لأولاده؟ هل هِيَ صلوات وطِلْبات يطلبُها نُوح من الرّب؟ هل هُنَاك معنى لِلّعنة والبركة أعمق من مُجَرّد كونهما أمنيات؟ فمِنَ المُؤَكّد أَنَّ كلمات نُوح لا تحمل في ذاتها قُوّة سحريّة لتُحدِّد مصير شخص أو أُمّة.

**ملعونٌ אָרוּר**[٢٢] - اللعنة والبركة عندما تخرج من فم الله إعلان declarative بركة أو دينونة وليست أمنيّة (تَكْوِين ٣: ١٤، ١٧-١٩، ٤: ١١).

---

٢٢. الفكرة الأساسيّة في اللعنة هِيَ الرّبط أو القيد تحت غضب الله. كَلِمة لعنة بالعبريّة هِيَ ארר وتعني «مُعاقَب» أو «منفي» أو مربوط وهي عكس كلمة البركة

ארר MHb., DSS *הררא curse (DJD 3194), J Arm.t; Akk. *arāru* to curse, *arratu* curse; Soq. *ʾerer* to curse (Leslau 11),Tigr. Wb. 357 *ʾarar* disgrace; Pedersen *Eid* 64ff; Scharbert *Solidarität*; Reicke-R. 1374f, 487f **qal** pf. יתֹוראָן and הָיתֹורָא (compensatory lengthening!), impf. רוֹאתָּ, impv. הָרָא– (= *ʾārā-*, BL 4351 Bergsträsser 2139p *ʾōrā-*), וּר(וֹ)א, inf. רוֹרָא, pt. יֵרְרָא, דְּיֶרְרָא, רוּרָא, הָרוּרָא —to **bind with a curse** (לְלֵק designate as cursed) Koehler, L., Baumgartner, W., Richardson, M. E. J., & Stamm, J. J. (1994–

فإعلان اللهِ اللعنة معناه إعلان دينونة ضِد الخطيّة. فعندما لعن الله الْحَيَّة «إبليس» قصد إعلان دينونة بأن يُسْحَق رأسُها بالكامِل (تَكْوِين ٣: ١٥). وعندما أعلنها على الأرض (٣: ١٦-١٧) نفَّذَها بالكامِل من خلال الطُّوفان (تَكْوِين ٨: ٢١). لكن ماذا عن اللعنة أو البركة عندما تخرج من فم نُوح أو إسحاق (تَكْوِين ٢٧) ويَعْقُوب (تَكْوِين ٤٩)؟ تُعَدُّ هذه نبوءات مُستقبليّة ينطق بها نُوح وإسحاق ويَعْقُوب بخصوص أبنائهم. فهي ليست مُجَرّد أمنيات أو صلوات، بل في الحقيقة نبوّات ورُؤى مُسَبّقَة لِمَا سيكون لِكُلٍّ من هذه الشّعوب بالنّسبة لعلاقتهم بالله... فقد رأى نُوح بروح النّبوة ما سيحدث في المستقبل البعيد من بركة لسام ويافث، كما رأى بنفس رُوح النّبوة ما سيحدث لحام بسبب خطاياه وخطايا نسله. ويَقُولُ جرونجين Groningen «إنَّ كلمات نُوح نبويّة واعترافيّة. فهي نبويّة من حيْثُ إنَّها تُخبرنا عن المُستقبل، واعترافيّة من حيْثُ إنَّها تُوضِّح خطة الله لِكُلٍّ واحد من أبنائه الثّلاثة.»[٢٣]

لكن لماذا لُعِنَ كنعان (ابن حام) وليس حام؟ لا يُخبرنا النص الْكِتَابيّ بالسّبب، إلا أنَّ مُعلمي اليَهُود والمُفسِّرين قدّموا بعض الإجابات على هذا السّؤال المُحَيّر. فيَقُولُ بعض عُلَماء اليَهُود في المِدْراش الْيَهُوديّ إنَّ نُوحا لَعَنَ كنعان لأنَّه كان شريكًا لأبيه في فضح نُوح. ويَقُولُ آخرون إنَّ نُوحا لعن كنعان لأنَّ الله كان قد بارك حامًا (تَكْوِين ٩: ١)، وما باركه الرّب لا يمكن أن يلعنه إنْسَان. وقَدّم بعض مُفسِّري اليَهُود في القرون الوسطى اقتراحًا أنَّ النّص يجب أن تتِمَّ قراءتُه هكذا «ملعون أبو كنعان» مُتّبِعِين بذلك ما قِيل عن حام أَنَّه «أبو كنعان» (تَكْوِين ٩: ١٨، ٢٢).[٢٤]

---

2000). *The Hebrew and Aramaic lexicon of the Old Testament* (electronic ed., p. 91). Leiden E.J. Brill

23. Gerard Van Groningen, *Messianic Revelation in the Old Testament*, 122.
24. Saadia Gaon and Ibn Jana, noted by Sarna, *Genesis, 66.*

لكن أفضل تفسير من وجهة نظري هُوَ أن نبحث عن الغرض الأساسيّ من ذِكْر هذه الحادثة في (تَكْوِين ٩: ٢٠-٢٧) في ضَوْء القرينة اللاهوتيّة. فكاتب السّفْر ينظر إلى كنعان والكنعانيّين مع توقُّع دخول إِسْرَائِيل إلى أرض كنعان. وبما أنَّ حامًا، أبا كنعان أبي الكنعانيّين، كان مُخطئًا في حق والده ولم يستر عَوْرته، وكانت نَظْرتُه نَظْرة شهوانيّة، بالتالي سينحدر من هذا الأب شعبٌ يحمل نفس صفاته. فالكنعانيّون كانوا أشرارًا في عينيّ الرّب وارتبطت عباداتهم وسلوكياتُهم بالزّنى والنّجاسة والفحشاء والتعرّي. ولهذا نجد تحذير الرّب لشعبه ألا يرتبطوا بهم أو يتشبّهوا بهم «مِثْلَ عَمَلِ أَرْضِ كَنْعَانَ الّتي أَنَا آتٍ بِكُمْ إِلَيْهَا لاَ تَعْمَلُوا، وَحَسَبَ فَرَائِضِهِمْ لاَ تَسْلُكُوا» (لاويّين ١٨: ٣)، «فَاعْلَمِ الْيَوْمَ أَنَّ الرَّبَّ إِلهَكَ هُوَ الْعَابِرُ أَمَامَكَ نَارًا آكِلَةً. هُوَ يُبِيدُهُمْ وَيُذِلُّهُمْ أَمَامَكَ، فَتَطْرُدُهُمْ وَتُهْلِكُهُمْ سَرِيعًا كَمَا كَلَّمَكَ الرَّبُّ... وَلأَجْلِ إِثْمِ هؤُلاَءِ الشّعُوبِ يَطْرُدُهُمُ الرَّبُّ مِنْ أَمَامِكَ» (تَثْنِيَة ٩: ٣، ٤). وَفَضْلًا عن ذلك، اشتمل نسل حام على أعداء كثيرين لإِسْرَائِيل كالمصريّين والفلسطينيّين والأشوريّين والبابليّين (تَكْوِين ١٠: ٦ ١٣). وهناك حقيقة أُخْرَى يجب أن نشير إليها ونحن نتحدَّث عن لعنة كنعان وليس حام، وَهِيَ أَنَّ الْعَهْد الْقَدِيم يتحدَّث عن corporate solidarity شراكة التضامُن، بمعنى أنَّ كُلّ شخص يُنْتِج نسلًا مثله. فنُوح البار أنتج سامًا ويافث، لكنّ سُكْرَهُ وعُرْيَهُ أنتجا حامًا. وبدوره، أنتج حام بسبب خطاياه أبناءً أشرارًا، بينما أنتج سام ويافث، بسبب تقواهما، أبناءً مثلهما.[٢٥] وسيكون الكنعانيّون تحت الدّينونة، لا بسبب حام، بل لأنّهم ساروا على نهْجِ أبيهم وعملوا نفس العمل الّذي عمله حام، بل أكثر منه.

25. Waltke, *Genesis: A Commentary, 150.*

**عبد العبيد עֶבֶד עֲבָדִים** ليست العبوديّة هُنَا عبوديّة ماديّة حرفيّة سياسيّة، بل هِيَ عبوديّة روحيّة. فاللعنة الّتي أُعْلِنَت على كنعان مُرتبطة باللعنة الّتي قيلت على الْحَيَّة (تَكْوِين ٣: ١٤)، وقَايِين أَيْضًا (تَكْوِين ٤: ١١). إِنَّها عبوديّة للنجاسة والشّهوة الجنسيّة. والأمر الوحيد الّذي يكسر هذه اللعنة هُوَ التَّوْبة والإيمان، وهذا نراه بوضوح في حياة راحاب الزّانيّة (يشوع ٢: ١٤، ٦: ١٧، ٢٢- ٢٥، متى ١: ٥، عبرانيّين ١١: ٣١). وبسبب عدم الإيمان، تُقْطَع أسرة عخان الكرمي (يشوع ٧). فعندما يتصرّف إِسْرَائِيل كالكنعانيّين تَلْفُظُهم الأرض كما لَفَظَتِ الكنعانيّين من قَبْلهم (٢ ملوك ١٧: ٢٠). من المعروف ان الشعوب التى يتمُ الاستيلاء عليها، كانت تدعى عبيداً. فالامر هنا غير مرتبط بلون البشرة والا بجنس اسمى من جنس اخر، لكن الامر كله متعلق بالقوي والضعيف، المنتصر والمهزوم.

**مُبارَكٌ يَهْوَه إِله سام בָּרוּךְ יְהוָה אֱלֹהֵי שֵׁם** - يُعلن نُوح من خلال هذه البركة المجيدة Doxological benediction أنَّ الرّب، إِله الْعَهْد، هُوَ إِلٰه سام. فسام عُرِفَ بعلاقته بيَهْوَه، والرّب نفسه عُرِفَ بأنَّه إِله سام. فالرّب خَالِق السّماوات والأرض، الإله الّذي صنع عهدًا وبارك نُوحا وبنيه، وارتبط دَيّان كُلّ الأرض بعلاقة مع سام. ويَقُولُ هاملتون Hamilton «لم يكن نُوح هُوَ الّذي بارك سامًا، بل يَهْوَه إله سام هُوَ الّذي فعل ذلِكَ نظير توجيه اللعنة لِحَام وليس لكنعان إبن حام.[٢٦] والبركة الّتي ينالها سام هِيَ شخص الرّب نفسه مَصْدَر كُلّ بركة. إِنَّه الإله الّذي يختار ويقود ويُبارك ويُعضِّد. لقد اختار الرّب سام ليكون مُبَارَكًا ويتسلّط على كُلّ الأرض (تَكْوِين ١: ٢٦-٢٨). فَمِنْ سام سيأتي مَنْ يسحق رأس الْحَيَّة (تَكْوِين ٣: ١٥). إِنَّها

26. Hamilton, *The Book of Genesis Chapters 1- 17,* 325

نعمة الله الّتي تختار، وهذا الاختيار مبني على سلطان الله المُطْلَق. فالله هُوَ الّذي اختار إِبْراهِيم وليس ناحور، واختار إسحاق وليس إسماعيل، واختار يَعْقُوب وليس عيسو، واختار يَهُوذا وليس يُوسُف، ليأتي منهم المسيّا المُخَلِص.

**ليفتح إلوهيم ليافث יַפְתְּ אֱלֹהִים לְיֶפֶת** - **هُنَا** نجد تلاعُبًا بالكلمات فكلمة «يفتح ، يافث» قريبة في النّطق من كَلِمة «يافث **יֶפֶת**، يِفِت». إنَّ ترجمة أورشليم الجَدِيدة للكتاب الْمُقدَّس New Jerusalem Bible ترجمت هذه العبارة «لِيُعِدّ الله مكانًا ليافث»، فيافث بحَسَب تَكْوِين ١٠: ٢-٤، وأخبار الأيام الْأَوَّل ١: ٥-٧، كان قد أنجبَ سبعة بنين وسبعة أحفاد، وهو يُعَدُّ كما يبدو الجَدّ الأكبر للشعوب الّتي عاشت شمال غرب إِسْرَائِيل، في منطقة الأناضول وإجيان أوروبا وجافان (اليونان)، فَهُوَ أبو الأمم Gentiles.

**فيسكنُ في مساكن سام וְיִשְׁכֹּן בְּאָהֳלֵי־שֵׁם** إن السّؤال هُنَا هُوَ مَنْ سيسكن في مساكن سام؟ إلوهيم أم يافث؟ يَقُولُ مُعظم عُلَماء اليَهُود، وكذلِكَ الْمُفسِّرون المُعاصِرون، إنَّ الفاعل هُوَ الله. يُؤكِّد كايزر Kaiser أنَّ الفاعِل هُنَا هُوَ الله، «فيسكن [الله] في مساكن سام»،[٢٧] إلا أنَّ هاملتون يرى أن الفاعل هُنَا هُوَ يافث، «فيسكن [يافث] في مساكن سام»، بمعنى أنَّ يافث سيتمتع بِسُكْنَى مشتركة مع سام. لكن الأرجح هو رأي كايزر في أنَّ المقصود هُنَا هُوَ الله. فالله يسكن في مساكن سام، بمعنى أنَّ سام هُوَ الّذي اختاره الله لينحدر من نسله المسيّا المخلص.

27. Walter Kaiser, *Toward an Old Testament Theology*, (Grand Rapids Zondervan 1978), 37 -39 , 81- 82.

**وليكن كنعان عبدًا لهم** - أيّ لسام ويافث. إنَّها نبوة مستقبليّة عن علاقة الأمم بكنعان والكنعانيّين، هذه العلاقة الّتي اتّسَمَت بالشّد والجذب منذ قَدِيم الأيام، لكنها في أغلبها كانت النّصرة لنسل يافث.

## نِهَايَة حياة نُوح (تَكْوِين ٩: ٢٨ – ٢٩)

وعاشَ نُوح بعد الطُّوفان ثلاث مِئَة وخمسين سنةً.
فكانت كُلّ أيامِ نُوح تِسعَ مِئَة وخمسين سنةً وماتَ.

تُظْهِر هذه الخاتمة لِسِيرَة حياة نُوح أَنَّه عاش بعد الطُّوفان فترة تُقَارِب السّنين الّتي عاشها قبل الطُّوفان. ورغم طول الفترة الّتي عاشها نُوح بعد الطُّوفان، إلا أنَّ الْوَحْي اكتفى بأن يذكر لنا عنها حادثتيْن فقط وهُمْا الذّبيحة الّتي قَدَّمها نُوح للرب عند خُروجه من الفلك، والعمل المُخْجِل الّذي فَعَله نُوح في خيمته لَمّا سَكِرَ وتَعَرّى. وبالحديث عن نُوح وعُمْرِهِ ومَوْته، يُكْمِل كَاتِب السّفْر حديثه عن نسل «شيث» الذى بدأه في سِفْر التَكْوِين (٥: ٣-٣٢)، فنسل شيث يمتد حتى نُوح، وتُؤكِّد آخر كلمة في الأصحاح ٩، وهِيَ «ومات»، ارتباط نُوح بتكوين ص ٥.

## الْأصحاح العاشر

# بِدايــــة الْأُمــــم

وقف الرَّسُـول بُولُـس فَـوْقَ مرتفعـات أريـوس باغـوس في أثينـا ذات يَـوْم مُخاطِبـاً الأثينيّـين حـوله فقـال: «الإِلهُ الّذي خَلَـقَ الْعَالَـم وكُلّ مَـا فِيـهِ، هـذَا، إِذْ هُـوَ رَبُّ السَّـمَاءِ وَالأرض..صَنَـعَ مِـنْ دَمٍ وَاحِـدٍ كُلّ أُمَّـةٍ مِـنَ النّـاسِ يَسْـكُنُونَ عَلَى كُلّ وَجْـه الأرض، وَحَتَـمَ بِالأَوْقَـاتِ الْمُعَيَّنَـةِ وَبِحُـدُودِ مَسْـكَنِهِمْ» (أَعْمَـال الرُّسُـل ١٧: ٢٤، ٢٦). تُعَـدُّ هـذه الحقيقـة الْمُهّمـة محـور تركـيز الأصحاحـين ١٠ و ١١ مـن سِـفْر التَكْوِيـن. ويُعَـدُّ هـذان الأصحاحـان سِـجِلًا ووثيقـة تاريخيّـة لا مثيـل لها على الإطـلاق لبيـان أصـل الأجنـاس والشّـعوب، والنّـواة الّـتي يرتكـز عليهـا عِلـم الأجنـاس وعلـم الإِنْسَـان Ethnology and Anthropology. يَقُـولُ جـون ديفـيز John Davis، «لهذيْـن الأصحاحـيْن مكانـة اسـتراتيجيّة ولاهوتيّـة مُهّمـة جِـدًا في تاريـخ الفـداء.»[1] فمـن النّاحيّـة اللاهوتيّـة يُؤَكِّـد تَكْوِيـن ١٠ و ١١ أنَّ نظـرة الله مـن البِدَايَـة هيَ نَظْـرة شـامِلة كونيّـة Universal Outlook تتضمّـن كُلّ الأمـم والشّـعوب والأجنـاس. فكيـف لا وهـو الخَالِـق والذّى أمـر بالبركـة للإنْسَـان لـكي يُثمِـر

1. John Davis, Paradise to Prison Studies in Genesis, 136.

ويُكثر ويملأ الأرض « وَبَارَكَهُمُ اللهُ وَقَالَ لَهُمْ: "أَثْمِرُوا وَاكْثُرُوا وَامْلأُوا الأَرْضَ، وَأَخْضِعُوهَا، وَتَسَلَّطُوا عَلَى سَمَكِ الْبَحْرِ وَعَلَى طَيْرِ السَّمَاءِ وَعَلَى كُلِّ حَيَوَانٍ يَدِبُّ عَلَى الأَرْضِ» (تَكْوِينَ ١: ٢٨، ٢٩). ونحن نرى تحقيق هذه البركة من خلال نُوح وأبنائه الثَّلاثة، سام وحام ويافث. ولكُلِّ الشُّعوب، باختلاف الثَّقافات والحضارات، مَصْدَر واحد، ولهذا لا يُوجَد شعب أو جنس أسمى من شعب آخر. فالكل متساوون في القيمة أمام الله. وتلغي هذه الحقيقة النَّظرة الإنْسَانيّة المبنيّة على التفاخر المبني على الجنس أو العرق. فكُلُّ الأجناس مُشتركة في طبيعة واحدة، وتتنفَّس من نفس الهواء، وتشرب وتأكل ممّا وفره الله لهم في الأرض. كما أنَّ حقيقة اختيار الله لشعب إنَّما هُوَ اختيار مؤسَّس على الخِدمة وليس على امتياز شخصيّ أو قَبَليّ. فاللهُ اختار إِبْراهيم ليُبارك الْعَالَم من خلاله «وَأُبَارِكَكَ .. وَتَكُونَ بَرَكَةً... وَتَتَبَارَكُ فِيكَ جَمِيعُ قَبَائِلِ الأَرْضِ» (تَكْوِينَ ١٢: ٢، ٣). فمِن نسل إِبْراهيم أتى المخلص، الرَّب يَسُوع الْمَسِيح، الذّى حمل بركة الفداء والخلاص لِكُلِّ الشُّعوب والأجناس.٢

يَقُولُ آلان روس Allen Ross «إنَّ أوَّل ما يصدمنا في تَكْوِينَ ١٠ هُوَ ترتيب هذه المواليد إلى ثلاثة أقسام أساسيّة نسل سام ونسل حام ونسل يافث.»٣ ويعكس هذه الترتيب ترتيبًا سابقًا للمواليد ولاسّيما مواليد قَايِين (تَكْوِينَ ٤) حَيْثُ ينتهي نسل قَايِين بثلاثة أبناء (يابال ويوبال وتوبال). فمن آدَم إلى نُوح (تَكْوِينَ ٥) نجد عشرة مواليد. وآخر شخص في السّلسلة هُوَ «نُوح» الّذي ولد ثلاثة أبناء (سام وحام ويافث). وشملت المواليد من نُوح إلى تارح (تَكْوِينَ ١١) عشرة أسماء أيْضًا بما فيها

───────────

2. David Atkinson, *The Message of Genesis 1- 11*, 173-74.
3. Allen Ross, *Creation & Blessing A Guide to the Study and Exposition of Genesis*, 222.

نُـوح. وأنجـب «تـارح» ثلاثـة أبنـاء (إبـرام وناحـور وهـارون). وينعكـس هـذا الأسـلوب في سلاسـل النّسـب هُنـا، حَيْـثُ نـرى مواليـد أبنـاء نُـوح الثّلاثـة. فمـن يافـث خـرج سـبعة أبنـاء ركـز الْكَاتِـب على اثنـيْن فقـط منهمـا. وأنجب هـذان سـبعة أبنـاء وسـبعة أحفـاد، أيّ أن ١٤ اسـمًا أو أمّـة خرجـت مـن يافث. أَمَّـا حـام فخـرج منـه ٣٠ اسـمًا وشـعبًا، بينمـا خـرج مـن سـام ٢٦ اسـمًا. ومجمـوع المواليـد مـن يافـث وحـام ويافـث هُـوَ ٧٠. ويربـط كاسـوتو Cassuto بَـيْنَ السّـبعين أمـة وقبيلـة الّـتي خرجـت مـن أبنـاء نُـوح والسّـبعين فـردًا الّذيـن خرجـت منهـم الأمّـة الإِسْرَائِيليّـة (تَكْوِيـن ٤٦: ٢٧ وتَثْنِيَـة ٣٢: ٨).[4]

وهؤلاءِ مواليدُ بني نُوح، سام وحام ويافث. ووُلِد لهم بنونَ بعدَ الطُّوفان.

بالنّظر إلى قائِمة المواليد في هذين الأصحاحين نلاحظ ما يلي:

**أَوَّلًا:** بينمـا تتضمّـن القائمـة أسـماء عائـلات أو قبائـل «هـؤُلاَءِ قَبَائِـلُ بَـنِي نُـوح حَسَـبَ مَوَالِيدِهِـمْ بِأممِهِـمْ» (تَكْوِيـن ١٠: ٣٢)، نجـد أَيْضًـا أسـماء

---

4. Umberto Cassuto, *A Commentary on Genesis: From Adam to Noah., vol. 2, 177--88.* See also Winnett, F. V. "The Arabian Genealogies in the Book of Genesis." *Translating and Understanding the Old Testament: Essays in Honor of H. G. May*, ed. H. T. Frank and W. L. Reed. Nashville: Abingdon, 1970. 171–96. Wiseman, D. J. ed. *Peoples of Old Testament Times.* (*POTT*) Oxford: Clarendon Press, 1973. Yamauchi, E. M. "Meshech, Tubal and Company: A Review Article." *JETS* 19 (1976) 239–47. Zadok, R. "The Origin of the Name Shinar." *ZA* 74 (1984) 240–44.

أشـخاص مثـل مواليـد سـام (تَكْوِيـن ١١: ١٠-٣٢)، حَيْـثُ يذكـر لنـا الْكَاتِـب مواليـد سـام، لا كقبائـل بـل كأشـخاص.

**ثانيـًا**: إضافـة إلى أسـماء الأشـخاص، نجـد أسـماء قبائـل مذكـورة في القائِمـة. فبجانـب العبـارة المذكـورة في (تَكْوِيـن ١٠: ٣٢)، تُؤَكِّـد الأسـماء نفسـها أَنَّهـا أسـماء قبائـل وليسـت أفـرادًا، إذ وردت الأسـماء فكتيـم ودودانيـم ومصرايـم ولوديـم وعناميـم ولهابيـم ونفتوحيـم وفتروسـيم وكسـلوحيم وفلشـتيم وكفتوريـم (١٠: ٤، ٦، ١٣)، كُلّهـا بصيغـة الجمـع. ولهـذا فـهي لا تُمثِّـل أشـخاصًا بمفردهـم بـل قبائـل.[5]

**ثالثـاً**: تتضمّـن القائمـة أسـماء تُشِـيرُ إلى أجنـاس وشـعوب مثـل، اليبـوسيّ والأمـوريّ والجرجـاشيّ والعـرقيّ والسّـينيّ والأروادِيّ والصّمـاويّ والحماتيّ. فهـذه الأسـماء تُشِـيرُ إلى شـعوب وأجنـاس لهـا مسـاكن بأسـمائها بحدودهـا الجغرافيّـة.

**رابعًـا**: تُشِـيرُ بعـض الأسـماء إلى مُـدُنٍ مُعيَّنـة مثـل بابـل وأرك وأكـد وطلنـة في أرض شـنعار وأشـور ونينـوى ورحوبـوت وعـير وكالـح ورسـن (تَكْوِيـن ١٠: ١٠-١٢)، وإلى أسـماء أُخْـرَى صـارت أسـماء لأماكـن جغرافيّـة مثـل صيـدون (١٠: ١٥) وماجـوج (١٠: ٢) وترشـيش وشـبا وأوفـير وحويلـة وشـبا (١٠: ٢٨-٢٩). وَهِيَ مذكـورة كُلّهـا في الْكِتَـاب الْمُقـدَّس كأماكـن جغرافيّـة.

ذكـرت الْكَلِمـة «بَنـو» בְּנֵי ١٤ مَـرَّة في أصحـاح ١٠، وَهِيَ تُشِـيرُ إلى صلـة النّسـب بَـيْنَ المولـود والـوالد، النّسـل أو الذُّريّـة. واُسـتخدمت مُعْظـم المـرّات الّـتي وردت فيهـا في الْكِتَـاب الْمُقـدَّس (أكـثر مـن ٥٠٠٠ مَـرَّة) لتُشـير إلى الابـن

5. Ross, *Creation & Blessings, 223.*

أو الحفيـد. إلا أَنَّهـا اسـتخدمت هُنَـا في تَكْوِيـن ١٠ مُرتبطـة بمـكان جغـرافيّ مثـل «أليشـة وترشـيش» (١٠: ٤). ونـرى هـذا الاسـتخدام في أخبار الأيـام الْأَوَّل ٢: ٥١، حَيْـثُ «سـلْما أبـو بيـت لحـم». فالْعَالَـم الْقَدِيـم كان يسـتخدم التعبـير ابـن وأب بطريقـة مجازيّـة ليُشـير بـه إلى علاقـة سياسـيّة. فـالأب هُـوَ الأمّـة القويّـة، وأمَّـا القبائـل الّـتي تخضـع لهـا فتُسـمّى بالأبنـاء، بينمـا تُسـمّى البـلاد المتّحِـدة معهـا بالإخـوة. وهـذا هُـوَ مـا عَـبَّرَ عنـه الملـك أحـاز في رسـالته إلى تغلـث فـلاسر «وَأَرْسَـلَ آحَـازُ رُسُـلًا إِلَى تَغْلَـثَ فَـلاَسِرَ مَلِـكِ أَشُّـورَ قَائِـلًا: «أَنَا عَبْـدُكَ وَابْنُـكَ. اصْعَـدْ وَخَلِّصْـنِي مِـنْ يَـدِ مَلِـكِ أَرَامَ وَمِـنْ يَـدِ مَلِـكِ إِسْرَائِيل الْقَائِمَـيْنِ عَلَيَّ»» (ملـوك الثّـاني ١٦: ٧).

وتحمـل الْكَلِمـة الثّانيـة «ولد» יֶלֶד نفـس معـنى «ابـن» وتسـتخدم أحيانًـا مجازيًـا حَيْـثُ يُقـال إنَّ فلانًـا ولد هـذه المدينـة أو تلـك الأمّـة. فنقـرأ أنَّ مصرايـم «مـصر» أنجـبَ لوديـم «قبيلـة» (١٠-١٣) وكنعـان ولد صيـدون «مدينـة صيـدون» (١٠: ١٥). والغـرض مـن ذلِـكَ هُـوَ أن يُظهـر الْكَاتِـب أَنَّ الأب هُـوَ المُؤسِّـس للقبيلـة أو المدينـة وأنَّ الأبنـاء الّذيـن وُلدوا هُـمْ الآن مُسـتقلون سياسـيًا وجغرافيًـا كأمـم وشـعوب وقبائـل. يَقُـولُ روس Ross، «يُقـدِّم جـدول الأمـم صُـورَةً واقعيّـة لنُمـو الأمـم وحركاتهـا وتطوُّرهـا في فجـر تاريـخ الْعَالَـم. فقـد اسـتخدم الْكَاتِـب المصطلحـيْن «ابـن» و«ولد» ليتتبـع العلاقـات القبليّـة والصّـلات بَـيْنَ الأمـم والأجـداد القدمـاء».[6] وقائِمـة الأُمـم هـذه مُهمـة جِدًا لأنَّ غـرض سِـفْر التَكْوِيـن هُـوَ أن يتتبـع تحقيـق الله لوعـده وبركتـه للإِنْسَـان بالإثمـار والإكثـار، وَهِيَ بركـة تحقّقـت مـن خـلال أبنـاء نُـوح الثّلاثـة وأحفادهـم وكُلِّ مـن خـرج مـن صلبهـم وتفرَّقـوا في كُلّ الأرض (تَكْوِيـن ١٩).

6. Ibid., 225.

وفي الآيَـة الافتتاحيّـة للأصحـاح العـاشِر يـأتي ترتيـب أبنـاء نُـوح كالآتي سـام وحـام ويافـث، بينمـا في الحديـث عـن مواليـد كُلّ منهـم يـأتي ترتيبهـم عكسـيًّا، فيـأتي يافـث في المُقدِّمـة (١٠: ٢- ٥)، ويلاحـظ أن قائمـة الشّـعوب قـد بـدأت بيافـث، وسـبب ذلِـكَ على الأغلـب هُـوَ أنَّ نسـل يافـث كان الأبعـد عـن شـعب إِسْرَائِيـل والأقـل تأثـيرًا في حياتهـم.[7] ثُـمَّ يتبعـه حـام (١٠: ٦- ٢٠)، الذي كان نسـله أكـبر أعـداء شـعب إِسْرَائِيـل. وأخـيراً سـام (١٠: ٢١- ٣١). فالترتيـب هُـوَ مـن الأبعـد إلى الأقـرب. وتبـدأ كُلّ فقـرة عـن الآبـاء الثّلاثـة باسـمه (١٠: ٢، ٦، ٢١) وتنتـهي بملخـص عـن القبائـل والأمـم والألسـنة الّـتي خرجـت منـه والأراضي الّـتي يسـكنون فيهـا (١٠: ٥، ٢٠، ٣١)، ثُـمَّ ملخـص شـامل لِـكُلّ الأصحـاح يُعَـدُّ خاتمـة نهائيّـة في الآيَـة ٣٢.[8]

**مُقدِّمة:** «هذِهِ مَوَالِيدُ بَنِي نُوح سَامٌ وَحَامٌ وَيَافَثُ... بَعْدَ الطُّوفان» (١٠: ١)

١. **مواليد يافث** (١٠: ٢): «أراضٍ» و «قبائل» و «أمم» و «ألسنة» (١٠: ٥)

٢. **مواليد حام** (١٠: ٦): «قبائل» و «ألسنة» و «أراضٍ» و «أُمم» (١٠: ٢٠)

٣. **مواليد سام** (١٠: ٢١): «قبائل» و «ألسنة» و «أراضٍ» و «أمم»

**خاتمـة:** «هـؤُلاَءِ قَبَائِـلُ بَـنِي نُـوح حَسَـبَ مَوَالِيدِهِـمْ بِأُمَمِهِـمْ. وَمِـنْ هـؤُلاَءِ تَفَرَّقَـتِ الأمـم فِي الأرض بَعْـدَ الطُّوفـان» (١٠: ٣٢).[9]

7. Gordon J. Wenham, *Genesis 1–15, Word Biblical Commentary, Vol. 1, 216.*
8. Victor Hamilton, *The Book of Genesis Chapters 1- 17*, 331.
9. See Hamilton, *The Book of Genesis Chapters 1- 17*, 331 and Bruce Waltke, *Genesis A Commentary*, 162.

نُوح
سام
حام
يافث
عيلام
آشور
أرفكشاد
لود
آرام
كوش
مصرايم
فوط
كنعان
جومر
ماجوج
مادي
ياوان
توبال
ماشك
تيراس

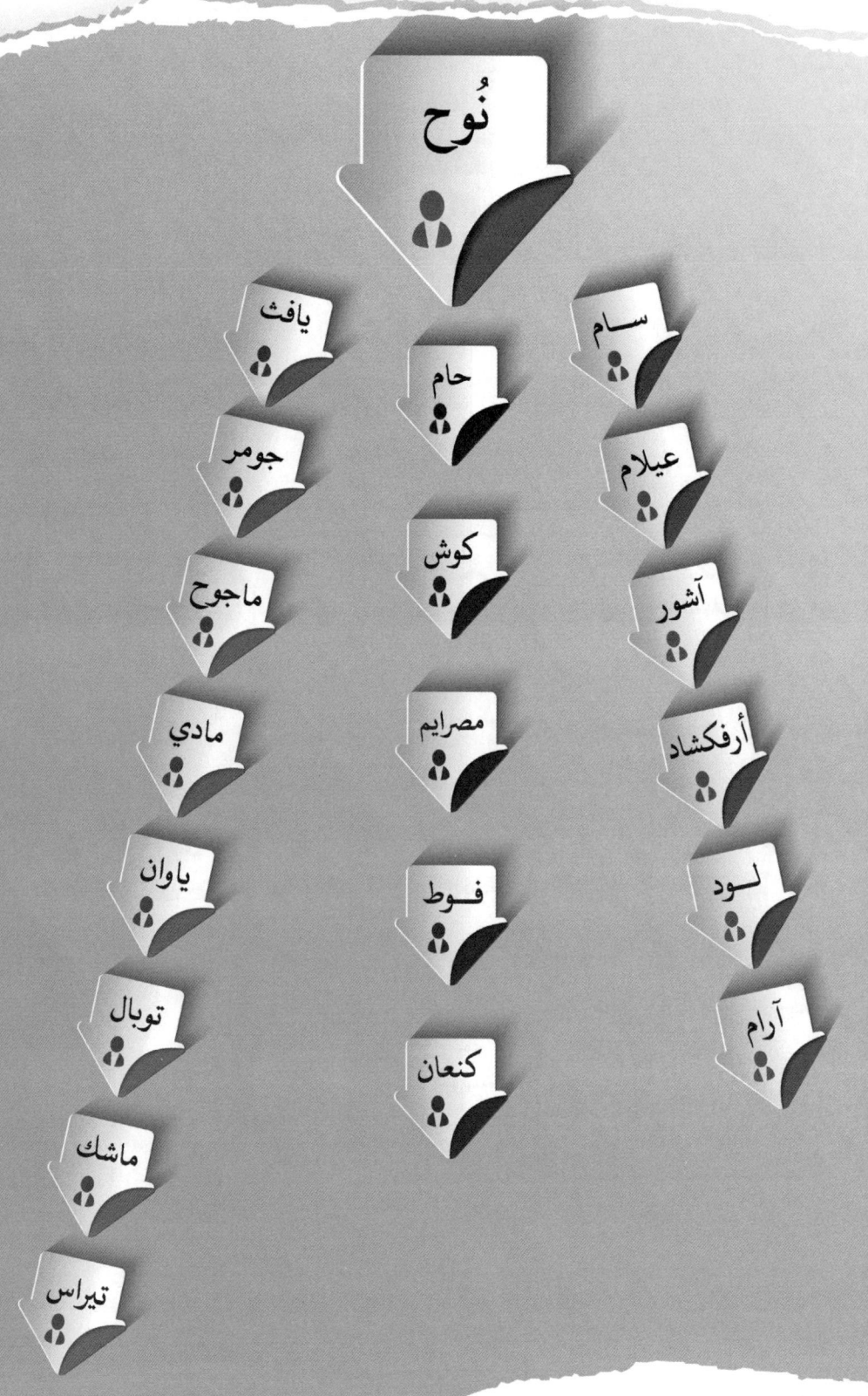

يافث
جومر
ماجوج
مادي
ياوان
توبال
ماشك
تيراس
أشكنار
ريفات
توجومة
أليشة
ترشيش
كتيم
دودانيم
اليابان
بورمـا، فيتنام
سيبريا وكوريا
اليونـــان
إسبانيا
قـبرص وإيطاليا
قــبائل الأمــازون

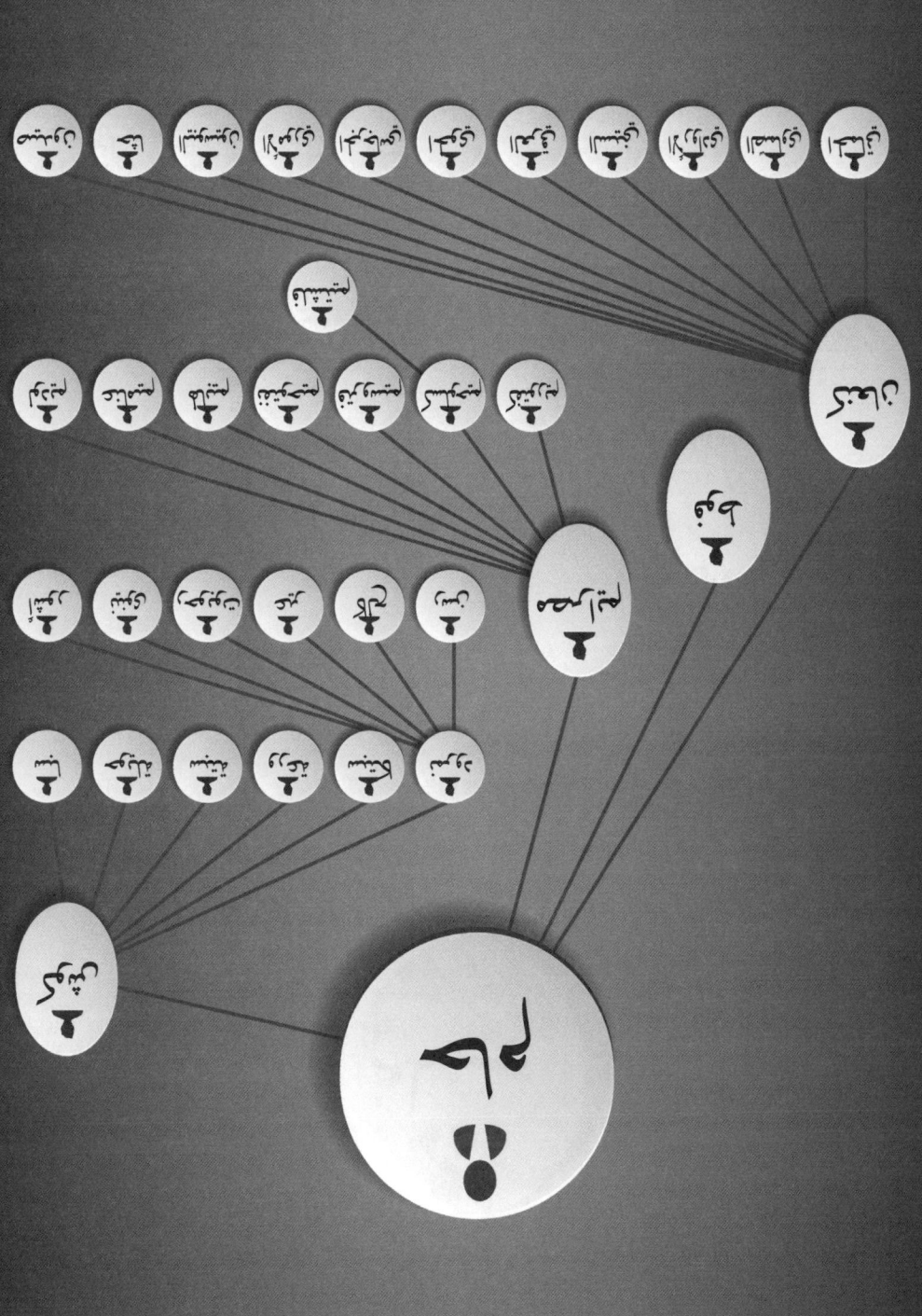

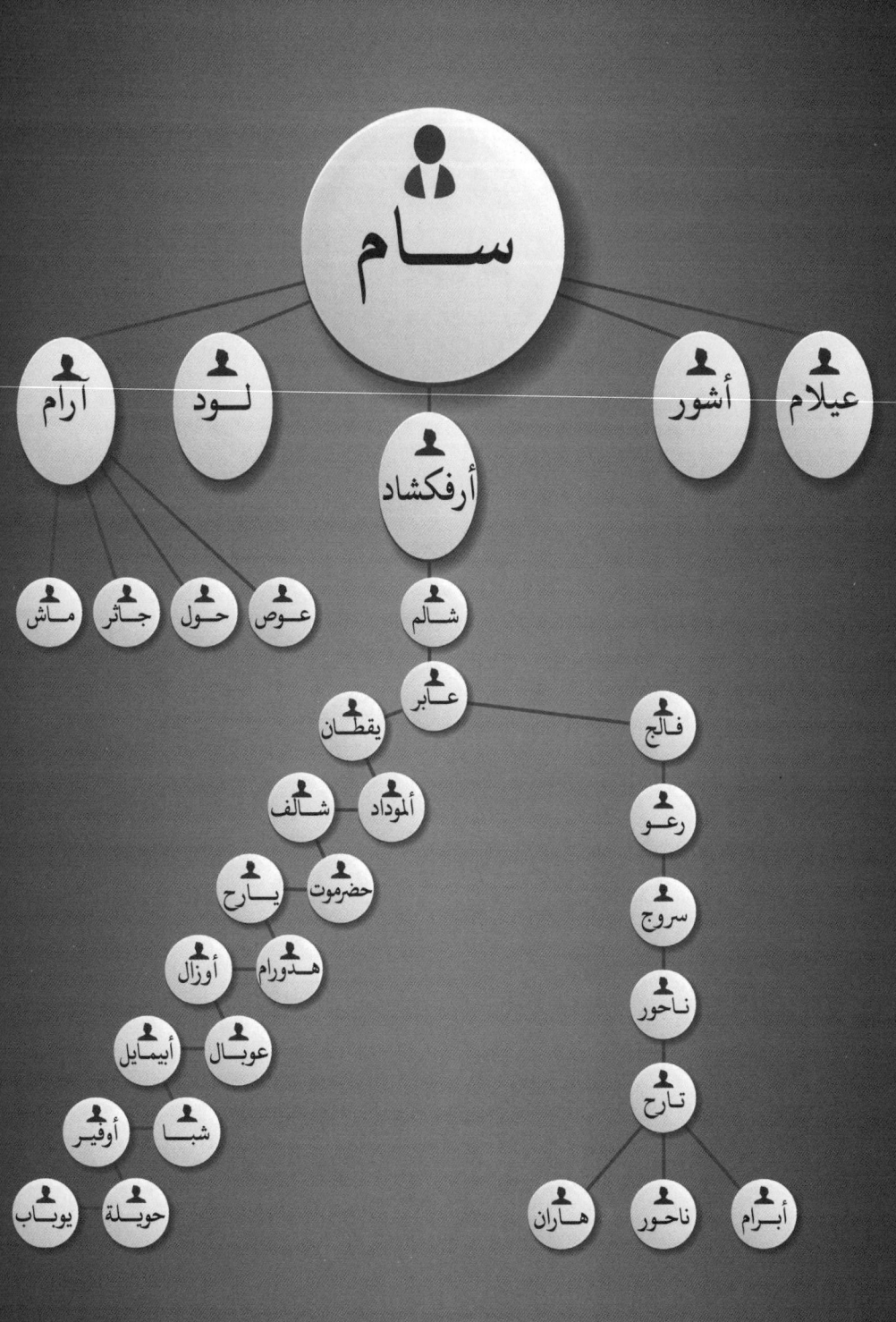

## بنو يافِث السّبعة (١٠: ٢)

بنو يافِث* جومَرُ وماجوجُ ومادايُ وياوان وتوبَل ومِشِك وتيراس

* يافث يعني «ليكن فسيحًا أو أو رحبًا»

تُشير هذه الأسماء السّبعة لبني يافث إلى آباء القبائل الّتي تكوَّنت وتفرَّقت. فمن الطّبيعي أن يُسمّى مكان أو قبيلة باسم مُؤسِّسها كما أنَّ البلاد تأخذ أسماءَها من سُكانِها الأصليّين.

**جومَـرُ גֹּמֶר**[10] في الوثائق المسماريّة جيميرايا *Gimmiraya* وباليُونانيّة كيميريوي *Kimmerioi* سكن نسل جُومر في الشّمال، ولهذا أطلق عليهم «أهل الشّمال الأقصى». جَاءَ هذا الشّعب الذّى عاش في مناطق ما وراء جبال القوقاز ومنطقة البحر الأسود وغزا آسيا الصّغرى واستوطن كبدوكيّة/ غلاطيّة في الْقَرْن الثّامن والسّابع قبل الميلاد.

**ماجـوجُ מָגוֹג**[11] وَرَدَ هذا الاسم بصيغته المركَّبة «جوج وماجوج» في حزقيال ٣٨ و ٣٩. يُؤْكّد بعضهم أنَّ شعوب جوج وماجوج هُمْ قبائل السّكيثيّين Scythians الّتي زحفت إلى جنوب رُوسيا وشمال بحر قزوين. يَقُولُ الرّب في سِفْر حزقيال «لِذلِكَ تَنَبَّأْ يَا ابْنَ آدَم، وَقُلْ لِجُوجٍ هكَذَا

١٠. إكمال، كمال، استنزاف، اختفاء، تتميم، مُتَمِم
١١. تغطيّة، على القمة، توسيع، علّو

قَالَ السّيِّدُ الرّبُّ فِي ذلِكَ الْيَوْمِ عِنْدَ سُكْنَى شَعْبِي إِسْرَائِيلَ آمِنِينَ، أَفَلاَ تَعْلَمُ؟ وَتَأْتِي مِنْ مَوْضِعِكَ مِنْ أَقَاصِي الشّمَالِ أَنْتَ وَشُعُوبٌ كَثِيرُونَ مَعَكَ، كُلُّهُمْ رَاكِبُونَ خَيْلًا، جَمَاعَةٌ عَظِيمَةٌ وَجَيْشٌ كَثِيرٌ» (٣٨: ١٤، ١٥). فحزقيال النّبي وكذلِكَ سِفْر الرّؤيا يتحدّثان عن جوج وماجوج على أنّهما رمز لمقاومة الإيمان (أُنظر سِفْر الرُّؤيا ٢٠: ٧-٩).

**ماداي מָדַי**[12] هذا الاسم مُشتق من الاسم الْقَدِيم لفارس مادا *Mada*، وهو يُشِيرُ إلى الأرض والشّعب في مادي «المنطقة الجبليّة شمال غرب بلاد ما بَيْنَ النّهريْن» والتي تشمل سكان كردستان وأذربيجان وبلاد غرب بحر قزوين وبلاد الفرس أو إيران حاليًا (إشعياء ١٣: ١٧، ٢١: ٢ و إرميا ٥١: ١١، ٢٨). وتُذكَّر هذه الشّعوب مرتبطة بملوك آشور في الْقَرْن التّاسِع والثّامن قبل الميلاد (سِجِّلات شلمناصر الثّالِث ٨٥٦-٨٢٤ ق.م). وفي الْقَرْن السّادِس قبل الميلاد انضمت مادي إلى فارس ليُكوّنا معًا إمبراطوريّة ضخمة حَكَمَت الْعَالَم لأكثر من ٣٠٠ سنة، وَهِيَ إمبراطوريّة ماديّ وفارس.

**ياوان יָוָן**[13] يُعَدُّ ياوان أبا الُيونانيّين «الياونيّين» الّذين سكنوا السّاحل الغربيّ من آسيا الصّغرى. ويذكر الْكِتَاب الْمُقدَّس ياوان وتوبال ومشك معًا في حزقيال ٢٧: ١٣. والسّبب في ذلِكَ هُوَ أنَّ هذه القبائل كانت مَعْبرًا للتجارة ولاسّيما تجارة الرّقيق (يُوئيل ٣: ٦).[14]

**وتوبَل**[15] **ومِشك**[16] **וְתֻבָל וּמֶשֶׁךְ** وهُما يُذكران دائمًا في الْكِتَاب الْمُقدَّس مع ماجوج (حزقيال ٢٧: ١٣، ٣٨: ٢). اشتهر توبل مع مشك وصُور

---

١٢. منتصف، قياساتي، ثيابي، الله يمدد، الله يبسط أو أو ينشر
١٣. فوران، نبيذ، فائر، خمر، رقيق، صغير، من يخدع

14. Nahum M. Sarna, *Genesis., 70.*

١٥. تجلب، تُحضِر، يتدفق، الأرض، تشويش، حَمل أو قاد
١٦. يجرّ، يسحب، طويل، انتزاع، سحْب، اختيار، استخلاص، انتقاء

بالتجـارة، حَيْـثُ يُشِـيرُ المُـؤرِّخ اليُونـاني هيروديتـس[١٧] إلى توبـال ومشـك فيتحـدَّث عـن تيبانـوي وموشـوي كقبائـل في شرق الأناضـول بقـرب ينابيـع الفـرات ودجلـة. وقـد اشـتهرت بإنتـاج أدوات الحديـد وتجارتهـا. فتوبـل كان مركـزًا تجاريًـا لِـكُلِّ منتجـات الحديـد، ولهـذا فـإنَّ الاسـم تَبـورا في الكتابـات الأكاديّـة يعـني «الحـداد.»[١٨]

**وتـيراس**[١٩] **תִּירָס** أغلـب الظّـن أن تّـيراس هِـي تروشـا Tursha المذكـورة في السّـجلات المصريّـة أيـام رمسـيس الثّـاني في الْقَـرْن الثّالِـث عـشر قبـل الميـلاد.[٢٠] وتـيراس هُـوَ أبـو التراكيّين/التراسـيّين الّذيـن سـكنوا في جـزر بحـر إيجـة وسـواحلها. ويربـط بعضهـم تـيراس بقبائـل اتروسـكان الّـتي سـكنت في إيطاليـا.[٢١]

## أحفاد يافث السّبعة (١٠: ٣-٤)

**וּבְנֵי גֹּמֶר אַשְׁכְּנַז וְרִיפַת וְתֹגַרְמָה׃ וּבְנֵי יָוָן אֱלִישָׁה וְתַרְשִׁישׁ כִּתִּים וְדֹדָנִים׃**

وبنو جومَر أشكناز وريفات وتوجرمة وبنو ياوان إليشَه وترشيش وكِتِّيم ودودانيم.

* يافث يعني «ليكن فسيحًا أو أو رحبًا»

17. 484 -824 B.C.
18. Hamilton, *Genesis 1- 17*, 332.

١٩. رغبة، شوق، مدمر، مخيف، مشتاق

20. Ibid., 332.
21. Waltke, Bruce K. *Genesis: A Commentary,* 167.

خرج من أبناء يافث السّبعة سبعة أحفاد - ثلاثة من جومر وأربعة من ياوان. أشكناز אַשְׁכְּנַז[٢٢] في النّصوص الأكاديّة إشكودزا Ishkuzaوهُمْ القبائل الّتي سكنت شمال الفرات في أرمينيا واشتهرت ببراعتها في الفروسيّة والرّماية. وقد سكنت في المنطقة الواقعة بَيْنَ البحر الأسود وبحر قزوين. وأطلق اليُونان عليهم اسم سكيثيسSkythes . ويقول إرميا ٥١: ٢٧ إنَّ اشكناز هُوَ أراراط ومني، وَيُؤَكّد هذا أنَّهم سكنوا في أرمينيا. وقد استخدم اليَهُود مصطلح أشكناز مُنذ القُرون الوسطى واليَهُود للإشارة إلى الألمان.[٢٣]

**ريفات רִיפַת**[٢٤] رغم أنَّ تحديد نسل ريفات وأماكن سكناهم أمر غير مُؤكَّد، إلا أنَّ مُعْظم الْمُفسِّرين يَقُولُون إنَّ هذا الشّعب سكن جنوب البحر الأسود بَيْنَ بثينيّة وبنتُس، أيّ شمال تركيا.[٢٥]

**توجرمة תֹּגַרְמָה**[٢٦] يذكر حزقيال أنَّهم كانوا يُصدِّرون الخيل إلى صُور لبيعها (٢٧: ١٤) وأنَّهم كانوا جُزْءا من جيش جوج (٣٨: ٦)، وقد ارتبط الاسم توجرمة ببيت توجرمة في آسيا الصّغرى شمال كركميش وحبرون، وكانت بمنزلة الممر التجاريّ بَيْنَ أشور وكبدوكيّة وأسيا الصُّغرى.

ذُكر بنو ياوان الأربعة اثنيْن اثنيْن. يَقُولُ سارنا Sarna إنَّ الاسميْن الأوليْن أليشة وترشيش اسما أماكن، وأمَّا الاسمان الآخران كِتيم ودودانيم فهُما اسما أمم وأجناس.[٢٧] **إليشة אֱלִישָׁה**[٢٨] ويذكر حزقيال أنَّ

٢٢. نارٌ مبعثرة، جنس وحشي، ينشر نارًا، قوي، مُحصّن، نار منتشرة

23. Kenneth Mathews, *Genesis 1-11:26.* The New American Commentary, Vol. 1A, p. 441

٢٤. كدمة، ذبول، شفاء، دواء

25. Jonathan D. Sarfati, *The Genesis Account. A Theological, Historical. And scientific Commentary on Genesis 1- 11*, 636.

٢٦. ستكسرها، وعر، قويّ، عظمي

27. Sarna, *Genesis, 71.*

٢٨. إلهي خلاص، هُوَ الله، حمل الله، الله الّذي يمنح المعونة

إليشــة كانــت مشــهورة بتصديــر الاســمانجوني والأرجــوان «كَتَّانٌ مُطَـرَّزٌ مِـنْ مِـصْرَ هُـوَ شِرَاعُـكِ لِيَكُـونَ لَـكِ رَايَـةً. الأَسْـمَانْجُونِيُّ وَالأُرْجُـوانُ مِـنْ جَزَائِـرِ أَلِيشَـةَ كَانَـا غِطَـاءَكِ» (٢٧: ٧). ولا شـك أنَّ إليشـة هِيَ إليشـة الّـتي ذُكـرت في الوثائـق المصريّـة والحثيّـة والأكاديّـة الْقَدِيمـة في الألفيّـة الثّانيّـة قبـل الميـلاد. وإليشــة هِيَ جزيــرة قُــبرص أو جُــزْء منهــا.[٢٩]

ترشــيش תַּרְשִׁישׁ[٣٠] تُعَـدُّ ترشـيش مـن أصعـب الأماكـن الّـتي يُمكـن تحديدهـا. فـكل مـا نعرفـه عنهـا أَنَّهـا اشـتهرت بالإبحـار والسُّـفن. واشـتهرت ترشـيش (ملـوك الْأَوَّل ١٠: ٢٢)، كمـا يذكـر حزقيـال النّـبي، بتصديـر المعـادن المُخْتَلِفـة مثـل الفضـة والحديـد والقصديـر والرّصـاص (٢٧: ١٢). فسـفن ترشـيش كانـت تُبحـر في البحـر الأحمـر والبحـر المتوسـط (أخبـار الأيـام الثّـاني ٢٠: ٣٦ – ٣٧، وحزقيـال ٢٧: ٣٥). ومـن ضمـن المُـدُن الّـتي افـترض الباحثـون أَنَّهـا مدينـة ترشـيش «طرسـوس» في الجنوب الـشّرقي لآسـيا الصّغرى، وطرطيسـوس Tartessus في الجنـوب الغـربيّ لأسـبانيا، إضافـة إلى مدينـة تـاروس Tharros في سردينيـا آسـيا الصّغـرى، وَهِيَ كُلّهـا تقـع غـرب فلسـطين. ولهـذا نقـرأ عـن يُونـان أَنَّـه قـام «لِيَهْـرُبَ إلى تَرْشِـيشَ مِـنْ وَجْـهِ الـرّبِّ، فَـنَزَلَ إلى يَافَـا وَوَجَـدَ سَـفِينَةً ذَاهِبَـةً إلى تَرْشِـيشَ، فَدَفَـعَ أُجْرَتَهَـا وَنَـزَلَ فِيهَـا، لِيَذْهَـبَ مَعَهُـمْ إلى تَرْشِـيشَ مِـنْ وَجْـهِ الـرّبِّ» (١: ٣).[٣١]

كِتِّيـم כִּתִּים[٣٢] هُـمْ سـكان كيتيـون Kition، مدينـة لارنـكا في قـبرص، يُشـار إلى كتيـم في الْكِتَـاب الْمُقـدَّس على أَنَّهـا أرض (إشـعياء ٢٣: ١) وجزيـرة (حزقيـال ٢٧: ٦). فـهي أرض ارتبطـت بسـفن (عـدد ٢٤: ٢٤). ومـع بِدَايـة

29. Sarna, *Genesis, 71* and Waltke, *Genesis 167.*

٣٠. صعب، قاس، هِي ستُحطّم، زبرجد، تسبب الفقر، معمل للتكرير

31. Hamilton, *Genesis 1- 17,* 333, Waltke, *Genesis, 167* and Matthews, *Genesis 1- 11*, 441.

٣٢. السّاحقون، عمالقة، هـرس، أصـاب. اسـم أُطلـق على جزيـرة قـبرص في إشـعياء ٢٣: ١، ١٢.. وهـو تجـار في عـدد٢٤: ٢٤

الْقَـرْن الثّـاني عـشر الميـلاديّ سـكن اليُونانيّـون قـبرص، فصـار أغلـب سُـكانها منهـم.

**ودودانيـم** [٣٣] وهـو الشّـعب السّـاكن في جزيـرة رودس Rhodes الُيونانيّـة، جنـوب غـرب آسـيا الصّغـرى. النّـص الْعِـبْرِيّ مـع الترجمـة السّـبعينيّة LXX وتذكـر أخبـار الأيـام الْأَوَّل ١: ٧ رودانيـم وليـس دودانيـم لتشـابه حـرف حـرف الـرّش مـع الدّاليـت.

**أحفاد يافث السّبعة (١٠: ٣-٤)**

من هؤلاءِ تَفرّقت جزُرُ الأمم بأراضيِهِم، كُلّ رجلٍ كلِسانِه بعشائِرِهِم في أممِهِم.

مـن هـؤلاء، أيّ مـن أبنـاء يافـث وأحفـاده، تفرَّقـت جُـزر الأُمـم بأراضيها. لقـد سـكن واسـتوطن نسـل يافـث الجُـزر حَـوْل البحـر المتوسـط والبحـر الأسـود وحـتى بحـر قزويـن. فمنهـم تفرَّقـت جُـزر وأُمـم كثـيرة. وسـكن نَسْـل يافـث أوروبـا وآسـيا حـتى روسـيا والهنـد، ليتحقَّـق قَـوْل الـرّب إنَّ الـرّب يُوسِّـع نسـل يافـث (٩: ٢٧).

٣٣. كسارات غير مربوطة...وهُمْ قبائل يونانيّة استوطنت جزيرة رودس ١أخبار ١: ٧

## بنو حام (١٠: ٦-٢٠)

وبنو حام كوش ومِصرايم وفوط وكنعان.

أنجب حام أربعة أبناء فقط، وهُمْ كوش ومصريم وفوط وكنعان، وخرجت منهم أمم وشعوب كثيرة. وقد اهتم الْكَاتِب بأن يتحدَّث عنهم ببعض التفصيل بسبب موقفهم العدائيّ من شعب الرّب، منذ مُوسَى وحتى مجيء المسيّا.

**كوش**[٣٤] يُعَدُّ كوش أبا الأثيوبيّين القُدماء[٣٥] أو الأحباش، وهو أخو مصر وبِكْر حام. وبالنّسبة للكتابات المصريّة الْقَدِيمة، ارتبط كوش بمكان يسمى كاش أو كيش Kash or Kesh وهو الإقليم الواقع في شمال شرق إفريقيا، منطقة النّوبة، شمال السّودان وجنوب مصر (إشعياء ٣٧: ٩، وإرميا ١٣: ٢٣).[٣٦] لم يستوطن نسل كوش في إفريقيا فقط، بل انتشر في شبه الجزيرة العربيّة والجزء الجنوبيّ من أسيا أَيْضًا. يَقُولُ كيل وديلتش Keil, C. F., & Delitzsch، «من المحتمل جدًا أنّهم استقروا في الأصل في

٣٤. انظر تَكْوين ٢: ١٣ وفي ٢ اخبار ١٤: ١٢ يقصد بهم سكان النّوبة وفي ٢ ملوك ١٩: ٩ الحبشة

٣٥. لكن لَيْسَ اثيوبيا الحديثة المعروفة الْيوْم، فأثيوبيا الْقَدِيمة كانت تقع في جنوب مصر Ἀιθιοπίας تترجم الترجمة السّبعينيّة كوش «اثيوبيا»

36. Sarna, *Genesis, 72.*

بـلاد العـرب Arabia، حَيْـثُ اختلطـوا بالقبائـل السّـاميّة الموجـودة، واسـتعملوا اللغـة السّـاميّة.»[٣٧]

**مِصرايـم מִצְרַיִם**[٣٨] هُـوَ الاسـم الْعِـبْرِيّ لمـصر في الْكِتَـاب الْمُقـدَّس، ويـأتي دائمـا بصيغـة المثـنى Dual form لأنَّ مـصر تتكـوَّن مـن قسـميْن يختلفـان أحدُهمـا عـن الآخـر مـن حَيْـثُ الطّقـس والظّـروف العامّـة - قسـم شـماليّ وقسـم جنـوبيّ، مـصر العُليـا ومـصر السُّـفلى Upper and Lower. والاسـم المـصريّ الْقَدِيـم هُـوَ كيـمي *Kemi* وبالقبطيّـة *Keme* وهـو اسـم يعكـس اللـون الرّمـاديّ الأسـود لـلأرض المُغطـاة بطـمي النّيـل (مزمـور ٧٨: ٥١) (إشـعياء ١١: ١١ وإرميـا ٤٤: ١). ولأنَّ مصرايـم هُـوَ ابـن حـام، تُسـمّى أرض مـصر «أرض حـام». «فَجَـاءَ إِسْرَائِيـل إلى مِـصْرَ، وَيَعْقُـوب تَغَـرَّبَ فِي أرض حَـامٍ» (مزمـور ١٠٥: ٢٣). والاسـم Egypt مشـتق مـن الْكَلِمـة اليُونانيّـة إجبتـوس والـتي تُعَـدُّ ترجمـة للاسـم المـصري الْقَدِيـم *H(wt)-k'-Pt(h)* هاكوبتـا أيّ «بيـت بتـاح»، وهـو اسـم مـن أسـماء ممفيـس، العاصمـة الْقَدِيمـة لمـصر.

**فـوط פּוּט**[٣٩] **هُـوَ** أبـو الليبيّـين Libyans وباللغـة المصريّـة الْقَدِيمـة فيـط *Phet*. سـكن الليبيّـون شـمال إفريقيـا وحـتى البحـر المتوسـط. وترجمـت الترجمـة السّـبعينيّة فـوط إلى «ليبيـا» الواقعـة غـرب مـصر في شـمال إفريقيـا (إرميـا ٤٦: ٩، وحزقيـال ٢٧: ١٠، ٣٠: ٥، ٣٨: ٥).

**كنعـان כְּנָעַן** يُشِـيرُ «كنعـان» كمـكان جغـرافيّ إلى المنطقـة الواقعـة غـرب نهـر الأردن حـتى لبنـان وجُـزْء مـن سـوريّة. وورد اسـم كنعـان في الكتابـات المسـماريّة في الْقَـرْن ١٨ قبـل الميـلاد وفي الرّسـائل المصريّـة، حَيْـثُ كانـت تخضع إداريـاً تحـت السُّـلطة المصريّـة في الْقَـرْن ١٤ قبـل الميـلاد ولاسّـيما في عَهْـد

37. Keil, C. F., & Delitzsch, F. *Commentary on the Old Testament*, Vol. 1, p. 104.

٣٨. ضيقتان، شِدتان، بلايا، أسود

٣٩. قوس، مُصاب، اتساع، تسعة أقواس

العمارنـة (عـدد ١٣: ٢٩، وتَثْنيَـة ١: ٧، ويشـوع ١١: ٣). وَيُشِـيرُ كنعـان كشـعب إلى كُلّ الشّـعوب الّـتي سـكنت هـذه المنطقـة مـن الأمّوريّـين والجرجاشـيّين والحثيّـين والصّيدونيّـين واليبوسـيّين والحويّـين والسّـينين... كُلّ الشّـعوب الّـتي كانـت تسـكن مـن تخـوم صيـدون إلى غـزة، ومـن سـدوم وعمـورة إلى لاشـع (تَكْوِيـن ١٠: ١٩، ١٥: ١٨-٢٠).

**بنو كُوش وبنو رعمه (١٠: ٨)**

وبنو كوش سبا وحويلَه وسَبْتّه ورَعْمَه وسَبْتكا وبنو رَعمَه شبأ وددان.

**سبا סְבָא**[40] ارتبـط اسـم سـبا بمـصر وكـوش في إشـعياء ٤٣: ٣، ٤٥: ١٤. وفي مزمـور ٧٢: ١٠ ذكـرت سـبا مـع شـبا. وتقـع سـبا في شـمال إفريقيـا. ويَقُـولُ يوسـيفوس المُـؤرِّخ الْيَهُـوديّ إنَّ سـبا تقـع في Μερόη مـيرويّ في الشّـمال الـشّرقيّ مـن مدينـة الخرطـوم.

**حويلَـة חֲוִילָה**[41] تعـني أرض الحويلـة بالعبريّـة «أرض الرّمـال» (٢: ١١-١٢). يُوجَـد مكانـان باسـم «الحويلـة»، يقـع الْأَوّل تحـت السّـيادة المصريّـة والثّـاني في منطقـة العربيّـة. والحويلـة بحسـب تَكْوِيـن ٢: ١١-١٢ مـكان غـني بالذّهـب الجَيّـد. وبالنّسـبة للقُدمـاء المصريّـين، كانـت مناجـم النّوبـة هِيَ المصـدر

٤٠. إشرب، عظيم الشّأن، عقيق، جمشت.. وهم بلاد وشعب جنوبي بلاد العرب مزمور ٧٢: ٩- ١١.
٤١. انظر تَكْوِين ٢: ١١، ١٢.

للذهب وللأحجار الكريمة. فالاسم «نوبة» مأخوذ من الْكَلِمة المصريّة n-b ناب أيّ «ذهب.» لكن مُعْظم الْمُفسّرين يُؤكّدون أنّ الحويلة المذكورة هُنَا هِيَ الحويلة العربيّة.[٤٢] وما يُؤكّد ذلِكَ هُوَ أنّ «حويلة» في تَكْوين ١٠: ٢٩ هُوَ أخو أوفير. وتقع أوفير في منطقة العربيّة، كما أنّ نسل إسماعيل سكن في الحويلة «وَسَكَنُوا مِنْ حَوِيلَةَ إلى شُورَ الّتي أَمَامَ مِصْرَ حِينَمَا تَجِيءُ نَحْوَ أَشُّورَ. أَمَامَ جَمِيعِ إِخْوَتِهِ نَزَلَ» (تَكْوِين ٢٥: ١٨).[٤٣]

سَبْتَة[٤٤] סַבְתָּה، تُشِيرُ سبتة إلى العاصمة الْقَدِيمة لحضرموت والتي كانت تسمى شبوات*Shabwat* وتقع في جنوب العربيّة.[٤٥]

رَعْمَة[٤٦] רַעְמָה ذكرت رعمة مع شبا في حزقيال ٢٧: ٢٢. واشتهرت المدينتان بالتجارة. ورعمة هُمْ سكان مدينة يحملون نفس الاسم سكنوا في الجنوب الشّرقيّ من بلاد العرب (عُمان، اليمن).

**شبأ[٤٧] وددان[٤٨] שְׁבָא וּדְדָן وهُما** مدينتان يأتي ذِكرهما معاً في أكثر من موقع واشتهرتا بالتجارة، وكانا مركزًا تجاريًا عظيمًا ولاسّيما في الْقَرْن التاسِع قبل الميلاد وفترة حُكْم الملك سُليمان (ملوك الْأَوّل ١٠: ١، وأخبار الأيام الثّاني ٩: ١، وإشعياء ٦٠: ٦، وإرميا ٢: ٢٠). وددان قبيلة عربيّة تقع في شمال منطقة العربيّة على الحدود مع أدوم (إرميا ٤٩: ٨، وحزقيال ٢٥: ١٣، ٢٧: ٥).

42. Sarna, *Genesis*, 19 and Waltke, *Genesis*, 168.
43. See Hamilton, *Genesis 1- 17, 336.*

٤٤. راحة، ضربة، يحيط ب، يطوّق
٤٥. يَقُولُ أستور Astour إنّ الاسم سبتة يشبه اسم الإمبراطور سبكا Sabaka، أحد ملوك أثيوبيا عندما كانت اثيوبيا إمبراطوريّة عظيمة في الْقَرْن الثّامن قبل الميلاد واستولت على مصر في فترة حكم الأسرة ال ٢٥. وبعد مَوْت الملك سبكا ملك أخوه ساباتاكا. وقد ذكر الْكِتَاب الْمُقدّس اسم أخي الملك ترهاقة Tirhaka، والمذكور في ملوك الْأَوّل ١٩: ٩ وإشعياء ٣٧: ٩. For more details, see M. C. Astour, «Sabtah and Sabteca Ethiopian Pharaohs names in Genesis 10, « *JBL 84* (1965), 422- 23.
٤٦. ارتعاد، رعد، ارتعاش
٤٧. قَسَم، سبعة، جمشت، لون بنفسجي
٤٨. دان، منخفض، محبتهن، حركتهن، تقدم، ازدياد

## نمرود (١٠ ٨- ١٢)

וְכוּשׁ יָלַד אֶת־נִמְרֹד הוּא הֵחֵל לִהְיוֹת גִּבֹּר בָּאָרֶץ׃ הוּא־הָיָה גִבֹּר־צַיִד
לִפְנֵי יְהוָה עַל־כֵּן יֵאָמַר כְּנִמְרֹד גִּבּוֹר צַיִד לִפְנֵי יְהוָה׃

وكـوش ولَدَ نِمـرود* وهـو بـدأ يكـونُ جبـارًا في الأرض. هُـوَ كان جبـارَ صيـدٍ أمـام يَهْـوَه لذلـكَ يقـالُ «كنمـرودَ جبـارُ صيـدٍ أمـامَ يهـوه».

* قويّ، جبار، جريء، مُتمرِّد، مرتد

تُعَـدُّ هـذه الفقـرة الْخَاصّـة بنمـرود مُقدّمـة لأحـداث تَكْوِيـن ١١ ولاسـيما حـدث بـرج بابل. فـهِيَ تـشرح كيـف بـدأت الإمبراطوريّـة البابليّة والأشـوريّة وصارتـا أعظـم إمبراطوريتـيْن في منطقـة مـا بَـيْنَ النّهريـن. فنمرود بـنى مملكته بالعنـف (١٠: ٨)، فَهُـوَ كجبـار بـأس أسـس المملكـة بقُـوّة اقتـداره، وبـنى مدينـة بابـل لتكـون مركـزًا سياسـيًا مُهمّـاً (١٠:١٠). فبالحديـث عـن نمـرود، ينتقـل الْكَاتِـب ليُركّـز على منطقـة مـا بَـيْنَ النّهريْـن وكيـف أنَّ هـذه المنطقـة ترتبـط بكـوش بـن حـام. لكـن مـن هُـوَ نمـرود؟ وإلى أيّ شيء يُشِيرُ الاسـم؟ للإجابـة على السّـؤال الْأَوَّل «مـن هُـوَ نمـرود؟»، يُقـدِّم الْعُلَمـاء عِـدّة تفسـيرات نذكـر منهـا الآتي (١) يـرى بعضُهـم أنَّ نمـرودًا يرتبـط بنينورتـاNinurta ، إله الحـرب عنـد البابليّـين. فَهُـوَ إله الصّيـد، وقـد لُقـب بالسّـهم والبطـل الجبـار. وانتـشرت عبـادة نينورتـا في بـلاد مـا بَـيْنَ النّهريـن في الألفيّـة الثّانيّـة قبـل الميـلاد[٤٩]. (٢) ارتبـط نمـرود بالملـك الآشـوريّ توكولـتي نينورتـا *Tukulti-Ninurta*، الذى ملـك في الْقَـرْن ١٣ قبـل الميـلاد (1246 – 1206 ق.م) وهـو

49 E. A. Speiser, "In Search of Nimrod, " *Eretz-Israel 5* (1958), 32-36. See also Hamilton, *Genesis 1- 17,* 337.

الملك الْأَوَّل الّذي ملك على بابل وأشور. (٣) ارتبط نمرود بنارام-سين *Naram-Sin* وهو جد الملك سرجون الْأَوَّل الأكاديّ الّذي ملك على أغلب مناطق الشّرق الأوسط لأكثر من ٥٠ سنة في الرّبع الاخير من الألفيّة الثّالِثة قبل الميلاد. ويَقُولُ سارنا أَنَّه هُوَ أَوَّل ملك يُلقّب بـ «ملك زوايا الْعَالَم الأربع.»[٥٠] وقد يكون الاسم الْعِبْرِيّ نمرود مأخوذًا من الاسم «نارام-سين» وهو تلاعُب بالكلمات، لأنَّ الْفِعْل الْعِبْرِيّ מָרַד م-ر-د يعني «تمرد» ولهذا فاسم نمرود مُشتق من «سوف يتمرّد» He will revolt، في إشارة إلى شيء من المقاومة العنيفة لله (تَكْوِين ١١: ١- ٩).[٥١] اشتهر نمرود بالعُنف والقُوّة حتى أصبح طاغيّة. وبسبب شُهرتُه هذه، صار اسمه كعلامة وإشارة للعُنف والقَسوة. فكانوا يَقُولُون «كنمرود جبار صيد...». لقد أسَّس نمرود مملكته على الظُّلم والبطش. ولا يعني تعبير «أمام الرّب» بحسب مشيئة الرّب ولا بمُوافقة الرّب على هذه الأفعال الشّريرة. الترجمة السّبعينيّة LXX ترجمت هذا التعبير إلى «ضد الرّب» ἐναντίον κυρίου، أيّ في تحدٍّ صريح وواضِح للرب، وليس «أمام الرّب».[٥٢]

وكانَ بدءُ مملكتِه بابِل وإرِك وأكَّد وكَلْنِه في أرض شِنعار. من الأرض تلكَ خرجَ أشُّور وَبَنى نينوى ورحوبوت عيرَ وكالِح. ورِسن بَيْنَ نينوى وبين كالح، هِيَ المدينةُ العظيمةُ.

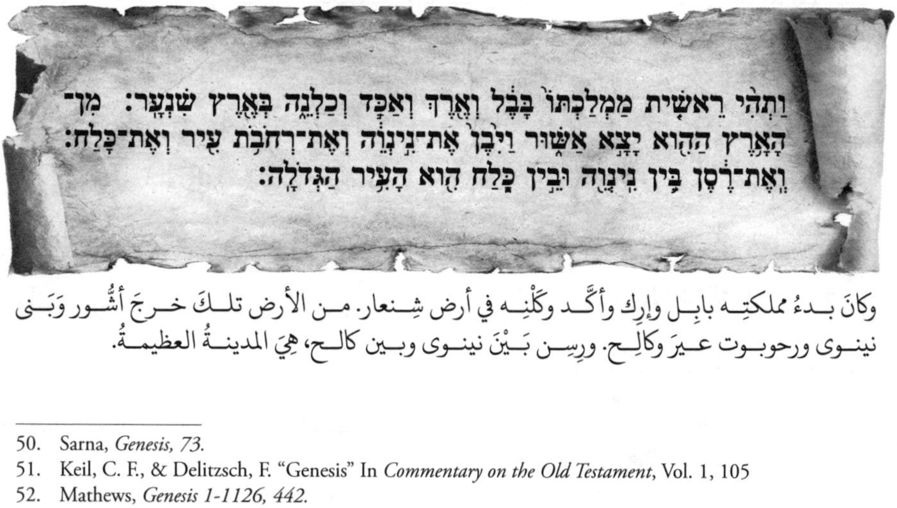

50. Sarna, *Genesis, 73.*
51. Keil, C. F., & Delitzsch, F. "Genesis" In *Commentary on the Old Testament*, Vol. 1, 105
52. Mathews, *Genesis 1-1126, 442.*

تكوَّنـت مملكـة أشـور مـن هـذه المـدن. فبـدأت مملكـة نمـرود بالمـدن الّـتي بناهـا وأسَّسـها بالعُنـف والقسـوة والقهـر والظّلـم. بـنى نمـرود مُدُنًـا عظيمـة وكبـيرة وكثـيرة، لكنـه لـم يهتـم ببنـاء مذبـح واحـد للـرب. وكانـت أَوَّل مدينـة بناهـا نمـرود هِيَ بابـل בָּבֶל.[٥٣] وقـد وردت كأَوَّل مدينـة في قائمـة المـدن الّـتي بناهـا نمـرود بسـبب عظمتهـا وأهميتهـا ولاسـيما ارتباطهـا بتَكْوِيـن ١١: ١-٩. وتُعَـدَّ بابـل أشـهر مُـدُن مـا بَـيْنَ النّهريـن. وقـد بُنيـت على نهـر الفـرات جنـوب بغـداد، وتبعـد عنهـا حـوالي ٨٠ كـم. والاسـم الْقَدِيـم لبابـل في اللغـة السّـومريّة هُـوَ Ka-dingir-ra كا-دنجـر-را أيّ «بـاب الله» وقـد تُرجـم الاسـم إلى اللغـة الأكاديّـة الْقَدِيمـة بـ«بـاب- إيـل» Bab-il. تقـول الأسـطورة البابليّـة الْقَدِيمـة إينوما-إليـش Enuma-Elish إنَّ الآلهـة هِيَ الّـتي قامـت بنفسـها ببنـاء معبـد في المدينـة لـلإله مـردوخ.[٥٤]

إراك אֶרֶךְ[٥٥] وَهِي مدينـة تقـع شرق نهـر الفـرات، وتبعـد عـن أور حـوالي ٦٠ كـم وفي اللغـة السّـومريّة تنطـق يـوروك *Uruk.* يَقُـولُ سـارنا Sarna إنَّ هـذه المدينـة حكمتهـا الأسرة الثّانيـة والثّالِثـة مـن ملـوك السّـومريّة والـتي ارتبطـت بجلجاميـش.[٥٦]

أكـد אַכַּד[٥٧] وَهِي عاصمـة الإمبراطوريّـة الأكاديّـة الّـتي أسَّسـها الملـك سرجـون Saragon سـنة ٢٣٠٠ ق.م. ورغـم صعوبـة تحديـد مكانهـا إلا أنَّـه مـن المُؤكَّـد أَنَّهـا تقـع على نهـر الفـرات بَـيْنَ أراك وكلنـة.

٥٣. باب إيل، باب الله، بلبلة، اختلاط، تشويش، فوضى

54. Sarna, *Genesis, 74.*

٥٥. طول، حجم، مقعد، كرسي، طويل

56. Sarna, *Genesis,* 74.

٥٧. حصن، قلعة، آنيّة، إناء، سلسلة، قيد

**كَلْنِـه** **וְכַלְנֵה**[٥٨] هِيَ المدينـة الوحيـدة الّـتي لا نجـد لهـا ذِكْـرًا في الوثائـق والكتابـات الأكاديّـة الْقَدِيمـة، مـا جعـل بعـض الْعُلَمـاء يَقُولُـون إنَّ القـراءة الصّحيحـة للنـص الْعِبْرِيّ هِيَ «كُلنـا» بمعـنى «كلهـم». وبهـذا تكـون القـراءة الصّحيحـة هِيَ «وأراك وأكـد وكُلّ هـذه...» إلا أنَّ بعـض العلمـاء يَقُولُـون إنَّ كلنـة تقـع في الشّـمال الـشّرقيّ لبابـل.[٥٩]

**شِـنعار** **שִׁנְעָר**[٦٠] هِيَ كُل منطقـة مـا بَـيْن النّهريْـن منطقـة بابـل. وهـذا هُـوَ الاسـم الذّى نجـده لمنطقـة مـا بَـيْنَ النّهريْـن في كُلّ الكتابـات المصريّـة الْقَدِيمـة ولاسـيما رسـائل تـل العمارنـة.

خـرج نمـرود مـن شـنعار أرض الجنـوب إلى أشـور شرق نهـر دجلـة، وأسـس هُنَـاك مسـتعمرة كبـيرة وعظيمـة أو مملكـة مـن أربع مـدن وَهِيَ **نينـوى**[٦١] الواقِعـة على الجانـب الشّـمالي مـن نهـر دجلـة في الشّـمال الغـربيّ لبابـل، وَهِيَ مدينـة عظيمـة كبـيرة ومتراميّـة الأطـراف (يونـان ٣: ٣). وقـد قـام ببنـاء هـذه المدينـة ملـوك أكاد بمـا فيهـم سرجـون نفسـه.

**رحوبـوت** وَهِيَ أسـواق المدينـة وتُمثِّـل امتـدادًا لنينـوى، فكانـت نينـوى مدينـة عظيمـة، «نينـوى العظيمـة». و**كالـح**[٦٢] **وهِي** مدينـة أشـوريّة مشـهورة تقع على الجانـب الشّـماليّ مـن نهـر دجلـة. وتقـول الوثائـق الْقَدِيمـة إنَّ شـلمناصر الْأَوَّل قـام بـإعادة بنـاء هـذه المدينـة وجعلهـا عاصمـة كبـيرة سـنة ١٢٦٥-١٢٣٥ ق.م.

---

٥٨. حصن «أنّه» (إله وثني) .. مدينة في شمال غرب سوريا (عاموس ٦: ٢)

59. Mathews, *Genesis 1-1126, 444 and* Keil, C. F., & Delitzsch, F. "Genesis" In *Commentary on the Old Testament*, Vol. 1, 107.

٦٠. تغيير المدينة، منبوذ تماماً، بلد النّهرين

٦١. ذريّة الرّاحة، دوام النّسل، مسكن فينوس، جميل، موافق، ذريّة باقيّة

٦٢. يثبت، بالغ، ثابت، نضج، مؤيد، إكمال

ورسـن[٦٣] هِيَ res-eni وتعـني «عـين أو ينبـوع.» وتُعَـدُّ رحوبـوت وكالـح ورسـن ثـلاث مُـدُن تابِعـة وخاضِعـة لنينـوى المدينـة العظيمـة.

## نَسْل مصرايم (١٠: ١٣ – ١٤)

ومِصرايِـم ولَدَ لوديـم وعنَاميـم و لْهابيـم ونَفتوحيـم. وفَتروسيـم وكَسـلوحيم الّذيـن خَـرَج منهـم فِلِشـتيم كمـا وَلَد كَفتوريـم.*

* شـعب كفتـور الّـتي تعـني كأس، مقبـض صغـير، يبحـث ويسـتفسر، إكليـل، تـاج العمـود، ...وهي جزيـرة كريـت (تثنيــة ٢: ٢٣)

تنتـهي كُلّ الأسـماء في هـذه القائمـة بــ «يـم» علامـة الجمـع في اللغـة العبريـة. لوديـم[٦٤] انحـدر لوديـم مـن مصرايـم. ارتبطـت لوديـم في إشـعياء ٦٦: ١٩ بآسـيا الصّغـرى، بينمـا ارتبطـت في إرميـا بالشّـعوب الإفريقيّـة (كـوش وبـوط) (إرميـا ٤٦: ٩، وحزقيـال ٣٠: ٥)، مـا جعـل الْعُلَمـاء يَقُولُـون إنَّ لوديم هِيَ لوديـا الواقِعـة في أسـيا الصّغـري Lydians.[٦٥] عناميـم[٦٦] لا نعـرف بالضّبـط موقـع عناميـم ومـن هُـمْ؟ إلا أنَّ بعضهـم قَـالَ إنَّهـم مصريّـون مـن سـكان منطقـة

٦٣. لجام، مَصْدَر رئيسي، قلعة، شكيمة، للكبح، للإعاقة

٦٤. معاناة، نزاعات، ولادات

65. Lydia was an Iron Age kingdom of western Asia Minor located generally east of ancient Ionia in the modern western Turkish provinces of Uşak, Manisa and inland İzmir. Its population spoke an Anatolian language known as Lydian

٦٦. رجال الصّخور، صوت المياه، حزن، ينبوع، آلام المياه، جواب المياه

الدّلتا وقد ربطتهم الترجمة السّبعينيّة بشمال مصر.[٦٧] **لهابيم**[٦٨] أغلب الظّن أنّهم الليبيّون المصريّون القُدماء Libyaegyptii لأنَّ الْكِتَاب الْمُقدَّس يدعو ليبيا غير مَرَّة لوبيم «كُوشُ قُوَّتُهَا مَعَ مِصْرَ وَلَيْسَتْ نِهايَة. فُوطٌ وَلُوبِيمُ كَانُوا مَعُونَتَكِ» (ناحوم ٣: ٩).[٦٩] **نفتوحيم**[٧٠] هُمْ سكان مصر المقيمين على السّاحل الشّمالي. **فتروسيم**[٧١] هُمْ سكان بتروس أو بيتريس «أرض الجنوب» مصر العليا وسُكان طِيبة (إشعياء ١١: ١١) **كسلوحيم**[٧٢] رُبَّما يُشِيرُ هذا إلى سكان مصر السُّفلى، منطقة الدّلتا أو أَنَّه اسم لكلا الشّعب والبلد الّذي خرج منه فِلِشتيم[٧٣] , LXX Φυλιστιείμ or Ἀλλόφυλοι وتعني حَرْفياً «مُهاجرين أو نازحين من فالاسا Fallasa الأثيوبيّة.[٧٤] فالأمة الفلسطينيّة كانت في الأصل مُستعمَرة كسلوحيم «غزة»، لكنها ازدادت قُوّة بعد ذلِكَ بسبب المهاجرين الآتين من كفتور Caphtor «كريت «ألستُمْ لِي كَبَنِي الْكُوشِيّين يَا بَنِي إِسْرَائِيل، يَقُولُ الرّبُّ؟ أَلَمْ أُصْعِدْ إِسْرَائِيل مِنْ أرض مِصْرَ، وَالْفِلِسْطِينيّين مِنْ كَفْتُورَ...» (عاموس ٩: ٧).

67. Waltke, *Genesis,* 170.

٦٨. لهب ملون، نيران، لهيب

69. Keil, C. F., & Delitzsch, F. "Genesis" In *Commentary on the Old Testament*, Vol. 1, 105

٧٠. افتتاحيات، فتحات، الأقواس التسعة، شعب الحدود

٧١. نسبة إلى (فتروس أيّ مصر العليا إشعياء ١١: ١١) لقمة رطِبة، قطع، امتداد الخراب، اقليم الجنوب

٧٢. المغفور لهم، رجاء الحياة، المعفى عنهم، مُحصّن

٧٣. غزاة

74. Keil, C. F., & Delitzsch, F. *Commentary on the Old Testament. 106.*

## نَسْل كنعان (١٠: ١٥ – ١٩)

וּכְנַעַן יָלַד אֶת־צִידֹן בְּכֹרוֹ וְאֶת־חֵת׃ וְאֶת־הַיְבוּסִי וְאֶת־הָאֱמֹרִי וְאֵת
הַגִּרְגָּשִׁי׃ וְאֶת־הַחִוִּי וְאֶת־הַעַרְקִי וְאֶת־הַסִּינִי׃ וְאֶת־הָאַרְוָדִי וְאֶת־
הַצְּמָרִי וְאֶת־הַחֲמָתִי וְאַחַר נָפֹצוּ מִשְׁפְּחוֹת הַכְּנַעֲנִי׃ וַיְהִי גְּבוּל הַכְּנַעֲנִי
מִצִּידֹן בֹּאֲכָה גְרָרָה עַד־עַזָּה בֹּאֲכָה סְדֹמָה וַעֲמֹרָה וְאַדְמָה וּצְבֹיִם עַד־
לָשַׁע׃

وكنعـان ولَدَ صيـدون بِكـرَهُ وحِـتَّ. واليَبـوسيّ والأمّـوريّ والجِرْجـاشيّ. والحِـوِّيّ والعَـرقي والسّـينيّ والأَرواديّ والصّمَّـاري والحماتيّ وبعـد ذلِـكَ تبـدَّدت عشـائرُ الكنعـانيّ. وكان تُخُـم الكنعـانيّ مـن صيـدون مـرورًا بجرارَحـتى غـزّة مـرورًا بِسـدومَه وعمـوره وآدَمـه وصبوييـم حـتى لاشَـع. هـؤلاء بنـو حـامٍ بعشـائِرِهِم وألسـنتِهِم بأراضيهِـم وأُممِهِـم.

انحـدر مـن كنعـان ١١ ابنًـا أصبحـوا فيمـا بعـد أممًـا وقبائـل وعشـائر. ويُعَـدُّ أَوَّل اسـمَيْن «صيـدون وجـت» اسـميْن لشـخصيْن لأَنَّهمـا لا ينتهيـان كبـاقي الأسـماء التسـعة بالصّيغـة الأُمميّـة Gentilic form «اليبـوسيّ والأمّـوريّ ...الـخ». **صيـدون**[٧٥] بِكْـر كنعـان ومعـنى اسـمه **צוּד** يصطـاد أو يقبـض على، وهـو اسـم المدينـة الْقَدِيمـة وأشـهر ميـنـاء للفينيقيّـين (تَثْنِيَـة ٣: ٩، و يشـوع ٣: ٤ و ٦). بقيـت صيـدون العاصمـة العظيمـة حـتى الْقَـرْن العاشِر قبـل الميلاد حَيْـثُ احتلـت صُـور مكانهـا مـن حَيْـثُ الأهميّـة. **جـت**[٧٦] وهـو أَيْضًـا اسـم شـخص، ومنـه اشـتُق الاسـم «حـثي» Hittite و«حثّيـون». سَـكَنَ الحثّيـون في أسـيا الصُّغـري وكوّنـوا امبراطوريّـة عظيمـة اسـتمرّت حـتى الْقَـرْن الثّالِـث عـشر قبـل الميـلاد. طَـوَّر الحثيّيـون اسـتخدام الحديـد وصنعـوا عجـلات حربيّـة وكانـوا محاربـين أقويـاء. وفي سـنة ١٢٧٤ ق.م قـام رمسـيس الثّـاني

٧٥. مُحصّن، حصن، صيد (السّمك أو أو الوحوش)، فريسة وافرة
٧٦. رهيب، خوف عظيم، فزع، إرهاب، رعب

بمُحاربة امبراطوريّة الحثيّين في المنطقة السّوريّة، وادعى كلا الجانبَيْن الانتصار. **اليبوسي**[٧٧] سكان يبوس الّتي سُميّت فيما بعد بأُورشليم. وفي وقت الخُروج كان اليبوسيّون يسكنون في الجبل «وَالْحِثِّيُّونَ وَالْيَبُوسِيُّونَ وَالأَمّوريونَ سَاكِنُونَ فِي الْجَبَلِ» (عدد ١٣: ٢٩)، من زمن يشوع وحتى مُلك دَاوُد كانوا يسكنون مدينة أورشليم. «وَذَهَبَ الْمَلِكُ وَرِجَالُهُ إلى أُورُشَلِيمَ، إلى الْيَبُوسِيّين سُكَّانِ الأرض.... وَأَقَامَ دَاوُد فِي الْحِصْنِ وَسَمَّاهُ «مَدِينَةَ دَاوُد» (صموئيل الثّاني ٥: ٨). كما أنَّ دَاوُد اشترى من أَرُونَةَ الْيَبُوسِيِّ الأرض الّتي بنى عليها مذبحًا وبُني عليها الهيكل (صموئيل الثّاني ٢٤: ١٩-٢٥). **والأمّوري**[٧٨] الأمّوريّون هُمْ فرع من الكنعانيّين، وقد انحدروا من أمّور وسكنوا في جبال يَهُوذا وفيما وراء الأردن. وأشهر أمّوري هُوَ حمورابي «أمورابي»، وهو مُؤسِّس المملكة البابليّة الْقَدِيمة. في الألفيّة الثّانيّة وحتى امتلاك إِسْرَائِيل للأرض، كان كُلّ الكنعانيّين يُشملون بالاسم «الأمّوريّين.» **الجِرْجاشيّ**[٧٩] لا نعرف الكثير عن الجرجاشيّين، ورُبَّما يكونون من كركيشا Karkisha في آسيا الصُّغرى. وقد ذكر في السِّجلات المصريّة لرمسيس الثّاني أنَّ الجرجاشيّين اتحدوا مع الحثيّين ضِد مصر في معركة قاديش. **الحِوّيّ**[٨٠] وهُمْ سكان في شكيم، حيْثُ إنَّ شكيم هُوَ ابن حمور الحوي رئيس الأرض (تَكْوِين ٣٤: ٢)، وكذلِكَ في جبعون (يشوع ١١: ٣).

---

٧٧. من يبوس الّتي تعني مُداس، الّدوس، جرن، بيدر، يطعم بالقُوّة (يفطم)..وهو اسم اورشليم في عَهْد اليبوسيّين يشوع ١٥: ٦٣.

٧٨. سكان الجبال، رجال التل، شعب مرّ، المتباهون، المنتفخون، المتكبرون، كلاميون

٧٩. الغريب يقترب، غريب مقترب

٨٠. قرويّون، حمامات الحياة، فلاحون، شرير، قروي، رغبتي، مظهروا الحياة

**العَـرقي**[٨١] **والسّـينّي**[٨٢] **والَأرواديّ**[٨٣] **والصّمَّـاري**[٨٤] **والحمـاتي**[٨٥] **كُل** هـؤلاء هُـمْ سُـكان المـدن السّـوريّة الخمـس، أربـع على السّـاحل وواحـدة مدينـة كبـيرة. يبعـد عـرقي حـوالي ٢٠ ميـلًا عـن طرابلـس، لبنـان. والسّـيني هُـمْ سُـكان سـين في لبنـان. الأرواديّ مدينـة فينيقيّـة في الشّـمال. وسـكن الصّمـاوي شـمال مـصر وعلى حـدود كنعـان. والحمـاتي هُـمْ مـن أسَّـسوا مدينـة حمـاة في سـوريّة.

تُخـم الكنعـانيّ لَيْـسَ الكنعـانيّ هُنَـا شـخصًا بـل شـعب، وقـد انتـشروا في كُلّ بـلد مـن الشّـمال إلى الجنـوب «مـن صيـدون مـرورًا بجرارحـتى غـزّة» ومـن الغـرب إلى الـشّرق «مـرورًا بسـدومَ وعمـوره وآدَمـة وصبوييـم حـتى لاشَـع» يَقُـولُ سرنـا Sarna تختلـف حـدود كنعـان هُنَـا عمّـا هُـوَ مذكـور في تَكْوِيـن ١٥: ١٧-١٨ وعـدد ٣٤: ٢-١٢. فهـذه الحـدود المذكـورة هُنَـا تتّفـق مـع الحـدود الّـتي رسـمها رمسـيس الثّـاني ملـك مـصر مـع حتيوسـليس الثّالِـث ملـك الحثيّـين في معاهـدة السّـلام سـنة ١٢٨٠ ق.م.[٨٦]

**جـرارَ**[٨٧] **وغـزة** نقـرأ في سِـفْر التَكْوِيـن ٢٠: ١ أن إِبْراهِيـم «سَـكَنَ بَـيْن قَـادِشَ وَشُـورَ، وَتَغَـرَّبَ فِي جَـرَارَ»، وجـرار تبعـد عـن غـزّة ١٥ كـم نحـو الجنـوب الـشّرقيّ. وتُعَـدُّ غـزة المدينـة الأصليّـة للفلسـطينيّين، وَهِيَ تقـع عنـد الرّكـن الجنـوبي الغـربي مـن فلسـطين. «**سـدومَ**[٨٨] **وعمـورة**[٨٩] **وآدَمـة**[٩٠]

---

٨١. الطّوال.. امتلكوا مدينة عطاروت بالقرب من بيت ايل على الحدود بَيْن افرايم وبنيامين (يشوع ١٦: ٢).
٨٢. من سين الّتي تعني طين، شوكة، جرف، وحل
٨٣. من إرواد ملجأ، سأفلتُ، يتجول، ملجأ للمتجول، تيه، تجول، أفلَت
٨٤. من صمار وَهِيَ جزة الصّوف، برودة، غابة
٨٥. مـن حمـاة وَهِيَ مُحصّن، محـاط بسـور، قلعـة، موقـع عسـكري، حائـط، حصـن.. مدخلهـا يعتـبر الحـد الشّـمالي لإِسْرَائِيـل (عـد١٣: ٢١)
86. Sarna, *Genesis*, 77.
٨٧. يُقيم مؤقتاً، اجترار، يتأمّل، يتفكر، رحلة طويلة، قتال، نزاع، اقامة مؤقتة
٨٨. قيد، مُقيّد، مكان الكلس، محروق، احتراق، ندى كثير
٨٩. تغطيس، عبوديّة، وفرة الماء، مغمورة، غمر
٩٠. أرضي، أرض، تراب، احمرار، دموي، ترابي

وصبوييم[٩١]» تُسمّى هذه المدن الأربع «مُدُن الوادي» Cities of the Plain. إذ وَرَدَ ذكر سدوم وعمورة معًا في الْكِتَاب الْمُقَدَّس حوالي ١٥، بينما وَرَدَ ذكر وآدمة وصبوييم في تَكْوِين ١٠: ١٩، ١٤: ٢، ٨، وتَثْنِيَة ٢٩: ٢٣، وهوشع ١١: ٨. وانقلبت هذه المُدُن الأربع حينما أرسل الرّب عليها نارًا وكبريتًا (تَكْوِين ١٩). لاشع[٩٢] تقع أَيْضًا في محيط البحر الميّت على الجانب الشّرقيّ، وَهِيَ تشتهر بحماماتها الكبريتيّة.

## نسل سام (١٠: ٢١- ٣١)

וּלְשֵׁם יֻלַּד גַּם־הוּא אֲבִי כָּל־בְּנֵי־עֵבֶר אֲחִי יֶפֶת הַגָּדוֹל׃ בְּנֵי שֵׁם עֵילָם
וְאַשּׁוּר וְאַרְפַּכְשַׁד וְלוּד וַאֲרָם׃

ولسام وُلِد أَيْضًا. هُوَ أبو كُلّ بني عابر وأخو يافث الأكبر. بنو سام عيلام وأشّور وأرفكْشاد ولود وأرام.

**عابر עֵבֶר**[٩٣] رغم أنَّ عَابر هُوَ الجيل الرّابع من سام، إلا أَنَّه أخذ اهتمامًا ومكانة كبيرة في سلسلة نسب سام. رُبَّما يكون السّبب في ذلِكَ هُوَ أنَّ نسل عابر جَاءَ إلى إِسْرَائِيل. وارتبطت شعوب أُخْرَى كثيرة بتاريخ إِسْرَائِيل كله. فمن عابر خرجت قبيلتان، فالج ويقطان. ومن فالج جَاءَ إِبْراهِيم، أبو الأُمة الإسْرَائِيليّة. فإبْراهِيم دعي «أَبْرَامَ الْعِبْرَانِيِّ» (تَكْوِين ١٤: ١٣)، والكلمة الْعِبْرِيّة للشخص العبرانيّ هِيَ עבר عبر، ويبدو

٩١. ظباء، مكان موحش، فقس الحيات، أيائل، ماعز، جميل
٩٢. انفجار، شق، يشق، صدع، حكيم
٩٣. عبر، صوّب، خلف الجانب الآخر، معبر

أَنَّهـا مشـتقة مـن الاسـم «عابـر» والـتي تتكـوَّن مـن نفـس حـروف الْكَلِمـة عـبر، لكـن بعلامـات نُطـق مُخْتَلِفـة. وتربـط هـذه الحقيقـة عابـرًا بإِبْراهِيـم وبالشّـعب العـبرانيّ. كمـا أنَّ عابـرًا هُـوَ اسـم منطقـة أور الكلدانيّـين وحـاران وفـدان أرام، وهـذه الأماكـن هِيَ الموطـن الأصـليّ لإبراهيـم قبـل أن يدعـوه الـرّب إلى الخُـروج إلى أرض كنعـان.

**أخـو يافِـث الأكـبّر אֲחִי יֶפֶת הַגָּדוֹל** فسـام هُـوَ الْأَوَّل والأكـبر، ثُـمَّ يـأتي بعـده يافـث. والأصغـر هُـوَ حـام (تَكْوِيـن ٩: ٢٤).

**عيـلام עֵילָם**[٩٤] العيلاميّـون هُـمْ سُـكان جنـوب غـرب إيـران وحـتى بحـر قزويـن حـتى شرق بابـل وشـمال شرق الخليـج الفـارسيّ (مـا يعـرف الْيَـوْم بإيـران). كانـت عيـلام أيـام إِبْراهِيـم مدينـة كبـيرة، يَقُـولُ سِـفْر التَكْوِيـن إنَّ «كَـدَرْلَعَوْمَـرَ مَلِـكِ عِيـلاَمَ» كان قائـد الأربعـة ملـوك الّذيـن أخضعـوا الملـوك الخمسـة في كنعـان (تَكْوِيـن ١٤: ١- ٢). وتُعَـدُّ شوشـن القـصر هِيَ العاصمـة الْقَدِيمـة لعيـلام (أسـتير ١: ٢- ٣).

**أشّـور אַשּׁוּר**[٩٥] وهُـمْ الأشـوريّون الّذيـن سـكنوا في أشـور، شرق نهـر دجلـة ثُـمَّ انتـشروا بعـد ذلِـكَ في اتجـاه آسـيا الصّغـرى.

**أرفَكْشـاد אַרְפַּכְשַׁד**[٩٦] هُـمْ سُـكان شـمال أشـور. وتربـط الكتابـات الْيَهُوديّـة الّـتي تعـود إلى فـترة مـا بعـد السّـبي أرفكشـاد بالكلدانيّـين.[٩٧]

**لـود לוּד**[٩٨] هُـمْ اللوديّـون (تَكْوِيـن ١٠: ١٣)، وربَّمـا يُشِـيرُ إلى لوديـا، الإقليـم الواقـع في غـرب آسـيا الصُّغـرى.

---

٩٤. شاب، سرمدي، أطول مدة، مختفي، مرتفعات، فتى، أبديّة، مخفي
٩٥. انظر تكوين ٢: ١٤.
٩٦. انتشار عظيم، يتعافى، يشفي
97. Hamilton, *Genesis 1- 17*, 344.
٩٨. شعلة، معاناة، نزاع، ولادة، ملتوٍ

**أرام ארם**[٩٩] وهو الجد الأعلى للأراميّين في سوريّة وما بَيْن النّهرين. وارتبط الآباء إِبْراهِيم وإسحاق ويَعْقُوب بعلاقات قويّة بهم في فدان أرام (تَكْوِين ٢٥: ٢٠، ٢٨: ٥، ٣١: ١٨، ٢٠: ٢٤). وَيُؤَكِّد سِفْر التَّثْنِيَة أنَّ العبرانيّين انحدروا من أرام «أراميًّا تائهًا كان أبي فانحدر إلى مصر» (٢٦: ٥).

**بنو أرام (١٠: ٢٣)**

وبنو أرام عوص وحُول وجاتِر وماش.

**عُوص עוץ**[١٠٠] هُوَ وحده المعروف من بَيْنَ الأربعة أبناء لأرام. وفي أخبار الأيام الْأَوَّل ١: ١٧ يُعَدُّ عُوص وإخوته الثّلاثة «حول وجاتر وماش» أبناء سام. وعُوص في الغالب أكبر قبيلة آراميّة، وقد ذكر مرتبطًا بأرام في سلسلة نسب ناحور أخي إِبْراهِيم (تَكْوِين ٢٢: ٢١). وهنا يُشِيرُ الاسم «عوص» إلى قبيلة ومكان يقع في الشّرق، وهو المكان الّذي عاش فيه أيوب (أيوب ١: ١، ٣). يَقُولُ سارنا Sarna أَنَّه تُوجد منطقتان باسم عوص - واحدة في حاران والأخرى في أدوم، شمال العربيّة. وهذه الأخيرة هِيَ الّتي عاش فيها أيوب (تَكْوِين ٣٦: ٢٥، و أيوب ١: ٢).[١٠١]

---

٩٩. مُمَجّد، أرض أرض مرتفعة، رفعة، كبرياء، عالٍ

١٠٠. حزم، مشورة، خصب، مربوط، ثابت

101. Sarna, *Genesis*, 74.

**حُــول**[١٠٢] وجاتِــر[١٠٣] و**مــاش**[١٠٤] رغـم أَنَّـه يصعـب تحديـد حـول وجاتـر الْيـوْم، إلا أنَّ يوسـيفوس المُـؤرِّخ الْيَهُـوديّ يَقُـولُ إنَّ «حـول» تقـع في إقليـم أرمينيـا. وأمَّـا «جاتـر» فـهي قبائـل ثمـود وعاد. و«**مـاش**» هِيَ في أغلـب الظّـن جبـال لبنـان، حَيْـثُ تسـمى «ماشـو أو ماشـك» في ملحمـة جلجاميـش.[١٠٥]

## بنو عابر (١٠: ٢٤- ٢٥)

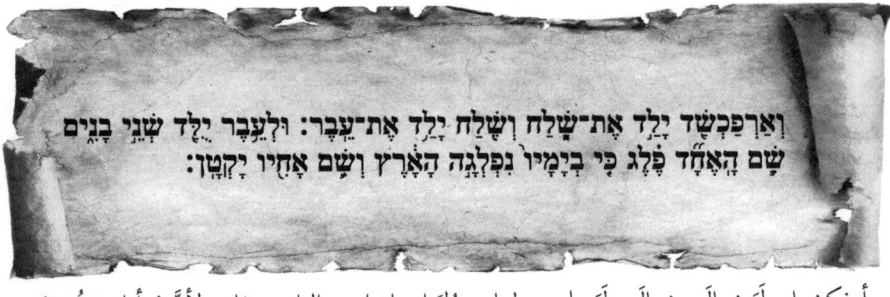

وأرفكشـاد ولَدَ شـالَح وشـالَح ولَدَ عابـر. ولعابـر وُلِدَ ابنـانِ اسـم الواحـدِ فِلِـج لأنَّ في أيامـهِ قُسِـمَت الأرض. واسـمُ أخيـهِ يقطـانُ.*

* صغير، يصغُر، نزاع صغير، جدال، وقوف...وهو قحطان ابو العرب

**شـالَح שֶׁלַח** شـيلة[١٠٦] ذُكـر الاسـم شـالح ضِمـن عشـائر يَهُـوذا (تَكْوِيـن ٣٨: ٥، ١١، ١٤، ٢٦، ٤٦: ١٢، وأخبـار الأيـام الْأَوَّل ٢: ٣، ٤: ٢١-٢٣). ولدَ لعابـر ابنـان اسـم الواحـدِ فِلِـج والآخـر يقطـانُ (١٠: ٢٥). **فِلِـج פֶּלֶג**[١٠٧] يعـني مجرى مـاء أو انشـقاقًا. وفي أيـام فالـج قُسِّـمت الأرض. وهنـا نجـد تلاعُبـاً بالكلمـات. فالكلمـة الْعِبْرِيّـة فالـج פֶּלֶג، أصـل الْفِعْـل «قُسـمت» נִפְלְגָה نفلجـه، لكـن السّـؤال هُـوَ كيـف قُسـمت الأرض؟ قـد يكـون فعـل التقسـيم حـدث بواسـطة زلزال

---

١٠٢. دائرة، دورة، متألم، وجع
١٠٣. جاسوس متكبر، وادي التجربة، وادي التفتيش، خوف، رواسب، تفل، تراب يخالطه سبخ أو أو حجارة
١٠٤. غادَرَ، رَحَل، تلمّس طريقه، انتزاع، مطروح، يغرق

105. Matthew, *Genesis 1- 11, 462.*

١٠٦. سلام، طلب، بُرغُم، نبتة
١٠٧. انقسام، قسمة، انفصال، قطع، انشقاق، مجرى

قـويّ ضرب الأرض فتسـبَّبَ في تقسـيمها. ويـرى باحثـون كثـيرون أنَّ هـذا يُشِـيرُ إلى الانجـراف القـاريّ، حيْـثُ انقسـمت الأرض لتُشـكِّل قـارات مُتعـدِّدة بعـد أن كانـت هـذه القـارات كتلـة واحـدة. وإذا عددنـا الأرض تُشِـيرُ إلى «الأرض» land، يكـون تقسـيم الأرض قـد حـدث بسـبب زلـزال أو شـئ آخـر، أَمَّـا إذا عددنـا أنَّ الأرض تُشِـيرُ إلى النّـاس، فهـذا التقسـيم يُشِـيرُ إلى الانفصـال بَـيْنَ فالـج ونسـله مـن جهـة ويقطـان ونسـله مـن جهـة ثانيـة.

**يقطـانُ יָקְטָן** [١٠٨] **هُـوَ** أبـو كُلِّ القبائـل العربيّـة الأَوَّل، ويدعـوه العـرب «قحطـان». وخـرج مـن يقطـان ١٣ اسـمًا صـاروا، فيمـا بعـد، قبائـل وشـعوب عربيّـة بعضهـا موجـود وبعضهـم الآخـر اندثـر.

---

١٠٨. صغير، يصغُر، نزاع صغير، جدال، وقوف...وهو قحطان ابو العرب

## بنو يقطان (١٠: ٢٧ – ٣٠)

ويقطـان ولَد إلمـوداد وشـالِف وحضَرْمَـوِت ويـارَح.* وهـدورام وأوزال ودِقْلَـه وعوبـال وابيمايـل وشـبا وأوفـير وحويلـة ويوبـاب.** كُلّ هـؤلاءِ بنـو يقطـان. وكان مسـكِنُهُم مـن ميشـا مـرورا بسِـفارا إلى جبل المشرقِ.***

* إلموداد: المشـاغب، لا يُقـاس، قيـاس الله، هائـل، الله صديـق. شـالِف: ممـدود، يسـحبه خارجًـا، يقتلـع، يسـتخرج، حـرث الأرض. حضَرْمَـوت: حظـيرة الْمَـوْت، قريَـة الْمَـوْت، سـاحة الْمَـوْت، دار الْمَـوْت، المَـوْت كان قريبـا، قـصر الْمَـوْت. يـارَح: قمـر، شـهر، رائحـة طيبـة.

** هـدورام: كرامتهـم، جمالهـم، قوتهـم، سـامٍ. أوزال: تائـه، تقـدُّم مسـتمر، منفصـل، منعـزل. دِقْلَـه: نخلـة، مـكان النّخيـل، تضـاؤله، صغـره. عوبـال: عار، ممتلـئ تشـويش، سـمين جـدا، شـيخوخة، تدفـق، منطقـة مكشـوفة. ابيمايـل: أبي مـن الله، أب مرسـل مـن الله، الله أب. شـبا: انظـر تكويـن ١٠: ٧. أوفـير: سـمين، بدانـة، غـني، تحـول إلى رمـاد، إقليـم مثمـر، وفـرة، رمـاد. حويلـة: انظـر تكويـن ٢: ١١، ١٢وتكويـن ١٠: ٧. يوبـاب: صراخ، يسـبِّب البـكاء.

*** ميشـا: على الحـدود الجنوبيّـة للجزيـرة العربيّـة وتعـني حريّـة، تحريـر، مـلاذ، خـلاص، رحيـل، ارتحـال، يُنـسى، يُسَّـوي، ميـاه الدّمـار. بسِـفارا: التخـم الـشّرقي لمسـاكن العـرب وتعـني تعـداد، احصـاء السّـكان، بـارز، واضـح.

**المـوداد**، رُبَّمـا يكـون الاسـم مرتبطًـا بالكلمـة الْعِبْرِيّـة «دود» أو «مـوداد» بمعـنى المحبـوب، بينمـا يـرى بعضهـم أنَّ الاسـم يعـني «الله صديـق» في أغلـب الظّـن. والمـوداد قبيلـة تقـع جنـوب اليمـن. **شـالف** وَهِيَ قبيلـة يمنيّـة تقـع بَـيْنَ شـيبة وحضرمـوت قُـرب عُمـان. **حضرمـوت** كانـت مملكـة عظيمـة ذكـر اسـمها في النّقـوش الْقَدِيمـة، وتقـع في الجنـوب الـشّرقي لليمـن. **يـارح** لـم تذكـر في أخبـار الأيـام الْأَوَّل (١: ٢٠-٢٤)، إلا أَنَّهـا في الغالـب تقـع في اليمـن. **هـدورام** وَهِيَ قبيلـة عربيّـة اشـتهرت بتجـارة التوابـل ولاسـيما القِرفـة. **أوزال هُـوَ** الاسـم الْقَدِيـم لمدينـة صنعـاء في اليمـن. **دقلـة** هـذا اسـم يُشِـيرُ إلى واحـات،

ويعني شجرة البلح. يَقُولُ سارفاتي Sarfati، إنَّ دقلة قد تُشِيرُ إلى شمال منطقة الحجاز على حدود البحر الأحمر.[١٠٩] **عوبال** وهو اسم معروف في اليمن قُرب حضرموت. **أبيمايل** وهو غالبًا في اليمن أَيْضًا. **شبا** وعاصمتها سبا، وَهِيَ مملكة جنوب العربيّة. وقد وَرَدَ ذكرها في الكتابات الأشوريّة، واشتهرت في فترة حكم الملك سليمان. **أوفير** هُوَ أخو حويلة مَصْدَر الذّهب النّقي (١٠: ١١-١٢). ولأنَّ الذّهب كان يُحمل منها بالسّفن، فأغلب الظّن أَنَّها تقع في جنوب العربيّة وعلى حدود البحر الأحمر. **الحويلة** (انظر تَكْوِين ١٠: ١١-١٢). يوبال تقع في جنوب العربيّة.

كما قَدَّمَ لنا الْكَاتِب حدود الكنعانيّين في ١٠: ١٩، كذلِكَ يُقَدِّم لنا هُنَا حدود مسكن يقطان وأبنائه الثّلاثة عشر. إذ كان مسكن هؤلاء كُلّهم من **ميشا** في الشّمال العربيّ مرورًا **بسيفار**. ورُبَّما تكون زفور Zafor ميناء يقع في حضرموت جنوب شرق اليمن، إلى جبل جبل المشرق.

يُمثّل عدد ٣١ خاتمة وملخصًا لبني سام. فمع نِهَايَة نسل كُلّ ابن من أبناء نُوح الثّلاثة، يُقدِّم الْكَاتِب مُلخصًا. فبعد نسل يافث نجد ملخصًا في الآيَة ٥. وبعد نسل حام نجد ملخصًا في الآيَة ٢٠. وهنا أضع هُنَا هذه الآيات الثّلاث بصُورَة مُتوازيّة حتى يتسنّى لنا معرفة التشابه والفوارق بينها.

«مِنْ هؤُلاَءِ تَفَرَّقَتْ جَزَائِرُ الأمم بِأَرَاضِيهِمْ، كُلّ إِنْسَان كَلِسَانِهِ حَسَبَ قَبَائِلِهِمْ بِأممِهِمْ» (١٠: ٥).

«هؤُلاَءِ بَنُو حَامٍ حَسَبَ قَبَائِلِهِمْ كَألسنَتِهِمْ بِأَرَاضِيهِمْ وَأممِهِمْ» (١٠: ٢٠).

«هؤُلاَءِ بَنُو سَامٍ بقَبَائِلِهِمْ كَألسنَتِهِمْ بِأَرَاضِيهِمْ حَسَب وأممِهِمْ» (١٠: ٣١).

109. Jonathan D. Sarfati, *The Genesis Account*, 654.

## الخاتمة (١٠: ٣٢)

אֵלֶּה מִשְׁפְּחֹת בְּנֵי־נֹחַ לְתוֹלְדֹתָם בְּגוֹיֵהֶם וּמֵאֵלֶּה נִפְרְדוּ הַגּוֹיִם בָּאָרֶץ אַחַר הַמַּבּוּל׃

هـؤُلاَءِ قَبَائِـلُ بَـنِي نُـوح حَسَـبَ مَوَالِيدِهِـمْ بِأُمَمِهِـمْ. وَمِـنْ هـؤُلاَءِ تَفَرَّقَـتِ الأمـم فِي الأَرض بَعْـدَ الطُّوفَـان.

وبهـذه الكلمات يختـم الْكَاتِـب القائمـةَ الطّويلـة للأمم والألسـنة والأراضي والقبائـل. ومـع أَنَّهـا كلمـات ختاميّـة قليلـة إلا أَنَّهـا لخَّصـت كُلّ الأصحـاح. فمـن النّاحيّـة الجُغرافيّـة، تُغطـي القائِمـة قـارات الْعَالَـم وأطـراف الأرض الأربعـة. فمـن الـشّرق حَيْـثُ الخليـج الفـارسيّ (العـربيّ)، وحـتى الجنـوب حَيْـثُ إثيوبيـا «كـوش» ومـروراً بالجزيـرة العربيّـة وأرض كنعـان ومـصر وليبيـا وحـتى آسـيا الصّغـري وأوروبـا ووصـولاً إلى روسـيا. ولا يُوجَـد لهـذه القائمـة مثيـل في كُلّ الكتابـات الْقَدِيمـة. فالْكِتَـاب الْمُقـدَّس وحـده هُـوَ الذّى يحتـوي على قائِمـة كامِلـة ومُتكامِلـة ومُفصَّلـة بالشّـعوب والأمـم والألسـنة. ومـن النّاحيّـة اللاهوتيّـة، هـذه القائِمـة مُهِمـة جـدًا لأَنَّهـا تُؤكِّـد أَنَّ الـرّب «يهوه» هُـوَ سـيد كُلّ الشّـعوب والألسـنة. نعـم يُوجَـد إِله واحـد خَالِـق الـكُلّ وهـو مسـؤول عـن الـكُلّ. هُـوَ مصـدر كُلّ الْعَالَـم ومنشـؤه ومعضـده وحاكِمـه بـكُلّ مـا فيـه. كمـا أَنَّـه يُؤْكِّـد أَنَّ إِسْرَائِيـل كشـعب لا يمتـاز عـن أيّ شـعب آخـر. فالـكُلُّ في القيمـة متسـاوون أمـام الله. فالأصحـاح يُؤْكِّـد وحـدة الإِنْسَـانيّة وَأَنَّـه لا يُوجَـد شـعب أسـمى مـن شـعب آخـر ولا جنـس أسـمى مـن جنـس آخـر، فالـكُلُّ متسـاوون أمـام الله. ومصـدر قيمـة الإِنْسَـان هُـوَ أنَّـه

مخلوق على صُورَة الله وشبهه وليس لأنَّه ينتمي إلى شعب أو جنس مُعيَّن أو لُغة مُعيَّنة. فكما قَالَ الرَّسُول بولس، فإنَّ الله «صَنَعَ مِنْ دَمٍ وَاحِدٍ كُلّ أُمَّةٍ مِنَ النَّاسِ يَسْكُنُونَ عَلَى كُلّ وَجْه الأرض، وَحَتَمَ بِالأَوْقَاتِ الْمُعَيَّنَةِ وَبِحُدُودِ مَسْكَنِهِمْ» (أَعْمَال الرُّسُل ١٧: ٢٦).

وتُؤكِّد العبارة الأخيرة «**بَعْدَ الطُّوفان אַחַר הַמַּבּוּל**»، تاريخيّة الحدث وتُوثِّقه. فهذه الأجناس والأمم والقبائل تفرَّقت بعد الطُّوفان. وهذا الحدث التاريخيّ الّذي دمَّرَ كُلّ الأرض ولم ينجُ من البشر إلا ثماني أنفس استخدمهم الله كنواة جديدة ليملأ بهم الأرض. فمن أبناء نُوح الثّلاثة خرجت كُلّ الأمم والشّعوب. وكأنَّ الْكَاتِب كان يعلم أَنَّه سيأتي وقت يَشُكُّ فيه المتشكّكون في تاريخيّة الأحداث، فيقوم هُوَ بتوثيقها تاريخيًا ويَقُولُ لنا «بعد الطُّوفان».

## الْأصحاح الحادي عشر

# بَدء الْأُمّة الْعِبْريّة

تُعَدُّ حادثة برج بابل (١١: ١- ٩) آخر حادثة وآخر دينونة إلهيّة عظيمة يُسجِّلها الْوَحْي الإلهيّ في القِسم الْأَوَّل من سِفْر التَكْوِين والمُتعلِّق بالتاريخ البدائي Primeval History (١ -١١)، لكنها في نفس الوقت تُعَدُّ تمهيدًا لتقديم إِبْراهِيم الّذي جاء من نَسْل سام (١١: ١٠-٢٦). فها هُوَ الإِنْسَان الّذي تتّصف حياته منذ بدايتها بالتمرُّد على الله والرّغبة الجامحة في الاستقلال عن الخَالِق، مَصْدَر الحياة، يستمرُّ في تمرُّدِه، هذا التمرُّد الّذي بدأ في جنة عدن بالتعدّي على وصيّة الله (تَكْوِين ٣)، ووصل إلى قِمّتِه قبل الطُّوفان عندما كَثر شر الإِنْسَان في الأرض وأصبح كُلّ تصوُّر أفكار قلبه هُوَ شرير كُلّ يَوْم (٦: ٥). وبسبب هذا الفساد، فساد الإِنْسَان وفساد الأرض، أتى غضب الله ودينونته بالطُّوفان (تَكْوِين ٦: ٨). لكن يبدو أنَّ الإِنْسَان سريع النّسيان ولا يتعلَّم من التاريخ شيئًا. فها هُوَ بعد الطُّوفان بمئات السّنين يتمرّد ثانية على الله. لقد دمَّرَ الطُّوفان كُلَّ البشريّة، لكنه لم يُدمِّر طبيعة الإِنْسَان الشّريرة ولم يُغيِّر من قلْبِ الإِنْسَان للأفضل.

فعندما تُعطَى الفُرْصةُ للإنْسَان، تجذبه الطّبيعةُ الخاطئة إلى الانفصال عن الله والتمرُّد عليه. ويُشبه الأصحاح الحادِي عشر إلى حَدٍّ ما الأصحاح السّادِس من سِفْر التَكْوِين، حَيْثُ يبدأ كلاهما بتمرُّد ضِد سلطان الله وسيادته. يَقُولُ ستراسنر Strassner «إنَّ قِصّة برج بابل تُعَدُّ أتعس القصص وأشهرها؛ فهي أتعس قِصّة لأنَّها تُصوِّر لنا تمرُّد الإنْسَان، وَهِيَ أشهر قِصّة لأنَّ منها خرجت الثّقافات واللغات المُخْتَلِفَة.»[1]

من الجدير بالذّكر أَيْضًا أنَّ قِصّة بناء البرج ذُكرت قبل اختيار الآباء (إِبْراهِيم وإسحاق ويَعْقُوب) وكأنَّ الْكَاتِب يُريد أن يُؤْكِّد حقيقة مُهمّة، وَهِيَ أنَّ حالة البشريّة قبل حدوث الطُّوفان لا تختلف كثيرًا عن حالة البشريّة بعده؛ فالكُلّ خُطاة. لم يُغير الطُّوفان أو يُصلح شيئًا من حالة قلب الإنْسَان. ولهذا يُبرز الْكَاتِب خطة الله لفداء الإنْسَان وخلاصه من خلال عَهْد الله مع الآباء. فمن نسل إِبْراهِيم سوف يأتي المسيّا الّذي، بعمله، يفدي ويُحرِّر الإنْسَان من الخطيّة والمَوْت.

يُؤْكِّد ماثيو Mathews أنَّ تَكْوِين ١١: ١- ٩ يُعَدُّ صدىً لِكُلّ ما سُجِّلَ في الفصْول من ١-١٠. ولهذا من الضّروري جِدًّا أن ننظر إلى حادثة بناء البرج من خلال خلفيّة الأحداث السّابقة بجملتها.[2] فمن يقرأ بتمعُّن حادثة بناء البرج يُمكنه بسهولة أن يدرك أنَّ هذا النّص من تَكْوِين ١١: ١-٩ يرتبط بالفصْول الأُولى من سِفْر التَكْوِين من ناحيّة اللغة والمفردات والموضوع. فالكلمات «الأرض» و«السّماوات» و«واحد» و«كُلّ الأرض» ذُكرتْ في تَكْوِين ١ وتَكْوِين ١١: ١- ٩. كما نجد فِكْرَة تكاثر الإنْسَان والتي هِيَ تحقيق لبركة الله للإنْسَان (تَكْوِين ١: ٢٦-٢٨)، وتأتي

1. Strassner, Kurt. *Opening Up: Genesis.* (England: Day One Publication, 2009), 52.
2. Mathews, *Genesis 1-1126, 466–467.*

الإشـارة إلى الله بصِيغـة الجَمْـع «نصنـع الإنْسَـان ...» (١: ٢٦) و «هَلُـم نـنزل» (١١: ٧). تُعَـدُّ قِصّـة بِنـاء الـبُرج انعكاسًـا لقصـة قَايِـين في تَكْوِيـن ٤. فـفي الحادثتَـيْن نجـد الرّغبـة في الهجـرة وبنـاء المـدن (٤ :١٢-١٨). فقَايِـين ذهـب وخـرج وأقـام شرقًـا في أرض نـود، رمز لحياة الإنْسَـان بعيـدًا عـن الله (٤: ١٦). وفي تَكْوِيـن ١١ يُخبرنـا الْكِتَـاب الْمُقـدَّس أنَّ النّـاس ارتحلـوا شرقًـا وأقامـوا بالقُـرْب مـن أرض شـنعار (١١: ١). وفي حالـة قَايـين والشّـعب في تَكْوِيـن ١١، شـكّلت المدينتـان حالـة مـن التمـرُّد ومُقاومـة لله. اتّسـمتا بالتقـدُّم الصّنـاعيّ والفـنيّ والعلـميّ، مـا دفـع الإنْسَـان إلى التكـبُّر ومحاولـة الانفصـال عـن الله. وتُعَـدُّ رِوايَـة بـرج بابـل تفسـيرًا للأصحـاح العـاشِر الّذي رأينـا فيـه سِـجِّلًا لأمـم وقبائـل وشـعوب ولغـات. فَهُـوَ يُفـسِّر لنـا سِر وجـود اللغـات المُخْتَلِفـة للأمـم الّـتي تفرّقـت وتبـدّدت على كُلّ وَجْـه الأرض. وسـبب اللغـات المُخْتَلِفـة هُـوَ خطيّـة الإنْسَـان وتكـبُّره وتمـرُّدِه ضِـد الله.

ويُؤْكِّـد هاملتـون Hamilton براعـة الأسـلوب الأدبيّ في سِـفْر التَكْوِين وكيف أنَّ نـص تَكْوِيـن ٥: ١١ بُـنِيَ حَـوْل الأحـداث المُحاطـة بالأنسـاب والمواليـد. فبَيْن مواليـد أبنـاء نُـوح في تَكْوِيـن ٥: ٣٢-٦: ١٠ تـأتي رِوايَة «أبنـاء الله وبنـات النّاس»، وبـين مواليـد أبنـاء نُـوح في تَكْوِيـن ٦: ٩ - ٩: ١٩ تـأتي رِوايَـة «الطُّوفـان»، وبـين مواليـد سـام في تَكْوِيـن ١٠: ٢١ - ١١: ٣٢ تـأتي رِوايَـة «بـرج بابـل».[3]

| مواليد | | رواية | | مواليد | |
|---|---|---|---|---|---|
| أبناء نوح | ٥: ٣٢ | أبناء الله | ٦: ١-٨ | أبناء نوح | ٦: ١٨-١٩ |
| أبناء نوح | ٦: ٩-١٠ | الطوفان | ٦: ١١-٩: ١٧ | أبناء نوح | ٩: ١٨-١٩ |
| سام | ١٠: ٢١-٣١ | برج بابل | ١١: ١-٩ | سام | ١١: ١٠-٣٢ |

3. Hamilton, *Genesis 1 – 17*, 350.

براعة الأُسلوب هذه أمر لا يُظهره التقسيم العام للمواليد والأحداث الْمُهّمة فقط، بل أَيْضًا وضوح كُلّ رِوايَة على حِدَة. وهذا هُوَ ما نراه في الأسلوب الأدبيّ لروايّة برج بابل، حَيْثُ البراعة والتنظيم. فنجد أنَّ أَوَّل فِكْرَة توازي الفِكْرَة الأخيرة، وأنَّ الفكرة الثّانية تنسجم مع الفكرة قبل الأخيرة، وهكذا حتى تأتي الفكرة المركزيّة والمحوريّة في الرّواية كلها. ويعرف هذا الأسلوب الأدبيّ باسم التوازي التّصالبيّ أو Chiastic structure

**التوازي التصالبي في رواية "برج بابل"**

| | |
|---|---|
| ١ | وكانت الأرض كلّها لسانًا واحدًا ↑ |
| ٢ | سكنوا مع بعضهم في شنعار. ↑ |
| ٣ | وقال بعضهم لبعض ↑ |
| ٤ | هلم نصنع لِبْنًا ونشويه شيًا ↑ |
| ٥ | مدينة وبُرجًا ↑ |
| ٦ | فنزل الرّب لينظر ← |
| ٥ | المدينة والبرج ↓ |
| ٤ | هلم ننزل ونبلبل هُناك ألسنتهم ↓ |
| ٣ | حتى لا يسمع بعضهم لسان بعض ↓ |
| ٢ | فبدّدهم الرّب ↓ |
| ١ | بلبل ألسنة كلّ الأرض ↓ |

نرى في هذا الرّسم التوضيحيّ للرواية أنَّ الفكرة الأساسيّة هِيَ "نزول الله". فالرّواية تبدأ بوصف لحالة الأرض والإنْسَان "وكانت الأرض كُلّها لسانًا واحدًا..."، وتنتهي بأنَّ الله "بلبل لسان الأرض". والنّقطة الثّانية الّتي نراها هِيَ أنَّ النّاس سكنوا جميعًا معًا في شنعار، وتنتهي بأَنَّ الرّب بدّدهم على وَجْه

كُلّ الأرض. ثُـمَّ نـرى عبـارة «فقـال بعضهـم لبعـض» تقابلهـا عبـارة «لا يسـمع بعضهـم لسـان بعـض» وقولهـم لبعـض «هلـم نصنـع لبنًـا ونشـويه شـيّاً»، ويقابلـه قـول الـرّب «هلـم نـنزل ونبلبـل هُنَـاك ألسـنتهم». وتقابـل عبـارة «المدينـة والـبرج» عبـارة «المدينـة والـبرج». أَمَّـا مركـز الرّوايّـة وقلبهـا فَهُـوَ تدخّـل الله ليديـن الإنْسَـان بسـبب كبريائـه الّـتي تدفعـه إلى السّـعي للاسـتقلال والثّقـة بالأمـور الأرضيّـة عوضًـا عـن الثّقـة بشـخص الله.

يـرى بـروس ولـكي Waltke أنَّ رِوايَـة بنـاء الـبرج أَيْضًـا يمكـن أن تنقسـم إلى قسـميْن أساسـيّيْن وهُمـا كلمـات النّـاس (١١: ١-٤) وكلمـات الله (١١: ٥-٩).

| كلمات النّاس (١١: ١– ٤) | | كلمات الله (١١: ٥ – ٩) | |
|---|---|---|---|
| ١ | ↓ لسان واحد ولغة واحدة | ١ | ↓ شعب واحد ولسان واحد |
| ٢ | ↓ «هلُم» | ٢ | ↓ «هلُم» |
| ٣ | ↓ نبني لأنفسنا مدينة وبُرجًا | ٣ | ↓ يُمتنع عليهم كُلّ ما ينوون أن يعملوه |
| ٤ | ↓ «نصنع لأنفسنا اسمًا» | ٤ | ↓ دُعي اسمها «بابل» |
| ٥ | ↓ لئلا نتبدّد على وَجْه الأرض | ٥ | ↓ بدّدهم الرّبّ على وَجْه كُلّ الأرض |

يَقُـولُ ولـكي Waltke إنَّ هـذا التقسـيم يُظهِـر صراع الإنْسَـان ضِـد الله ويقابلـه عمـل الله تجـاه الإنْسَـان المتمـرِّد. ولهـذا نجـد كلمـات الإنْسَـان

يُقابلها كلمات الله. فنتيجة خطيّة الإنْسَان هِيَ حدوث البلبلة وتشتُّت الإنْسَان على وَجْه كُلّ الأرض.[4] من النّاحيّة اللاهوتيّة، يُمثِّلُ بناء بُرج بابل مظهرًا من مظاهر كبرياء الإنْسَان وتمرُّده ضِد الله والّذي بسببه تدخّل الرّب بقضاء ليمنع البناء وليشتت الإنْسَان على وَجْه كُلّ الأرض. وهذا العمل الإلهي هو دينونة وحَجْزِ للشر في نفس الوقت. فالله منع الإنْسَان من أن يذهب بعيدًا وراء كبريائه وعجرفته. فمع أنَّ تشتُّت الإنْسَان على وَجْه كُلّ الأرض يُظهِر رحمة الله وأمانته في تحقيق البركة الّتي وعد بها آدَم «أثمروا وأكثروا» ومن بعده نُوحا وأبناءه الثّلاثة (تَكْوِين ١٠). غير أنَّ التشتيت يُظهِر في نفس الوقت غَضبَ الله وعدم رضاه على الحالة الّتي وصل إليها فكر الإنْسَان الشّرير وقلبه (تَكْوِين ١١).

**التمرد (١١: ١- ٤)**

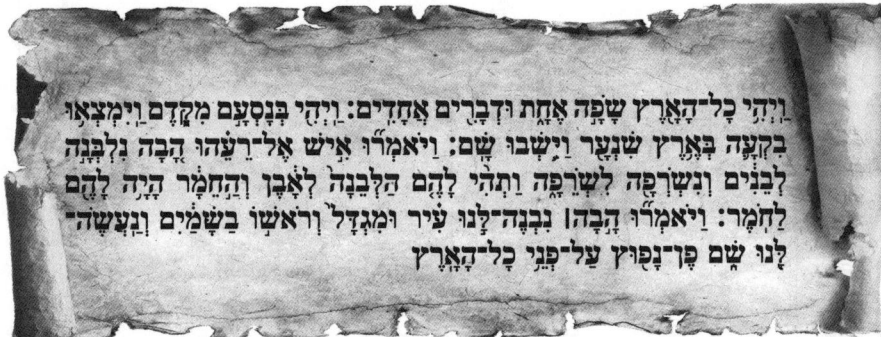

وكانت كُلّ الأرض شَفَةً واحدةً وكلماتٍ واحدةً. وكان في ارتحالِهم من المشرقِ أنَّهُم وجدوا بقعةً في أرض شنعارَ وأقاموا هناكَ. وقالوا كُلّ رجلٍ لقريبِه «هَلُمَّ نَصْنَعُ لِبْنًا وَنَشْوِيهِ شَيًّا»، فكان لهُم اللِّبْنُ حجرًا والحُمَرُ كان لهم من الطّين. وقالوا «هلم نبني لنا مدينةً وبرجًا ورأسه في السّماوات، ونصنعُ لنا اسمًا لئلاّ نتبدّد على وَجْه كُلّ الأرض»

4. Waltke, *Genesis,* 176.

**شَفَةً واحدةً وكلماتٍ واحدةً שָׂפָה אֶחָת וּדְבָרִים אֲחָדִים**، تُؤكّد هذه العبارة أنَّ كُلّ النّاس كانوا يتكلّمون لُغةً واحدة ولهجةً واحدة (١١: ٧، و مزمور ٨١: ٥، و إشعياء ١٩: ١٨).[٥] وهذا بطبيعة الحال أمر مُمكن في ضَوْء الأصحاح العاشِر الّذي يُؤكّد أنَّ كُلّ القبائل والأمم جاءوا من أبٍ واحد هُوَ نُوح، كما أنَّ وحدة اللغة تنبع من وحدة انحدارها في الأصل من أبويْن أولَيْن هما «آدَم وحَوَّاء» (تَكْوِين ٢: ٢٢).

**ارتحالِهِم בְּנָסְעָם** فمع أنَّ التركيز في هذه الآية على السّكنى الدّائمة، إلا أنَّ الْكَاتِب أراد أن يظهر حالة عدم الاستقرار الّتي دفعتهم إلى بناء مدينة وبرج (١١: ٨). فهذا الأصحاح كُلّه يبدأ وينتهي بأناس ارتحلوا من مكان إلى مكان آخر ليسكنوا فيه (١١: ٢، ٣١). وفي الحالتَيْن استخدمت نفس الْكَلِمة וַיֵּשְׁבוּ «أقاموا». كان الدّافع وراء ترحال المجموعة الأُولى وإقامتهم أنانيًّا «نصنع لنا اسمًا»، وهو نَوْع من التمرُّد على الله. أَمَّا في ما يتعلّق بالمجموعة الثّانية، «تارح وأسرته»، فإنَّ الله هُوَ الّذي صنع لإبْراهِيم اسمًا عظيمًا. **من المشرقِ** يُمثِّلُ الارتحال من المشرق أو الشّرق الانفصال في سِفْر التَّكْوِين.[٦] فبعد السُّقوط طرد الإنْسَان وأقام شرقي جنة عدن (٣: ٢٤)، وسكن قايين في أرض نُود شرقي عدن، وكان مسكن نسل سام جبل المشرق (١٠: ٣٠). إذ يَقُولُ الْكِتَاب إنَّهم ارتحلوا شرقًا (١١: ٢).

**شنعارَ שִׁנְעָר** أيّ أرض ما بَيْنَ النّهريْن، وسُميّت قديمًا سومر Sumer، ثُمَّ أكاد وبابل (انظر تفسير تَكْوِين ١٠: ١٠). ارتحلوا من منطقة جبال أراراط شرقًا بحثًا عن أرض خصبة، فوجدوا منطقة ما بَيْنَ النهرين أنسب منطقة لتحقيق طموحاتهم الماديّة والاجتماعيّة. وتعود الحضارة السّومريّة

5. Leupold, H. C. *Exposition of Genesis,* 1 383.
6. See Hamilton, *genesis 1- 17,* 351 and Sarfti, *The Genesis Account,* 656.

بجذورها إلى الألفيّة الرّابعة قبل الميلاد. فالاكتشافات الأثريّة الحديثة أثبتت وجود حضارة كانت مُتقدِّمة جدًا، حَيْثُ تَمَّ تطوير أُسْلُوب كِتَابَة أصبح الأساس فيما بعد لِكُلِّ أساليب الكِتَابَة في كُلّ منطقة ما بعد النّهريْن. ومن مدنهم الْقَدِيمة والعظيمة أوروك وأراتا وكيش، وكانت من المدن المُنظَّمة والمُتقدِّمة جِدًا.[7]

**وقالوا كُلّ رجلٍ لقريبِه**، دفع اكتشاف النّاس لأرض شنعار الخصبة الّتي يحيط بها نهران عظيمان إلى التفكير في عدم تركها. رُبَّما علَّموا عن وصيّة الرّب بأن يملأوا الأرض (تَكوين ٩: ١)، لكنهم لا يريدون أن يتركوا هذا المكان، ففكَّروا في طريقة يُقاومون بها وصيّة الله.

**هلمَّ הָבָה**، تُعبِّر عن القصد والدّعوة للقيام بالعمل. سادت روح التعاون بَيْنَ كُلّ رجل وقريبه. ونحن نرى هذا التعاون بوضوح في استخدام كَلِمة «هلم» الّتي وردت مرتيْن في الآيتين ٣ و ٤، والتي تبعها قيام النّاس جماعة بعمل ضِد الله «هَلُمَّ نَصْنَعُ لِبْنًا وَنَشْوِيهِ شَيًّا». استخدم النّاس الطّوب من اللَّبِن بعد حَرْقه، ليكون بمنزلة حجارة. ومن المعروف أن منطقة ما بَيْنَ النّهرين كأرض خصبة ليست فيها حجارة كبيرة كما هُوَ في مصر، فكانوا يبنون البيوت من قِطَع من الطّوب اللَّبِن الّذي كان يُجفِّف في الشّمس أو بحَرقه. واستخدموا المازوت وقودًا، حَيْثُ كان مُتوفِرًا بكثرة قُرب بابل.[8] يَقُولُ سارنا Sarna «يكتب الْكَاتِب من وُجهة نَظر شخص لَيْسَ من أهل المكان، فَهُوَ يَصِفُ للسامعين والقارئين الّذين لا يعرفون الكثير عن منطقة ما بَيْنَ النّهرين كيف يصنعون الطُّوب ويحرقونه ليكون أكثر صلابة فيستخدمونه في البناء».[9] فدفعت هذه الحقيقة جون

7. John J. Davis, *Paradis to Prison Studies in Genesis, 145.*
8. Kiel and Delitzsch, *Genesis,*
9. Sarna, *Genesis,* 82.

ديفيز Davis إلى الْقَوْل إنَّ هذا دليل واضح على أنَّ مُوسَى هُوَ كاتب سِفْر التَكْوِين، حيْثُ إنَّ أُسْلُوب البناء في مصر الّتي تربي فيها يختلف عن البناء في منطقة ما بَيْنَ النّهريْن. ففي مصر كانوا يستخدمون الحجارة الكبيرة لبناء المباني الضّخمة، حيْثُ إنّها كانت مُتوفِّرة بكثرة. وأمّا في منطقة ما بَيْنَ النّهرين، حَيْثُ لا تُوجد حجارة ضخمة، فقد اخترع السُّكان صِناعة الطُّوب من اللَّبِن بعد حَرْقه.[10]

مدينةً وبُرْجًا ، هُنَا نجد ثاني إشارة إلى المدينة. إذ نجد الإشارة الأُولى إلى المدينة في تَكْوِين ٤: ١٧، حَيْثُ يتضمّن التفكير في بِناء مدينة الحماية والتعايُش معًا والتمتُّع بكُلِّ رفاهية. ويعود تقدُّم المدينة إلى قَايِين. والكلمة المترجمة إلى برج هِيَ، مجدل، وَهِيَ مشتقة من الْكَلِمة جدل، أيّ «عظيم» . وَيُشِيرُ البُرج في الْكِتَاب الْمُقدَّس إلى بُرج الحصن (قضاة ٨: ٩، ١٧ ومزمور ٤٢: ١٢، ٦١: ٣ وحزقيال ٢٦: ٩)، حَيْثُ يرمز البُرج إلى القُوّة والعَظَمة و الكبرياء (إشعياء ٢: ١٥ ، ٣٠: ٢٥، ٢٥: ٢-٣). ولهذا فَهُوَ مكروه من الله. والإشارة هُنَا هِيَ إلى الزّجّورة ، وَهِيَ مبنى مرتفع يشبه الأهرامات لكنه مصنوع من الطُّوب وعلى مستويات مُتدرِّجة. فالكلمة الأكاديّة زيجورات هِيَ من الْفِعْل زجورا والّذي يعني «أن تبنى مُرتفعًا». فبناء بُرج رأسُه في السّماء يحمل معنى أكبر من مُجَرّد بناء بُرج. فالدّافع من وراء بناء البُرج هُوَ التمرُّد على وصايا الله. فالبُرج كان يُعَدُّ قديمًا مكان عبادة، حَيْثُ كان مُخصصًا للعبادة, وَيُؤَكِّد هذا الأمر الاكتشافات الأثريّة الحديثة في بابل. وأعظم هذه الأبراج هُوَ برج ايتيمينانكي*E-temen-an-ki* ، والّذي يعني «مبنى أساسيّات السّماوات والأرض»، وقد ارتبط بمعبد مردوخ *Esagila* إيساجيلا أيّ «المبنى الّذي رأسه في السّماء»، والّذي يبلغ ارتفاعه أكثر من ٢٩٧ قدمًا.

10. Davis, *Paradis to Prison Studies in Genesis, 145.*

**ورأسه في السّماوات וראשו בַשמים**، هُنَا نجد صُورَة واضحة لتمرُّد الإِنْسَان وتعديه على الحدود الّتي رَسَمَها الله له. فوظيفة البرج هِيَ أن يكون كالجبل الْمُقدَّس الّذي جُذوره في الأرض، لكن رأسه في السّماء. ويحمل هذا الارتفاع الشّاهق، «رأسه في السّماء»، معنى مُهمًّا في كُلّ عبادات الشّرق الأدنى الْقَدِيم، وهو نقطة الالتقاء بَيْنَ السّماء والأرض، والمنطقة الّتي يكثُر فيها نشاط الآلهة. فالجبل الْمُقدَّس كان يُنظر له على أَنَّه مركز الْكَوْن وساريّة الأرض. لهذا كانت تنتشر على قِمم الجبال وفوق كُلّ مرتفع ساريّة لعبادة الأوثان. هذه المُمارسات الوثنيّة قديمة قِدم الإِنْسَان، وقد أُشتهرت بها بابل الْقَدِيمة العظيمة إلى درجة وصفها بأنّها «أُمُّ الزَّوَانِي وَرَجَاسَاتِ الأرض» (رُؤيا ١٧: ٥). كما أَنَّه قد يكون الغرض من بناء بُرج مرتفع رأسه في السّماء وجود مهرب من أيّ طُوفان يحدث على الأرض. فقد شك النّاس في كلام الله ووعده بأَنَّه لن يُغرق الأرض بالمياة ثانية، ولهذا سعوْا أن يكون لهم مهرَبٌ ومُنقِذٌ من طُوفان آخر. فأبراج الزّجّورات قديماً كانت تُعَدُّ مهرباً للكهنة من فيضانات الأنهار في الوادي.[11]

**نصنعُ لنا اسمًا נַעֲשֶׂה־לָּנוּ שֵׁם** ظَنَّ النّاس أَنَّهم، ببناء المدينة والبرج، يضمنون لأنفسِهم الاستقرار والأمان فينتهي بهذا التشتُّت في الأرض، وفي حالة حُدوث طوفان، يحموْنَ أنفسَهم في البُرج الّذي رأسه في السّماء. كان الأجدر بهم أن يتوبوا عن خطاياهم وشرورهم الّتي هِيَ السّبب الْأَوّل للطوفان ودينونة الله. قد يحمل الاسم هُنَا في قَوْلهم «**نصنعُ لنا اسمًا**» معنى نصب تذكاريّ كما هُوَ واضِح في إشعياء ٥٦: ٥ «إِنِّي أُعْطِيهِمْ فِي بَيْتِي وَفِي أَسْوَارِي نُصُبًا وَاسْمًا أَفْضَلَ مِنَ الْبَنِينَ وَالْبَنَاتِ. أُعْطِيهِمُ اسْمًا أَبَدِيًّا لاَ يَنْقَطِعُ». وتُؤكِّد هذه الحقيقة الاكتشافات الأثريّة في منطقة ما بَيْنَ النّهرين

11. Hamilton, *Genesis 1- 17, 354.*

وحتى في مصر الْقَدِيمة، حَيْثُ كان اسم الملك يُخلَّد من خلال بناء ضخم وعظيم، إذ كان يُنحت أو يُكتب اسم الملك على حجر الأساس أو المسلة الأساسيّة في البناء. **نصنعُ لنا اسمًا**، تعبير عن الطّموح الممتزج بالكبرياء. وعد إِبْراهِيم الله «أبرام» بأنَّه سيُعظِّم اسمه، «وَأُعَظِّمَ اسْمَكَ» (تَكْوِين ١٢: ٢)، ويظهر هذا التناقُض الشّديد بَيْنَ سعي الإِنْسَان في استقلاله عن الله إلى أن يصنع لنفسه اسمًا من جهة، وبين أن يرفع الله الإِنْسَان المتضع الّذي وضع ثقته في شخصه ويجعل له اسما عظيمًا بَيْنَ الأمم من جهة ثانية.

والغرض الأساسي من بِناء المدينة والبُرج هُوَ «**لئلاَّ نتبدَّد على وَجْه كُلّ الأرض**» (١١: ٤). لَيْسَ بناء مدينة بالأمر الّذي يُغضب الله. فقديماً بنى قَايِين مدينة اشتهرت بالصّناعة والفن (تَكْوِين ٤)، لكن بناء بُرج رأسه في السّماء يحمل معنى أكبر من مُجَرّد بناء برج. فالدّافع من وراء بناء البُرج هُوَ التمرُّد على وصايا الله، حَيْثُ كان البُرج يُعَدُّ مكانًا مخصصًا للعبادة الوثنيّة الْقَدِيمة، كما سبق أن أشرنا.[١٢]

12. Davis, *Paradis to Prison Studies in Genesis, 145.*

## التدخُّل الإلهيّ (١١: ٥ – ٩)

فنَزَل يَهْوَه لرؤيّة المدينةَ والبُرجَ اللذيْن بناهُما بنو آدَم. وَقَالَ يَهْوَه «ها شعبٌ واحدٌ وشفةٌ واحدةٌ لِكُلِّهِم، وهذا ابتداؤهُم للعملِ. والآن لا يُمنَع مِنهُم كُلّ ما يَنوونَ للعملِ. هَلُمَّ ننْزِلُ ونُبَلبِلُ هُنَاك شَفَتَهُم، حَيْثُ لا يسمعَ الرّجلُ شفةَ قريبِهِ». فبَدَّدَ يَهْوَه إياهُم من هُناك على وَجْه كُلّ الأرض، فكَفُّوا عن بنيانِ المدينةِ. لذلِك دعا اسمَها بابِل، لأنَّ هُناك بلبَلَ يَهْوَه شَفَةَ كُلّ الأرض، ومِن هُناك بَدَّدَهُم يَهْوَه على وَجْه كُلّ الأرض.

هُنا، وفي الآيات من ٥-٩، ينتقل التركيز من الإنْسَان إلى الله، ومن الأرض إلى السّماء. وفي الآية ٥ نرى السُّخريّة الأدبيّة واضحة جِداً. فمع أنَّ بني آدم قرَّروا بِناء بُرج «رأسه في السّماء» إلا أنَّ الله نَزَل لرؤية المدينة والبُرج اللذيْن بناهما الإنْسَان. فها هُوَ الإنْسَان الّذي تفكَّر في الباطل وقام وتآمر على الله قائلًا «نَبْنِ لأَنْفُسِنَا مَدِينَةً وَبُرْجًا رأسه بِالسّمَاءِ. وَنَصْنَعُ لأَنْفُسِنَا اسْمًا...»، إلا أنَّ الرّب السّاكِن في السّماوات يضحك ويستهزئ بهم (مزمور ٢: ٤).

**فنَزَل يَهْوَه וַיֵּרֶד יְהוָה**، تُعَدُّ هذه العبارة مركزَ الرّواية كلها، كما أنَّها تصف الله بِلُغة وبأوصاف بشريّة يفهمها الإنْسَان Anthropomorphism. وقد وردت أيْضًا في تَكْوين ١٨: ٢٠ و٢١ «وَقَالَ الرَّبُّ «إِنَّ صُرَاخَ سَدُومَ وَعَمُورَةَ قَدْ كَثُرَ، وَخَطِيَّتُهُمْ قَدْ عَظُمَتْ جِدًّا. أَنْزِلُ وَأَرَى هَلْ فَعَلُوا بِالتَّمَامِ حَسَبَ صُرَاخِهَا الآتِي إِلَيَّ ...». لا يُوجَد ذِكر في النّص الْكِتَابيّ لظهور الله Theophany،

أو لإظهار مجد الله بصُورَة ظاهرة كما حدث في خُروج ١٩: ٢٠ و ٣٤: ٥ وعدد ١١: ٢٥ و ١٢: ٥. فهذا النّزُول الإلهيّ مُشابه لنزول الرّب لإنقاذ شعب إسْرَائِيل من مصر (خُروج ٣: ٨).[13] يهدف نزول الرّب إلى إنقاذ الإنْسَان من مصيبة تودي بحياته، مُتغاضيًا بذلك عن شَرّ الإنْسَان وكبريائه. ولا يعني هذا التعبير المجازي أنّ الله محدود في المكان، كما لا يعني أنَّه لَيْسَ كُلّيَّ المعرفة وكُلّيَّ الوجود. فالله يعلم كُلّ شيء عن الإنْسَان. حتى أفكار قلبه كُلّها معروفة لديه. لكن نُزول الله يعني أنَّه يتدخَّل بفِعل شيء، وَأنَّه يأتي للدينونة أو للخلاص. ويعني أَيْضًا أنَّه لن يَظلَّ صامتًا تجاه ما يحدث.

نجد التقييم الإلهيّ للموقف في قَوْل الرّب «ها شعبٌ واحدٌ وشِفةٌ واحدةٌ لِكلِّهِم، وهذا ابتداؤهُم للعملِ. والآن لا يُمنَع مِنهُم كُلّ ما يَنوونَ للعملِ» (١١: ٦). لا تتحدَّث العبارة «لا يُمنَع مِنهُم كُلّ ما يَنوونَ للعملِ» عن آفاق الإنجاز البشريّ الّذي يُمكن للإنْسَان أن يُحقِّقه، لكن الله هُنَا يتحدَّث عن أعماق خطيّة الإنْسَان وإصراره على التمرُّد ضِد الله، هذه الخطيّة الّتي يمكن للإنْسَان أن يسقط فيها. وكأن الله يَقُول إذا تُرك الإنْسَان من دون قضاء رادع، فلن يكون هُنَاك نِهَايَة لتمرُّده، هذا التمرُّد الّذي ينتج من قلب وفكر شريريْن. لقد أساء الإنْسَان استخدام عطايا الله ليفعل ما يحلو له حتى ولو كان ذلِكَ مُعارِضا لفكر الله وخطته. فاستخدم الإنْسَان اللُغة الواحدة ليتمرَّد على الله. إنَّها نفس خطيّة آدم وحَوَّاء الّتي خدعتهما بها الْحَيّة، «تصيران كالله» (تَكوِين ٣: ٥). يَقُولُ أتكنسون Atkinson «تتمثَّل خطيتنا كبشر في أنّنا لم ندرك ان الله هُوَ الله، ولهذا حاولنا كأفراد وكجماعة أن نأخذ مكان الله.»[14] وأصل الخطيّة

13. Hamilton, *Genesis 1- 17,* 354 and Sarfati, *The Genesis Account, 661.*
14. David Atkinson, *The Message of Genesis 1- 11*, 178.

هُـوَ التمـرُّد؛ التمـرُّد على ربوبيّـة الله، والاعتقـاد أنَّنـا نحـن البـشر يُمكننـا أن نصـير مثلـه. لقـد رأى الله أَنَّـه إذا ظَـلَّ الجنس البشريّ مُوحَّـدًا في تمـرُّده، فلـن يكـون هُنَـاك نِهَايَـة لهـذا الـشّر في الْعَالَـم. ولهـذا قـرَّر أن يُواجـه هـذا الـشّر، فرغـم أنَّ الاتحـاد والتناغـم شيء جميـل، إلا أنَّ تشـتُّتهم أفضـل مـن اجتماعهـم على الـشّر والإثـم والتمـرُّد.[١٥]

واجَـه الله شَرَّ الإِنْسَـان وإثمَـه بأكـثر مـن طريقـة في سِـفْر التَكْوِيـن. فتَـمَّ طـرد آدَم وحَـوَّاء مـن الجَنَّـة، واضطـر قَايِـين إلى الهَـرَب على وَجْـه الأرض، وحُكـم على النّـاس أيـام نُـوح بالمَـوْت بالطُّوفـان. والآن، ومـع بُـرج بابـل، يحكـم الله على الإِنْسَـان بالتفريـق وبلبلـة الألسـنة. ورغـم دينونـة الله الواضِحـة والحازِمـة، إلا أنَّ قلـب الإِنْسَـان لـم يتغيَّر بعـد، ومـا زالـت مشـكلة الخطيّـة مُتمكِنـة مـن قَلْـب الإِنْسَـان وفِكـره. يَقُـولُ آرنـولد Arnold «يُظهِـر بُـرج بابـل أنَّ كُلّ اللُغـة البشريّـة أصبحـت لُغـة التمـرُّد.»[١٦]

كان الغـرض مـن بلبلـة الألسـنة أن يمنـع الله زيـادة ارتفـاع الخطيّـة واسـتمرارها، هـذه الخطيّـة الّـتي اتخـذت طريقهـا بقُـوّة مـن خـلال اتحاد بـني آدَم معًـا. ونتـج عـن اختـلاف الألسـنة واللُغـات انفصـال البـشر بعضهـم عـن بعـض. إذ أدى غيـاب الفَهْـم والتواصُـل، بسـبب اللغـات المُخْتَلِفـة، إلى تجمُّـع كُلّ مـن يتكلَّـم نفـس اللُغـة معـا وانفصالهـم عـن الباقـين. يَقُـولُ ديلتـش Delitzsch إنَّـه «ببلبلـة ألسـنتهم، حرمهـم الله وجرَّدهـم مـن الْقُـدْرَة على أن يفهمـوا بعضهـم بعضًـا، وبالتـالي عَمِـل على تشـتيتهم».[١٧] إنَّهـا دينونـة الله الّـتي أدت إلى تشـتيت الأشرار وتفريقهـم. وبهـذه الدّينونـة، اختفـتْ اللُغـة الأصليّـة الّـتي كان يتحدَّثهـا الإِنْسَـان الأَوَّل (ولا نعلـم عنهـا شـيئًا)، وظهـرت لُغـات

15. Bill T. Arnold, *Encountering the Book of Genesis*, 62.
16. Arnold, *Encountering the Book of Genesis, 63.*
17. Keil, C. F., & Delitzsch, F. *Commentary on the Old Testament. Vol. 1*,111.

وألسنة أخرى. فبسبب الخطيّة، حدث التشويش والبلبلة، وفقد الإنْسَان الْقُدْرَة على فَهْم الآخر.

ومن الأمور الّتي تُحِدُّ شَرَّ الإنْسَان في هذا الْعَالَم القوانين الوضعيّة الرّادعة الّتي يهابها ويخافها الإنْسَان. ولو غابت هذه القوانين الرّادعة ولو لساعة واحدة، لرأينا الإنْسَان في أبشع صُوَره وشرّه. فما يردع الغالبيّة العُظمى من البشر هُوَ الخوف من القانون والعِقاب. وإنَّ نَظْرة خاطِفة إلى عالمنا العربيّ ولاسّيما للبُلدان الّتي اختبرتْ ما يُطلَق عليه «الرّبيع العربيّ» كافيّة للبرهان على تلك الحقيقة. فعندما سقطت الأنظمة (المستبدة) واختفى القانون، رأينا الإنْسَان في أبشع صُوره. رأيناه وحشًا كاسرًا. وأعتقد أنَّ الصّور المتضمّنة فيديو الإرهابيّ السّوريّ وهو يقتل ثُمَّ يأكل قلبَ أخيه المواطن السّوريّ لن تمحى من الذّاكرة!

وبقضاء اللّٰه وبلبلة الألسنة، أخذت مدينة بابل اسمها to confuse، ليكون هذا الاسم بمنزلة تذكار لدينونة اللّٰه على كُلّ مشروعات الإنْسَان الّتي تُقاوم وتُعارض مشيئة اللّٰه. وبالنّسبة للبابليّين أنفسهم، يعني اسم المدينة «بابل» «بوابة الآلهة» أو«باب إيلي» Gates of the gods. فبحسب الأسطورة البابليّة إنوماإليش *Enuma Elish* فإنَّ من بنى بابل هُوَ الإله مردوخ. وبعدما بناها، اجتمعت الآلهة لتُعلن خمسين اسمًا للآلهة المُخْتَلِفة فيها، ولهذا أُطلق عليها اسم «بوابة الآلهة»، وبطبيعة الحال، لا يتماشى هذا الاسم مع إعلان اللّٰه في سِفْر التَكْوِين، ولهذا سَجَّلَ لنا الْوَحْي الإلهيّ الاسم الصّحيح والتاريخيّ لهذه المدينة، حيْثُ إنَّ اسمَها مُشتقٌّ من الحدث نفسه، وهو بلبلة الألسنة.

تُمثّل قِصّةُ بابل أهميّة كبيرة من عِدَّةِ جوانب. فهي أَوّلًا تُقدّم شرحاً وإجابةً وافيّة عن سبب اختلاف الألسنة والشّعوب المُخْتَلِفة المتبدّدة

على وَجْـه كُلّ الأرض. ثانيًـا، تحمـل هـذه الْقِصّـة تحذيـرًا قويًّـا لشعب إِسْرَائِيـل الخـارج مـن أرض مـصر، هـذا الشّـعب الضّعيـف والصّغير والّذي ينظـر إلى الشّعوب العظيمـة المحيطـة بـه وقـد يُفكّـر في أن يتمثّـل بهـم ويعبـد آلهتهـم ويسـلك كمـا يسـلكون. فمـن خـلال قِصّـة بابـل، يُـدرك هـذا الشّـعب أنّ العظمـة الحقيقيّـة والاسـتمرار في الوجـود مبـني أساسًـا على العلاقـة الصّحيحـة بـالله. فدينونـة الله مُعلَنـة مـن السّـماء على الخطـاة والأثمـة، على الشّـعوب المتكـبِّرة والمتمـرِّدة. ولهـذا فطاعـة إِسْرَائِيـل للـرب واتضاعـه أمامـه يأتيـان بالبركـة والحمايـة. والضّمـان الوحيـد للاسـتمرار وعـدم التشـتُّت بَـيْنَ الأمـم مرتبـط بالخضـوع والطّاعـة للـرب. وسـتنال كُلُّ ثقافـة كبريـاء وتمـرُّد على مشيئة الـرّب قضـاءً مُشـابِهًا لمـا حَـلَّ ببابـل.

**نسل سام (تَكْوِين ١١: ١٠ – ٢٦)**

هـذهِ مَواليـدُ سـام. سـام لمـا كان ابـنَ مِئَـة سـنةٍ، ولَدَ أرفَكشـاد، بعـد الطُّوفـان بسـنتينِ. وعاشَ سـام بَعدمـا ولَدَ أرفكشـاد خمـس مِئَـة سـنةٍ، وولَـدَ بنـينَ وبنـاتٍ.

بقضـاء الله وببلبلـة الألسـنة وتبديـد «بـني آدَم» على وَجْـه كُلّ الأرض، انتهـتْ حِقبـة مـن الزّمـن لتبـدأ مرحلـة جديـدة في تاريـخ الفـداء. فرغـم خطيّـة الإِنْسَـان وتمـرُّده على الله، إلا أنَّ الله يسـتمرّ في تحقيـق مقاصـده. ولهـذا

نرى في نسل سام مرحلة تمهيديّة لتاريخ الخلاص. مرحلة تظهر فيها نِعمة الله وسِيادته على كُلّ مُجريات الأحداث. فالطُّوفان والبلبلة لم يُغيِّرا من طبيعة الإنْسَان الشّريرة، ولهذا قَصَدَ الله منذ الأزل أن يكون فداءَ الإنْسَان بخلاصه من الخطيّة وبتحريره من عبوديتها من خلال عمل المسيّا الّذي هُوَ من «نسل الْمَرْأَة».

هُنا نجد للمرة الثّانية نَسْل سام، لكن من منظور مُخْتَلِف عن المنظور الّذي رأيناه في الأصحاح العاشِر، فكاتِب سِفْر التَكْوِين يريد أن يُظهِر القصد الإلهيّ وكيف أنَّ النّسل الّذي يعود إلى آدَم وشيث في تَكْوِين ٥ استمر رغم الطُّوفان ورغم فشل الإنْسَان في شنعار (١١: ١-٩). هُنَا نجد اختيار الله لسام. ومن نسل سام يأتي أبرام «إِبْراهِيم» الّذي من خلال نسله تتبارك جميع قبائل الأرض. وَيُؤَكِّد روس Rose أنَّ قائمة النّسب في تَكْوِين ١١ تُعَدُّ قائمة أفقيّة Vertical list. ويُعَدُّ هذا الأسلوب في تسجيل سلاسل النّسب أُسْلُوباً ا وثائقيًّا قانونيًّا يهدف إلى إثبات أحقيّة الشّخص كوريث شرعيّ. ولهذا يربط كَاتِب سِفْر التَكْوِين بَيْنَ أبرام ونُوح (آدَم الثّاني) ليُؤَكِّد أنَّ أبرام هُوَ الوريث الشّرعيّ للبركة الممتدة من آدَم لنُوح ثُمَّ لأبرام (تَكْوِين ٩: ٢٦).[18] فبيما يربطنا نسل سام بالماضي من خلال شيث، فإنَّه يربطنا أَيْضًا بالمستقبل بارتباطه بأبرام.

تُشبِه سلسلة النّسب هُنَا سلسلة النّسب المذكورة في تَكْوِين ٥، حَيْثُ تتضمّن كلتاهما عشرة أسماء (إذا حسبنا نُوحا الأَوّل)، والشّخص الأخير في كلا النَّسَبيْن تَكْوِين ٥ و ٩ أنجب ثلاثة بنين. فنُوح ولد سامًا وحامًا ويافث (٥: ٣٢) وتارح ولد أبرام وناحور وهاران (١١: ٢٧). كما أنَّ ترتيب الأبناء الثّلاثة لِكُلٍّ من نُوح وتارح لَيْسَ زمنياً بل ترتيب

18. Allen Rose, *Creation & Blessing A Guide to the Study and Exposition of Genesis,* 250.

بحسب الأهميّة. فبالنّسبة لأولاد نُوح، يُعَدُّ يافث الأكبر، وحام الأصغر، وسام المتوسط. لِذلِكَ في ترتيب أبناء تارح، يأتي إِبْراهِيم أَوَّلًا لأهميته. فتارح أنجب وهو عنده ٧٠ سنة ومات قبل خُروج أبرام وكان عمره ٢٠٥ سنة (١١: ٣٢)، وخرج أبرام بعد مَوْت تارح عندما كان عُمره ٧٥ سنة، ولهذا لا يمكن أن يكون أبرام الابن البكر لتارح. فمع أن تَكْوِين ٥ و ١١ يتشابهان في أمور كثيرة، إلا أنَّ كَلِمة «ومات» الّتي وَرَدت في تَكْوِين ٥ حوالي ٨ مَرّات لم تذكر إلا مَرَّة واحدة في سلسلة نسب سام (١١: ٣٢). وَيُؤَكِّد عدم ذكرها أن الْكَاتِب يكتب لغرض لاهوتي، وهو أن تكرارها في تَكْوِين ٥ يرجع إلى رغبة الله للإجابة على كذبة الْحَيَّة «لن تموتا». ولهذا يُؤَكِّد الْوَحْي أنَّ ما قَالَه الرّب كعقاب للخطيّة يتحقَّق. أَمَّا غيابها في تَكْوِين ١١ فغرضه تأكيد طول أناة الله ولطفه تجاه الإِنْسَان الخاطئ. وَيُؤَكِّد روس Rose أمرًا آخر، وهو أَنَّه يخرج من كُلّ من نسل نُوح ونسل تارح شعب معادٍ لإِسْرَائِيل. فمن نَسْل نُوح خرج كنعان بن حام، ومن نسل تارح خرج موآب وعَمّون من لوط بن هاران.[١٩]

19. Allen Rose, *Creation & Blessing,* 251.

| مواليد آدَم (تَكْوِين ٥) | مواليد نُوح (تَكْوِين ١١) |
|---|---|
| آدَم | نُوح |
| شيث | سام |
| أنوش | أرفكشاد |
| قينان | شالح |
| مهللئيل | عابر |
| يارد | فالج |
| أَخْنُوخ | رعو |
| متوشالح | سروج |
| لامك | ناحور |
| نُوح | تارح |
| سام وحام ويافث | أبرام وناحور وهاران |

**هذهِ مَواليدُ سام אלה תולדת שם هذه أَوَّل** خمسة أسماء قد وردت في الأصحاح العاشِر في سلسلة مواليد نسل سام هُمْ (أرفكشاد وشالح وعابر وفالج ويقطان). **سام שֵׁם** يعني «اسمًا». ويتجنَّب اليَهُود المحافظون نُطْقَ لفظ الجلالة «يهوه» ويستبدلونه بتعبير «ها اسم»، أيّ «الاسم» أو «من له الاسم». وبطبيعة الحال، يدرك القارئ للأصحاحين ١١ و ١٢ من سِفْر التَكْوِين أنَّ شعب شنعار بنى البرج والمدينة «ليكون لهم اسم». وعندما دعا الله أبرام، قَالَ له إنَّه سيجعل اسمه عظيمًا.

**سام لما كان ابنَ مِئَة سنةٍ، ولَدَ أرفَكشاد، بعد الطُّوفان بسنتيْنِ.** تُمثِّل هذه العبارة إشكاليّة حسابيّة، لأنَّ تَكْوِين ٥: ٣٢ تقول «وكان نُوح

ابـن خمـس مِئَـة سـنةٍ وولد نُـوح سـام وحـام ويافـث». وتقـول تَكْوِيـن ٧: ٦ «ولمـا كان نُـوح ابِـنَ سِـتّ مِئَـة سـنةِ صـارَ طوفـانُ المـاء». ومعنى هـذا أنَّ سـامًا أنجـبَ أرفكشـاد عندمـا كان عمـره ٦٠٢ سـنة وليـس ٦٠٠ سـنة، لأنَّـه أنجـب أرفكشـاد بعـد الطُّوفـان بسـنتيْن. وتقـول بعـض الترجمـات[20] «بعدمـا كان نُـوح ابـن خمـس مِئَـة سـنة ...» وبطبيعـة الحـال، تحـل هـذه القـراءة المشـكلة وتجعـل القـراءة مـن دون عُقـد حسـابيّة. ويكمـن حـل آخـر لهـذه المشـكلة في القـراءة المُتأنيّـة لتَكْوِيـن ٥: ٣٢ «وكان نُـوح ابـن خمـس مِئَـة سـنةٍ وولد نُـوح سـام وحـام ويافـث»، حَيْـثُ لا يمكـن أن يكـون نُـوح قـد أنجـب أبنـاءه الثّلاثـة في سـنة واحـدة. فمـن المعـروف أنَّ البكـر هُـوَ يافـث والأخـير حـام والأوسـط هُـوَ سـام. وبهـذا تُشِـيرُ عبـارة «وكان نُـوح ابـن خمـس مِئَـة سـنة» لا إلى سـنة واحـدة ومُحـدَّدة بـل إلى فـترة زمنيّـة، بعدمـا كان نُـوح ابـن خمـس مِئَـة سـنة، كمـا نقـول مَثَـلًا إنَّ شـخصًا مـا في بِدَايـة الثّلاثينيّـات مـن عُمـره أنجـب أبنـاءه الثّلاثـة. فليـس المقصـود هُنَـا سـنة مُعيَّنـة، بـل فـترة زمنيّـة بعدمـا وصـل الشّـخص سـنَّ الثلاثـين، وكأنَّ الْكَاتِـب يَقُـولُ بعدمـا أكمـل نُـوح عامَـه الخمـس مِئَـة وأنجـبَ له سـام وحـام ويافـث.

20. See NIV and NRSV translationS.

## من أرفكشاد إلى عابر (تَكْوِين ١١: ١٢ – ١٧)

وَعَاشَ أَرْفَكْشَادُ خَمْسًا وَثَلاَثِينَ سَنَةً وَوَلَدَ شَالَحَ. وَعَاشَ أَرْفَكْشَادُ بَعْدَ مَا وَلَدَ شَالَحَ أَرْبَعَ مِئَةٍ وَثَلاَثَ سِنِينَ، وَوَلَدَ بَنِينَ وَبَنَاتٍ.* وَعَاشَ شَالَحُ** ثَلاَثِينَ سَنَةً وَوَلَدَ عَابِرَ. وَعَاشَ شَالَحُ بَعْدَ مَا وَلَدَ عَابِرَ أَرْبَعَ مِئَةٍ وَثَلاَثَ سِنِينَ، وَوَلَدَ بَنِينَ وَبَنَاتٍ. وَعَاشَ عَابِرُ أَرْبَعًا وَثَلاَثِينَ سَنَةً وَوَلَدَ فَالَجَ.*** وَعَاشَ عَابِرُ بَعْدَ مَا وَلَدَ فَالَجَ أَرْبَعَ مِئَةٍ وَثَلاَثِينَ سَنَةً، وَوَلَدَ بَنِينَ وَبَنَاتٍ.

* بحسب إنجيل لُوقَا سام ولد أرفكشاد وأرفكشاد ولد قينان، وقينان ولد شالح (٣: ٣٥-٣٦)، إلا أننا لا نجد ذكرًا لقينان في كُلّ سلاسل النّسب المذكورة في الْعَهْد الْقَدِيم، فقينان غير موجود في تَكْوِين ١١: ١٢ وغير موجود في التوراة السّامريّة، ولا حتى الترجوم. ولا يذكره يوسيفوس، ولا يُوجَد في أخبار الأيام الأَوَّل ١: ٢٤، كما أنّنا لا نجده مذكورًا في الترجمات الْقَدِيمة كالفولجاتا والسّريانيّة، حتى أقدم المخطوطات اليونانيّة الْقَدِيمة لا تحتوي على الاسم قينان. فقينان مذكور فقط في نسخة من الترجمة السّبعينيّة فقط. وأغلب الظن أنّ وجود قينان يعود إلى خطأ في نسخ المخطوطة، ومع الوقت تَمّ وضعه في إحدى النّسخ للترجمة السّبعينيّة.

** انظر تكوين ١٠: ٢٤.

*** انظر تكوين ١٠: ٢٥.

أرفَكْشاد אַרְפַּכְשַׁד[21] هُوَ الابن الثّالِث لسام (١٠: ٢٢)، لكن يبدو أَنَّه أخذ مكانة الابن البكر. وتُؤكِّد هذه الحقيقة حقيقة أَنَّ ترتيب الأسماء في كلا الأصحاحَيْن ١٠ و ١١ لَيْسَ زمنيًا، بل ترتيب بحسب الأهميّة

٢١. انتشار عظيم، يتعافى، يشفي

لغرض لاهوتيّ. ونسل أرفَكْشاد هُمْ سكان شمال آشور، وتربط الكتابات الْيَهُوديّة الّتي تعود إلى فترة ما بعد السّبي أرفكشاد بالكلدانيّين.[٢٢] وأنجب أرفكشاد شالح وهو ابن خمسة وثلاثين سنة، وعاش بعدما وَلَدَ شالح أربع مِئَة وثلاث سنين، وأنجب بنين وبنات، وبهذا يكون عدد السّنين الّتي عاشها أرفكشاد هِيَ ٤٣٨ سنة. ويُعَدُّ هذا العمر تناقُصًا رهيبًا في الأعمار مُقارنة مع عُمْر من عاشوا من قبله.

شالَح שֶׁלַח شيلة[٢٣] من الأسماء المشهورة على نحو خاص بَيْن عشائر سبط يَهُوذا اسم شالح (تَكْوِين ٣٨: ٥، ١١، ١٤، ٢٦، ٤٦: ١٢، وعدد ٢٦: ٢٠، وأخبار الأيام الْأَوَّل ٢: ٣، ٤: ٢١-٢٣). ويعني شالح «المرسل»، وهو جُزْء من الاسم متوشالح (تَكْوِين ٥). وقد أنجب شالح عابر وهو ابن ٣٠ سنة وعاش بعدما ولد عابر ٤٠٣ سنة.

عَابِرَ رغم أنَّ عَابر هُوَ الجيل الرّابع من سام والرّابع عشر من آدم، إلا أَنَّه أخذ اهتمامًا ومكانة كبيريْن في سلسلة نسب سام المذكورة في الأصحاح السّابق (١٠: ٢٥). ولعل السّبب في ذلِكَ هُوَ أَنَّه من نسل عابر جَاءَ إِسْرَائِيل وشعوب أخرى كثيرة ارتبطت بتاريخ إِسْرَائِيل كله. فمن عابر خرجت قبيلتان، فالج ويقطان ومن فالج جَاءَ إِبْراهِيم أبو الأمة الإِسْرَائِيليّة. فإِبْراهِيم دعي «أبرام الْعِبْرَانِيّ» (تَكْوِين ١٤: ١٣). والكلمة الْعِبْريّة الّتي تُشِيرُ إلى الشّخص العبرانيّ هِيَ عبر، ويبدو أَنَّها من الاسم «عابر»، وَهِيَ تتكوَّن من نفْس حروف الْكَلِمة عبر، لكن بعلامات نُطْق مُخْتَلِفة. وتربط هذه الحقيقة عابر بإِبْراهِيم وبالشّعب العبرانيّ. وعابر أَيْضًا اسم منطقة أور الكلدانيّين وحاران وفدان أرام، وهذه الأماكن هِيَ موطن إِبْراهِيم الأصليّ قبل أن يدعوه الرّب إلى

22. Hamilton, *Genesis 1- 17*, 344.

٢٣. سلام، طلب، بُرعُم، نبتة

الخُروج إلى أرض كنعان. ولد عابر ابنه فالج عندما كان عمره ٣٤ سنة، وعاش بعد ذلِكَ ٤٣٠ سنة، فيكون مجموع السّنين الّتي عاشها ٤٦٤ سنة.

## من فالج إلى تارح (تَكْوِين ١١: ١٨ – ٢٥)

וַיְחִי־פֶלֶג שְׁלֹשִׁים שָׁנָה וַיּוֹלֶד אֶת־רְעוּ׃ וַיְחִי־פֶלֶג אַחֲרֵי הוֹלִידוֹ אֶת־
רְעוּ תֵּשַׁע שָׁנִים וּמָאתַיִם שָׁנָה וַיּוֹלֶד בָּנִים וּבָנוֹת׃ וַיְחִי רְעוּ שְׁתַּיִם
וּשְׁלֹשִׁים שָׁנָה וַיּוֹלֶד אֶת־שְׂרוּג׃ וַיְחִי רְעוּ אַחֲרֵי הוֹלִידוֹ אֶת־שְׂרוּג
שֶׁבַע שָׁנִים וּמָאתַיִם שָׁנָה וַיּוֹלֶד בָּנִים וּבָנוֹת׃ וַיְחִי שְׂרוּג שְׁלֹשִׁים
שָׁנָה וַיּוֹלֶד אֶת־נָחוֹר׃ וַיְחִי שְׂרוּג אַחֲרֵי הוֹלִידוֹ אֶת־נָחוֹר מָאתַיִם שָׁנָה
וַיּוֹלֶד בָּנִים וּבָנוֹת׃ וַיְחִי נָחוֹר תֵּשַׁע וְעֶשְׂרִים שָׁנָה וַיּוֹלֶד אֶת־תָּרַח׃
וַיְחִי נָחוֹר אַחֲרֵי הוֹלִידוֹ אֶת־תֶּרַח תְּשַׁע־עֶשְׂרֵה שָׁנָה וּמְאַת שָׁנָה וַיּוֹלֶד
בָּנִים וּבָנוֹת׃ ٢٦ וַיְחִי־תֶרַח שִׁבְעִים שָׁנָה וַיּוֹלֶד אֶת־אַבְרָם אֶת־נָחוֹר
וְאֶת־הָרָן׃

وَعَاشَ فَالَجُ ثَلاَثِينَ سَنَةً وَوَلَدَ رَعُوَ.* وَعَاشَ فَالَجُ بَعْدَ مَا وَلَدَ رَعُوَ مِئَتَيْنِ وَتِسْعَ سِنِينَ، وَوَلَدَ بَنِينَ وَبَنَاتٍ. وَعَاشَ رَعُو اثْنَتَيْنِ وَثَلاَثِينَ سَنَةً وَوَلَدَ سَرُوجَ.** وَعَاشَ رَعُو بَعْدَ مَا وَلَدَ سَرُوجَ مِئَتَيْنِ وَسَبْعَ سِنِينَ، وَوَلَدَ بَنِينَ وَبَنَاتٍ. وَعَاشَ سَرُوجُ ثَلاَثِينَ سَنَةً وَوَلَدَ نَاحُورَ.*** وَعَاشَ سَرُوجُ بَعْدَ مَا وَلَدَ نَاحُورَ مِئَتَيْ سَنَةٍ، وَوَلَدَ بَنِينَ وَبَنَاتٍ. وَعَاشَ نَاحُورُ تِسْعًا وَعِشْرِينَ سَنَةً وَوَلَدَ تَارَحَ.**** وَعَاشَ نَاحُورُ بَعْدَ مَا وَلَدَ تَارَحَ مِئَةً وَتِسْعَ عَشْرَةَ سَنَةً، وَوَلَدَ بَنِينَ وَبَنَاتٍ. وَعَاشَ تَارَحُ سَبْعِينَ سَنَةً، وَوَلَدَ أبرام***** وَنَاحُورَ وَهَارَانَ.

* صداقة، أطعمك، صديق، شركة أو مودّة، رفيق

** قوة، يصوِّب، يجدل، يضفُر، قوس، نبات، غصن، محلاق (المحلاق هُوَ جُزْء لولبي رفيع من النّبتة المعترشة كاللبلاب يساعدها على التعلق)

*** يثقب، يذبح، ينحر، أبيض، شخير، جاف، حار

**** دوران، مدة، تجوُّل، إيقاف، محطة، استنشاق، أحاسيس، تنفس، عنزة جبليّة، تتنفس، تشم

***** أب مرتفع، أب عالٍ، أبو العلاء، الأب الرّفيع، الأب المكرَّم... يذكر اسم أبرام قبل أخيه الأكبر منه لأهميته في تاريخ الخلاص

لعابر وُلدَ ابنان اسم الواحدِ فالِج واسم أخيهِ يقطانُ (١٠: ٢٥). فالِج[٢٤] يعني مجرى ماء أو انشقاقًا. وفي أيام فالج قسمت الأرض، هُنَا نجد تلاعُبًا بالكلمات. فالكلمة الْعِبْرِيّة فالج، أتى منها الْفِعْل «قسمت» نفلجه، لكن السّؤال هُوَ كيف قسمت الأرض؟ قد يكون فعل التقسيم حدث بواسطة زلزال قويّ ضرب الأرض فتسبَّب في تقسيمها. وإذا فهمنا أنَّ الأرض تُشِيرُ إلى «الأرض»، يكون تقسيم الأرض قد حدث بسبب زلزال أو شيء آخر. وأمَّا إذا عددنا الأرض تُشِيرُ إلى النّاس، فهذا التقسيم يُشِيرُ إلى الانفصال بَيْنَ فلج ونسله ويقطان ونسله. يَقُولُ ماثيو، «مع فالج جاءت نقطة الانفصال بَيْنَ فرعيْن من نسل سام...هنا سلسلة النّسب تركّز على فالج وليس أخيه يقطان (١٠: ٢٥-٢٦). فبينما يُعَدُّ يقطان أبا القبائل العربيّة، يُعَدُّ فالج أبا العشائر الّتي سكنت في الشّمال الغربيّ لما بَيْنَ النّهريْن».[٢٥] ولد فالج رَعوُ وهو ابن ٣٠ سنة وعاش بعدما ولد رَعوُ ٢٠٩ سنين وولد بنين وبنات. هُنَا أَيْضًا نلاحظ انخفاضًا كبيرًا في العمر. فقد عاش فالج تقريبًا نصف ما عاشه أبوه عابر (٤٦٤ سنة).

**رَعُوَ רְעוּ وَرَدَ** اسم رعو مَرَّة أُخْرَى في كُلّ الْكِتَاب الْمُقَدَّس في سلسلة نسب الرّب يَسُوع الْمَسِيح كما سَجَّلها لنا لُوقَا البشير (٣: ٣٥). رُبَّما يكون اسم رَعوُ صيغة مختصرة للاسم «رَعوئيل» والّذي يعني «صديق اللّه» أو «اللّه صديق»، والّذي ذكر ضمن الأسماء الواردة في نسل عيسو (تَكْوِين ٣٦: ٤، ١٠-١٧).[٢٦] ولد رعو سروج وهو ابن ٣٢ سنة وعاش بعد ذلِكَ ٢٠٧ سنة، فكانت كُلّ أيام رعو ٢٣٩ سنة.

---

٢٤. انقسام، قسمة، انفصال، قطع، انشقاق، مجرى

25. Mathew, K. A. *Genesis 1- 11*, 497.
26. Sarna, *Genesis,* 85.

سَرُوجَ שְׂרוּג ذكـر سَرُوج مَـرَّة أُخْـرَى في الْكِتَـاب الْمُقـدَّس في لُوقَـا ٣: ٣٥. كانـت سروجي اسـم مدينـة آشـوريّة قديمـة غـرب حـاران في شـمال مـا بَـيْنَ النّهريْـن. عاش سَروج ثلاثـين سـنة وولد ناحـور وعاش بعدمـا ولد ناحـور ٢٠٠ سـنة، فكانـت كُلّ أيـام ناحـور الّـتي عاشـها ٢٣٠ سـنة.

نَاحُـورَ נָחוֹר تذكـر الوثائق المسـماريّة الْقَدِيمة الاسـم ليُشـير إلى أشـخاص ناحـاروم أحيانـاً، وَيُشِـيرُ أحيانـاً أُخْرَى إلى مـكان أو مدينـة ناحـور. يَقُـولُ ولـكي Waltke إنَّ مدينـة ناحـور تقـع في شـمال منطقـة مـا بَـيْنَ النّهريْـن.[27] ولد ناحـور تـارح عندمـا كان عمـره ٢٩ سـنة وعاش بعـد ذلِـكَ ١١٩ سـنة، فيكـون مجمـوع السّـنين الّـتي عاشـها ناحـور ١٤٨ سـنة، وهـو بذلـك يحتـل المرتبـة الأُولى في العُمْـر القصير في سلسـلة نسـب سـام. وهكـذا عاش حفيـدُه إِبْراهِيـم عُمْـراً أطـول منـه.

تَـارَحَ תֶּרַח أغلـب الظّـن أنَّ الاسـم تـارح مرتبـط بكلمـة ياريـح، أيّ «القمـر». وَيُؤَكّـد هـذا الارتبـاط ارتبـاط هـذه العائلـة بعبـادة القَمَـر، وَهِيَ واحـدة مـن العبـادات الوثنيّـة الْقَدِيمـة الّـتي اشـتهر بهـا سـكان الـشّرق الأدنى الْقَدِيـم ومـا بَـيْنَ النّهريـن. وأكـد يشـوع هـذه الحقيقـة في حديثـه إلى جميـع شـعب إِسْرَائِيـل فقـال «هكـذا قَـالَ الـرّب إله إِسْرَائِيـل آباؤكـم سـكنوا في عـبر النّهـر منـذ الدّهـر تـارح أبـو إِبْراهِيـم وأبـو ناحـور وعبـدوا آلهـة أخـرى» (يشـوع ٢٤: ٢). عاش تـارح سـبعين سـنة وولد أبـرام وناحـور وهـاران. وهـؤلاء الأشـخاص الثّلاثـة مُهمّـون جـدًا في ارتباطهـم بالأحـداث القادمـة. فأبـرام هُوَ أبـو الأمـة الإِسْرَائِيليّـة الّـتي سـوف يـأتي منهـا المسـيّا. وارتبـط اسـم ناحـور برفقـة، أم يَعْقُـوب «أبي أسـباط إِسْرَائِيـل الاثـنيّ عـشر (١١: ٢٩، ٢٢: ٢٠-٢٣)،

27. Waltke, *Genesis A Commentary*, 189.

وهـاران أبي لـوط (١١: ٢٧) الّذي أتى منـه الموآبيّـون والعمّونيّـون، الأعـداء التاريخيّـون لإِسْرَائِيـل (تَكْوِيـن ١٩: ٣٦-٣٨).

## نسل تارح (تَكْوِين ١١: ٢٧ - ٣٢)

וְאֵלֶּה תּוֹלְדֹת תֶּרַח תֶּרַח הוֹלִיד אֶת־אַבְרָם אֶת־נָחוֹר וְאֶת־הָרָן וְהָרָן
הוֹלִיד אֶת־לוֹט׃ וַיָּמָת הָרָן עַל־פְּנֵי תֶּרַח אָבִיו בְּאֶרֶץ מוֹלַדְתּוֹ בְּאוּר
כַּשְׂדִּים׃ וַיִּקַּח אַבְרָם וְנָחוֹר לָהֶם נָשִׁים שֵׁם אֵשֶׁת־אַבְרָם שָׂרָי וְשֵׁם
אֵשֶׁת־נָחוֹר מִלְכָּה בַּת־הָרָן אֲבִי־מִלְכָּה וַאֲבִי יִסְכָּה׃ וַתְּהִי שָׂרַי עֲקָרָה
אֵין לָהּ וָלָד׃ וַיִּקַּח תֶּרַח אֶת־אַבְרָם בְּנוֹ וְאֶת־לוֹט בֶּן־הָרָן בֶּן־בְּנוֹ וְאֵת
שָׂרַי כַּלָּתוֹ אֵשֶׁת אַבְרָם בְּנוֹ וַיֵּצְאוּ אִתָּם מֵאוּר כַּשְׂדִּים לָלֶכֶת אַרְצָה
כְּנַעַן וַיָּבֹאוּ עַד־חָרָן וַיֵּשְׁבוּ שָׁם׃ וַיִּהְיוּ יְמֵי־תֶרַח חָמֵשׁ שָׁנִים וּמָאתַיִם
שָׁנָה וַיָּמָת תֶּרַח בְּחָרָן׃

وَهـذِهِ مَوَالِيـدُ تَـارَحَ وَلَدَ تَـارَحُ أبـرام وَنَاحُورَ وَهَـارَانَ. وَوَلَدَ هَـارَانُ لُوطًـا. وَمَـاتَ هَـارَانُ قَبْـلَ تَـارَحَ أَبِيـهِ فِي أرض مِيـلاَدِهِ فِي أُورِ الْكَلْدَانِيّـين. وَاتَّخَذَ أبـرام وَنَاحُورُ لأَنْفُسِـهِمَا امْرَأَتَـيْنِ اسم امْـرَأَةِ أبـرام سَـارَايُ، وَاسْـمُ امْـرَأَةِ نَاحُـورَ مِلْكَـةُ بِنْـتُ هَـارَانَ، أَبِي مِلْكَـةَ وَأَبِي يِسْكَةَ. وَكَانَـتْ سَـارَايُ عَاقِـرًا لَيْـسَ لَهَـا وَلَدٌ. وَأَخَـذَ تَـارَحُ أبـرام ابْنَـهُ، وَلُوطًـا بْـنَ هَـارَانَ، ابْـنَ ابْنِـهِ، وَسَـارَايَ كَنَّتَـهُ امْـرَأَةَ أبـرام ابْنِـهِ، فَخَرَجُـوا مَعًـا مِـنْ أُورِ الْكَلْدَانِيّـين لِيَذْهَبُوا إِلَى أرض كَنْعَـانَ. فَأَتَـوْا إِلَى حَـارَانَ وَأَقَامُـوا هُنَـاكَ. وَكَانَـتْ أيـام تَـارَحَ مِئَتَـيْنِ وَخَمْـسَ سِـنِينَ. وَمَـاتَ تَـارَحُ فِي حَـارَانَ.

تُعَـدُّ هـذه الفقـرة الّـتي تتنـاول نَسْـلَ تـارح بِدَايـة لقسـم كبـير في سِـفْر التَكْوِيـن يبـدأ مـن تَكْوِيـن ١١: ٢٧ حـتى تَكْوِيـن ٢٥: ١١. وهـو يبـدأ بتـارح وينتـهي بمَـوْت إِبْراهِيـم. فالتركـيز هُـوَ على اختيـار الله لإِبْراهِيـم وعَهْـده معـه لتتبـارك مـن خـلال نسـله جميع قبائـل الأرض. فالأعـداد مـن ٢٧-٣٢ تُخبرنـا عـن تـارح ومـن خَـرَجَ منـه مـع التركـيز على أبـرام لأنّـه الشّـخصيّة المُحوريّـة والـتي سـوف تسـتحوذ على مُجريـات الأحـداث بدايـةً مـن الأصحـاح الثّـاني عـشر حـتى الأصحـاح الخامِـس والعشريـن. وأبـرام (إِبْراهِيـم) هُـوَ أبـو الأُمَّـة

الْيَهُودِيّة، أبو الإيمان الّذي باختيار الله له وبإقامة عَهْد معه يبدأ تاريخ الفداء في التحقيق بصُورَة ملحوظة وواضحة جدًّا.

لم ينشأ أبرام في أُسرة من الأتقياء. بل وُلِدَ وترّبى في أُسرة تعبد الأوثان، «آلهة أخرى»، كما قَالَ يشوع (٢٤: ٢- ٣). إلا أنَّ رحمة الرّب امتدت لتنتشله من هذا المستنقع. كما يُؤكّد الْكِتَاب الْمُقدَّس أنَّ «أبرام» أو «إبراهِيم» تبرَّر بالإيمان وأطاع الله، فخرج من أور وذهب مع الله إلى حَيْثُ أراد له الله أن يكون. كان تارح ابن ٧٠ سنة عندما أنجبَ أبرام وناحور وهاران، إلا أنَّ هاران مات وترك ابنه لوط، الّذي أصبح فيما بعد الرّفيق لأبرام في ترحاله. وبنته مِلكة، الّتي أصبحت زوجةً لناحور، هِيَ جَدَّةُ رفقة امرأة إسحاق وأم يَعْقُوب. وَيُؤكّد هذا أنَّ أبرام لم يكن هُوَ الابن البكر لتارح، بل هاران الّذي مات.

لقد لاحظنا كيف أنَّ التشابه بَيْنَ نسل آدم في تَكْوِين ٥ ونسل سام في تَكْوِين ١١ يُؤكّد استمرار بركة الله للإِنْسَان بالإثمار والإكثار. وكما بدأ الله مع نُوح وأبنائه الثّلاثة مرحلة جديدة في تاريخ الخلاص، تبدأ مرحلة أُخْرَى جديدة مع تارح وأبنائه الثّلاثة. ففي نِهَايَة تَكْوِين ٥ نجد نُوحا يُنجب ثلاثة بنين (سام وحام ويافث) وهؤلاء الثّلاثة هُمْ الّذين استخدمهم الرّب في أن يملأوا الأرض من جديد بعد الطُّوفان. نجد هُنَا في نسل سام تارح الّذي يُنجب ثلاثة بنين (أبرام وناحور وهاران)، ومن هؤلاء الثّلاثة يختار الله أبرام ليكون أبًا لأُمم كثيرة، ومن خلال نسله تتبارك جميع قبائل الأرض. وكما رأَسَ سام، مع أنّه لم يكن الابن البكر، النّسب المختار، كذلِكَ إبْراهِيم، الّذي لم يكن الابن البكر، رأَسَ النّسل المختار الّذي يأتي منه مُخلص الْعَالَم، حسب اختيار الله. فسامُ

وإبْراهِيم شخصيّتان أساسيّتان وبارزتان اختارهما الله ليُحقِّق مقاصده الأزليّة في فداء الجنس البشريّ من خلالهما.

يُعَدُّ ذِكر مَوْت هاران هو السّبب الّذي من أجله ترك لوط أرض ميلاده وذهب مع عَمِّه أبرام. فقد مات هاران أمام عينيّ أبيه تارح، الّذي رأى وعاين مَوْت ابنه. ويُسجِّل لنا كَاتِب سِفْر التَكْوِين عِدَّة حقائق عن الإخوة الثّلاثة. فهاران مات تاركاً ابنه لوط الّذي اعتبره أبرام ابنًا له، أَمَّا بنته ملكة[٢٨] فقد تزوَّجها ناحور وأنجب منها بتوئيل، أبا رفقة (تَكْوِين ٢٢: ٢٢-٢٣). أَمَّا أبرام فقد تزوَّج من ساراي أُخته من أبيه غير أَنَّها ليست ابنة أمه (تَكْوِين ٢٠: ١٢). ويعني الاسم «ساراي «أميرة» أو «سيدة» وهو يعكس الثّقافة الوثنيّة الّتي عاشت فيها عائلة أبرام في أور، حَيْثُ كان اسم زوجة إله القمر، ساراتو.

يُظهِر كَاتِب سِفْر التَكْوِين في نِهَايَة الأصحاح التوتُّر المتوقَّع حدوثه في الفصول القادمة بقَوْله «وكانت ساراي عاقِرًا لَيْسَ لها ولد» (١١: ٣٠)، وكأنَّه يَقُولُ إنَّه لا يُوجَد لساراي وأبرام أيّ مُستقبل بسبب عدم إنجابهما للأولاد (١٢: ٢، ١٥: ٤ -٥، ١٧: ١- ٢، ١٨: ١٠). يَقُولُ ماثيو Mathew إنَّ عبارة «ليس لها ولد» تُؤكِّد من البِدَايَة الاحتياج إلى تدخل الله ومعونته (١٧: ١٧، ١٨: ١١- ١٢، ٢١: ١، ٧، ورُوميَة ٤: ١٩، وعبرانيين ١١: ١١). وهذا التكرار في النّص مرتبط فقط بعقم ساراي، على عكس رفقة (٢٥: ٢١) وراحيل (٣١: ٢٩)، حَيْثُ يكتفي فقط بوصفهما «عاقرًا».[٢٩] فساراي العاقر ستصبح «سارة». يَقُولُ الرّب لإبْراهِيم «سَارَايُ امْرَأَتُكَ لاَ تَدْعُو اسْمَهَا سَارَايَ، بَلِ اسْمُهَا

٢٨. الاسم ملكة يعني «ملكة» كما أَنَّه كان لقب اشتار *Ishtar*، ابنة إله القمر.

29. Matthew, *Genesis 1- 11*, 499.

سَارَةُ. وَأُبَارِكُهَا وَأُعْطِيكَ أَيْضًا مِنْهَا ابْنًا. أُبَارِكُهَا فَتَكُونُ أُمَمًا، وَمُلُوكُ شُعُوبٍ مِنْهَا يَكُونُونَ» (تَكْوِين ١٧: ١٥-١٦).

وجّه الرّب دعوته إلى أبرام مرّتيْن بحسب سِفْر أَعْمَال الرُّسُل ٧: ٢- ٤، الأُولى كانت في أور الكلدانيّين وقد رافقه فيها العائلة إلى حاران (١١: ٣١)، والثّانية كانت في حاران لما تأخَّرَ أبرام في الإقامة هُنَاك (تَكْوِين ١٢: ١- ٥)، حَيْثُ ذهب أبرام وسارة ولوط فقط إلى أرض كنعان وبقيت بقيّة العائلة في حاران.[٣٠]

30. Allen Rose, *Creation & Blessings*, 258.

# Bibliography

Albright, William F. "The Impact of Archeology on Biblical Research-1966," in *New Directions in Biblical Archeology.* Ed. David N. Freedman and Jonas Greenfield. New York: Doubleday, 1969.

--- --- --- --- . "The Location of the Garden of Eden" *The American Journal of Semitic Languages and Literatures.* Vol. 39, no 1 .Oct, 1922.

Archer, Gleason L. *A Survey of Old Testament Introduction.* Chicago: Moody, 1964.

--- --- --- --- . *Encyclopedia of Bible Difficulties.* Grand Rapids: Zondervan, 1982.

Arnold, Bill T. and Bryan Beyer. *Encountering the Old Testament.* Grand Rapids: Baker, 2008.

Atkinson, David. *The Message of Genesis 1- 11.* Downers Grove: Inter-Varsity Press, 1990.

Astour, Michael C. "Sabtah and Sabteca Ethiopian Pharaohs names in Genesis 10," *JBL 84.* 1965.

Barr, James. *Letter from Professor James Barr to David C.C.* Watson of the UK, dated 23 April 1984.

Barrick, William D. "A Historical Adam: Young-Earth Creation View" in *Four Views on the Historical Adam.* Eds. Matthew Barrett and Stanley Gundry. Grand Rapids: Zondervans, 2013.

Beekman, John and John Callow. *Translating the Word of God* .Grand Rapids: Zondervan, 1974.

Boardman, D. C. "Did Noah's Flood Cover the Entire World? No" in *The Genesis Debate: Persistent Questions about Creation and the Flood.* Ed. R. F. Youngblood. Grand Rapids: Baker, 1990.

Bonhoeffer, Dietrich. *Creation and Fall: A Theological Interpretation of Genesis 1–3.* Rev. Ed. Trans. J. C. Fletcher .London: SCM, 1959.

Brown, F., Driver, S. R. and Briggs, C. A. *Enhanced Brown-Driver-Briggs Hebrew and English Lexicon.* Oxford: Clarendon, 1977.

في البدء: تفسير سفر التكوين ١-١١

Brueggemann, Walter. Of the Same Flesh and Bone .GN 2: 23a. *CBQ* 32. 1970. 532- 42.

Brunner, Emil. *Man in Revolt.* Philadelphia: Westminster, 1947.

Calvin, John. *Commentary on the book of Genesis.* Christian Classic Ethereal Library. Grand Rapids: CCEL.

Cassuto, Umberto. "The Episode of the Sons of God and the Daughters of Man," in *Biblical and Oriental Studies,* vol. 1. Trans. I. Abrahams. Jerusalem: Magne, 1973.

--- --- --- --- . *A Commentary on Genesis: From Adam to Noah.* Trans. Israel Abraham. Jerusalem: The Magnes, 1961.

Childs, Brevard S. *Introduction to the Old Testament as Scripture.* Philadelphia: Augsburg Fortress, 1979.

Clins, D. J. A. "The Significance of the 'Sons of God' Episode (Genesis 6 1- 4) in the context of the 'Primeval History' (Genesis 1- 11)," *JSOT* 13. 1979.

Coffm, H. G. and R H. Brown. *Origin by Design.* Washington, DC: Review and Herald, 1983.

Cotter, David W. *Genesism Berit Olam Studies in Hebrew Narrative and Poetry.* Collegeville, MN: Liturgical, 2003.

Custance, Arthur C. *Without Form and Void.* Brookville, Canada: published by the author, 1970.

Dahood, Michell J. "Northwest Semitic Notes in Genesis," *Bib 55 .1974.*

Dana, James. *Manual of Geology: Treating of the Principles of the Science, with Special Reference to American Geological History.* New York: Blakeman and Taylor, 1875.

Daube, David. *Studies in Biblical Law.* Cambridge: Cambridge University, 1947.

Davidson, Richard M. "The Genesis Flood Narrative: Crucial Issues in the Current Debate" *Andrews University Seminary Studies.* Vol. 42, No. 1, 49- 77.

Davis, John J. *Paradise to Prison: Study in Genesis.* Salem, Wisconsin: Sheffield, 1975.

Dawson, John W. *The Origin of the World According to Revelation and Science.* CreateSpace Independent, 2014.

Doukhan, J. B. *The Genesis Creation Story: Its Literary Structure,* Andrews University Seminary Dissertation. Series 5. Berrien Springs: Andrews University Press, 1978.

Dumbrell, W. J. "The Covenant with Noah," in *RTR* 38 (1–9). 1979.

--- --- --- --- . *Covenant and Creation A Theology of the Old Testament Covenants.* reprint, Grand Rapids: Baker, 1993.

Fields, W.W. *Unformed and UnfillEd.* Collinsville. IL: Burgeners Enterprises, 1976.

Foh, Susan T. "What is the Woman's Desire?" *Westminster Theological Journal 37,* 376 – 83. 1975.

Frame, John M. *Systematic Theology: An Introduction to Christian Belief.* Phillipsburg, NJ: P&R, 2013.

Frick, F. S. *The City in Ancient Israel, SBLDS 26.* Missoula: MT Scholars, 1977.

Gabriel, J. "Die Kainitengenealogie: Gn 4, 17-24," *Bib 40* .1959.

Grisanti, Michael A. "MabbGl," NIDOTI'E. Ed. W. A. Van Gerrnem. Grand Rapids: Zondervan, 1997.

Groningen, Gerard Van. *The Messianic Revelation in the Old Testament.* Eugene, Oregon: Wipf and Stock, 1997.

Gunkel, H. *Genesis,* HKAT 1/1. 6th Ed. Gottingen: Vandenhoeck & Ruprecht, 1963.

Hamilton, Victor P. *The Book of Genesis Chapters 1-17* in The New International Commentary on the Old Testament. Grand Rapids: Eerdmans, 1990.

Hanson, Richard. The Serpent was Wiser. Minneapolis: Augsburg, 1972.

Harris, R. L. G. L. Archer Jr., & B. K. Waltke, Eds. *Theological Wordbook of the Old Testament.* Electronic Ed. Chicago: Moody Press, 2003.

Harrison, Roland K. *Introduction to the Old Testament.* Grand Rapids: Eerdmans, 1979.

Hasel, Gerhard F. "Some Issues Regarding the Nature and Universality of the Genesis Flood Narrative." Berrien Springs: Andrews University, 2004.

--- --- --- --- . "Genesis 5 and 11: Chronogenealogies in the Biblical History of Beginning." Berrien Springs: Andrews University, 1980.

Heidel, Alexander. *The Gilgamesh Epic and Old Testament Parallels.* Chicago: University of Chicago, 1946.

في البدء: تفسير سفر التكوين ١-١١ ــــــــــــــــــــــــــــــ ٤٣٤

Hengstenberg, Ernst. *The Christology of the Old Testament.* repr. Grand Rapids: Kregel, 1970.

Hyers, Conrad. *The Meaning of Creation: Genesis and Modern Science.* Atlanta: John Knox, 1984.

Ingram, Robert. "The Grace of Creation," *WTJ* 37/2. 1975.

Jewett, Paul K. "God's Curse is a malediction big with benediction," in "Special Revelation as Historical and Personal," *Revelation and the Bible.* Ed. Carl F. H. Henry. Grand Rapids: Baker, 1985.

Jacobsen, Thorkild. "The Eridu Genesis," *JBL* 100. 1981. 513-29.

John C. Whitcomb and H. M. Monis. *The Genesis Flood.* Philadelphia: Presbyterian and Reformed, 1961.

Jouon, P. *Grammarire de l'hebreu biblique.* Rome: Pontifical Biblical Institute, 1923.

Kaiser Jr., Walter. "The Literary Form of Genesis 1- 11," in *New Perspectives on the Old Testament.* Ed., J. B. Payne. Waco: Word, 1970.

Kaiser, Walter C., Peter H. Davids, F. F. Bruce, and Manfred T. Brauch. *Hard Saying of the Bible* .Downers Grove: Inter-Varsity Press, 1996.

Kautzsch, E. *Gesenius' Hebrew Grammar.* 2$^{nd}$ Ed. Oxford: Clarendon, 1980.

Keil. C. F and F. Delitzsch. *Genesis* in Commentary on the Old Testament. Edinburgh: T & T Clark, 1866.

Kidner, Derek. *Genesis.* Tyndale Old Testament Commentaries. Downers Grove: Inter-Varsity Press, 1967.

Kitchen, Kenneth. *On the Reliability of the Old Testament.* Grand Rapids: Eerdmans, 2003.

Klemm, P. "Kain and die Kainiten," *ZTK* 78 .1981.

Kline, M. "Divine Kingship and Genesis 6: 1-4," *WTJ 24.* 1962. 187 – 204.

Koehler, L., Baumgartner, W., Richardson, M. E. J., and Stamm, J. J. *The Hebrew and Aramaic lexicon of the Old Testament.* Electronic Ed. Leiden: Brill, 1994.

Kraeling, E. "The Significance and Origin of Gen. 6 1- 4," *JNES 6,* 193-208. 1947.

Lambert, W. G and A. R. Millard. *Atrahasis: The Babylonian Story of the Flood.* Oxford: University Press, 1969.

قائمة المراجع ٤٣٥

Lammerts, Walter E., Ed. *Why Not Creation?* Nutley. NJ: Presbyterian and Reformed, 1970.

--- --- --- --- . *Scientific Studies in Special Creation.* NJ: Presbyterian and Reformed, 1971.

Lasor, William S. David A. Hubbard and Frederic W. Bush. *Old Testament Survey: The Message, Form, and Background of the Old Testament.* Grand Rapids: Eerdmans, 1996.

Laughery, Gregory and George Diepstra. *From Evolution to Eden: Making Sense of Early Genesis.* Destinee Media, 2015.

Laughery, Gregory J. *Living Hermeneutics in Motion: An Analysis and Evaluation of Paul Ricoeur's Contribution to Biblical Hermeneutics.* Lanham Maryland: University Press of America, 2002.

Lavallee, Louis. "The early church defended creation science," *Impact,* No. 160, p. ii, 1986.

Leslie, John G. *Evaluation of the Noah Flood Account as a True Narrative Representation.* Ph.D. Thesis, School of Archaeology. Trinity Southwest University, 2010

Leupold, H. C. *Exposition of Genesis.* Grand Rapids: Baker, 1956.

Lewis, Jack P. *A Study of the Interpretation of Noah and the Flood in Jewish and Christian Literature.* Leiden: Brill, 1968.

Longman, Tremper & Raymond B. Dillard. *An Introduction to the Old Testament.* Grand Rapids: Zondervan, 2006.

Lulikovsky, Andrew S. *Creation, Preservation, and Dominion,* Three parts, *J. Creation* 23.1: 86-93, 23.2: 82- 89.

Mathews, Kenneth A. *Genesis 1-11:26.* The New American Commentary. Nashville: Broadman & Holman, 1996.

Miller, J. M. "The Descendants. Cain: Notes on Genesis 4," *ZAW* 86. 1974.

Miller, Hugh. *The Testimony of the Rocks.* New York: Gould and Lincoln, 1867.

Nahum M. Sarna, *Genesis.* The JPS Torah Commentary. Jerusalem: The Jewish Publication Society, 1989.

North, R. "The Cain Music," *JBL* 83 .1964. 373-89, I378-811.

Oded, B. "The Table of Nations. Genesis 10. —A Socio-cultural Approach," ZAW 98 .1986.

في البدء: تفسير سفر التكوين ١-١١ ــــــــــــــــــــــــــــــــــــــــــــــــــــــ ٤٣٦

Ostling, Richard N. "The Search for the Historical Adam," *Christianity Today.* 55. No. 6. June, 2011.

Oswalt, John. *The Bible Among the Myths: Unique Revelation or Just Ancient Literature?* Grand Rapids: Zondervan, 2009.

Pember, G.H. *Earth's Earliest Ages.* New York: Revell, 1900.

Petersen, D. L. "The Yahwist on the Flood, " *VT*26, 438 – 46. 1976.

Pritchard, James B. *The Ancient Near East in Pictures Relating to the Old Testament.* Princeton: Princeton University, 1974.

Rehwinkel, A. M. *The Flood in the Light of the Bible, Geology, and Archaeology.* St Louis: Concordia, 1951.

Riemann, Paul. *"Am I My Brother's Keeper?" Int* 24 .1970.

Ross, Allen. *Creation & Blessing: A Guide to the Study and Exposition of Genesis.* Grand Rapids: Baker, 1998.

Ross, Hugh. *Genesis One: A scientific Perspective.* Covina: Reason of Faith, 2006.

--- --- --- --- . *Genesis One: A Scientific Perspective.* Sierra Madre: Wiseman Productions, 1983.

--- --- --- --- . The *Creator and the Cosmos.* Colorado Spring: NavPress, 2001.

Roth, A. A. "Are Millions of Years Required to Produce Biogenic Sediments in the Deep Ocean?" *Origins* 12. 1985.

Sailhamer, John. *Genesis,* The Expositor's Bible Commentary. Ed. Frank E. Gaebelein. Grand Rapids: Zondervan, 1990.

Sarfati, Jonathan D. *The Genesis Account: A Theological, Historical, and Scientific Commentary on Genesis 1- 11.* Powder Spring, Georgia: Creation, 2015.

Sawyer, J. F. A. "Cain and Hephaestus. Possible Relics of Metal Working Traditions in Genesis 4." *Abr-Nahrain* 24 .1986.

Scofield, C.I. Ed. *The Scofield Study Bible.* New York: Oxford University Press, 1945.

Simons, J. "The Table of Nations .Gen. X.: Its General Structure and Meaning," *Oudtestamentische Studien* 10. 1954.

Skinner, John A. *Critical and Exegetical Commentary on Genesis.* Edinburgh: T&T Clark, 1930.

Smith, John P. *The Relation between the Holy Scriptures and some Parts of Geological Science*. 5th Ed. London: H. G. Bohn, 1854.

Speiser, Ephraim Avigdor. "In Search of Nimrod," *Eretz-Israel 5*, 1958.

Stordalen, T. *Echoes of Eden Genesis 2-3 and Symbolism of the Eden Garden in Biblical Hebrew Literature*. Leuven, Belgium: Peeters, 2000.

Strassner, Kurt. *Opening Up: Genesis.* England: Day One Publication, 2009.

Taylor, I.T. *In the Minds of Men: Darwin and the New World Order*. Toronto: TFE, 1984.

Thiessen, Henry C, *Lectures in Systematic Theology*. Revised Ed. Grand Rapids: Eerdmans, 1979.

Thompson, Thomas L. "The Historicity of the Patriarchal Narratives: The Quest for the Historical Abraham," *BZAW 133*. Berlin: Walter dé Gruyter, 1974.

Unger, Dominic J. *The First Gospel.* New York: The Franciscan Institute, 1954.

Von Rad, Gerhard. *Genesis,* The Old Testament Library. Philadelphia: Westminster, 1972.

--- --- --- --- . *Old Testament Theology.* Trans. D. M. G. Stalker. Louisville: Westminster John Knox, 1957.

Wallis, G. "Die Stadt in den Überlieferungen der Genesis," *ZAW 78*. 1966.

Waltke, Bruce K. "Cain and His Offering." *Westminster Theological Journal 48. 1986.*

--- --- --- --- . *Genesis: A Commentary*. Grand Rapids: Zondervan, 2001.

Walton, John. *Ancient Near Eastern Thought and the Old Testament: Introducing the Conceptual World of the Hebrew Bible.* Grand Rapids: Baker, 2006.

--- --- --- --- . *The Lost World of Genesis One: Ancient Cosmology and the Origins Debate*. Downers Grove: Inter-Varsity Press, 2009.

Wenham, Gordon. J. *Genesis 1–15.* Word Biblical Commentary. Dallas: Word, 1987.

Westermann, Claus. *Genesis 1 – 11: A Continental Commentary.* Minneapolis: London and Augsburg, 1984

Whitcomb, J. C. *The World That PerishEd.* Rev. Ed. Grand Rapids: Baker, 1988.

Wilder, William. "Illumination and Investiture: The Royal Significance of the Tree of Wisdom in Genesis 3" *Westminster Theological Journal* 68. 2006.

في البدء: تفسير سفر التكوين ١-١١ ــــــــــــــــــ ٤٣٨

William, Hanna, Ed. *Natural Theology, Selected works of Thomas Chalmers,* Vol.5 of 12. Edinburgh: Thomas Constable, 1857.

Winnett, F. V. "The Arabian Genealogies in the Book of Genesis." *Translating and Understanding the Old Testament: Essays in Honor of H. G. May.* Ed. H. T. Frank and W. L. ReEd. Nashville: Abingdon, 1970.

Wiseman, D. J. Ed. *Peoples of Old Testament Times. POTT.* Oxford: Clarendon Press, 1973.

Wiseman, D. J. "Genesis 10: Some Archaeological Considerations," *Journal of the Transactions of the Victoria Institute 87.* 1955.

Wolter, Albert M. *Creation Regained Biblical Basics for a Deformational Worldview,* Carlisle, UK: Paternoster, 1996.

Yamauchi, E. M. "Meshech, Tubal and Company: A Review Article." *JETS 19.* 1976.

Young, Davis. *Creation and the Flood.* Grand Rapids: Baker, 1977.

Young, Edward J. Genesis 3. Carlisle, PA: The Banner of Truth, 1966.

Youngblood, Ronald Ed. *The Genesis Debate: Persistent Questions About Creation and the Flood.* Grand Rapids: Baker, 1990.

Zadok, R. "The Origin of the Name Shinar." *ZA 74.* 1984.

Zimmermann, Frank. "Folk etymology of Biblical names," in Volume du Congres: Geneve, 1965, *VTSup 15.* Leiden: Brill, 1966.

أحد رهبان دير القديس أنبا مقار، **شرح سفر التكوين: سفر البدايات.** وادي النطرون: مطبعة دير القديس أنبا مقار، ٢٠٠٥.

ماهر فايز، **ترجمة تكوين ١ – ١١ من اللغة الاصلية.** القاهرة، ٢٠١٦.